W0280123

Légende de la photo de couverture :
Samedi 24 juillet 1993, meeting aérien de l'International Air Tattoo sur la base aérienne De RAF Fairford, en Grande Bretagne. Le pilote russe Alexander Beschnastnov s'éjecte in-extremis de son chasseur MiG-29 Fulcrum n° 925 qui vient d'être percuté par son Leader. Cet impressionnant cliché a été réalisé par un photographe amateur britannique, R.F. Richards à l'aide d'un boîtier Olympus OM1n SLR vieux de douze ans équipé d'un télé-objectif Sigma de 600 mm. Richards n'a eu le temps que de prendre une rafale de douze photographies en l'espace de trois secondes. Un extraordinaire instantané qui sera primé comme meilleure photographie aéronautique de l'année par l'hebdomadaire américain Aviation Week & Space Technology.

ISBN 2-911218-08-6
EAN 9782911218088

15, rue Trébois
92300 Levallois-Perret
Tél. : 01 41 05 41 01

Ce livre est dédié à la mémoire
de Jean-Michel Charlier.

Aventures dans le ciel

Éditions Altipresse

PRÉFACE

COMMENT TRANSPORTER L'ÉMOTION ?

Sincèrement – Antoine de Saint-Exupéry l'avait bien senti et l'avait bien dit – je pense que l'on n'a encore rien trouvé de mieux que l'avion, ce bon conducteur.

Chaque décollage – et là, c'est Jules Roy qui parle – est la révélation d'un mystère.

Alors, d'émotions en révélations, il s'est trouvé un passionné vorace, un connaisseur, Bernard Thouanel, qui a su faire parler les acteurs et les témoins, et qui a su les écouter, tout en consultant scrupuleusement les archives et les textes officiels, pour nous rapporter certaines des grandes heures de notre histoire des aviations.

Depuis bientôt dix ans, j'avais suivi avec intérêt ces portraits d'hommes et de machines qu'il confiait, chaque mois, à Info-Pilote.

Et je m'étais dit, en les collectionnant, que ces récits pourraient bien faire un bon livre.

Ce livre, le voici avec trente-cinq de ces moments d'exception.

Histoires extraordinaires, missions très spéciales, ces Aventures dans le Ciel sont autant de rappels des gestes du métier et de la geste des exploits de nos ciels, des premiers records du monde de Santos-Dumont à Bagatelle en 1906, jusqu'à l'équipage du F-14 perdu dans le désert, en 1991, pendant la guerre du Golfe.

Ce civil, Bernard Thouanel, passager des avions militaires les plus "pointus", à partir de comptes de faits, va savoir évoquer des contes de fées quand la réalité dépasse la fiction et que le vrai n'est plus tout à fait vraisemblable. Il va nous remémorer des vols bien connus et nous faire découvrir des épisodes cachés tour à tour dramatiques et cocasses. Car c'est ainsi que l'histoire est faite. L'histoire ici respectée et la vérité rétablie, alors qu'elle est si souvent malmenée...

Les recherches de Bernard Thouanel suivent un plan de vol inattendu, du quotidien à l'exceptionnel, du trivial au tragique, de l'anecdote à l'essentiel.

Et si, parfois, il s'en est fallu de peu, toutes ces histoires, soulignons-le, se terminent bien – enfin pas trop mal, même avec un ***"Corsaire en péril"*** *ou pendant* ***"La nuit du Bréguet"****, même quand la dernière chance ne tient qu'à* ***"La dernière goutte".***

Comme je sais que Bernard Thouanel s'occupe sérieusement (sérieusement, je dis bien) des OVNI je peux dire qu'ici, les objets volants identifiés – nos avions – sont bien réels, et qu'elle est bien transportée, l'émotion !

Edmond Petit
Membre fondateur
de l'Académie nationale de l'Air
et de l'Espace

AVANT-PROPOS

Nous sommes le samedi 24 juillet 1993. Le plus grand meeting aérien militaire du monde, l'International Air Tattoo, vient de débuter sur la grande base de RAF Fairford, dans le comté du Gloucestershire, en Grande-Bretagne. Pas moins de cinq cents appareils appartenant à trente-six forces aériennes venues du monde entier y participent. C'est la grande fête annuelle du ciel. En ce début d'après-midi, les gros nuages gris laissent peu à peu la place à quelques rayons de soleil et à un ciel de traîne.

Le show commence dans le bruit infernal des turboréacteurs des chasseurs bombardiers qui se succèdent les uns derrière les autres à un rythme plutôt soutenu. Massés par centaines dans les gradins qui bordent la piste, tous les Spotters et photographes attendent avec impatience le décollage de la patrouille des deux MiG-29 Fulcrum russes venus de Moscou. Deux biréacteurs arborant pour l'occasion une livrée civile jaune et bleu inhabituelle... Le Leader, Sergey Tresvyatsky, à bord du MiG-29 n° 526 et son ailier, Alexander Beschnastnov, aux commandes du MiG n° 925 se lancent dans le ciel l'un après l'autre. Ils effectuent un passage en formation serrée avant de "breaker" chacun de leur côté et d'entamer une série d'impressionnantes figures synchronisées dont une magnifique "cloche" (Tail Slide, littéralement : glissade sur la queue). Au même instant, les six chasseurs monoréacteurs Hawker Hunter F.Mk-58 de la "patrouille suisse" s'alignent et attendent la fin de la démonstration des Russes. Tout va bien jusqu'au moment où les deux MiG-29 tentent de rassembler l'un derrière l'autre, à la fin de leurs boucles respectives.

Manque de synchronisation ? Désorientation ? Toujours est-il que les deux pilotes se perdent de vue à cause des nuages dans lesquels ils sont brièvement entrés. Appel radio de l'ailier devenu momentanément aveugle : "Je ne te vois plus !"

Suivant la procédure à la lettre, Tresvyatsky "breake" sur la gauche en s'éloignant de la foule. Le deuxième Fulcrum, qui a tiré un peu plus pour éviter à son tour de trop s'enfoncer dans le nuage, rétablit en palier, se plaçant en pleine trajectoire de collision avec son Leader. Soudain, c'est le choc. Une aile ripe sur le dos du fuselage du MiG. L'avion Leader percute l'avion de son ailier juste en arrière du cockpit, avec une extrême violence, produisant un énorme nuage de débris métalliques jaunes et bleus. Le MiG-29 n° 526 remonte en chandelle, amputé de son aileron et du tiers de son aile gauche qui laisse échapper un panache de kérosène du réservoir interne. L'état de son stabilisateur monobloc gauche ne vaut guère mieux.

Le MiG de l'ailier est lui quasiment plié en deux, un peu comme le nez du supersonique Concorde en phase d'approche. À l'arrière, les deux tuyères des réacteurs RD-33 crachent une fumée épaisse de couleur ocre : du kérosène pulvérisé qui se transforme instantanément en une énorme torche de flammes. À bord, Alexander Beschnastnov, sonné, tire par réflexe, au bout de deux secondes, sur la double poignée d'éjection rouge de son siège Zvezda K-36D. Il est immédiatement catapulté hors de son cockpit. Le MiG-29 n'est plus à ce moment qu'une boule de flammes qui tournoie, à quelques centaines mètres au-dessus de la partie nord-est du terrain.

Dans le public, chacun retient son souffle. L'épave transformé en bombe volante retombe en vrille à plat, à côté de trois avions cargos militaires parqués sur le Dispersal. Une énorme explosion jaillit d'un bouquet d'arbres, à quelque 50 mètres de l'enceinte. L'effet de souffle projette une dérive du MiG-29 à l'horizontale ainsi que des centaines de débris et du fil barbelé. Une jeune femme faisant partie d'un groupe de resquilleurs juchés sur une remorque est légèrement blessée à la tête, tandis qu'un parachute orange et blanc redescend lentement.

C'est le pilote Alexander Beschnastnov, avec un kit de survie accroché sous lui. Les véhicules d'intervention anti-incendie de la RAF foncent déjà sur le taxiway en direction du point de crash. Le MiG-29 du pilote Leader est lui aussi gravement endommagé. Le tiers de sa voilure gauche en feu, il engage à son tour une vrille à plat, trois secondes à peine après la collision. Le pilote s'éjecte et le biréacteur explose environ 600 mètres plus loin dans un champ qui jouxte le périmètre de la base.

Les deux pilotes se relèvent dans l'herbe, à quelques centaines de mètres l'un de l'autre, enlèvent leurs casques et se débarrassent de leur parachute. Ils sont indemnes ! En attendant l'hélicoptère ambulance, Beschnastnov allume ostensiblement une cigarette, comme si de rien n'était, devant les caméras des équipes de la BBC. La légende veut que le pilote Leader, furieux, lui assène un fulgurant coup de poing pendant le vol vers l'hôpital. On ne dénombre miraculeusement aucun autre blessé parmi les spectateurs et les équipages. Le show aérien n'est pas interrompu et continue dans le ciel de Grande-Bretagne. Déjà, une formation de vingt jets d'entraînement BAé Hawk de RAF Valley survole la base de Fairford, en dessinant le chiffre soixante-quinze... pour commémorer le 75e anniversaire de la création de la Royal Air Force.

Ce récit appartient désormais à l'histoire de l'aviation. Depuis cent ans, depuis que l'homme maîtrise le vol, des milliers de moments forts, histoires extraordinaires, héroïques ou tragiques, ont jalonné la vie aéronautique du monde entier. Ce livre est un modeste hommage à tous ces hommes qui ont forgé l'aviation de ce XXe siècle. Qu'il me soit permis de donner pour ces quelques heures de lecture le “Top décollage !”.

Première partie

LES PIONNIERS
(1906-1930)

Santos Dumont s'envole à bord de cet étrange appareil le 23 octobre 1906. (Photo DR)

UN SAUT DE PUCE

Paris, 1906. C'est le temps de la Belle Époque, de la grande Exposition universelle et des débuts de l'électricité. Les frères Orville et Wilbur Wright, deux fabricants de cycles de Dayton, dans l'Ohio, continuent de défrayer la chronique avec leurs envolées. C'est le temps des Pionniers de l'air, et celui des "Sportsmen" qui font bonne figure dans leurs automobiles pétaradantes.

Parmi eux, Alberto Santos-Dumont, un original, "dandy" et mégalomane, fils d'un roi du café franco-brésilien. À 33 ans, il est la coqueluche du "Tout Paris".

À la fois technicien, aéronaute et inventeur de génie, il s'est fait connaître par ses excentricités. Il conçoit aussi des dirigeables. Avec son modèle n° 6, il vient de raffler les 150 000 Francs du prix "Deutsch de la Meurthe"... et les distribue à ses ouvriers et aux nécessiteux !

Mais les plus légers que l'air ne lui suffisent pas. Le jeune Franco-Brésilien décide de se lancer dans l'aventure des plus lourds que l'air – les fameuses "machines volantes dynamiques"–, celles auxquelles, à l'époque, on ne croit toujours pas.

En 1904, l'Aéro-Club de France et le président de la commission d'aviation Ernest Archdeacon ont offert un prix à celui qui accomplira une distance minimale de 25 mètres en aéroplane. Pourquoi pas ? Le défi est toujours à relever.

LA PREMIÈRE MACHINE VOLANTE

À l'aide de son mécanicien à "tout faire", Albert Chapin, et de quelques ouvriers spécialisés dans la fabrication des fuselages et nacelles de dirigeable, Santos-Dumont se met au travail. Il crée en un temps record un ambitieux aéroplane biplan avec un empennage fixé en avant du fuselage. Une sorte de formule "canard" avant-date.

Devant son énorme hangar de toile, à Neuilly Saint-James, l'étrange engin n'est pas très esthétique. C'est un hybride tenant du cerf-volant et de la motocyclette. La grande aile biplane, de 12 mètres d'envergure, est faite de bois de frêne et d'un entoilage de soie blanche.

Le fuselage, long de 10 mètres, est une copie des nacelles de dirigeable : une structure en bambou entoilé et un étroit panier-nacelle en osier. Détail plutôt singulier : l'aventureux pilote est en position debout, fait unique dans les annales de l'aviation... Les commandes de vol sont à l'avant pour contrôler le décollage et diriger éventuellement l'appareil en cours de vol, bien que Santos-Dumont envisage seulement d'effectuer un vol rectiligne.

L'ensemble est propulsé par une hélice Ferber métallique de deux mètres, placée à l'arrière et entraînée par un petit moteur Antoinette Levavasseur de 25 chevaux. Un minuscule chassis tricycle, avec roues à rayons et une béquille en frêne, constitue le train d'atterrissage.

L'ensemble de la structure de l'aéroplane est démontable en moins d'une demi-heure !

Le "monstre", comme on le surnomme, étonne les plus audacieux, mais laisse perplexe les spécialistes...

LES ENVOLÉES DU "PETIT SANTOS"

Le "Petit Santos", comme l'appelle affectueusement la presse parisienne, se lance alors dans des essais en vol tatillons mais fort prudents suivant les principes du capitaine Ferber. Faute d'un terrain suffisamment étendu, il suspend l'étrange aéroplane sous son dernier dirigeable gonflé à l'hydrogène, le n° 14. C'est ainsi qu'il prend l'air un jour de juillet 1906, devant quelques témoins réalisant ainsi probablement le tout premier vol composite de l'histoire.

"On dirait une poule suspendue à un œuf !" s'écrie l'un d'eux.

Une semaine plus tard, il effectue plusieurs vols dans cette configuration sur le terrain de Bagatelle. L'ensemble est baptisé "14 Bis". Le 28 juillet, Santos-Dumont complique quelque peu les choses. Dans sa propriété de Neuilly, il fait ériger un système complexe de poteaux et de câbles d'acier afin d'y accrocher le "14 Bis". Quelques hommes, aidés d'un âne, le hissent jusqu'au galet de roulement. L'aéroplane réalise quelques glissades avec ou sans l'utilisation du moteur, pour tester l'équilibrage de la cellule et le bon fonctionnement de ses surfaces de contrôle.

À l'issue de ces essais, le "14 Bis" est transporté, les 21 et 22 août, sur la pelouse du terrain de polo de Bagatelle afin d'y subir ce qu'on appellerait aujourd'hui des essais de roulage. À chaque fois, l'aéroplane est à la limite de l'envol, à près de 25 km/h, mais le nez de l'appareil refuse de se lever. Des modifications s'avèrent nécessaires. Dès le 3 septembre 1906, pour alléger la machine, Santos-Dumont décide le changement du moteur par un Antoinette de 50 chevaux de 80 kilos, l'adoption d'une nouvelle hélice avec un arbre raccourci, la surélévation du réservoir, et la suppression, dix jours plus tard, de la roulette arrière du train d'atterrissage.

Ainsi modifié, le 13 septembre, après quatre faux départs les jours précédents, un décollage raté le matin même, Santos-Dumont hurle à nouveau :

“Recommençons ! Attention ! Rangez-vous !”

Le moteur huit cylindres ronfle, 1 000 tours, et le “14 Bis” file à près de 35 km/h. C'est sa deuxième tentative, et vers 8 h 40 du matin il se redresse, quitte le sol, et accomplit un petit bond de cinq à sept mètres à... un mètre de hauteur ! Mais, le biplan retombe mollement, cabré sur son arrière. Il s'affaisse et casse son hélice ainsi que le bâti moteur au contact du sol.

“J'espérais faire un saut plané plus prolongé. J'ai dû me libérer trop tôt par un mouvement trop brusque du gouvernail, et je manquais de vitesse...” déclare Santos-Dumont à l'issue de son exploit.

Le 23 octobre suivant, à 9 h 20, l'aéroplane “14 Bis”, une fois de plus modifié, est installé près du porte-manivelle de démarrage. Deux essais infructueux nécessitent des réparations jusqu'en fin d'après-midi.

Alberto Santos-Dumont, engoncé dans la nacelle, roule sur 100 mètres, tire sur son volant de direction et son levier de profondeur. Il cabre exagérément sa machine de 300 kilos qui se dresse comme un cou de girafe... et parvient finalement à faire décoller son biplan sur plus de 50 mètres. L'appareil s'est envolé, sans rails, sans câbles, en utilisant seulement sa propre force motrice, comme le font aujourd'hui quotidiennement les 747 et autres Concorde... La coupe “Deutsch-

Archdeacon" est gagnée. Mais le moteur donne mal : 1 100 tours au lieu des 1 400 prévus. Le contact avec le sol est dur. Le "14 Bis" est trop instable en roulis. Il part en virage et le train trop fragile cède. Il en sera ainsi à chaque essai. Le glorieux "dandy" descend de sa nacelle, ému, et crie avant d'être porté en triomphe par un américain de forte corpulence :

"Enfin, j'ai gagné !"

Santos-Dumont décide alors de corriger son angle de décollage, fait vernir l'entoilage puis, pour contrecarrer le mouvement de roulis intempestif, procède à l'installation de volets mobiles en forme de losange entre les cellules externes de l'aile. Le tout est commandé par des anneaux reliés par des cordes et fixé à ses épaules. Il ne le sait pas encore, mais il vient d'inventer les premiers aérofreins.

UNE JOURNÉE HISTORIQUE

Le lundi 12 novembre 1906, le biplan retrouve son terrain de polo de Bagatelle. Les journalistes, les officiels, les photographes, tous sont présents pour couvrir l'événement. 10 h 00, premier essai. Il y a un peu de vent. Le biplan décolle pendant cinq secondes et parcourt 40 mètres, moteur à 900 tours. Une demi-heure après, le "14 Bis" repart pour deux vols de 40 et 60 mètres environ. Santos tente un virage en vain. Le train est faussé à l'atterrissage. Vers 16 heures, on remet ça. Deux vols, l'un de 50 mètres, l'autre de 82,60 mètres en sept secondes. Le record du 23 octobre est déjà battu.

Il est 16 h 45, Santos-Dumont décolle cette fois en sens inverse face au vent. Il plane à environ 5 ou 6 mètres de hauteur. "Le Petit Santos" se débat comme un beau diable avec de forts mouvements de roulis. Le “14 Bis” esquisse un virage à droite. Tandis qu’un certain nombre de promeneurs intrigués se précipitent imprudemment à proximité de la machine, Santos-Dumont coupe instinctivement l’allumage et se pose en léger virage. L’aile racle le sol et l’appareil est légèrement endommagé. Les commissaires de l’Aéro-Club de France présents sur le terrain mesurent sa distance de vol : près de 220 mètres en plus de 21 secondes ! Alberto Santos-Dumont a gagné le prix de l’Aéro-Club récompensant un vol mécanique de plus de cent mètres. Les semaines qui suivront, dans le courant, de l’hiver 1906 et le début de l’année 1907, seront pour le jeune Franco-Brésilien une occasion de plus de se pavaner en public. C’est l’apogée de la gloire. Il donne des interviews, préside des banquets, donne des conférences sur ce qui ne s’appelle pas encore l’aviation mais “la locomotion aérienne”. L’Aéro-Club de France offre 50 000 Francs pour le premier pilote qui parviendra à boucler un trajet d’un kilomètre en circuit fermé. C’est trop alléchant pour l’extravagant Alberto.

Santos-Dumont connaît pourtant les faiblesses de son “14 Bis”. Il décide toutefois de résoudre une bonne fois pour toutes l’instabilité naturelle de son appareil. De nouvelles modifications sont ordonnées, notamment sur les ailerons, dont la surface est agrandie. Santos-Dumont vient de commettre une erreur aérodynamique. Il l’apprendra à ses dépends.

Le vol a lieu le 4 avril 1907 sur le terrain de manœuvre de Saint-Cyr, plus grand que Bagatelle et balisé à cet effet. Le “14 Bis” vole sur 50 mètres, puis tout à coup l’aéroplane oscille tout en engageant un virage contrôlé. Santos-Dumont comprend qu’il y a instabilité en lacet dès qu’il y a “saute de vent”, et coupe aussitôt l'allumage de l'Antoinette. Mais l'aile droite heurte violemment le sol. Le choc est terrible. L'avant du fuselage s'écrase. C'est le premier véritable "crash" de l'aviation. Indemne, Santos-Dumont descend de sa nacelle le sourire aux lèvres, l'air rassurant envers ses amis qui l'entourent.

Le "14 Bis" est irrémédiablement détruit, mais la leçon portera ses fruits. Désormais, Alberto Santos-Dumont travaillera d'arrache-pied au travers de divers projets à la réalisation d'un meilleur aéroplane : ce sera le modèle n° 19, la fameuse "Demoiselle" !

Quant au prix du premier kilomètre en circuit fermé, il sera remporté par un certain Henri Farman sur Voisin, un beau jour de janvier 1908... Alberto Santos-Dumont affirmera peu avant son suicide le 23 juillet 1932 :

"J'ai fait ce que j'ai pu. Je n'ai pas toujours réussi. J'ai commis des erreurs, mais j'ai persévéré, et c'est à l'aviation que je dois les seules joies de ma vie !"

LE 14 BIS NE POUVAIT PAS VOLER !

Bien des décennies plus tard, à l'occasion du centenaire de la naissance de Santos-Dumont, on décidera au Brésil, avec la complicité du musée de l'Air, de construire en matériaux modernes deux répliques du "14 Bis" à moteur Lycoming. L'appareil destiné à la France sera amené à la Ferté Alais, puis à Cormeilles, dans le courant de l'automne 1975 pour le tournage TV des "Faucheurs de Marguerite". Aux commandes, Jean Salis s'y reprendra à plusieurs fois avant de pouvoir prendre l'air, non sans risques d'ailleurs. Si le centrage est bon, la portance de l'empennage avant est insuffisante pour effectuer une rotation à moins de 100 km/h ! À plus faible vitesse le “14 Bis” s’avère instable et dangereux. Alors, pour mieux comprendre, entre 1977 et 1983, avec l’aide des usines AMD-BA, on procède aux essais en soufflerie d’une maquette de la réplique du S.D. “14 Bis”, à la fois à Vélizy et au CEAT de Toulouse. Au vu des résultats, deux ingénieurs poseront la question suivante au directeur du musée de l’Air :

“Êtes-vous sûr que cet avion a volé ?”

LA GRANDE TRAVERSÉE

C'est le temps des faucheurs de marguerites, quelques années avant la Première Guerre mondiale. L'aviation n'est pas encore devenue une arme, et chaque mois apporte son lot de nouveaux exploits. Les records de distance tombent les uns après les autres. Mais ces vols s'effectuent essentiellement au-dessus de la terre ferme... Le premier pilote qui se risque à affronter un survol maritime, Édouard Bague, trouve la mort le 5 juin 1911 en tentant de rallier la Corse à bord d'un Blériot. Parmi les fous volants de cette époque figure également un ancien vendeur d'automobiles parisien de 24 ans né à la Réunion, un certain Roland Garros. Malgré des débuts difficiles dans le pilotage, tout lui réussit. L'enragé des plus lourds que l'air a toutes les audaces. Il participe à de grandes courses, puis à une tournée en Amérique du Nord dans le cirque aérien de John Moisant.

Le 4 septembre 1911, aux commandes de son Blériot XI allégé et doté d'un moteur de 50 chevaux, il bat un record d'altitude au-dessus de Saint-Malo, atteignant 3 910 mètres. L'année suivante, après un périple en Amérique du Sud avec Edmond Audemars, son ami de toujours, le fougueux pilote s'octroie une victoire dans le prix d'Anjou les 16 et 17 juin, et décroche un nouveau record d'altitude sur Morane Saulnier en atteignant 5 610 mètres. Au mois de décembre, il relie Tunis à Rome, la ville éternelle. Mais Garros voit déjà plus loin...

LA TENTATIVE

Au mois de juillet 1913, l'ambiance est morose. Excepté quelques vols d'entraînement à l'aérodrome Morane Saulnier de Villacoublay, Roland Garros souffre d'une certaine inaction. Il étudie plusieurs projets, dont un circuit ambitieux reliant la capitale à Tunis, via le Midi de la France, avec survol de la Méditerranée.

"La Méditerranée... L'Afrique... Je leur prouverai que la distance n'est plus un obstacle pour l'aviation !" affirme-t-il.

Pourtant la traversée de la Méditerranée présente, en cette année 1913, des risques importants. C'est une distance de près de 790 kilomètres qu'il faut franchir à bord d'un appareil qui ne possède pas toujours la fiabilité ni la sécurité requises. Comparativement à l'exploit de Blériot au-dessus de la Manche, le parcours est vingt fois plus long qu'entre Calais et Douvres. En dépit des avertissements que lui adresse la presse, Roland Garros persévère dans son projet. Deux monoplans Morane de type H sont alors mis en condition, avec des réservoirs permettant huit heures de vol sans escale. L'un des avions est expédié sur place. Mais le vent qui souffle du Sud empêche tout départ pendant plus de deux semaines.

"En consommant 25 litres d'essence à l'heure, je ne peux franchir 800 kilomètres que si le vent n'est pas contraire..." songe l'aviateur.

Resté à Paris, Garros attend avec impatience des nouvelles de son fidèle mécanicien, Jules Hué, envoyé à Fréjus-Saint-Raphaël. Le 21 septembre la situation devient favorable. Le pilote prend un rapide à destination de la Côte d'Azur. Il arrive à Saint-Raphaël le 22 septembre, aux alentours de midi. Le ciel est d'un bleu cristallin...

Roland Garros passe le reste de la journée à se concentrer sur son vol.

“Après la traversée de la Sardaigne, je vais passer cinq ou six heures en pleine mer. Là, en cas de panne, aucun espoir.” pense-t-il en se recueillant auprès de son monomoteur. Ce soir-là, le jeune pilote est tellement perturbé qu’il trouve difficilement le sommeil. C’est la violente sonnerie d’un réveil-matin qui le tire d’un sommeil difficile. Dehors, il fait encore sombre. Roland Garros se prépare.

Aux premières lueurs du soleil, ce mardi 23 septembre 1913, l’automobile mise à sa disposition par la Marine est déjà là pour amener le pilote à son Morane. Après avoir ouvert les portes du hangar, les marins aident à pousser le monoplan jusqu’au point de démarrage. Roland Garros enfile une combinaison imperméable, met ses gants et rabat son passe-montagne sur ses oreilles. Il vérifie une dernière fois l’hélice, l’empennage, palpe chaque roue, et se saisit de sa carte sur laquelle la route est tracée à l’encre. Puis il grimpe aux commandes. Et c’est le dernier adieu à deux marins émus et à une amie venue assister à son décollage. La voix traînante et nasillarde de Hué, son mécanicien, le ramène à la réalité.

“Patron, vous pouvez y aller !

– Contact ! s’écrie Garros.

– Voilà…”

Il est 5 h 47. Le moteur Gnome démarre au premier coup d’hélice, et tourne aussitôt comme une horloge dans un vrombissement souple et régulier. Le Morane H roule lourdement pendant au moins trois minutes et décolle. Roland Garros prend un cap direct en prenant de l’altitude. Tout va bien…

MOTEUR ENDOMMAGÉ

Le monoplan survole déjà la plage, la digue et l'anse du port de Saint-Raphaël. Garros se retourne sur son siège et contemple une dernière fois la côte de l'Esterel qui s'éloigne, ne laissant bientôt plus qu'un fond de Riviera embrumée et endormie sur une mer bleu pâle. Le Morane vole déjà à 1 000 mètres d'altitude alors qu'au loin commencent à apparaître les premières montagnes de la Corse, à une centaine de kilomètres sur la gauche. Cela fait 20 minutes que le petit monomoteur a pris l'air. Un coup d'œil à la carte et à la boussole. Le trajet n'est qu'une ligne droite tracée entre Saint-Raphaël et Bizerte, jalonnée tous les cent kilomètres de points de report figurant l'horaire de passage prévu. Roland Garros a fait installer deux montres à bord : l'une indique l'heure locale et l'autre, à son poignet, réglée sur midi au moment du départ, le temps de vol.

“Je dois absolument passer sur Cagliari à 11 heures, et il me restera trois heures d'essence pour les derniers 225 kilomètres, soit une marge de sécurité d'environ une heure” se répète Garros, engourdi par le froid, le manque de sommeil et le ronronnement régulier du moteur.

Soudain, vers 7 h 20, un éclatement sinistre le sort de sa torpeur. Un bruit métallique et sec qui secoue toute la machine.

“Misère ! Le moteur ! Et la terre qui est au moins à une heure de vol...” s'exclame Garros. Un cognement sourd et cyclique ébranle toute la structure du Morane. Sur le capot, une grosse bosse est apparue avec un trou d'où suintent des gouttes d'huile que le vent relatif projette régulièrement au visage de l'aviateur. Une pièce du moteur a visiblement lâchée. Dans les premières minutes, c'est l'inquiétude qui prévaut.

“Curieux quand même, ce moteur qui continue de tourner...” pense R. Garros. “Réduisons au minimum... S’il tient maintenant, il n’y a pas de raison qu’il s’arrête !”

Une heure plus tard, le fragile aéroplane survole la région d’Ajaccio à 1 800 mètres. Le moteur tourne toujours.

“Il tiendra bien quelques minutes encore, jusqu’à la Sardaigne. Là, j’aurai deux heures au-dessus de la terre ferme, pour l’observer à l’aise...” estime le pilote.

Le vol se poursuit sans autre problème à 1 500 mètres d’altitude et à 100 km/h de moyenne. Garros s’accoutume bon gré mal gré à cette mystérieuse et régulière secousse. En abordant les côtes de Sardaigne, le pilote se cramponne au manche à balai à cause des turbulences provoquées par les hautes montagnes. Les nuages s’accumulent et il lui faut descendre, d’abord à moins de 800 mètres, puis à 600 mètres pour leur échapper. Il est 10 h 45, Cagliari se profile sur l’horizon. Le Morane H compte près d’une heure de retard sur son plan de vol et une réserve d’essence quasi-consommée du fait de son problème de moteur.

“Pierre Shock doit m’attendre. J’atterris ou je continue ?” se demande le Français qui n’aperçoit pas les signaux de son mécanicien au sol. Il prend alors une décision insensée : “Eh puis zut ! Je continue !”

Il ne peut plus reculer, comme poussé par une force invisible qui l’entraîne au large, au-dessus d’un bras de mer de plusieurs centaines de kilomètres.

Dès lors, Garros s’évertue à économiser son précieux carburant et à solliciter son moteur le moins possible. Le Morane H grimpe vers 3 000 mètres, au-dessus d’une couche de nuages s'épaississant à vue d'œil. La côte a disparu, et les vagues de la Méditerranée ne sont plus visibles qu'au travers de quelques trouées. Sous les rayons d'un soleil aveuglant, l'aviateur a tellement réduit les gaz que le moteur Gnome "Sigma" semble s'époumoner, et avoir des ratés.

"Je ne sais même pas si j'avance ou si je recule !" songe Roland Garros, tout en vérifiant constamment son pointeau d'essence.

Tout à coup, comme si cela ne suffisait pas, un nouveau claquement de rupture se fait entendre. De nouveau, l'angoisse saisit le pilote solitaire.

"Plus que vingt litres d'essence... Une heure de vol... Mais où est la terre ?"

Les minutes s'écoulent, longues, tandis que le réservoir du Morane se vide comme un sablier. Garros regarde la mer sous lui et les bouillonnements d'écume des vagues d'où semblent émerger, de temps à autre, de nombreux marsouins.

"Cela vaudra toujours mieux que les requins !" songe-t-il.

CAP VERS L'AFRIQUE DU NORD

Il ne lui reste guère que vingt minutes d'essence, tout au plus. Roland Garros n'en finit pas de recalculer sa consommation et les quelques litres qui lui restent. Pas d'erreur possible, le chiffre affiché sur le niveau est bien le bon. Le jeune aviateur en est d'autant plus certain que c'est lui-même qui a assuré la graduation lors des essais en vol menés à Villacoublay. Et contre toute attente, à travers une déchirure, trois petits points noirs surmontés de quelques volutes de fumée noire apparaissent à l'horizon.

“Trois torpilleurs ! On est venu à ma rencontre !... Ça, c’est un coup de l’ami Léon Barthou !... Sauvé... Sauvé...” s’exclame Garros, tout en pensant à son ami Louis Barthou, vice-président de l’Aéro-Club de France.

Il coupe aussitôt l’allumage et plonge en spirale à travers les nuages. Les trois bâtiments taillent leur route de front, à toute vapeur, en direction de Cagliari, vers la Sardaigne... Alors que le Morane ne se trouve plus qu’à trois cents mètres des torpilleurs, ces derniers, qui l’ont vu, s’immobilisent et font demi-tour.

Roland Garros en profite pour redémarrer difficilement son moteur.

“Manquerait plus qu’un bain maintenant ! Mais non, un Gnome, ça casse quelquefois des pièces, mais ça ne s’arrête jamais...” pense-t-il, le soleil dans les yeux.

L’avion repart péniblement, et reprend la route de Bizerte en suivant le sillage tracé dans l’eau par les trois bâtiments de guerre.

Puis la côte africaine tant attendue se dessine au loin, grisâtre. Et rapidement, après 7 heures et 53 minutes de vol, le Morane descend à l’ouest de Bizerte, pour finalement atterrir sur un champ de manœuvre pratiquement désert, près de la base navale.

“Eh bien, il n’y a pas grand monde ici !” se dit Roland en posant le monomoteur. Il n’a plus que 5 litres d’essence au fond de son réservoir. Il est 13 h 40. Le moteur coupé, le pilote reste prostré au beau milieu du terrain, seul pendant de longues minutes. Puis un soldat en bourgeron blanc s’approche sans hâte et l’observe avec étonnement.

“Vous venez de loin ? lui demande-t-il.

– De France…” rétorque Roland Garros.

Le soldat sourit silencieusement, avec un air incrédule. L’aviateur descend de son cockpit et examine aussitôt l’état du moteur. Il manque un ressort de rappel et son support à la tête d’un cylindre.

Seule la force centrifuge a permis le fonctionnement de la soupape. En scrutant d’un peu plus près le moteur Gnome, Garros remarque alors qu’un axe de culbuteur s’est littéralement fendu dans sa longueur, et que la moitié de la pièce s’est désintégrée.

Le fonctionnement du moteur a donc tenu d’un véritable miracle. Avec l’aide du général Fournier, gouverneur de la place, l’aviateur entreprend alors de faire sommairement procéder aux réparations dans un des ateliers de l’arsenal.

Puis on arrose l’événement au mess des officiers de la garnison…

Alors que plusieurs milliers de personnes et toutes les autorités l’attendent à Tunis depuis deux heures !

Les réparations ne seront malheureusement terminées qu’au soir. Roland Garros décide malgré tout de repartir vers Tunis, son but ultime.

Rapidement surpris par la nuit, l’aviateur, un peu perdu, parvient à poser son appareil dans un champ de chaume, à la lueur de feux de camp allumés par les paysans arabes.

Il doit passer la nuit à Protville, une petite station postière où on lui offre un bon dîner et un lit.

LE HÉROS DU JOUR

Il est un peu plus de 22 heures lorsque le postier lui transmet un télégramme, envoyé à Tunis par Louis Barthou, le président du Conseil :

"Je suis heureux de vous adresser mes félicitations pour l'exploit audacieux et magnifique que vous avez accompli. Il honore à la fois votre courage personnel et l'aviation française."

Vers minuit, Roland Garros est réveillé par un groupe d'aviateurs militaires venus en auto depuis Tunis, afin de lui porter assistance. Il confie alors le moteur du Morane aux bons soins des mécaniciens dépêchés sur place.

Le 24 septembre 1913 à l'aube, Garros redécolle pour franchir les derniers kilomètres qui le séparent de Tunis où il se pose vers 6 heures du matin sur le champ de Kassar Saïd. Deux heures plus tard, son avion est démonté et embarqué à bord du paquebot "Manouba" à destination de Marseille. Dès lors, le nom de Garros entre vivant dans la légende de l'aviation...

PREMIER COMBAT

Lorsque débute la Première Guerre mondiale, l'avion n'est pas considéré comme une arme mais comme un moyen de reconnaissance et d'observation, et à la limite comme un sport. Bien que leurs appareils soient équipés de mitrailleuses, voire de simples carabines ou de revolvers, peu d'aviateurs pensent alors qu'un combat aérien entre aéroplanes soit réaliste, et nul ne pense sérieusement à utiliser des armes en vol...

D'ailleurs, les premiers duels aériens se révèlent décevants : les équipages tirent de trop loin, sans précision aucune. Une directive du commandement allemand, émise le 2 octobre 1914, interdit même à ses équipages de rechercher le combat ; tandis que du côté français, on n'admet l'emport d'armes à bord que pour se défendre en cas d'atterrissage forcé dans les lignes ennemies.

FRANTZ ET QUENAULT

Pourtant, quelques irréductibles restent convaincus du contraire. Parmi eux un inconnu, le sergent Joseph Frantz, qui compte, à 24 ans, parmi les plus brillants aviateurs français. Passionné par les plus lourds que l'air, il a obtenu son brevet de pilote le 16 janvier 1911. Il est aussi détenteur d'un record du monde d'endurance pour avoir rallié Reims à Amiens en 4 heures et 27 minutes avec deux passagers.

Avec son mécanicien Louis Quéneau ils forment l'équipage du biplan Voisin LA-III de l'escadrille de bombardiers légers V-24 stationnée sur la base de Lhéry, dans la Marne. Dès le mois d'août 1914, Frantz et Quenault envisagent d'appliquer leur théorie sur le combat aérien en faisant équiper leur Voisin d'un mousqueton de cavalerie, qui se révèle totalement inefficace. L'idéal serait de pouvoir disposer d'une mitrailleuse…

"Le Voisin est un bombardier léger, trop lourd pour une poursuite en vol, affirme le capitaine Favre, chef de l'escadrille.

– Justement, mon capitaine ! rétorque Frantz. Il est lourd mais son fuselage est si bien dégagé qu'il laisse un bon champ de tir. Les avions allemands sont mal conçus pour livrer des combats aériens. On attaquera donc par l'arrière, à très courte distance, dans l'axe des empennages de l'appareil adverse. Le Voisin est un biplan léger, souple et maniable, permettant de déjouer les manœuvres de défense de l'adversaire et de rester "cramponné" à sa queue. Bah ! Il ne faut pas être trop exigeant. On a ce que l'on a ! Le Voisin fera ce qu'il pourra !"

Avec la complicité du constructeur Gabriel Voisin, des fusils mitrailleurs Hotchkiss sont montés sur des fourches à pivot dans l'après-midi du 18 août sur six Voisin LA-III, contre l'avis des officiers observateurs de la Ve Armée. Dans les semaines qui suivent, les occasions de se frotter à des avions ennemis sont rares, voire inexistantes.

Le 8 septembre, pour défendre le terrain de Sholkiv, le lieutenant russe Nesterov jette volontairement son Morane sur l'avion du lieutenant autrichien von Rosenthal, précipitant les deux hommes dans la mort, et constituant ainsi, en quelque sorte, la première confrontation réelle de l'histoire de l'aviation.

CIBLE EN VUE

Le lundi 5 octobre 1914 au matin, les deux aviateurs partent à bord de leur LA-III, pour une mission de bombardement sur des rassemblements ennemis situés derrière le fort de Brimont, près de Reims. Sur le chemin du retour, vers la base de Chéry, Frantz aperçoit un point noir à basse altitude. Se rapprochant, les deux hommes constatent qu'il s'agit d'un aéroplane de reconnaissance allemand qui regagne ses lignes. C'est un biplan Aviatik BI monté par deux membres d'équipage. Il est reconnaissable à son plan fixe en forme de trèfle, à sa nourrice d'essence étincelante et au pot d'échappement de son moteur Mercedes qui, telle une courte cheminée verticale, dépasse du plan supérieur. Frantz, sans hésitation, vire, pique, et se lance à la poursuite de l'avion ennemi, puis se place sur son arrière.

"Primo : le pousser vers les lignes françaises. Secundo : l'attaquer par derrière, pour gagner du temps et éviter la collision !" songe alors le pilote français.

Grâce à cette tactique, il est en mesure d'empêcher l'observateur, assis à l'avant et gêné par le pilote assis dans le cockpit arrière, d'ouvrir le feu.

Ce dernier les a vus et vire à gauche, sèchement, pour s'échapper à 1 900 mètres, au-dessus des lignes françaises. Exactement, comme J. Frantz le souhaite. Le biplace de reconnaissance décrit maintenant un large cercle. À près de 120 km/h, le Voisin gagne du terrain et se rapproche. Le pot d'échappement de l'Aviatik crache alors un nuage de fumée bleuâtre : le pilote allemand qui cherche à fuir vient d'ouvrir les gaz de son moteur Mercedes D.II de 120 chevaux en grand. Frantz distingue avec une netteté incroyable les haubans renforcés peints en vert de gris et le cockpit du biplan allemand. Les deux aviateurs adverses sont casqués de cuir noir. Le premier se penche et braque une arme dans leur direction.

“Attention ! Il tire !” hurle Quenault.

Bientôt, les deux biplans ne sont distants que de cinquante mètres environ. L’Obertleutnant Fritz von Zangen commence à tirer avec sa carabine à répétition. Sans résultat.

“Un fusil à répétition. Dangereux, ça !” commente Quenault.

“Me placer dans l’angle mort de son empennage. Il n’osera plus tirer” crie Frantz. Et d’un mouvement sec du manche, le Voisin, grâce à ses puissants ailerons compensés, se place à vingt mètres en arrière de l’empennage de l’Aviatik.

Le pilote maintient sa position avec fermeté pour bien rester dans l’axe de son adversaire.

“Mais Quenault ? Que fait-il ? Alors, il ne tire pas ?... Il faut l’avoir cet Aviatik !” pense Joseph avec inquiétude.

DEUX RAFALES DE QUARANTE-SEPT BALLES

Plus d’une minute de combat, déjà. Quenault, l’œil au viseur, la main droite sur la crosse quadrillée, agenouillé dans le cockpit sur sa sellette de molesquine, attend l’occasion d’ajuster son tir. Il riposte finalement avec son fusil-mitrailleur Hotchkiss, coup après coup, évitant les rafales qui risqueraient d’enrayer son arme. Quenault, bien que fasciné par le gigantesque Aviatik BI, appuie calmement sur la détente. Pas de correction-tireur ni de correction-but à faire. Les deux avions sont comme immobiles dans le ciel.

Bizarrement, aucun impact n'apparaît sur l'entoilage du biplan. Surpris, le pilote allemand tente plusieurs fois de s'échapper en piqué et en virages serrés. Rien à faire ! Frantz se colle à lui comme une ombre. De la vallée de la Vesle, le premier combat tournoyant de l'histoire gagne progressivement la vallée de l'Aisne, au nord-est de Fismes. L'observateur allemand s'agite dans son habitacle, car il ne peut tirer sans risquer d'endommager la dérive ou tuer son pilote. Quenault est en sueur sous son passe-montagne malgré le froid du vent. Perdant toujours de l'altitude, d'une aile sur l'autre, les deux biplans font des huit. Un premier chargeur de vingt-cinq balles perforantes est rapidement épuisé. Le mécanicien en introduit un deuxième dans la culasse de son arme, et reprend son tir. Une à une, les douilles vides s'accumulent dans le filet rattaché à la culasse du fusil-mitrailleur pour éviter qu'elles ne brisent l'hélice arrière. Les minutes s'écoulent. Frantz a la gorge serrée et pense tout haut :

"On ne l'aura donc pas cet Aviatik ! Mieux vaut être tué soi-même que de l'avoir manqué !"

Mais à la quarante-septième cartouche, la mitrailleuse cesse de fonctionner.

"La mitrailleuse est enrayée !" s'exclame Quenault qui essaye tant bien que mal de réparer son Hotchkiss en démontant la culasse mobile, debout malgré les turbulences.

Déçus, les deux aviateurs français doivent se résoudre à abandonner la partie, lorsque tout à coup, ils voient avec stupéfaction l'Aviatik ralentir, se cabrer, basculer sur l'aile gauche et passer lentement sur le dos. Le pilote a été tué net.

"Victoire ! On l'a touché !" hurle Joseph Frantz qui dégage, in extremis, pour éviter la collision.

Le petit biplan pique sans contrôle, hélice à plein régime, remonte, pique à nouveau vers le sol. Il s'écrase dans un nuage de poussière et de lambeaux de toile blanche, en lisière d'un marécage, entre Muizon et Jonchery.

CADAVRES CARBONISÉS

Frantz et Quenault se posent non loin du point de chute. L'épave de l'Aviatik flambe, surplombée d'un énorme panache de fumée noire et entourée de soldats français, sortis par milliers des tranchées pour suivre ce premier duel aérien. Une immense clameur monte alors vers le ciel. C'est celle des dizaines de milliers de fantassins, artilleurs, cavaliers, pionniers français et allemands qui viennent de suivre cet extraordinaire spectacle. Joseph Frantz déclarera par la suite :

"Je me plairais à me remémorer ce souvenir qui est pour moi le plus beau de la guerre, s'il n'y figurait pas la pénible vision des deux aviateurs ennemis percés de plusieurs balles, de leurs corps nus à demi-carbonisés gisant à côté des débris de leur avion..." Les deux aviateurs français seront décorés après avoir été félicités directement par le général Franchet d'Esperey, accouru sur les lieux.

"Beau travail, mes enfants ! Ça mérite la médaille militaire" leur dit l'officier général.

– Hum ! C'est que... je l'ai déjà, mon général lui répond le sergent Frantz.

– Vous avez déjà réalisé d'autres exploits ? Ça vous vaudra donc la Légion d'honneur !"

Le vendredi 9 octobre suivant, devant le front des troupes rendant les honneurs, sera consacré le premier véritable combat aérien. Joseph Frantz recevra sa décoration pour "avoir poursuivi et réussi à abattre un avion allemand en reconnaissance au-dessus des lignes françaises". On attribuera à Quenault la médaille militaire.

Joseph Frantz expérimentera par la suite un avion-canon à partir du Bourget, avec lequel il obtiendra une deuxième victoire aérienne, au mois de mai 1915, contre des avions et des ballons d'observation ennemis. Participant à la mise au point d'une douzaine d'appareils différents, dont les grands triplans équipés de moteurs Hispano-Suiza, il terminera la Grande Guerre avec le grade de lieutenant.

De nouveau mobilisé en 1939, le capitaine Joseph Frantz commandera le groupe de transport 33/106, basé à Bordeaux. Après la guerre, il dirigera l'association des Vieilles Tiges créée en 1920 ainsi que la revue *Pionniers.* Pilotant jusqu'à l'âge de quatre-vingts ans, il décédera le 12 septembre 1979 à Paris.

1918 – Un aérostier allemand saute en parchute depuis son ballon d'observation qui vient d'être touché. (Photo DR)

TUEUR DE BALLONS

L'un des meilleurs chasseurs monoplaces de la Première Guerre mondiale est sans conteste le Spad S. XIII. Il entre en escadrille sur le front occidental en mai 1917 et connaît une brillante carrière, produit à 8 472 exemplaires. Un pilote en fait son cheval de bataille : Frank Luke Junior. Natif de Phœnix, dans l'Arizona, ce jeune homme de vingt ans deviendra le deuxième as de l'aviation américaine de la Grande Guerre après le célèbre capitaine Edward V. Rickenbacker, commandant le 94th Aero Squadron, lui-même crédité de 27 victoires aériennes.

Luke décroche ses ailes de pilote à la School of Aeronautics d'Austin (Texas). Premier de sa promotion, tireur d'élite, sa vantardise et ses prouesses lui valent d'être rapidement mis à l'écart au sein de son unité d'affectation, sur le front de France. Rickenbacker le surnomme à juste titre : "le plus intrépide des chasseurs du ciel" !

LA CHASSE AU "DRACHEN"

Le mercredi 11 septembre 1918, le lieutenant Frank Luke est consigné au mess du 27th Aero Squadron, près de Château-Thierry, en compagnie de son ami et ailier le lieutenant Joseph Wehner. Ce soir-là, les pilotes ne parlent que de ces fameux ballons d'observation, les "Drachen", qui fournissent des renseignements précieux à l'ennemi. Suspendu dans une nacelle, un observateur muni de puissantes jumelles communique le moindre mouvement de troupe à l'aide d'un téléphone relié au sol. Attachées par un filin, ces énormes "saucisses" gonflées à l'hydrogène, dont l'enveloppe mesure 15 mètres sur 61, peuvent être, à la demande, montées et descendues à l'aide d'un treuil installé sur un camion. Leur altitude peut atteindre 600 mètres. Elles sont défendues par tout un bataillon d'artillerie et bien souvent par des chasseurs de protection. Attaquer un de ces ballons revient donc à se jeter dans la gueule du loup.

Le lendemain matin, à l'aube du jeudi 12 septembre 1918, c'est le début de l'offensive contre le saillant de Saint-Mihiel : une attaque qui met en ligne une importante concentration de moyens aériens avec 611 avions américains et 627 machines françaises placées sous le commandement du brigadier général Billy Mitchell. Le 27th Aero Squadron entre dans la danse pour couvrir l'avance des troupes au sol, ralenties par les tirs précis de l'artillerie allemande. Frank Luke, à bord de son Spad S. XIII n° 26, aperçoit un ballon d'observation allemand servant au réglage des tirs d'artillerie. Il est amarré à environ 3 km en arrière des lignes de front US, près de Marieville, juste à l'extérieur de son secteur de patrouille. De retour à sa base, le jeune officier demande à redécoller pour l'abattre, en compagnie de son ami et ailier, le lieutenant Joseph Wehner, qui vient à peine de se poser pour refaire de l'essence.

"Accordé !" leur répond le Captain Grant, commandant le 27th Aero Group. Les deux hommes courent alors vers leurs machines et décollent immédiatement.

Quelques dizaines de minutes plus tard, tandis que Wehner

cercle au-dessus de lui pour le couvrir, le Spad S. XIII de Frank Luke pique sur le ballon, mais une de ses deux mitrailleuses Vickers s'enraye... Du sol monte un feu nourri. Luke redresse, et bientôt son biplan est entouré d'innombrables explosions d'obus de DCA et de rafales de mitrailleuses qui crépitent de tous côtés. Mais le jeune lieutenant fait preuve de ténacité. Il vire aussitôt et fonce droit sur le "Drachen", actionnant fébrilement sa seule mitrailleuse en état de marche. Criblé de balles incendiaires, le ballon explose dans une formidable boule de feu et Frank redresse in extremis son appareil pour échapper aux flammes.

"Ma première victoire !" s'exclame l'officier américain.

À partir de ce jour, Luke sera irrésistiblement attiré par les ballons allemands.

FEU MEURTRIER

Deux jours plus tard, le 14 septembre, il est de nouveau volontaire pour une nouvelle mission. Cette fois plusieurs chasseurs alliés assurent sa protection. Ce n'est pas un ballon qu'il repère à basse altitude au-dessus des lignes ennemies, près de Bionville, mais trois ! Luke bat des ailes à l'intention du leader de la formation, puis pique droit vers ses cibles. À peine a-t-il commencé son piqué que deux Fokker surgissent du ciel et sont pris à partie par les chasseurs d'escorte. Luke déclenche le feu de ses mitrailleuses sur la masse grise d'un premier ballon :

"Hell ! Il ne s'enflamme pas !" crie le pilote rageur.

Il effectue une première, puis une deuxième passe. La troisième est la bonne. Le ballon explose tandis que les impacts se font de plus en plus nombreux dans l'entoilage du Spad. L'officier en colère vire à nouveau vers le périmètre des installations ennemies pour vider le reste de ses chargeurs sur les batteries antiaériennes. À court de munitions, Luke retourne vers sa base, maintenant tant bien que mal son biplan gravement endommagé en ligne de vol. Lorsqu'il se pose, les mécaniciens du 27th Aero Squadron applaudissent de leurs mains noircies de cambouis. Ils n'en reviennent pas : le Spad n'est plus qu'une véritable passoire, bon pour la casse... Une balle est même retrouvée fichée dans l'appui-tête, à 15 cm à peine de la tête du pilote. Un nouveau Spad est alors sorti d'un hangar à la demande du pilote américain. En fin d'après-midi, la formation reprend son envol pour détruire les deux ballons restants.

Luke, une nouvelle fois, pique sur son objectif suivi cette fois de son ailier Wehner. Un coup d'œil autour d'eux, le temps d'apercevoir huit Fokker qui leur foncent dessus. Plus un instant à perdre : Luke et Wehner poussent les manettes des gaz en avant et piquent sur le ballon. Paniqué à la vue des deux biplans, l'observateur allemand saute de sa nacelle, et malgré la faible hauteur tire sur la cordelette de son parachute. Bien lui en prend car, touché par une balle incendiaire, l'énorme ballon explose immédiatement. Les deux Spad traversent les grandes volutes de fumée, et repartent plein pot vers leur base.

Le lendemain à l'aube, Luke reprend l'air avec l'opiniâtreté qu'on lui connaît, toujours en quête du troisième ballon restant à abattre dans le secteur de Bionville. Un nouveau "Drachen" surgit devant ses yeux, au-dessus du bois d'Hingry. Il décide alors de retourner à la base afin d'aider à planifier une nouvelle attaque.

"Trois formations de cinq chasseurs vous couvriront pendant votre piqué !" explique le captain Grant au cours d'un briefing improvisé. "Une minute plus tard, nos appareils piqueront derrière le vôtre."

Frank redécolle vers 17 heures.

Comme prévu il surgit des nuages tel un rapace, piquant droit vers le ballon de Bionville... avec cinq Fokker à ses trousses, eux-mêmes poursuivis par les trois formations de chasseurs. Le jeune pilote fait une nouvelle fois acte de témérité et descend son troisième ballon. Mais les observateurs alliés voient avec effroi le biplan disparaître sous la ligne d'horizon. Luke a en fait redressé à quelques mètres à peine du sol pour échapper aux redoutables tirs de la DCA. Il pose carrément son Spad dans un champ voisin. Immobile, moteur au ralenti, Frank aperçoit, à peine dissimulé par les arbres un autre ballon. Plein gaz il redécolle, évitant de justesse les fossés et cratères d'obus. Piloté avec maestria, le Spad virevolte à un mètre du sol entre les arbres et les enchevêtrements de fils barbelés. L'effet de surprise est complet. Le petit biplan rase les soldats allemands, puis grimpe en chandelle, mitrailleuses en action, droit vers le "Drachen" qui retombe en flammes. Et c'est le retour vers la base... Où Luke saute dans un nouveau Spad et, dans les dernières lueurs du jour, abat un dernier ballon au nord de Verdun...

18 VICTOIRES EN 17 JOURS

Le lendemain et le jour suivant, une mauvaise météo interdit toute mission. Le 18 septembre au matin, le soleil refait son apparition. Luke et Wehner décollent en patrouille. Tout à coup, trois ballons “Drachen” surgissent au-dessus des lignes adverses.

“À cette heure de la journée, ce n’est pas normal !” pense le jeune pilote américain.

En effet, tandis que Luke anéantit le premier engin avec son ailier en couverture, six Fokker D VII tombent des nuages. Le Spad s’aligne sur le second “Drachen”. Les Vickers crachent à nouveau leurs balles incendiaires et le ballon explose dans une lumière aveuglante. Wehner engage alors un terrible combat tournoyant et détruit deux avions. Mais la lutte s’avère inégale.

Touché à mort, le Spad S. XIII de Wehner tombe en flammes et s’écrase au sol. Au même instant, tandis qu’il grimpe plein gaz à 225 km/h, le moteur Hispano Suiza de 220 cv de l’avion de Luke commence à cafouiller.

“Réservoir principal vide !” crie Luke, rendu fou de rage par la mort de son ami. “Il faut que je pompe manuellement sur mon réservoir supplémentaire. Je n’en ai plus que pour dix minutes de vol !”

Luke part à la poursuite des quatre chasseurs ennemis et les rattrapent. Il fait feu sur l’avion du Leader, touchant le pilote allemand qui s’effondre.

Le Spad aligne alors le second Fokker D VII qui tente de s’échapper par la droite. Virant plus serré, il se place en position de tir. Le biplan allemand, moteur et aile droite criblés de balles, tombe en une vrille mortelle jusqu’au sol. Les deux derniers chasseurs ne demandent pas leur reste. La bataille n’a duré que dix minutes.

En retournant vers sa base, Luke intercepte un LVG,

biplace de reconnaissance allemand, et le balaye d'une longue rafale, tuant le pilote. En six jours, Luke vient de totaliser onze victoires aériennes, un score qui dépasse celui de Rickenbacker.

Après une semaine de permission à Paris, l'as américain revient dans son unité, le 26 septembre, juste à temps pour l'offensive de la Meuse-Argonne. Il n'effectuera qu'une seule sortie qui se soldera par la destruction d'un Fokker. Deux jours plus tard, désobéissant aux ordres, le lieutenant Luke abat un Hanover biplace et doit se poser en catastrophe sur le terrain français de Toul.

LE DERNIER COMBAT

Au petit matin du dimanche 29 septembre 1918, l'"indestructible" Frank Luke grimpe dans sa machine, moteur réchauffé, plein fait, mitrailleuses Vickers réapprovisionnées, et un sac de grenades à main déposé au fond du cockpit. Le Spad S. XIII n° 26 décolle et se dirige vers un avant-poste sur la Meuse. Soudain, le ciel se remplit de chasseurs allemands : dix Fokker qui patrouillent à 12 000 pieds et qui se relaient toute la journée dans l'attente d'une attaque. Luke se lance dans un terrible combat. Mais, atteint par des tirs venus du sol, le Spad S. XIII semble tomber en perte de contrôle. Il pique droit sur trois ballons "Drachen". L'appareil se redresse au dernier moment, heurte d'une roue un sac de sable. Frank fait feu sur un premier ballon, qui s'enflamme instantanément. Mais le Spad est dans un triste état et Frank a reçu un éclat de balle dans l'épaule qui le fait horriblement souffrir.

"Je rentre à la base !" murmure le jeune pilote blessé. Mais il aperçoit les deux autres ballons ! La tentation est trop forte :

il tire encore et encore ! L'une après l'autre, les deux masses grises prennent feu. Une dernière passe sur les nids de mitrailleuses, les dernières grenades sont lancées. Cette fois-ci, Luke en a trop demandé à son vieux Spad XIII et doit le poser dans un champ, près d'un cimetière. Le jeune lieutenant s'extirpe de son cockpit. Les troupes ennemies, qui l'ont déjà repéré, arrivent quelques minutes plus tard.

"Rendez-vous !" crie un officier allemand. Pour toute réponse, Luke dégaine son Colt 45 et vide son chargeur. Il a poussé trop loin son intrépidité et s'effondre, fauché sous les balles allemandes. En 1919, Frank Luke, deuxième as de l'aviation US de la Grande Guerre, recevra à titre posthume la Medal of Honour du Congrès américain...

ALCOCK ET BROWN

Nous sommes à la veille de la Grande Guerre. La traversée "non-stop" de l'Atlantique Nord est le plus grand rêve des aviateurs de cette époque. En avril 1913, le magnat de la presse lord Northcliff offre la coquette somme de 10 000 livres sterling (l'équivalent d'un million de dollars actuels) au premier aviateur qui parviendra à traverser le grand océan, sans escale, d'ouest en est. Cinq années plus tard, après une grande parenthèse liée au conflit mondial, le mécène d'outre-Manche et le quotidien britannique *Daily Mail* réitèrent l'offre afin de "stimuler la production de moteurs plus puissants et d'appareils mieux conçus". Le règlement, placé sous la haute autorité du Royal Aero Club, implique une traversée d'une durée maximale de 72 heures, avec un seul amerrissage toléré, sans sens précis de l'itinéraire. Il faudra néanmoins attendre le début de l'été 1919, avant que plusieurs équipages ne se lancent dans l'aventure.

Le dimanche 18 mai 1919, à 15 h 48, l'Australien Harry Hawker (le futur grand constructeur, entre autres, des chasseurs Hurricane) et son navigateur, le lieutenant commander Kenneth MacKenzie-Grieve, tentent leur chance depuis Terre-Neuve, à bord d'un Sopwith Atlantic. Mais cinq heures plus tard, pris dans une tempête et en raison d'un problème de moteur, ils sont contraints d'amerrir d'urgence en plein océan. Ils n'ont parcouru que 2 200 kilomètres depuis leur aérodrome de départ. Par une chance incroyable, les deux hommes seront recueillis le lendemain par un cargo à vapeur danois croisant à proximité, le “Mary”. Dépourvu de radio, le commandant du navire ne pourra annoncer la bonne nouvelle qu’à son arrivée en Écosse, une semaine plus tard.

Moins d’une heure après leur envol, deux autres concurrents relèvent également le défi. Il s’agit de Freddie Raynham et du Captain C.W.F. Morgan. Ils veulent arriver les premiers, soit en Irlande, soit en Grande-Bretagne. Malheureusement, leur Martinsyde A. Raymor est plaqué brutalement au sol par une rafale de vent, peu après le décollage. L’avion est complètement détruit mais les deux aviateurs s’en tirent avec seulement quelques blessures légères à la tête !

TENTATIVE À HAUT RISQUE

L’avionneur Vickers possède à cette époque un avion répondant aux critères de performances pour un tel vol. Il s’agit du Vimy, un grand bombardier bimoteur conçu trop tardivement pour le front, mesurant près de 20 mètres d’envergure et 13 mètres de longueur. À un avion aussi exceptionnel, il faut lui adjoindre un pilote exceptionnel : un certain John Alcock...

Certains hommes sont nés pour être de grands aviateurs. John Alcock est de ceux-là.

À l’âge de 20 ans, cet Anglais de pure souche, ingénieur de formation, décroche son brevet, numéro 368, le 26 novembre 1912. Volontaire pendant la Grande Guerre, et entre-temps devenu instructeur, il participe à de nombreux raids au sein du Wing n° 2 du Royal Naval Air Service. Le 30 septembre 1917, son bombardier Handley Page 0/400 est abattu par l’ennemi sur le front oriental et il est fait prisonnier par les autorités ottomanes. Les hostilités terminées, le capitaine Alcock continue de voler : car l'aviation, c'est sa passion, c'est toute sa vie ! Il entre alors chez Vickers à Weybridge. Mais lui aussi rêve... Pugnace, il parvient à décider ses patrons de lui confier un ancien bombardier lourd à long rayon d'action Vickers Vimy et d'envoyer à Terre-Neuve une équipe pour le préparer.

Le Captain John Alcock, avec son ami et navigateur le lieutenant Arthur Whitten Brown, va se lancer à son tour dans la grande aventure. Acheminé par voie maritime, le Vimy arrive le 28 mai 1919 démonté à Terre-Neuve dans treize caisses de bois ! Quatre équipages anglais concurrents y sont déjà à pied d'œuvre. Il n'y a pas de temps à perdre ! Leur Vimy a été équipé de réservoirs supplémentaires installés dans la soute à bombes et contenant 3 275 litres d'essence (au lieu de 345 litres à l'origine) et 225 litres d'huile, lui conférant une autonomie de plus de 3 900 kilomètres. L'instrumentation est au standard militaire de l'époque, complétée d'un sextant et d'un poste TSF émetteur-récepteur d'une portée de 400 kilomètres. Prêt à partir, le Vimy, bourré de carburant, pèse près de 6 045 kg. Faisant fi de toute superstition, il tente un premier décollage le vendredi 13 avril depuis le terrain de Lester's Field, mais un amortisseur se brise au roulage. On remet alors la tentative au lendemain.

Ce samedi 14 avril, le décollage est prévu pour 13 heures locales... Un facteur amène un sac postal contenant 197 lettres, tandis que le Premier ministre de Terre-Neuve vient serrer la main des audacieux pilotes. Après un déjeuner rapide, les deux jeunes gens grimpent à bord, sans oublier leurs indispensables gilets de sauvetage. Les deux moteurs Eagle VII du Vickers ronronnent bientôt. Dans l'assistance, le pilote Raynham ne peut s'empêcher de repenser à son départ avorté. À 13 h 45 précises, Alcock lance les 720 chevaux de ses Rolls-Royce à plein régime.

C'est le grand départ !

Lentement, lourdement, le Vimy peint de couleur sable brinquebale sur les mottes de terre de la prairie faisant office de piste. Il accélère progressivement pour enfin décoller. Et l'avion disparaît dans un vallon. On s'attend au pire ! La foule agglutinée autour du terrain tente de voir réapparaître le Vimy au-dessus du relief. Un médecin joue des coudes et parvient à apercevoir le gros appareil. À basse altitude, à environ 90 mètres de hauteur, il prend un cap vers l'est, en direction de Conception Bay.

VOL VERS L'INCONNU...

"Tout va bien à bord. Rien à signaler" émet une première fois Brown sur sa TSF.

Vers 14 h 29, le majestueux Vickers Vimy arrive déjà au-dessus de l'Atlantique. Alcock va bientôt savoir si les éléments sont avec lui. Un vent arrière de 45 km/h qui souffle du sud-ouest lui est favorable. Le brouillard et l'obscurité, les plus grands ennemis des pilotes, sont eux aussi au rendez-vous.

Premier pépin : au bout d'une heure de vol, l'hélice de la génératrice alimentant la TSF et installée sous l'aile inférieure, se bloque. Désormais, plus aucun contact radio avec le monde extérieur n'est possible. Brown est assis aux côtés d'Alcock, assez près pour que sa voix domine le ronflement des Rolls Royce et le sifflement du vent dans les haubans. À l'extérieur, le brouillard s'épaissit. Les deux hommes ne voient plus rien, ni la mer ni le ciel, et encore moins la ligne d'horizon. Puis, alors qu'ils sont en montée, le tuyau d'échappement du moteur droit, chauffé au rouge, se désintègre, laissant les gaz des six cylindres s'échapper directement à l'air libre. Le vacarme est tellement épouvantable que les deux aviateurs sont obligés de communiquer par notes manuscrites. Brown se hisse six fois de suite sur l'aile pour surveiller l'échappement de ce moteur.

Troisième problème : la batterie alimentant leurs couvertures chauffantes rend l'âme. Alcock et Brown ne peuvent plus disposer de chauffage à bord. Or, le Vimy vole à près de 1 500 mètres d'altitude, et les deux aviateurs installés dans leur cockpit ouvert commencent sérieusement à souffrir du froid. Cela fait déjà cinq heures qu'ils ont décollé. Il fait nuit. Alcock passe légèrement au-dessus de la couche et Brown se recale à l'aide d'un sextant sur l'étoile polaire. Il est minuit. Plus question de faire demi-tour. À son tour, le tube pitot se bouche victime du givre. Sans indicateur de vitesse, Alcock, qui ne lâchera les commandes à aucun moment du vol, ignore désormais sa moyenne. Vers 3 heures du matin, à mi-parcours, le Vickers Vimy vole à 1 200 mètres d'altitude. Soudain, le ronflement des moteurs s'intensifie. L'appareil semble tomber à pic : c'est un énorme trou d'air.

"Damned ! L'avion va tomber à la mer !" crie le pilote qui tente vainement de reprendre le contrôle du gros biplan. L'avion décroche et s'engage dans une interminable vrille vers l'océan. Brown en perd sa ceinture de sécurité. L'aiguille de l'altimètre n'en finit pas de dégringoler : 4 000 pieds ; 3 000 pieds ; 2 000 pieds ; 1 000 pieds… À peine sortent-ils des basses couches nuageuses, que les deux Britanniques s'aperçoivent avec frayeur que leur Vimy ne vole plus qu'à 20 mètres à peine au-dessus des énormes vagues de l'Atlantique. De plus, ils sont maintenant cap à l'ouest, de retour vers Terre-Neuve ! Gardant son sang-froid, Alcock vire de 180 degrés pour reprendre sa route.

Et comme par miracle, le brouillard se dissipe. Dans l'impossibilité d'apercevoir le soleil, Brown détermine dorénavant sa route par intuition.

"Nous l'avons échappé belle !" s'exclame Brown.

GIVRAGE EXTRÊME

Mais leurs épreuves sont loin d'être terminées. Il fait de plus en plus froid, et le Vimy entre dans un violent orage accompagné de fortes turbulences. Des averses de pluie et de neige fondue se déversent maintenant sur le Vickers Vimy et ses occupants. La prise de l'indicateur de vitesse ainsi que la mise à l'air libre des réservoirs sont gelées, faussant complètement la lecture des jauges. Des grêlons mêlés de neige pénètrent dans le poste de pilotage. L'avion, les plans recouverts d'une épaisse couche de neige, ne peut plus virer. Plus grave, les volets des radiateurs sont eux aussi givrés et les deux moteurs risquent à tout moment de geler. Alors que le Vimy file à 2 400 mètres d'altitude, l'allumage d'un moteur commence à donner des signes inquiétants. Aussi, contre l'avis du pilote qui tente de l'en dissuader, Brown se détache et doit, à cinq reprises, grimper sur l'aile inférieure. En s'agrippant aux mâts de la cellule couverts de givre, il s'efforce de briser à l'aide d'un canif de poche la glace obstruant les entrées d'air des deux Rolls Royce. Sa tâche est d'autant plus difficile que les hélices lui projettent en permanence des morceaux de glace sur le visage et sur les mains. Brown s'écroule épuisé sur son siège.

La première traversée de l'Atlantique (14 juin 1919).
Après un vol de 16 heures 28 minutes et 3 041 km parcourus, le bombardier Vickers Gimy du capitaine John Alcock et du lieutenant Arthur Whitten atteint l'Irlande. Ils tentent un atterrissage de fortune près de Clifden dans le comté de Galway mais l'avion capote dans la tourbe. (Photo DR)

Les heures passent…

Rencontrant une zone plus chaude, Alcock entreprend de monter jusqu'à 3 350 mètres d'altitude, vers un ciel plus dégagé pour permettre à son navigateur de refaire un calcul d'estime sur le soleil. À son idée, l'Irlande n'est plus qu'à 400 kilomètres au nord-ouest.

7 h 30. Premières lueurs du jour. Alcock et Brown se posent inlassablement les mêmes questions : la route est-elle bonne ? Y a-t-il eu erreur de navigation ?

LA FIN DU VOYAGE

Une précipitation de grêle frappe alors de nouveau les volets du radiateur tribord, l'endommageant définitivement. Il faut réduire les gaz et, planant à travers les turbulences, descendre jusqu'à 60 mètres au-dessus des vagues. Il est environ 8 h 15 du matin lorsque la terre, brusquement, se découpe sur l'horizon grisâtre : pas de doute, ce sont les côtes irlandaises ! La marge d'erreur est tellement minime, que le Vimy abordera le littoral à quelques kilomètres à peine au nord du point prévu sur leur carte de navigation.

Le bimoteur amorce sa descente et tente un atterrissage sur ce qu'Alcock croit être une prairie attenant à une petite station TSF Marconi, tout près de Clifden. Brown, tout en faisant signe aux gens du sol, lance deux fusées rouges pour signifier qu'ils vont se poser. Les techniciens de la station s'efforcent de les en dissuader. Trop tard, il s'agit en fait d'un champ marécageux. Le gros biplan frôle une série de haies le long d'un chemin. Ses roues touchent et s'enfoncent en fin de course. Le nez de l'avion dérape dans le sol, et le biplan capote. Le choc est rude.

Le Vickers Vimy planté en pylône est gravement endommagé. Alcock et Brown sont légèrement blessés, mais vivants grâce à leurs sangles bien serrées. Bienvenue en Irlande ! Il est 8 h 40 locales. Mais l'essence coule à flot d'une conduite d'alimentation sectionnée. Alcock et Brown ne demandent pas leur reste. Ils se saisissent du précieux sac postal et s'extirpent à temps du cockpit. Un commerçant du nom de Taylor les interpelle près de l'épave. Pour toute réponse, Alcock tend le sac postal estampillé “Newfoundland” (Terre-Neuve).

“Tonnerre de dieu !” s'écrie l'Irlandais. “C'est bien eux !”

Les deux aviateurs sont bientôt entourés par une foule de curieux venus nombreux les acclamer. En quête de souvenirs, ils commencent à cannibaliser le pauvre Vickers Vimy. Il faudra placer des gardes armés devant l'appareil afin d'éviter le pire.

Quelques heures plus tard, le monde entier apprend la nouvelle : Alcock et Brown ont franchi 3 040 kilomètres en 16 heures et 12 minutes de vol, à la vitesse moyenne fabuleuse pour l'époque de 177 km/h ! Les onze jours de traversée par étapes, entre les 16 et 31 mai 1919, de l'équipage du Lieutenant Commander A.C. Read et de son hydravion Curtiss NC-4 de l'U.S. Navy appartiennent déjà au passé !

Annoblis et nommés chevaliers de l'ordre de l'Empire britannique par le roi George V, Alcock et Brown recevront une somme de 13 200 livres des mains de Winston Churchill, alors secrétaire d'État à la Défense. John Alcock ne profitera malheureusement pas de cet exploit. Il trouvera la mort quelques mois plus tard, le 18 décembre 1919, dans la région de Rouen, en convoyant un hydravion Vickers Viking I au Salon aéronautique de Paris. Arthur W. Brown, lui, connaîtra pour sa part une brillante carrière dans l'industrie aéronautique jusqu'à sa mort en 1948. Quant à l'avion, le Vicker Vimy, il sera réparé et exposé à Kensington, au Science Museum de Londres, où il trône encore en bonne place aujourd'hui.

Le 15 juin 1919, deux aviateurs anglais ont réussi l'impossible : faire franchir à l'aviation d'après-guerre un pas de géant… Unissant pour la première fois par la voie des airs le Nouveau Monde à l'Europe !

LE DÉFI D'ADRIENNE

Jeune fille insupportable... Garçon manqué... Enfant terrible... Les qualificatifs ne manquent pas pour la jeune Adrienne Boland qui ne rêve que de voler, et de faire de l'aviation comme les hommes... Seulement voilà, au début de ce siècle, il faut faire preuve d'un acharnement sans vergogne si l'on veut accéder aux domaines réservés au sexe dit fort. Âgée de 23 ans, la silhouette filiforme, un long visage surmonté de cheveux en bataille, Adrienne décide de se présenter le 16 novembre 1919 à la porte de l'école d'aviation des frères Caudron pour apprendre à piloter... Elle suit ainsi les traces de la plus célèbre aviatrice de l'époque, la baronne de Laroche, qui vient de trouver la mort dans un accident.

"J'ai appris que des leçons de pilotage étaient offertes à des tarifs très bas, aux dix premiers candidats au brevet de pilote... Aussi, je me mets sur les rangs !" annonce-t-elle d'un ton ferme au bureau d'accueil.

Quelques jours plus tard, elle accomplit son premier vol sur un biplan Caudron G-III... en passager ! Or, ce dimanche, il a neigé. Les dunes des environs du Crotoy, en pleine région picarde, sont recouvertes d'une pellicule blanche. Aussitôt après le décollage, Adrienne prend peur : elle ne distingue plus le terrain, et lorsque son moniteur, René Cousin, exécute un virage, elle se penche de l'autre côté... pour rétablir l'équilibre !

"Je me demande si je suis vraiment faite pour l'aviation..." pense-t-elle secrètement.

Pourtant, lorsqu'on lui confie un "rouleur", c'est-à-dire un avion aux ailes tronquées incapable de voler et destiné à instruire les futurs pilotes aux manœuvres au sol, l'instructeur Garron lui demande :

"Vous avez déjà pris des leçons dans une autre école ! Hein ? Vous avez été fichue à la porte !"

Adrienne Boland a beau protester, rien n'y fait, et tous ses camarades garçons ne se privent pas de la taquiner. Elle leur réplique, jusqu'à se battre un jour comme une furie. Privée de vol par son moniteur, punie comme une mauvaise élève, elle se voit contrainte par René Caudron d'arriver à l'école à 8 heures, et reste assise des heures durant dans les dunes à regarder les autres voler. Lâchée au bout de trois semaines, la jeune femme se révèle être une élève très douée. Pendant une visite, tout en bavardant avec les autres élèves, le constructeur René Caudron se rend alors compte, au "feeling", qu'elle fera une excellente aviatrice.

"Monsieur Caudron, je souhaite faire de l'aviation mon métier !" lui annonce-t-elle fièrement. Le constructeur éclate de rire, et se met à dessiner un cercle sur le sable de la plage, et lui répond :

"Si vous vous posez suffisamment près de cette marque, je vous engage dans mon équipe !"

Adrienne ne se le fait pas répéter deux fois. Elle grimpe aussitôt dans un G-III, décolle et monte à 100 mètres de hauteur. Le biplan fait une glissade, hélice calée, et touche en plein dans le cercle ! La jeune femme décrochera son brevet de pilotage, le 29 janvier 1920, deux mois à peine après son mémorable baptême de l'air.

UN FICHU CARACTÈRE

En février, elle est comme promis engagée par l'avionneur. L'ingénieur, l'air goguenard, lui promet de lui céder un appareil personnel en échange d'une prouesse peu commune.

"Je vous propose un contrat : si vous arrivez à effectuer des loopings, je vous donnerai un avion !..."

Tout ce que sait faire la jeune Adrienne, c'est prendre de la vitesse et tirer sur le manche. Après quoi, c'est à la grâce de Dieu... L'intrépide aviatrice ne se fait pourtant pas prier : elle s'attache solidement à son siège, ficelle ses deux pieds aux palonniers et exécute du premier coup une superbe boucle, puis une deuxième. C'est ainsi que la jeune femme se retrouve propriétaire d'un Caudron G-III flambant neuf : le nº 4902 à moteur Gnome neuf cylindres de 80 chevaux, immatriculé F-ABEW au registre français. Caudron lui confie comme mission les convoyages d'avions et les démonstrations publiques, persuadé qu'une femme pilote représente la meilleure publicité pour sa maison d'aviation. Au bout de quelques mois, elle traverse la Manche au terme d'un périple inattendu passant par Bruxelles où elle se pose le 25 août... pour participer à une fête locale ! Caudron la croyant perdue, très inquiet, lancera même des recherches pour la retrouver. Adrienne termine son exploit par un atterrissage forcé en plein brouillard sur les côtes anglaises, le carburateur explosé.

Pour les Britanniques, elle devient "Lucky Girl" (Mademoiselle la chance !). Mais ce n'est pas suffisant. Elle brigue l'exceptionnel ! Alors en attendant, Adrienne enrage, trépigne jusqu'au jour, où, au détour d'une conversation, on lui glisse :

"Tu veux du jamais vu ? Eh bien, tu n'as qu'à traverser la Cordillère des Andes ! Une place de macchabée est à prendre en Amérique du Sud. Tiens, il y a encore un cinquième type qui vient de se casser la g... !"

L'idée lui plaît. L'exploit a été souvent tenté, mais rarement réussi, et uniquement par des hommes à bord d'appareils plus puissants qu'un Caudron G-III, incapable de dépasser un plafond de 4 000 mètres.

"Je serai peut-être le sixième macchabée... Mais ça m'intéresse sérieusement !" dit-elle.

Caudron accepte tout de suite le projet.

Elle n'a, à l'époque, en tout et pour tout, que 40 heures de vol à son actif.

PLAN DE VOL ÉSOTÉRIQUE

Au mois de janvier 1921, la jeune pilote et son mécanicien, un garçon nommé Duperrier, arrivent à Rio. Un Caudron G-III démonté est dans la cale du bateau. Il s'agit du F-ABEW, son appareil fétiche. Mais les ennuis commencent dès leur arrivée. Les dockers sont en grève, et l'avion ne peut être débarqué. Le soir, pendant un cocktail, la presse est déjà là, avide de recueillir ses impressions. Mais Adrienne Boland doit se rendre directement à Buenos Aires pour prendre contact avec les autorités argentines et établir son plan de vol.

"Ça fait sérieux, une aviatrice sans avion !" répète-t-elle à voix basse.

Cependant, les rumeurs vont bon train, et bientôt la nouvelle de son arrivée et de son projet s'est répandue comme une traînée de poudre dans la capitale argentine. Il n'est plus question qu'elle utilise son appareil pour sa tentative, mais un autre aéroplane plus puissant qu'on promet de lui expédier rapidement. À chaque instant, elle reçoit des coups de téléphone à son hôtel de compatriotes de la communauté française locale qui la supplient de renoncer.

"C'est une folie pure et simple ! Vous allez vous tuer... Faire du tort à notre aviation... C'est un pari absurde qui déshonore la France ! Abandonnez cette tentative, c'est ce que vous avez de mieux à faire !"

Un télégramme expédié de France l'informe qu'en raison d'un problème technique chez Caudron, elle ne pourra pas obtenir un autre appareil. Elle doit prendre sa décision toute seule !

Les semaines passent. Finalement, elle décide de prendre le train pour Mendoza avec le Caudron démonté transporté sur un wagon. Près de la ville, l'aérodrome de Tamarinos, tout proche de l'impressionnante chaîne montagneuse, est le point de départ d'un vol par la voie la plus directe vers Santiago du Chili. Côté météo, ici, de l'autre côté de l'équateur, c'est la fin d'un été chaud et sec. Le temps semble favorable. En guise de prévision, il faut faire confiance aux dictons locaux, et pour la navigation, se passer de cartes précises. Le seul renseignement que possède Adrienne Boland est la position appoximative du terrain d'atterrissage de Santiago – la capitale chilienne – au sud de la ville, à environ 7 kilomètres.

Dans sa chambre de l'hôtel Majestic, Adrienne Boland prépare fébrilement sa valise quand soudain, on frappe à la porte. Elle ouvre, et se trouve face à une femme brune inconnue, sans âge, au visage maigre et aux cheveux noirs, qui s'adresse à elle avec un fort accent.

“Señorita Boland ! Yé viens vous parler de votre projet.

– Ah ! Non ! Vous aussi ! Vous venez me dire que je vais me tuer... ? s'écrie l'aviatrice.

– Au contraire ! Je suis venue vous dire que vous réussirez si vous suivez mes conseils...”

À bout de nerfs, Adrienne allume une cigarette pour se détendre.

“Allez-y, je vous écoute, le temps de fumer cette cigarette... dit-elle à l'inconnue. Après quoi, vous disparaissez...”

La mystérieuse femme explique d'une voix calme :

“La première partie de votre vol se passera sans difficulté... Tout à coup, vous vous trouverez entourée de montagnes si hautes que votre avion ne pourra les survoler. Au-dessous de vous, il y aura un lac. Vous le reconnaîtrez à sa forme et à sa couleur d'huître. Vous aurez envie de suivre la vallée qui tourne vers la droite. Ne le faites surtout pas ! Si vous y allez, c'est la mort que vous trouverez. Vous ne pourrez jamais monter... Allez à gauche, là où les montagnes sont les plus hautes, en forme de dossier de chaise à l'envers, et vous passerez !”

“Vous connaissez ces montagnes ? interroge alors l'aviatrice.

– No ! Yé n'y suis jamais allée ! affirme la Brésilienne.

– Vous... Vous êtes voyante ? demande Adrienne sur un ton amusé.

– Seulement, un peu médium... Prenez cette boîte... Ces médailles vous porteront bonheur !" répond l'inconnue en s'éclipsant discrètement. La Française l'ouvre et découvre trois petites médailles pieuses, réunies par un ruban tricolore. Peu convaincue, Adrienne Boland referme la boîte.

"Une folle sympathique, déclare-t-elle à voix haute. Mais une folle tout de même..."

Un quart d'heure après, elle ne porte guère plus d'importance à cette étrange conversation.

PERDUE DANS LA CORDILLÈRE

Nous sommes le vendredi 1er avril 1921 sur le terrain de Las Tamarinos. Il est aux environs de 6 heures. Le mécanicien Duperrier bichonne le biplan avant la mise en route. Ne cessant de surveiller le ciel par la fenêtre de sa chambre, Adrienne Boland se prépare en enfilant un simple pyjama. Elle rassemble vivement un peu de linge, ses objets de toilette, quelques papiers personnels, et fourre le tout pêle-mêle dans sa valise. Elle franchit le seuil de la pièce, puis revient brusquement sur ses pas pour saisir la petite boîte aux médailles. Et c'est le temps des derniers échanges avec le mécano.

"Je ne peux pas vous laisser partir comme cela... s'écrit le mécanicien. Vous allez vous enrouler dans des journaux, cela vous fera comme un manteau. N'oubliez pas de manger ces deux oignons, pour dilater les voies respiratoires, c'est le seul moyen de tenir sans masque à cette altitude !

– Duperrier, vous êtes une véritable mère poule !

– Prenez aussi ce revolver et ce poignard, on ne sait jamais... Vous pourriez en avoir besoin !"

Il est 6 h 55 du matin. Adrienne Boland décolle à bord de son biplan, réservoirs d'essence remplis à ras bord pour 9 heures de vol tout au plus ! Bientôt, le petit biplan de toile et de bois n'est plus qu'un point noir à l'horizon. Sans carte, ni vêtement chaud, sachant que les éléments qu'elle va affronter sont parmi les plus durs de la planète, la Française fait grimper lentement sa machine pétaradante. Elle n'est vêtue que d'un pyjama, d'une combinaison de coton et d'un matelas fait de vieux journaux pour gagner du poids au maximum. Il fait de plus en plus froid. C'est l'onglée au bout des doigts. Les yeux qui gonflent.

Elle est rivée aux commandes. Il faut tenir... Tout en prenant de la hauteur, elle contemple la barrière aux cimes inacessibles, domaine exclusif des condors. Cela fait près de trois heures déjà qu'Adrienne a décollé de Mendoza. Elle survole une double rangée de rails, le Transandin, le chemin de fer le plus haut du monde. Transie de froid dans son cockpit ouvert à tous les vents, Adrienne est fascinée par les sommets neigeux qui composent le paysage.

Les 80 chevaux de son moteur Gnome la traînent péniblement à 4 280 mètres dans un air raréfié. Elle ne peut pas monter plus haut. Un vent fort s'est levé qui l'emporte et la fait dériver. Tout autour d'elle, les montagnes dominées par le gigantesque massif de l'Aconcagua, s'élèvent indéfiniment.

Soudain, le petit Caudron G-III se retrouve dans un cirque rocheux aux murailles abruptes.

“Une seule issue, apparemment... La vallée qui tourne à droite...” pense l'aviatrice.

Elle s'apprête à la suivre, lorsque, bien en dessous d'elle, entre les abîmes et les gorges qui se succèdent, apparaît un lac qui a la forme et la couleur d'une huître. La prédiction de l'étrange femme brésilienne lui revient alors en mémoire.

"Allez à gauche, là où les montagnes sont les plus hautes !" lui avait dit la voyante.

Poussée par une soudaine impulsion, elle oriente son appareil en direction de la muraille. Comme les grands oiseaux de la Cordillère elle profite des courants ascendants. Au-dessus du Caudron, ce ne sont que pics enneigés dressés vers le ciel.

"Je vais m'écraser contre la paroi..." pense avec effroi Adrienne Boland. Soudain apparaît un passage, dissimulé par l'angle d'un rocher. Une brèche ! Le G-III gagne encore quelques mètres. Adrienne grelotte. Elle est à la limite de ses forces. Il faut continuer...

Adrienne est passée !

Plus haut, c'est le col de Las Cuevas et son fameux Christ des Andes, un Christ illuminé qui domine la chaîne à 4 080 mètres, marquant la frontière entre l'Argentine et le Chili. Elle s'y engage après avoir rencontré une zone de turbulences puis une légère couche de nuages. Au loin, devant elle, c'est la vallée du Chili... une rivière, et une grande plaine verdoyante avec une ville... Santiago ! Le soleil illumine le paysage que borde, à l'extrême horizon, l'océan Pacifique. Quelques minutes plus tard, des formes grises se rapprochent. Deux biplans chiliens ont décollé du terrain d'Espejo, à 7 kilomètres de là, pour l'escorter. Il est 10 h 10, heure locale. La petite aviatrice française se pose sur l'aérodrome de Bosquete après 4 heures et 17 minutes de vol. Ses lèvres sont fendues et son visage sanguinolant. Trois drapeaux argentin, français et chilien sont disposés sur le sol, et les cuivres de la fanfare militaire retentissent. Mais Adrienne est paralysée par le froid et il faut l'extirper de son habitacle. On déchire son manteau de journaux que les gens se distribuent comme des reliques. Elle est portée en triomphe par la foule. Un officiel lui offre une coupe de champagne qu'elle refuse en demandant une tasse de café chaud. Le général Contreras, qui dirige l'école de pilotage de Santiago, vient la féliciter :

C'est "Maravilosa ! Extraordinaire ! Je suis fier de vous saluer Señorita Boland ! Vous nous avez donné une leçon de courage !" dit l'officier supérieur.

Le spectacle qu'Adrienne découvre dans le miroir qu'on lui a apporté à sa demande est terrible. Son visage est gonflé, maculé de sang. Une infirmière doit lui retirer d'énormes caillots du nez et des oreilles. Épuisée, elle doit prendre quelques heures de repos.

POISSON D'AVRIL

À sa grande surprise, il y a un absent de marque dans la foule qui n'arrête pas de défiler à la porte de sa chambre, c'est l'Ambassadeur de France. Lorsque le haut fonctionnaire vient l'air penaud, rendre visite beaucoup plus tard à l'aviatrice, tout de blanc vêtu, il la trouve dans son bain. La jeune femme lui reproche ouvertement son absence sur l'aérodrome.

"Nous sommes le 1er avril… s'excuse-t-il. Nous avons cru que c'était une blague…"

"Heureux le pays qui enfante de telles jeunes filles !" s'exclame le président du Chili dans un télégramme envoyé à l'Élysée. Les officiels français, non informés de l'événement, se dissimuleront derrière un mutisme complet. Dans les heures qui suivent, la presse du monde entier annoncera qu'une jeune Française de 25 ans, seule à bord d'un Caudron G-III, sans compas, sans carte, sans masque à oxygène, a franchi la Cordillère des Andes. Devenue célèbre, mais lassée par les réceptions auxquelles elle est tenue d'assister, Adrienne Boland reprend le chemin de la France. Un mois plus tard, elle regagne l'Argentine et retrouve, pour la remercier, la femme dont les conseils l'avaient si utilement guidée.

Après ce vol mémorable, elle décidera de réaliser une liaison Brésil-Argentine. 2 000 kilomètres au-dessus de l'océan, d'un littoral montagneux couvert de forêts impénétrables et de lagunes inhospitalières. Le fidèle mécanicien Duperrier a bricolé le montage de flotteurs sur le Caudron G-III. Mais les essais entre Santos et Rio seront une succession d'échecs et d'accidents qui auraient pu coûter la vie à l'aviatrice. Elle parviend finalement à Rio, mais dans quel état ! Menacée d'amputation, elle refuse toute intervention et attend patiemment son rétablissement, le temps que Duperrier puisse procéder aux réparations du biplan. Le succès couronnera leurs efforts jusqu'à l'accident de Rio, où Adrienne percutera une digue pour éviter une pirogue. L'aventure sud-américaine s'arrêtera là, au pied du Pain de Sucre, et les deux complices devront rentrer en France à bout de ressources.

Adrienne Boland aura une carrière bien remplie assurant par ses exploits la propagande des ailes françaises hors de nos frontières. Des meetings, des records, en particulier celui de 212 loopings en 73 minutes au-dessus du terrain d'Orly, lui permettront, dans les années trente, de placer son nom parmi les gloires internationales de l'aéronautique. Elle déclarera un jour : "C'est l'aviation qui m'a fait découvrir mon royaume intérieur". Éprise d'indépendance et de liberté, Adrienne

Boland prendra la tête d'un réseau de résistance implanté dans le Loiret au cours de la dernière Guerre. Elle reviendra en Amérique du Sud une dernière fois en 1971 pour y commémorer le cinquantième anniversaire de son exploit. Adrienne Boland sera pour l'Amérique latine l'image de la femme française entreprenante, au cœur d'or, sachant s'attirer une amitié sans réserve, des plus humbles aux personnages les plus importants. L'aviatrice disparaîtra le 18 mars 1975 à l'âge de 80 ans.

Elle est désormais entrée dans la légende de l'aviation par ses exploits qu'on ne pourra ni refaire ni oublier...

L'aviateur américain Charles Augustus Lindbergh (1902-1974) devant son avion : "Le Spirit of St. Louis". (Photo DR)

UN AIGLE SOLITAIRE

Dimanche 8 mai 1927. Le capitaine Charles Nungesser et son mécanicien François Coli, à bord du Pierre Levasseur PL-8 “Oiseau Blanc”, viennent de se perdre corps et bien. Les deux aviateurs français tentaient la traversée de l’Atlantique nord dans le sens Paris/New York. Ils ont échoué... Comme Davis et Wooster à bord de l’“American Legion”. La nouvelle va faire le tour du monde.

LE PRIX ORTEIG

25 000 dollars. C’est le prix qu’avait offert en 1919 le richissime restaurateur new-yorkais d’origine française, Raymond Orteig, au premier aviateur qui réussirait à relier New York à Paris par avion ou vice versa. Charles Augustus Lindbergh, 25 ans, un jeune pilote américain d’origine suédoise au sourire timide, 2 000 heures de vol à son actif, décide de relever le défi. Depuis avril 1926, il accomplit quotidiennement, par tous les temps, des vols postaux de nuit à travers les États-Unis, entre Saint-Louis et Chicago. Il parvient à intéresser à son projet un comité de commerçants et d’industriels de la ville de Saint-Louis. Convaincu des progrès techniques enregistrés dans le domaine des moteurs et des cellules, il sait qu’en disposant d’un appareil dont la capacité en carburant est suffisante, l’aventure est possible. Écartant la formule multimoteur, Lindbergh ne rencontre que moqueries et scepticisme

face à des constructeurs qui ne veulent prendre aucun risque. Après un échec cinglant auprès de Bellanca, le jeune aventurier se tourne alors vers la firme Ryan Airlines of San Diego (Californie) qui a mis au point un monoplan, le M-1. Le 28 février 1927, Charles Lindbergh passe commande aux Ryan Airlines d'un monoplan à aile haute dérivé du M-1. Pendant près de deux mois, le jeune aviateur finalise sa navigation en solo sur des cartes hydrographiques. Il trace une courbe de 5 810 kilomètres. Pour la suivre, il recalera son cap tous les 160 kilomètres, tenant compte d'une erreur estimée à plus ou moins 500 kilomètres au nord ou au sud du point de passage de Cherbourg. De leur côté, l'ingénieur Donald Hall et son équipe travaillent d'arrache-pied pour sortir en soixante jours le Ryan NYP (pour New York/Paris) immatriculé N-X-211 et baptisé à juste titre "Spirit of Saint-Louis". L'avion est entièrement conçu et modifié par Lindbergh, propulsé par un seul moteur radial refroidi par air Wright J-5C "Whirlwind" de 237 chevaux à hélice en duralumin. La structure est en balsa et en aluminium, l'entoilage en coton recouvert de cellulose.

Il décolle le 28 avril 1927 sur une distance de cinquante mètres et atteint 208 km/h. Le monomoteur s'avère instable. La légende voudra que Lindbergh l'ait conçu volontairement ainsi, craignant de s'endormir en vol. Le 10 mai, après avoir été retenu par le mauvais temps, le NYP rallie San Diego à Saint-Louis en 14 heures 25 minutes de vol, puis le terrain de Curtiss Field à New York.

On le remorque au sol, escorté de motocyclistes, jusqu'à son aérodrome d'attache, Roosevelt Field à Long Island. Deux autres concurrents et leurs avions s'y trouvent déjà. Le Bellanca "Miss Columbia" de Clarence Chamberlin et le

Fokker F. VII-3 “America” de Richard E. Byrd, le héros du Pôle…

C’est le temps des ultimes réglages, des derniers préparatifs. Interviewé par des journalistes, Charles Lindbergh a cette phrase :

“Quand j’entrerai dans cette carlingue, ce sera comme si je m’enfermais dans un cercueil de mort…”

SEUL SUR L’OCÉAN

Le vendredi 20 mai 1927, Charles A. Lindbergh se lance dans la grande aventure. À 7 h 40, il démarre son moteur. Douze minutes plus tard, le Ryan NYP “Spirit of Saint-Louis” roule sur une piste détrempée par les pluies tombées les jours précédents.

“La piste sera-t-elle assez longue ? se demande Lindbergh. Le vrombissement du moteur accuse une faiblesse… La vitesse augmente… Les vues latérales se brouillent ! Je sens le poids passer des roues sur les ailes.”

Et à 7 h 54, les 2,5 tonnes du Ryan NYP quittent le sol, ses réservoirs gorgés d’une capacité totale de 1 686 litres d’essence et de 98 litres d’huile répartis entre le nez et la voilure. Il ne vole qu’à 160 km/h, à trois ou quatre mètres au-dessus de la cime des arbres, afin de bénéficier de l’effet de sol et de pouvoir ainsi économiser de l’essence.

9 h 40. Le vol s’effectue par une visibilité parfaite depuis Brockton (Mass.) jusqu’à Halifax en Nouvelle Écosse. Mais très vite, plus au nord, en direction du Newfoundland, le Ryan doit traverser des nuages bas, la pluie, la grêle, et survoler les premiers icebergs. Lindbergh met alors le cap sur Saint-Jean

de Terre-Neuve qu'il atteint à 19 h 45. Sa route est aussi droite qu'une ligne tirée sur une carte et suit exactement l'itinéraire fixé, sans le moindre écart.

Dans cet avion allégé au maximum, recroquevillé dans un cockpit fermé, le pilote ne dispose pour toute visibilité vers l'avant que d'un périscope à hauteur des yeux. Les cartes, outils et autres carnets de bord sont rangés dans un casier placé en arrière du siège. Pour toute nourriture, Charles Lindbergh n'emporte qu'un litre d'eau dans des gourdes accrochées derrière sa tête, et à ses pieds cinq sandwiches au jambon. Deux tubes lance-fusées, de la ficelle, du fil, des aiguilles, une canne à pêche, un couteau et enfin un radeau pneumatique type "Aircraft" (qui se gonflera inopinément pendant le vol) constituent son seul équipement de survie...

Tout n'est que solitude autour de lui, au-dessus d'un océan noir et sans limites.

Le brouillard naissant, il doit grimper jusqu'à 3 000 mètres, et éviter de traverser les nuages à cause de la glace qui se forme sur les ailes. À l'aube, samedi 21 mai, les conditions deviennent plus clémentes, et Charles peut à nouveau voler dans les masses nuageuses en se fiant à ses instruments, notamment un contrôleur de vol signé du Français... Badin !

Puis il lui faut redescendre à trois mètres au-dessus des flots pour voir l'écume qui s'envole, seul moyen d'évaluer la vitesse et la direction du vent, donc sa dérive. Le pilote doit se gifler, ouvrir son hublot, se passer du givre sur le visage pour ne pas s'endormir. Après des heures de lutte contre le sommeil, mal à l'aise sur son siège en osier, Lindbergh aperçoit plusieurs bateaux de pêche. Les côtes irlandaises ne sont pas loin ! Il coupe alors son moteur et hurle en direction d'un marin sidéré :

"L'Irlande... Quelle direction ?"

N'obtenant aucune réponse, il reprend son cap. C'est le steamer "Hilverson" qui le signale à 800 kilomètres de la côte irlandaise. Après 27 heures de vol, vers 7 h 30 heure de Paris, le Ryan NX-211 survole enfin Dingle Bay... l'Irlande et son relief montagneux, à moins de 4,5 kilomètres du point de report prévu ! Le monde est suspendu à la radio. Queenstown signale que le commandant des gardes civiques du Comté de Kerry a aperçu le monoplan gris-argent au-dessus de Smerwich Harbor, au nord de Dingle. Charles A. Lindbergh déplie sa carte sur ses genoux, pointe sa position, tout en croisant des voiliers et des vapeurs.

Les côtes de l'Angleterre sont à portée de main. Le Ryan accélère à 177 km/h, passe Cork, le sud de Plymouth, et se retrouve rapidement sur la Manche. Il est environ 20 heures heure locale. C'est le crépuscule lorsque Lindbergh survole les côtes normandes, aux environs de Cherbourg. Le pari est gagné !

TERMINUS LE BOURGET !

Un peu avant 22 heures (17 heures heure de New York), le pilote américain voit les premières lumières de la capitale française. Il vire autour de la tour Eiffel, à près de 1 300 mètres d'altitude, en direction de l'aérodrome du Bourget, illuminé par les phares de centaines d'automobiles. Comme un fantôme, le Ryan NYP émerge de l'obscurité, descend, éclairé par de puissants projecteurs, puis vire vers l'est avant de se présenter à l'atterrissage.

"Les roues touchent légèrement le sol... L'avion redécolle !

pense alors tout haut Lindbergh. Non, je vais me poser... Je pousse le manche vers l'avant... De nouveau le sol... Je remonte... Je reviens..."

La béquille de queue touche à son tour. Ce n'est pas un atterrissage trop mauvais, mais Charles Lindbergh roule au-delà de la zone éclairée. Il ne voit rien devant lui, comme en pleine brume, risquant à tout moment le cheval de bois. Mais le Ryan N-X-211 roule trop vite ! Un pneu peut éclater...

"Le terrain est certainement dégagé... se dit le jeune pilote. C'est bien désagréable de foncer dans le noir !"

Il est 22 h 22 (17 h 22 heure de New York). 33 heures et 30 minutes de vol ! 5 810 kilomètres ! Le plus grand exploit aéronautique vient de réussir. Paris et New York, la France et l'Amérique sont reliés l'un à l'autre par la voie des airs. Une véritable fourmilière de plus de 100 000 personnes prévenues par la radio et la presse s'agglutinent aussitôt autour de l'avion.

L'aviateur coupe son moteur. À peine a-t-il sorti un pied de l'étroite cabine qu'il se voit porter par une foule en liesse.

"J'aurais pu encore continuer au moins pendant 800 kilomètres ! Il me restait 322 litres d'essence !" déclare-t-il à un reporter. Il ne parviendra à toucher terre qu'une demi-heure plus tard. Grâce à la complicité de pilotes militaires, qui coifferont un journaliste américain de son serre-tête, le héros du ciel réussira à s'éclipser et à rejoindre l'ambassade des États-Unis à Paris.

Charles A. Lindbergh, l'aigle solitaire, pourra prendre quelques heures de repos bien méritées. Il n'avait pas fermé l'œil depuis soixante heures !

L'OISEAU CANARI

Nous sommes en 1927. L'exploit de Charles Lindbergh, mais plus encore le drame de l'"Oiseau Blanc", restent en travers de la gorge de bon nombre de pilotes et d'aventuriers français. Parmi eux, un certain Armand Lotti, héritier d'une grande famille bourgeoise. Un stupide accident de chasse l'a définitivement rendu borgne. L'aviation est pour lui un moyen de surmonter son infirmité. Il passe à 29 ans son brevet de pilote à l'école Blériot, et parvient finalement à décrocher, par dérogation, le précieux diplôme.

L'IMPOSSIBLE DÉFI

Une rencontre avec Le Brix, coéquipier de Costes lors du vol sur l'Atlantique sud, le décide à se lancer à son tour dans un raid transatlantique. Mais il veut l'effectuer dans le sens Paris/New York, le plus difficile, faisant face aux vents dominants qui balayent l'Atlantique nord d'ouest en est.

"Selon moi, le seul avion actuellement capable de réaliser un tel vol, c'est le Bernard 191 GR !" lui affirme Le Brix. Une phrase qui ne tombera pas dans l'oreille d'un sourd. Sans en référer à personne, Lotti "casse sa tirelire" et achète pour la somme de 400 000 francs (de l'époque !) un des trois monomoteurs 191 GR "oiseau Tango" à cabine fermée (conçu chacun pour le transport de huit passagers). Un monoplan aile haute qui, d'après l'avionneur, peut voler sur 8 000 km à près de 200 km/h, grâce à une capacité interne en carburant de 4 400 litres d'essence !

Mais une terrible déception attend Armand Lotti. Le Brix, engagé par Couzinet, ne peut accepter de devenir le pilote de son futur grand raid transatlantique. Il lui faut trouver quelqu'un d'autre pour former son équipage. Il porte son choix sur un sous-officier du 34e régiment d'aviation basé au Bourget, le sergent-chef Jean Assolant, reconnu pour ses qualités de pilote de chasse. Un autre militaire, René Lefèvre, coéquipier d'Assolant et spécialiste des vols difficiles assurera le poste de navigateur, tandis que Lotti lui-même s'occupera de la radio.

Le Bernard 191 GR no 2908 est livré au début du mois d'août 1928, avec une superbe peinture jaune qui lui vaudra le surnom d'"Oiseau Canari". Une bande tricolore barre le fuselage arborant la "cigogne", emblème d'Hispano-Suiza, qui a fourni gracieusement le moteur 12 Lb de 600 chevaux. Monsieur Lacoste, président d'Hispano-Suiza, est le "sponsor" du futur raid. C'est aussi le père d'un des fameux "Mousquetaires", le tennisman René Lacoste. Le jour "J" du départ est fixé, dans une ambiance quasi clandestine, au 3 septembre 1928 sur le terrain du Bourget.

FAUX DÉPART

Au petit matin, les trois hommes grimpent à bord de leur machine et mettent le moteur en marche. L'"Oiseau Canari" roule lourdement dans l'herbe. Tout à coup, le régime moteur baisse. L'hélice cale ! Sur un geste du pilote, Lotti ouvre les robinets du vide-vite. Assolant termine son roulage après quelques centaines de mètres dans un magistral "cheval de bois", heureusement sans conséquences pour l'"Oiseau Canari". Un mécanicien avait coupé par inadvertance le robinet d'admission d'essence. Lotti décide alors d'effectuer dans la foulée un tout autre périple sur l'Atlantique sud via le Maroc, le Sénégal, le Brésil et enfin les côtes des États-Unis. L'appareil décolle donc deux jours plus tard, le 5 septembre, avec 2 600 litres d'essence dans ses réservoirs. Mais le moteur surchauffant à la hauteur de Mogador, l'"Oiseau Canari" doit effectuer un atterrissage forcé près de Casablanca. On refait le plein, et le monomoteur repart de nuit. Mais au roulage l'appareil tombe dans une tranchée non balisée. Impossible de réparer sur place.

En France, on crie au scandale et à la fumisterie. Les trois hommes sont fustigés par une presse déchaînée. Assolant et Lefèvre se voient contraints de quitter l'armée. L'un devient pilote de transport, l'autre entre au bureau d'études de la société Bernard. En raison des nombreux accidents (13 avions et leurs équipages perdus sur 19 tentatives de vols transatlantiques, sans compter les décollages avortés...), le nouveau ministre de l'Air Laurent-Eynac décrète une interdiction absolue de tout nouveau raid au départ de la France.

Armand Lotti ne se décourage pas, bien au contraire.

"Puisqu'on m'empêche de traverser l'Atlantique à partir de l'Hexagone, eh bien je ferai embarquer mon appareil pour les États-Unis par bateau et je reviendrai à Paris ensuite par les airs depuis New York !" déclare-t-il rageur.

Remuant ciel et terre, Armand Lotti rachète symboliquement le moteur Hispano-Suiza et trouve une compagnie américaine, l'United States Lines, pour charger l'avion à Southampton, en Grande-Bretagne. Reste à soustraire l'"Oiseau Canari" aux services officiels. Assolant et Lefèvre se rendent alors à Orly et demandent, le plus naturellement du monde, au commandant de l'aérodrome de pouvoir effectuer un vol de routine. Et c'est ainsi que vers 10 h 30, le Bernard décolle au nez et à la barbe des représentants du ministère de l'Air, cap sur la Grande-Bretagne… Sans aucune immatriculation, ni certificat de nationalité, et ni contrôle douanier ! Démonté par la firme Avro, chargé sur deux camions, puis embarqué in extremis à bord du paquebot "Leviathan", le Bernard traverse finalement l'Atlantique nord par la voie des mers. Lefèvre et l'"Oiseau Canari" sont rejoints à New York par Lotti et Assolant, dans les derniers jours d'avril 1929. Les trois aviateurs, qui logent gracieusement dans une suite somptueuse d'un palace français, cherchent plusieurs jours durant le terrain idéal. Après avoir visité quelques aérodromes, dont Roosevelt Field (New York), leur choix se porte finalement sur une plage longue de deux kilomètres, celle de la station balnéaire d'Old Orchard, au nord de Boston.

Tout sera prêt pour le 20 mai.

Entouré d'une foule de badauds, rebaptisé "Yellow Bird" sous sa nouvelle immatriculation américaine provisoire USA 9422, l'"Oiseau Canari" bourré de 3 910 litres d'essence et de 210 litres d'huile, commence à rouler sur le sable humide et décolle, cap à l'Est. Malheureusement, au bout d'une heure et demie de vol, le moteur Hispano-Suiza toussote.

Tandis qu'Assolant fait demi-tour, Lotti dépité doit ouvrir les vide-vite et vidanger toute l'essence contenue dans les réservoirs. Une essence en fait trop volatile pour le moteur Hispano, favorisant ainsi un auto-allumage. Nouveau coup dur, d'autant que les finances du trio sont au rouge. La Standard Oil Company accepte de fournir un nouveau plein gratuit, mais en signifiant qu'il s'agira là du dernier…

UN PASSAGER CLANDESTIN

Lotti et son équipage devront partir en date du 13 juin 1929, quoi qu'il advienne. Le 11 juin, les réservoirs sont remplis avec 3 875 litres d'essence mélangée à 60 % de Benzol. La nuit précédent le raid, Lotti déleste l'appareil d'une centaine de litres d'essence. Bien lui en prend. Le vendredi 13 juin 1929 au matin, après un "breakfast" consistant, l'équipage embarque. Quelques minutes avant le décollage, un admirateur offre à Armand Lotti un magnifique bébé caïman de 30 cm de long du nom de Rufus. Il deviendra la mascotte du raid et sera le premier crocodile volant.

À 10 h 08 heure locale (15 h 08 GMT), c'est enfin le décollage. Or, après 600 mètres de roulage, le Bernard 191 n'a étrangement pas encore atteint sa vitesse de rotation. Il semble lourd, comme collé au sol. Près de 20 kg de sable s'engouffrent par le trou de la béquille de queue. L'empennage ne se lève finalement qu'après 1 500 mètres de course et l'"Oiseau Canari" ne dispose plus que de 500 mètres de plage devant lui avant de percuter la jetée d'Old Orchard. Lotti ferme instinctivement les yeux dans l'attente du choc fatal. Assolant tire désespérément sur le manche. Et là, miracle ! L'avion de 5 700 kg décolle pesamment, s'inclinant d'une aile sur l'autre comme déséquilibré, à quelques mètres des vagues, frisant à chaque seconde la perte de vitesse.

Soudain, un jeune homme souriant, vêtu de cuir, gants fourrés, la tête casquée avec des lunettes, ouvre la porte du compartiment arrière puis se présente devant Armand Lotti, estomaqué par cette apparition. Il comprend instantanément pourquoi le Bernard a eu autant de mal à décoller : c'est le poids de 70 kg de ce quatrième homme qui alourdissait la queue de l'appareil.

"Here I am !" lance l'inconnu avec un fort accent américain. Lui, c'est Arthur Shreiber, un journaliste de 20 ans. Il s'était glissé dans le compartiment arrière du fuselage avant la mise en route, assis sur une planche au-dessus des câbles de gouvernes. Assolant et ses deux compagnons sont fous furieux.

"Par la faute de ce crétin, on a failli se tuer !" lance le pilote en colère, qui lui intime l'ordre de s'asseoir sur le plancher.

"Impossible de faire demi-tour constate Lotti. Et nous ne pouvons pas jeter cet énergumène par-dessus bord. Il faut que nous nous accommodions de ce poids supplémentaire !"

Armand Lotti fait alors signer à Schreiber, en utilisant l'encre du barographe, un contrat sur papier blanc spécifiant le reversement à l'équipage de la moitié de ses droits et bénéfices éventuels, en cas de publication de ses mémoires. Qu'importe ! Le jeune américain a son baptême de l'air et il est le premier "resquilleur" et passager clandestin de l'histoire de l'aviation !

LE BERNARD VICTORIEUX

Alourdi, l'"Oiseau Canari" grimpe difficilement. Il est 17 h 08 GMT lorsque la Nouvelle Écosse est survolée. Et à 18 h 30, c'est la tuile ! Le moteur a soudainement des ratés puis cale. La consommation en carburant s'est avérée plus importante que prévue et un réservoir de 170 litres est déjà à sec. Lefèvre et Lotti permutent alors sur un autre réservoir et, par chance, le vent relatif faisant tourner l'hélice permet à l'Hispano de repartir. Vers 20 heures, l'horizon s'assombrit.

Assolant tente vainement de trouver une percée dans les nuages. L'équipage est secoué pendant près de quatre heures. Aux alentours de minuit, un “conseil de guerre” est alors improvisé :

“Notre consommation est trop importante et notre badin n'indique qu'une vitesse moyenne de 189 km/h ! constate Lotti. Il faut poursuivre notre route, non plus vers Paris, mais vers les Açores.”

À l'extérieur, un terrible orage se déchaîne et Assolant pilote bientôt dans l'obscurité la plus complète. Il ne sortira du mauvais temps que vers 7 heures, le 14 juin 1929 au matin. Une heure et demie après, Lotti parvient enfin à entrer en contact avec le radiogonio d'Horata, dans l'archipel des Açores. Les trois hommes permutent à tour de rôle aux commandes de l'avion jaune. Et vers 17 heures, tandis que le niveau du carburant baisse dangereusement :

“Des barques de pêcheurs !” s'écrient les quatre hommes. Un quart d'heure plus tard, la côte nord de l'Espagne est en vue. L'“Oiseau Canari” franchit le littoral, aux environs de Bilbao. Vers 20 h 40, alors que la nuit commence à tomber aux environs du cap Finistère, dans le sud du Golfe de Gascogne, Assolant se pose sur une petite plage près de Comillas, en Espagne. Il reste encore 300 litres d'essence dans un réservoir. Ce sera le trajet le plus long jamais accompli au-dessus de la mer : 5 500 km en 28 heures et 22 minutes de vol !

La petite bourgade espagnole fêtera comme il se doit la victoire des pilotes français. Le 16 juin 1929, ils seront reçus en vedette au Bourget par le ministre de l'Air en personne. Le Bernard 191 “Oiseau Canari”, premier avion français et quatrième à avoir traversé l'Atlantique après Lindbergh,

Chamberlin/Levine et Byrd, sera ensuite exposé au jardin des Tuileries avant d'entreprendre une tournée des villes européennes. Un retournement de situation qui vaudra paradoxalement à Lotti, Assolant et Lefèvre de devenir des héros nationaux.

LE POT-AU-NOIR

En janvier 1930, Jean Mermoz rentre d'Amérique du Sud où il s'est illustré à de nombreuses reprises en convoyant le courrier au-dessus de cet immense continent. Avec Didier Daurat, directeur d'exploitation de l'Aéropostale, il commence à penser à l'établissement d'une ligne régulière entre la France et le Chili. Mais il faut d'abord franchir l'Atlantique sud en hydravion, seul type d'appareil autorisé par les fonctionnaires timorés du ministère de l'Air à tenter un tel raid. On entreprend alors, sur les conseils de Mermoz, de transformer une cellule d'un Laté 28-0 monoplan à aile haute en hydravion triplace à flotteurs. Avec un moteur Hispano-Suiza à réducteur de 600 chevaux, une voilure rallongée, l'appareil dispose de réservoirs supplémentaires portant sa capacité à 2 874 litres. En dix jours, Jean Mermoz passe son brevet de pilote d'hydravion de transport public. Le prototype du Laté 28-3 n° 919, immatriculé F-AJNQ, décolle pour la première fois en février 1930 sur le lac Saint-Laurent de la Salanque, près de Perpignan, aux mains des pilotes Prévost et Hoff. L'Aéropostale a commencé la transformation de quatre autres appareils, avec la ferme intention de les mettre en service postal régulier sur l'Atlantique sud dès le mois de mars.

PREMIER COURRIER TRANSATLANTIQUE

Quatre mois plus tard Jean Mermoz, le navigateur Jean Dabry, et l'exubérant radio Léopold Gimié pulvérisent le record mondial de distance, après 30 heures 25 minutes et 40 secondes de vol en circuit fermé, sur un itinéraire de 4 308 km reliant Marignane, Cap d'Agde et Toulon.

"Nous avons 1 200 km de rayon d'action de plus qu'il n'en faut pour traverser l'Atlantique sud !" s'écrie Mermoz avec sa fougue habituelle.

Le ministre de l'Air donne finalement son approbation pour le raid, à la seule condition que la lettre attestant son autorisation officielle figure parmi le courrier transporté par l'équipage. Mermoz baptise l'appareil "Comte Henry de la Vaulx ", du nom de l'un de ses compagnons récemment tué dans un accident aux États-Unis avec qui il avait partagé, en 1929, ses aventures sur la Cordillère.

Le 28 avril, après un faux départ provoqué par une fuite d'eau, c'est la première étape du voyage, en compagnie de Didier Daurat en personne, pour rallier Saint-Louis du Sénégal. Le lundi 12 mai 1930, à 10 h 56 GMT, sur un large bras du fleuve prévu pour servir de plan d'eau, Mermoz décolle avec son équipage. L'envol est scabreux dans un air peu porteur.

Le déjaugeage de l'hydravion de 5,5 tonnes dont 2 600 litres d'essence et 130 kg de courrier à bord, s'avère très difficile. L'hydravion est lourd et, sous l'effet du couple moteur, le flotteur gauche a tendance à s'enfoncer.

Le Laté s'arrache finalement, au bout d'une longue course. Cap à l'ouest, le F-AJNQ stabilise son vol entre 30 et 200 mètres au-dessus de l'océan. À 160 km/h de moyenne, le moteur tourne au régime économique. Il emmène les sacs cachetés du premier courrier transatlantique…

TRAVERSÉE HÉROÏQUE

Pendant que Mermoz scrute ses cadrans et surveille l'horizon, Dabry se penche sur ses cartes en faisant le point tous les quarts d'heure, et Gimié est rivé à son poste de TSF. Le vol se poursuit ainsi, au ras de la crête des vagues, jusqu'à la nuit tombante. Un des deux avisos de l'Aéropostale, le "Phocée", placé sur le trajet à environ 1 000 km des côtes africaines est bientôt survolé, avec tout son équipage massé sur le pont. La première partie de la traversée est calme et monotone. Mais Mermoz sait que vers 18 heures il devra affronter le redoutable "Pot-au-Noir", un front intertropical fait de dépressions, de turbulences et de pluies torrentielles. Même les navires le contournent. Bientôt le ciel s'assombrit, l'atmosphère devient moite. Tout l'horizon est barré par de redoutables cumulo-nimbus noirs gonflés de pluies et d'éclairs. Le Laté 28-3 est rapidement noyé dans les ténèbres, ballotté tel un fétu de paille.

La radio est muette. La chaleur et l'humidité sont insupportables. Les cataractes d'eau tombent avec une telle force qu'elles envahissent la cabine et que le moteur Hispano-Suiza donne plusieurs fois des signes de faiblesse.

"Bon sang ! La pluie noie le moteur ! s'écrie Mermoz. Il baisse de régime. S'il s'arrête, c'est la mort !"

Les trois hommes scrutent désespérément la moindre trouée. Puis survient le miracle. Le moteur reprend à 50 mètres au-dessus des flots.

"L'antenne de TSF a été arrachée par les vagues ! hurle Dabry à l'oreille de Mermoz. Je l'ai remplacée. Tout va bien !"

La traversée du "Pot-au-Noir" dure ainsi trois longues heures, interminables et angoissantes pour Mermoz et ses deux compagnons. Enfin, l'avion surgit de cet enfer dans un ciel dégagé où brille la pleine lune. Un sentiment de soulagement envahit l'équipage.

"Jean ! Bonne nouvelle !" crie Dabry. Je viens de capter un appel du "Bemtevi". Nous survolons l'équateur !"

Plus tard, les trois aventuriers aperçoivent le rocher de Saint-Paul, une borne naturelle située à un millier de kilomètres environ des côtes brésiliennes. Cela fait quinze heures que Mermoz pilote l'hydravion à faible altitude. Encore quelques heures, et c'est l'îlot de Noronha.

"Le cap Saint-Roques ! La terre ! Le Brésil !" hurle Mermoz.

Le 13 mai 1930, à 8 h 20 GMT, le Laté 28-3 "Comte de la Vaulx" amerrit entre les chalands sur le Rio Potingul.

La traversée héroïque de 3 173 km aura duré 21 heures 24 minutes. Trois vedettes viennent à leur rencontre. Il ne s'agit pas de l'escorte officielle. C'est la police et la douane brésiliennes qui viennent leur réclamer leur passeport ! Après bien des palabres, les trois aviateurs peuvent enfin débarquer.

Ils apprennent que le directeur de l'exploitation, Julien Pranville, qui voulait être le premier à les féliciter, a disparu en mer, sur le Rio de la Plata... après avoir décollé de Montevideo en pleine tempête avec le pilote Elisée Négrin, le mécanicien Prunetta et deux passagers brésiliens.

Durant deux semaines, toute l'Amérique du Sud fêtera triomphalement les trois vainqueurs de l'Atlantique sud, entourés de leurs amis de l'Aéropostale. Dès lors, Jean Mermoz ne songe plus qu'à réussir la traversée... en sens inverse !

52 TENTATIVES D'ENVOL !

Le 8 juin, par une nuit de pleine lune, il réembarque avec Dabry et Gimié sur le "Comte de la Vaulx" entièrement révisé, avec 150 kg de courrier.

"Nous n'avons pas de chance ! murmure Mermoz. L'air n'est pas porteur et le vent souffle du sud-est. Le décollage sera difficile !" Le flotteur gauche a tendance à s'enfoncer dans l'eau. Le Laté 28-3 tente de s'arracher du Rio Potingui par huit fois, entre 23 heures et 2 heures du matin, frisant la catastrophe à chaque essai. Après trois heures de sommeil, et le plein refait, Mermoz récidive. Quinze fois ! Pour rien ! Impossible de déjauger. Le lendemain, les trois hommes font douze nouvelles tentatives. Pour alléger l'appareil, ils abandonnent 200 litres d'essence. En vain ! Le 12 juin, le courrier est transbordé dans l'aviso "Epernay" et les trois hommes envisagent de rentrer par bateau.

"Je n'abandonnerai pas ! dit Mermoz. Je vais chercher un autre plan d'eau !"

L'après-midi, il fait préparer un Laté 26, et trouve finalement dans la jungle la lagune de Bonfim, à une soixantaine de kilomètres de Natal. Allégé de 1 500 litres d'essence, le Laté 28 F-AJNQ est alors convoyé jusqu'à la lagune et amarré près de la rive. Mais un télégramme du ministère de l'Air met fin à leurs espoirs. Il exige le renforcement des jambes des flotteurs. Les voilà cloués jusqu'à la pleine lune de juillet. Le 13 juin, Daurat envoie à Natal l'ingénieur Pierre Larcher, concepteur du Laté 28-3, pour modifier sur place les flotteurs du "Comte de la Vaulx". Il y parviendra au terme d'un voyage mouvementé et d'un "crash" près de Cap Juby. Le 6 juillet, le Laté en est à son 52e essai, lorsque Didier Daurat donne l'ordre de renoncer et de rentrer par bateau avec l'avion.

"Dabry ! Je sens le vent qui commence à souffler !" crie Mermoz, et il griffonne aussitôt un télégramme adressé à M. Bouilloux-Lafont, président de l'Aéropostale : "Je pars !". Le 8 juillet 1930, c'est un Jean Mermoz fou d'impatience qui tente une énième fois de décoller. Mais le sort s'acharne. Les alizés du sud-est jusqu'ici favorables ne soufflent plus, interdisant tout nouveau décollage !

En l'espace de deux jours, les trois aviateurs effectueront dix-sept tentatives...

Mercredi 9 juillet 1930, vers 19 h 30 GMT, le Laté 28-3 "Comte de la Vaulx" met plein gaz pour la 53e fois, et là, miracle, il déjauge et se cabre pour s'élever au-dessus du lagon en direction de l'Atlantique. En pleine nuit, le F-AJNQ survole bientôt le rocher Saint-Paul et dépasse l'aviso "Bemtevi". Il s'agit là de la première tentative au monde de traversée de l'Atlantique sud dans le sens Brésil-Afrique.

LA DERNIÈRE VAGUE

Après 14 heures de vol, le petit hydravion aborde à nouveau le "Pot-au-Noir" avec une visibilité d'un kilomètre et un plafond de 50 mètres. Un vent de 30 à 40 km/h souffle du sud-est en rafales. Quelques gouttes d'huile apparaissent : le trop plein des réservoirs sans doute. Mais 3 heures et demie plus tard, au lever du jour, vers 6 heures, au travers du Cap Vert, le pare-brise de l'appareil se couvre d'huile. Cela ne fait plus guère de doute : il y a une fuite. Le moteur Hispano-Suiza de 600 chevaux commence à chauffer à environ 1 620 tours/mn. Il est alors 10 h 00 GMT et le "Comte de la Vaulx" ne se trouve plus qu'à 800 kilomètres du Sénégal.

“Vite Dabry ! Une rupture de canalisation ! Prenez le bidon de 20 litres d’huile de réserve et aidez-moi à le verser dans le réservoir de secours ! ordonne Jean Mermoz. Gimié alerte l’aviso “Phocée” qui indique sa position à 70 km à l’est. Une terrible course contre la montre s’engage. De minute en minute un relèvement gonio est effectué. La température de l’Hispano Suiza atteint 90°. Soudain, ils aperçoivent la fumée du “Phocée” qui vient à leur rencontre à toute vapeur. Le Laté 28-3 se traîne au ras de l’eau. Un message est envoyé.

“Amerrissons. Pression d’huile zéro.” Le “Phocée” met alors une baleinière à la mer, et Mermoz se prépare à amerrir.

“La mer est terriblement dure ! Placez-vous à l’arrière du fuselage avec le courrier !” hurle Mermoz. Il plaque l’hydravion sur le flanc d’une vague. Une aile se brise ainsi qu’un croisillonnage du flotteur gauche. Heureusement la baleinière parvient à les rejoindre. Dabry et Gimié parviennent à y transférer les précieux sacs de courrier, tandis que Mermoz coupe le contact et fixe un câble de remorque.

“Il faut tout faire pour ramener l’avion à Dakar !” dit le pilote au commandant. Mais la mer entourant le “Phocée” devient de plus en plus houleuse. Une heure plus tard le Laté 28 s’enfonce de plus en plus, le flotteur métallique gauche vraisemblablement crevé. Une lame plus violente que les autres engloutit le pauvre hydravion. En quelques secondes, le “Comte de la Vaulx” coule. Mermoz qui ne décolère pas dit alors :

“Nous recommencerons !”

L'ANGE DE LA CORDILLÈRE

C'est l'épopée des pionniers du ciel. Des dizaines d'hommes s'élancent à la conquête d'espaces aériens toujours plus vastes. Mais les exploits isolés ne suffisent plus. Des hommes au cerveau lucide, entrevoyant les immenses possibilités commerciales de l'aviation, comme Didier Daurat, s'attachent un peu partout à organiser des embryons de lignes aériennes régulières... Ce sont les débuts héroïques de l'Aéropostale. Pour réaliser ce qui, à l'époque, est un véritable exploit, ils doivent faire appel à une pléiade d'êtres exceptionnels... Jean Mermoz, Antoine de Saint-Exupéry ou encore Henri Guillaumet, un jeune pilote de 28 ans dont le nom est déjà légendaire en Amérique du Sud. Pour transporter le courrier du Chili en Argentine, il faut passer la terrible Cordillère des Andes, franchir à bord d'avions poussifs des pics qui culminent à 6 500 mètres dans les pires conditions météorologiques, dans le froid, la brume et les tempêtes de neige... Une simple panne, et c'est la mort assurée !

UN VENDREDI 13

Le jeudi 12 juin 1930, vers 13 h 10, Henri Guillaumet décolle de Cerrillos, près de Santiago du Chili aux commandes du Potez 25 A 2 n° 1522, immatriculé F-AJDZ. Chargé de 350 kg de courrier destiné à l'Europe, il fonce à près de 240 km/h en direction des montagnes, vers Mendoza, en

Argentine. Mais le petit biplan se retrouve rapidement dans un épais brouillard, au milieu d'une épouvantable tempête de neige. Pendant plusieurs dizaines de minutes, espérant la trouée salvatrice, le jeune homme lutte farouchement pour franchir les sommets...

"Impossible de passer ! Le vent souffle au moins à 150 km/h et mon essence baisse à vue d'œil. Je n'ai pas le choix : il faut faire demi-tour" se résigne H. Guillaumet.

Épuisé, il rentre et se pose vers 14 h 10.

"T'en fais pas ! Tu recommenceras demain !" lui lance Antoine de Saint-Exupéry.

"Le temps sera aussi mauvais... Et le courrier doit arriver à tout prix !" rétorque le pilote. Sa 92e traversée de la Cordillère attendra donc quelques heures de plus. Le lendemain, à l'aube, Henri Guillaumet examine le bulletin météo transmis par Mendoza. Rien de bien optimiste : un ciel couvert avec quelques trouées. Vers 8 heures du matin, il décide de partir quand même, malgré les rafales de vent, trop fortes, et la désapprobation du chef de piste, M. Massier.

"Écoute, depuis un an que je fais la liaison, je connais le trajet par cœur et dans les deux sens ! En suivant la voie ferrée du Transandin, ça devrait pouvoir passer" assure Henri Guillaumet. Et il décolle. Bientôt c'est la crasse, épaisse, blanche, cotonneuse, jusqu'à près de 9 000 mètres d'altitude.

"Diable ! Le temps est encore plus moche... Il faut que je grimpe au-dessus de cette "couche" ! pense Guillaumet. Mais son Potez ne peut pas passer. Henri prend alors, au compas, une route de dégagement par la Laguna Diamante, un grand lac au milieu de la Cordillère. Tandis que le pilote prend la direction du sud, le Potez refuse de monter plus haut. L'aiguille de l'altimètre reste désespérément figée sur 6 500 mètres. Le brouillard est toujours aussi épais, à tel point que le pilote ne voit plus ses saumons d'ailes. Et les turbulences deviennent de plus en plus fortes.

"Toujours cette damnée "crasse" ! Et la glace qui s'accumule sur les plans... Oh !... L'altimètre ! Il dégringole... Je perds de l'altitude !" hurle Guillaumet, en sentant son avion comme aspiré vers le bas. Il est trop tard pour rebrousser chemin. Les commandes deviennent molles.

"Mon dieu !... Les rochers !... Je suis fichu !..." s'exclame le pilote se sentant impuissant face aux éléments déchaînés. La neige qui fouette inlassablement le Potez 25 s'infiltre partout. Soudain Guillaumet, tout en se protégeant les yeux avec sa main droite, discerne une étrange masse noire sur le sol.

"Bon dieu !... Je... Je survole la surface gelée de la Laguna Diamante ! C'est ma dernière chance !..." réalise l'infortuné pilote. Alourdi, pris dans d'effroyables remous, l'avion a déjà perdu 3 500 mètres en deux ou trois minutes. Dans un effort surhumain, pilotant au badin et à l'indicateur de virage, Guillaumet redresse et parvient à stabiliser le lourd biplan. Il décrit des cercles pendant près d'une heure et demie, mais le niveau d'essence est trop bas : il faut se résoudre à atterrir. Henri Guillaumet cabre le Potez 25, coupe les gaz et se pose. L'appareil roule. Mais la couche de neige trop épaisse freine sa course et s'entasse devant le monomoteur. Les roues se bloquent... Et c'est la catastrophe ! Le Potez 25 A2 part en pylône et se renverse par l'avant. L'avion est irréparable. Par miracle, Guillaumet est sauf et parvient à détacher son harnais avant de se laisser glisser dans la neige.

“Mon dieu... Mon hélice est tordue et le train est faussé ! Mon zinc est foutu... Je suis prisonnier de la Cordillère à 3 280 mètres !... Je suis perdu !...”

Il est 11 h 35.

SURVIE DANS L'ENFER BLANC

En dépit du vent qui souffle avec violence, Henri Guillaumet se ressaisit. Il arrache une porte de visite, celle du palonnier et, s'en servant comme d'une pelle, creuse comme un fou dans la glace. Puis il s'enveloppe dans son parachute et, pour se protéger du vent, dispose les sacs de courrier en cercle autour de lui, sous une aile.

“Eh bien, je ferai mentir le dicton !... Je sauverai ma peau ! Mais, d'abord le courrier !... Je vais l'enterrer !... Il sera à l'abri ! Mais avec cette tempête il faut attendre !... Hum... Voyons... Faisons l'inventaire de nos ressources !... Diable !... C'est maigre : deux boîtes de lait, deux boîtes de sardines, une de corned-beef, une demi-bouteille de rhum, une boîte d'allumettes, un réchaud à alcool, une petite boussole de poche, un couteau et pour terminer une lampe électrique.” Le pilote allume alors le réchaud, boit un peu de lait tiédi, se blottit dans son abri improvisé et attend une éventuelle accalmie...

“Quel festin !... Un peu de neige au lait condensé !... Un régal !...”

Il ferme les yeux en serrant contre lui la photographie de son épouse Noëlle, sortie de son portefeuille, et somnole dans le vent terrible qui lui siffle aux oreilles.

Henri Guillaumet attendra ainsi deux jours et deux nuits... Dimanche 15 juin, la tempête a laissé la place à un matin sec, calme et glacé. Le jeune pilote reste confiant malgré la fatigue. Il sait que ses camarades ne le laisseront pas tomber. Il branche la batterie des accumulateurs aux fusées de détresse Holt dont il dispose. Soudain, vers 9 heures, un vrombissement caractéristique lui parvient répercuté par l'écho des montagnes.

"Un bruit de moteur de Potez 25 !... Les copains me cherchent !... Vite, mes fusées !..." crie Guillaumet en tentant d'apercevoir le monomoteur.

"Le voilà !... C'est sûrement Deley !... Tonnerre !... Et ces fusées qui ne veulent pas griller !..."

Finalement, les fusées éclatent, mais blanches sur fond de neige, elles restent invisibles, tout comme l'épave du Potez 25 ensevelie sous la neige.

"Il... Il s'en va !... Il n'a rien vu !..." Le malheureux pilote reste prostré pendant de longues minutes.

"Et puis, non !... C'est trop bête !... J'ai une boussole, des vivres pour cinq jours !... Je m'en tirerai !... Tout seul !..." Guillaumet réalise que sa seule chance de survie consiste à marcher vers l'Argentine. Un périple impossible de près de soixante kilomètres en haute montagne, sans aucun équipement.

Une seule conviction : la tempête ne devrait normalement pas reprendre avant trois ou quatre jours. À l'aide d'un galet en silex, il trace un dernier message sur le fuselage du Potez 25 renversé. Henri Guillaumet écrit :

"N'ayant pas été repéré par l'avion, je pars vers l'est, direction Argentine. Adieu à tous. Ma dernière pensée sera pour ma femme. Guillaumet."

Et il part… Il est 10 heures. Un terrible calvaire commence à l'ombre du volcan Maïjn qui culmine à 7 000 mètres. Épuisé par le froid intense, la faim et le mal des montagnes, il avance, trébuchant, dans un mètre de neige. Pour mieux se protéger, il a enfilé son pardessus sur sa combinaison de vol, et ses chaussons fourrés sur ses chaussures basses.

Mais ses vêtements trempés par l'air glacé et la neige alourdissent ses mouvements. Il progresse avec difficulté vers un col culminant à 4 000 mètres. Henri Guillaumet glisse, redescend de quelques mètres, puis remonte avec obstination. Il décroche à nouveau et part dans une glissade de plusieurs centaines de mètres, sans lâcher sa valise. Heureusement, la neige molle finit par l'arrêter. Guillaumet s'acharne et remonte, avec l'énergie de l'animal blessé.

“Je… Je suis à bout !… Jamais je n'y arriverai !… Il… Il ne faut pas que je me couche… Je n'aurai plus… le courage de… me relever… Seulement m'asseoir !” se répète sans cesse le jeune homme qui lutte contre l'engourdissement. Il repart, souffle de temps à autre assis sur sa petite valise et se relève. Inlassablement ! Même la nuit ne l'arrête pas…

CINQ JOURS DE MARCHE

Lundi 16 juin. Le jour est venu. Un vent glacial se met à souffler. Guillaumet a passé le col. Il marche dans le fond d'une vallée étroite.

Devant lui se dresse une paroi infranchissable. Il lui faut trouver un passage quelque part. Le pilote meurtri retourne sur ses pas et décide de se diriger vers un pic de 3 000 mètres. Il est 16 heures environ, lorsqu'il entend un long vrombissement.

"Mes pieds sont gelés !... Et... Mes oreilles bourdonnent... C'est l'altitude qui... Mais non !... C'est... C'est un Potez !... Saint-Exupéry !" lance Henri.

En effet, aux commandes d'un appareil de l'Aéropostale, c'est bien Antoine de Saint-Exupéry qui, refusant d'abandonner son ami, croise sans cesse au-dessus des Andes...

"Rien... Toujours rien... Tout espoir est maintenant perdu !..." pense Saint-Ex.

Après quelques minutes d'espoir Guillaumet se retrouve à nouveau seul avec la montagne.

"Il... Il s'en va !... Il m'abandonne !... Au secours !... Saint-Ex !... Reviens !" hurle Guillaumet. Le silence de la nuit succède au crépuscule. Avec une chemise sèche prise dans sa valise, le pilote tente de se réchauffer les pieds. Et l'atroce calvaire reprend, pas après pas. La lampe électrique fixée sur un bouton de sa combinaison de vol, Henri Guillaumet marche dans la neige et la glace. Soudain, une pensée le traverse :

"J'espère que... Ma femme ne... Manquera... de rien ! Elle touchera mon assurance !... Mais... Bon dieu !... Le contrat !... Il stipule : "La compagnie ne paiera la prime qu'après avoir contrôlé le décès." !... Ma femme n'aura rien avant quatre ans si mon corps n'est pas retrouvé..."

Il reprend alors son interminable ascension après avoir bu une dernière gorgée d'alcool. Un de ses gants a été emporté par une rafale de vent. Les premiers rayons du soleil commencent à poindre sur la crête de la Cordillère. Ce mardi 17 juin, dans toute l'Amérique du Sud, on croit Henri Guillaumet mort. Partout, on célèbre des messes pour le repos de son âme. Dans les bureaux de l'Aéropostale son portrait officiel est encadré d'un morceau de crêpe noir. Pourtant son épouse Noëlle, Saint-Exupéry et Mermoz n'ont pas perdu espoir. Pendant ce temps, Henri Guillaumet poursuit son calvaire. Le long d'un torrent, dans le fond d'une gorge, il titube sur les éboulis couverts de neige, tombe à plusieurs reprises, se relève... Pour franchir certains passages le malheureux doit se plonger dans le lit du Rio Papagallos glacé... Il est frigorifié et ses vêtements sont de plus en plus lourds et raides. Il envisage de se laisser mourir. Mais Henri reprend le dessus. Il se débarrasse de sa combinaison de vol qui l'encombre plus qu'elle ne l'aide, malgré le froid. En 24 heures, il n'a fait que trois kilomètres !... Le désespoir revient avec la nuit.

"Plus d'issue !... J'ai grimpé ici pour rien... Je... Je dois rebrousser chemin !..."

L'IMPOSSIBLE RETOUR

Mercredi 18 juin. Il fait encore nuit lorsque Henri Guillaumet, à bout de forces, glisse sur une plaque de glace et tombe dans un ravin. Il chute ainsi pendant près de cinquante mètres. Un roc l'arrête enfin au bord d'un gouffre. Guillaumet, à demi-conscient, reste immobile. Il ne se relève qu'au bout de plusieurs heures. Il ressent de violentes douleurs du côté droit. Ses chevilles sont en sang.

"Ma... Ma lampe... Ma valise !... Je les ai perdues !... Plus... Plus de vivres ! C'est la fin... Je... Je vais me coucher et... mourir !... Assez lutté !... Qu'importe..." Mais, à nouveau il trouve la force de se relever. Ses pieds en sang sont tellement enflés qu'il doit couper ses chaussures à coups de couteau, et ses deux genoux ne sont que des plaies ensanglantées.

“À la fonte des neiges mon cadavre roulera dans ce gouffre !... Pas de constat de décès possible… Je dois… Aller mourir… À un endroit où… On pourra retrouver mon corps !” murmure le pilote en rassemblant ses dernières forces.

“Je dois arriver… Là-haut !... Là, on retrouvera… mon corps !” prononce Guillaumet en parvenant à se hisser sur un contrefort enneigé.

“J'ai… Pu… Me traîner... Jusqu'ici !... Pourquoi ne pas continuer ?... C'est trop… Bête… Je sauverai ma peau !...” se répète le jeune Français.

À demi mort de faim, de froid, d'épuisement, il repart. La vallée s'élargit. En voulant traverser le Rio il chute lourdement dans l'eau. Guillaumet est emporté par le courant mais, au moment de couler, il parvient à s'accrocher à une saillie sur l'autre rive. S'arrachant à l'eau glacée, il fait sécher le peu d'allumettes qui lui restent.

Jeudi 19 juin. Au petit matin, Henri Guillaumet aperçoit de la végétation. Un peu plus loin la neige a effectivement disparu. Il n'avance plus qu'à genoux et se désaltère dans l'eau du Rio. Pour calmer sa faim, il avale goulument des poignées d'herbe, et soudain :

“Des traces de sabots !... Du crottin de mulet !... Des mules sont passées ici !” reconnaît en bon paysan H. Guillaumet. Galvanisé par l'espoir, l'aviateur continue de descendre en se traînant : il abandonne son pardessus, retombe, puis se relève malgré sa faiblesse. Comme dans un rêve, des chèvres et des chiens apparaissent devant lui.

“Là ! Une femme !... Sauvé !... Aviador !” crie-t-il. Mais son aspect effrayant la fait fuir. C'en est trop pour Guillaumet qui s'écroule et perd conscience. La jeune femme revient sur ses pas, se décide à recueillir le moribond et parvient à le hisser, non sans mal, à dos de mulet. Lorsqu'il se réveille, elle est penchée sur lui. Deux enfants le regardent comme une bête curieuse. Henri Guillaumet se trouve dans une petite maison de garde du Rio Laucha, à environ 1 000 mètres d'altitude. Elle lui fait boire du lait de chèvre coupé avec de l'eau-de-vie. Guillaumet essaye de dormir. En vain ! Il se lève et s'assoit près du feu. Le mari péon rentre un peu plus tard et se précipite au village pour prévenir la police de San Carlos... Alertées par le paysan, les autorités nient d'abord le miracle. Guillaumet échappé des Andes dans l'hiver austral ? Après sept jours ? Impossible !

LE DESTIN DE L'ARCHANGE

Vendredi 20 juin. La porte d'un restaurant de Mendoza s'ouvre. Antoine de Saint-Exupéry y déjeune avant de reprendre l'air. Quelqu'un s'exclame :

"Guillaumet est vivant !"

Saint-Ex court à l'aérodrome et décolle avec ses mécaniciens Lefebvre et Abry.

Henri Guillaumet a déjà quitté le rancho pour rejoindre, à cheval, la voiture de police qui l'attend une quinzaine de kilomètres plus loin. Saint-Exupéry aperçoit l'automobile sur la route cahotante et décide de se poser.

"Oh ! Regardez !... Un avion !... Il atterrit !..." lance un des policiers.

Et ce sont les retrouvailles !

"Tu sais... Crois-moi... Ce que j'ai fait, aucune bête au monde ne l'aurait fait..." lui murmure Guillaumet.

Antoine de Saint-Exupéry entreprend de ramener son ami au Plaza Hôtel de Mendoza. Le lendemain, il y organisera une grande fête. Le 7 juillet, Guillaumet sera remboursé de 794 pesos pour couvrir la perte de sa valise et de ses effets personnels. Quelques mois plus tard, au cours de l'été, une expédition menée par Jean-René Lefebvre retrouvera l'épave du Potez 25 A2 n° 1522 F-AJDZ abandonnée sur les rives de la Laguna Diamante. L'avion sera ensuite démonté, pièce par pièce, puis descendu à dos de mulet, et... le courrier, finalement distribué !

Henri Guillaumet réalisera sa 200e traversée des Andes le 21 avril 1933. Comme Mermoz, il trouvera la mort à 38 ans en plein ciel, au-dessus de la Méditerranée, le 27 novembre 1940, peu après avoir décollé de Marseille-Marignane pour Beyrouth aux commandes du quadrimoteur Farman "Le Verrier".

Il comptait 9 700 heures de vol...

DESTINATION NEW YORK

Trois ans après l'exploit de Charles Lindbergh, la redoutable traversée d'est en ouest de l'Atlantique nord face aux vents dominants n'a toujours pas été réalisée. Nungesser et Coli l'ont tentée et ont disparu corps et biens. Dieudonné Costes, un ancien as de la Grande Guerre, avec neuf victoires aériennes et 154 missions de combat à son actif, rêve d'y parvenir. Il s'associe en 1923 avec Maurice Bellonte, un mécanicien devenu radio-navigateur, pour préparer ce raid. Parrainés en secret par le célèbre parfumeur parisien François Coty, et soutenus par les sociétés Bréguet et Hispano-Suiza, ils organisent méthodiquement leur traversée, pendant près de vingt-sept mois. Les vols d'essai se succèdent à bord du fameux Bréguet "Bidon". Il faut mettre au point les instruments de navigation, la radio, et analyser la météorologie océanique. Un seul obstacle peut les empêcher de franchir les 5 600 kilomètres qui les séparent de leur point de départ : les vents dominants d'ouest en est qui augmentent considérablement la consommation d'essence...

LE BRÉGUET "SUPER BIDON"

Le Bréguet XIX FT "Super Grand Raid" est dérivé d'un avion de reconnaissance et de bombardement léger conçu en 1921. Il posséde un fuselage allongé de plus d'un mètre et surtout une capacité interne en carburant de 5 710 litres d'essence et de 220 litres d'huile, phénomènale pour l'époque, qui lui vaut le surnom de “super bidon”. Sa masse totale avoisine 6 350 kilos pour une autonomie théorique de 8 000 kilomètres. Il peut ainsi voler pendant 55 heures, à 150 km/h de moyenne par vent nul. Son moteur est un Hispano-Suiza de 650 chevaux d’une extraordinaire fiabilité. Une béquille d’amerrissage, des Gyrorectors, des contrôleurs de vol “Aéra”, des compas “Morel”, un navigraphe “Le Prieur”, et un poste émetteur-récepteur d’une puissance de 150 watts portant à près de 1 500 kilomètres complètent les équipements de bord. Pour être plus visible, le gros biplan a été peint en rouge vermillon. En guise d’immatriculation, un énorme point d’interrogation blanc et une cigogne stylisée, emblème du motoriste Hispano-Suiza, ont été apposés sur le fuselage, laissant planer le mystère sur la destination finale de cet avion peu ordinaire.

La première tentative, le lundi 13 juillet 1929 à 4 h 30 du matin, se termine par un échec. Les deux hommes doivent faire face au brouillard et à une panne radio. En raison de violents vents contraires, leur vitesse sol moyenne passe de 210 km/h à 80, voire 70 km/h entre Paris et Santander. Le “Point d’Interrogation” a déjà parcouru plus de 2 586 kilomètres…

Après 14 heures d’un vol exténuant, Costes décide d’avorter la mission à la hauteur des Açores, préférant faire demi-tour. Le 27 septembre suivant, Costes entreprend de tester le “Point d’Interrogation” sur une longue distance. Il réalise un vol de Paris à Tsitsikar, en Mandchourie, soit plus de 7 905 kilomètres en 51 heures et 20 minutes de vol, à la moyenne de 154 km/h. Obligés de poser l’avion dans un endroit désertique, tout près de la Chine, Costes et Bellonte seront traités en espions puis retenus prisonniers pendant dix jours. Puis, en compagnie d’un pilote chevronné, Paul Codos, il bat le record de distance en circuit fermé – entre Narbonne,

Nîmes, Avignon, et Istres – parcourant ainsi 8 029 kilomètres en 52 heures et 36 minutes, à la moyenne de 151,5 km/h.

Costes et Bellonte doivent maintenant choisir les dates de leur nouvelle tentative à destination du Nouveau Monde.

"Au cours de l'été 1930, seules deux périodes sont favorables à la traversée de l'Atlantique nord ! leur annonce alors André Viaut, un prévisionniste remarquable de l'Office national de météorologie. Elles se situent aux environs du 8 juin et du 1er septembre...

– Impossible, l'avion ne sera pas prêt pour le mois de juin... rétorque Costes. Il faudra donc attendre le mois de septembre !"

LA GRANDE TRAVERSÉE

Dimanche 31 août 1930. L'avion est amené une nouvelle fois depuis Villacoublay à l'aérodrome du Bourget vers 18 heures. Le soir, de gros nuages noirs de mauvaise augure s'amoncellent dans le ciel parisien. Viaut persiste à maintenir ses prévisions de ciel bleu tout au long du parcours prévu, à l'exception d'une zone de perturbations sur l'Amérique dans la phase finale du vol. Le soir même, un violent orage éclate et balaye d'un coup tous les nuages, faisant place à un ciel étoilé. Costes et Bellonte vont pouvoir décoller pour New York. Lundi 1er septembre 1930, à 4 h 20 du matin, les pleins des réservoirs viennent d'être effectués sur le Bréguet XIX FT, et les camions citernes quittent le hangar. Une demi-heure plus tard, le pilote Dieudonné Costes arrive sur le terrain au volant de sa superbe décapotable Hispano-Suiza, accompagné de son épouse, la cantatrice Mary Costes, vêtue pour la circonstance d'un tailleur rouge et coiffée d'un béret blanc affublé d'un point d'interrogation rouge. Son acolyte, Maurice Bellonte, est déjà à l'avion, en train de faire les ultimes vérifications avant le départ.

"Une dépression est signalée au sud de Brest explique Costes. Nous allons donc gagner l'Angleterre. Ensuite nous suivrons la grande route des paquebots. Notre point de mire sera Halifax. Nous voilà à l'instant décisif."

Il est 5 h 40. C'est l'aurore. Le gros "Point d'Interrogation" est tiré de son hangar et remorqué par les mécaniciens jusqu'à l'extrémité de l'aérodrome. Mais une épaisse brume s'est étalée sur les champs avoisinants. Les heures passent, et le plafond ne monte pas d'un centimètre.

Paul Codos, ami de Costes, décide de décoller à bord d'un petit biplan "Moth Morane" pour aller voir. Mais il ne trouve pas d'amélioration notable. Costes décide, vers 8 heures du matin, d'aller dormir une heure dans le bureau de la météo. À son réveil, les conditions météorologiques semblent s'améliorer.

À la demande du pilote, les deux réservoirs supplémentaires jugés inutiles sont déposés, et la béquille arrière est désormais fixée sur un chariot largable à deux roues. Les deux membres d'équipage, bardés de cuir, échangent quelques mots avec les personnalités venues sur place, comme Louis Bréguet ou M. Lacoste d'Hispano-Suiza. Ils donnent les dernières poignées de main avant de grimper dans leurs cockpits respectifs. Costes est à l'avant dans un habitacle protégé par un important carénage et un grand pare-brise. Bellonte, à l'arrière, ne bénéficie que d'un habitacle à l'air libre, à la merci du temps glacial et de la pluie. À l'arrière, un canot de sauvetage en caoutchouc et un cerf-volant ont été disposés, ainsi que vivres et boissons. Tandis que les mécaniciens s'affairent à faire tourner la grande hélice en bois bipale afin de passer les compressions, on amène l'archaïque démarreur Odier sur le moyeu. C'est le mécanicien Ramondou, de chez Hispano-Suiza, qui supervise les opérations de démarrage. Debout, les pieds encastrés dans les marchepieds du fuselage, la main droite sur la poignée des gaz, il fait lancer le démarreur dont le sandow est enroulé et serré autour du moyeu central. Le moteur tousse, puis ronronne dans un vrombissement régulier et rassurant. La température de l'huile monte régulièrement. Quelques coups de moteur, afin de vérifier la bonne carburation. Le mécanicien attentif donne alors une tape amicale dans le dos de Costes, et saute de la machine.

On enlève les cales devant les roues du train d'atterrissage. Aussitôt l'avion met plein gaz et commence à rouler, de plus en plus vite. Un petit coup de manche : le chariot faisant office de roulette de queue est largué. Il faut 46 secondes au "Point d'Interrogation" pour décoller et franchir les arbres qui marquent le seuil de piste. Il est 9 h 54. Le biplan surchargé ne grimpe que très progressivement sous un angle de montée plutôt faible. Plusieurs pilotes ont pris l'air pour les suivre pendant 30 à 45 minutes. Cap au nord-ouest, l'équipage leur fait signe que tout va bien à bord...

GYMKHANA ENTRE LES CUNIMBS

La Manche est atteinte au sud de Saint Valéry-en-Caux vers 10 h 48. Southampton est survolée à 11 h 50. À la moyenne de 167 km/h, le pays de Galles laisse bientôt place au canal Saint-Georges et à l'Irlande. Il est 13 h 45. Le Bréguet survole Tipperary, et à **14 h 50** précises, le monomoteur rouge dépasse le cap Loop et l'estuaire de la rivière Shannon. Il est maintenant face à l'immensité de l'océan. En raison du bruit du moteur, les deux hommes ne peuvent communiquer entre eux que par des billets griffonnés à la hâte sur un bloc-notes :

"Température de l'eau 68° et celle de l'huile 63 ou 64°... Tu me donneras un peu de poulet et de bouillon chaud !"

Vers 19 heures, Bellonte, les lunettes en permanence sur ses yeux, échange un message avec le paquebot "Rochambeau", puis effectue quelques relèvements astronomiques pour contrôler la dérive et la consommation. La nuit se déroule sans incident. Les heures s'écoulent. Le chant de l'Hispano-Suiza de 650 chevaux est régulier et sans fausse note. Entre 19 et 22 heures, l'appareil se détourne de sa route initiale pour éviter une perturbation imprévue, en faisant un crochet par le nord. Nouvelle visée avec le sextant. La position est passée au paquebot "Bremen".

De 22 heures à 4 h 35 du matin, le Bréguet entreprend un crochet vers le sud afin d'éviter une seconde perturbation. L'aube du mardi 22 septembre se lève et emplit le ciel de rose et de mauve. Sous les ailes du "Point d'Interrogation", une couverture nuageuse s'étend presque à l'infini. Quelques rares trouées laissent apparaître l'océan Atlantique.

Maurice Bellonte note sur son carnet :

"5 h 30. Depuis près de 2 heures, la vitesse sol est tombée à 120 km/h. Le vent debout de 70 km/h souffle plus fort que prévu."

UN MUR SUR L'OCÉAN

À 11 h 25, près de vingt-quatre heures après son décollage,

le monomoteur est contacté par la station radio de Saint-Pierre-et-Miquelon. Dans l'après-midi, Costes fait alors parvenir un billet griffonné à son navigateur :

"Si tu aperçois des mouettes, cela signifiera que nous approchons de la terre !"

Comble de malchance, la génératrice du poste radio émetteur s'est coincée sur son rail de sortie. Plus aucun contact n'est possible avec le sol. Costes et Bellonte sont désormais seuls au-dessus de l'immensité de l'océan, et ne peuvent plus compter que sur leurs compas et leurs instruments de navigation.

Devant eux, de lugubres nuages noirs forment un mur tellement sombre qu'on ne distingue plus ni l'horizon ni les vagues de l'océan.

"Les prévisions de Viaut s'avèrent malheureusement bonnes ! pense Costes. Nous n'avons pas le choix. Il faut franchir cet obstacle et trouver un passage..."

Pendant près de trois heures, il cherche un couloir, et doit se résoudre à descendre le plus bas possible, au ras des flots. Ils sont à 150 km au-dessous de la route tracée au départ. Tous les quarts d'heure, Bellonte lui communique les corrections à effectuer. Costes a la tête lourde.

Et soudain des mouettes... Une éphémère trouée dans les nuages permet d'apercevoir ce qui ressemblerait au trait des côtes du continent américain, au nord-ouest de Louisbourg. Les installations aéroportuaires d'Halifax se devinent...

"Les côtes de la Nouvelle Écosse ! songe aussitôt Maurice Bellonte qui consulte sa montre. Il est 18 h 10, heure française, soit 13 h 10 heure locale..."

Ils ne volent qu'à 200 mètres de hauteur. Les conditions météo sont franchement mauvaises. Maintenant il faut grimper. Costes ouvre les gaz en grand et prend de l'altitude. Il monte dans la couche. À 1 600 mètres, ils émergent des nuages dans un ciel clair. Plus rien ne peut plus les arrêter jusqu'à New York.

"Nous avons vaincu l'Atlantique nord ! hurle Costes, bien que sa voix soit couverte par le vacarme de l'Hispano-Suiza. Nungesser et Coli, nous vous avons vengé !"

Au-dessus de la région de Boston deux avions américains sont venus à leur rencontre. Costes réduit les gaz puis accélère à nouveau, lâchant son escorte.

À quelques milliers de kilomètres, dans la capitale française, les quotidiens du soir et du matin rapportent, d'heure en heure, les positions successives des deux aviateurs transmisent par des bateaux. Puis, la nouvelle éclate : le "Point d'Interrogation" a été vu au-dessus du territoire des États-Unis ! On s'arrache les dernières éditions des journaux du soir. Dans les cafés abonnés à Havas Courses, c'est la cohue au moindre crépitement des téléscripteurs. Des milliers de curieux s'agglutinent devant les immeubles des grands quotidiens pour écouter les commentaires transmis par haut-parleurs. Vers 21 heures, le journal *Le Matin* annonce que l'appareil n'est plus qu'à 350 kilomètres de son but. Dans la vitrine du *New York Herald Tribune*, avenue de l'Opéra, un trait rouge sur une grande carte des États-Unis indique le trajet suivi par le "Point d'Interrogation". Sur la place de la Concorde, noire de monde, de nombreux haut-parleurs ont été installés. Une autre première mondiale se prépare : la première liaison radiophonique directe entre la France et les États-Unis. Tour à tour, Jean Assolant, pilote de l'"Oiseau Canari", et Paul Codos l'ami des deux héros, viennent commenter l'exploit.

LINDBERGH, NOUS VOICI !

Il est 23 h 12, lorsque s'élève une grande clameur dans les haut-parleurs parisiens. Les roues du "Point d'Interrogation" viennent de toucher la piste de l'aérodrome de Curtiss Field, à New York, où s'est massée une foule énorme. Il est 19 h 12, heure locale. Costes et Bellonte totalisent 37 heures et 18 minutes de vol sur une distance de 6 120 kilomètres, à la moyenne de 164,5 km/h. Il reste encore près de 450 litres dans les réservoirs. Des agents motocyclistes encadrent l'avion. C'est l'hystérie collective. La foule en liesse ne les laisse pas respirer et rapidement les nouveaux vainqueurs de l'Océan sont arrachés de leur cockpit puis portés en triomphe.

Ils sont tous là pour les accueillir : le pilote Marcel Doret, le joueur de tennis Jean Borotra, le boxeur Georges Carpentier, le navigateur solitaire Alain Gerbault, mais aussi un certain Charles Lindbergh, le pionnier de l'Atlantique nord.

"Je vous félicite ! déclare Lindbergh.

– Lindbergh, nous voici !" lui répond Costes en souriant.

À Paris, la "Marseillaise" est entonnée, bientôt suivie de l'hymne américain "Star and Stripes". L'émotion est à son comble, et dans un silence absolu, le speaker de Radio-Paris annonce d'une voix nasillarde :

"Mesdames et Messieurs, Costes et Bellonte vont vous parler !..."

"Le départ de Paris a été décidé très vite à cause des avantageuses conditions atmosphériques" commente Dieudonné Costes sur un ton posé, calme et solennel.

"Nous savions ce qui nous attendait en prenant la route du nord. Dès que nous eûmes quitté l'Irlande, nous rencontrâmes du mauvais temps et fûmes obligés de voler plus haut que nous ne le voulions, puis dans une zone de basse pression, nous rencontrâmes un vent arrière. Plus tard le "Point d'Interrogation" prit contact encore avec le mauvais temps près d'Halifax. Nous avons mis 37 heures et nous estimons que c'est très bon comme temps !"

Une fois les allocutions terminées, une grande joie explose à New York comme à Paris. On se congratule, on s'embrasse, on pleure, on s'invite à boire un verre avant le dernier métro...

LE TOUR D'AMITIÉ

Le lendemain, 3 septembre, c'est le défilé triomphal à Manhattan, dans une Packard décapotable, précédée de la fanfare locale, des majorettes ainsi que de membres de l'American Legion. Une pluie de milliers de confettis, de serpentins et de feuilles d'annuaires téléphoniques s'abat sur Costes et Bellonte. Au City Hall de New York, une réception grandiose attend les deux aviateurs français. Ils doivent s'envoler dès le lendemain pour Dallas, au Texas, afin d'y recevoir le prix Easterwood de 25 000 dollars offerts pour la première liaison aérienne Paris-Dallas. Puis ce sera la réception à la Maison Blanche, le 7 septembre, par le président Hoover. Le 15 septembre, ils entreprennent un "tour d'amitié" à travers les États-Unis : un périple de 27 000 km en 163 heures de vol dont les 21 escales seront inscrites à jamais sur le fuselage de l'avion...

“Je crois que nous sommes les derniers héros de l’air pour le grand public... déclarera Costes peu après son retour en France par bateau. Nous aurions remis d’une année, personne ne se serait plus dérangé pour nous accueillir où que ce soit...”

Commandeur de la Légion d’honneur, Dieudonné Costes deviendra l’année suivante inspecteur technique chez Air Union puis Air France avant de s’intéresser au développement du ski. Il décédera le 18 mai 1973. Quant à Maurice Bellonte, nommé officier de la Légion d’honneur, il s’illustrera dans la Résistance et sera chargé, après la guerre, des questions relatives à la sécurité aérienne. Il mourra le 14 janvier 1984...

Deuxième partie

SECONDE GUERRE MONDIALE
(1940-1944)

RAID SUR BERLIN

“Ça y est, Yonnet ! On va bombarder Berlin !” s’exclame le commandant Daillière. Le lourd quadrimoteur Farman 2234 “Jules Verne” vient à peine de décoller dans l’air humide qui recouvre le terrain de Mérignac. Nous sommes le jeudi 6 juin 1940, il est un peu plus de 16 heures de l’après-midi. La bataille de France est en train de se jouer. Le pilote, l’enseigne de vaisseau Henri Yonnet, ressent une bouffée de chaleur l’envahir et répond aussitôt : “Au poil, commandant !”

L’avion noir aux cocardes tricolores pique en direction du nord-ouest dans les derniers rayons du soleil couchant. Le Farman survole la base aéronavale d’Hourtin où, à peine un mois auparavant, son pilote œuvrait comme instructeur.

Il file le long des côtes, cap au nord, en direction de la Bretagne. Le Farman vole avec une magnéto en moins mais qu’importe, les autres tiennent le choc. Bientôt ils atteignent la Manche. Le maître mécanicien Corneillet apporte de temps à autre une thermos de café à Yonnet qui mâchonne nerveusement un crayon. Puis ils survolent la mer du Nord et enfin le Danemark dans un ciel calme couleur d’encre. L’avion file au large et vire ensuite au sud-est. Il se dirige vers la capitale du Reich afin de prendre par surprise une Flak allemande qui ne s’attend pas à un tel raid. Les allemands pensent qu’il n’existe pas de bombardiers en France et en Angleterre capables d’agresser aussi profondément le Troisième Reich. Personne n’a probablement encore fait le rapprochement entre l’avion de transport civil transocéanique expérimental, Farman, “Jules Verne” et le bombardier qui a pilonné Flessingue ou Walcheren les nuits précédentes.

AUX POSTES DE COMBAT

Il est aux alentours de minuit lorsque le commandant Daillière aperçoit, au travers du hublot, les lueurs de l’aéroport berlinois.

“Yonnet... Regardez, Tempelhof !” s’exclame-t-il.

Effectivement, environ 2 000 mètres plus bas, le pilote discerne les balises d’une piste importante. Beaucoup de bâtiments sont éclairés, comme si la guerre était loin et que le monde vivait toujours en paix.

“Aux postes de combat !” s’écrie alors d’un ton déterminé le pacha du “Jules Verne” à l’attention des autres membres de l’équipage. “Descendez faire une présentation d’atterrissage sur la piste !”

Jouer au maximum sur l’effet de surprise, gagner du temps. Tel est son objectif en faisant croire à un avion allemand en difficulté. Henri Yonnet réduit les gaz sur un moteur, pousse sur l’autre, accentue l’impression d’un appareil en perdition. Le Farman pique légèrement vers la piste, dans l’alignement des balises. Toujours aucune réaction de la part des Allemands : pas de projecteurs ni de balles traçantes. Le pilote français commence à arrondir à une dizaine de mètres de la piste. Le commandant lui fait signe de voler droit devant lui en ordonnant d’une voix forte : “Effacez la piste !”

Remise de gaz pour simuler une approche ratée, puis le “Jules Vernes” reprend de l’altitude à plein régime. Des constellations de lumières parsèment le grand Berlin. Pas la moindre trace de ballons de protection.

Les marins français distinguent désormais nettement les rues de la capitale et les phares des automobiles. Ils s'engagent au-dessus d'une large avenue, sans doute l'Unter der Linden. Le commandant Henri Daillière s'est précipité dans le nez avant. L'altimètre affiche 100 mètres. Yonnet sursaute. Un effet de souffle vient de pousser le Farman vers le haut. Les bombes ont été larguées ! Les lumières de la ville s'effacent pour laisser la place aux faisceaux bleutés des projecteurs de la Flak, balayant le ciel comme des pinceaux de lumière.

On les cherche. Aussitôt des trait lumineux apparaissent. Ce sont des balles traçantes. Yonnet transpire. Il reste encore trois bombes accrochées sous le ventre de l'avion. Le "Jules Verne" vire au milieu des explosions d'obus de DCA.

À l'arrière du fuselage, le second maître bombardier Deschamps vient de recevoir l'ordre de balancer à la main toutes les bombes incendiaires massées dans le couloir par la porte d'embarquement latérale. Il titube dans les brusques mouvements du quadrimoteur qui tente d'échapper aux tirs de plus en plus précis de la Flak. Deschamps répète inlassablement ses gestes face à un vent de 150 km/h, au risque de voir exploser chaque bombe au moindre choc. Corneillet a laissé tomber ses moteurs pour se porter à l'aide de son équipier.

DES BOMBES DANS LE VIDE

"Passe-moi tes trucs, ça va aller plus vite !" s'écrie-t-il. D'un geste mécanique et régulier, Corneillet reçoit les bombes sur les avant-bras puis les jette de toutes ses forces dans le vide.

Le pilote distingue des incendies, puis il ressent un autre effet de souffle : les trois dernières bombes, sur lesquelles ont été écrits à la hâte des pamphlets contre Hitler, viennent de tomber sur Berlin.

Daillière surgit de son poste de bombardier et exige l'emploi de la mitrailleuse. Corneillet court vers la queue du "Jules Verne" pour fixer sa ridicule arme de 7,5 mm, avec ses chargeurs en forme de camembert.

Le Farman est alors éclairé par tous les faisceaux de lumière qui se croisent dans sa direction : le "Jules Verne" est repéré et tout l'équipage est ébloui.

"Tirez sur les projecteurs !" ordonne le commandant Daillière.

Le pilote ne sait plus comment tenir son Farman en ligne de vol et passer à travers les obus et les balles traçantes.

"Tirer sur les projecteurs ?.... Tonnerre de Dieu !.... Mais lequel ?.... Il y en a plus d'un millier !" crie Corneillet en proférant toutes sortes d'injures et en vidant l'un après l'autre ses chargeurs, pendant que Deschamps balance les ultimes bombes incendiaires. À court de munitions, le gaillard se relève, arrache les dernières bombes des mains de son compagnon, et se dresse au bord du vide dans la lueur du feu de l'ennemi. Contre toute attente, le mécanicien se baisse, saisit ses chaussures et les jette, comme des grenades, sur Berlin.

ÉPILOGUE

Le Farman "Jules Verne" multiplie les changements de cap et d'altitude pour dérouter les chasseurs lancés à ses trousses et se fond dans la nuit comme il était venu. L'équipage intrépide atteint Chartres pour une halte, avant d'atterrir à Orly au milieu des cratères de bombes. Puis c'est le retour. À leur arrivée, Daillière et ses hommes apprendront qu'ils ont été proposés pour une double citation : par l'armée de l'air et par la marine. Quelques heures plus tard, un communiqué officiel étonnant déclarera : "Une formation de l'Aéronavale a bombardé Berlin avec succès. Tous les appareils ont regagné leur base." Radio-Stuttgart est plus véhément et beaucoup mieux renseigné.

"Le commandant Daillière et son équipage de pirates ont bombardé la capitale du Reich. Ce n'est pas là un acte de guerre, mais de piraterie. Ils ne reviendront plus jamais au-dessus de l'Allemagne. Le commandant Daillière et son "Jules Verne" sont déjà condamnés à mort.

On éclate de rire en voyant Corneillet en chaussettes.

"Enfin, tonnerre, pourquoi est-ce que tu leur as balancé tes godasses ?"

Il hausse les épaules et répond : "Bah ! Tu sais... Ils n'y ont pas tellement gagné ! Parce que les godasses... Elles n'étaient pas bien loin d'être foutues."

Le "Jules Verne" réalisera encore quelques missions, un peu moins périlleuses. Il sera mystérieusement détruit au sol quelques semaines plus tard par un incendie volontaire. Quant à son équipage, il sera dispersé par la guerre. Le capitaine de frégate Henri Daillière trouvera la mort en 1941 au cours d'un combat à bord d'un Glenn Martin au-dessus de l'Afrique du Nord. Il sera tragiquement abattu par des Hurricane britanniques, considéré comme adversaire puisque relevant du Gouvernement de Vichy...

Le 7 décembre 1941, à 7 h.55 du matin, ce sont près de 183 bombardiers en piqué japonais, dont 130 Aichi D3A Val, qui fondent sur les aérodromes de Hickham Field, de Wheeler Field, de Ford Island et de Kaneohe Bay. Touchés par des bombes ou par des tirs de mitrailleuses, les avions américains furent rapidement transformés en épaves fumantes. Quand la seconde vague ennemie se présenta au-dessus du port de Pearl Harbor, tout n'était plus que désolation. Pour la perte de 29 avions seulement, les japonais avaient obtenu des résultats dépassant toutes leurs espèrances : 239 appareils américains détruits, 18 navires coulés ou sérieusement endommagés et 2 000 hommes tués. (Photos U.S. Navy)

LES JAPS ATTAQUENT

Été 1941. Deux jeunes lieutenants fraîchement brevetés de l'école de chasse de Randolph, au Texas, viennent d'arriver au 15th Pursuit Group basé à Wheeler Field, dans les îles Hawaï. L'un s'appelle Kenneth M. Taylor, il n'a que 21 ans et l'autre George S. Welch, 19 ans. Ils y retrouvent leurs camarades de promotion dont la plupart sont affectés au 18th Bombardment Wing sur le terrain d'Hickam Field. Les deux pilotes se voient affectés au même escadron, le 47th Pursuit Squadron, un escadron de chasse équipé de vingt-cinq Curtiss P-40B Tomahawk flambants neufs. Il font partie des 152 chasseurs basés à Wheeler Field. Ces pilotes mènent une vie agréable, dans le cadre enchanteur des îles Hawaï. C'est la "Quiet american way of life".

Le matin : missions d'entraînement avec patrouilles à trois avions, et de temps à autre, quelques passes de tir simulées sur des bombardiers B-10. L'après-midi, quartier libre ! Dîners et réceptions au mess des officiers se succèdent en soirée. Pourtant, en Europe, c'est la guerre, et tout le monde suit avec inquiétude le déroulement des événements. Le commandant Gordon Austin, surnommé "Gordie", dirige le 47th Pursuit Squadron. Il ne se fait aucune illusion.

"Les gars, il faut voir les choses en face ! Nous allons devoir nous battre, et notre rôle consiste à apprendre à bien nous battre !" répète-t-il inlassablement à ses pilotes.

Personne n'ose alors imaginer que les Japonais soient assez

fous pour attaquer l'Amérique. Toutefois, le Department of War vient de décréter une mise en alerte anti-sabotage des unités de chasse et de bombardement. On s'attend à de nombreux actes de terrorisme perpétrés par des espions noyés dans l'importante population japonaise d'Hawaï. Alors on évite la dispersion, et on rassemble les appareils sur les parkings ou dans les hangars pour mieux les surveiller. L'histoire démontrera que c'était l'une des plus grandes erreurs jamais commises par les stratèges américains… À Plusieurs reprises, les pilotes du 47th PS sont mis sur le pied de guerre. On les forme au décollage à partir de porte-avions. Pendant quelques semaines, ils se familiarisent aux procédures de vol de l'US Navy et au pilotage des Grumman F4F Wildcat sur la base aéronavale de l'île de Maui. Puis, au cours de la première semaine du mois de décembre 1941, dans le cadre de nouveaux exercices de tirs, quelques P-40 du 47th PS sont déployés sur le terrain de secours d'Haleiwa, à une quinzaine de kilomètres au nord-ouest de Wheeler Field. Le samedi 6 décembre arrive. La flotte vient de rentrer, sauf les deux porte-avions USS Enterprise et Lexington. Tous les soldats, marins, pilotes, chasseurs et bombardiers descendent en ville, envahissent les bars ou les dancings d'Honolulu, après une semaine bien remplie. Welch et Taylor sont de la fête. Ils ne rentreront que le lendemain très tôt, vers 3 ou 4 heures du matin, nettoyés jusqu'à leur dernier dollar.

DIMANCHE 7 DÉCEMBRE 1941

À 8 h 02 précises, Ken Taylor est réveillé en sursaut par des bruits de tirs, des explosions et des vrombissements de moteurs d'avions passant au ras des toits. Le jeune lieutenant songe d'abord aux exercices d'entraînement qu'affectionnent particulièrement la Navy et l'Air Force. Taylor saute de son lit, enfile un pantalon de smoking posé sur le sol, et se précipite à l'extérieur. Il y retrouve Welch et plusieurs de ses camarades d'escadron, la mine défaite et les traits tirés par le manque de sommeil. Et là, c'est une vision d'horreur ! Le ciel est rempli d'avions de combat... japonais ! Bien reconnaissables à leurs disques rouges peints sous les ailes, ce sont des chasseurs Mitsubishi AGN2 Type Kate Zéro, des bombardiers Aichi D3A1 Val et Nakajima B5N2 qui bombardent et mitraillent à tour de rôle. Le capitaine de frégate Mitsuo Fuchida qui commande la vague d'assaut japonaise à bord d'un Nakajima Kate vient de lancer son message radio d'attaque "Tora ! Tora ! Tora !" La surprise est totale. Le grand hangar flambe dejà, ainsi que plusieurs alignements de chasseurs et quelques bungalows.

"Je fais peut-être une grossière erreur, mais je crois bien qu'ils nous attaquent !" s'exclame aussitôt Taylor.

Les deux hommes se saisissent du premier téléphone venu pour appeler leurs mécaniciens restés sur le terrain.

"Que se passe-t-il à Haleiwa ?

– Rien, mon lieutenant. Toutefois, près de 200 avions ont survolé la côte. Cet exercice n'était pas annoncé... répond un mécano.

– Ce sont les Japs, mon vieux ! Et ils nous attaquent ! Que l'on fasse le plein de nos avions et que l'on approvisionne les mitrailleuses. Nous arrivons !"

Les deux hommes se mettent à courir en direction de la Buick décapotable de Taylor. Fonçant à tombeau ouvert sur la route tortueuse qui sépare les deux terrains, ils essuient plusieurs fois des rafales de mitrailleuses d'avions japonais.

Arrivé sur le terrain auxiliaire en moins de dix minutes, les deux Américains bondissent de leur véhicule pour sauter à bord de leurs Curtiss, moteurs tournant.

“Vos avions sont prêts. Mais il n’y a guère de munitions ! s’excuse un mécano.

– Vous avez vu les Japs ? rétorque Welch.

– Des avions sont passés au large, volant à haute altitude cap au sud-ouest !”

TOMAHAWK EN FURIE

À 8 h 30, les deux Tomahawk décollent en catastrophe de la piste de 400 mètres, et se rassemblent en patrouille à deux, cap plein sud sur Pearl Harbor qui subit les coups de boutoir de la première vague aérienne niponne.

Au loin, ils aperçoivent un groupe de quadrimoteurs qui semblent se diriger droit vers Hickam Field.

“Mon Dieu ! Mais qu’est-ce que c’est que ces avions ? Ils ressemblent à des B-17, mais pas à ceux que nous avons ici...” s’écrie Taylor à la radio. D’un signe de tête, George Welch propose de grimper à leur altitude pour les identifier. Ce sont bien douze B-17D Flying Fortress dotés d’une nouvelle dérive et d’une arête dorsale. Peints en kaki, les bombardiers appartiennent aux 38 et 88th Reconnaissance Squadrons en provenance d’Hamilton Field (Californie) à destination des Philippines, et doivent faire escale à Hickam... en pleine attaque japonaise !

Rassurés, les deux pilotes décident de se poser à Wheeler Field pour complèter leurs munitions. Des dizaines d’avions japonais ont envahi le ciel hawaïen. Pour les deux pilotes qui n'ont que 500 heures de vol, c'est bien plus qu'une épreuve du feu ! Une formation de douze bombardiers monomoteurs Aichi Val s'en donnent à cœur joie, larguant leurs bombes comme pendant une mission d'entraînement. L'arrivée des Curtiss P-40 les oblige à "breaker". Ken Taylor vise à travers son collimateur, presse sur la détente, et touche coup sur coup deux des bombardiers qui se transforment instantanément en énormes boules de feu. Le lieutenant George Welch fait de même, et descend deux autres bombardiers. Une véritable course-poursuite se déroule alors au-dessus du Pacifique : les Val filant en direction de leurs porte-avions avec les deux P-40B, manette au tableau, dans leur sillage.

Taylor leur file le train durant une cinquantaine de kilomètres. Il vide ses derniers chargeurs sur deux appareils qui laissent derrière eux un épais filet de fumée noire. Il ne connaîtra jamais leur sort car il doit faire demi-tour.

DEUXIÈME VAGUE

Ayant rompu le contact radio avec son ailier, Welch, qui a aussi touché deux Val, rallie la base. Il y retrouve son ami en train de refaire ses munitions, près du grand hangar en proie aux flammes. C'est alors qu'une autre formation d'avions japonais, près de 167 chasseurs et bombardiers, foncent à nouveau sur Hawaï : c'est la deuxième vague d'attaque ! Welch redécolle immédiatement. Les mécaniciens apeurés courent dans tous les sens pour s'abriter, abandonnant le chariot à munitions "Dolly" devant le chasseur de Taylor qui met les gaz, passe sur le chariot, et décolle. Il vole très bas pour ne pas être repéré, et se place rapidement dans les "six heures" de quatre Aichi Val volant en file indienne. Taylor est tellement énervé qu'il n'a même pas pensé à allumer son système de visée. Il fait feu à courte distance et abat l'avion qui le précède. Il n'a pas réalisé non plus qu'il pouvait avoir un avion japonais derrière lui. C'est une série d'impacts de balles dans sa verrière qui le ramène à la dure réalité du combat aérien. Mais il est déjà trop tard pour Ken Taylor. Une balle traverse le cockpit, transperce le bras du pilote et vient finir sa course en s'éclatant sur la commande du stabilisateur. Welch, qui a vu l'imprudente manœuvre de son ami, abat le poursuivant qui s'écrase dans un champ d'ananas. Les deux chasseurs se posent de nouveau à Wheeler, avant de redécoller vers Halewa.

Le port militaire de Pearl Harbor, l'île Ford, la base d'Hickam, tout est en flammes. Les navires qui n'ont pas été touchés par les bombes ou les torpilles des Japonais se sont échoués en essayant de sortir de la rade.

Cependant, aucun des porte-avions qui constituaient la cible principale de l'amiral Isooroku Yamamoto n'a été piégé dans cet enfer. L'attaque, qui a commencé à 7 h 55 précises, s'est terminée à 10 heures. Dès 9 h 45, il n'y avait plus un seul avion japonais dans le secteur. Kenneth Taylor et son compagnon ont volé durant 1 heure et 55 minutes. Taylor ne souffre que de blessures légères avec des éclats dans les bras et dans les jambes. Exténués, les deux hommes reviennent par la route à Wheeler Field. Ils croisent alors la voiture de leur commandant d'escadron. Gordon Austin est fou furieux ! Il sort son Colt 45 et hurle à l'attention des deux pilotes :

“Non mais ! Vous vous rendez compte de ce qui se passe ? Nous sommes en guerre ! Vous ne deviez pas quitter votre poste ! Et vous avez décollé sans autorisation !...”

Les deux pilotes prennent alors leur commandant par l'épaule et le guident vers le champ d'ananas où s'est "crashé" l'Aichi Val abattu par Welch, en criant :

"Voilà notre travail pendant que vous n'étiez pas là !"

LES HÉROS DE PEARL HARBOR

Le bilan sera très lourd : 347 appareils détruits, 2 403 morts, la totalité des cuirassés de la flotte américaine du Pacifique hors de combat, contre seulement la perte de 29 avions du côté japonais. Les lieutenants George S. Welch et Kenneth M. Taylor font partie des rares pilotes américains à avoir décollé au cours de la première attaque. Ils seront crédités chacun de deux victoires "homologuées" et de deux "probables", les toutes premières remportées par l'aviation américaine au cours de la dernière guerre.

La leçon de Pearl Harbor portera pourtant ses fruits. L'Air Force dispersera désormais systématiquement ses avions sur des terrains appropriés et adoptera, pour le restant de la guerre, la fameuse tactique de la "Combat Air Patrol", la patrouille de combat à deux chasseurs. Les deux héros de Pearl Harbor reçurent la Distinguished Flying Cross pour leur exploit. Kenneth Taylor poursuivra une carrière dans l'US Air Force et quittera l'armée avec le grade de brigadier général.

George S. Welch deviendra pilote d'essai chez North American au lendemain de la guerre. C'est lui qui testera les célèbres F-86 Sabre et F-100 Super Sabre. Mais le 12 octobre 1954, il trouvera la mort près d'Edwards AFB à bord d'un F-100A pendant un essai en vol avec piqué supersonique. Il venait d'avoir 32 ans.

L'apparition du bombardier moyen bimoteur North American B-25 "Mitchell" (baptisé en mémoire du Général William "Billy" Mitchell qui fut l'avocat le plus controversé de la puissance aérienne américaine) qui effectua son premier vol en janvier 1939, concrétisa l'effort de modernisation entrepris par l'U.S. Army Air Corps à la veille de la Seconde Guerre Mondiale. Mis en service au cours du printemps 1941, le B-25 fut rapidement déployé vers les théâtres d'opérations du Pacifique et au sein de la Royal Air Force en Afrique du Nord. Pesant quelques 15 875 kg, et propulsé par deux moteurs Wright R-2600-92 "Cyclone" en étoile de 1 700 chevaux, le B-25 pouvait atteindre 438 km/h ainsi qu'une altitude de 7 375 m. Son rayon d'action ne dépassait pas 2 175 km avec 1 360 kg de bombes en soute. C'est avec ce type d'appareil que les américains menés par James Doolittle exécutèrent un raid sur Tokyo, le 8 avril 1942.
(Photo D.R.)

TRENTE SECONDES SUR TOKYO

Samedi 18 avril 1942. 8 heures.

À environ 1 480 km des côtes japonaises, deux petits navires patrouilleurs nippons viennent de repérer l'importante "Task Force 16" américaine. Elle est formée des deux porte-avions USS Enterprise et Hornet, de quatre croiseurs et d'une escorte de huit destroyers, filant cap plein ouest dans le Pacifique. À bord de l'USS Hornet se trouve le lieutenant-colonel James H. Doolittle de l'US Army Air Force. Une quinzaine de jours auparavant, peu après l'appareillage, Doolittle s'était adressé à ses équipages, tous volontaires, provenant du 17th Bomb Group et du 98th Reconnaissance Group.

"Pour ceux qui ne le savent pas encore, nous voguons droit vers le Japon et nous allons bombarder Tokyo, Yokohama, Osaka et Nagoya. La flotte doit nous amener aussi près que possible des côtes. Nous décollerons du pont d'envol de l'USS Hornet et, après le bombardement, nous atterrirons en Chine, sur de petits aérodromes voisins de la côte, pour ensuite gagner Tchoung King."

Cette mission était l'aboutissement de trois mois de préparation et d'un entraînement intensif de trois semaines à Eglin Field (Floride). L'idée en revenait au capitaine Francis S. Low de l'US Navy, qui avait suggéré qu'une attaque de bombardiers sur Tokyo montrerait aux Japonais que les États-Unis étaient loin d'être battus. Le général Henry "Hap" Arnold, commandant l'USAAF avait pressenti le lieutenant-colonel

"Jimmy" Doolittle pour prendre la tête de cette expédition peu ordinaire. À la fois pilote hors pair et ingénieur aéronautique de renom, il était le meneur d'hommes rêvé pour ce type d'exploit. Arnold sélectionna le bombardier North American B-25B Mitchell, seul appareil capable de décoller à partir d'une distance de 150 mètres, donc d'un porte-avions. Doolittle s'évertua à réduire le poids de chaque machine engagée dans le raid en la délestant de son viseur de bombardement, de sa tourelle ventrale et de sa radio, tout en rajoutant des réservoirs de carburant supplémentaires. De simples manches à balai avaient remplacé les mitrailleuses de queue. Enfin, chaque avion était équipé d'un simple viseur en aluminium, utilisable à très basse altitude, d'une caméra automatique de 16 mm et d'un dispositif d'autodestruction incendiaire...

DÉCOLLAGE ANTICIPÉ

À 8 h 05, la mission est lancée. Tous les équipages se préparent fébrilement et grimpent à bord de leurs machines respectives.

Sur le pont d'envol, les marins placent les seize avions choisis pour le raid, par groupes de trois, en position de décollage. Dans la précipitation, les incidents techniques et les problèmes de moteur se multiplient.

La tension nerveuse est alors à son comble...

8 h 14. D'un geste de la main, l'officier du pont d'envol, le lieutenant Edgar G. Osborne, donne l'ordre au premier bombardier de se positionner au point fixe. Volets braqués à 45°, et moteurs Wright Cyclone tournant à plein régime, le North American B-25B Mitchell n° 40-2344 de l'équipage numéro 1

commence à avancer sur le pont de l'USS Hornet. À son bord, cinq hommes : le lieutenant-colonel James H. Doolittie (pilote et chef de mission), les lieutenants Richard E. Cole (copilote), Henry A. Potter (navigateur), les sergents Fred A. Braemer (bombardier) et Paul J. Leonard (mécanicien mitrailleur). Tous les autres pilotes observent avec anxiété.

"Si Doolittle ne parvient pas à prendre l'air, aucun d'entre nous ne le pourra !" s'exclame l'un d'eux.

Le lourd bimoteur de 14 tonnes s'élance, le train gauche rivée sur la ligne blanche peinte à 4,50 m de la bordure babord pour guider les pilotes sur le pont. Il décolle au bout d'une trentaine de mètres et disparaît sous l'étrave pour réapparaître, train rentré, au grand soulagement de l'assistance. Six minutes plus tard, c'est au tour du B-25B n° 40-2292 de l'équipage numéro deux. Pour une raison inconnue, à peine quitté le pont d'envol, le Mitchell reste trop longtemps cabré et s'enfonce en piquant vers la mer. Le pilote parvient à redresser son B-25 in extremis au ras des vagues. Les décollages s'enchaînent alors en file indienne toutes les deux à trois minutes, tandis que le porte-avions USS Enterprise lance des Douglas SBD Dauntless pour assurer la surveillance aérienne des environs. L'équipage numéro sept du lieutenant Ted Lawson frise la catastrophe en décollant... sans avoir abaissé ses volets ! À cet instant, le croiseur USS Nashville vient d'envoyer par le fond un des patrouilleurs japonais, le Nitto Maru n° 23.

À 9 h 15, le seizième et dernier appareil, le B-25B Mitchell du lieutenant William G. Farrow, décolle enfin mais l'une de ses hélices happe un matelot et lui sectionne le bras. Six minutes plus tard, on annonce que le deuxième patrouilleur ennemi vient d'être coulé par l'USS Nashville.

LE RAID DE DOOLITTLE

Les bombardiers, étalés sur une ligne de 80 km, volent par formations de trois à plus de 400 km/h, quelques mètres au-dessus des flots, pour déjouer les radars ennemis.

Aux environs de 13 h 30, l'équipage de Doolittle est un des premiers à voir se profiler les côtes orientales de l'"Empire du Soleil levant".

"Hirohito, les Yanks arrivent !" s'écrit le sergent Edward J. Saylor mécanicien mitrailleur de l'équipage n° 15.

Au sol, les paysans japonais font des signes d'amitié. Les Mitchell suivent le relief et sautent les lignes à haute tension. Approchant de Tokyo et de leurs objectifs respectifs, les B-25 grimpent à 2 000 pieds, et trappes de soute ouvertes, larguent chacun trois bombes de 227 kg à charge explosive ou incendiaire.

Tous les objectifs : Kanagawa, Kobe, Nagoya, Yokohama, et la base navale de Yokosuka sont attaqués par chacun des "Boxes" de B-25 sans susciter de très grandes réactions de la part de l'adversaire. Toutefois quelques tirs de DCA endommagent un avion, et des patrouilles de chasseurs tentent vainement d'intercepter les bombardiers.

Des raffineries de pétrole, usines, centrales électriques et autres objectifs militaires subissent des dommages plus ou moins importants, y compris le pont du porte-avions Ryuho accosté aux docks de Yokosuka qui reçoit une bombe larguée par un B-25B. On dénombrera cinquante tués et près de 250 blessés.

À 14 h 15, la radio japonaise interromp ses émissions.

"Des bombardiers ennemis sont apparus au-dessus de Tokyo

en tout début d'après-midi et ont infligé de graves dommages à des écoles et à des hôpitaux. Le peuple japonais est hautement indigné."

Tous les B-25 se dirigent alors plein gaz, cap sud-ouest, en direction de la Chine, où des moyens de guidage radio et des aérodromes d'accueil ont été mis en place à Chuchow. Mais en raison des mauvaises conditions météo et notamment des orages qui sévissent en mer de Chine, la visibilité est réduite à zéro. Les heures passent, et c'est bientôt l'angoisse du crépuscule puis de la nuit. Les seize Mitchell, secoués par de terribles rafales de vent, se trouvent rapidement à court de carburant. Vers 20 heures, après plus de quinze heures de vol, chacun a l'œil rivé sur la jauge d'essence et sur le moindre signe d'une zone d'atterrissage.

TRIBULATIONS EN CHINE

Quatre bombardiers atterriront sur des plages, dans une rizière, ou à proximité de la côte. On déplorera trois morts et de nombreux blessés. Deux North American Mitchell se "crasheront" sur des terrains balisés par des partisans nationalistes chinois. Le B-25B n° 40-2242, celui du capitaine Edward J. York, complètement égaré, se posera même à 40 km de Vladivostok, en Union soviétique. L'équipage sera interné pendant un an.

Huit hommes tomberont en territoire japonais : trois seront exécutés le 15 octobre 1942 (les lieutenants Dean E. Hallmark, William G. Farrow, et le sergent Harold Spatz), et les cinq autres emprisonnés dans des camps. Neuf équipages du "Raid Doolittle" sauteront en parachute. Parmi eux, seul le caporal Leland D. Faktor trouvera la mort. Le lieutenant-colonel Doolittle tentera, une fois à terre, de regrouper ses hommes, en allant de ferme en ferme et de village en village. Deux semaines après l'attaque, au terme d'un éprouvant et long voyage, empruntant différents moyens de transport, 64 hommes seulement sur les 80 du départ parviendront à rallier Tchoung King, capitale de la Chine libre de Tchang Kaï Chek... La guerre ne faisait que commencer !

Fer de lance de l'aviation embarquée japonaise, le chasseur monoplace Mitsubishi A6M2 "Zero" auquel les américains attribuèrent le nom de code de "Zeke", fut le maître incontesté du Pacifique entre 1941 et 1942. Sa légèreté (2 100 kg) et sa maniabilité (Vitesse : 535 km/h ; armement : deux canons de 20 mm et deux mitrailleuses de 7,7 mm) lui conférèrent un très net avantage sur les chasseurs lourds et peu manoeuvrables que lui opposèrent dans un premier temps les américains. Dès 1943, le "Zero" fut dominé par des chasseurs comme le Vought "Corsair" et le Grumman "Hellcat". (Photo D.R.)

LE SAMOURAÏ VOLANT

Vendredi 7 août 1942.

C'est le début de l'après-midi. Quelque part au-dessus de l'île de Guadalcanal, une patrouille de huit bombardiers en piqué SBD Dauntless, de l'escadron VS-71 embarqué sur le porte-avion USS Wasp, doit assurer une mission d'appui aux troupes de Marines, sur l'île de Tulagi. Menée par le patron de l'unité, le lieutenant commander John Eldrige, la formation se trouve face à face avec un groupe de vingt-sept bombardiers japonais G4M1 Betty escortés par dix-sept chasseurs A6M Zero. Eldridge donne aussitôt l'ordre de larguer rapidement les bombes à la mer et de grimper dans les nuages. Mais il est déjà trop tard. Un des pilotes japonais, le lieutenant Junichi Sasai a repéré les Dauntless. Et c'est l'inévitable accrochage...

Dans la "débandade", un des SBD, piloté par le lieutenant Dudley "Dud" H. Adams, perd de vue ses ailiers. Tandis que les Zero grimpent dans le soleil, il aperçoit quatre autres chasseurs du Tainan Kokutai (groupe de chasse de la marine) qui patrouillent, insouciants, quelques milliers de pieds plus bas. À bord du Mitsubishi A6M2 Zero immatriculé V-128, un jeune officier de première classe, Saburo Sakai, scrute lui aussi le ciel.

À 26 ans, il est déjà l'un des grands as de la chasse japonaise. Il vient d'abattre, au- dessus de Guadalcanal, un Grumman Wildcat de l'escadron VF-5. Encore tout à sa victoire, il se croit invincible et ne voit pas le danger...

DEUXIÈME VICTOIRE

Pour Adams, l'occasion est trop belle. Il tire une rafale de mitrailleuse sur le Zero. Sakaï est violemment secoué par l'impact d'une balle sur sa canopée.

Surpris, le Japonais balaye le ciel du regard et aperçoit son agresseur au-dessus de lui. Sakaï grimpe aussitôt, moteur à plein régime, flanqué de ses trois ailiers, en direction du Dauntless. Quatre Zero contre un Dauntless ! La lutte est inégale. Adams réalise qu'il est en fâcheuse posture. Sakaï lui fonce dessus, faisant feu de son canon de 20 mm et de ses mitrailleuses de 7,7 mm.

L'appareil américain est gravement touché, et part en vrille, moteur en flammes, traînant derrière lui un panache de fumée blanche. À l'arrière du SBD, le mitrailleur d'Adams, le troisième classe Harry E. Elliott, a été tué sur le coup.

Adams réussit à s'extirper du cockpit, puis tire sur la poignée de son parachute. Il sera récupéré quelques heures plus tard par le destroyer USS Dewey. Sakaï savoure sa deuxième victoire aérienne de la journée.

Quelques minutes plus tard, il aperçoit de minuscules points sur l'horizon qu'il prend pour des chasseurs F4F Wildcat volant par quatre.

Il s'agit en réalité du Flight 319 commandé par le lieutenant Carl H. Horenburger. Il est flanqué de quatre ailiers, tandis que l'enseigne Eldor E. Rodenburg commande une formation de deux autres Dauntless, de manière à permettre à leurs mitrailleurs de concentrer leurs tirs défensifs dans le secteur arrière. Ils ont décollé vers 12 h 17 du porte-avions USS Enterprise et volent en cercle à 7 800 pieds et à près de 230 km/h au-dessus de Tulagi, dans l'attente d'un éventuel ordre de bombardement.

ATTAQUE EN TENAILLE

Sakaï pousse la manette des gaz en butée, entraînant son ailier, l'officier Enji Kakimoto, dans son sillage.

“Ils ne nous ont pas encore vus. Si je peux en abattre deux en une seule passe, ils seront complètement démoralisés” pense alors Sakaï. À bord du Douglas SBD S-12, le mitrailleur du Lieutenant Horenburger vient d'apercevoir deux points de couleur gris clair qui s'approchent, 800 pieds plus bas, à environ un kilomètre sur son arrière. Battant des bras, tel un sémaphore, il avertit le mitrailleur du Dauntless qui vole à ses côtés de l'attaque des deux Zero. Ils arment leurs mitrailleuses calibre 30.

Sakaï voit rapidement grossir la formation des Dauntless dans son collimateur. Soudain, alors qu'il n'est plus qu'à 300 mètres de sa cible il s'écrie :

“Des bombardiers en piqué !...”

Connaissant la puissance de feu des SBD, se sachant pris dans un piège mortel, Sakaï ferme instinctivement les yeux, et ouvre le feu, sa main gauche aggripée au levier de tir. Au même instant, les mitrailleurs entrent en action. Le troisième classe James W. Patterson, assis à l'arrière de l'avion de Rodenburg, tire une longue rafale en direction du Zero qui n'est plus qu'à 150 mètres et s'écrie :

“Il arrive sur nous ! Il va très vite !”

C'est Harold Jones qui, ne pouvant tirer à travers son

empennage, essuie les tirs de Saburo Sakaï. Une balle s'écrase au-dessus de son épaule, une autre fait exploser son équipement radio, deux se logent entre ses jambes et une dernière frappe la plaque de blindage du siège.

Alors que le Mitsubishi Zero V-128 tente de se dégager par la droite pour éviter les SBD, les mitrailleurs font converger leur tir sur l'avion de Saburo Sakaï. La verrière du Zero éclate sous les impacts. La tête du pilote japonais est violemment plaquée en arrière. Une balle traçante a éraflé son serre-tête manquant d'atteindre son œil droit de quelques centimètres. Deux gros éclats de métal viennent transpercer son crâne et son visage est parsemé de débris métalliques. Sakaï a perdu connaissance. Il a aussi été gravement touché à la poitrine, au coude et à la jambe gauche... Le Zero sans contrôle part alors en chandelle verticale, laissant échapper de la fumée de son moteur. La formation menée par le lieutenant Horenburger se réfugie alors dans les nuages pour semer le deuxième chasseur nippon. L'attaque s'est terminée aussi vite qu'elle a commencé. Près d'un millier de balles traçantes, perforantes et incendiaires ont été tirées au cours de ce combat aérien.

La gouverne de profondeur droite arrachée, le fuselage criblé de 232 impacts de balle, le Dauntless de Robert Shaw, quitte la formation, puis commence à perdre de l'altitude.

"Prépare-toi à évacuer l'appareil ! crie le pilote. Les commandes deviennent molles, et je ne pense pas pouvoir tenir l'avion encore longtemps !...

– Il n'y a que la moitié droite de la gouverne qui manque, l'autre semble en bon état !" rétorque le mitrailleur Jones.

Se ravisant, Shaw décide de tenter le retour vers le porte-

Le biplace de bombardement en piqué et d'observation Douglas SBD "Dauntless" entra en service au sein de l'U.S. Marine Corps et de l'U.S. Navy en 1940 et coula plus de navires ennemis qu'aucun autre type d'avion engagé dans la Guerre du Pacifique, lors des fameuses batailles de la Mer de Corail ou de Midway. Propulsé par un moteur Wright R-1820-66 "Cyclone 9" en étoile de 1 350 chevaux, le SBD pouvait atteindre une vitesse maximale de 410 km/h et une altitude de 7 680 mètres. En mission de bombardement, armé de deux mitrailleuses fixes de 12,7 mm et de deux mitrailleuses jumelées de 7,62 mm, le "Dauntless" pouvait franchir une distance de 1 795 km (2 520 km en vol de reconnaissance) avec 725 kg de bombes sous le fuselage et 295 kg sous les ailes. (Photo D.R.)

avions USS Enterprise, à une centaine de kilomètres de là. Il y parviendra...

Pendant ce temps, à bord du Zero qui tombe en vrille, Saburo Sakaï, gravement blessé, reprend doucement ses esprits. Aveugle d'un œil, il tire instinctivement sur le manche et parvient à redresser l'avion. Le moteur semble tourner rond... Le vent s'engouffre par le pare-brise éclaté mais le Zero n'est finalement pas trop endommagé. Sakaï n'est pas sûr de disposer d'assez de carburant pour pouvoir retourner à sa base de Rabaul.

HALLUCINATIONS

Il est 15 h 17. Avec des tampons de gaze provenant de sa trousse de survie, il tente de stopper l'hémorragie de ses blessures, mais le vent qui s'engouffre les arrache presqu'aussitôt. La douleur est intolérable. Sakaï se saisit alors de son écharpe de soie, qu'il déchire à coups de dents, pour confectionner des pansements de fortune. Désespéré, il cherche un navire américain sur lequel il pourrait se "crasher"... Pour l'Empereur ! L'officier Sakaï veut mourir. Mais, ne voyant rien à l'horizon, il songe :

"Il faut que je survive pour pouvoir me battre à nouveau !"

Les minutes passent, le jeune pilote japonais se sent de plus en plus faible. Il doit lutter contre le sommeil et, dans des moments de conscience, il se surprend parfois à voler sur le dos. Et les heures passent, lentement...

Au loin une petite île verte au relief familier émerge de la surface de l'océan. Sakaï ne se trouve plus qu'à 300 kilomètres à l'est de Rabaul. Sur la base japonaise de Lakunai, les pilotes et les mécaniciens entendent se rapprocher le bruit caractéristique d'un moteur de Zero. Qui cela peut-il bien être ? Le lieutenant Junichi Sasaï se saisit d'une paire de jumelles, balaye le ciel, fixe l'étrange avion et parvient à déchiffrer le numéro d'immatriculation... V-128 !

"C'est Sakaï ! C'est Sakaï ! Il est revenu !..." crie-t-il en faisant exploser sa joie.

Saburo Sakaï doit s'y reprendre à plusieurs fois pour effectuer son circuit d'approche. Il se pose, réservoir à sec, sous les ovations des soldats nippons.

"Je l'ai fait ! Je suis revenu !" murmure le pilote, avant de s'écrouler, inconscient, sur son siège. Cela fait 4 heures et 47 minutes qu'il vole... 560 nautiques ! Un exploit impossible pour un pilote blessé. On se rue vers l'avion immobilisé sur la piste. Saburo Sakaï est alors extirpé de son cockpit, le visage défiguré par ses blessures.

L'"as" japonais restera quelques jours à l'hôpital de la base avant d'être rapatrié par hydravion vers le Japon. Il ne participera pas à la bataille de Guadalcanal au cours de laquelle le lieutenant Sasaï sera porté manquant deux semaines plus tard... Crédité d'au moins 64 victoires aériennes, l'as des as japonais Saburo Sakaï vit aujourd'hui une paisible retraite avec sa famille à Tokyo... Deux éclats de balle de calibre 30 dans la tête !

Connu pour ses défauts et son pilotage assez délicat, le chasseur bimoteur à long rayon d'action américain Lockheed P-38 "Lightning" était surnommé le ""Diable à la Queue Fourchue" par les aviateurs allemands. Il eut néanmoins son heure de gloire dans le Pacifique grâce à son fabuleux rayon d'action (4 200 km) et fut construit à 6 893 exemplaires. Motorisé avec deux Allison V-1710-89 de 1 425 chevaux, cette fabuleuse machine franchissait allègrement les 666 km/h à 13 410 mètres d'altitude et était armé d'un canon Hispano M2 de 20 mm et de 4 mitrailleuses de 12,7 mm. (Photo D.R.)

L'épave restaurée d'un bombardier japonais est exposée au musée Planes of Fame Air Museum de Chino (Californie). Surnommé "Betty" par les alliés, le bimoteur Mitsubishi G4M sera le bombardier japonais le plus célèbre et le plus construit avec 2 446 exemplaires en plusieurs versions. Sa faiblesse résidait dans ses réservoirs non protégés, de 4 900 litres d'essence de capacité, d'où le surnom de "Briquet Volant" qui lui était donné par ses équipages. Le "Betty" fut, du premier au dernier jour, de toutes les opérations aériennes de la Guerre du Pacifique. Il pouvait atteindre les 428 km/h (jusqu'à une altitude de 8 840 mètres) armé de 800 kg de bombes dans sa soute. (Photo Bernard Thouanel)

OPÉRATION VENGEANCE

Dimanche 18 avril 1943.

Le jour vient de se lever sur Guadalcanal, dans les îles Salomon, en plein océan Pacifique. Le ciel est clair, sans la moindre trace de nuage. Tout à coup, sur la base d'Henderson Field, une pétarade puis un grondement de moteur Allison V.12 se fait entendre, puis deux, trois, quatre... Au total, dix-huit chasseurs P-38F et P-38G Lightning du 339th Fighter Squadron de l'US Army Air Force, équipés de bidons supplémentaires, se préparent à décoller. Il est 7 h 10 du matin. Le chef de la mission, le major John W. Mitchell, huit victoires à son actif, vient de refermer sa verrière en faisant un dernier signe à son mécanicien. Le signal est donné. L'un après l'autre, tous les Lightning s'alignent en bout de piste et décollent. Le lieutenant James McLanahan accélère à son tour, mais un des pneus de son train principal crève. L'appareil, bourré de carburant, glisse en dehors de la piste dans une gerbe d'étincelles, puis s'enflamme immédiatement. Le pilote parvient à sortir de son cockpit avant que le Lightning n'explose. La formation ne compte désormais plus que dix-sept chasseurs. Un autre pilote, le lieutenant Joseph Moore, doit à son tour renoncer une fois en l'air, l'alimentation sur ses réservoirs supplémentaires ne pouvant correctement s'effectuer. Les seize P-38 restants foncent alors cap plein ouest, à quelques mètres de hauteur.

IL FAUT ABATTRE L'AMIRAL

Tout a commencé quelques jours auparavant. L'amiral Isoroku Yamamoto, commandant en chef du Rengo Kantaï de la flotte impériale japonaise, un des principaux instigateurs de la terrible attaque sur Pearl Harbor, a décidé de faire une tournée d'inspection pour relever le moral des troupes combattant dans les Salomon. Tous les chefs d'unité sont prévenus par message codé précisant les détails de l'itinéraire. Or l'US Navy, depuis l'été 1941, connaît le code secret de la marine impériale et sait décrypter tous ces messages. Lorsque l'amiral Chester W. Nimitz, responsable de la flotte américaine du Pacifique, en prend connaissance le 16 avril 1943, il décide de dresser un plan d'une incroyable audace, visant à abattre le bombardier transportant Yamamoto et tout son état-major...

Le seul chasseur capable d'un tel exploit est le tout nouveau Lockheed P-38 Lightning, à condition de l'équiper de réservoirs supplémentaires.

L'ordre est alors donné au commandement de la 5th Air Force, en Australie, d'organiser immédiatement le raid. Les bidons supplémentaires stockés à Port Moresby sont acheminés en première urgence à Guadalcanal dès le 17 avril par quatre bombardiers B-24 Liberator du 90th Bomb Group. Après avoir procédé à une sélection rigoureuse parmi trente-neuf pilotes, le briefing précédant l'envol des P-38 met l'accent sur la ponctualité légendaire de l'amiral Yamamoto et la nécessité de chronométrer précisément l'interception des avions ennemis. Chacun devra respecter un silence radio absolu pour éviter la détection de la formation US et suivre un plan de vol de 415 nautiques (770 km) divisé en cinq branches. Quatre heures de vol, dont une bonne partie en régime économique, à 338 km/h, et à 9 mètres au-dessus de la mer. Mitchell commandera les quatorze P-38 qui assureront la couverture aérienne à 6 000 mètres et son adjoint, Lanphier, dirigera la section des quatre autres P-38 qui devront eux effectuer l'attaque proprement dite à l'altitude de 3 500 mètres.

"Nous attaquerons avec le soleil dans le dos ! précise Mitchell. Contact prévu à 9 h 35 à 56 km au nord-ouest de Kahili. Nous nous regrouperons à 9 h 45 à 80 km dans le sud-ouest pour un retour prévu à la base vers 11 h 45. Pas de question ? Terminé !"

Le 18 avril, à 5 h 45 précises, sur l'aérodrome de Rabaul, l'amiral Yamamoto s'installe à droite du pilote à bord du Mitsubishi Betty Type 1 n° 323. Trois autres officiers supérieurs l'accompagnent. Le vice-amiral Matome Ugaki, chef d'état-major de la flotte combinée, accompagné de quatre autres officiers, grimpent dans le deuxième bombardier, le n° 326. Les deux lourds bimoteurs s'envolent à 6 heures, cap sur Ballale, suivis par une escorte de six chasseurs Mitsubishi "Zero". Ils sont scindés en deux groupes : l'un volant à 6 500 pieds à gauche de la formation et l'autre 1 500 pieds plus haut sur l'arrière des bombardiers. L'amiral Yamamoto a posé son sabre devant lui, la lame vers le bas, les deux mains jointes sur la garde. Il ferme les yeux et médite...

ATTAQUE FULGURANTE

Les seize P-38 Lightning se rassemblent en deux formations. Les minutes s'égrènent lentement, cap au 265. Il fait très chaud dans les cockpits. Seul le ronronnement régulier des Allison rompt la monotonie du silence radio. Cela fait déjà deux heures que l'escadrille file vers son étrange rendez-vous, avec comme seuls instruments de navigation, une montre, un badin et un simple compas. Les réservoirs supplémentaires n'étant pas cloisonnés, l'essence se déplace de temps à autre d'avant en arrière, provoquant d'inconfortables secousses.

Il est 9 h 30. Les Lightning ont viré au cap 020 conformément à la cinquième branche de navigation, en direction d'Empress Bay.

À 9 h 33, les six P-38 du major Mitchell grimpent, imités par six autres commandés par le capitaine Douglas S. Canning. Ils atteignent rapidement leur altitude de patrouille. Le capitaine Thomas G. Lanphier à bord de son P-38G, en tête de la formation d'attaque, se met à son tour en légère montée, régime moteur à 2 600 tours et mélange sur "Auto-Rich". Il est suivi par le P-38G du lieutenant Rex T. Barber et de deux autres Lightning pilotés par les lieutenants Besby F. Holmes et Raymond K. Hine. Soudain, la voix de Douglas Cannings, se fait entendre sur la fréquence radio jusqu'alors silencieuse.

"Bogies ! Eleven o'clock high !" (Avions ennemis à onze heures !) Huit avions volant à 4 500 pieds et 5 nautiques de distance.

Yamamoto est à l'heure, comme à son habitude.

"Larguez vos bidons !" ordonne aussitôt Mitchell. Barbey Holmes, tout en remuant sa machine, ne parvient pas à larguer ses deux réservoirs. Ray Hine choisit alors de rester en couverture du malheureux Holmes devenu vulnérable à la chasse adverse.

Il est 9 h 35.

"Voilà ton casse-croûte ! Tom." ajoute Mitchell sur la fréquence. La formation d'attaque de Lanphier, réduite à deux P-38, se lance alors à la poursuite des deux Betty, et se place dans le soleil. Les deux bombardiers, toujours groupés, piquent et redressent à moins de 60 mètres au dessus des arbres. Le deuxième Mitsubishi, qui transporte le vice-amiral Ugaki, vire de 90° sur la droite, au-dessus de l'eau, pendant que trois Zero larguent leurs réservoirs et tentent vainement de les rejoindre. Lanphier "breake" brutalement en virage serré sur la gauche, droit sur les Zero. Puis, à la vue des premières balles traçantes, il engage un tonneau barriqué à gauche, passant sous le ventre de deux des trois chasseurs japonais qui aussitôt dégagent. Le P-38 se rapproche par le travers du premier bombardier, à plus de 700 km/h. Lanphier l'ajuste dans son collimateur et fait feu de son canon Hispano de 20 mm et de ses quatre mitrailleuses Browning de 12,7 mm. Puis il lance un messageà la radio :

"Je confirme que je viens d'abattre un des bombardiers ! J'ai eu Yamamoto !"

Son ailier, Barber, qui a perdu de vue le P-38 Leader, vire sec pour casser sa vitesse, et se place dans le sillage d'un des bombardiers, légèrement sur l'arrière droit.

"Mais où est passé l'autre Betty ?" s'exclame Barber.

Il tire de longues rafales sur le fuselage et le moteur droit du Mitsubishi qui laisse bientôt échapper une fumée épaisse, puis des flammes. Le Betty désemparé passe sur le dos en piquant vers la jungle. Barber l'évite d'un grand coup de manche. Il ne reste plus du bombardier et de ses occupants qu'une colonne de fumée noire qui monte dans le ciel.

Dans la mêlée, Rex Barber parvient à distancer trois Zero lancés à ses trousses, et rejoint le deuxième Betty au ras des vagues, en maille à partir avec le P-38 de Besby Holmes. Il pique à son tour, déchaînant les 1 325 chevaux de ses Allison, et tire une nouvelle fois. L'aile droite est touchée. Les tourelles du Betty répliquent mais leur calibre de 7,7 mm s'avère inefficace. Nouvelle longue rafale de Barber. Le pilote japonais balance ses ailes, perd de l'altitude, cherchant manifestement à se poser sur l'eau. Les commandes ne répondent plus.

Le Betty n° 326 en flammes, désormais incontrôlable, percute la mer dans une énorme gerbe d'écume et coule instantanément. Assommé par le choc, le vice-amiral Matome Ugaki réussit pourtant à sortir de l'épave. Le pilote, Hiroshi Hayashi, et le commissaire général Motoharu Kitamura, fortement commotionnés mais indemnes, font de même. Tous trois seront secourus par un navire auxiliaire japonais de Shortland. Ils seront les seuls survivants...

Plus haut dans le ciel, une douzaine de chasseurs Zero venant de Kahiki, qui escortaient Yamamoto, engagent les P-38 de Mitchell. Les combats sont acharnés, mais aucune perte n'est à déplorer. Pendant ce temps, les trois Zero qui protégeaient les Betty attaquent les deux P-38 de Holmes et Hine. Le P-38 Lightning de Ray Hine touché par deux fois s'abat en vrille. Holmes, qui a pris de l'altitude, pique et parvient à abattre à son tour un Zero. Faute de carburant, il devra se poser à Russell Islands à quelque 70 nautiques de Bougainville. Le major Mitchell ordonne alors :

“Rentrons à la maison !”

Sur les quinze Lightning restants, six se traînent littéralement avec une hélice en drapeau où un empennage cisaillé par les balles adverses. Les bimoteurs regagnent tant bien que mal Henderson Field aux environs de midi, mettant un point final à la mission d'interception la plus longue de l'histoire de l'aviation. Dans le camp japonais, le coup est dur. L'épave du Betty est localisée dans l'après-midi par un appareil de reconnaissance, et une colonne de secours est envoyée sur place le lendemain. On ne retirera que des corps carbonisés des restes calcinés du Betty n° 323. Celui de l'amiral Isoroku Yamamoto, éjecté lors du crash, sera retrouvé à l'écart dans une posture étrange, toujours attaché à son siège de copilote, un sabre entre les mains, symbole du samouraï...

LA POLÉMIQUE

Au cours du debriefing, à Guadalcanal, une violente altercation éclate entre les deux pilotes Lanphier et Barber ; chacun revendiquant la victoire aérienne. C'est le capitaine Lanphier qui reçoit finalement des mains du brigadier général Dean C. Strother, la Distinguished Flying Cross et la Silver Star. La polémique repart de plus belle en septembre 1945 après la publication d'une interview de Lanphier dans le *New York Times*. Des années plus tard, Terry Gwynn-Jones, un pilote australien qui accède à l'épave en 1982, confirme que les traces des impacts de balle sur l'épave correspondent bien à l'angle d'attaque revendiqué par Rex Barber. En 1985, le conseil de révision des homologations partage la victoire entre les deux pilotes. Mais Thomas G. Lanphier Jr. soutiendra jusqu'à sa mort, en novembre 1987, que lui seul avait abattu le Mitsubishi Betty au-dessus de Bougainville. Aujourd'hui, faisant foi des témoignages qui abondent dans son sens, Barber précise toujours, à l'âge de 81 ans, que le capitaine Tom Lanphier n'aurait été qu'un habile arriviste aveuglé par ses ambitions personnelles

Le bombardier lourd quadrimoteur Avro 683 "Lancaster" de 31 tonnes était équipé de quatre moteurs Rolls-Royce "Merlin 24" en ligne de 1 640 ch. (pour une vitesse maximale de 462 km/h à une altitude de 7 468 mètres et un rayon d'action de 4 070 km) et d'un empennage bidérive.
Durant toute le conflit, le "Lancaster" effectua plus de 156 000 sorties et s'affirma comme le meilleur appareil du Bomber Command britannique. C'est avec le "Lancaster" que le la Royal Air Force put s'attaquer aux barrages allemands de la Ruhr, et détruisit le viaduc de Bielefeld.
(Photo British Aerospace)

LES DAMBUSTERS

Au cours de la dernière guerre, la zone industrielle de la Ruhr fait partie des objectifs prioritaires du Bomber Command de la Royal Air. Et plus précisément les gigantesques barrages hydrauliques de la Moehne et de la Sorpe qui retiennent 75 % de l'eau disponible dans la région, indispensable aux aciéries nazies. Il est primordial de couper le Reich de ses sources d'énergie. Mais apparemment... ils sont indestructibles !

Le barrage de la Moehne est un édifice en béton armé quasiment invulnérable, d'une longueur de près de 800 mètres pour 13 mètres de haut. Son bassin de rétention forme un lac de près de 20 kilomètres de circonférence, rempli à la fois par les pluies d'hiver et la rivière Ruhr.

Aucune torpille, aucun projectile, aucune bombe, même la plus lourde et la plus puissante, ne peut en venir à bout.

LA MINE "UPKEEP"

L'ingénieur Barnes Wallis travaille aux usines Vickers à Weybridge, où il a participé, entre autres, à la mise au point du bombardier Wellington Mk-IC. En l'espace de quelques mois, au prix d'innombrables heures de travail et après de multiples expérimentations, Wallis conçoit une arme diabolique tout particulièrement étudiée pour les barrages allemands. Il s'agit de la mine de fond baptisée "Upkeep" : une bombe spéciale de 4 200 kg contenant 3 tonnes d'explosif RDX. Elle est formée d'un carénage de bois sphérique qui, par phénomène de ricochets, rebondit à la surface de l'eau, évitant ainsi les filets antitorpilles disposés en amont des barrages, pour finalement s'enfoncer et exploser à une douzaine de mètres de profondeur. Les effets de la déflagration sont ainsi amplifiés, à l'endroit où la pression de l'eau sur le tablier de l'édifice est la plus grande et sa résistance la plus faible. Au mois de mars 1943, le maréchal de l'Air Arthur Harris, du Bomber Command, convaincu par Wallis, décide de constituer une unité spéciale, le "Squadron X" – qui deviendra plus tard le Squadron 617 –, chargée d'expérimenter la mine "Upkeep". Le raid est confié à un jeune officier de 25 ans de la RAF, le Wing Commander Guy Gibson, un pilote de bombardier avec 173 missions de guerre à son actif, décoré de la Distinguished Flying Cross.

Le jour de l'attaque est fixé au milieu du mois de mai, pour tenir compte du niveau des eaux alors à son maximum. Quelques jours à peine après sa prise de commandement, Gibson procède à la sélection des 21 équipages, soit 147 hommes. Il envisage une tactique de bombardement à basse altitude.

En accord avec l'état-major, Barnes Wallis choisit le vecteur idéal pour l'emport de cette arme : le quadrimoteur de bombardement Avro Lancaster B Mk-III à moteur "Merlin". Dix-huit appareils sont ainsi prélevés dans les effectifs de la RAF pour subir les transformations nécessaires. Les portes de la soute à bombes sont supprimées ainsi que la tourelle supérieure. On a calculé qu'il fallait imprimer à la mine un mouvement de rotation de 500 tours/minute avant la phase de largage, à 18 mètres de hauteur. Un moteur hydraulique s'en chargera.

La distance et la hauteur de largage sont déterminantes. Deux projecteurs sont fixés sous l'avion, à l'avant et à l'arrière de la soute, de sorte que leurs faisceaux se croisent à 20 mètres très exactement de la surface de l'eau. Un simple viseur, réglé sur l'écartement des deux tours du barrage, détermine la distance pour le largage d'"Upkeep". Surveillés jour et nuit par des gardes armés, et redésignés Avro type 464 Providing, ce sont pour un temps les bombardiers les plus secrets du monde !

OPÉRATION "CHASTISE"

Le dimanche 16 mai 1943 vers midi, un Mosquito de retour d'une mission de reconnaissance photographique à 8 000 mètres d'altitude rapporte que le niveau des eaux vient d'atteindre son maximum dans le bassin de la Ruhr. C'est une nuit de pleine lune, avec un ciel dégagé sur l'Allemagne. Le lancement de l'opération "Chastise" est décidé. Ultime briefing, dernier dîner, et embarquement des équipages dans les avions à 20 heures.

Au crépuscule, après 2 000 heures d'entraînement, les Avro Lancaster commencent à s'aligner sur la piste de Scampton. Vers 21 h 25, à bord du Lancaster baptisé "George", Guy Gibson lance ses "Merlin" :

"Volets à 30, énonce le pilote. Radiateurs ouverts. Gaz réduits. Prêt à décoller. Ça va, le mitrailleur arrière ? Le navigateur ?" Un pouce en l'air, le mécanicien met les gaz. Gibson lâche les freins, roule jusqu'à 220 km/h, et tire doucement sur le manche.

Le Lancaster décolle, encadré par deux autres bombardiers. Prenant l'air en tête de la formation, à environ 70 mètres de hauteur, Gibson met le cap sur la côte et le continent. Cinq autres Lancaster rassemblent sur lui peu après. Il est 21 h 47. Leur objectif : les barrages de la Moehne et de l'Eder qu'ils devront atteindre en trois vagues, à dix minutes d'intervalle.

RAID SANS RETOUR

Les Lancaster débouchent sur la mer à la hauteur de Norfolk et descendent à 15 mètres des vagues.

"Notre vitesse sol est de 325,5 km/h, précise le navigateur de Gibson. Nous atteindrons l'objectif dans une heure, dix minutes et trente secondes exactement."

À Grantham, dans la salle des opérations, on suit la progression de la mission. Vers 22 h 35, les appareils arrivent en vue des côtes hollandaises et commencent un vol sinueux pour éviter la Flak et les aérodromes ennemis. La deuxième formation connaît des heures difficiles. Deux Avro Lancaster doivent rebrousser chemin, l'un dont la radio a été détruite par des obus de DCA, l'autre dont la bombe s'est détachée au ras de l'eau. Quelques minutes plus tard, deux autres Lancaster sont abattus par les tirs ennemis, avant même d'atteindre leur objectif...

Guy Gibson est toujours à la tête de la première vague. Il traverse la Hollande, l'Allemagne, tandis qu'un Lancaster à la traîne est descendu près du canal de Rosendaal. Enfin apparaît, éclairés par la lune, le plan d'eau de la Moehne et la muraille gigantesque du barrage.

"My God ! s'exclame un mitrailleur. Vous croyez que nous pouvons démolir cela ?"

Sous le feu des canons de la Flak, le Wing Commander Gibson est le premier à fondre sur l'édifice.

"Attention tout le monde ! annonce Gibson. Je vais attaquer. Tenez-vous prêts ! "Mother" ! Vous prendrez le commandement s'il m'arrive quelque chose !"

Le "Lanc" prend du champ et s'aligne cinq kilomètres à l'avant du barrage. À près de 400 km/h, au ras des eaux du lac, sous le feu nourri de la Flak allemande, le leader hurle ses dernières instructions :

"Vérifiez l'altitude ! Contrôlez la vitesse ! Attention les mitrailleurs ! Navigateurs, allumez les projecteurs !" Gibson dirige le Lancaster entre les deux tours et ordonne alors le largage de la bombe.

"Bombe larguée !" crie Spafford.

Le quadrimoteur rase le parapet, quelques secondes seulement avant l'explosion de la charge. Une énorme colonne d'eau se soulève, provoquant d'énormes vagues.

"Mother ! Allez-y maintenant. Bonne chance !" annonce Gibson.

Mais, à 500 mètres de la muraille, le deuxième Lancaster piloté par Hopgood est touché. La bombe est larguée trop tard, et le Lancaster explose, touché de plein fouet. Les trois autres Lancaster larguent à leur tour leurs mines. La dernière charge fait éclater le tablier du barrage. En l'espace de quelques minutes, 134 millions de tonnes d'eau commencent à se déverser par une brèche large d'environ 90 mètres.

Gibson émet alors en morse le mot-code "Nigger" pour signifier le succès du raid, puis il rassemble les survivants de sa formation pour les diriger vers leur deuxième objectif, le barrage de l'Eder.

Après six tentatives, Shannon, le premier pilote, ne parvient pas à s'aligner correctement. "Zèbre", l'équipage qui le suit, largue sa mine à la troisième tentative, mais trop tardivement. Elle rebondit sur l'eau avant d'exploser au sommet du barrage avec le Lancaster qui l'a lancée.

Il n'y a plus que deux charges dans les soutes de deux bombardiers. Le premier largue son redoutable engin, sans trop ébranler le barrage. C'est le dernier Avro Lancaster qui réussit, au prix d'énormes risques, à toucher de plein fouet l'énorme édifice. Les 200 millions de tonnes des eaux bouillonnantes de l'Eder se répandent alors avec une terrible force dans la vallée. Le mot-code "Dinghy" est alors tapé par le radio Hutchinson à bord de l'avion leader.

Malheureusement la mission est un échec. Après quatre tentatives, le barrage de la Sorpe, bien qu'endommagé sur une largeur de 50 mètres, reste intact. Les dégâts infligés sont insuffisants pour paralyser le bassin de la Ruhr et ses aciéries.

UNE MISSION HÉROÏQUE

L'opération "Chastise" aura occasionné la perte en une nuit de huit bombardiers et la mort de 56 membres d'équipage, soit la moitié du Squadron 617... Trois hommes seront capturés, après avoir sauté en parachute. Ils moisiront dans un camp de prisonniers jusqu'à la fin de la guerre.

Barnes Wallis, l'inventeur de la bombe diabolique, considéra la mission comme un cuisant désastre. Pour lui, on avait sacrifié des hommes dans une attaque qui n'aura en fin de compte que peu d'impact... Si ce n'est plusieurs villages détruits et 1 300 victimes au sol !

Le raid sur les barrages et le squadron 617 sont désormais entrés dans l'histoire. Ils resteront à jamais les "Dambusters"... Les "Briseurs de barrage" !

LE JOUR DES "MOSQUITO"

La neige tombe abondamment sur la Grande-Bretagne en ce vendredi 18 février 1944. Il est à peine 8 heures du matin, sur la base de Hunsden, près de Londres, lorsque dix-neuf équipages néo-zélandais, australiens et britanniques du 140e Wing de la Royal Air Force sont convoqués en urgence. À l'entrée de la "Briefing Room" du Squadron 21, d'exceptionnelles mesures de sécurité ont été prises. Il y a là l'Air-Vice Marshal Basil Embry, adjoint au patron de la Tactical Air Force, et l'officier Charles Pickard, dit "Freddie", un des "as" du bombardement au sein de la RAF, spécialisé dans les missions d'attaque de sites de lancement de V-1.

OPÉRATION "JERICHO"

"Messieurs !" s'exclame-t-il en montrant du doigt une grosse caisse verte posée sur une table au fond de la salle. Votre objectif aujourd'hui est exceptionnel ! Il ne peut être attaqué que par des appareils du type Mosquito volant en rase-mottes. C'est la raison pour laquelle vous avez été choisis pour accomplir cette mission..."

L'officier soulève la boîte, faisant apparaître la maquette d'un ensemble de bâtiments de grandes dimensions, en forme de croix.

"Ceci est la reproduction exacte de la prison d'Amiens !

Plus d'une centaine de résistants français y sont enfermés. Beaucoup ont contribué à l'évasion d'aviateurs alliés. Leur exécution est imminente. La prison est entourée d'un mur de plus de six mètres de hauteur et de près d'un mètre d'épaisseur. Elle est gardée par un impressionnant dispositif de surveillance allemand. Autant dire qu'il est pratiquement impossible de s'en évader sauf si on peut abattre les murs. Et c'est ce que nous allons tenter de faire aujourd'hui !"

Puis le Group Captain Pickard explique la tâche des équipages : trois vagues de six bombardiers, scindées en formations de trois Mosquito chacune, réaliseront l'attaque. À midi très exactement, la première vague devra détruire le mur d'enceinte en deux endroits, sur le périmètre est. Trois minutes plus tard, la deuxième devra bombarder les angles de la prison au nord et au sud, afin d'infliger le maximum de dégâts à la garnison allemande. Enfin, à dix minutes d'intervalle, la troisième vague est chargée de terminer le travail au cas où les bombes des précédentes formations auraient manqué leur but. Un Mosquito supplémentaire filmera la mission. Enfin, une douzaine de chasseurs HawkerTyphoon assureront la couverture aérienne face aux Focke-Wulf Fw-190 de la Luftwaffe basés à proximité. On répartit les tâches en jouant à "pile ou face" : les Mosquito du Squadron 487 néo-zélandais mèneront la danse, suivis de ceux du Squadron 464 australien, tandis que le Squadron 21 restera en réserve, au grand dam de leur commandant, le Wing Commander "Daddy" Dale.

Les conditions météo sont exécrables. Des rafales de neige continuent de s'abattre sur l'aérodrome, rendant la visibilité quasi nulle. Qu'importe ! Pour le Group Captain Pickard, il est hors de question de repousser cette opération. Sa décision est prise : "It's on !"

RAID CHIRURGICAL SUR AMIENS

Il est environ 10 h 30 lorsque vingt bimoteurs de bombardement De Havilland D.H.98 Mosquito FB Mk-VI sont tractés dans la neige en bout de piste.

"Même un homme n'oserait pas boire une tasse de thé par ce temps de chien !" lance Pickard en plaisantant. À 11 heures, le premier Mosquito néo-zélandais piloté par le Wing Commander I.S. "Black" Smith met en route ses Rolls-Royce Merlin, dans un gigantesque nuage de poudreuse. Les deux premiers avions décollent en formation, à 15 mètres l'un de l'autre. Bientôt, ce sont dix-neuf bombardiers qui filent droit sur Littlehampton, où ils doivent retrouver les douze Typhoon du Squadron 198. Mais seuls huit chasseurs parviendront à rejoindre l'escadrille de Pickard, les autres devant rebrousser chemin en raison de la météo.

Fort heureusement, la visibilité au-dessus de la Manche s'améliore, et la formation "Jericho" rase la crête des vagues pendant quinze minutes puis grimpe à 5 000 pieds à l'approche des côtes françaises. Au nord-est de Dieppe, elle pique et reprend son vol à basse altitude, au ras des plaines enneigées jusqu'à la vallée de la Somme. Amiens se dessine, avec sa fameuse cathédrale qui domine le paysage. Les premiers "Mossies" montent au nord pour tromper l'ennemi, passent au-dessus de la ville, avant de virer et de redescendre parallèlement à la route d'Albert, la grande route d'Amiens qui mène droit à l'objectif.

Alors que l'avion de "Black" Smith manque de peu un poteau télégraphique, les trois Mosquito de la première vague foncent, à près de 400 km/h et à 5 mètres de hauteur, sur la prison dont on commence à distinguer les bâtiments. Il est

12 h 01 lorsque Dominique Ponchardier, chef local de la Résistance, et ses partisans, postés aux alentours de la maison d'arrêt, aperçoivent les premiers Mosquito.

Les sirènes de la ville se mettent à hurler. Smith et ses deux ailiers arrivent sur l'objectif et larguent chacun, à la base du mur d'enceinte, deux bombes de 227 kg dont les détonateurs sont réglés pour exploser à 11 secondes. Les trois pilotes tirent sur leur manche et grimpent en chandelle, alors que les prisonniers montent sur leurs lits et se précipitent aux lucarnes. On entend de puissantes explosions. Il est 12 h 03. Les deux autres "Mossies" du Squadron néo-zélandais attaquent comme prévu en provenance du nord. Ils effectuent leur passe et touchent à nouveau la prison, notamment la section qui abrite les prisonniers politiques. Puis, c'est au tour des vagues conduites par les Australiens, le Wing Commander Bob Iredale en tête. Les Mosquito F.B. Mk-VI larguent leurs charges à 15 mètres à peine de hauteur. La dernière vague, composée de deux De Havilland du Squadron 464, termine le travail.

MISSION SANS RETOUR

À l'intérieur de la prison, c'est l'enfer. Les murs se sont désintégrés, les plafonds effondrés, les portes défoncées. Les prisonniers tentent de s'échapper, profitant de la débâcle créée par le bombardement. Pendant ce temps, le Mosquito piloté par Pickard décrit de grands cercles au-dessus de la prison, imité par celui de la Film Production qui prend cliché sur cliché. Dès leur premier passage, ils ont vu qu'un important groupe de prisonniers s'enfuyait par la brèche du mur nord.

Plus haut dans le ciel, les Typhoon se battent contre des Fw-190 allemands venus intercepter les appareils de la RAF.

Deux Mosquito et deux Typhoon ont été sévèrement touchés dans la mêlée. Ces derniers ne reviendront pas. Pickard envoie le message convenu à l'intention de la troisième vague du Squadron 21, signifiant que la mission est remplie et qu'elle ne nécessite plus l'intervention des derniers Mosquito.

"Daddy de Dypeg. Red ! Red ! Red !"

"Well, on l'a dans le dos la balayette !" s'exclame dépité, "Daddy" Dale, le patron du 21.

Mais alors que les appareils se rassemblent et prennent le cap retour vers l'Angleterre, un drame se joue dans le ciel d'Amiens : le Mosquito MM404 du Squadron Leader I.R. McRitchie, qui commande la deuxième formation australienne, vient d'essuyer un tir de la Flak allemande. Son navigateur a été tué sur le coup. Perdant rapidement de l'altitude, le pilote, bien que blessé, parvient à se poser en catastrophe. Il est aussitôt fait prisonnier par la Wehrmacht. Un fermier de Montigny, témoin de la scène, lève une nouvelle fois la tête : un autre Mosquito vire à pleine vitesse, deux chasseurs Focke-Wulf Fw-190 aux trousses ! Il s'agit de Pickard venu porter secours à son ailier. Une courte rafale. L'empennage sectionné, le Mosquito tombe en feuille morte jusqu'au sol. Pickard, l'"as" de la RAF, et son inséparable compagnon Bill Broadley, viennent de mourir dans les neiges de Picardie.

LA GRANDE ÉVASION

L'attaque des Mosquito de la RAF aura permis à plusieurs dizaines de résistants, condamnés à être fusillés, d'échapper aux Allemands. Environ 258 prisonniers sur 400 parviendront à quitter leurs cellules, mais plusieurs d'entre eux seront repris par la suite. On dénombrera cependant une centaine de tués et 74 blessés par les bombes britanniques à l'intérieur de la prison. Cette opération comptera parmi les plus audacieuses que la Royal Air Force ait jamais entreprise. Aujourd'hui, la maquette en bois de la prison d'Amiens trône en bonne place à l'Imperial War Museum de Londres...

Troisième partie

AVIATION CIVILE CONTEMPORAINE (1953-1994)

Dénommé "Flying Boxcar", le bimoteur de transport et de fret (ou de troupes) Fairchild C-119
pouvait transporter 52 parachutistes et leur équipement de combat. Construit toutes versions confondues à plus d'un millier d'exemplaires, le C-119 "Boxcar" prouva ses capacités opérationnelles de "bonne à tout faire" du transport aérien militaire en Corée comme au Vietnam. Avec une masse maximale de décollage de plus de 33 tonnes, il pouvait atteindre une vitesse de 322 km/h avec une distance de franchissable de 3 670 km, grâce à deux moteurs Wright R-3350-85 Duplex Cyclone de 3 500 chevaux. (Photo D.R.)

LA NUIT DE LA POSTALE

Vendredi 11 décembre 1953... 21 heures. La France vit quasiment au ralenti... Depuis trois jours, un épais brouillard recouvre la quasi-totalité de l'Europe occidentale. Dans les gares, on ne compte plus les trains en retard lorsqu'ils ne sont pas tout simplement annulés.

Sur les routes, la situation ne vaut guère mieux. Sans visibilité, les voitures roulent au pas.

En ce qui concerne la circulation maritime, c'est pire : en Mer du Nord et dans la Manche, les navires ne sont plus autorisés à entrer dans les ports. Quant au trafic aérien au-dessus de la région parisienne, il est pratiquement nul. La plupart des avions sont déroutés vers le sud de la France ou même jusqu'en Afrique du Nord.

La météorologie nationale croule sous les appels téléphoniques. La réponse est toujours la même : aucune amélioration à attendre dans les prochaines 24 heures.

Et pourtant, sur l'aéroport du Bourget, quelques avions parviennent à décoller et à atterrir avec une ponctualité exemplaire. Ils sont les seuls à disposer d'une dérogation de la direction générale de l'aviation civile.

Ce sont les appareils de l'Aéropostale qui relient chaque soir sept villes de province : Bordeaux, Lyon, Montpellier, Marseille, Nice, Pau et Toulouse.

L'AVION FANTÔME

Ce soir-là, un gros bimoteur de transport C-119 “Flying Boxcar” de l'US Air Force décolle de la base de Bishops Court, près de Downpatrick, en Grande-Bretagne. Destination Châteauroux, l'une des principales plaques tournantes des forces américaines assurant le support logistique des unités volantes en Europe...

À bord du C-119 se trouvent six hommes, dont le pilote et commandant de bord, le major Baxter. Les 500 kilomètres de ce vol ne présentent aucune difficulté particulière puisque la navigation s'effectue en radioguidage. Mais les choses se corsent dès l'arrivée à la verticale de Châteauroux : interdiction de se poser, le terrain est fermé à cause du brouillard.

Pour le major Baxter, il n'y a pas d'autre solution que de se dérouter à Orly, où la visibilité est encore acceptable et permet un atterrissage radioguidé.

Il est 21 heures 15. Au même instant, dans la capitale, une camionnette des Postes quitte le centre de tri de la gare du Nord. À côté du chauffeur, se trouve Raymond Vanier, le directeur de la Postale de Nuit. Dehors, c'est la purée de pois. Malgré les phares antibrouillard, on n'y voit guère à plus d'un mètre. C'est presque un miracle que le chauffeur arrive à l'heure prévue au terminal du Bourget.

Parqués devant le grand hangar, face à l'Ouest, trois Douglas DC-3 aux couleurs d'Air France brillent dans les lumières des projecteurs. On distingue autour d'eux une dizaine de techniciens de piste en train de se préparer à la réception des sacs postaux.

Devant le hall d'accès, le personnel navigant fait le pied

de grue. Les pilotes sont venus avec leurs voitures personnelles, et ils attendent les ordres du patron. Il est le seul avec le météorologiste de la Postale à prendre les décisions en matière de décollage. Aujourd'hui, ça ne va pas être facile... Il suffit de jeter un coup d'œil au lampadaire qui se trouve à côté du hangar : ce n'est plus qu'une tache floue engluée dans une crasse blanchâtre. Au sol, les balises bleues qui délimitent les chemins de roulement apparaissent et disparaissent au gré des bancs de brume. Tout à coup, chacun dresse l'oreille. Un ronronnement lointain se fait entendre avant de se dissiper progressivement. Ça vient du ciel.

Raymond Vanier lève la tête.

“C'est bizarre ! Il ne devrait y avoir aucun avion en vol en ce moment !” pense-t-il.

Puis on pense à autre chose.

“Les voitures ne devraient pas tarder !” lance un manœuvre, tout en guettant en direction de la barrière d'entrée.

C'est alors qu'à nouveau, les moteurs d'un avion retentissent dans le ciel du Bourget. Cette fois, il n'y a aucun doute, c'est bien un avion. Il est caché quelque part là-haut dans le brouillard, mais il est bien là.

“On dirait que c'est toujours le même... Il a l'air de chercher à atterrir”, commente un postier.

Soudain, deux phares surgissent du brouillard.

“Voitures !” s'exclame soudain une voix dans la brume.

“Allez... On se dépêche !” ordonne Gustave J. Lefèvre, dit “Tatave”, l'un des pilotes des DC-3 en grimpant dans sa machine.

Ses deux équipiers sont déjà en poste dans la cabine de pilotage. Il y a là l'ingénieur mécanicien Roger Kieffer et le radio Lucien Oury, le boute-en-train de l'Aéropostale.

À côté des avions, les véhicules se mettent en place. Le premier Renault "Galion" des Postes recule jusqu'à la porte cargo placée à l'arrière gauche du premier DC-3C, immatriculé F-BCYU.

"Bon Dieu ! Il y avait des nappes de brouillard incroyables sur la route... commente le chauffeur. Mais on est presque à l'heure, c'est l'essentiel !"

Rapidement, les sacs postaux s'entassent dans la soute du "Skytrain". Gestuelle mécanique et précise des hommes de l'Aéropostale.

"Il y a sept kilos d'excédent !" précise l'agent d'opérations, une lampe électrique et les bordereaux de chargement à la main.

Le radio se lève, verrouille la porte, vérifie une dernière fois la cabine arrière puis regagne son siège. Le mécanicien R. Kieffer lance les moteurs Wright R-1830. Le droit en premier, puis le gauche. "Tatave" ajuste son casque pour écouter les communications radio VHF avec la tour.

PURÉE DE POIS

"La tour du Bourget, ici Fox-trot Yankee Union. Demandons l'autorisation de rouler et les consignes de décollage.

–Yankee Union... Vous êtes autorisé à rouler pour la piste en service 21. Vent du 220, force 5 nœuds. Pression au sol 1 018 millibars. Il est 21 h 56... Rappelez au point d'arrêt."

Le premier DC-3 s'ébranle lentement, tandis que les deux autres "Dakota" s'apprêtent à faire de même. Dans le second appareil se trouve le commandant Constant Chevrier dit "Biquette", flanqué de son radio Jean Lacroix et du mécanicien Jean Boulay. Les trois hommes doivent assurer la liaison jusqu'à Lyon, Marseille et Nice.

Le troisième avion, immatriculé F-BEFN est piloté par Paul Graugnard, Serge Gilles et René Kimmel. Il va relier Bordeaux, Toulouse et Pau.

"Yankee Union, demande le contrôleur du Bourget. Combien voyez-vous de feux sur le chemin de roulement ? De là-haut, je ne vois pas la piste...

– La tour, de Yankee Union. rétorque Lefèvre au micro. À la hauteur du poste de pilotage, je distingue pratiquement tous les feux. J'estime la visibilité horizontale de 1 à 2 kilomètres, avec des baisses de visibilité par intermittence."

Le bimoteur stoppe comme prévu sur le point d'attente. Le mécanicien Kieffer fait son point fixe, et "Tatave" check une ultime fois le réglage des altimètres, de la radiosonde, ainsi que le bon fonctionnement de "Georges", le pilote automatique, et le débattement des ailerons et gouvernes. Tout est OK.

"Tour du Bourget, de Yankee Union. Nous demandons l'alignement et le décollage, demande le pilote.

– Yankee Union, de tour du Bourget, Négatif ! Négatif !... Maintenez position."

Les trois équipages des DC-3 de l'Aéropostale restent interloqués à la réception du message radio.

" Qu'est-ce qui se passe ?

– Aucune idée... J'espère que ça ne va pas durer trop longtemps."

Mais les minutes passent et le point fixe s'éternise. Près des hangars, Raymond Vanier, le chef du centre d'exploitation postal métropolitain, trouve aussi le temps long. Anxieux, il retourne dans son bureau écouter le récepteur VHF des liaisons inter-équipages.

Au même moment, la voix de Lefèvre retentit dans les écouteurs :

"Bon alors, je coupe les moteurs ?"

Il n'en faut pas plus à Vanier pour se ruer vers la tour de contrôle. Traversant les couloirs au pas de course, il escalade les marches de l'escalier quatre à quatre, jusqu'à la sacro-sainte porte marquée "Entrée interdite".

"Je vous attendais... C'est un ordre du contrôle régional ! explique le contrôleur de permanence.

– Ah oui... Vous pouvez m'expliquer ce qui se passe ?

– Nous sommes sans nouvelles d'un C-119 américain. Il est perdu au-dessus de la zone d'approche. Il n'a pas pu se poser à Orly. Là bas, il n'y a que 30 mètres de plafond, poursuit le jeune homme. Le contrôle l'a ensuite dirigé vers nous pour tenter d'atterrir. Malheureusement, il y a un problème avec ses instruments. Il est peut-être en panne électrique ou alors, il ne dispose pas de toutes les fréquences... De plus, les liaisons radio sont très mauvaises.

– C'était lui, le bruit de moteur, tout à l'heure ? questionne le directeur.

– Certainement, on pense qu'il a tenté de percer sur le

Bourget. Mais en raison d'une panne du radar régional, on ne sait pas où il se trouve, ni dans quelles conditions il vole. Ce qui est certain, c'est qu'il circule dans la nappe de brouillard au-dessus de la région parisienne. Il doit se repérer par rapport aux lumières qui traversent la couche. À mon avis, il risque la panne d'essence d'une minute à l'autre. Le contrôle croit qu'il va se représenter de nouveau à l'atterrissage. C'est pourquoi j'ai fait stopper les moteurs de vos trois appareils postaux.

– Alors là, pas question ! rétorque avec vivacité Vanier. Cela peut durer longtemps, cette absence de nouvelles. Il faut tâcher de savoir où est cet Américain, et autoriser le départ de mes avions... La Postale ne peut être retardée !

LUEURS DANS LE CIEL

Il s'en suit une négociation serrée, entre Raymond Vanier, le contrôleur du Bourget et, au téléphone, le représentant du contrôle régional de la circulation aérienne.

“Les liaisons avec l'Américain sont intermittentes. Elles sont presque inaudibles ! précise l'agent de Paris-Contrôle au bout du fil. Il semble y avoir comme une atmosphère de panique à bord. On a cru comprendre que le Fairchild volait en bonne visibilité au-dessus de la brume. Il se repère grâce aux lueurs de Paris qui traversent le brouillard... D'après ce qu'on a compris, tous ses instruments de navigation sont en panne !”

Finalement, après plusieurs minutes de tergiversations, l'agent régional de régulation du trafic aérien consent à donner l'autorisation de décollage aux trois avions. Et aussitôt, le contrôleur local annonce :

“Yankee Union, de la tour du Bourget. Vous pouvez vous aligner immédiatement et décoller piste 21. Vent du 220 pour 5 nœuds. QFE 1 018. La météo nous signale le plafond aux environs de 70 mètres. Annoncez la hauteur que vous trouverez, ainsi que l’épaisseur de la couche. Et dirigez-vous sur la balise d’entrée Papa Oscar (balise de Paris-Ouest située au lieu dit “Les Allerets-le-Roy”), à l’altitude de 2 500 pieds. Rappelez-moi en passant Papa Oscar...”

Aussitôt, “Tatave” s’exécute. Le DC-3C Yankee Union décolle, bientôt suivi des deux autres appareils couleur aluminium.

Lucien Oury, le radio contacte aussitôt le centre de “Paris-Contrôle”.

“Yankee Union. On a décollé du Bourget à 22 h 10 en direction de Lyon. Plafond sur le Bourget entre 80 et 100 mètres. Visibilité horizontale de 1 à 2 kilomètres. On voit presque tous les plots de la piste. L'épaisseur de la couche est d'environ 400 mètres. Nous sommes maintenant en montée dans le ciel clair. On a pris pas mal de retard, est-ce qu'il nous serait possible de prendre un cap direct sur Lyon ?

– De Paris-Contrôle. Autorisation accordée. Pas de trafic sur votre route... Rappelez à votre altitude de croisière de 5 500 pieds au passage de la balise d’entrée Roméo Alpha (balise de Paris-Sud de Bray-sur-Seine). QNH régional : 1 022 millibars.”

Gustave Lefèvre fait virer son DC-3 au cap magnétique 150, et son mécano Kieffer met pleine puissance.

Tout à coup, une voix affolée retentit sur la fréquence. L’émission est très mauvaise. Il y a des parasites et un fort bruit de fond. En outre, l'homme parle en anglais avec un accent américain très prononcé. On n'y comprend pas grand chose. Il s'agit du major Baxter, le commandant de bord du C-119 perdu.

"M'entendez-vous ? Ici Fairchild 82-84. Je suis au-dessus de la brume, en vue des lumières de Paris. Mon radiocompas automatique est en panne. J'ai fait une tentative de percée sur la région du Bourget, sans succès. Il me reste à peine 30 minutes d'essence... Que dois je faire ?"

Gustave Lefèvre a fait ses classes sur bombardier B-26 aux États-Unis, pendant la dernière guerre. Malgré l'accent, il comprend parfaitement chacun des mots du message.

Presque instinctivement, il jette un coup d'œil à l'extérieur et discerne, sur sa gauche, les feux de position d'un autre appareil en vol sur un cap parallèle au sien.

"Paris-Contrôle, de Yankee Union ! Lefèvre au micro. Nous vous demandons l'autorisation de rester en contact radio avec l'avion américain. Au cas où nous pourrions l'aider.

– Accordé Yankee Union, allez-y , réplique le contrôleur régional. Essayez de faire quelque chose si vous pouvez. Je vous fais libérer la fréquence."

Après un moment de silence, l'homme annonce clairement :

"Avis à tous les appareils en transit sur Paris. Nous vous demandons de quitter la fréquence de 118.5 mégahertz pour raison de détresse, et de passer sur 142.7."

Le pilote du DC-3 entame alors un dialogue en anglais avec le "Packet" en perdition.

"Fairchild 82-84. Ici Fox-trot Yankee Union. Me recevez-vous ? Over !

– Yankee Union... 82-84 vous reçoit fort et clair ! répond aussitôt une voix inquiète.

– Je vois un avion. Allumez vos phares, afin que je vérifie si c'est bien vous !

– OK ! répond le major Baxter. Mes phares sont allumés."

Mais Gustave Lefèvre ne distingue aucun faisceau de lumière émanant des trois feux de position repérés. Ce doit être un des deux autres DC-3 de la Postale. Le "Dakota" F-BCYU effectue alors un virage de 180 degrés, et son pilote ajoute :

"Non, ce n'est pas vous ! Mais laissez vos phares allumés, je vous cherche !"

Tandis que le bimoteur d'Air France met le cap au nord, "Tatave" aperçoit comme un halo lumineux au sommet de la couche de stratus. C'est un avion... Il est à environ 10 kilomètres devant lui en train de décrire des larges cercles... Ses phares sont allumés... Cette fois, il n'y a pas de doute, c'est bien le Fairchild C-119 de l'US Air Force.

"82-84... Je vous vois. Me voyez-vous ? Mes phares sont également allumés ?

– OK. Yankee Union. Je vous vois, rétorque Baxter sur un ton angoissé.

– Bien, ne me perdez surtout pas de vue, ajoute Lefèvre. Vous êtes à environ 5 kilomètres au nord du Bourget. Je vais essayer de vous guider pour atterrir. Over !"

ATTERRISSAGE SANS VISIBILITÉ

Le jeune commandant de bord français poursuit ses explications.

“Prenez immédiatement le cap nord. Ne répondez pas... Je vais vous guider en travaillant avec mon ILS. Réglez votre ADF (pour Automatic Direction Finder) sur la balise “Bravo Nectar”, celle du Bourget Nord, sur 265 kilocycles.

– Impossible. Je vous répète que mon ADF est hors-service. Je n’ai plus aucun moyen de radionav, lance Baxter.

– Aïe ! Merde !... Bon, ça ne fait rien... Je vous indique la procédure. Quelle est votre vitesse ?

– 130 Mph. Je suis en régime économique, précise le major américain.”

Gustave Lefèvre prend à l’estime une route d’interception en direction du C-119 et demande alors à son mécanicien navigant Kieffer d’ajuster la puissance des deux Wright Cyclone à 2 300 tours.

“Fairchild, vous me recevez ?

– Je vous écoute...

– Écoutez-moi bien... La lueur jaune que vous voyez sur votre droite est celle des lampes au sodium qui matérialisent l’axe d’approche de la piste... Maintenez sensiblement votre cap. Je vais rassembler sur vous et je vais vous guider.”

Lefèvre demande alors à son radio de le basculer sur la fréquence de la tour du Bourget.

Il apprend que les deux autres “Dakota” de la Postale ont décollé depuis environ dix minutes.

“Bien. Je tente de faire atterrir l’avion américain ! Terminé”, précise “Tatave”.

Les yeux sur sa planche de bord, Gustave Lefèvre vient placer son DC-3 à 30 mètres en arrière du C-119. Légèrement au-dessus.

“La piste en service est orientée au cap magnétique 210. Le plafond se situe entre 80 et 100 mètres. La visibilité horizontale entre 1 et 2 kilomètres... Réglez vos altimètres sur 1 018 millibars, soit 30 pouces 08... Le vent doit toujours être du 220, force 5 nœuds.

Les secondes passent.

“Maintenant, attention ! Virez au cap 100”, précise le Commandant Lefèvre.

Contrairement aux procédures habituelles, le C-119 effectue sèchement un virage à la verticale du terrain. À bord, c'est l'angoisse. Il n’y a que cinq parachutes alors qu’il sont six hommes d'équipage. Personne ne veut sauter. Il ne faut pas traîner, la visibilité semble de plus en plus mauvaise au sol.

Le commandant Lefèvre poursuit son radioguidage.

“Prenez lentement le cap 210... Maintenant... Vous y parvenez... Taux de descente à 250 pieds/minute... Réglez vos altimètres ! Sortez le train et les volets ! Vous êtes trop à l’est... Corrigez, revenez au cap 220... Vous êtes bien alignés... Nous arrivons sur l’Outer-Marker de l’ILS à 7,2 kilomètres du seuil de piste... Commencez votre descente toujours au 210... Il n’y a pas de dérive... Descendez.”

Le C-119 disparaît dans la couche. Dans son poste de pilotage, le major Baxter pousse un soupir de soulagement. Il commence à distinguer les lueurs de l'axe d'approche et descend toujours.

Lefèvre continue de parler sur la fréquence.

"Nous arrivons au Middle Marker, à un kilomètre de l'entrée de piste... Vous êtes exactement sur l'axe. Descendez... Bien... Je ne vous vois plus, mais je distingue la ligne d'approche. Continuez à descendre...", ajoute "Tatave" en remettant plein gaz avant de grimper, laissant place à un long moment de silence angoissant.

"Fairchild ? Où en êtes-vous ?..." interroge le commandant Gustave Lefèvre.

– OK ! OK ! Ligne d'approche en visuel... Yeepee ! s'exclame l'Américain...

– Ça va aller pour l'atterrissage ?"

Encore un instant de silence puis enfin :

"Nous avons bien atterri. Nous sommes en bout de piste. Un grand merci !

– Bravo ! Ici le pilote Lefèvre de la classe 44-E de Turner Field près d'Albany, Georgia. Tout le plaisir était pour moi ! Bonne nuit, conclut Gustave Lefèvre en se faisant reconnaître comme pilote américain. Il est 22 h 40. Le sauvetage nocturne dans le ciel parisien aura duré vingt-cinq minutes

LES SAINT-BERNARD DU CIEL

Le DC-3 F-BCYU comblera ses 45 minutes de retard sur Lyon-Bron et Montpellier grâce à un fort vent arrière sur la route. À leur retour, vers 2 heures du matin, dans la nuit du dimanche au lundi suivant, une surprise attendra Lefèvre, Oury et Kieffer. Ils seront accueillis par la presse et les représentants du ministre de la Poste, de la direction d'Air France et du secrétariat d'État à l'aviation civile. Ils seront les héros du jour. L'équipage sera honoré le 23 décembre 1953 en recevant la médaille de l'Aéronautique des mains de Paul Devinat, secrétaire d'État à l'aviation civile.

"Je ne veux pas récompenser seulement un acte de courage. Ce serait trop peu et incomplet. Je veux surtout vous remercier de nous avoir donné un moment de fierté car dans les heures sombres que nous vivons, il est si rare de pouvoir trouver un moment de réconfort moral comme celui que vous nous avez procuré !" déclarera-t-il à cette occasion.

UN LÉGER INCIDENT DE VOL

Sur le tarmac d'Idlewild Airport, le futur aéroport John F. Kennedy International, près de New York, un lourd quadrimoteur Lockheed 1049G Super Constellation commence à rouler sur le Taxiway. C'est le vol Air France 0430 pour Paris-Orly.

Nous sommes le vendredi 18 septembre 1959. Il est 16 h 30 heure locale. À bord de ce Super Constellation immatriculé F-BGBH, ont pris place douze passagers en cabine. Douze privilégiés qui somnolent, répartis un peu partout sur les soixante-quinze sièges du grand quadrimoteur. C'est en effet la période de la rentrée des vacances des touristes américains, et les nombreux courriers supplémentaires mis en service au départ de Paris, reviennent presque vides.

Aux commandes du "Super G "se trouvent le Commandant André Compère, 46 ans, 16 000 heures de vol, et son copilote Georges Plantive, 45 ans. À l'arrière, il y a le navigateur Pontabry et le premier mécanicien Lallement. Un second mécanicien est assis avec les passagers en compagnie du chef de cabine M. Gasty, de l'hôtesse et du steward. L'avion décolle tranquillement vers Paris afin d'effectuer sa traversée transatlantique. Un vol de routine pour ces navigants expérimentés...

Sept heures passent, et bientôt la nuit tombe au-dessus de l'océan.

À mi-parcours, André Compère laisse les commandes à son

Samedi 19 septembre 1959, à 7 h.45 du matin sur l'aéroport de Shannon en Irlande, le copilote Georges Plantive du Super Constellation F-BGBH prend cinq clichés en couleurs de l'hélice fichée dans le fuselage. La firme aéronautique californienne Lockheed créa à partir de 1950, l'avion de transport quadrimoteur Model 1049 "Super Constellation" doté d'une cabine de section constante et de hublots carrés. Les moteurs Wright R-3350 à pistons furent remplacés par des moteurs turbocompressés à partir de la version L-1049C sortie en 1953, lui permettant une vitesse maximale de 602 km/h sur une distance franchissable de 7 710 km. Lorsque sa carrière commerciale cessa à la fin des années cinquante, le "Super Constellation" continua sa carrière militaire qui devait le conduire jusqu'au début des années quatre-vingt. (Photo Georges Plantive)

copilote qui prend sa place à gauche. Le patron va dans la couchette prendre un peu de repos. La météo n'est pas très bonne sur l'Atlantique... Plusieurs lignes de fronts sont annoncées à partir de la longitude 35 degrés Ouest. À ce moment là, le "Super G "vole en croisière vers 19 000 pieds.

Dès que le quadrimoteur pénètre dans les nuages du premier front, il commence à givrer. L'équipage est aux aguets. Il faut être prudent... Le mécanicien Repiquet qui est assis à son pupitre, fait en sorte de bien "tenir ses moteurs et ses hélices ", comme on dit, à l'époque. Il est bientôt remplacé par le second mécanicien : Lallement. Le copilote Georges Plantive, apercevant à travers le pare-brise comme une gigantesque barre très sombre à l'horizon, s'exclame alors :

– Attention, il y a encore des fronts... Et il y en a un qui semble assez mauvais... Fais attention à tes hélices... Ça va givrer sec ! Tout à l'heure, Repiquet s'en est bien tiré ! Il n'y a pas eu de problèmes... Mais surveille quand même tes hélices !

Effectivement, le “Super Constel” entre à l'intérieur de nuages noirs menaçants. Aussitôt, les premières rafales commencent à secouer l'appareil...

SURVITESSE

En cabine, deux passagers ne dorment pas : un ingénieur d'une société de forage texane et sa femme. Ils se sont mariés cinq jours plus tôt à Dallas, et viennent en voyage de noces à Paris. Au-dessus de leur tête, une veilleuse diffuse une lumière douce. L'hôtesse arrive. Elle leur sourit puis se penche sur une dame âgée juste à côté pour remettre sa couverture qui a glissé sur le sol. À l'avant de l'appareil, la porte du cockpit s'ouvre. Le Steward apparaît. Il a le visage grave. L'hôtesse le regarde et comprend qu'il se passe quelque chose d'inhabituel. Il ne faut rien laisser paraître et garder le sourire malgré les secousses de plus en plus fortes.

Dans le poste de pilotage, les difficultés s'accumulent... Le navigateur Pontabry est dans l'impossibilité d'effectuer un quelconque relevé astronomique. La couche de nuages est trop élevée. En outre, il ne peut se servir du Loran qui ne fonctionne plus dans les turbulences. Il s'installe à la place droite laissée vacante par le copilote.

– Je ne sais pas où on est…

– Tu parles bien l'anglais… Alors demande un "Fix" toi-même ! dit Plantive au navigateur.

Ce dernier appelle alors la frégate météo néerlandaise "Juliet". Le bateau navigue dans leur secteur, à quelque 1 000 kilomètres de l'Irlande. Bien qu'il soit 4 heures 37 du matin, la réponse du navire est immédiate. Le radar les a repérés quelque part entre les longitudes 22 et 21 Ouest. Mais la turbulence augmente.

Soudain, un étrange bruit strident métallique se fait entendre. Ça vibre très fort. C'est l'hélice du moteur numéro 3 qui vient de partir en survitesse. Mal contrôlée, elle mouline follement.

– Merde ! Je viens de te prévenir… Et tu te laisses avoir ! crie le copilote au mécanicien.

Dès le début de la survitesse, Georges Plantive a débranché le pilote automatique, pour tenter de réduire le badin et les rotations de l'hélice devenue folle. Mais ça ne suffit pas… Quarante secondes plus tard, le mécanicien grimace.

– Ce n'est pas normal ! Ce n'est pas du givrage, ça… Je ne sais pas ce qu'il y a !… Mais je ne peux pas passer l'hélice en drapeau.

La puissance du moteur tombe à zéro… La turbulence devient terrible.

Toujours allongé dans sa couchette, André Compère est brutalement réveillé par la vacarme de l'hélice. Il bondit comme un diable. Et dans le feu de l'action, se cogne la tête au sextant périscopique. Le crâne égratigné, il parvient à reprendre la place droite que le navigateur vient de libérer précipitamment.

Huit minutes plus tard, une légère accalmie permet à chacun de reprendre sa place. Le commandant André Compère saisit le manche gauche depuis le siège droit et, en une enjambée, franchit la console centrale pour se ficeler au commandes de contrôle du Super Constellation. Pendant ce temps, le copilote fait le tour derrière lui. Il récupère ses commandes à droite, et tout rentre dans l'ordre.

Le copilote contacte à nouveau la frégate météo. Il explique calmement qu'ils ont des problèmes sur le moteur numéro 3. Afin de leur faciliter la navigation, il demande de pouvoir maintenir leur radiophare allumé en émission continue.

– Accordé !

Quelques instants plus tard, Georges Plantive appelle le contrôle océanique “Shanwick”. Il donne la position approximative du Lockheed en précisant qu'ils ne peuvent maintenir leur altitude.

– Ici F-BHBG... Air France 0430 New York/Paris... Nous avons perdu le moteur numéro 3... Poursuivons notre route vers Shannon... Restez à l'écoute sur 121,5, la fréquence de détresse. Juste au cas où...

À mesure que les minutes passent, les choses se compliquent sérieusement pour l'équipage. Il faut dépressuriser l'avion et réduire la vitesse car c'est elle qui doit provoquer ces terribles vibrations. Et surtout... essayer de tenir l'altitude.

– Nom de dieu ! Nous avons un vario négatif et un badin

agonisant, s'inquiète le copilote, qui en plus de la phonie avec le contrôle et la frégate, étudie le manuel de vol pour tenter de trouver la configuration de vol la moins défavorable.

Tout à coup, la porte du poste s'ouvre. C'est le chef de cabine qui vient s'enquérir de la situation.

– Tout le monde s'inquiète derrière.

– Il faut leur dire la vérité, ordonne le commandant. Que tous les passagers se mettent du côté arrière gauche et qu'ils observent les consignes de sécurité !

Dans la cabine, la lumière jaillit brusquement. Le jeune couple regarde intensément l'hôtesse. Les autres voyageurs sortent un à un de leur sommeil avec des visages fatigués. Personne n'y comprend rien. Une voix sort des haut-parleurs.

– Mesdames, Messieurs, un incident nous oblige à couper l'un de nos quatre moteurs. Je vous demande de bien vouloir occuper les sièges le plus à l'arrière possible de la cabine et à gauche. Je vous demande également d'attacher vos ceintures !

PILOTAGE EN AVEUGLE

Un silence effrayant tombe sur la cabine. La femme de l'ingénieur texan saisit les mains de son mari, elles sont moites. La dame âgée réclame un bonbon... et un jeune cultivateur allemand, du nom d'Herman Ubosonnenberg, un verre d'eau.

L'avion est à 15 000 pieds. Depuis qu'il est entré dans le front, il a perdu plus de 4 000 pieds. Ne voyant rien devant eux à cause des averses, les deux pilotes essayent de sortir 30 degrés de volets. C'est pire : cela ne fait qu'augmenter leur taux de chute. À mesure que les minutes passent, l'espoir diminue. Avec un tel vario négatif, il semble impossible de pouvoir atteindre Shannon, en Irlande. Il reste encore 1 000 kilomètres à parcourir dans la tempête.

Tout à coup, André Compère jette un coup d'Ïil à son cap. Agrippé à son manche, il ne peut s'empêcher de s'écrier :

– Tout à l'heure, où était la lune ?

– Écoute... La lune... Tu rigoles... Tu sais bien qu'elle est loin à l'Ouest !... Elle est derrière nous, rétorque Plantive.

– Hé bien ! Regarde, ajoute le commandant, les cheveux dressés sur la tête.

Effectivement, dans un trou de nuages, les deux hommes aperçoivent une lune voilée. Ils comprennent qu'ils ont effectué un demi-tour sans s'en rendre compte. Les vibrations sont telles qu'elles empêchent toute lecture des instruments. Les répétiteurs de cap n'arrêtent pas de tourner et le petit compas magnétique placé sous le pare-brise semble coincé au cap 030. Aucun doute, le Super Constellation tourne en rond !

– T'en fais pas pour ça, annonce le copilote. On peut s'en tirer avec les radiocompas... Il faut régler celui de l'avant sur Shannon, et l'autre à l'arrière sur la frégate.

Les deux hommes se mettent aussitôt au travail. Ils retrouvent un cap à peu près normal avec une plage très large de 50 à 60°, sans l'aide du compas magnétique. C'est la seule solution pour voler approximativement vers l'est. Les deux mécaniciens discutent alors avec les deux pilotes. Le commandant réfléchit tout haut.

– Je pense qu'à 13 000 pieds, on va pouvoir tenir l'altitude. Si le vario tient, on pourra peut-être rallier Shannon... Par sécurité, on se laisse glisser jusqu'à 11 000 pieds en priant pour que ça tienne !

Le pilote est visiblement inquiet. Il faut absolument qu'il empêche l'hélice du moteur numéro 3 de tourner en moulinet. C'est un frein considérable pour l'avion qui lui fait perdre de l'altitude. Si seulement, ils avaient réussi à passer l'hélice en drapeau... Pour la stopper, il n'y a plus qu'une solution : il faut "griller" le moteur en lui coupant l'arrivée d'huile.

Ça devrait aller assez vite... À partir du moment où le pilote coupera l'arrivée du lubrifiant, il ne faudra pas plus de trois minutes pour que le moteur chauffe et se grippe. Mais l'opération est plus compliquée qu'il n'y paraît". Les mécaniciens doivent d'abord mettre le moteur numéro 4 en drapeau pour éviter que l'hélice incontrôlée ne se détache à cause des vibrations. Et si on arrête le 4, cela signifie qu'il n'y aura plus aucun moteur en fonctionnement sur l'aile droite... Il faut tenter le coup.

Piloter un Super Constellation, sur deux moteurs, du même côté est un sacré tour de force. Il faut mettre du pied à fond à gauche pour contrebalancer le couple à droite. Et avec seulement deux moteurs sur quatre, l'avion descend encore plus vite. Au bout de quelques minutes, les deux pilotes comprennent qu'ils ne pourront pas se stabiliser à 11 000 pieds.

Il faut redémarrer le quatrième Wright. Cette fois, l'altitude se maintient... Quant au moteur numéro 3, il continue à mouliner. Le pilote croyait qu'il ne lui faudrait que trois minutes pour qu'il soit grillé. En fait, il faut plus de... trente minutes après la coupure du circuit d'huile pour voir enfin l'aiguille du compte-tours s'immobiliser sur zéro.

– Attention ! La pression chute... Ça y est, il s'arrête ! lance

Lallement d'une voix dans laquelle on perçoit un soulagement évident.

– Ouf...

– J'aurais jamais cru qu'il tiendrait si longtemps...

Mais la joie de l'équipage est de courte durée. Le problème n'est pas réglé pour autant. L'hélice folle est complètement désolidarisée de la nacelle moteur. Elle poursuit ses rotations endiablées en produisant des vibrations de plus en plus importantes dans la cellule. Le jeu augmente à mesure qu'elle se désemboîte des satellites du réducteur. Elle ne tient presque plus... Aucun doute, elle va partir ! Que va-t-il se passer quand elle va se détacher du moteur ?

– Si elle nous fout le 4 en l'air, on va directement dans la flotte, lance le commandant d'une voix sourde.

Le pilote ne se fait aucune illusion. De nuit, avec la turbulence, ils ne s'en sortiront pas. Il décide donc de stopper à nouveau le moteur 4. Si l'hélice part et que le moteur est stoppé, les risques sont beaucoup moins grands. Perdu dans la pluie, le quadrimoteur est secoué dans tous les sens. Pour les pilotes, la lecture des instruments est de plus en plus difficile. La tableau de bord vibre tellement que l'on ne voit rien du tout... À l'extérieur, c'est toujours la nuit battue par une pluie diluvienne.

Pour les pilotes, l'effort physique est terrible.

– Aide-moi à tenir le palonnier... Je n'en peux plus ! Mon genou gauche me fait mal, demande Compère à son copilote.

Les deux hommes se relaient ainsi aux commandes toutes les quatre minutes.

HÉLICE ACCROCHÉE

Pendant ce temps, le deuxième mécano Repiquet n'arrête pas de faire la navette entre le cockpit et la cabine pour surveiller ce qui se passe au niveau de l'aile droite. L'hélice est maintenant complètement désolidarisée de l'arbre moteur. Elle brasse la "mayonnaise" frottant bruyamment sur le capot du moteur. Les minutes passent. Soudain, le mécanicien s'écrie :

– Attention les copains ! Le métal est en train de rougir ! Ça blanchit... L'hélice... On va se la prendre dans la gueule !

– Fais attention à toi ! Si elle part dans le fuselage, ca va faire mal, lance un des pilotes.

Et soudain, tout s'arrête.

Plus rien.

Le silence... Les vibrations ont cessé comme par miracle.

Les deux pilotes peuvent enfin lire leurs instruments de bord. Et ce qu'ils voient les fait frémir : l'aiguille de l'altimètre n'affiche plus que 700 pieds... et celle du badin 113 nœuds ! Le Super Constellation est au ras des vagues, à un cheveu du décrochage !

Le regard du copilote est tétanisé par les valeurs indiquées sur les cadrans. André Compère se retourne et ordonne au premier mécanicien Lallement :

– Remets le numéro 4 en route ! Tout de suite ! Tout de suite ! Il nous faut de la puissance, ou on se fout dans la flotte !

Fort heureusement les 3 400 chevaux du moteur repartent au quart de tour. Pour contrer le couple, les pilotes mettent du pied tout doucement. Les cinq hommes tremblent. Cette fois, ils sont tout près de la catastrophe... Ils ne possèdent aucune marge, aussi bien en vitesse qu'en altitude. Il faut accélérer ou ils sont morts.

Les manettes sont poussées à fond. Progressivement, le Super Constellation reprend de la vitesse. Naïvement, les pilotes pensent que leurs ennuis sont terminés. Ils se trompent. Alors que l'aiguille de l'indicateur de vitesse atteint 130 nœuds, la cellule de l'avion se met à fortement trembler.

– Merde ! Mais alors, qu'est-ce qu'il a ?

Compère ressent de fortes secousses dans le palonnier. Que se passe-t-il ? Maintenant que l'hélice est partie, tout devrait redevenir normal. Après tout, le Constellation est capable de voler presque normalement sur trois moteurs. C'est le mécanicien Repiquet qui découvre le pot aux roses.

– L'hélice... Elle a foutu le camps mais on l'a toujours !

Effectivement, l'énorme pièce de métal s'est bien détachée du moteur. Mais elle a fait un demi-tour pratiquement sur place et s'est fichée dans l'aile. Il y a pire : avant de se planter dans le revêtement d'aluminium, elle a embouti deux hublots et déchiré le fuselage sur plusieurs centimètres. Maintenant, elle génère une énorme traînée parasite. Collée au fuselage, elle crée des remous qui secouent fortement l'empennage et freinent considérablement l'avion. Dans le poste de pilotage, c'est de nouveau le découragement.

– Merde !

Et le Commandant Compère d'ajouter :

– Elle va continuer à nous emmerder jusqu'au bout !

Dans la cabine des passagers, l'air glacé pénètre par la déchirure du fuselage et par les hublots brisés. La température n'est plus que de 4 degrés. Affolés, le cultivateur allemand se dresse sur son siège et la dame âgée gémit :

– Nous allons mourir !

L'hôtesse est toute pâle mais reste auprès des passagers et ne cesse de répéter d'une voix calme :

– Ce n'est rien... Gardez votre sang-froid.

Pourtant, à mesure que les secondes passent, la confiance revient. Car l'appareil semble maintenir sa ligne de vol. Incroyable... Malgré l'énorme appendice qui défigure son aile, il ne descend plus.

ARRIVÉE SUR SHANNON

L'aube se lève doucement. Les deux pilotes ont finalement stabilisé l'appareil. Ils se sont rendus compte qu'en maintenant une vitesse de l'ordre de 125 nœuds, il n'y avait plus aucune vibration. En jouant ainsi sur les puissances des trois moteurs restants, ils ont diminué au maximum l'effet du Fletner de direction. Peu à peu, ils ont réussi à remonter jusqu'à l'altitude de 1 500 pieds. Ils y sont restés un long moment, puis ils ont repris la montée et ont finalement atteint 3 500 pieds.

Ils sont maintenant en liaison permanente avec le contrôle océanique et tous les autres avions de ligne volant dans la zone. Celui du commandant Chazara d'Air France qui veille à 19 000 pieds au-dessus d'eux, mais aussi un Lockheed 1649 Starliner américain de la TWA qui suit l'avion en détresse en le gardant en permanence sur son radar.

Pour faciliter la surveillance, le contrôle l'a autorisé à descendre vers 5 000 pieds et il a pu s'approcher. Si par malheur les choses tournaient mal, il serait là pour noter la position du crash.

Le Super Constellation sort du front. Les nuages disparaissent... Il ne pleut plus. Au loin, le jour se lève. La mer est belle. Même si le vent d'est souffle encore très fort, les prévisions météo sur Shannon sont bonnes. Dans le poste de pilotage, le moral remonte doucement. L'équipage finit par y croire.

Toujours escorté par le Starliner rouge et blanc de la TWA, qui ne cesse de tourner en rond, de ralentir et d'accélérer, l'avion blessé s'approche du but. Il est maintenant dans la dernière partie du trajet. Chacun suit sa progression. La radio annonce qu'un B-17 Flying Fortress et un hydravion viennent à sa rencontre ! Tout le monde tente de contacter l'avion en détresse. C'est surtout le commandant Chazara qui ne cesse d'appeler son collègue sur la fréquence 121,5. Il est toujours à 19 000 pieds un peu en arrière, et il veut tout savoir de ce qui se passe à bord...

– Mais parle ! dis-moi quelque chose ! demande-t-il avec insistance.

– Mais... Attends, je n'ai rien à te dire, mon vieux !" lui répond le copilote Plantive.

À mesure que la côte approche, le navigateur Pontabry peut faire un point précis grâce aux radiobalises. Du coup, la position exacte du Super Constellation peut être transmise au contrôle tous les quarts d'heure... Shannon approche. Enfin, une ligne grise apparaît à l'horizon : c'est la côte irlandaise.

Il est 7 h 20 lorsque le Constellation survole enfin la terre ferme. Le cauchemar touche à sa fin. L'équipage pousse un soupir de soulagement.

– Cette fois, on y est !"

C'est le moment que choisit le pilote du Starliner pour reprendre son vol vers Francfort. Plus besoin d'ange gardien...

– Bonne chance, les gars !

– Merci pour votre aide...

Quelques minutes plus tard, le "Super G "est amené à basse vitesse directement dans l'axe de la piste 04 de l'aéroport de Shannon. Il est en configuration presque normale pour l'atterrissage. C'est gagné...

Enfin presque, car il faut que l'hélice plantée dans le bord d'attaque tienne encore quelques minutes !

Ce serait trop bête qu'elle se détache au dernier moment et frappe l'empennage arrière. Mourir si près du but, après trois heures et demie de vol dans de telles conditions...

Au moment de l'arrondi, le mécano Lallement fait remarquer :

– Attention à l'hélice !

– Fous-moi la paix, répond le commandant Compère. Elle peut bien foutre le camp, si elle veut, j'en ai plus rien à faire !

Quelques instants plus tard, André Compère réalise un de ses meilleurs atterrissages sur trois moteurs. Malgré l'impact avec le sol, la grosse hélice tripale ne bouge pas d'un poil. Cette fois, ils sont sauvés...

Un dernier message pour rassurer les passagers dans la cabine.

– Mesdames, messieurs, il est 7 h 40 du matin. Nous venons de nous poser à Shannon. Un autre appareil vous conduira dans la matinée jusqu'à Paris-Orly. La compagnie Air France s'excuse de ce contretemps et vous souhaite un bon voyage.

Contre toute attente, le commandant décide de ne pas arrêter son appareil au bord de la piste, comme le font généralement tous les avions en détresse. Il va rentrer par ses propres moyens jusqu'à son parking à côté de l'aérogare.

Un vol de onze heures et sept minutes s'achève.

Une fois les passagers débarqués, c'est Georges Plantive, le copilote qui sort en premier du poste de pilotage.

Son cœur fait un bond lorsqu'il voit de quelle manière l'hélice s'est plantée dans l'aile : l'énorme pièce de fonderie s'est retournée sur elle-même.

Une des pales s'est incrustée dans le bord d'attaque, à quinze centimètres des câbles de commandes du moteur 4.

Quant aux deux autres pales, elles se sont bloquées contre l'arrondi du fuselage. Quelle chance ! Le copilote ne peut s'empêcher de sortir son appareil photo, et de prendre cinq clichés en couleurs.

– On revient de loin, commente le commandant Compère. Je comprends maintenant pourquoi nous n'arrivions pas à reprendre de la vitesse !

DÉFAUT DE MAINTENANCE

Au bar de l'aéroport, les cinq hommes du Super Constellation F-BHBG dégustent des Irish Coffee bien mérités. À côté d'eux, le chef d'escale irlandais les regarde avec une admiration non dissimulée. Ces gars-là sont vraiment des as.

Tout le monde plaisante.

– On a cassé l'avion… Mais on vous a ramené les morceaux !

Une heure plus tard, un quadrimoteur venu de New York est dérouté pour récupérer les douze passagers à son bord. Pas de chance, du fait d'une panne hydraulique, il ne pourra pas repartir…

Alors Air France déroutera un second long courrier de Montréal vers Shannon et cette fois, l'appareil amènera enfin les passagers et leur équipage jusqu'à Paris.

Aussi étonnant que cela puisse paraître, le soir-même, André Compère repartira pour New York aux commandes d'un autre Super Constellation.

Quelques mois plus tard, la commission d'enquête interne conclura à un défaut de remontage dans le réducteur du Wright numéro 3. Le moteur avait été révisé dans les ateliers de Courbevoie. Mais le rapport ne sera jamais publié… Ce n'est que deux ans plus tard que le copilote Georges Plantive l'apprendra par hasard, à Toulouse en lisant un compte-rendu technique d'Air France

Le commandant André Compère sera décoré de la Légion d'honneur. Il prendra sa retraite en 1972 et décédera le 2 mai 1994, à l'âge de 82 ans, au terme d'une carrière aéronautique de 25 000 heures de vol.

LA NUIT DU BRÉGUET

En janvier 1962, une trentaine d'élèves commandants de bord se présentent au centre de perfectionnement d'Air France, à l'aéroport du Bourget. Ils viennent de terminer, à Orly, les épreuves de maniabilité et de pilotage sans visibilité sur bimoteur DC-3. L'ultime épreuve qui met fin à plus d'un an de stage théorique et pratique. Chacun va enfin savoir sur quel type d'appareil il sera affecté. Les meilleurs suivront la filière quadrimoteur DC-4, ou Bréguet 763, et les autres resteront sur bimoteur DC-3. On appelle le major de la promotion. Il s'agit de Denis Henocque, 36 ans, 5 000 heures de vol, un ancien contrôleur de navigation aérienne d'Aix-en-Provence entré comme radionavigant en 1952 à la compagnie. Pendant deux ans, en 1955 et 1956, il a suivi une formation de copilote à Pontoise-Cormeilles sur Morane 733, Goéland et sur DC-3. Le chef du centre de formation le congratule.

"Félicitations. En fonction des notes que vous avez obtenues, vous allez voler sur Bréguet "Deux Ponts". Mais avant, comme vous le savez, il faudra vous entraîner pendant trois mois. Vous serez affecté à Alger, comme douze de vos collègues admis sur cette superbe machine...."

Un sourire de satisfaction illumine le visage du jeune commandant de bord. Le Bréguet "Deux Ponts" est un avion qu'il connaît bien, pour avoir été radio plusieurs fois à son bord.

Les semaines passent... À La fin du mois de juin, les douze

Samedi 6 juillet 1962, le Bréguet 763 "Deux-Ponts"F-BASQ d'Air France repose sur le ventre à l'aéroport de Marseille-Marignane. Le célèbre avion de transport Breguet 761 mieux connu sous le nom de "Deux Ponts", donna naissance à plusieurs version améliorées, comme le Breguet 763 utilisé par Air France et sa version militaire, le Breguet 765 "Sahara". Propulsé par quatre Pratt & Whitney R 2800-CB-16 de 2 400 chevaux, le "Deux Ponts" pouvait voler à 390 km/h à 3 000 mètres sur une distance de 4 000 km et pesait quelques 54 tonnes en charge. (Photo DR)

nouveaux commandants de bord arrivent à Alger. C'est la fin de la guerre d'Algérie, et on ne compte plus les attentats terroristes du FLN et ceux de l'OAS qui ne veut pas abandonner le pays. En raison de la situation, les installations aéroportuaires font l'objet d'une étroite surveillance, notamment les hangars, car on craint les sabotages. C'est dans cette atmosphère lourde que Denis Henocque s'installe à l'hôtel Saint-Georges, un palace sur les hauteurs d'Alger, en compagnie de ses douze camarades de promotion. Dès le lendemain, ils commencent à voler. Les deux chefs pilotes en charge des nouveaux arrivants font effectuer aux stagiaires un circuit comportant en moyenne trois ou quatre étapes d'une heure et demie. Henocque assurera pour sa part la liaison Oran,

Hassi Messaoud et Alger, en compagnie du chef pilote adjoint, le commandant Detourbet. C'est presque une formalité pour le jeune et brillant commandant de bord qui a déjà séjourné près de quatre années en Algérie. Le vol de lâcher effectué, c'est le retour triomphal au parking Air France de Maison-Blanche. Au bureau des opérations, le chef pilote présente son "poulain" au chef d'escale et à ses collaborateurs, puis confirme que Denis Henocque prendra le commandement du vol Alger-Marseille du lendemain soir.

"Félicitations commandant Henocque, vous êtes lâché sur notre secteur d'Afrique du Nord ! Avec mes compliments..." lui glisse le commandant Detourbet.

UN VOL PROGRAMMÉ

Vendredi 5 juillet 1962. Deux heures avant le décollage, Denis Henocque arrive aux opérations, prend connaissance du chargement, de la météo, de l'état de l'avion et des caractéristiques du vol.

L'avion est le Bréguet 763 "Provence", immatriculé F-BASQ. Au terme du petit briefing qui précède le vol, le commandant Henocque annonce avec enthousiasme à son équipage :

"Ce soir nous arriverons à Aix vers 20 heures. Vous êtes tous mes invités à l'hôtel du Pigonnet... On va fêter ça ensemble !"

Astarita, le copilote mécanicien, vient de terminer sa visite prévol, tandis que le PNC contrôle les boissons et les repas qui seront servis à bord. Le commandant Henocque grimpe en poste par la petite échelle du train avant. On lui tend le compte rendu du devis de masse établi par l'agent d'opérations, responsable du chargement.

“Bon, feu vert ! Vous pouvez procéder à l’embarquement ! Puis Henocque poursuit avec un sourire en coin : je fais la première étape, évidemment...”

Les trois hommes se concertent et vérifient les paramètres de décollage : vitesse V1, vitesse de rotation, etc.

Il faut une vingtaine de minutes pour embarquer tous les passagers. Puis c’est la mise en route des quatre P & W CA-18 de 9 600 chevaux, le roulage, et le décollage aux alentours de 18 heures, dans un ciel crépusculaire.

TRAIN BLOQUÉ

Il est 19 h 45. Après un voyage sans histoire, le Bréguet commence sa descente sur Marseille.

C’est la piste 32 qui est en service. Le lourd quadrimoteur s’aligne en vent arrière, comme à l’école : altitude 1 500 pieds, vitesse stabilisée à 342 km/h. Les ordres sont clairs, l’équipage est serein. À l’extérieur, c’est CAVOK : il fait beau...

“Sortez les volets 15 degrés...

– Train sorti...”

Le copilote actionne la commande de train. Une première lampe verte s’allume : celle de la roulette de nez.

Puis une deuxième, le train principal gauche. La lampe du train droit reste au rouge...

“Aïe ! Qu’est-ce qui se passe ?” s’exclame Denis Henocque, étonné.

Le copilote a la même réaction. Procédure classique : il faut rentrer le train.

Les deux pilotes vérifient que toutes les lampes sont éteintes et remettent la commande sur sortie.

La lampe rouge reste allumée. Il faut s'assurer que ce n'est pas un faux contact.

"Non, ce n'est pas possible, pas sur mon premier vol... pense Denis en lui-même. Va voir au pont inférieur la position du train, avec ta lampe-torche..." ordonne-t-il au copilote.

Astarita quitte son siège, et descend en cabine devant les passagers inquiets. Il aperçoit, à travers le hublot, les trappes restées ouvertes et voit distinctement les deux roues jumelées et la cinématique du train. Il est sorti de 20 centimètres de son logement. C'est tout.

Il remonte deux minutes plus tard et avise le jeune commandant de bord. On sort aussitôt les "check-lists".

"Radio ! Préviens Marseille que nous dégageons le circuit et que nous allons tourner sur l'étang de Berre... commande Henocque. Combien de carburant restant ?"

– 2 200 litres. À peine deux heures d'essence !" rétorque stoïquement Astarita en regardant les jauges. La tour de Marignane les rappelle :

"OK. Mettez-vous dans le secteur sud-ouest à dix nautiques et tournez... Rappelez-nous quand vous voudrez revenir..."

Les deux pilotes égrènent la "check-list" de secours puis recommencent encore une fois la procédure de sortie de train. Rien à faire. Le contrôleur de Marseille-Marignane intervient à nouveau sur la fréquence.

"Fox-Trot Sierra Québec... Ici la tour... Avons l'ingénieur de marque du centre opérations Air France au téléphone depuis Toulouse. Il recommande… Pourriez-vous essayer de… C'est fait ? Vous avez pensé à…"

– On l'a fait… C'est fait… répond Hennocque, un peu agacé, car il connaît l'avion jusqu'au moindre boulon. Il faut trouver une solution.

"Commandant, que décidez-vous ? demande le copilote.

– Nous allons faire une ou deux ressources… répond le commandant pensant que cela pourrait être suffisant pour décrocher la roue.

– Sortons le train à la vitesse maximum autorisée, et piquons ! lance Denis, puis il fait prévenir les passagers par le chef de cabine.

"Mesdames et Messieurs, le commandant de bord vous annonce que nous avons certaines difficultés avec le train d'atterrissage. Les manœuvres qu'il va effectuer afin de résoudre le problème ne sont absolument pas dangereuses… Nous vous tiendrons informés. Merci de votre compréhension… Et veuillez nous excuser de la gêne occasionnée pendant ce vol…"

Le commandant pique et tire sur le manche, une fois, deux fois. Tout le monde a l'estomac dans les talons. Et la lampe reste désespérément rouge !

"TOUCH AND GO"…

"Astarita ! Regarde sur le manuel les consignes constructeur… Est-ce que l'on peut faire un "tossage" (un "Touch and Go") ? demande Denis Henocque, qui espère ainsi cogner le sol du train gauche avec suffisamment de force pour essayer de débloquer le droit.

– Le manuel dit qu'il est "déconseillé... dangereux !" précise le copilote.

– OK. C'est déconseillé mais le constructeur ne dit pas que c'est interdit ! Alors on y va... annonce le commandant. Astarita, tu descends au pont inférieur et tu regarde la cinématique du train avec ta lampe... Toi, Duffroy, dit-il au radio, tu te mets en place droite ! Tu sortiras le train quand je te le dirai..."

Le commandant contacte la tour et fait part de son intention d'effectuer un "tossage". La nuit commence à tomber. Le Bréguet "Deux Ponts" revient vers la piste 32.

"La tour de FBASQ... Pouvez-vous faire dégager les environs ? demande le pilote.

– OK ! répond le contrôleur. Rappelez-moi quand vous serez en finale..."

Le quadrimoteur de 48 tonnes cogne très fort sur le sol. Les roues ripent sur le revêtement. Il rebondit sur près de 20 mètres. Le pilote remet les gaz afin d'éviter que l'appareil ne se mette sur le nez. Toutes les tôles de la cellule se mettent à vibrer. Henocque recommence la manœuvre. Rien ne bouge. Il doit arrêter pour ne pas tordre le train gauche correctement sorti, sinon ce sera la catastrophe. Le Bréguet se met à grimper à nouveau, moteurs à 2 200 tours/mn...

Il est 21 heures. Il n'y a plus qu'une solution. Résolu, Denis Henocque prend le micro.

"La tour de FBASQ... Prenons la décision d'atterrir sur le ventre et sur la piste en dur... Celle qui est balisée... La 32 ! Pouvez-vous faire un tapis de mousse carbonique de 300 mètres de long à environ 500 mètres du seuil de piste ? Nous sommes en "emergency" !"

Dès cet instant, l'aéroport de Marseille est fermé à tout trafic. Les camions anti-incendie Berliet commencent à déverser de la mousse sur le "runway". Leurs citernes vides, les pompiers demandent plus d'une heure et demie pour les remplir.

"OK. On se met en attente et nous allons faire des ronds sur l'étang de Berre !" annonce Denis en passant les commandes à son copilote.

Il relit son manuel : il n'y a rien qui mentionne une directive en cas d'atterrissage sur le ventre. Sauf un paragraphe qui stipule que "le commandant décidera de la technique d'approche et de la configuration de l'appareil selon les circonstances !"

"Ça me fait une belle jambe ! songe le jeune commandant.

Il ne reste plus aux trois hommes qu'à prendre leur mal en patience. Le steward Rodriguez leur amène alors un café, et glisse :

"La cabine est prête... commandant. Les quelques passagers du pont inférieur sont remontés au pont supérieur. Pour le reste, ils ont vidé tout le bar de tous les alcools ! Ça leur donne le moral !"

Un briefing complet est fait aux passagers par le chef de cabine. On leur indique la position qu'ils doivent prendre : bras pliés, tête en avant, les oreillers si possible sur les genoux...

"Mesdames et Messieurs. Nous allons nous poser sur le ventre. Dès que les issues seront ouvertes, il faudra descendre très rapidement à cause du risque d'incendie !"

Denis Henocque s'adresse alors au chef de cabine :

"Une fois posé, on déclenchera l'alarme d'évacuation. À partir de là, ouvrez les issues de secours et les issues principales. Et évacuez les passagers...

– On a confiance commandant..."

SUR UN TAPIS DE MOUSSE...

L'heure tourne. Le Bréguet "Deux Ponts" continue de faire des ronds, toujours train rentré. Les pilotes sont tendus. On échange quand même quelques plaisanteries. Pour conjurer le sort, Denis Henocque met les gants que lui a offerts son épouse "pour piloter dans le désert". La tour de Marseille-Marignane rappelle.

"FBASQ, ici la tour... Nous serons prêts dans quinze minutes. Les camions font le plein... Vous avez de la mousse sur une bande de 300 mètres de longueur et de 15 mètres de large, à 500 mètres du seuil, comme demandé. Un camion de pompiers avec gyrophare, sur le côté droit de la piste, en marquera le début, et un autre la fin. Rappelez-nous en finale !

– OK. Bien compris" rétorque le commandant du F-BASQ.

Aux environs de 21 h.30, le Bréguet 763 entame son approche, phares d'atterrissage allumés. La procédure est revue une dernière fois.

"Pas trop cabré, presque à plat... Bien horizontal pour ne pas toucher avec un fuseau moteur et provoquer un cheval de bois... La piste 32 est en vue. Les camions avec leurs feux clignotants sont là sur la droite..." pense le pilote.

"La tour, ici FBASQ en finale ! annonce Denis Henocque.

– OK. Bon courage !"

L'approche est basse. Denis vise le seuil de piste puis met l'avion en palier à un mètre du sol, "accroché" à ses quatre moteurs Pratt & Whitney, 120 Kts au badin. La tension est maximale.

Le tapis de mousse arrive. Les ordres partent en rafale.

"Moteurs coupés ! Cloisons pare-feu fermées ! Coupe-feu tirés ! Extincteurs percutés ! Paré au "crash" !" crie le commandant de bord.

Dix secondes... Cinq secondes... Moteurs coupés... Denis Henocque tire doucement sur le manche... Les hélices continuent de mouliner dans l'obscurité. L'arrondi est peu marqué : il ne faut pas toucher avec la queue.

Le Bréguet se pose doucement en ligne de vol sur la mousse, et commence à glisser. La course est cahotique. Les hélices touchent le sol. Des soubresauts agitent la cellule. Le Bréguet glisse toujours. Il s'immobilise enfin. L'ordre d'évacuation est déclenché. Une sonnerie retentit en cabine : les PNC quittent leur siège et ouvrent les issues.

Les passagers descendent sans passerelle, les portes étant au ras du sol. On les fait s'éloigner de l'appareil tandis que les pompiers arrosent les moteurs, au cas où... L'équipage termine sa "check-list". Il restait seulement dix minutes de carburant. Les trois hommes descendent à leur tour sur la piste. Denis Henocque sort le dernier en remettant ses précieux gants dans sa sacoche. Il soupire doucement, soulagé... Le commandant serre la main de ses coéquipiers, Astarita et Duffroy, et leur donne l'accolade.

Le chef d'escale les accompagne en voiture jusqu'à l'aérogare où ils retrouvent les passagers et le reste de l'équipage.

La presse est déjà là mais les héros du jour ne s'attardent pas. Le lendemain après-midi, samedi 6 juillet, le chef pilote, le commandant Geneves, débarque d'Alger.

"Mon cher Henocque, vous êtes suspendu de vol jusqu'aux conclusions de la commission d'enquête. Nous vous préviendrons lorsque nous aurons suffisamment d'éléments. Laissez-moi votre adresse..."

Le commandant reprend l'avion pour Paris pour rejoindre sa femme et ses enfants. Il leur conte sa mésaventure sur un ton humoristique :

"Mon avion ne marchait pas bien... Je me suis posé sur le ventre... Du coup on m'a suspendu..."

SABOTAGE

Quatre jours plus tard, le commandant Henocque est convoqué par l'équipe technique autour du Bréguet 763 F-BASQ, mis sur vérins dans un hangar de Marignane.

Il apprend avec soulagement que la commission d'enquête a dégagé sa responsabilité. Un ingénieur métropolitain lui fait remarquer :

"Vous auriez dû casser l'avion. En fait, vous ne pouviez pas sortir le train... Regardez : votre appareil a été saboté... Un embiellage des trappes de train a été monté à l'envers. La roue jumelée engagée dans les trappes à demi-ouvertes, ne pouvait pas s'extirper !"

Le commandant Geneves se tourne alors vers Henocque. "Toutes mes félicitations. Ce que vous avez fait est remarquable. Le Bréguet n'a pas souffert, sauf pour les hélices qui ont raboté la piste. Mais ça, impossible de faire autrement..."

– J'ai fait comme le livre me disait… rétorque Henocque.

–Vous avez fait un bon stage de formation mais on ne vous a pas appris pour autant à poser un avion sur le ventre… lui dit le chef pilote.

– Heureusement, car il n'y aurait plus beaucoup d'appareils dans la flotte Air France…

– Bon, vous descendez sur Alger dès ce soir. Et demain, vous reprenez la ligne sur le vol Alger-Marseille, Ajaccio-Marseille !"

Le Bréguet F-BASQ, révisé et pales d'hélices changées, sera remis en vol. Six mois plus tard, le secteur d'Air France à Alger sera dissous. L'affaire restera confidentielle en raison de la gravité de la situation politique. La cause officielle de l'accident qui figurera dans le rapport d'enquête sera une panne de la cinématique des trappes avec rupture de pompe hydraulique…

Trente-quatre ans plus tard, le samedi 24 novembre 1996, dans le petit village d'Eaucourt, dans la Somme, un pilote retraité fête ses soixante-dix ans. C'est Denis Henocque qui a réuni tous ses enfants et petits-enfants. On lui a offert une superbe maquette en bois d'un… Bréguet 763 "Deux Ponts". Le vieux commandant se souvient de sa mésaventure, les larmes aux yeux. Son émotion est grande. Il s'en était fallu de peu…

LA DERNIÈRE GOUTTE

Nous sommes le jeudi 24 janvier 1974, par une belle journée d'hiver, sur l'aérodrome de Reims-Prunay, fief des usines de la société de construction aéronautique Reims Aviation. Peu après l'heure du déjeuner, un monomoteur à aile haute, flambant neuf de type F-177 RG (pour retracting gear) Cardinal, immatriculé F-BVBC et destiné à Air Auvergne, est amené sur le parking pour y subir les tests de contrôle en vue d'un vol de préréception. Pendant qu'un mécanicien procède aux dernières vérifications au sol, l'équipage embarque à bord. Il s'agit du pilote Pierre Henri, 65 ans, dit "Papa Hôtel", un ancien de chez Max Holste, accompagné d'un jeune technicien du laboratoire d'électronique de 32 ans, Bernard Subtil, chargé des essais du matériel de radionavigation. Ce vol de routine s'annonce sans problèmes. Tout le monde est décontracté et bientôt l'avion se met à rouler avec les pleins complets (soit 190 litres) en direction de la piste 07/25.

"Température d'huile dans le vert ! annonce Pierre Henri. Pression d'admission. Doucement, c'est parti. On pousse... Vitesse... OK ! On décolle... Les Flaps 10°... Hop ! 85 Kts. On continue la montée."

TRAIN DÉVERROUILLÉ

À l'extérieur, la visibilité est parfaite. C'est le temps idéal. Il n'y a pas dix minutes que le Cardinal est en vol que Pierre

Henri commence une première série d'essais afin de régler l'avertisseur de décrochage. Puis, dans la foulée, cap sur la base aérienne 112 de Reims-Champagne pour y effectuer une approche simulée ILS, dans le cadre de la vérification de l'équipement de radionavigation.

Pour le jeune technicien Bernard Subtil, c'est le moment le plus difficile du vol. Il surveille ses instruments. Tout va bien. Lorsque soudain, un bruit un peu étrange, comme un double "clac" de déverrouillage de train, alerte l'équipage. Les deux hommes habitués à tous les bruits de l'avion se regardent alors avec inquiétude.

"C'est quoi ce bruit ! s'étonne Pierre Henri. Tu as touché à quelque chose ?"

– Non ! À rien !

– Nous devons avoir un petit ennui, et nous rentrons sur Reims-Prunay, annonce le pilote à la radio en remettant les gaz, pour regrimper vers 1 500 pieds.

Henri et Subtil s'interrogent, cherchent à comprendre. Six mois auparavant, ils avaient vécu une panne moteur à bord du Cardinal n° 85 qui s'était terminée dans un champ de blé, heureusement sans casse.

Cette fois, c'est autre chose. Tous les voyants de contrôle le confirment, le train d'atterrissage est en position de transfert : ni complètement sorti ni complètement rentré. Dans le cockpit, les deux hommes sont impuissants. Seuls les spécialistes au sol peuvent trouver une solution.

"Papa Hôtel, ici la piste ! Vous prenez la procédure de sortie manuelle du train !" annonce la voix rassurante du contrôleur technique de Reims Aviation.

Apparemment, c'est un petit problème technique. Rien de grave. Pierre Henri connaît parfaitement la procédure : il suffit de pomper manuellement à l'aide de la poignée entre les deux sièges avant pour effectuer la sortie du train en secours.

Mais quelque chose ne va pas. Pierre Henri pompe trois fois de suite dans le vide : le système hydraulique ne répond plus.

"On va rentrer, j'appelle Reims Aviation sur la fréquence 130,75 et je leur dis qu'on a un problème de train d'atterrissage, qu'on essaye de l'identifier et qu'on retourne vers eux !" déclare le pilote.

Au même instant, au sol, on s'active. Jean Aubry, le chef de piste appelle Jean Pichon, le directeur général, ainsi que monsieur Droulez du service contrôle. Ils se retrouvent dans le bureau du commandant d'aérodrome.

"Qu'est ce qui se passe ?

– Papa Hôtel n'arrive pas à sortir son train", répond le technicien.

Le Reims Cessna 177 RG tourne en effet depuis quelques minutes au-dessus de la piste. Sur le terrain de Reims-Prunay, tous comprennent très vite que la situation est grave.

ANGOISSE DANS LE CIEL

"Récapitulons : trois heures d'essence dans vos réservoirs. Et vous êtes en vent arrière main gauche. Je vous ai bien en vue d'ailleurs", poursuit l'un des responsables de Reims Aviation.

– D'où vient le problème ? demande le directeur.

– Hydraulique apparemment ; ça pompe dans le vide. répond Droulez. Ils ont vérifié... Le train d'atterrissage est sorti en position intermédiaire."

L'aéro-club de Reims étant à 100 mètres de l'usine aéronautique, Jean Beaulieu, un instructeur qui est en vol avec un élève dans un Cessna 172, est prévenu par radio et rend compte visuellement de la position réelle du train du Cardinal 177 RG.

"Papa Hôtel, je suis derrière toi, je fais le tour. Effectivement ton train n'est pas verrouillé. Les deux jambes traînent, ainsi que la roulette avant..."

"Vérifiez le niveau de liquide à l'arrière de l'appareil, transmet le chef de piste. Je répète... à l'arrière de l'appareil."

Mais la commande du système hydraulique de sortie du train d'atterrissage est située tout au fond de la cabine. Bernard Subtil doit enjamber le dossier de son siège et la rangée de sièges arrière ainsi que tout l'appareillage technique pour aller vérifier le niveau de lockheed dans le réservoir. Après quelques contorsions, le jeune technicien finit par y accéder.

"Retire le bouchon à droite. Alors ? Qu'est-ce que ça donne ? demande Henri.

– Écoute. Il n'y a plus rien... Le réservoir est vide ! rétorque Subtil en enfilant son tournevis de réglage dans l'orifice. Le circuit hydraulique semble s'être vidé."

Mais il n'y a pas de liquide hydraulique de secours à bord. Il va pourtant bien falloir que le Cardinal se pose. Au sol, les responsables prennent un certain nombre de dispositions sur le plan de la sécurité. Ils préviennent les services d'urgence de la base aérienne 112 voisine ainsi que l'hôpital local. Sur l'aérodrome, une ambulance et un camion doté d'un canon à mousse sont immédiatement dirigés vers la piste, prêts à intervenir en cas d'atterrissage en catastrophe.

Dans le même temps, Pierre Henri, reçoit l'ordre de brûler tout son carburant. Il n'y a pas cinquante solutions...

"La piste, de Papa Hôtel ! Je confirme : il n'y a plus de lockheed à bord, je répète..." annonce-t-il.

– Dès que les réservoirs seront vides, on tentera l'atterrissage !"

Soudain, au sol, quelqu'un a une idée.

"Bon ! Messieurs, il ne vous reste plus qu'une chose à faire, c'est à pisser dedans !

–Vous plaisantez ou quoi ? répond le pilote sur la fréquence. Vous savez où se trouve le réservoir ? Comment peut-on faire ?"

C'est pourtant une solution à tenter pour sortir le train d'atterrissage.

"Eh bien oui ! C'est le seul moyen. Il faut vous arranger !" précise Droulez.

– On peut essayer mais il faut trouver un récipient !" précise Subtil, en commençant à fouiller dans l'avion. Vu du sol la solution semble évidente, mais à bord du Cessna, la mise en pratique est une autre affaire. Comment uriner dans un réservoir quasiment inaccessible ?

"Ah, ça y est j'ai trouvé ! s'écrie Subtil. Le godet qui sert à purger les réservoirs fera très bien l'affaire !"

Malgré les évolutions de l'appareil, Bernard Subtil s'exécute. Il ne doit pas perdre une seule goutte du précieux liquide.

Puis, en passant au-dessus du siège, il essaye de le verser dans le réservoir, au fond de l'avion.

"Allez-y pompez !" Pierre Henri actionne la pompe hydraulique de sortie du train d'atterrissage. Il commence effectivement à bouger, au fur et à mesure de ce réamorçage.

ATTERRISSAGE HASARDEUX

"Qu'est-ce qu'ils font ?

– Les deux jambes principales sont verrouillées. Le train avant n'y est pas encore. Ils essayent de faire un dernier remplissage !

– Désolé il n'y a plus rien ! J'ai plus envie. On va être obligé de se poser en l'état..." constate désolé Pierre Henri.

Depuis le sol, on voit effectivement qu'il manque peu de chose pour que le train soit complètement sorti. Mais les deux hommes sont "à court". Toutefois, la peur aidant, Bernard trouve en lui une réserve qui ne dépasse pas la quantité d'un petit godet.

"Écoutez, Pierre, J'essaye encore un peu !" annonce le jeune homme en allant vers l'arrière. Et l'opération goutte à goutte recommence...

"Allez-y pompez !"

Et là, miracle, un triple "clang" retentit.

"Ça y est enfin ! OK ! Train sorti et verrouillé !" crie Henri.

Après deux heures cinquante minutes de vol, l'opération a finalement réussi. Il ne reste plus qu'à atterrir. Par mesure de précaution, Pierre Henri décide de brêler son acolyte en place arrière

“Passe derrière ! Et boucle ta ceinture...”

Le Cardinal se présente en finale, cabré au maximum, étroitement encadré par les services de secours qui le suivent comme une ombre le long de la piste. Il est temps car il ne restait plus que dix minutes d’essence. Le F-BVBC termine son périple en empruntant tranquillement le taxiway jusqu’à l’aire de stationnement de Reims Aviation. À terre, les jambes du jeune Subtil flageolent. Tout le monde se regroupe autour de l’avion. C’est la joie, et les grandes poignées de mains sont de rigueur.

On rejoint rapidement le bar de l’aéro-club ou Bernard Subtil commence à raconter son aventure devant une coupe de champagne.

“Comme ça, vous allez pouvoir une nouvelle fois tester vos capacités hydrauliques !” commente son directeur.

UNE FUITE INDÉTECTABLE

Dès le lendemain, en vidangeant le circuit hydraulique du F-BVBC n° 94, l’affaire sera éclaircie et le verdict de l’enquête technique s’avérera sans équivoque possible : erreur humaine. Pour fixer les garnitures intérieures, un mécanicien avait utilisé une mèche trop longue qui avait percé un tuyau du circuit de lockheed du train d’atterrissage.

Cette histoire traversera l’Atlantique. Les ingénieurs de Cessna, à Wichita, au Kansas, seront époustouflés.

“Mais comment, ont-ils fait ces “bons dieux” de Français, pour aller pisser dans un si petit trou ?

Ça ne s’invente pas...”

FRAYEURS EN CONCORDE

Vendredi 8 avril 1988. 11 h 00 du matin. Aérogare 2B de l'aéroport de Roissy Charles de Gaulle. L'avion de ligne supersonique Concorde immatriculé F-BVFA, assurant le vol AF001 à destination de New York, roule depuis quelques secondes vers la piste 27. À son bord, quatre-vingts passagers assistés par six hôtesses et stewards. Dans le poste de pilotage, le commandant Jean Boyé, 56 ans, 17 700 heures de vol, ex-pilote de chasse, occupe la place gauche. À sa droite, un autre commandant de bord, Denis Malbrand, pilote d'essai diplômé de la fameuse EPNER et surtout chef du Centre d'instruction Air France de Vilgénis.

Derrière les deux hommes, l'officier mécanicien navigant travaille calmement. Il s'appelle Henri Ranty et il est chef mécanicien de la division "Concorde" au sein de la compagnie. Sur le "Jump Seat" un autre OMN observe... C'est Philippe Masselin qui est en vol d'initiation.

Pendant tout le roulage, le commandant Boyé révise mentalement les procédures d'urgence de la phase de décollage et les automatismes sophistiqués du Concorde. Ces automatismes, il les a répétés depuis près de deux mois dans le simulateur d'Aéroformation à Toulouse, et au cours du stage d'entraînement en vol pratique à Casablanca. C'est seulement son troisième vol d'adaptation en ligne.

ACCÉLÉRATION-ARRÊT

Le Concorde avance tout doucement sur le taxiway de Roissy et s'intègre dans la file d'attente des autres avions qui attendent sur la bretelle d'entrée de la piste 27.

Une odeur de café brésilien se répand dans le poste de pilotage : une hôtesse vient de servir le mécanicien Philippe Masselin.

Tout va bien, en apparence, en cette très belle matinée de printemps.

Quelques minutes plus tard, le contrôleur délivre son sésame habituel :

"AF001... Autorisation alignement et décollage en piste 27... Le vent est calme !

– Paré au décollage ? demande le commandant en se tournant vers ses deux coéquipiers.

– Paré ! répondent les deux hommes à l'unisson.

– Top ! lance alors le commandant Boyé.

Simultanément, le pilote déclenche son chronomètre de bord, relâche les freins d'une pression sur les palonniers et fait claquer en butée mécanique les manettes de puissance.

Aussitôt, les calculateurs automatiques de poussée des quatre Rolls-Royce/Snecma Olympus 593 prennent le relais.

Près de 70 tonnes de poussée propulsent le bel oiseau blanc. Quatre lampes vertes s'allument au tableau de bord : les réchauffes semblent fonctionner normalement. L'accélération est bien supérieure à celle d'un avion de ligne subsonique. Pourtant elle n'est pas aussi impressionnante que d'habitude car, pour ce vol, le supersonique franco-britannique est à son poids maximum de 185 tonnes.

Jean Boyé jette un coup d'œil aux cadrans de débit-carburant :

– 330 kg/minute, note le pilote. Ça nous donne du 20 tonnes/heure pour chaque réacteur... Plus d'une tonne par minute consommée pour les quatre moteurs ! Oh ! Là ! Mais non ! Le numéro trois n'est qu'à 14 tonnes/heure ! Ce n'est pas normal.

Au moment où le copilote Malbrand annonce le passage des 100 nœuds, la réaction du mécanicien est instantanée :

– Réchauffe du trois en panne ! s'écrie-t-il.

Heureusement, le Concorde n'a pas encore pris trop de vitesse. Aujourd'hui, la Vitesse de décision V1 est à 170 Nœuds. Au delà, il faut décoller quoi qu'il arrive.

Sur le badin, les marqueurs indiquent une vitesse de rotation à 200 nœuds, une V2 précise de 221 nœuds à 35 pieds de hauteur.

Le commandant Malbrand jette un coup d'œil à son copilote, mais ne dit rien. Comme il est d'usage, l'initiative revient au pilote en fonction.

Celui-ci réagit parfaitement... Dans la seconde qui suit, Boyé appuie brutalement sur les freins de palonnier et réduit la poussée. Il était temps car l'aiguille du badin frise déjà les 130 nœuds.

“Arrêt-Décollage ! annonce-t-il sèchement en ouvrant les coquilles des inverseurs de poussée. Le quadriréacteur effilé ralentit rapidement grâce à ses puissants freins en carbone.

Tout se passe bien... Le pilote prend même soin de ne pas freiner trop fort pour éviter aux passagers les désagréments d'un ralentissement brutal.

Température des disques : 400 °C !

Tandis que le Concorde dégage par l'avant-dernière bretelle pour rejoindre son aire de stationnement, de puissants ventilateurs se mettent en route pour stabiliser l'échauffement des roues et la faire décroître progressivement.

Dans les hangars technique, c'est déjà l'alerte... Prévenus sur la fréquence VHF, les mécaniciens d'urgence se mettent en position. Ils vont devoir réparer les mécanismes défectueux en un minimum de temps puis compléter les pleins de carburant. Car le Concorde a déjà consommé plus de trois tonnes de kérosène sur ses réserves minimales réglementaires...

RÉACTEUR EN PANNE

Près de 50 minutes après ce retour à la case départ peu glorieux, tout est rentré dans l'ordre.

Le Concorde repart sur les taxiways de Roissy. Nouveau message d'excuses pour les passagers et l'avion file en direction de la piste 27.

Le supersonique doit reprendre la file d'attente des jets avant que la tour ne le réautorise à s'aligner sur la piste.

Et c'est reparti ! Mise en puissance des quatre chalumeaux avec l'allumage des postcombustions. Lâcher des freins... Dans un bruit d'enfer, le grand Delta reprend sa course au décollage.

En quelques secondes, il atteint la vitesse de 170 nœuds.

“V1... annonce le commandant Boyé avant de lâcher les manettes des gaz pour saisir le manche à deux mains. Un manche étrange que les équipages surnomment le guidon à cause de sa forme caractéristique en “Y”.

“VR ! poursuit le pilote en amenant l’assiette de montée vers 13°. Cette fois, le Concorde décolle. Il quitte majestueusement la piste laissant derrière lui quatre longues volutes de fumée noire.

“Vario positif !” lance Boyé.

Une seconde plus tard, il ordonne :

“Train rentré.”

Et c’est à ce moment précis que le quatrième moteur commence à faire des siennes.

“Il y a un problème, annonce le mécanicien en scrutant un petit cadran à aiguille gradué en pourcentages.

– Qu’est-ce qui se passe ?

– L’Area Jet du numéro 4 présente des battements anormaux !”

Sur le turboréacteur à simple flux Olympus 593-610, l’Area Jet est la section de sortie de la tuyère primaire, qui est contrôlée par des volets commandés automatiquement. Lorsque le régime moteur est stabilisé, une brusque variation de la valeur de l’Area Jet est interprétée comme une importante anomalie. Il y a alors un risque de pompage, et donc de graves dommages dans la partie chaude du réacteur... pouvant provoquer un incendie.

Cette fois, c'est le copilote instructeur Denis Malbrand qui prend l'initiative. Il ramène en arrière la dernière manette et ordonne :

"On coupe le 4 !

– Procédure arrêt moteur 4, rétorque le commandant Boyé en élève discipliné."

Cette fois, l'incident est sérieux. Le Concorde est en montée mais il n'est qu'à 40 pieds du sol... avec un moteur en panne. En outre, sa vitesse n'est que de 220 nœuds dans une phase critique du vol. C'est très peu... Conséquence : le supersonique ne peut pas accélérer. Ce vol de routine est en train de devenir un "Risky Busines".

Fort heureusement, la voilure en Delta ne décroche pas.

Le commandant de bord cogite dur, il sait qu'à la moindre erreur d'appréciation, tout peut basculer.

"Si je laisse chuter la vitesse, la traînée risque d'être plus importante que la poussée des trois autres réacteurs... Le seul moyen de nous en sortir serait d'adopter une sérieuse pente de descente... Le problème, c'est qu'avec un sol tout proche, ce n'est pas possible ! pense-t-il à haute voix.

ROTATION MOUVEMENTÉE

Chacun dans le cockpit a pris conscience du danger. En quelques secondes, le domaine de vol du Supersonique s'est réduit à une tête d'épingle. À basse altitude, ce genre de piège peut être mortel. Heureusement, tout cela a été prévu lors des vols d'entraînement à Casablanca.

Habilement, le pilote parvient à stabiliser le Concorde. La

vitesse augmente sensiblement. L'aiguille de l'altimètre frémit. Elle atteint péniblement 1 500 pieds. À partir de cet instant, le pilote se met en palier. Il accélère jusqu'à 300 nœuds... Soupir de soulagement dans le poste de pilotage.

Le supersonique reprend sa montée.

"Hé Bien ! Les riverains ont dû sérieusement déguster avec le bruit que nous avons fait au-dessus de leur tête" déclare le Commandant Boyé.

Évidemment, il n'est plus question d'aller à New York. La procédure s'impose d'elle-même : il faut vidanger 55 tonnes de kérosène à l'aide des vide-vite pour revenir à la masse maximale autorisée à l'atterrissage. Ensuite, on pourra se poser et changer d'appareil.

Stabilisé au niveau 80 dans le sud de Paris, le Concorde commence alors un étrange ballet aérien sous guidage radar.

La procédure de vidange n'a rien d'évident car une couche de nuage traîne vers l'est. Elle empêche l'équipage de voir distinctement la traînée de kérosène pulvérisé à l'arrière de l'appareil.

"Denis, tu peux demander au radariste d'éviter de nous faire recouper notre propre trajectoire trop tôt. Je ne tiens pas à ce que les compresseurs avalent du carburant vaporisé. Nous n'avons vraiment pas besoin de ça en ce moment" explique Boyé.

Une demi-heure plus tard, le supersonique quitte son circuit d'attente pour se présenter en circuit d'approche pour la piste 08 Nord. Il effectue une arrivée sur trois moteurs, comme à l'entraînement, et le commandant Boyé se paye même le luxe d'un superbe Kiss Landing à Roissy. C'est la première fois que le pilote réussit un si bel atterrissage, et cela rassure les quatre-vingts passagers en cabine. Il faut dire que, depuis un moment, certains commençaient à manifester ouvertement leur inquiétude.

L'instructeur, le commandant Malbrand, ne fait aucun commentaire sur ce qui vient de se passer, ce qui signifie qu'il considère que l'équipage a parfaitement réagi. Ils ont été des "pro". Le commandant Jean Boyé a un sourire en coin. Il se dit que son instructeur n'a certainement pas lu ses notes de stage où figure la mention "Nul mais régulier".

En réalité, malgré le calme apparent qui règne dans le poste, personne ne s'est aperçu que le commandant de bord a été complètement "largué" par cette accumulation de problèmes. En fait, l'homme était encore trop novice sur le supersonique pour tout analyser... Et pourtant, il a parfaitement réagi... Ce sont avant tout ses réflexes de pilote de ligne expérimenté qui ont travaillé à la place de sa tête.

Retour à la case départ pour la seconde fois et changement d'avion sur le parking de Roissy. Passagers et équipage abandonnent alors le F-BVFA aux mains des mécaniciens d'Air France.

L'équipage de l'AF 001 se retrouve dans la salle de briefing pour remplir un plan de vol et signer la prise en charge d'un nouvel appareil...

Entre temps, la maintenance sort un autre Concorde d'un hangar de servitude, il s'agit du F-BVFB, le numéro 207. Les quatre hommes, bien qu'en retard et surchargés de paperasseries techniques, trouvent néanmoins quelques minutes pour discuter de l'incident.

“Ne t’inquiète pas Jean, explique Malbrand. À chaque fois, moi j’y ai droit... Les pannes, je les collectionne... C’est bien connu au sein de la division Concorde ! Mais ne te fais pas de bile, dès que je t’aurais lâché, il ne t’arrivera plus rien.”

La conversation se poursuit sur un plan plus technique : comportement de l’avion en vol, descriptif de la prise en mains... Un debriefing en règle.

Il faut faire vite car il est déjà 12 h 30. Le prochain décollage est prévu dans une heure. Trois passagers seulement sur les quatre-vingts ont différé leur départ sans donner d’explication : angoisse trop forte ou rendez-vous manqué à New York ? Par contre, un homme d’affaires américain habitué de la ligne est littéralement ravi de ce qui s’est passé.

Il prétend que cela a mis un peu de piment dans son voyage. C’est un original qui réserve toujours le même siège côté hublot, tout à l’arrière, au dernier rang de la cabine, là où le bruit et les vibrations sont les plus importantes en vol.

“Just for Fun” répète-t-il au PNC interloqué.

Et une heure plus tard, le Concorde F-BVB du vol AF 001 “Bis” s’aligne sur la piste 27. Il reçoit sa Clearance de la tour de contrôle et il s’élance, poussée maximum, à l’assaut du ciel de l’Atlantique. C’est le troisième départ de cette belle journée du 8 avril 1988. Cette fois, ce sera le bon. Enfin presque...

JAMAIS DEUX SANS TROIS...

Après un décollage parfait, la traversée de 5 987 kilomètres est effectuée en 3 h 30 comme à l’ordinaire. La vitesse de croisière atteint Mach 2,02 à 17 100 mètres d’altitude. L’atterrissage se fait sans problème sur l'aéroport John F. Kennedy International. Un vol sans incident !

Pourtant, en coupant les quatre réacteurs Olympus, l'équipage ne sait pas, que le départ du lendemain vers Paris, leur réservera quelques surprises... Samedi 9 avril 1988. Il est 13 h 00. Après une nuit paisible à l'hôtel Intercontinental de New York, le même équipage se présente à JFK pour envisager le trajet de retour à destination de Paris. Cette fois, le vol portera le numéro AF 002. Le roulage s'effectue dans la bonne humeur. On parle encore des incidents de la veille mais c'est pour en tirer des leçons positives. Pour ce vol retour, les places ont été inversées dans le poste de pilotage. C'est le commandant Denis Malbrand qui occupe le siège gauche et le commandant Jean Boyé qui se trouve à la place du copilote.

“Écoute, Jean ! Tu es gentil mais cette fois, je souhaite “tâter le guidon”... J'ai suffisamment subi comme ça hier ! Alors aujourd'hui, je me mettrai à gauche, lui a-t-il précisé pendant le Briefing.

Le Concorde prend son tour sur la file d'attente de la piste 31 gauche de Kennedy Airport. Et c'est bientôt le “Top” décollage ! La procédure est effectuée normalement. J. Boyé annonce comme il se doit “V1...,VR...,V2” puis vario positif ! Et c'est au tour du Commandant Malbrand de donner les instructions.

“Train sur rentré !”

Le copilote avance machinalement sa main gauche vers la poignée déclenchant la rétraction des roues. Soudain, le voyant rouge d'interdiction de rentrée de train clignote. Aussitôt, Jean Boyé arrête son geste et annonce la panne.

“Et Merde !.... Il ne manquait plus que ça...” jure le commandant de bord.

– On a certainement éclaté un pneu. Ça a dû endommager les fils de connexion qui envoient les informations sur le tableau de bord” ajoute le mécanicien Henri Ranty.

L’homme examine rapidement son tableau d’instruments. Les informations sont alarmantes.

“Regardez, les voyants “Sous-Gonflage” et “Surchauffe Frein” sont également allumés... À mon avis, il ne faut surtout pas rentrer le train, car on ne connaît pas l’ampleur des dégâts.

Situation de crise à nouveau dans le cockpit, Jean Boyé appelle la tour de JFK :

“Kennedy... Air France 002... Nous avons probablement éclaté un pneu au décollage. Comme nous ne pouvons rentrer notre train, nous annulons la procédure antibruit. "

– Air France 002... Kennedy.. Nous confirmons qu’un des pneus du train principal a bien éclaté... Nous sommes en train de ramasser les morceaux de caoutchouc sur la piste, répond le contrôleur américain.

– On peut dire que rien ne me sera épargné pendant de cette rotation de m... commente rageusement l’Instructeur.

L’équipage procède aussitôt à l’annonce de l’incident aux soixante passagers puis les procédures de vidange recommencent. Là encore, il faut se débarrasser de plusieurs dizaines de tonnes de kérosène. Cette fois, c’est plus ennuyeux car le train est sorti. Du fait du pneu éclaté, il est essentiel d’atterrir avec la masse la plus faible possible.

Pendant 33 minutes, le Concorde effectue donc un nouveau circuit d'attente sur l'Atlantique pour se délester de son carburant en excédent.

Et puis soudain, le mécanicien navigant intervient. Il y a un autre problème.

"On a une légère baisse du niveau hydraulique du circuit vert ! Je pense qu'il doit y avoir une fuite sur une canalisation de frein..."

RETOUR EN CATASTROPHE

Une fois de plus, la situation n'est pas facile à gérer pour l'équipage. Il faut que l'atterrissage soit le plus doux possible pour préserver les autres pneus. Procédure d'urgence : le contrôle autorise un atterrissage sur la piste 04 gauche. Courte finale avec en point de mire, les camions anti-incendie Oshkosh et autres "Fire Trucks" de l'aéroport qui étincellent de leurs énormes feux à éclat.

L'atterrissage est absolument parfait...

Malbrand effleure littéralement le goudron de la piste 04L/22R dans un superbe Kiss Landing. Aussitôt, les inverseurs de poussée sont mis en action. Le freinage est actionné mais le problème est plus grave qu'on ne le pensait...

"Le niveau de l'hydraulique chute à toute vitesse" s'inquiète Ranty.

La fuite s'est amplifiée et un gros nuage de liquide hydraulique vaporisé suit le Concorde comme son ombre. Le nuage est si dense que les pompiers américains croient que le supersonique franco-britannique est en feu.

Pourtant tout se passe bien.

Quelques secondes, plus tard, la course infernale se termine. Le Concorde F-BVFB dégage rapidement sur une bretelle où il stoppe, juste avant que les circuits de secours des freins n'entrent en action.

Les pompiers déboulent derrière l'appareil toutes sirènes hurlantes. Les pilotes du vol AF 002 coupent les quatre moteurs pour laisser les équipes d'intervention opérer en toute sécurité. En un clin d'œil, le boggie du train principal droit est inondé et entièrement recouvert de neige carbonique.

Le retour au parking de l'aérogare du Concorde d'Air France n'est pas très glorieux, car il s'effectue... derrière un tracteur de piste. Mais qu'importe, il n'y a aucun blessé et la panne n'est pas grave. L'avion n'est pas en cause... La compagnie et l'équipage non plus. C'est la complexité du domaine de vol du Concorde, qui a favorisé la concomitance des problèmes. L'important c'est que tout ait été parfaitement maîtrisé comme à l'entraînement.

Par la suite, il n'arrivera plus rien d'anormal au commandant Jean Boyé. Il volera encore cinq ans sur cette machine extraordinaire. Le pilote réalisera même un exploit quelques années plus tard. Le 12 et 13 octobre 1992, il accomplira un tour du monde de 40 402 km en six escales et en 32 h.49 minutes de vol sur le Concorde F-BTSD. Un vol extraordinaire qu'il partagera avec le commandant Guy Delorme.

Depuis cette mésaventure, tous les membres de l'équipage AF 001 ont fait valoir leurs droits à la retraite, pourtant les quatre hommes se souviendront toute leur vie de cette rotation du 8 avril 1988.

LE DC-10 DE LA PEUR

Mercredi 19 juillet 1989. Aéroport de Denver, Colorado. Un après-midi d'été comme tant d'autres, avec un parfum de retour de vacances. Vers 14 h 40, le vol United 232 à destination de Philadelphie via Chicago O'Hare décolle, après un léger incident mécanique qui l'a retardé à peine quelques minutes. Il s'agit d'un triréacteur McDonnell Douglas DC-10 de la compagnie United Airlines avec à son bord 285 passagers et 11 membres d'équipage. Aux commandes, un vieux "moustachu" des United Airlines, le commandant Alfred C. Haynes originaire de Seattle, 29 967 heures de vol dont 7 190 sur DC-10. Il est flanqué d'un copilote tout aussi "moustachu" que lui, William R. Records, 26 années de vol. C'est leur deuxième étape de la journée. L'officier mécanicien navigant Dudley J. Dvorak complète l'équipage en poste.

Immatriculé N1819U et sorti des chaînes de Long Beach en 1974, leur DC-10 série 10 n'est pas à proprement parler de la dernière couvée. Il entame sa 43 401e heure de vol et son 16 977e décollage. La nuit précédente, il a subi une visite de routine dans les hangars United de Philadelphie.

Les trois réacteurs General Electric CF6 ronronnent depuis plus de trente minutes. Le DC-10 grimpe gentiment, pilote automatique branché, vers son niveau de croisière, en direction de Chicago.

Conçu en 1966, l'avion de transport long courrier McDonnell Douglas DC-10 est un appareil commercial triréacteur de grande capacité, capable d'emporter 380 passagers. Il fut mis en service à partir de 1971, par les compagnies American Airlines et United Airlines. De 1970 à 1989, un total de 386 avions gros porteurs DC-10 ont été produits dans les chaînes d'assemblage de McDonnell Douglas à Long Beach (Californie). Propulsé par trois réacteurs General Electric CF6-50C2 de 2 3 353 kgp de poussée unitaire, cet avion civil est capable de voler à 908 km/h à l'altitude de 9 154 mètres sur une distance de 7 413 km. (Photo Bernard Thouanel)

PANNE HYDRAULIQUE TOTALE

À 15 h 16 précises, une forte explosion venue de l'arrière secoue la cellule. Le chef de cabine, Janice T. Brown, et les hôtesses sont plaqués au sol. Pour une raison inconnue, à l'altitude de 37 000 pieds, cinq pales et le disque de 136 kg du deuxième étage du moteur CF6-6 central viennent d'éclater, criblant la partie extérieure arrière droite de l'empennage d'au moins soixante-dix trous, et provoquant une énorme entaille dans le bord d'attaque du stabilisateur tribord. Plus grave : un des trois circuits hydrauliques primaires qui passent à cet endroit précis de l'empennage a été littéralement pulvérisé. Deux autres sont gravement endommagés et laissent fuir la pression hydraulique de l'ensemble des servocommandes, y compris celles de secours. L'explosion a été d'une violence telle que le cône arrière du réacteur numéro 2, qui mesure 3,66 sur 3,05 mètres, est retombé dans un champ aux environs d'Alta, dans l'état d'Iowa. Tout cela bien sûr, les deux pilotes l'ignorent...

Haynes et son copilote échangent un regard inquiet. Le commandant de bord pense d'abord à une décompression et allume les signaux de sécurité “Fasten seat belts”. Records saisit immédiatement le manche et déconnecte le pilote automatique. Rapidement, Haynes et Dvorak détectent la défaillance du réacteur numéro 2, et appliquent la check-list d'urgence.

“Coupe le numéro 2 !” demande l'OMN. Mais la manette de puissance refuse de bouger, de même que la manette d'arrivée carburant.

Dvorak doit enclencher le coupe-feu pour y parvenir.

“Aïe, je ne peux plus contrôler l'avion !” s'écrie le copilote. Le DC-10 pique et engage alors un violent mouvement de roulis par la droite. L'inclinaison atteint 38°...

UNE CHANCE SUR UN MILLIARD

Dans le poste de pilotage, s'allument presque simultanément les voyants rouges d'alarme des trois systèmes hydrauliques indépendants qui équipent le DC-10. L'officier mécanicien navigant Dudley Dvorak est tétanisé. Une probabilité sur un milliard ! Cela semble impossible, et pourtant... il n'y a plus du tout de pression hydraulique. Plus aucun moyen d'actionner les ailerons, les volets, les destructeurs de portance, les becs de bord d'attaque ou le gouvernail de direction. Les gouvernes ne répondent plus ! À peine la profondeur fonctionne-t-elle encore. Une panne d'une telle gravité est tellement improbable qu'elle ne figure même pas sur les manuels techniques !

Pour piloter le DC-10, Haynes et Records n'ont guère l'embarras du choix et ne disposent plus que des manettes de puissance des réacteurs numéro un et numéro trois. Haynes pousse alors la manette du réacteur numéro un au tableau et coupe le numéro trois. L'aile droite se rétablit doucement. Pour essayer de maintenir le triréacteur en ligne de vol, il doit avancer ou reculer les manettes de gaz en jouant sur la poussée asymétrique des moteurs.

À 15 h 20, Haynes envoie un message radio de détresse au contrôle de Minneapolis, énumérant ses avaries une à une. On les informe alors qu'un pilote instructeur sur DC-10, le commandant Dennis E. Fitch, se trouve à bord. Ils le font chercher aussitôt en cabine.

"Saisissez-vous des deux manettes de gaz, une dans chaque main !" ordonne alors Haynes. "On va essayer de forcer les commandes !"

Il en sera ainsi pendant plus de 20 minutes. Fort heureusement, les conditions météo de ce jour sont optimales, et le relief relativement plat pour un atterrissage forcé. Dans un premier temps, on leur propose une autoroute à quatre voies, l'Interstate n° 20, comme piste d'atterrissage de fortune. L'équipage, qui parvient à reprendre un semblant de manœuvrabilité, préfère se diriger vers l'aéroport municipal de Sioux-City, à une centaine de kilomètres de là. Le "crash phone" qui relie directement le quartier général de la police de Sioux-

City retentit sur le bureau de Louise Keleher, l'officier chargé des communications.

À l'autre bout du fil, le contrôleur aérien Kevin Bauchman responsable du circuit approche de Sioux Gateway Airport :

"Nous avons un DC-10 en difficulté dans le circuit d'approche. Urgence ! Alerte numéro 2 !"

Il est 15 h 26. À ce moment précis, le commandant Haynes décide d'avertir les passagers :

"Je ne veux pas vous mentir... L'avion a perdu un réacteur. Nous allons avoir un atterrissage plus que difficile !"

RONDES INFERNALES

La voix du commandant Haynes retentit sur un ton de plus en plus angoissé dans les haut-parleurs de la tour de Sioux Gateway Airport, où cinq contrôleurs assurent la coordination

"Je ne pense pas que nous allons y arriver ! dit-il. Il nous faut un endroit pour atterrir... N'importe quoi... Une autoroute ! Un champ !"

Vers 15 h 45, le DC-10 N1819U continue de cercler, cette fois à 3 500 pieds au-dessus de l'aéroport, et se déporte au-dessus du centre-ville de Sioux-City.

Les balises de radionavigation VOR et DME de Sioux-City n'étant pas en état de fonctionner ce jour-là, le commandant Haynes ignore sa position exacte. On l'entend demander à la tour :

"Quoi que vous fassiez, gardez-nous à l'écart des zones habitées !"

“Il faut nous préparer à l’atterrissage. Denny, attachez-vous sur le siège de Dvorak !” lance-t-il à l’intention de l’instructeur, tandis que l’OMN s’harnache sur le strapontin et prend le relai aux manettes, les manipulant sur ordre de Fitch :

“Rétablissez l’aile ! Un peu plus de puissance ! Pas assez ! Vous devez virer ! Plus encore !”

À court d’idées, Haynes se tourne vers son OMN :

“Prends contact direct avec SAM, le centre Aéro Maintenance des United Airlines à San Francisco. Ils sauront peut-être.” Contactés par radio, les techniciens experts n’osent pas croire à la gravité de la panne. Ils vérifient sur leurs ordinateurs, compulsent leurs notices techniques et sont rapidement dans l’impossibilité de donner quelque conseil que ce soit. Lors d’une de ses rondes infernales, Haynes aperçoit finalement une bande de béton perpendiculaire à la piste 31 au bout de laquelle il tente désespérément de se présenter.

“C’est le Runway 04/22 !” s’exclame Kevin Bauchman à la tour. “Une vieille piste de 2 000 mètres désaffectée depuis six ans qui nous sert uniquement de Taxiway...”

Mais le DC-10-10 perd encore de l’altitude.

“Je ne peux plus faire de tour supplémentaire...” reprend Haynes. Au sol, l’aéroport est déjà fermé au trafic.

“Les équipes de secours sont prêtes sur l’aéroport, et on les achemine vers votre position...” ajoute calmement Bauchman. À 15 h 30, la tour fait rapidement déplacer les trois véhicules d’urgence de l’Iowa Air National Guard qui stationnent précisément sur la piste 22. Cinq hôpitaux de la ville sont placés en état d’alerte maximale, de même qu’un hélicoptère d’évacuation sanitaire. Après un échange radio de quelques secondes, la tour de contrôle annonce :

"La piste n° 22 est à vous. Bonne chance !

– Merci, nous allons en avoir besoin" rétorque le commandant du DC-10 comme message d'adieu.

Il est 15 h 57. Le triréacteur descend. La plupart des passagers sont en position de sécurité sur leurs sièges, la tête entre les genoux, en prévision du "crash".

"Pliez vous ! hurlent les hôtesses. Ne regardez pas en l'air !"

LA FIN DU CAUCHEMAR

Au même instant, quatre bombardiers A-7D Corsair II du 185th Tactical Fighter Group viennent de se poser et roulent à environ 1 500 mètres de la 14/22. Un des pilotes, le major Harry E. Greer observe la phase d'approche du DC-10.

Posté derrière le grillage de sécurité du terminal, Dave Boxum, un jeune cadreur stagiaire de 24 ans de la KTIV, la station TV locale, filme toute la scène. À 300 pieds au-dessus des arbres, le DC-10 se présente en finale apparemment normalement, mais avec un taux de descente excessif de 1 854 pieds/minute et une vitesse de 215 Kts, le nez vers la piste. À 15 mètres du sol, l'appareil se déporte soudain vers la gauche.

À six mètres de hauteur, son aile droite plonge vers la piste, suivant un angle de 20 à 30°, puis percute le béton. Le train principal droit touche en faisant un trou de 45 cm dans le revêtement.

Le gros porteur de 195 tonnes rebondit deux fois avant de glisser sur plus de 1 200 mètres, pour finalement se désintégrer en trois morceaux, dans une énorme boule de feu. Toutes sirènes hurlantes, pas moins d'une cinquantaine de pompiers et autant de volontaires se ruent sur les lieux de l'accident ainsi que deux camions de lutte anti-incendie et un véhicule d'assistance médicale. Il ne reste plus du DC-10 qu'un amoncellement de débris fumants dispersés sur plus de 300 mètres. Il faudra près de deux heures pour circonscrire le sinistre. Le poste de pilotage est demeuré pratiquement intact. On y retrouvera les trois membres d'équipage et le pilote instructeur miraculeusement vivants mais blessés.

Les premières classes ont été pulvérisées. Dans la partie centrale du fuselage, au milieu d'un indescriptible enchevêtrement de valises et de métal tordu, certains passagers survivants se retrouvent la tête en bas ; les autres ont été assommés, écrasés, voire carbonisés. On dénombrera seulement 184 survivants, dont dix membres d'équipage. Cinquante d'entre eux, gravement brûlés, seront hospitalisés. Dans les heures qui suivront le drame, le NTSB mènera une enquête technique minutieuse et fouillée sous la direction de l'ingénieur en chef Ronald Schleede. La plupart des pièces manquantes du CF6 seront retrouvées plusieurs jours plus tard dans un périmètre de 25 km carrés près de Buena Vista.

Quant à l'équipage du vol United 232, ils recevra, lors d'un séminaire à Athènes en novembre 1989, le prix spécial du président de la Flight Safety Foundation.

ASPIRÉ EN PLEIN CIEL !

Dimanche 10 juin 1990. Il est 8 h 20 du matin. Le vol British Airways 5390 en partance pour Malaga, en Espagne, décolle de l'aéroport de Birmingham, en Grande-Bretagne. Il s'agit du BAC 1-11 528 FL "City of South Glamorgan" immatriculé G-BJRT, un biréacteur court/moyen courrier britannique construit en 1971. Aux commandes, le commandant de bord Tim Lancaster, 41 ans, 11 000 heures de vol, vient de brancher le pilote automatique ; son copilote Alastair Atchison, 39 ans, suit les instructions de l'ATC (Air Traffic Control) qui les guide, cap plein sud, dans ce ciel qui compte parmi les plus encombrés d'Europe. Les quatre personnels de cabine, servent le petit-déjeuner aux 82 passagers, pour la plupart des vacanciers bénéficiant d'un vol charter. Treize minutes plus tard, l'appareil survole l'Oxfordshire à environ 17 000 pieds, quand les deux pilotes prennent un peu de détente.

"Tiens, juste en bas, c'est ma maison" annonce Tim Lancaster en pointant du doigt la petite ville d'Abingdon à l'attention de son copi. Tout en détachant sa ceinture, il boit une gorgée de thé, et... un terrible "bang" de décompression explosive retentit dans le cockpit.

UN TROU BÉANT

Horrifié, Lancaster voit alors devant lui le pare-brise gauche glisser lentement puis disparaître de sa vue pour laisser place à un trou béant de 60 sur 90 cm qui le happe aussitôt à l'extérieur jusqu'à la taille. La force du vent est telle que ses vertèbres cervicales se tordent à l'extrême. Il suffoque. Avant de sombrer dans l'inconscience Lancaster bloque sa respiration et a le réflexe de tourner la tête, pour tenter de se protéger du terrible courant d'air glacé. La température extérieure est de l'ordre de – 22 °C !

Dans le poste de pilotage, c'est une véritable tornade. Les vestes des deux pilotes, les cartes et autres documents s'envolent et sont à leur tour aspirés au dehors, puis dispersés aux quatre vents au-dessus de la campagne anglaise. La porte de la cabine s'ouvre et se ferme dans des battements incontrôlés, frappant violemment l'épaule du copilote complètement abasourdi. Une des deux jambes de Tim Lancaster, restée à l'intérieur du cockpit, se raidit brusquement et désengage le sélecteur du pilote automatique ! Privé de tout contrôle, le biréacteur oscille sur son axe de roulis, et engage un virage sur la tranche.

Nigel Ogden, 36 ans, le troisième steward, enjambe la console radio et le siège pilote pour agripper in extremis le malheureux Lancaster par la taille et les mollets. Mais la force de l'air est telle qu'il se sent aspiré à son tour.

"Que quelqu'un vienne m'aider ? Vite !" crie-t-il la voix couverte par le bruit infernal de l'air qui s'échappe.

Trop occupé à reprendre le contrôle du BAC 1-11, le copilote cherche à tâtons les manettes des gaz. En cabine, les passagers sentant l'avion vibrer sont tétanisés, tandis qu'une sorte de brume blanchâtre envahit tout l'intérieur du fuselage. Des journaux ainsi que des papiers d'emballage s'envolent vers l'avant. Michael Lawrence, ancien pilote de la

RAF, comprend immédiatement la situation et boucle aussitôt sa ceinture en la serrant au maximum. Le chef de cabine John Heward, 37 ans, qui sert le thé au rang 5 renifle l'étrange brouillard et réalise qu'il s'agit là d'une condensation de l'air, effet secondaire classique d'une décompression explosive. Il bondit jusqu'au poste de pilotage où se déroule le drame. Heward jette en arrière des débris qui encombrent l'accès au cockpit puis, il attrape la ceinture du steward d'une main et le pantalon de Tim Lancaster de l'autre…

DÉCOMPRESSION EXPLOSIVE

Aucun BAC 1-11 de British Airways n'est doté de masques à oxygène pour les passagers car, l'avion ne dépassant pas un niveau de croisière de 35 000 pieds, la réglementation ne l'impose pas. Le copilote Alastair Atchison entreprend donc de descendre aussi vite que possible jusqu'à 10 000 pieds de manière à permettre aux 88 occupants de pouvoir respirer à peu près normalement. Le BAC One-Eleven pique alors à près de 563 km/h en direction du sol au risque de tuer Lancaster.

“Mayday ! Mayday ! Décompression explosive !” s'égosille le copilote sur la fréquence de détresse. Mais aucun contrôleur ne peut l'entendre car, dans la panique, la radio a été débranchée. Plusieurs milliers de mètres plus bas, à quelque 120 km à l'ouest de Londres, Norman Brown qui jardine près de sa propriété de Cholsey, dans l'Oxfordshire lève les yeux, intrigué par un bruit étrange semblable à celui produit par les pales d'un hélicoptère. Il aperçoit un drôle d'objet qui frôle la cheminée de sa ferme pour finalement terminer sa course folle dans un champ voisin : c'est le pare-brise du BAC 1-11 !

À bord de l'appareil en détresse, les passagers restent calmes, presque résignés. Atchison a redressé l'avion, comme prévu, à une altitude de 10 000 pieds. Il réduit alors le régime moteur au minimum, sort le train et les volets pour ralentir le biréacteur jusqu'à 274 km/h, à la limite du décrochage.

Les deux stewards continuent à essayer désespérément de ramener à l'intérieur le corps du commandant de bord, mais il reste coincé au niveau de la taille. Il est écrasé sur la paroi extérieure du fuselage, le torse entièrement dénudé par le vent, tel un pantin désarticulé.

"C'est inutile ! Il est mort..." crie alors le copilote.

À son tour, le deuxième steward, Simon Rogers, 29 ans, vient prêter main forte à ses deux collègues dans l'espace confiné du cockpit. Ils essaient ensemble de dégager les jambes de Lancaster qui bloquent les mouvements du manche gauche, gênant considérablement Alastair Atchison pour le contrôle de l'appareil. Mais Nigel Ogden est à bout, son poignet droit écrasé contre le montant du pare-brise est meurtri, et ses bras nus commencent à geler face au vent.

"Relayez-moi, je ne peux plus le tenir..." crie Ogden. Heward et Rogers se saisissent alors des jambes de Lancaster tandis qu'Ogden s'affale sur un siège en cabine.

"Je pense que le commandant est mort..." dit Nigel. Rogers, qui s'est sanglé, essaye de maintenir le corps de Tim Lancaster qui glisse irrésistiblement et tourne comme une poupée de chiffon. De temps à autre, le visage du commandant lui apparaît à travers le hublot latéral. C'est une vision d'horreur : ses yeux sont cernés de noir et grands ouverts, sa langue pend, et ses bras sont difformes, comme rallongés...

KISS LANDING...

8 h 42. Neuf minutes après la décompression, Chris Rundle, responsable de la tour de contrôle de l'aéroport de Southampton, est informé qu'il devra accueillir l'avion en perdition. L'alerte est donnée. Deux minutes plus tard, Atchison contacte la tour lui demandant la longueur de la piste et une approche guidée radar. Rundle lui donne aussitôt un cap et une altitude. Le BAC 1-11 entame alors une longue procédure d'approche par le sud.

"Mesdames et messieurs, c'est le copilote qui vous parle. Veuillez suivre attentivement toutes les instructions du personnel de cabine..." annonce Atchison à l'interphone. Le chef de cabine prend à son tour la parole.

"Votre attention s'il vous plaît ! Nous allons effectuer un atterrissage d'urgence. Attachez vos ceintures. Veuillez vous conformer à la fiche des consignes de sécurité. Placez votre tête entre vos genoux quand l'ordre vous en sera donné.

Alastair Atchison entame sa finale. À environ cinq kilomètres du seuil de piste, il annonce à la radio :

"Piste en visuel.

– BA5390, vous êtes autorisé à atterrir" lui rétorque Chris Rundle.

Le biréacteur pose doucement ses roues sur la piste, et s'arrête après quelques centaines de mètres de roulage. L'évacuation des passagers est ordonnée. Il est 8 h 55.

"Votre approche était magistrale !" lance Chris Rundle à la radio, mais il ne reçoit pour toute réponse que quelques sanglots nerveux d'un pilote épuisé par la terrible épreuve...

Un pompier dresse son échelle pour atteindre le commandant de bord toujours coincé. Apparemment il est vivant. Il remue la tête et balbutie :

“Où suis-je ?”

On l’emmène à l’hôpital, on l’on ne diagnostique seulement que quelques gelures, des contusions thoraciques, une épaule brisée, le poignet et le pouce gauche fracturés !

Quelques mois plus tard, l’enquête menée conjointement par la compagnie British Airways et la Civil Aviation Authority britannique déterminera que 84 des 90 rivets de fixation du pare-brise frontal gauche (qui venait d’être remplacé deux jours auparavant lors d’une visite de maintenance standard) n’étaient pas au bon diamètre. L’accident était dès lors inévitable... Le copilote Alastair Atchison volera de nouveau cinq jours après l’accident à bord d’un autre BAC One-Eleven. Quant au pilote, Tim Lancaster, il reprendra sa place de commandant de bord cinq mois plus tard, après des semaines de soins intensifs. Il sera le seul pilote de ligne au monde à avoir été... aspiré en plein ciel !

Photographié en vol avec une rutilante livrée bleue et argentée, le monoplace de compétition redésigné F2G "Super Corsair" avec ses ailes rognées, disposait sous un capot de B-26, d'un énorme moteur en étoile Pratt & Whitney R-4360 surgonflé de 4000 chevaux. Remis en en état de vol en 1982 par les Fighters Rebuilders de Chino (Californie) ce dérivé d'un chasseur embarqué Vought F4U-1 "Corsair" de 1943, a été entièrement reconstruit et profondément modifis pour les courses aériennes de Reno. Baptisé "Race One" avec un superbe numéro 1 rouge peint sur ses ailes et sur sa dérive, avant d'être sponsorisé par la bière américaine Budweiser. Le "Super Corsair" immatriculé N-31518 réalisa entre les mains de Steve Hinton des performances très prometteuses jusqu'à 705 km/h de moyenne lors de la "Gold Championship Race" de Reno. (Photo D.R.)

CORSAIR EN PÉRIL

Nous sommes le samedi 19 mars 1994 sur l'aéroport Williams Gateway de Phœnix, dans l'état d'Arizona. Cette année-là, la ville organise sur trois jours une grande manifestation de courses aériennes : les "Phœnix 500 Air Races for Unlimited Propeller-Driven Aircraft", à l'instar du fameux "Reno National Championship Air Races", la célèbre compétition annuelle qui se tient au mois de septembre dans le Nevada.

LES OISEAUX DE GUERRE

L'épreuve phare de la journée, celle des avions de formule libre ou "Unlimited Air Racing", va mettre en compétition d'anciens chasseurs de la Seconde Guerre mondiale, de rutilants "Warbirds", qui doivent s'affronter au cours d'une redoutable course de pylônes. Il y a trois trois séries, en fonction de la vitesse atteinte lors des essais. En théorie, les "Bronze Races" sont réservées aux appareils les moins rapides, tandis que les "Silver Races" ou encore "Gold Races" sont destinées aux plus rapides. Toutefois les vainqueurs des deux séries inférieures passent automatiquement dans la série supérieure. Ainsi le gagnant de la finale des "Gold Races" est considéré comme le vainqueur de toute la compétition...

En ce milieu d'après-midi, dans une atmosphère typiquement américaine de flonflons mêlée d'odeurs de popcorn et de hot-dogs, la course tant attendue rassemble six anciens chasseurs : trois North American P-51D "Mustang", deux Hawker "Sea Fury" de construction britannique, et surtout un superbe Vought "Super Corsair" à l'étincelante livrée bleue et argentée, redésigné F2G du fait de ses modifications.

Avec un capot de B-26, un énorme moteur en étoile Pratt & Whitney R-4360 surgonflé de 4 000 chevaux et des ailes rognées, la bête a été remise en condition en 1982 par Steve Hinton, l'enfant terrible des Fighters Rebuilders de Chino, en Californie. Dérivé d'un chasseur embarqué Vought F4U-1 "Corsair" de 1943, il s'agit d'un des premiers appareils entièrement reconstruits et profondément modifiés pour les courses de Reno. Baptisé "Race One", il est sponsorisé par la bière américaine Budweiser. Ce "Super Corsair" immatriculé N-31518 a réalisé entre les mains de S. Hinton des performances très prometteuses en obtenant dès sa première participation, en 1983, le quatrième temps des essais avec plus de 664,9 km/h et en terminant à la quatrième place de la "Gold Race", à près de 583 km/h de moyenne.

D'année en année, la machine a progressé, pour atteindre 705 km/h de moyenne en 1985 lors de la "Gold Championship Race" de Reno, nouveau record absolu de l'épreuve, qui valut à son auteur de gagner la coquette somme de 33 489 dollars !

LA DERNIÈRE COURSE

Mais ce n'est pas l'appât du gain qui motive les pilotes de tels avions ; c'est l'amour du sport et le défi qui consiste à lutter, aile contre aile, à près de 700 km/h sur des machines poussées au maximum de leurs possibilités…

À l'heure de la course, les Warbirds sont tractés hors du "Pit" vers un parking parallèle à la ligne du public. Les pleins effectués avec du carburant bourré d'additifs de toutes sortes, les moteurs surgonflés sont mis en route...

Les six machines viennent de décoller et débutent leur cirque infernal autour d'un circuit oval marqué au sol de huit pylônes rouge et blanc.

Elles se regroupent dans le lointain. La compétition commence devant un public enflammé. C'est la deuxième course de la journée. Chacun marque sa position dans un ballet bien réglé, le tout commenté dans une chaude ambiance de fête par le grand Bob Hoover, désormais relégué en directeur des vols, à la suite de sa mise en retraite anticipée sur décision de la FAA en 1993.

"Gentlemen ! You have a race !" (Messieurs ! Que la course commence !) annonce-t-il au micro.

Un des deux Sea Fury se place aussitôt en pole position dès le premier tour du circuit. À certains moments, du fait des dénivellations du terrain, les Warbirds filent pratiquement en dessous du relief et disparaissent de temps à autre de la vue du public.

Au deuxième tour, c'est toujours le vétéran de Reno, Howard Pardue, à bord de son célèbre Sea Fury qui mène la danse à 15 mètres du sol et à plus de 690 km/h. Dans sa dérive, le Super Corsair "Race One" lui colle au train avec Kevin Eldridge aux commandes, un garçon de 32 ans. C'est seulement sa septième course ! Peu à peu, le Vought F2G grignote du terrain.

Manette des gaz à fond, Kevin, qui est un fin manœuvrier, ne songe qu'à la finale du lendemain, et sent le Gold Trophy pratiquement à portée de main. Plus qu'une dizaine de mètres !

Sa tactique est simple : dès les toutes premières secondes de l'épreuve, avec l'aide de son équipe au sol, il détermine le concurrent le plus rapide et se lance à sa poursuite. Une technique héritée directement des fameuses courses automobiles des "500 Miles d'Indianapolis".

"Race One, de l'équipe au sol. Comment se comportent les températures moteur ?" demande un mécanicien sur la fréquence.

Une seconde passe, et la réponse du pilote ne tarde pas à venir :

"Ahh ! Roger. Les températures affichées semblent normales !" répond Eldridge.

Les machines entrent alors dans leur troisième tour de circuit. Kevin, les yeux rivés sur son concurrent, à quelques mètres devant lui, ressent tout à coup une légère vibration.

"Tiens !" pense le pilote. C'est sans doute le sillage du Sea Fury ou un truc dans ce genre...

Mais la vibration s'intensifie, et c'est désormais de véritables secousses qui ébranlent la cellule du "Super Corsair". Soudain, le moteur perd brutalement de la puissance. L'avion prend immédiatement une assiette à piquer. Instinctivement Kevin coupe les gaz et tire sur le manche pour reprendre de la hauteur.

Grâce à sa vitesse de près de 640 km/h, le F2G continue sur sa lancée jusqu'à 5 000 pieds d'altitude.

"Mayday ! Mayday ! Ici Race One... On dirait que mon

moteur vient de me lâcher" lance Eldridge sur la fréquence, prévenant du même coup les cinq autres pilotes en course qu'il dégage le circuit afin qu'il puisse à un atterrissage d'urgence.

"Compris. Message de détresse bien reçu, Race One." Mais au sol, on se sent impuissants face à la situation dramatique du "Super Corsair".

SUPER CORSAIR EN FLAMMES

Dans son cockpit, le jeune Kevin balaye d'un regard automatique chaque instrument du tableau de bord. Le verdict des aiguilles est sans appel : c'est la panne moteur. Les secousses se sont estompées mais le Pratt et Whitney au ralenti ne produit plus assez d'énergie pour maintenir le chasseur en vol. De plus, une fumée grisâtre commence à emplir la cabine.

"De l'équipe sol à Race One. Il y a de la fumée dans ton sillage" lui annonce-t-on à la radio. Tandis qu'il tente de maintenir son appareil tant bien que mal en ligne de vol, Kevin se prépare mentalement à se poser en plané sur la piste adjacente.

"Ce doit être un maudit piston qui a dû cramer dans ce putain de moteur surcompressé !" pense à voix haute, K. Eldridge.

"Race One. On voit un départ de flammes sous ton fuselage" ajoute le mécanicien au sol.

"Roger. Bien compris de Race One."

Bien qu'il ne puisse pas voir l'état extérieur de son Warbird, Eldridge sait que la situation devient de plus en plus critique : il est assis sur un réservoir de 660 litres d'essence à haut degré d'octane, une véritable bombe volante !

"Race One, tu es en flammes ! Saute ! Saute !"

Malgré la cloison pare-feu, Kevin Eldridge sent la chaleur qui provient de la section avant et du moteur en feu. Une fumée noire emplit de plus en plus la cabine. Les dés sont jetés. Plus le temps de converser sur la fréquence, il faut sortir de là.

Le pilote déconnecte son masque à oxygène, puis les fiches des prises radio, avant de détacher sa sangle abdominale de sécurité et ses harnais d'épaule. Plus rien ne le rattache désormais à son siège. Kevin vire pour éviter les podiums et la zone publique, puis trime une dernière fois le F2G en ligne de vol.

Il largue la verrière et tente de s'extirper du cockpit à la manière des pilotes de chasse de la dernière guerre. Mais, au moment où il se dresse hors de l'habitacle pour sauter, le souffle de l'hélice et un vent de plus de 400 km/h en décident autrement. Kevin Eldridge est emporté et percute violemment l'empennage du "Super Corsair". Le choc est terrible. Son casque et son masque à oxygène sont arrachés. Complètement sonné, Kevin cherche vainement à tirer la poignée d'ouverture de son parachute. Or la fameuse "D-Ring" n'est plus là, coupée probablement par l'empennage. Il n'y a plus guère qu'un bout de corde qui pendouille au gré du vent.

"Il faut absolument ouvrir ce maudit parachute !" se répète l'infortuné pilote qui tombe en chute libre. Il agrippe alors la cordelette de déchirure qui flotte au vent. Par miracle, le parachute s'ouvre. Près de 1 200 mètres plus bas, le F2G "Super Corsair" s'écrase près d'un sous-bois et explose.

PLUS DURE SERA LA CHUTE

Pendu aux suspentes de sa voilure bicolore, K. Eldridge, le corps endolori, évalue rapidement sa situation. Au-dessus de sa tête, deux panneaux de voilure en soie ont été arrachés : en clair, cela signifie une chute rapide.

“Mon bras droit est cassé ! pense en substance K. Eldridge. Je sens l’endroit où l’os a été brisé...”

Puis, inquiet, voyant son pied gauche pointer dans la mauvaise direction, il relève le bas de sa combinaison de vol, faisant apparaître une fracture ouverte et deux os qui dépassent...

“Il ne me reste plus qu’une seule jambe valide pour me réceptionner au sol... Étonnante perspective pour un premier saut en parachute !” constate le pilote.

Le sol se rapproche. Kevin relève sa jambe blessée et tente d’amortir au mieux avec sa jambe droite. Par chance, il atterrit sur un sol mou et poussiéreux. Il reprend ses esprits et tente de se relever. Impossible ! Il ne peut même pas tourner la tête ; la douleur est trop forte. En réalité, il ignore qu’il a la troisième vertèbre cervicale fracturée. L’ambulance et les secours médicaux sont déjà sur place. On lui place aussitôt le cou dans une minerve, puis il est transféré par hélicoptère vers l’hôpital le plus proche. Après une convalescence de trois mois et la pose d’une plaque d’acier dans le bras, Kevin Eldridge reprendra une activité normale. Le rapport préliminaire de la commission d’enquête conclura à la rupture d’une bielle maîtresse ayant entraîné l’explosion d’un ou de plusieurs cylindres, expliquant ainsi l’incendie du moteur, et la disparition tragique d’une machine unique au monde... le Vought F2G “Super Corsair”.

Quatrième partie

AVIATION MILITAIRE CONTEMPORAINE (1947-1991)

Appareil légendaire, l'avion expérimental supersonique à réaction Bell X-1 a été conçu suite à un appel d'offres de février 1945 émanant de l'U.S. Army Air Force et du National Advisory Committee for Aeronautics. Il s'agissait à l'époque d'un programme d'étude de prototypes propulsés par moteur-fusée ou réacteur, afin d'étudier les problèmes de l'échauffement des matériaux en vol supersonique, une préoccupation vitale à l'époque pour l'Air Force.
Les ingénieurs de chez Bell Aircraft Company à Buffalo (New York), manquant d'informations pour cette performance inédite, avaient pris comme modèle une balle de Colt 45.
Dès janvier 1946, un premier appareil désigné XS-1 est testé et largué en vol à partir d'un bombardier B-29 "Superfortress" modifié. Grâce à un moteur fusée Reaction Motors de 2 720 kgp, il atteindra le mur du son (1 078 km/h soit Mach 1,05) à 12 800 mètres le 14 octobre 1947, aux mains d'un jeune pilote de 24 ans, le Capitaine Charles "Chuck" Yeager. Ce même X-1 établira un nouveau record d'altitude quelques jours plus tard à près de 21 372 mètres. Il est actuellement exposé au Air & Space Museum de Washington D.C. (Photo USAF)

L'ÉTOFFE D'UN HÉROS

Dimanche 12 octobre 1947. Muroc Dry Lake, désert de Californie. Ce soir-là, un pilote de l'US Air Force, le capitaine Charles "Chuck" Yeager et son épouse Glennis finissent de dîner au "Pancho's Fly Inn", le bar-restaurant de Pancho Barnes installé à Rogers Dry Lake, en bordure du centre d'essais en vol de Muroc Field. C'est la seule distraction à vingt lieues à la ronde pour les pilotes de la base.

À 24 ans, Chuck est détenteur d'un palmarès prestigieux, et a déjà remporté 13 victoires aériennes contre la Luftwaffe. Mais il ne sort ni de West Point, ni d'une grande école d'ingénieurs. Son diplôme est celui de la Fighter Test Section, obtenu à l'École des pilotes d'essai de Wright Field. Il vient pourtant de remplacer au pied levé le chef pilote d'essai de la Bell Aircraft Company, Chalmers S. "Slick" Goodlin, pour mener à bien les essais en vol de l'avion le plus secret de l'US Army Air Force... L'avion fusée Bell XS-1 !

Véritable figure de mode à la "Gary Cooper", Goodlin avait exigé de ses employeurs 150 000 dollars pour piloter le XS-1. Yeager ne demandait que 283 dollars par mois, c'est-à-dire tout juste sa solde de capitaine.

Le colonel Albert G. Boyd qui dirige la section des essais en vol à Wright Field a tranché dans le vif, et choisi parmi 125 pilotes candidats le jeune Yeager...

"GLAMOROUS GLENNIS"

En 1947, la haute vitesse est encore un domaine inconnu des ingénieurs aérodynamiciens, notamment les phénomènes dits de "compressibilité" qu'ont rencontrés bon nombre de pilotes de chasse pendant la guerre, au cours de piqués vertigineux. Dans la plupart des cas, cela c'est soldé par la mort de ceux qui tentaient le diable. À la vitesse de Mach 0,8 (du nom du professeur Ernst Mach, inventeur de la théorie de l'onde de choc), les commandes s'inversent ou ne répondent plus, la cellule est ébranlée par de terribles secousses, allant parfois jusqu'à la désintégration. C'est l'inconnu, l'ultime frontière infranchissable... Avec l'arrivée des avions à réaction, ce phénomène est de plus en plus souvent rencontré, mais il est impossible à recréer en soufflerie. Il n'y a donc pas d'autre solution que d'effectuer des tests en grandeur réelle, avec un pilote à bord...

Le 27 septembre 1946, le pilote d'essai britannique Geoffrey de Havilland a explosé à près de Mach 0,9 aux commandes d'un DH-108 Swallow, simplement pour avoir osé effleurer la barrière supersonique.

Sorti d'usine le 27 décembre 1945 à Buffalo, près de New York, le premier prototype du Bell XS-1 ("X "pour "Experimental" et "S" pour "Supersonic") a été conçu pour affronter ce mystérieux "mur du son". Peint entièrement en orange avec le numéro 6062 sur la dérive, on dirait un engin tout droit sorti d'une bande dessinée de "Flash Gordon". Fuselé comme une balle de Colt 45 longue de 9,45 mètres, il posséde des ailes d'une grande finesse, au bord d'attaque tranchant pour reculer l'onde de choc.

Selon les dires de ses concepteurs, la cellule peut résister

Né en mars 1923 en Virginie, Charles E. Yeager s'engagea en tant que mécanicien dans l'U.S. Army Air Corps et obtint son brevet de pilote en 1941. Il combattit en Europe et fut abattu au début 1944 au dessus de la France. Il termina la guerre avec 13 victoires aériennes. Dès 1946, il participa à la mise au point en tant que pilote de la plupart des modèles des avions de chasse à réaction qui équiperont l'USAF. Il sera non seulement le premier homme à avoir franchi le mur du son, mais aussi le premier pilote à avoir volé à Mach 2, deux fois la vitesse du son.
Atteint par la limite d'âge en 1975, il cessa ses activités au grade de Brigadier General avec plus de 10 000 heures de vol sur 155 types d'avions différents. (Photo USAF)

jusqu'à 18 G ! Quatre moteurs fusée Reaction Motors mc. XLR-11-RM-3, de 680 kgp de poussée unitaire, assurent sa propulsion, alimentés par un mélange d'alcool éthylique, d'eau et d'oxygène liquide répartis dans une douzaine de réservoirs sphériques. Toutefois, l'autonomie trop faible de ses moteurs (2 minutes 30 de fonctionnement) ne lui permette pas de pouvoir décoller et nécessite un largage à haute altitude depuis un bombardier porteur Boeing B-29A Superfortress à la soute modifiée. Deux Bell XS-1 ont été construits et, en cet automne 1947, 49 vols ont déja été accomplis, en vol plané ou motorisé par les pilotes Woolams, Goodlin et Yeager. Sans en référer à sa hiérarchie, Charles Yeager a fait peindre à partir de son huitième vol “Glamorous Glennis” (Séduisante Glennis) sur le côté avant droit du nez de l’appareil, comme sur le P-51 Mustang qu’il pilotait pendant la dernière guerre.

“Il s’agit d’une mission à haut risque, et il faut y aller petit à petit. Ne va pas te faire exploser comme l’Anglais...” confie Boyd à Yeager. Le 10 octobre, on frôle pourtant l’exploit : bien que l’aiguille du Machmètre se bloque à mach 0,94, les radars de poursuite enregistrent une vitesse réelle de... Mach 0,997 !

MAUVAISE CHUTE

Vers 23 heures, ce dimanche 12 octobre 1947, Chuck et Glennis décident d’emprunter deux chevaux dans le corral de Pancho Barnes. Rien de telle qu’une bonne balade pour finir la soirée. Sur le retour, les deux époux se défient comme à l’ordinaire. Yeager qui est en tête arrive si vite au corral qu’il ne voit pas le portail fermé. Son cheval le heurte violemment et Yeager, éjecté, retombe de tout son poids sur le côté droit. Groggy, une douleur fulgurante l’assaille.

“Tu t’es cassé une côte, tu ne pourras plus voler ! s’écrie Glennis agenouillée à ses côtés.

– Si je peux, je volerai...” rétorque-t-il, tout en refusant d’aller à l’infirmerie de la base.

Le lendemain matin, après une nuit sans sommeil, Chuck Yeager a le bras paralysé. Il ne peut respirer profondément sans ressentir une terrible souffrance au niveau des côtes. Il enfourche sa vieille Triumph et file alors chez un médecin civil de Rosamond qui diagnostique deux côtes fracturées, et lui prescrit le repos complet pendant deux semaines sans aucun mouvement du bras droit. C'est la catastrophe ! Yeager doit accomplir le lendemain un vol d'essai d'une importance capitale. Son treizième sur la “bête orange” comme il l'appelle ! L'après-midi, Chuck Yeager se rend à la base et entraîne l'ingénieur d'essais en vol Ridley à l'écart pour lui révéler son état.

“Ce n'est pas mon premier vol ! Tous les contrôles sont à droite du manche ! Le pilotage dans l'habitacle exigu du XS-l ne nécessite pas de grands mouveme !” explique Yeager.

“Vrai, mais comment vas-tu faire pour verrouiller la porte d'accès au cockpit ?” rétorque Ridley.

Il a alors une idée de génie, et se saisit d'un balai dont il scie le manche en bois sur 25 centimètres afin de servir de levier éventuel. Yeager se glisse dans l'habitacle, et essaye le système deux ou trois fois. Ça marche ! Le bout de bois est subrepticement laissé dans la cabine du XS-1...

FACE AU MUR !

Vers 6 heures du matin, ce mardi 14 octobre 1947, toute l'équipe est là près du B-29 45-21800 “Mother Ship” : le pilote, le major Bob Cardenas, l'ingénieur d'essais en vol, le capitaine Jack Ridley de l'Air Force et le chef mécanicien, Jack Russell de chez Bell. À 8 heures, tout le monde grimpe à bord du B-29. Le décollage s'effectue à 10 heures, et le Superfortress grimpe à près de 290 km/h vers l'altitude de largage. Chuck Yeager est assis sur une espèce de caisse dans le cockpit du bombardier.

Vingt minutes plus tard, le quadrimoteur amorce un léger piqué, sous un angle de 20°, pour atteindre la vitesse requise de 385 km/h. Sur ordre, Yeager revêtu de sa veste de cuir, d'un parachute et de son casque, descend prudemment, barreau après barreau, l'échelle métallique reliant le B-29 au petit Bell XS-1. Dans la soute, il règne une température glaciale et le bruit des quatre hélices est abrutissant.

Yeager se glisse dans la pénombre, les pieds en avant, dans l'étroit cockpit. Plié, les genoux plus hauts que les épaules, et la tête touchant la canopée, Chuck Yeager s'harnache puis connecte l'oxygène et les fiches radio afin de pouvoir converser avec l'équipage du B-29 et les deux Lockheed F-80 Shooting Star d'accompagnement, pilotés par Dick Frost et Bob Hoover. Jack Ridley replace le panneau d'accès que Yeager verrouille avec son levier improvisé.

"Ça y est ! Je suis prêt !" annonce Yeager au pilote du B-29.

LE SAUT DANS L'INCONNU

Il est 10 h 26 lorsque le B-29A Superfortress largue, après un compte à rebours rapide, le petit Bell XS-1 à 6 100 mètres au-dessus du désert californien. Expulsé de la soute noire vers la lumière du jour, l'avion expérimental est à la limite du décrochage. Il pique pour prendre de la vitesse. Plus bas, le F-80C de Dick Frost suit tout la procédure de largage. Dix nautiques en avant et à 12 000 mètres, le Shooting Star piloté par Hoover sert de point de repère. Yeager met en marche ses quatre moteurs fusée XLR-11 puis grimpe suivant une pente de montée à 45°, jusqu'à l'altitude de 10 970 mètres. Un peu de "Buffeting" à Mach 0,88... Rien de bien méchant. Le pilote éteint alors deux moteurs et remet en marche un troisième moteur à 12 190 mètres. Il met progressivement le XS-1 en vol horizontal à 12 800 mètres. La stabilité se dégrade en tangage et en lacet. Plus de gouvernail de profondeur à Mach 0,94... Il ne lui reste plus que le tiers de comburant.

À Mach 0,96 les secousses sont plus violentes, mais la profondeur répond de nouveau. L'aiguille du Machmètre sursaute, danse, puis dépasse tout à coup la graduation 1,0 qui limite le cadran et se cale à droite. Charles E. Yeager ne sait pas qu'il vient d'atteindre Mach 1,06 (1 126 km/h à cette altitude). Il est désormais le pilote le plus rapide du monde !

"Hé, Ridley ! On dirait que ce bon dieu de Machmètre me joue des tours !" transmet Yeager avec un petit rire étouffé à la radio.

– L'aiguille bouge ?

– Ouais ! à plus de 0.965.

– Tu te fais des idées !

– Possible ! j'ai toujours mes oreilles collées à ma tête. Et aucun morceau de mon avion n'est tombé !" ajoute Yeager.

C'est la phrase convenue annonçant que le Bell XS-1 46062 vient de dépasser la vitesse du son. Un formidable "Bang" vient de retentir au sol, près de Victorville, pareil à une énorme détonation. Et l'avion vole bien. Tout est calme et silencieux, il n'y a plus de "Buffeting", plus d'instabilité. L'aérodynamicien hongrois Théodor von Karman qui affirmait que les phénomènes de compressibilité disparaissaient à vitesse supersonique avait donc raison ! Après vingt secondes de vol supersonique, “Chuck” Yeager coupe ses moteurs fusée, et pique à nouveau. Un autre nouveau “Bang” au sol retentit. Les vibrations reviennent...

Dix minutes plus tard, tandis qu’il entame, comburant épuisé, sa descente vers Muroc, Yeager “craque” en effectuant un magistral tonneau de victoire, dans la plus pure tradition de l’aviation de chasse. Vers 5 000 pieds, commence la délicate phase d’approche en vol plané, pendant 7 minutes 30. Les volets et le train sont sortis à 353 km/h, grâce au circuit d’azote liquide sous pression. Le Bell XS-1 “Glamorous Glennis” touche la piste longue de 13 kilomètres sur le lac asséché de Rogers Dry Lake, à près de 305 km/h. Il stoppe après une course longue de près de quatre kilomètres. Yeager sort de son habitacle, engourdi et endolori. Il grimpe sur un camion anti-incendie pour revenir au parking de Muroc.

“Je suis claqué ! dit-il à son épouse. Rentrons à la maison !” On le félicite mais il n’y a pas de grande fête : on a décidé en haut lieu de verrouiller l’information. Classified ! Secret militaire oblige !

La presse ne fera écho de cet exploit que le 22 décembre suivant, dans un article paru dans l’hebdomadaire Aviation Week. L’Air Force ne confirmera l’événement que six mois plus tard. Bien que la Fédération aéronautique internationale ait refusé d’homologuer ce record, Charles Yeager sera décoré. Il le méritait. Une frontière venait d’être franchie. L’aviation entrait dans une ère nouvelle... grâce à “l’étoffe des héros”.

Un des plus grands pilotes d'essai français de tous les temps. Constantin "Kostia" Rozanoff naquit en Pologne le 23 août 1905 avant d'émigrer en France où il devint ingénieur de l'Ecole Centrale. Naturalisé en 1927, Rozanoff s'engage dans l'aviation militaire et devint pilote d'essai au Centre d'Essai en Vol de Villacoublay en 1935. Il quitta l'Armée de l'Air en octobre 1946 après une carrière plus qu'honorable pour devenir Directeur des Essais en Vol de la société Dassault, où il effectua la mise au point des chasseurs réaction Ouragan et les différentes versions des Mystère monoplaces. Rozanoff fut un des premiers pilotes français à passer le mur du son. L'aviateur trouvera la mort le 3 avril 1954, lors d'une présentation en vol officielle aux commandes du monoréacteur de chasse "Mystère" IV B-01, au-dessus de l'aérodrome de Melun-Villaroche. (Photo Dassault Aviation)

SOUS LE SIGNE DU BANG

Au début des années cinquante, Marcel Dassault prend la décision de s'attaquer au mur du son. Fidèle à son principe de la "filiation", il part d'une cellule de MD-450 Ouragan – premier chasseur monoplace français conçu en 1949 – et porte la flèche des ailes de 18 à 33 degrés pour aboutir à un avion plus aérodynamique. Il le baptise Mystère II. Mais les pilotes n'arrivent pas, dans un premier temps, à franchir le fameux mur.

Le 28 octobre 1952, c'est finalement le colonel Johnson et le major Davies de l'US Air Force, qui font du Mystère II-03 le premier avion de chasse 100 % français à percer le mur du son. Le commandant Roger Carpentier, alors chef pilote du CEV de Brétigny, prend les commandes à son tour le 12 novembre suivant, en patrouille avec un F-86F Sabre de l'USAF, et devient le premier pilote français officiellement supersonique.

Constantin "Kostia" Rozanoff, chef pilote d'essai chez Dassault, est profondément vexé que cet événement ne soit pas son œuvre ou celle d'un membre de son équipe.

"Je suis quelqu'un, c'est déjà quelque chose ! Je suis le colonel Rozanoff et je représente la maison Dassault. Il faut qu'elle soit connue, et c'est moi qui porte le drapeau !" déclare-t-il. Le Mystère est son avion, et le fait que deux pilotes américains mais aussi qu'un pilote du CEV aient pu franchir le mur du son, lui est franchement resté en travers de la gorge. À partir de ce moment, l'obsession de la revanche ne le quitte plus : il faut montrer que les pilotes de Dassault sont capables d'être les meilleurs !

L'avion de chasse le plus récent des usines Dassault est alors le Mystère IV-01 qui a volé peu de temps auparavant, le 22 septembre 1952, aux mains du même bouillant "Kostia" Rozanoff. Dans son esprit, le meeting aérien du Xe Salon de l'aéronautique de Paris est l'occasion rêvée pour un coup d'éclat. Kostia Rozanoff remue donc ciel et terre pour obtenir toutes les autorisations officielles.

Le secret absolu est de mise...

Personne, hormis l'équipe des essais de Dassault, n'a été mis dans la confidence. Surtout pas la presse, à l'exception bien sûr de Jacques Noetinger, le commentateur officiel du meeting du Bourget de l'époque, qui doit bien évidemment connaître le détail du programme des vols à l'avance..

Le team Dassault s'entraîne alors à Melun-Villaroche. On y amène discrètement Noetinger pour y être "brieffé" par Rozanoff en personne.

L'idée secrète du chef pilote est de passer le mur du son en "cabotin", devant des milliers de spectateurs, tout en faisant un commentaire radio en direct depuis le cockpit.

"On fera un duo !" explique le pilote d'essai. "Tu feras ton boulot de commentateur et tu me passeras la parole. Puis, tu meubleras entre mes différentes interventions..." Jacques Noetinger enregistre scrupuleusement tous les renseignements techniques afin d'être parfaitement à même d'orchestrer le commentaire et de lui donner la progression souhaitée pour attirer l'attention du public. Rozanoff jouera la vedette en rajoutant le “baratin” qui convient. Pour sa revanche supersonique, il a décidé de mettre le paquet...

LE MUR DU SON EN DUPLEX

La journée officielle du samedi 4 juillet est placée sous le signe de la morosité avec une météo exécrable. Le plafond bas ne permet que quelques présentations en vol limitées. Prudent, Rozanoff remet donc son affaire au lendemain. Le dimanche 5 juillet 1953, après les évolutions d'une bonne vingtaine d'appareils civils et militaires, le Mystère IV-01 commence à rouler sur le taxiway du Bourget. À son bord, en combinaison blanche et casque doré (sa tenue des grandes occasions), un Rozanoff remonté à bloc. Dès le départ, Jacques Noetinger annonce :

“Voici le dernier avion de chez Dassault. Il est présenté pour la première fois en public... Et il nous réserve une surprise !”

Il n'en dit pas plus... Le rutilant chasseur au fuselage aluminium décolle puis grimpe en altitude, respectant à la seconde près le timing des présentations en vol.

Tandis que le Mystère gagne son altitude, le commentateur prend alors un ton solennel :

“Allo, Rozanoff, ici Speaker ! Comment me recevez vous ?

– Speaker, de Rozanoff, je vous reçois 5 sur 5...”

Le dialogue est parfaitement retransmis sur les haut-parleurs du Bourget.

“Ici Rozanoff qui vous parle aux commandes du Dassault

Mystère IV. Je termine ma montée. À l'altimètre, j'ai 6 500 mètres..." La foule sentant qu'il va se passer quelque chose, devient progressivement silencieuse. Et c'est là que Rozanoff joue un extraordinaire rôle de composition. On entend sa respiration, de plus en plus forte, résonner dans tous les haut-parleurs du salon.

"J'arrive à 7 000 mètres... Je mets l'avion en palier... Je règle les fletners... Je laisse monter le badin..."

"Virage à gauche pour me placer en position favorable et piquer suivant la trajectoire choisie..."

"J'y suis... Attention pour le début du piqué... Speaker, me recevez-vous bien ?"

Jacques Noetinger lui répond :

"Ici Speaker. Nous vous recevons clair et net."

– OK ! Je prends ma vitesse. Top !"

Le pilote continue de hacher volontairement son monologue, de respirer de plus en plus fort, jusqu'à émettre un bruit de forge !

"Machmètre 0,87... 0,90... 0,92... 0,95... 0,98 ! 0,99 !...." Et tout à coup, Rozanoff s'écrie sur un ton dramatique :

"Mach 1 !"

Le silence est absolu pendant près d'une dizaine de secondes. Rozanoff s'est tu. Il connaît les réactions du public et sait tenir la foule en haleine.

Le double "bang" retentit dans le ciel du Bourget. Aussitôt, un tonnerre d'applaudissements éclate.

"Allo, Rozanoff !" enchaîne alors son complice commentateur, “expérience parfaitement réussie. Les spectateurs sont en train d’applaudir. Bravo ! Terminé. Repassez sur la fréquence de la tour. Je coupe...”

Rozanoff redescend plein pot vers le sol. La foule applaudit encore quand le Mystère IV-01 arrive en rase-mottes pour faire une série de tonneaux à basse altitude.

Après s’être posé, Rozanoff se dirige vers le perchoir où est installé Jacques Noetinger, son complice d’un jour. Il escalade l’échelle métallique, fou de joie, et prend le Speaker dans ses bras en s’écriant :

“C’était sensationnel ! T’as été un chef !”

Rozanoff trouvera la mort quelques semaines plus tard, le 3 avril 1954, à Melun-Villaroche, pendant une démonstration officielle aux commandes du Mystère IV B-01, trahi par un flettner électrique. Il n’avait que 48 ans...

LE DERNIER “BANG”

Un an plus tard, le 27 juin 1954, au cours d’une présentation au meeting national de l’air de Valenciennes, Jacques Noetinger va renouveler sa prestation radio avec un autre pilote d’essai de Dassault, le lieutenant Tesson.

Le Mystère II-010 décolla pour son 117e vol et grimpe vers 20 000 pieds. Dans les haut-parleurs, Tesson a annoncé qu’il prenait de l’altitude et qu’il allait piquer. Le “bang” retentit.

“Les ailerons ne répondent plus !” s’exclame alors le pilote. Effectivement, les commandes sont bloquées, en raison d’une rupture du système d’attache des charnières d’ailerons. Ne pouvant plus virer, le pilote ne parvient à maintenir son avion en ligne de vol qu'en jouant sur les commandes restantes et en agissant sur le régime réacteur.

"C'est foutu ! Je n'ai plus le contrôle complet de l'avion. Il faut que je m'éjecte..." annonce Tesson. Le commentateur n'a que le temps de couper la conversation auprès du public qui applaudit encore.

"Ouvre ta verrière et saute !" lui rétorque Robert Cartier, le spécialiste des sièges éjectables, au micro en compagnie de Jacques Noetinger. Malheureusement la verrière, dépourvue de dispositif de largage pyrotechnique, se coince à moitié ouverte, l'arceau au-dessus de sa tête...

"La verrière est coincée ! Je tire !" dit-il dans une ultime transmission, parfaitement conscient qu'en s'éjectant, il allait heurter l'arceau métallique de sa canopée... Le Mystère II se "crasha" dans une boule de flammes. C'est fini...

Bien que ce fut une attraction recherchée, plus aucun meeting aérien ne devait connaître d'autre "bang" supersonique...

Conçu comme chasseur de supériorité aérienne dans le cadre de la génération " Century ", le North American F-100 " Super Sabre " fut développé à la suite d'un contrat de l'U.S. Air Force et vola pour la première fois le 24 avril 1954 en établissant quelques semaines plus tard un record de vitesse avec 1 215, 40 km/h.
A la date de son entrée en service, le F-100A était le seul chasseur à réaction au monde pouvant atteindre Mach 1 en palier à 10 670 mètres La formule fut complétée par la version chasseur bombardier F-100 C (construite à 476 exemplaires) pesant quelques 16 tonnes, et propulsée par un turboréacteur Pratt & Whitney J57 P21 de 4 360 kgp. Le " Super Sabre " était armé de quatre canons de 20 mm. (Photos North American Rockwell)

UN VOL DE ROUTINE

Los Angeles. Samedi 26 février 1955. Tôt ce matin-là, George Frankun Smith, 31 ans, pilote de réception chez North American Aviation, quitte son appartement de Manhattan Beach pour aller porter, en bon célibataire, du linge à la blanchisserie. Bien qu'étant de repos, il décide de s'arrêter en cours de route à l'usine, à cinq minutes de là, pour terminer un rapport de vol d'essai effectué la veille au soir.

Dans le cabanon préfabriqué réservé aux pilotes, il retrouve deux confrères, Joe Kinkella et Frank Smith, en plein travail sur le dernier-né des chasseurs américains de l'époque, le F-100 Super Sabre, premier intercepteur supersonique en palier.

MANCHE BLOQUÉ

Son rapport terminé, vers 11 h 30, Smith s'apprête à partir quand Robert Gallahue, technicien des essais en vol lui fait signe :

“Dis donc George ! J'ai le numéro 659 prêt à voler et pas un pilote disponible. Puisque que tu es là, tu ne pourrais pas le prendre en main ?

– O.K. !...” répond Smith en souriant. Comme ce vol se veut être de pure routine, il néglige de mettre sa combinaison et ses chaussures de vol. Il enfile directement son parachute dorsal et sa “Mae West” sur sa chemise légère et son pantalon de sport. Baskets aux pieds, George F. Smith se saisit d’un casque, d’un masque à oxygène et grimpe à bord du F-100A Super Sabre Serial 53-1659, tout juste sorti des ateliers d’assemblage.

Le pilote se harnache et met en route le réacteur J57. L’appareil roule sur le taxiway jusqu’en bout de piste. Smith effectue sa check-list habituelle. Systèmes, instruments, tout lui semble correct... lorsque :

“Holà ! Le manche me semble un peu dur. C’est le fruit de mon imagination ou quoi ?” s’exclame-t-il.

Il remue le “stick” d’avant en arrière, en vérifiant la pression hydraulique des systèmes un et deux. Normal. Pas de raison de s’inquiéter outre mesure.

Sitôt autorisé, le Super Sabre s’envole avec 4 200 kgp de poussée au derrière. Smith enclenche la réchauffe puis “trimme” pour une montée progressive, tout en virant à gauche autour de la bosse de Palos Verdes, qui surplombe la côte pacifique au sud-ouest de Los Angeles.

Le F-100A continue de grimper au-dessus de l’épais manteau nuageux qui couvre la côte sud, cap sur San Diego.

L’altimètre affiche 35 000 pieds quand, soudain, le F-100 se met à piquer ! George pense alors que le moteur de compensation est hors-service, avec un trim réglé sur une assiette négative, comme c’est l’usage à l’époque pour passer le “mur du son”. Le pilote tente de “retrimmer” pour rétablir sa course, et là, il s’aperçoit d’une chose étonnante :

“Le manche se bloque ! Il se déplace plein avant...” remarque Smith, en essayant vainement de le tirer vers lui.

Rien à faire : le Super Sabre 53-1659 pique de plus en plus, et prend de la vitesse.

George F. Smith alerte la station de réception radio au sol de North American, et fait part de ses ennuis hydrauliques. Puis il s'agrippe de nouveau au manche avec ses deux mains, et essaye de tirer tant qu'il peut. Mais ce dernier ne veut rien savoir...

L'autre pilote, Joe Kinkella, également en vol à bord d'un autre F-100, a vu la traînée de condensation produite par l'avion de Smith depuis qu'il a commencé à piquer vers la mer.

“George, éjecte-toi !” crie-t-il à la radio.

Smith sait ce qui lui reste à faire. Tandis que son Super Sabre affiche un angle de 80°, soit quasiment à la verticale, il transmet un dernier message sur un ton dramatique :

“Commandes de vol bloquées... Je me fais la valise !” George F. Smith coupe l'arrivée carburant, sort l'aérofrein ventral, abaisse la visière opaque de son casque. À l'aide de son bras droit, il tire sur l'une des deux poignées latérales basses de son siège qui commande également l'éjection automatique de la canopée. L'altimètre affiche 6 500 pieds, et l'aiguille du Machmètre indique “Mach 1,05” ! Ce sera la dernière vision dont se souviendra George F. Smith...

COBAYE SUPERSONIQUE

Le siège est alors expulsé violemment du cockpit. À plus de 1 250 km/h, soit 347 mètres par seconde, c'est un véritable mur de briques qui percute le malheureux pilote toujours attaché à son siège. Le souffle violent lui vrille les tympans en produisant un bruit semblable à une longue explosion continue. Smith sombre instantanément dans le coma.

Le siège tournoie dans l'air à une vitesse fantastique. Casque, masque à oxygène, gants, montre et même une bague que le pilote porte au doigt sont arrachés.

George F. Smith supporte ainsi une décélération incroyable de 40 G en l'espace d'une à deux secondes, portant son poids à près de trois tonnes !

Puis le système automatique libère le pilote du siège, et le parachute dorsal s'ouvre deux secondes plus tard.

Au même instant, quelques milliers de pieds plus bas, le businessman californien Art Berkell, l'avocat Mel Simon et son fils de quinze ans Robert sont en train de pêcher à bord du cabine cruiser Balabes dans les eaux grises du Pacifique, au large de Laguna Beach. Il ne fait pas très beau, et la pluie tombe par intermittence.

Tout à coup, un énorme bruit semblable à une explosion d'obus retentit. Le petit bateau est littéralement soulevé de la surface de l'eau et le jeune Robert pense alors que le moteur vient d'exploser. Berkell, qui sommeille en cabine, est éjecté de sa couchette. Il sort affolé et voit devant lui un geyser d'eau tout blanc qui s'élève vers le ciel, à quelque 180 mètres dans leur sillage.

"Nom de Dieu ! Nous sommes en plein dans un champ de tir d'exercice de la Navy ! Fichons le camps d'ici !" s'exclame Berkell. Mais Robert remarque comme une forme humaine qui descend des nuages, suspendue au bout d'un grand parachute dont la corolle est déchirée au tiers.

Les plaisanciers virent de bord pour se porter à proximité du point de chute présumé.

Au même instant, directement au-dessus d'eux, le Super Sabre piloté par Joe Kinkella surgit de la couche nuageuse et déchire à son tour le ciel dans le hurlement de son Pratt & Whitney, suivi de Frank Smith, à bord d'un deuxième F-100.

Il transmet sa position par radio, et bientôt un avion léger vient cercler au-dessus de la zone, à basse altitude.

Flottant sur l'eau, le corps inerte de George F. Smith offre une vision d'horreur. Pieds nus, les vêtement en lambeaux, il saigne abondamment du front, du menton, ainsi que des pieds. Son visage bouffi est de couleur rouge violacée, ses oreilles et ses lèvres sont entaillées, et son corps est couvert d'ecchymoses et de blessures.

C'est la voilure de son parachute partiellement gonflée par une brise légère qui le maintient à la surface. Il reste ainsi pendant près d'une minute, le temps nécessaire pour le Balabes de le rejoindre.

Smith pesant quelque 97 kilos, les trois plaisanciers doivent, pour le hisser hors de l'eau, sectionner la soie et les suspentes du parachute.

À quelques nautiques de là évolue un groupe de bateaux des Coast Guards en exercice d'entraînement.

Les hommes n'ont rien perdu de la scène. Ils rattrapent les plaisanciers et entreprennent de transférer le pilote à leur bord.

Prévenue par radio, une ambulance avec des médecins de l'hôpital Hoag Memorial de Newport les attend sur le quai...

UN CAS MÉDICAL

Il faudra cinq jours de soins intensifs avant que George F. Smith puisse reprendre conscience. Extrêmement choqué, sa tension artérielle restera des plus basses avec un pouls à peine perceptible. Un examen médical approfondi révèlera qu'au cours de son éjection supersonique, c'est la décélération instantanée de plusieurs centaines de kilomètres heure, qui aura causé le plus de dégâts. Ses globes oculaires se sont retournés dans leur cavité, entraînant une hémorragie dans les yeux et une cécité partielle, mais sans dommage apparent, pour la rétine.

Les organes internes n'ont pas non plus été épargnés : l'estomac gonflé, le foie éclaté et les intestins meurtris devront subir une intervention chirurgicale.

Quant à l'avion, et à la cause de son accident, North American mettra sur pied une commission d'enquête mixte le lendemain même du “crash”. La campagne de recherches pour retrouver l'épave du F-100A 53-1659 durera trente-trois jours. Un hélicoptère, douze bateaux de l'US Navy, et trois bâtiments civils dépêchés sur place par l'avionneur y participeront.

Cinquante-sept plongeurs civils et militaires se relaieront au cours de 321 missions de plongée. Les douze premières journées de travail se révéleront infructueuses. Il faudra enquêter à partir d'un négatif de 35 mm pris par un photographe amateur, le jour même du “crash”, pour discerner une petite tache de kérozène flottant à la surface, et localiser l'épave par triangulation. Elle reposait par 40 mètres de fond, à quelque 1 450 mètres des plages de Laguna.

Du fond de l'océan, les plongeurs récupéreront environ trois tonnes de débris, la plupart non identifiables, qui seront acheminés par camions jusqu'aux usines de North American à Los Angeles. Plus tard, le rapport d'accident conclura à l'hypothèse d'une panne hydraulique probable...

Quant à George F. Smith, il reprendra son activité après six mois d'une convalescence difficile, le 23 août 1955, et restera à jamais dans l'histoire de l'aviation le premier aviateur ayant survécu à une éjection à vitesse supersonique !

Premier bombardier lourd stratégique à réaction disposant d'ailes en flèche, le Boeing B-47 "Stratojet" (modèle 450) vola en décembre 1947 et resta en service au Strategic Air Command jusqu'en 1966. Plusieurs versions furent construites, la principale étant le B-47 E, avec près de 1 600 unités. En 1957, le B-47 "Stratojet" équipait 28 escadres de bombardement du SAC, soit un total de 1 800 appareils. Alliant vitesse (975 km/h à l'altitude de 4 970 m.) et force de frappe (une charge offensive conventionnelle ou nucléaire de 9 070 kg en soute, avec un rayon d'action de 6 437 km), le "Stratojet" pesait quelques 89 tonnes à pleine charge et était propulsé par six turboréacteurs General Electric J47-GE-25 de 3 266 kgp de poussée unitaire. Il pouvait assurer son autodéfense grâce à une tourelle de queue équipée de deux canons de 20 mm télécommandés. (Photo USAF)

LE BOMBARDIER BLESSÉ

Lundi 28 avril 1958, 19 h 55. Sur la piste de décollage de la base d'Abilene AFB, dans l'état du Texas, un énorme Boeing hexaréacteur TB-47B Stratojet du Strategic Air Command, l'un des 1 367 bombardiers nucléaires de la force de dissuasion américaine, s'aligne pour un vol de nuit. Dans la lueur des projecteurs, sur son empennage de couleur aluminium, on peut lire le numéro de série 51-2278. À bord, un équipage de quatre hommes : le major James Graves, pilote commandant de bord, et le lieutenant James Obenauf, copilote, sont installés en tandem dans le cockpit, tandis que le navigateur, le lieutenant John Cobb, et son instructeur, le major Joseph Maxwell occupent la partie pressurisée du nez de l'appareil.

Ils devront suivre une navigation astronomique puis exécuter un bombardement simulé à haute altitude au-dessus des villes d'Amarillo (Texas) et de Denver (Colorado). Pour ces militaires de l'Air Force, ce vol nocturne de printemps 1958 n'est, ni plus ni moins, qu'une mission de routine comme tant d'autres. Pourtant, l'inévitable va se produire, le grain de sable qui fait basculer un événement en catastrophe ou en épisode héroïque de l'histoire de l'aviation.

UNE BOMBE À RETARDEMENT !

L'avion grimpe rapidement vers une altitude de croisière de 10 350 mètres, tandis que Cobb calcule ses caps de navigation sous l'œil inquisiteur de son instructeur assis derrière lui sur une sorte de strapontin. À 22 h 05, après avoir simulé électroniquement le largage d'une bombe H, le jeune navigateur entame la deuxième partie de sa mission, et indique au pilote le cap qu'il doit prendre pour survoler Denver. C'est à ce moment-là que plusieurs secousses ébranlent la cellule du Stratojet. Dans le poste de pilotage, le regard du major Graves est attiré par des lueurs sous son aile gauche au plus près du fuselage : des flammes !

Un des réacteurs J47 vient probablement d'exploser. Les instruments de contrôle n'indiquent pourtant rien d'alarmant. Mais chaque seconde compte. Le risque est trop grand de voir les ailettes du General Electric défaillant transpercer les réservoirs centraux du fuselage qui contiennent la plus grande partie du kérozène.

Le B-47 n'est plus qu'une énorme bombe à retardement...

Par l'interphone de bord, Graves ordonne aussitôt l'évacuation de l'appareil : "Éjectez-vous immédiatement ! Sautez ! Sautez !" Pendant que Maxwell commence à enfiler son parachute dorsal qu'il avait enlevé pour mieux surveiller son élève, Cobb positionne convenablement son siège éjectable rotatif, plaque son casque contre l'appuie-tête, et tire sur la poignée placée entre ses jambes pour activer la séquence. Un panneau s'éjecte au-dessus de lui, et dans la seconde l'explosion d'une cartouche pyrotechnique expulse le siège Republic et l'élève navigateur dans le vide !

Un terrible ouragan d'air glacé s'engouffre violemment par l'ouverture. Le major Maxwell est alors violemment happé par le vent et assommé contre la paroi du fuselage. Son masque à oxygène et le parachute qu'il avait à moitié enfilé sont arrachés par la force du vent. Des débris divers et des papiers tourbillonnent et vont recouvrir le corps de l'instructeur gisant sans connaissance.

Dans le poste de pilotage, la situation n'est guère plus enviable. Le copilote Obenauf vient de larguer la grande canopée en goutte d'eau, et se prépare à s'éjecter. Il ajuste une dernière fois son brêlage et tire sur la poignée basse de son siège éjectable... Une fois ! Deux fois !.... Rien ne se passe ! Le major Graves tente lui aussi de s'éjecter mais, fait incroyable, lui non plus n'y parvient pas !

Il ne leur reste plus qu'à évacuer le TB-47 en sautant par le panneau du navigateur.

SANS OXYGÈNE !

Sans perdre une minute, Graves se débrêle, dégage son parachute, débranche son tuyau à oxygène, et se glisse par une étroite échelle jusqu'au plancher inférieur qui mène au poste navigateur.

Il doit faire face au souffle glacé de l'air, au manque d'oxygène des hautes altitudes... Les redoutables effets de l'anoxémie.

À moitié asphyxié, Graves commence à perdre connaissance. Malgré sa vue brouillée, il aperçoit l'espace d'une seconde son copilote Obenauf avec son parachute qui descend du poste arrière. À tâtons, le major parvient à atteindre l'ouverture béante, puis dans un suprême effort plonge dans le vide à demi-conscient.

Le lieutenant Obenauf s'apprête à en faire autant, mais son œil est attiré par la forme d'une jambe qui dépasse d'un tas de débris près du poste navigateur. Par réflexe, l'aviateur dégage d'un coup de main l'amoncellement de papiers et découvre le corps du major Maxwell sans masque à oxygène et... apparemment sans vie.

Obenauf se met alors à fouiller l'habitacle : aucune trace de son parachute. Comment le sauver de ce piège diabolique ?

Il faut faire vite, le B-47 peut s'embraser d'un instant à l'autre. Mais l'anoxémie ne permet plus à Obenauf de réfléchir, de chercher. Déjà des troubles de la vision commencent à se manifester. Il n'y pas d'autre alternative que de sauter en abandonnant à la mort son malheureux compagnon.

"Je ne peux pas laisser Maxwell là !" pense-t-il. Au prix d'un effort surhumain, il remonte l'échelle et regagne son siège copilote, maintenant à l'air libre. Obenauf rebranche aussitôt son masque à oxygène

LES PAUPIÈRES RETOURNÉES !

Après avoir déconnecté le pilote automatique, James Obenauf reprend les commandes et pousse sur le manche pour piquer à basse altitude, là où l'air est plus dense et donc plus respirable. Mais le manche refuse de bouger. Il faut savoir qu'à bord d'un bombardier B-47, dès que l'on a engagé la procédure d'éjection et d'évacuation de l'équipage, les commandes sont automatiquement verrouillées. Seule solution : forcer sur le manche et exercer une force de 27 kilos pour reprendre le contrôle de la machine.

Le jeune lieutenant de 23 ans pousse sur le manche à la limite de ses forces, et parvient à lancer le B-47 dans un piqué infernal. Là où tout autre appareil aurait cassé, le Stratojet résiste, sa voilure fléchit au maximum, risquant à tout moment de se désintégrer.

Pour Jim, c'est un horrible supplice. À l'altitude de 10 350 mètres, il règne une température d'environ – 35 °C ! N'étant plus protégé par la verrière, le jeune lieutenant doit affronter un vent terrible de 700 km/h qui lui retourne les paupières malgré son casque.

"C'est atroce... Jamais je ne pourrai..." s'exclame-t-il. Ses yeux le font horriblement souffrir. Il coupe alors l'arrivée de kérozène sur le réacteur J47 numéro 6, et rétablit son bombardier en palier à près de 1 700 mètres d'altitude avant de lancer enfin un appel de détresse.

"Ici Stratojet n° 2278 de l'Air Force. Mayday ! Mayday ! Mayday !" Le message est reçu par le centre de contrôle de la base aérienne d'Altus, dans l'Oklahoma, qui effectue un relèvement gonio et lui donne un cap en direction du terrain le plus proche.

À bord du Boeing B-47, les choses ne s'arrangent guère. Obenauf, les yeux à vif, arrive à peine à lire les graduations de ses instruments. Le bombardier vole désormais à environ 370 km/h. Heureusement, l'incendie réacteur semble en voie d'extinction, malgré les étincelles qui jaillissent encore de la tuyère.

À cet instant, le contrôleur d'Altus AFB lui conseille de se poser sur la base, mais Obenauf décline son aide.

"Négatif ! Je ne veux pas tenter un atterrissage sur votre terrain que je ne connais pas. Je préfère continuer mon vol. Je vais à Abilene. Donnez-moi le cap à suivre !"

Une station radar d'interception de l'Air Defense Command prend alors le relais sur la fréquence pour assurer dans les meilleures conditions son retour vers Abilene AFB.

Sur place, on enregistre une visibilité d'environ 8 km. À demi-aveugle, Obenauf ne peut se poser sans ses phares d'atterrissage dont l'interrupteur se trouve malheureusement sur la console gauche du poste avant inoccupé.

APPROCHE DRAMATIQUE !

Soudain, le copilote sent avec surprise quelqu'un lui secouer la jambe gauche. Le major Maxwell vient de reprendre connaissance mais il est encore trop faible pour lui parler. Par l'interphone, James Obenauf lui demande d'allumer les phares depuis le poste avant du cockpit.

Maxwell se hisse avec difficulté sur l'échelle jusqu'au cockpit pilote mais, dans l'obscurité, il ne peut identifier le panneau de commande de l'éclairage. Il décide de redescendre pour signifier son impuissance au lieutenant Obenauf.

"Il me faut absolument les phares d'atterrissage ! Essayez encore !" lui dit James.

La mort dans l'âme, Maxwell se traîne une nouvelle fois au poste avant, et attend quelques minutes dans l'air glacial qui lui cingle le visage, le temps d'accoutumer ses yeux à l'obscurité. Épuisé, il tombe sans connaissance. Obenauf jure comme un beau diable, et se souvient subitement qu'il possède une lampe torche dans une des poches de sa combinaison de vol. Il la tend à son coéquipier qui a repris ses esprits, et qui repart, tant bien que mal, vers l'avant du cockpit où il trouve enfin le précieux interrupteur. Tout va bien désormais : le train est sorti, les phares d'atterrissage allumés. Un contrôleur d'approche communique alors au TB-47 les ultimes données indispensables à sa finale.

Maintenant, Obenauf n'a plus qu'à suivre les instructions, en se référant à son indicateur de cap. Mais ses avant-bras engourdis par le froid et ses problèmes de vision gênent considérablement la précision de son approche. Dans la tour de contrôle d'Abilene AFB, c'est le major Doyle Reynolds, instructeur en chef au 96th Bomb Wing, qui prend en main la situation, tout en surveillant avec appréhension la progression du bombardier géant.

"Tu t'en tires bien !" dit-il d'une voie calme et rassurante.

James Obenauf reconnaît avec surprise la voix de son ancien instructeur, qui compte parmi les élites du SAC. "Annonce-moi les niveaux des jauges de tes réservoirs !" poursuit Reynolds en vue de déterminer grossièrement le centrage du Boeing.

– Je les distingue à peine, répond Obenauf. J'ai l'impression de devenir aveugle !".

Il parvient cependant à transmettre les précieuses données avant de placer son avion sur un plan de descente à peu près correct.

"Tu es beaucoup trop à droite ! Fais un autre tour de piste !" lui hurle le contrôleur. Mais Jim Obenauf est à bout de forces et préfère continuer son approche, se dirigeant droit sur trente B-47 alignés en alerte près du bord de piste.

"Il vaudrait mieux obliquer un peu sur la gauche !" lui conseille alors Reynolds. Réagissant comme au temps où il était l'élève du major, Obenauf obéit instinctivement et corrige au manche. Il distingue enfin les rampes lumineuses de la piste. Il va falloir qu'il pose les 84 tonnes du Boeing !

Le sol se rapproche. Il arrondit la trajectoire. Le train monotrace et les deux balancines touchent la piste. Jamais il n'avait réussi un si bel atterrissage.

Le lieutenant Obenauf ramène aussitôt les manettes des gaz en arrière, freine et largue le parachute-frein Pioneer destiné à ralentir sa course.

Le TB-47B Stratojet s'immobilise au niveau des véhicules de secours, de l'ambulance et des voitures de l'état-major. Il est 12 h 15... Dans la minute qui suit, Obenauf saute depuis le cockpit et, sans attendre, donne un violent coup dans le panneau d'accès de l'équipage, libérant ainsi le pauvre Maxwell qui s'écroule, au bas de l'échelle, dans les bras des infirmiers de l'Air Force.

Peu après, Obenauf perdra complètement la vue. Il la recouvrera heureusement après plusieurs heures de repos.

Le lendemain, mardi 29 avril 1958, les deux hommes seront autorisés à quitter l'hôpital de la base avant d'être conduits au théâtre d'Abilene AFB, où un comité d'accueil exceptionnel composé de 800 aviateurs du SAC les attendra. Parmi eux, le général Thomas Power, patron du Strategic Air Command, qui avait suivi à la radio, minute par minute, l'odyssée du bombardier. Le lieutenant James Obenauf, jeune copilote de 23 ans recevra la Distinguished Flying Cross pour son acte de bravoure extraordinaire...

LE DERNIER SAUT

Mercredi 15 octobre 1958. Base aérienne de Blida, près de Boufarik en Algérie. Il est 8 h 15 du matin. Plusieurs avions de transport N.2501 Noratlas aux couleurs de l'escadron 2/62 "Anjou" s'alignent sur la piste de décollage. Au programme, la répétition d'une séance de largage de parachutistes en vue du meeting qui doit se dérouler le 26 octobre.

Les "Grises" s'envolent l'un derrière l'autre, cap vers la zone de saut, la "Dropping Zone" ou la DZ selon l'expression consacrée.

Puis c'est au tour du nord 2501 immatriculé 62 Kilo-Oscar du sergent-chef Mallier de s'arracher de la piste en dur, emmené par les 4 200 chevaux de ses Bristol "Hercules". Les deux coquilles du fuselage arrière ont été déposées car, depuis la soute, on doit procéder au largage d'un mortier de 81 mm et de six hommes du 40e régiment parachutiste nord-africain. Parmi eux, un jeune appelé du contingent de 21 ans, le deuxième classe Daniel Minné. Pour lui, ce sera bientôt la "quille", après 27 mois de bons et loyaux services. C'est un de ses derniers sauts avant son retour en France, vers le fief familial, à Roubaix.

Dans la soute, tandis que le Noratlas grimpe vers son altitude de largage, chaque homme sait exactement ce qu'il aura à faire et reste agrippé tranquillement aux câbles extracteurs. La météo est parfaite, l'air est calme et la visibilité excellente. Bref, une mission de routine. On peut déjà apercevoir les colonnes de fumigènes délimitant la fameuse DZ, située à 160 km au sud-ouest d'Alger. Le commandant de bord et navigateur du vol, le capitaine Rochon, quitte alors son siège pour s'assurer que tout va bien. Le pouce en l'air, le sergent-chef parachutiste René Pitout le rassure.

Rochon regagne aussitôt son poste dans le cockpit. L'altimètre indique 13 000 pieds. Le badin affiche 130 Kts. Verticale DZ !

D'un coup de manette de commande de gaz, Mallier réduit sa vitesse puis pousse sur l'interrupteur de parachutage. Dans le cargo, un klaxon retentit, une lumière verte s'allume.

Deux secondes à peine suffisent pour faire glisser le mortier et son plateau sur les bandes de roulement. Puis, un énorme parachute s'ouvre automatiquement, et la pièce d'artillerie tombe doucement suspendue sous un grand champignon blanc.

Le "stick" des six parachutistes suit dans la foulée : Go ! Go ! Le premier tombe comme aspiré par le vide, imité par le deuxième, le troisième et le quatrième.

Le cinquième, Daniel Minné, plonge à son tour. Soudain une secousse ébranle le gros nord 2501. Le sergent-chef Mallier regarde son copilote, le lieutenant Azéma, puis scrute le tableau de bord : aucun voyant d'alarme.

L'adjudant Janneau va voir ce qui se passe en soute. Il est pétrifié par le spectacle qu'il découvre : une toile de parachute est emmêlée au plan fixe de la gouverne de profondeur, avec, six mètres en arrière, au bout des suspentes, Daniel Minné qui se balance à près de 240 km/h !

52 MINUTES FACE À LA MORT !

Le jeune deuxième classe essaye tant bien que mal de se dégager, mais en vain. Il tourne comme une toupie sous l'effet de la vitesse et du souffle des hélices. Il ne peut se libérer car le croisillon de la cheminée de son parachute est accroché au guignol de la gouverne de profondeur. Tout le "stick" a déjà sauté, et personne ne comprend ce qui a bien pu se passer.

À bord du "Kilo-Oscar", on réalise la gravité de la situation. Le pilote essaye alors toutes sortes de manœuvres pour tenter de libérer le malheureux parachutiste. Le Noratlas pique, vire, effectue des lacets. En vain...

Au sol, l'alerte est donnée. Un des trois Sikorsky H-19 de l'Armée de l'Air décolle de l'aérodrome de Boufarik pour rassembler sur le Nord 2501 en perdition. Ce type d'hélicoptère possède en effet une vitesse suffisante pour suivre le gros bimoteur.

À près de 170 km/h et à 2 000 pieds, à la verticale du terrain de Blida, il vient se positionner lentement en arrière du nord 2501, juste au-dessus de Daniel Minné, afin de tenter de lui larguer une échelle de corde. Mais le malheureux parachutiste, qui peut voir distinctement le visage des deux pilotes du H-19, n'a pas la force de la saisir.

Impuissant, le pilote du Sikorsky décide de retourner au terrain.

Balloté en tous sens, Minné souffre horriblement au niveau des épaules. Il se rend compte désormais que personne ne peut venir à son secours, et qu'il doit tenter de se sortir tout seul de ce mauvais pas.

"Il faut que je sectionne ces maudites suspentes à l'aide de mon poignard ! Une fois libéré, je pourrai ouvrir mon parachute ventral !" pense-t-il.

Son casque a été arraché par la vitesse, ses mains sont raidies par le froid. Dans un suprême effort, il essaye vainement de couper les suspentes torsadées à l'extrême. Il parvient péniblement à couper ici et là quelques fils, mais ses doigts paralysés n'ont plus la force nécessaire, et il finit par lacher le précieux poignard. C'en est trop pour Minné qui s'évanouit...

LE TOUT POUR LE TOUT !

Pour l'équipage du "Kilo-Oscar", il faut tenter le tout pour le tout. Revenu en soute, le capitaine Rochon se saisit d'une grande corde munie d'un crochet à son extrémité, et la lance dans le vide. Il parvient à agripper les suspentes et, centimètre après centimètre, tire de toutes ses forces pour ramener le parachutiste au niveau de l'ouverture arrière.

Seulement voilà, plus il tire, plus la voilure en soie du parachute se tend, et plus la commande de profondeur se bloque ! Le pilote du Nord 2501 ressent d'étranges vibrations dans les commandes, soudain c'est le piqué.

Il faut immédiatement relâcher la corde. L'avion n'est plus qu'à 3 000 pieds d'altitude. Rochon tente à nouveau son expérience une deuxième, puis une troisième fois.

Mêmes causes, mêmes effets : il n'y a rien à faire. Daniel Minné a repris connaissance. "Si jamais l'idée lui prend d'ouvrir son ventral à cette vitesse, son parachute va nous arracher le plan horizontal de profondeur", hurle le capitaine Rochon.

Le temps passe, le carburant baisse. Pour les cinq membres de l'équipage du COTAM, il n'y a pas d'autre alternative que d'atterrir en traînant le malheureux parachutiste. Ses chances de survie sont pratiquement inexistantes, mais que faire d'autre ?

Le Noratlas réduit sa vitesse, sort ses éléments, son train d'atterrissage et ses "flaps". En raison de la situation, Mallier passe outre la procédure normale d'approche et se met directement dans l'axe de la piste de Blida.

À demi-conscient, Daniel Minné voit avec terreur la piste en béton grossir sous lui à vue d'œil.

Dans le poste de pilotage règne un silence pesant. Les balises du bord de piste se rapproche à toute vitesse. Le pilote arrondit.

Un choc, le bruit des pneus qui ripent sur le revêtement : c'est le toucher des roues. Les cinq hommes jettent un regard inquiet vers l'arrière : le jeune parachutiste rebondit sur la piste comme un polichinelle ! Il est sur le ventre, son parachute ventral a amorti le premier choc. Puis il passe sur le dos à plus de 100 km/h derrière les 16 tonnes du Noratlas qui n'en finit pas de rouler.

Mallier freine à mort ! Les pneus du train principal, la gomme surchauffée, éclatent dans un nuage de fumée noire. Le nord 2501 fait une première embardée, puis une deuxième avant de s'immobiliser après 400 mètres d'une course infernale, c'est-à-dire au tiers de la distance normale de roulement.

Tous les véhicules de secours de la base foncent, sirènes hurlantes vers le gros Noratlas stoppé à mi-piste.

Daniel Minné s'est déjà relevé en titubant, avant même que les ambulances ne soient sur place.

"Mon Dieu ! Il est vivant !" s'exclame alors Rochon.

Daniel Minné, les traits déformés par l'épreuve, essaye de sourire. Il a le dos brûlé au troisième degré par sa glissade sur le béton de la piste. Des infirmiers courent vers lui, le soutiennent et l'allongent aussitôt sur une civière, avant de l'emmener à l'hôpital de Blida.

Le jeune appelé se contente alors de murmurer à ses secouristes :

"Si seulement je n'avais pas perdu mon poignard ! Ah, si je ne l'avais pas perdu !"

LE "NEPTUNE" REBELLE

Tout commence par une belle fin de matinée, en ce mercredi 4 septembre 1963. Un Lockheed P2V-6 Neptune appartenant à la Flottille 21 F de l'Aéronautique Navale vient de décoller d'une base de la RAF sur l'île de Malte à destination de la base aéronavale de Lartigue, près d'Oran, en Algérie.

À son bord, onze hommes d'équipage et deux passagers placés sous le commandement d'un jeune pilote de 30 ans, l'enseigne de vaisseau Yves Bruère. L'appareil, entièrement peint en livrée bleu nuit et immatriculé 134655, fait partie d'un lot de 31 appareils livrés à la France dans le milieu des années cinquante, pour assurer les missions de lutte anti-sous-marine. Ce jour-là, le gros bimoteur transporte du courrier et différents documents destinés à l'état-major de la Marine nationale à Mers-El-Kebir, alors en pleine phase d'évacuation de l'Algérie. Il s'agit là d'une mission de routine sans plus...

NEUF SECONDES DE TERREUR

Après cinq heures de vol dans un fuselage surchauffé, le P2V-6 croise au niveau 60, à environ 45 minutes de vol de sa base d'attache. Le copilote, le premier maître Guillerm, fait la radio et le chef de bord, Yves Bruère, pilote l'appareil. Il décide de débrancher le pilote automatique afin de reprendre l'avion en pilotage manuel. Réflexe habituel, un doigt sur le bouton du "trim" sur la face antérieure du manche, il compense l'avion à cabrer. À l'époque, tous les Neptune sont équipés d'un "Varicam", un système spécial de compensateur à commande électrique et à action hydraulique de la commande de profondeur. Bizarrement, Bruère sent l'avion monter anormalement. Aussitôt, le copilote fait jouer les commandes de secours du "Varicam" sur la console centrale. En vain ! Yves Bruère se remémore alors les conseils de son instructeur sur P2V-6.

"Si un jour tu as ça. Tu coupes tous tes circuits électriques, et ton "Varicam" s'arrêtera !"

Le jeune pilote s'exécute, tout en sachant que sans électricité il n'aura plus d'interphone ni de liaison avec les autres membres de l'équipage. Mais rien n'y fait. Le "Varicam" continue de se dérouler ! La vitesse chute dramatiquement mais pas question de sortir les volets, car le couple cabreur qui en résulterait pourrait amener l'avion jusqu'au décrochage.

"Si on touche aux volets, on va se casser la gueule !" pense Yves Bruère, alors que le Neptune vibre de toute sa membrure, accroché à ses deux moteurs Wright R-3350-WA de 3 250 chevaux.

"Je le mets en virage à gauche pour essayer de diminuer le couple cabreur et le tenir un peu mieux !" crie Bruère en s'adressant au copilote. Puis il ordonne au maître mécanicien Henri Vidal :

"Allez vite en cabine tourner la manivelle de l'autre commande de secours à l'arrière de l'avion, pour tenter de ramener ce damné "Varicam" à zéro !"

Vidal s'exécute. Aussi incroyable que cela puisse paraître la commande est inopérante ! Zéro. Résultat nul... Vidal s'évertue à tourner une manivelle dans le vide !

Le Neptune perd de l'altitude. Bientôt l'équipage n'est plus maître de la vitesse qui oscille entre 90 et 100 Kts. On frise le décrochage à tout moment. Il faut faire quelque chose. Pensant rétablir un couple à piquer, le commandant rebranche les circuits électriques, sort le train principal et ouvre la trappe.

Mais c'est comme coller un sparadrap sur une jambe de bois. Ça ne sert à rien. Après 40 minutes d'efforts, Bruère comprend qu'il n'arrivera pas à poursuivre son vol. Compte tenu de l'avarie, il exclut un atterrissage d'urgence dans les djebels. Il entre alors en contact radio avec la base aéronavale de Lartigue :

"Je compte faire évacuer l'avion. Je ne peux pas continuer comme cela ! Voici notre position approximative..."

COINCÉ SUR SON SIÈGE

À bord, l'équipage est silencieux. L'angoisse est palpable. Tout à coup, un ordre du commandant retentit dans l'interphone de bord :

"Évacuez l'avion par l'avant et par l'arrière !" L'appareil vole péniblement, incliné à gauche de 15 à 30°, à 80 Kts et à 3 500 pieds au-dessus d'un relief accidenté, caillouteux et raviné.

Chacun accueille la décision avec soulagement et se saisit sans hésitation de son casque et de son parachute ventral.

La plupart sautent pour la première fois de leur vie en parachute. Ils se glissent par les issues de secours du Neptune, soit par le puits de la roulette de nez, soit par la trappe arrière.

Le quartier-maître Socha, le convoyeur du courrier qui occupe le nez vitré, n'en croit pas ses oreilles :

"Vous me racontez des histoires !" dit-il à l'officier des équipages, le navigateur Larboulette, venu le chercher. On doit alors le pousser dehors. Fort heureusement, il a le réflexe de tirer sur sa poignée. Larboulette s'assure que tout le monde a sauté, et vient taper sur l'épaule du pilote :

"Bon ! Je m'en vais !" crie-t-il avant de disparaître.

"Allez-y vous aussi !" ordonne Bruère à l'attention du mécanicien, le second maître Pierre Mocteau, qui ne demande pas son reste. Puis il regarde son copilote, le premier maître Guillerm qui hésite :

"Allez-y ! Allez-y ! Il faut y aller !"

Yves Bruère se retrouve alors tout seul à pousser sur le manche, pour contrer les gouvernes. Mais l'effort est trop intense. Il est brutalement plaqué en arrière par son manche, qui le coince entre le siège et son parachute ventral. En désespoir de cause, le pilote, décide de tenter le tout pour le tout :

"Je vais au tapis... Pas d'autre solution !"

À ce moment précis, ne volant pas très haut, il aperçoit dans une sorte de plaine, un champ de chaume coincé entre une ligne à haute tension et un oued asséché.

Il coupe alors les moteurs qui produisaient l'énorme couple à cabrer, ramène les manettes de gaz en arrière et coupe les magnétos ainsi que l'arrivée d'essence.

Les deux hélices en moulinet, le Lockheed Neptune désormais en plané perd rapidement de l'altitude. Les commandes répondent un peu mieux et les volets sont sortis.

"C'est là qu'il faut que j'aille !" murmure-t-il tout en essayant de rentrer son train d'atterrissage pour se poser sur le ventre.

MANŒUVRE DE LA DERNIÈRE CHANCE

Mais Yves Bruère ne peut pas rentrer son train, et pour cause : la petite échelle d'accès rétractable du train avant a été descendue pour permettre l'évacuation de l'équipage, et une sécurité empêche la rétraction normale de la roulette de nez.

L'officier, se saisit par automatisme de la commande "Emergency" et largue la verrière gauche au-dessus de lui. C'est bien la première fois qu'il se pose sans regarder ni son Badin ni son altimètre...

Les quelque trente tonnes du P2V-6 touchent en douceur, sans brutalité aucune, un sol de chaume, craquelé par la sécheresse.

Il est 16 h 15. Abasourdi, Bruère descend du Neptune intact, puis remonte les traces des roues pour récupérer une partie des bagages éjectés par la trappe arrière. Des paysans algériens de la ferme Hachoum Benkacem toute proche courent alors vers lui, un paquet de cigarettes à la main.

"Ça, c'est un paquet de cigarettes que j'ai perdu en sortant de l'avion !" s'exclame le pilote de l'aéronavale.

Et il attend, une heure puis deux... Soudain, au loin, apparaît un camion filant à tombeau ouvert et soulevant derrière lui un énorme nuage de poussière. Sur la ridelle, un des membres de l'équipage, le mécanicien second maître Pierre Mocteau :

“Je ne croyais vraiment pas vous revoir !” crie-t-il avec un sourire jusqu’aux oreilles. “J’ai vu ce camion. Et j’ai donné les 100 francs que j’avais sur moi au chauffeur pour me conduire dans la direction où le Neptune était tombé…

Bruère lui rétorque calmement :

“Mocteau ! Quand vous avez sauté, est-ce que vous avez pu compter les parachutes ?”

“Oui ! J’en ai compté onze !”

L’enseigne de vaisseau reçoit comme un coup au cœur : il en manque un ! L’officier se ressaisit et demande :

“Mais, Mocteau… Vous avez compté le vôtre.”

“Bah ! Non…”

Les deux hommes resteront ainsi jusqu’à 22 heures, ne voulant pas quitter leur avion. Ils seront récupérés un peu plus tard par des hélicoptères et ramenés à la base de Lartigue. Là, Bruère se retrouvera face au commandant de la base, accompagné du commandant de la flottille et du patron des opérations. C’en sera trop pour lui ; il s’effondrera, miné par la fatigue, devant ce comité d’accueil. L’équipage, quant à lui, sera rapidement récupéré dans les djebels par les Sikorsky de l’ALAT guidés par un Neptune SAR. On dénombrera quatre blessés graves qui seront hospitalisés et deux blessés légers. Quant à l’avion, le génie de l’air aménagera une bande pour la roulette de nez et le P2V-6 sera allégé au maximum. Le Neptune n° 655 redécollera ainsi de ce terrain improvisé aux mains du lieutenant de vaisseau Fontaine, pacha de la 21F, pour reprendre quelques jours plus tard le service opérationnel.

L'AVARIE MYSTÉRIEUSE

Le Lockheed P2V-6 Neptune avait en fait connu une double avarie : d'une part, le collage d'une électrovalve restée en position ouverte et d'autre part, le collage du contact du bouton électrique sur le manche. Ce problème était connu de l'US Navy, et le constructeur Lockheed l'avait signalé à tous les utilisateurs de Neptune dès 1955. La France s'était donc approvisionnée en interrupteurs modifiés, mais les avait stockés sur des étagères aux ateliers de Cuers, dans le midi... Ce sera fait seulement à partir de septembre 1963. Enfin, en ce qui concerne la défaillance de la commande de secours, on la décèlera sur plus de la moitié des Neptune en service dans l'aéronavale. Située dans un point haut du circuit, au lieu d'hydraulique, elle ne contenait que de... l'air !

Pour contrer la menace potentielle de la mise en service du bombardier trisonique North American XB-70 "Walkyrie", l'Union Soviétique décida de faire construire par Mikoyan Gurevitch un intercepteur tous-temps baptisé MiG-25, rapidement désigné par l'OTAN "Foxbat A" qui effectua son vol inaugural en avril 1965. Observé lors de la fête de l'aviation à Moscou-Domodedovo en 1967, le "Foxbat A" qui pesait 37 tonnes entra en service en 1970 au sein de la VVS, et plus de 200 exemplaires ont été produits pour les besoins de la défense aérienne russe. Capable d'emporter quatre missiles Air-Air AA-6 "Acrid" et AA-8 "Aphid", et détenteur de plusieurs records mondiaux, le MiG-25 pouvait atteindre une vitesse de Mach 2,8 à plus de 24 000 mètres d'altitude sur une distance de seulement de 1 130 km, grâce à deux turboréacteurs Tumansky R-31 de 12 250 kgp de poussée unitaire. Jusqu'au 6 septembre 1976, les experts occidentaux ne le connaissaient qu'à travers ses records. À cette date, le pilote soviétique V. Belenko posa un "Foxbat" à Hakodate, au Japon. (Photo U.S. Navy)

UN TRANSFUGE SUPERSONIQUE

Le lundi 6 septembre 1976, c'est une matinée comme tant d'autres sur la base aérienne de Sakharovka, à 190 kilomètres au nord-ouest du grand port de Vladivostok. Comme chaque jour, le lieutenant pilote Viktor Ivanovitch Belenko vient prendre connaissance de ses instructions de vol dans la salle d'opération de son unité. Bardé de son équipement, il décide de ne pas prendre son gilet de sauvetage. "Inutile, aujourd'hui je ne survolerai pas sur l'océan" dit-il en s'adressant au sergent responsable des tenues de vol. Rien n'est plus faux...

Il a décidé de risquer le tout pour le tout. Partir ! Partir le plus loin possible. Quitter sa famille, son épouse Ludmilla et son fils Dimitri à peine âgé de trois ans. Le lieutenant Belenko n'est pas n'importe qui. À 29 ans, c'est l'élite de l'élite des pilotes de chasse russes, un des rares élus à pouvoir piloter la terreur des états-majors occidentaux : le terrible chasseur Mikoyan & Gurevitch Mig-25 surnommé Foxbat par l'OTAN, la fine fleur de la force aérienne de Brejnev.

Bientôt, il ne pourra plus reculer.

UN GÉANT DE 35 TONNES !

Le Foxbat est à l'époque le plus secret des avions de combat du Pacte de Varsovie, le plus redouté aussi.

Capable d'atteindre la vitesse effarante de Mach 3,2,

propulsé par deux gigantesques turboréacteurs Tumansky R-266 jumelés de plus de 10 tonnes de poussée chacun, le Produit n° 84, comme le désignent officiellement les officiers soviétiques, avec son aérodynamique taillée à coups de hache, n'a rien de vraiment attrayant.

Ce 6 septembre, une bonne vingtaine de Mig-25 sont alignés sur le tarmac. Tous ont reçu leur 14 tonnes de kérozène, leur 500 litres d'azote liquide, ainsi que l'oxygène nécessaire pour l'inhalateur du pilote. Belenko se dirige vers l'un d'entre eux, le numéro 31, grimpe les quatre mètres de l'échelle d'accès, et se glisse dans l'étroit cockpit avant de se brêler à son siège éjectable KM-1.

Devant lui, parmi les instruments du tableau de bord, un bouton spécial de couleur rouge marqué “Danger”. En cas d'atterrissage forcé en dehors de l'URSS, il doit appuyer sur ce bouton pour détruire une partie des organes électroniques du chasseur.

À 12 h 50, l'énorme monoplace supersonique décolle lourdement. Belenko est nerveux. Le Mig-25 gagne progressivement une altitude de 7 300 mètres, cap sur la zone d'entraînement n° 2, conformément aux instructions données par le contrôle au sol.

Quelques minutes plus tard, Viktor Belenko, d'une petite pression sur le manche, laisse descendre son appareil vers 5 800 mètres, avec le secret espoir que les contrôleurs radars ne s'en aperçoivent pas. Rien, silence radio ! Tout marche comme sur des roulettes. Le jeune lieutenant décide alors de jouer le tout pour le tout ! Il pique droit devant lui, vers le fond d'une vallée, et ne redresse qu'à une trentaine de mètres du sol. À cette altitude, il sait que les radars ne peuvent pas le détecter, et qu'il est hors de portée des missiles Sol-Air et des canons de la DCA de l'Armée rouge.

Dans un bruit de tonnerre, le Foxbat file dans la vallée pendant au moins deux minutes, pour déboucher sur la mer du Japon, cap au 110, en direction de l'île d'Hokkaïdo.

Aussitôt, Belenko émet un signal de détresse faisant ainsi croire à l'imminence d'un "crash", avant de couper toutes les émissions radio et radar de son Mig.

Rasant la crête des vagues à pleine vitesse, il évite de justesse des navires de pêche. Ses réserves de kérosène s'épuisent à vue d'œil. La mort dans l'âme, il décide de grimper à une altitude plus économique.

Mais à 5 700 mètres d'altitude, il est en plein dans les faisceaux des radars de veille japonais et soviétiques.

À 13 h 11 locales, il apparaît sur les écrans de contrôle de quatre stations radars japonaises, à environ 320 kilomètres à l'ouest d'Hokkaïdo. L'alerte est donnée. Vers 13 h 20, le commandant de la base aérienne de Chitose AB, près de Sapporo, fait décoller sur alerte deux F-4EJ Phantom II du 2e Air Wing de la Japan Air Self Defense Force.

Deux minutes plus tard, le Mig-25 pénètre dans l'espace aérien du Japon. Le pilote soviétique se demande alors comment faire pour prendre contact avec les chasseurs qu'il devine lancés à ses trousses, sa radio ne disposant que d'une bande de fréquences extrêmement étroite.

Il est 13 h 26 et toujours aucun intercepteur en vue. Belenko décide d'entamer une percée dans la couche nuageuse pour trouver le sol. Sur les écrans du contrôle radar c'est la stupéfaction : le spot du Mig a disparu ! Les deux Phantom uniquement guidés du sol perdent du coup trace de cet étrange visiteur, et sont obligés d'abandonner la poursuite...

SIX MINUTES DE CARBURANT !

Le lieutenant Belenko sort de la couche à environ 550 mètres d'altitude. Toujours aucun chasseur japonais dans les parages.

Viktor effectue alors un rapide relèvement. Chitose AB est situé au nord-est de sa position, au centre de l'île, en arrière d'une chaîne montagneuse dissimulée par une couronne de nuages. Si la chance l'accompagne, il pourra y parvenir. Mais ses jauges de réservoirs lui indiquent qu'il ne lui reste que de 16 à 18 minutes de temps de vol, tout au plus. C'est court, très court. Si il échoue, il ne sera pas possible de sauver le Mig-25, et il ne lui restera plus qu'à s'éjecter.

À 13 h 42 précises, deux voyants rouges de la planche de bord s'allume : plus que six minutes de kérosène.

Le pilote soviétique les déconnecte l'un après l'autre. Les secondes s'égrènent et le temps lui semble une éternité. Jauge à zéro ! Il ne lui reste plus qu'environ deux minutes de vol.

ASILE POLITIQUE

Le Mig-25 glisse au-dessus de l'île d'Hokkaïdo, en quête d'un éventuel terrain de secours. Plus question d'atterrir à Chitose. Soudain, Belenko fixe son regard sur un aérodrome. Il s'agit de l'aéroport civil d'Hakodate. La piste semble relativement courte, près du tiers de celle habituellement nécessaire pour un MiG-25. Tant pis ! Il n'est plus temps de se poser de questions : il faut limiter les dégâts au maximum lors du toucher des roues.

Le Foxbat effectue une finale rapide, à près de 400 km/h. Dès le toucher des roues, Viktor largue son parachute-frein et, par pressions successives sur ses palonniers, tente de freiner la course infernale de son appareil.

Un des pneus du train avant éclate à cause de la brutalité du freinage. Le biréacteur poursuit sa course ainsi sur 240 mètres avant de renverser une antenne ILS en bout de piste, et de s'immobiliser sur l'herbe. Viktor Belenko pousse un soupir de soulagement : il a réussi !

Complètement éberlué, un fonctionnaire civil japonais se dirige vers l'avion et s'adresse dans un russe approximatif au pilote qui vient d'ouvrir sa verrière : "Vous... Vous êtes égaré ?"

"Non, j'ai atterri ici volontairement... Je demande l'asile politique aux États-Unis ! Mettez des gardes autour de mon avion et téléphonez aux autorités américaines !..." lui retorque Belenko.

Dans les heures qui suivent, le pilote de chasse soviétique est emmené sous bonne escorte à la prison maritime de Tokyo où il passera plusieurs jours. Pendant ce temps, le Kremlin exerce des pressions terribles sur le gouvernement nippon. Non seulement les Russes exigent la restitution du Mig-25, mais aussi l'expulsion vers l'URSS de son pilote. Les vols d'intimidation, au plus près de l'espace aérien japonais, se font incessants. Les arraisonnements de bâtiments de pêche japonais ne se comptent plus.

Finalement, le gouvernement nippon autorisera les services de renseignements US à examiner en toute tranquillité le Mig-25. Ils auront un bon mois pour le faire, à la condition de porter des vêtements civils et de travailler en étroite collaboration avec les services de renseignements japonais.

Quant à Belenko, il sera transféré à Washington DC via Los Angeles où il sera pris en charge par des agents de la CIA.

Il fut longuement interrogé. Le lieutenant Viktor Belenko livra tout ce qu'il savait. Le Mig-25 n'eut bientôt plus de secret pour les Occidentaux. Il apparut que l'Occident avait moins à craindre de cet avion de chasse que des efforts faits par l'URSS en matière d'armement nucléaire et de suprématie militaire.

Quant au lieutenant Viktor Ivanovitch Belenko, il est devenu un des principaux conseillers techniques de l'US Air Force, et vit actuellement aux USA, sous sa nouvelle... identité !

Les photos du "Crash" du Salon du Bourget, le jeudi 8 juin 1989, à 15 h 45 :
Le pilote d'essai Anatoly Kvotchur s'éjecte in-extremis de son MiG-29 "Fulcrum A" monoplace qui arbore le numéro d'ordre 303. Le chasseur de supériorité aérienne baptisé "Fulcrum" selon la nomenclature de l'OTAN était destiné à remplacer les MiG-21 et MiG-23. Finalement, c'est en juillet 1986 que les occidentaux découvrirent réellement le MiG-29 à l'occasion de la venue de cet appareil en Finlande. Propulsé par deux turboréacteurs Tumansky R-33D de 8 600 kgp, et capable de voler à Mach 2,3 jusqu'à 12 000 mètres d'altitude, cet avions de combat de la nouvelle génération pèse quelques 16 tonnes et en plus d'un canon interne de 30 mm, peut emporter six missiles Air-Air R-23 "Apex", R-60 "Aphid" et AA-10. Considéré comme l'un des chasseurs les plus performant des forces aériennes soviétiques, le MiG-29 fut présenté officiellement à l'Ouest le 3 septembre 1988 au salon de Farnborough, en Grande Bretagne. Plus de 450 MiG-29 sont opérationnels au sein des VVS. (Photos Bernard Thouanel)

ULTIME ÉJECTION

Trente-huitième édition du Salon de l'aéronautique et de l'espace du Bourget. C'est la fièvre des grands jours. Un salon marqué, en cette année 1989, par la présence massive de treize appareils soviétiques dont le plus gros avion du monde, le gigantesque Antonov An-225 Mriya, porteur de la navette spatiale Bourane et surtout, pour la première fois, d'avions et d'hélicoptères de combat dont on ne sait pratiquement rien.

En ce matin du 5 juin 1989, le "Show rouge" débute avec l'arrivée sur le parking du Bourget de deux chasseurs bidérives Mikoyan Gurevitch Mig-29 Fulcrum et Mig-29UB. L'un, monoplace n° 303, est piloté par Anatoly Kvotchur ; l'autre, biplace n° 304, par Roman Taskaev avec en place arrière Youri Ermakov, ingénieur navigateur anglophone.

Dans le milieu de l'après-midi, les premières "nouveautés" russes tant attendues font leur apparition dans le ciel de l'Île-de-France. Après deux biréacteurs Sukhoï d'attaque au sol Su-25 Frogfoot monoplace et Su-28 biplace, c'est au tour de deux intercepteurs Sukhoï Su-27 Flanker de se poser en provenance directe de Moscou. Du jamais vus en Occident !

Dès le lendemain, c'est l'examen de passage devant le BPV (Bureau de présentation en vol). Avec le Su-27, on découvre une nouvelle figure acrobatique surnommée "Cobra de Pougatchev" qui restera unique dans les annales de l'aéronautique. L'ambiance est au "Top Gun Rouge" ! Au cours du briefing général réunissant tous les pilotes de démonstration, Kvotchur demande à réaliser son passage basse vitesse et haute incidence en dessous de l'altitude minimale des démonstrations, fixée à 500 pieds. Claude Martin, alias "Jupiter", directeur des vols du salon et lui aussi pilote d'essai, refuse tout net.

CRASH D'UN MIG

Le jeudi 8 juin à 15 h 42, le pilote d'essai lituanien Anatoly Kvothchur décolle aux commandes du Mig-29 monoplace pour un show de cinq minutes. Pendant 2 minutes 50, le biréacteur de combat évolue bruyamment dans le ciel du Bourget, sous les yeux des journalistes, à qui cette première journée du salon est réservée. Il enchaîne toutes les figures de son programme, dont une spectaculaire boucle carrée, et se présente en passage cabré à l'issue d'un virage de 180°. Il observe scrupuleusement les minima imposés par le BPV, à un peu plus de 500 pieds d'altitude, au-dessus de la partie gauche et dans l'axe de la piste 03. Le Mig-29 vole alors à basse vitesse, le nez en l'air, à grande incidence, et à une vitesse d'environ 180 km/h. Kvotchur entend ainsi démontrer l'étonnante maniabilité de sa machine avant d'entamer une montée en chandelle. Au moment d'enclencher la postcombustion, le régime moteur commence à monter puis, deux secondes plus tard, la vitesse de rotation du réacteur Isotov droit se met à diminuer brusquement. D'importantes vibrations se font ressentir, un phénomène caractéristique de la détérioration des pales du compresseur.

"C'est comme si un objet freinait la roue d'entrée du compresseur..." songe alors A. Kvotchur, à qui ce genre d'incident n'est jamais arrivé en essais.

COMPRESSEUR HORS SERVICE

Aussitôt, le compresseur à neuf étages du turboréacteur RD-33 entre en "pompage" et décroche. Quatre secondes après la remise des gaz, le moteur s'arrête complètement. Les ouïes de l'entrée d'air additionnelle droite se referment. Une courte flamme orange jaillit de la tuyère. Dans le cockpit, Anatoly Kvotchur attend que le dispositif automatique de réallumage-réacteur s'enclenche, et s'efforce de maintenir son cap et son altitude.

"Pourvu que le Mig ne se dirige pas vers le public..." pense-t-il tout haut, en notant que ses paramètres moteur s'effondrent. Le Mig-29, désormais en poussée asymétrique, décroche lentement par la droite... Dans l'avion, Kvotchur fait un rapide diagnostic après avoir vainement tenté de récupérer le Mig et de le faire basculer vers la gauche.

"Aïe ! Je me dirige maintenant tout droit vers la foule massée à droite de la piste !" s'exclame le pilote russe, sentant son avion partir en abattée. Mais le Mig-29 glisse alors sur la tranche avant de passer en piqué inversé sur le dos à 80°...

"Inutile..." se dit Kvotchur qui comprend que le "crash" est inévitable compte tenu de l'altitude très faible (à peine 160 mètres de hauteur) à laquelle le Fulcrum vient de décrocher.

"Le Mig va se "crasher" assez loin des hangars et du public ! Je m'éjecte !"

Deux secondes et quelques centièmes avant l'impact, de la main gauche, Anatoly Kvotchur saisit énergiquement la poignée basse de son siège Severin K-36D et s'éjecte in extremis à... 92 mètres de hauteur seulement. L'éjection s'effectue sous un angle de 45°, pratiquement hors du domaine théorique de son siège "zéro-zéro". La mise à feu du moteur-fusée intervient un tiers de seconde après l'éjection de la canopée.

Les deux bras télescopiques de freinage se déploient et stabilisent le siège en position "face au sol". À son tour, le parachute s'extirpe mais, la hauteur est trop faible. Il se déploie à peine pour ralentir la chute du pilote qui prend brutalement contact avec l'herbe à près de 11 m/s (soit 40 km/h). À moins de trente mètres de là, le Fulcrum explose dans une grande boule de feu après s'être littéralement planté dans le sol, en bordure gauche de la piste 03-21.

Quant au siège K-36 vide, il vient se fracasser à terre à moins de trois mètres. Tout s'est passé si rapidement que, du chalet soviétique d'Aviaexport à la tour de contrôle, en passant par les exposants et leurs invités, personne n'arrive à réaliser ce qui vient de se passer. Vu de loin, le drame paraît inconcevable.

UN ŒIL AU BEURRE NOIR

Avec le bruit ambiant, le "crash" du Mig-29 a été quasi-étouffé. Et c'est à peine s'il reste une maigre colonne de fumée noire montant du lieu de l'accident. Le Mig emportait peu de kérosène pour sa démonstration et le foyer de l'incendie s'est réduit de lui-même à la dimension de l'épave d'où ne dépassent plus que les ailes cassées et les dérives tordues et roussies par les flammes.

Kvotchur gît inanimé près de son siège qui s'est pulvérisé en tombant, évitant de quelques mètres seulement le pilote dont le parachute ballonne faiblement dans le vent. Les présentations sont aussitôt suspendues. L'Il-96-300 qui s'alignait sur la piste 03 doit revenir au parking. Les pompiers de Dugny, qui sont arrivés 40 secondes après la chute de l'appareil, noient l'épave en feu sous des flots de neige carbonique.

Personne n'ose penser que le pilote ait pu survivre à une telle éjection. Et pourtant, le miracle s'est produit ! Anatoly Kvotchur n'est que légèrement blessé. Complètement "sonné" par sa chute sur le dos, il ne souffre que de légères contusions et d'un traumatisme au ventre.

Seule blessure visible – qu'il portera comme une signature durant toute la durée du salon – une grosse ecchymose sur l'arcade sourcilière légèrement fendue par son masque à oxygène... C'est tout ! Une chance incroyable !

Par précaution, un hélicoptère l'évacuera quand même sur l'hôpital de Bégin, à Vincennes.

DES RESTES D'OISEAU...

Quelques jours plus tard, le mardi 13 juin, une conférence de presse sera organisé dans la soute du gigantesque Antonov An-225, en compagnie de Claude Martin. Anatoly Kvotchur, souriant et gêné devant les journalistes, avouera ne s'être jamais éjecté en douze années de carrière de pilote d'essai. Quant aux causes de l'accident, l'enregistreur des paramètres de vol envoyé à Moscou pour décryptage ne révélera rien de décisif.

L'enquête franco-soviétique amènera à supputer une extinction réacteur, suite à l'ingestion d'un corps étranger, vraisemblablement un oiseau en vol. Les analyses au spectromètre faites sur les pièces du moteur révéleront la présence de composés organiques et des traces de plumes brûlées collées aux parois du réacteur. Quant aux démonstrations en vol du Fulcrum, il n'était pas question de les arrêter, puisqu'à aucun moment le pilote russe n'avait franchi les limites définies dans son plan de vol. Elles seront reprises dès le dimanche suivant par Roman Taskaïev à bord du biplace Mig-29 UB.

Ramené à l'ambassade d'URSS à Paris, Kvotchur téléphonera à l'ingénieur en chef Mikhail Waldenberg :

“Camarade ! Je suis en pleine forme maintenant ! Peux-tu m'autoriser à voler de nouveau au Bourget ?

– Niet ! Niet ! Niet !” rétorque Waldenberg. Tu devras attendre quelques jours !”

La chance en russe se dit “Oudatcha” ! Et Anatoly Kvotchur n'en a vraiment pas manqué ce jour-là...

Grâce à sa voilure à géométrie variable, le Grumman F-14A "Tomcat" est un des meilleurs avions de combat embarqué du monde. Lorsqu'il entra en service dans l'U.S. Navy en octobre 1972, le F-14 s'imposa aussitôt comme un appareil exceptionnellement bien adapté pour les opérations à partir de porte-avions, grâce à sa maniabilité (deux réacteurs à double flux Pratt & Whitney TF30-P-412A de 9 480 kgp de poussée unitaire pour une vitesse de Mach 2,34 à plus de 15 240 mètres d'altitude) et sa robustesse (33 tonnes). Chargé d'assurer la couverture aérienne à longue distance de la flotte américaine, le F-14 biplace dispose d'un armement redoutable (1 canon rotatif interne de 20 mm et diverses combinaisons de missiles Air-Air de types AIM-54 "Phoenix", AIM-7 "Sparrow" et AIM-9 "Sidewinder"). Plus de 400 exemplaires seraient en encore en service actif. (Photo DOD)

PRISONNIERS DU DÉSERT

Lundi 21 janvier 1991. Quatrième jour de la guerre du Golfe. Près de 8 000 missions de combat ont déjà été effectuées sur l'Irak par les forces aériennes de la coalition.

Ce matin-là, très tôt, vers 6 h 10, au large des côtes saoudiennes en mer Rouge, un intercepteur Grumman F-14A Tomcat de l'escadron VF-103 "Sluggers" est catapulté du pont du porte-avions USS Saratoga. À bord du F-14A n° 212, deux jeunes officiers vont connaître le baptême du feu : le lieutenant Devon Jones et son navigateur opérateur du système d'armes, le lieutenant Lawrence R. "Rat" Slade, 26 ans. Ils doivent couvrir la mission d'attaque d'un EA-6B Prowler quadriplace de l'escadron de guerre électronique embarquée VAQ-132.

Une mission de routine, tandis que plusieurs A-6 Intruder effectuent un raid de bombardement tactique sur l'important terrain H-1, situé à la périphérie de la ville d'Al Asad, à 50 nautiques à l'intérieur de l'Irak.

Après un ravitaillement en vol rendu difficile à cause de l'obscurité et des turbulences, les deux avions de combat se voient contraints de grimper à près de 30 000 pieds du fait de la couche nuageuse. Comme prévu au briefing, le Prowler lance un missile AGM-88 (HARM) anti-radar à 45 nautiques de son objectif puis procède préventivement à une phase de saturation des fréquences radio irakiennes et à un brouillage électronique systématique des radars adverses. Quelques minutes plus tard, en l'absence d'une quelconque activité hostile, les deux appareils virent sur leur gauche, cap retour vers l'USS Saratoga. Tout à coup, l'avertisseur de menace missile Sol-Air retentit dans le cockpit en tandem du Tomcat.

“C'est un vieux SA-2, comme ceux utilisés au Vietnam... juge le lieutenant Devon Jones qui, tout en poussant les manettes de puissance en avant, cabre et engage aussitôt un tonneau en virage serré, une des manœuvres évasives préconisées pour échapper à l'autodirecteur de ce type de missile. Mais cette fois-ci, pas de chance, le missile ne décroche pas...

VRILLE À PLAT

Jones est en vol trois-quarts dos lorsqu'il voit le SAM jaillir des nuages. Soudain, un éclair blanc suivi d'une forte détonation frappe le biréacteur dans son secteur arrière, au niveau des deux dérives.

Devon Jones tente de remettre son masque à oxygène, arraché par la secousse. De plus, l'intercom ne fonctionne plus. Gravement touché, le Tomcat décroche et s'engage violemment dans une vrille à plat.

“Je ne peux pas reprendre le contrôle de mon “Bird” ! crie Jones, arc-bouté sur son manche et littéralement plaqué contre la canopée. Impossible de lire mes instruments de bord...”

À l'arrière, le lieutenant Slade n'est pas mieux loti. Il parvient néanmoins à lire son altimètre qui affiche 24 ou 26 000 pieds et se saisit, au prix de quelques contorsions, de la poignée basse de son siège éjectable à fusée Martin-Baker GRU-7A.

“J’attends jusqu’à 15 000 pieds avant de déclencher notre éjection automatique simultanée !” décide Slade, toujours poussé en avant par la force centrifuge.

L’éjection se passe sans problèmes. La dernière chose que voit le lieutenant Larry Slade, c’est l’aiguille de l’altimètre qui indique 10 200 pieds. Les deux officiers restent conscients pendant toute la séquence d’éjection jusqu’à la séparation-siège. Ils subissent le choc du vent glacial puis c’est l’ouverture de leurs parachutes respectifs. La descente semble longue dans l’obscurité. L’équipage du Prowler, qui a vu le F-14 spiraler en crachant de la fumée, donne l’alerte. Slade, suspendu sous son énorme corolle de soie, distingue le parachute ouvert de son équipier. Par réflexe, il extirpe de sa poche un émetteur-récepteur PRC-112 avec ADF incorporé, et appuie sur le bouton de transmission calé sur la fréquence de détresse :

“Mayday, Mayday ! “Slate 46” a été abattu !” hurle le navigateur. Mais son casque l’empêche d’entendre la réponse d’un des contrôleurs de l’AWACS. Plus bas, le Grumman F-14 percute le sol dans une grosse boule de flammes, tandis que les deux hommes, poussés par le vent, descendent à travers les nuages... Les doigts brûlés et trop engourdis par le froid, Devon Jones ne prend pas le risque de se saisir de sa radio. Il s’agrippe à ses suspentes et voit à son tour, à quelque 150 mètres sur sa gauche, le parachute de Larry Slade. Lentement, les deux hommes s’enfoncent dans les nuages...

PERDU EN TERRITOIRE ENNEMI

“Le sol doit être à 8 000 pieds plus bas, comme en Arabie Saoudite !” estime D. Jones tandis que son parachute sort de la couche. Erreur ! En réalité, le sol se situe à... 150 pieds ! Il

Surnommé "Le Tueur de Chars" ou "Warthog" (phacochère), l'avion d'attaque Fairchild Republic A-10A " Thunderbolt II "a été conçu au début des années soixante-dix comme un avion de combat destiné à soutenir les forces terrestres dans un conflit classique. Propulsé par deux réacteurs carénés General Electric TF34-GE-100 et très protégés, ce monoplace de 23 tonnes (son pilote est assis dans une véritable baignoire blindée en titane) dispose d'un terrible canon rotatif GAU-8A de 30 mm pouvant tirer 4 200 coups à la minute avec des obus en uranium appauvri pouvant transpercer les blindages les plus épais. Le "Thunderbolt II" peut également larguer plus de huit tonnes de bombes et de missiles de divers types, en plus d'un rayon d'action de 990 km et d'une autonomie de plus de deux heures de vol. 713 exemplaires ont été mis en service au sein de l'USAF. (Photo DOD)

fait tellement sombre qu'il lui est impossible d'estimer la hauteur du relief. Tout va très vite. L'arrivée sur la terre ferme surprend le pilote américain. Le sol est incroyablement dur.

"Boy ! Quel choc ! s'exclame-t-il en se relevant, gêné dans ses mouvements par son équipement. J'avais oublié que ce kit de survie est diablement lourd..."

À une dizaine de kilomètres plus au sud, une lueur rougeoie : l'épave du F-14 qui brûle.

"Je vais probablement être fait prisonnier de guerre..."

songe le malheureux pilote dans un moment de désespoir. “Ma famille... Ils vont être fous d’inquiétude. Et les Irakiens ? Ils vont peut-être me torturer, m’arracher les ongles ou que sais-je encore ?” Devon se ressaisit, puis replie en boule la toile orange et blanc de son parachute pour la dissimuler. Un coup d’œil rapide autour de lui : pas de trace de son navigateur. Puis, il prend son poste radio portatif :

“Ici Slate 46 ! Je suis au sol. Tout est OK ! transmet-il sur la fréquence de secours. Je me dirige vers l’ouest...”

Une feinte pour semer la confusion chez les Irakiens, sans doute à l’écoute. Jones espère s’éloigner le plus possible de la périphérie d’Al Asad et, suit le sens de la fumée du crash pensant que les vents dominants soufflent d’ouest en est.

Aux premières lueurs du jour, vers 7 h 30, le lieutenant Devon Jones réalise son erreur et fait demi-tour en direction de la zone SAR (Search And Rescue). En cours de route, le jeune pilote se débarrasse de son casque trop voyant, et le recouvre de poussière.

Précaution bien inutile car il laisse derrière lui des empreintes de pas bien visibles.

Hormis quelques traces d’animaux ainsi que de pneus de véhicules, il n’y a pas âme qui vive dans la région. Tout est plat, aride, inhospitalier. Pas la moindre végétation, pas le moindre monticule. Après deux heures et demie de marche, le lieutenant s’inquiète de n’entendre aucun bruit d’avion ni d’hélicoptère, ni surtout aucun appel de son navigateur, le lieutenant Larry Slade, malgré les messages répétés sur sa radio portative. Les équipes de secours occidentales le recherchent en fait à quelque 50 kilomètres plus au sud.

Il est déjà 9 heures du matin, lorsque un étrange objet cylindrique de couleur bleue apparaît à l'horizon : c'est une citerne d'eau d'environ six mètres, posée à même le sol le long d'une route. Exténué, Jones décide de s'arrêter là, environ 900 mètres à l'est de l'étrange réservoir, bien dissimulé par un monticule. Se servant de ses deux mains brûlées et blessées dans l'éjection, le pilote commence alors à creuser un trou d'homme de près d'un mètre de profondeur à l'aide de son poignard de survie. Au-dessus de lui, la couche nuageuse se morcelle, laissant poindre quelques rayons de soleil. Jones se dépêche d'enterrer tout son équipement, harnais, boucles métalliques, sauf son pantalon anti-g. Il se glisse dans le trou, se recouvre de poussière et de sable, pose son petit émetteur-récepteur sur le rebord et attend. Une heure et demie plus tard, le bruit de deux Jets militaires filant à haute altitude le fait sursauter.

"Deux avions irakiens ? s'interroge le pilote de l'US Navy. Ils repassent... Non. Probablement deux F-15 lancés à ma recherche en mission RESCAP."

Puis un autre bruit, plus inquiétant. C'est celui d'un moteur qui se rapproche à l'ouest. Un gros camion bleu s'arrête à la hauteur de la citerne. Deux hommes en descendent, puis repartent quelques minutes plus tard.

Jones songe un instant à voler le véhicule. Mais il ne veut prendre aucun risque car son calibre 38, qui a séjourné dans le sable, risque de s'enrayer.

"Bah ! se dit Devon. Au moins, ici, je ne risque pas de mourir de soif !"

THUNDERBOLT À LA RESCOUSSE

Les heures passent, interminables. Assis dans son trou, le jeune pilote tremble à la fois de froid et de peur, tout en se protégeant du soleil. Soudain, il sent comme un mouvement sur son épaule gauche : un scorpion noir ! Il a beau être minuscule, son redoutable aiguillon est suffisant pour tuer un homme en quelques minutes.

“Saleté d’insecte !” enrage le lieutenant, qui d’un geste l’expédie quelques mètres plus loin avant de l’écraser à grands coups de talon.

Il est 12 h 05 lorsque Jones reprend l’écoute sur la fréquence SAR 2828 comme il le fait toutes les heures, pendant un créneau de dix minutes. Et là, contre toute attente, une voix américaine crachote :

“Slate 46, me recevez-vous ?”

– Je... Je suis OK ! Mais qui êtes-vous ? Où êtes-vous ? répond Devon, angoissé.

– Je vous entends faiblement. Procédure d’identification en cours. Restez sur écoute, je me rapproche pour mieux vous localiser... répond la mystérieuse voix, qui apparemment se sert d’un radiocompas directionnel.

– O.K. poursuit-il. Je vais lancer un leurre thermique. Je me dirige cap au nord. Observez dans votre secteur sud et donnez-moi votre position par rapport à l’épave.

– À environ une vingtaine de kilomètres au nord du point de “crash”, à 900 mètres à l’est d’une grande citerne métallique bleue... précise imprudemment Devon Jones, ignorant que les militaires irakiens sont à l’écoute...

– Vous pouvez confirmer votre type d'appareil ? C'est bien un H-53 ? demande Jones.

– Négatif ! Je vole à 18 000 pieds… rétorque sèchement la voix américaine.

Un bruit de jet parvient aux oreilles du lieutenant Jones, mais pas de trace de fusée dans le ciel.

“Attendez, je vais en lancer un autre à basse altitude, comme ça vous pourrez me voir… Mon indicatif est Sandy 57.”

Cette fois, non seulement Jones aperçoit l'éclat du leurre thermique, mais reconnaît instantanément la silhouette caractéristique d'un redoutable tueur de chars : un Fairchild A-10A Thunderbolt II. Comme prévu, le biréacteur effectue une passe à 20 mètres de hauteur, quasiment à sa verticale, tandis qu'un deuxième A-10 circuite à bonne distance. Il s'agit du capitaine Randy Goff et de son ailier, le capitaine Paul Johnson du 354th TFW de l'US Air Force.

“J'ai inséré vos coordonnées dans ma centrale inertielle. ajoute le pilote du “Warthog”. Je dois me ravitailler en kérozène… Coupez maintenant votre transmission, je serai de retour dans trente minutes avec les hélicos…”

RÉCUPÉRATION À HAUT RISQUE

Entre-temps, les hélicoptères de recherche et de sauvetage américains ont décollé du terrain frontalier d'Arar. L'alerte a été donnée côté irakien et plusieurs Mig viennent à leur rencontre. Mais ils doivent faire face à une patrouille de F-15 et, en état d'infériorité, ils rebroussent chemin.

Au sol, les événements se précipitent. Un autre camion, manifestement à la recherche du pilote abattu, revient près de la citerne. Son conducteur ne voyant rien poursuit son chemin. À peine, a t-il disparu que les deux Thunderbolt II se font à nouveau entendre sur la fréquence 2828.

"Sandy 57 à Choppers. Sommes à 30 nautiques du point de rendez-vous. Slate 46, prenez votre miroir et orientez le vers le sud. Un hélico se dirige vers vous à 15 nautiques d'ici..."

Quelques minutes après, les deux A-10 cerclent comme de gros bourdons au-dessus de la tête du lieutenant Devon Jones qui attend l'hélicoptère. Tout à coup, un bruit lui fait tourner la tête : un gros nuage de poussière se soulève au-dessus de la route à quelque 600 mètres plus au sud.

"God ! Un camion militaire fonce droit vers moi. Les troupes irakiennes ! s'exclame paniqué le jeune Lieutenant. Je suis perdu..."

"On dirait qu'il y a un véhicule hostile en mouvement sur la route. Allons-y !" ordonne le leader des A-10 "Sandies". Les deux Fairchild virent sec puis alignent le camion, ne lui laissant aucune chance. Deux passes à 30 mètres du sol, en "straffing", et deux courtes rafales de leur canon rotatif Avenger de 30 mm suffisent à réduire le camion irakien et ses occupants en un tas de ferraille surmonté d'un nuage de flammes et de poussière... à 100 mètres à peine du pauvre lieutenant !

Dans un grand tourbillon de sable, un énorme Sikorsky MH-53J "Pave Low III" se pose à environ 20 mètres de lui. Plusieurs commandos des forces spéciales de l'USAF (SOS), armés jusqu'aux dents, sautent aussitôt à terre. Le lieutenant Jones ne demande pas son reste et jaillit de son trou pour s'engouffrer par la rampe arrière.

Le gros hélicoptère, camouflé sable et marron, redécolle alors en direction la base avancée d'Aj Jouf, située à plus de 225 kilomètres de là, sur la frontière saoudienne. Le vol aller-retour aura duré trois heures, à seulement 6 mètres de hauteur, afin d'échapper aux radars irakiens encore opérationnels. Une première pour un raid en profondeur.

AUX MAINS DES IRAKIENS

L'étonnante mission de récupération du lieutenant Devon Jones aura duré près de huit heures. Les deux pilotes des A-10, les capitaines Paul Johnson et Randy Goff du 354th TFW de Myrtle Beach AFB (Caroline du Sud), recevront respectivement l'"Air Force Cross" et la "Distinguished Flying Cross" en récompense de leur périlleuse mission (huit heures de vol et deux ravitaillements en vol).

Le lieutenant Devon Jones ralliera le porte-avions USS Saratoga à bord d'un S-3B Viking et reprendra, quelques jours plus tard, les commandes d'un F-14 Tomcat pour totaliser 30 sorties opérationnelles à l'issue du conflit. Quant au lieutenant Larry Slade, il n'aura pas la même chance que son équipier pilote. Capturé, après trois heures et demie de marche, par deux soldats armés de fusils d'assaut AK-47, il passera six semaines dans les geôles de Saddam Hussein. Il y subira d'interminables interrogatoires et de nombreuses tortures physiques. Il sera libéré en Jordanie le 4 mars 1991, à l'issue de la guerre du Golfe...

SOMMAIRE

LES PIONNIERS (1906-1930)

SECONDE GUERRE MONDIALE (1940-1944)

AVIATION CIVILE CONTEMPORAINE (153-1994)

AVIATION MILITAIRE CONTEMPORAINE (1947-1991)

Dans la collection
HISTOIRES
AUTHENTIQUES
aux Éditions Altipresse

De Jean-Pierre OTELLI

FRISSONS DANS LE CIEL

CATASTROPHES AÉRIENNES

LES MIRACULÉS DU CIEL

LE SECRET DES BOÎTES NOIRES

PILOTES
de Germain CHAMBOST et Jean-Pierre MITHOIS

Achevé d'imprimer en décembre 1999
sur presse Cameron
par ***Bussière Camedan Imprimeries***
à Saint-Amand-Montrond (Cher)

N° d'impression : 995532/1.
Dépôt légal : janvier 2000.
Imprimé en France

Le Treizième Conte

Titre original :
The Thirteenth Tale

Collection Feux Croisés

ISBN édition originale : 978-0-7528-7573-6, Orion House, Londres.
ISBN Plon : 978-2-259-20544-5

Diane Setterfield

Le Treizième Conte

Traduit de l'anglais
par Claude et Jean Demanuelli

OMNIA · LABOR · IMPROBVS · VINCIT

FEUX CROISÉS
PLON
www.plon.fr

À la mémoire de
Ivy Dora et Fred Harold Morris,
Corina Ethel et Ambrose Charles Setterfield.

« Tous les enfants construisent un mythe autour de leur naissance. C'est là un trait universel. Vous voulez comprendre quelqu'un ? Son cœur, son esprit, son âme ? Demandez-lui de vous parler de sa naissance. Ce que vous obtiendrez ne sera pas la vérité, mais une histoire. Et rien n'est plus révélateur qu'une histoire. »

Vida WINTER, *Contes de la métamorphose et du désespoir.*

DÉBUTS

La lettre

On était en novembre. Il n'était pas encore très tard, et pourtant le ciel était déjà sombre quand j'empruntai Laundress Passage. Père avait fini sa journée : il avait éteint les lumières du magasin et fermé les volets ; mais, de manière à ce que je ne rentre pas dans l'obscurité la plus totale, il avait laissé allumée l'ampoule éclairant l'escalier qui menait à mon appartement. À travers la porte vitrée, celle-ci dessinait un grand rectangle pâle sur le trottoir humide, et c'est au moment où je me tenais là, m'apprêtant à tourner la clé dans la serrure, que je vis la lettre pour la première fois. Autre rectangle blanc qui, sur la cinquième marche en partant du bas, ne pouvait passer inaperçu.

Je refermai la porte et déposai la clé du magasin à sa place habituelle, derrière les *Principes supérieurs de géométrie* de Bailey. Pauvre Bailey ! En trente ans, personne n'a jamais réclamé son gros livre gris. Il m'arrive de me demander comment il réagirait à son rôle de gardien des clés de la boutique. Je ne pense pas que ce soit là le destin auquel il ait rêvé pendant les deux décennies qu'il lui a fallu pour rédiger sa grande œuvre.

Une lettre. Pour moi. Un véritable événement. L'enveloppe aux coins aigus, gonflée de son contenu aux plis épais, portait une adresse dont la graphie avait dû poser quelques problèmes au facteur. Même si le style en était vieillot – majuscules aux lourdes arabesques et enjolivures bouclées –, ma première impression fut qu'elle était de la main d'un enfant. Les caractères ne semblaient pas totalement maîtrisés. Leur tracé irrégulier devenait soit invisible, soit, au contraire, griffait profondément le papier. Il n'y avait aucune continuité apparente dans l'agencement des lettres qui formaient mon nom. Chacune avait été exécutée séparément – *M A R G A R E T L E A* –, comme s'il s'était agi d'une entreprise redoutable qu'il fallait chaque fois recommencer. Mais je ne connaissais pas d'enfants. C'est alors que l'idée me vint : c'était là l'écriture d'un infirme.

La lettre ne fut pas sans me procurer un sentiment étrange. La veille ou l'avant-veille, tandis que je vaquais à mes occupations, tranquillement et en privé, un inconnu – un *étranger* – avait pris la peine d'inscrire mon nom sur cette enveloppe. Qui avait bien pu concentrer ainsi son attention sur moi, en catimini ?

Sans quitter manteau ni chapeau, je m'assis sur les marches. (Je ne lis jamais sans d'abord m'assurer que je suis en sécurité, et ce depuis l'âge de sept ans, depuis le jour où, assise sur un haut mur en train de lire *Les Enfants de la rivière**, j'avais été tellement fascinée par les descriptions du monde aquatique que, inconsciemment, je relâchai mes muscles. Au lieu d'être portée par l'eau qui baignait mon esprit avec tant de netteté, j'étais tombée et m'étais assommée. Je garde encore la marque de la cicatrice sous ma frange. Lire n'est pas sans danger.)

J'ouvris l'enveloppe et en sortis une liasse d'une demi-douzaine de feuillets, tous rédigés de cette même écriture laborieuse. Grâce à mon travail, je suis habituée à déchiffrer des manuscrits difficiles. De la patience et de la pratique : voilà tout le secret. Ainsi que la volonté d'entraîner l'œil à aller au-delà des apparences. Quand on parcourt un manuscrit endommagé par l'eau, le feu, la lumière ou tout simplement le passage du temps, l'œil se doit d'étudier non point seulement la forme des lettres, mais les autres signes de sa production. Vitesse de la plume. Pression de la main sur la page. Pauses et relâchements dans le flux. Il faut se détendre. Ne penser à rien. Jusqu'à ce qu'on se retrouve dans un rêve où l'on est tout à la fois la plume qui court sur le vélin et le vélin lui-même répondant au contact de l'encre sur sa surface. Ce n'est qu'à ce moment-là qu'on peut prétendre lire le manuscrit. Et sentir l'intention de l'auteur, ses pensées, ses hésitations, ses attentes et le sens qu'il cherche à donner à son texte. On peut alors lire aussi clairement que si l'on était la chandelle qui illuminait la page sur laquelle s'est hâtée la plume.

Non pas que cette lettre-là présentât, contrairement à d'autres, de grosses difficultés. Elle débutait par un assez sec « Mademoiselle Lea », suivi d'hiéroglyphes qui devenaient très vite des lettres, puis des mots, avant de former des phrases.

Voici donc ce que je lus .

* *The Water Babies*, roman de Charles Kingsley, publié en 1863. (*N d.T.*)

J'ai accordé autrefois une interview au Banbury Herald. *Il faudra que je la recherche un jour, pour la biographie. Curieux garçon qu'on m'avait envoyé là. Un gamin, en fait. De la taille d'un homme, mais dodu comme un enfant. Mal à l'aise dans son costume neuf. Marron et laid, taillé pour quelqu'un de bien plus âgé. Le col, la coupe, le tissu, rien n'allait. Le genre de costume qu'achèterait une mère pour un fils qui, au sortir de l'école, s'apprête à prendre son premier emploi, dans l'idée que, en grandissant, il finira bien par le remplir. Sauf qu'un garçon ne laisse pas son enfance derrière lui quand il quitte son uniforme d'écolier.*

Quelque chose dans son attitude retenait l'attention. Une certaine véhémence. Dès le moment où je l'ai vu, je me suis dit : « Oh, oh, que cherche-t-il, celui-là ? »

Je n'ai rien contre les gens qui aiment la vérité, si ce n'est qu'ils font de bien piètres compagnons. Du moins tant qu'ils ne se mettent pas à discourir sur le thème histoires et sincérité, comme certains. Ceux-là m'ennuient. Mais s'ils me fichent la paix, je ne leur veux aucun mal.

Ce n'est pas après les inconditionnels de la vérité que j'en ai, mais après la vérité elle-même. Quel secours, quelle consolation peut-on bien y trouver, quand on songe à ce qu'apporte une histoire ? De quelle aide peut bien être la vérité à minuit, dans l'obscurité, quand le vent hurle dans la cheminée comme un loup ? Quand les éclairs jettent des ombres sur le mur de la chambre et que la pluie griffe les vitres de ses ongles ? Non, quand la peur et le froid vous paralysent dans votre lit, n'espérez pas que la vérité, créature sèche et osseuse, vienne à votre secours. Ce dont vous avez besoin alors, c'est du confort moelleux d'une histoire. De la sécurité apaisante et propice au sommeil d'un bon mensonge.

Certains écrivains, c'est bien connu, détestent les interviews. Elles les énervent. « Toujours les mêmes vieilles questions », se plaignent-ils. Mais à quoi s'attendent-ils donc ? Les journalistes ne sont que des plumitifs. C'est nous autres écrivains qui faisons la vraie littérature. Ce n'est pas parce qu'ils s'obstinent à poser toujours les mêmes questions que nous sommes obligés, nous, de leur fournir toujours les mêmes réponses, si ? Après tout, inventer, c'est notre gagne-pain. C'est pourquoi je donne des dizaines d'interviews par an. Ce qui, au bout du compte, fait des centaines. Car je n'ai jamais été de ceux qui croient que le génie ne peut s'épanouir qu'à l'écart du monde. Mon génie à moi n'est pas si fragile qu'il veuille à tout prix éviter le contact des doigts sales des journaleux.

Au tout début, ils essayaient de me piéger. Ils faisaient leurs recherches, venaient me voir avec leur petit morceau de vérité camouflé au fond d'une poche, me le sortaient au moment jugé opportun, espérant me pousser à en révéler davantage. Il me fallait faire attention. Les guider doucement dans la direction que je voulais leur voir prendre, les attirer tranquillement, imperceptiblement, vers une histoire plus jolie que celle qu'ils avaient en tête. Opération toute de finesse. Leurs yeux se mettaient à briller, leur prise sur le petit fragment de vérité se relâchait, et celui-ci finissait par choir, abandonné au bord du chemin. Le succès était garanti. Une bonne histoire est toujours plus séduisante qu'un éclat de vérité.

Par la suite, quand je suis devenue célèbre, un entretien avec Vida Winter s'est transformé en une sorte de rite de passage pour les journalistes. Ils savaient plus ou moins à quoi s'attendre et ils auraient été déçus de partir sans leur histoire. Ils faisaient rapidement le tour des questions habituelles (D'où tirez-vous votre inspiration ? Vos personnages sont-ils créés à partir de modèles vivants ou ayant existé ? Quelle part de vous-même y a-t-il dans votre protagoniste ?), et plus mes réponses étaient brèves (De ma tête. Non. Aucune), plus ils appréciaient. Venait alors le moment qu'ils attendaient, ce pour quoi ils étaient là. Un air d'impatience songeuse gagnait leurs visages. Ils étaient semblables à des enfants au moment du coucher. Et vous, Miss Winter, disaient-ils, parlez-moi de vous.

Et je racontais. Des petites histoires simples, en fait, sans prétention. Quelques fils épars, tissés en un joli motif, un dessin évocateur par-ci, quelques paillettes par-là. Des lambeaux, pour tout dire, restés au fond de mon sac à chiffons. Où il y en avait comme ça des centaines. Fragments abandonnés de romans ou de nouvelles, idées d'intrigues jamais menées à bien, personnages mort-nés, décors pittoresques restés sans emploi. Chutes diverses suite à la relecture avant la publication. Il ne s'agit plus alors que de rabattre les bords, de rentrer les fils, et le tour est joué. Vous voilà avec une biographie flambant neuve.

Ils s'en allaient tout heureux, serrant leur bloc-notes dans leurs pattes comme des enfants quittent une fête d'anniversaire des friandises plein les mains. Ils auraient là quelque chose à raconter à leurs petits-enfants. « Un jour, j'ai rencontré Vida Winter, et elle m'a raconté une histoire. »

Bref, revenons au gamin du Banbury Herald. « Miss Winter, dites-moi la vérité », voilà ce qu'il m'a lancé. C'est quoi, ce genre de demande ? J'ai vu des gens concocter toutes sortes de stratagèmes pour me pousser à me révéler, et je les flaire à des kilomètres, mais ça ? Proprement ridicule. Enfin, à quoi s'attendait-il ?

Bonne question. À quoi s'attendait-il ? Ses yeux brillaient d'une fièvre impatiente. Il m'observait avec une grande attention Fureteur. Inquisiteur. Il cherchait quelque chose de tout à fait précis, j'en étais sûre. Son front luisait de transpiration. Dites-moi la vérité, voilà ce qu'il m'a lancé.

Je me suis sentie envahie d'une étrange sensation. Comme si mon passé renaissait, réveillant dans mon ventre les mouvements liquides d'une vie antérieure, qui auraient à leur tour fait courir une onde dans mes veines, avant d'envoyer de petites vagues clapoter à mes tempes. Quelle horrible agitation ! Dites-moi la vérité.

Sa demande, je l'ai retournée dans ma tête, en ai pesé les conséquences probables. Il me troublait, ce garçon, avec sa pâleur et ses yeux fiévreux.

« Entendu », ai-je répondu.

Une heure plus tard, il était parti. Un adieu vague, à peine audible, sans un regard en arrière.

La vérité, je ne la lui ai pas dite. Comment aurais-je pu ? Je lui ai raconté une histoire. Une petite chose exsangue, chétive. Sans éclat, sans paillettes, juste quelques pièces ternes et passées, aux bords effrangés, hâtivement assemblées. Le genre d'histoire qui a les allures de la vie réelle. Ou plus exactement de ce que les gens s'imaginent être la vie réelle, ce qui est somme toute assez différent. Pour quelqu'un doté de mon talent, il n'est pas facile de produire une telle histoire.

Je l'ai regardé depuis ma fenêtre. Il remontait la rue en traînant les pieds, les épaules voûtées, la tête baissée, chaque pas semblant exiger de lui un effort. Toute sa belle énergie, toute sa fièvre, tout son allant évanouis. Je les avais éteints. Non que je veuille prendre sur moi toute la responsabilité. Il lui appartenait aussi de ne pas me croire.

Je ne l'ai jamais revu.

Mais cette sensation que j'ai ressentie alors, cette agitation dans mon ventre, mes tempes, jusqu'au bout de mes doigts, elle a perduré. Elle revenait et repartait, au souvenir des paroles du garçon. Dites-moi la vérité. Non, m'obstinais-je à répéter, en repoussant la sensation Non et non. Mais elle refusait de se *tenir tranquille. Distrayait mon attention. Pis encore, elle représentait un danger. Pour finir, j'ai transigé. « Pas encore. » Elle a regimbé, mais, après moult protestations, a fini par se calmer. Tant et si bien que je l'ai quasiment oubliée.*

C'était il y a très longtemps. Trente ans ? Quarante ? Peut-être davantage. Le temps passe plus vite qu'on croit.

J'ai beaucoup repensé à ce garçon ces derniers temps. Dites-moi la vérité. Et, récemment, j'ai à nouveau ressenti cette étrange agitation intérieure. Quelque chose grandit en moi, qui se divise et se multiplie. C'est là, dans mon estomac, une boule dure et ronde, à peu près de la taille d'un pamplemousse, qui aspire l'air de mes poumons et ronge la moelle de mes os. Ce long sommeil l'a transformée. D'humble et docile, elle s'est faite brutale. Refuse toute négociation, bloque toute discussion, revendique ses droits. Ne veut pas entendre parler de refus. La vérité, crie-t-elle en écho, rappelant le garçon, le regardant s'éloigner. Avant de se retourner vers moi, de resserrer son étreinte sur mes intérieurs, et de les tordre. Histoire de me dire : on a conclu un accord, tu te rappelles ?

Cet accord, il est temps de le respecter.

Venez lundi. J'enverrai une voiture vous prendre à Harrogate Station au train de seize heures trente.

Vida Winter

Combien de temps suis-je restée assise sur les marches, une fois ma lecture terminée ? Je l'ignore. Car j'étais sous le charme. Les mots ont un étrange pouvoir. Entre des mains expertes, manipulés avec adresse, ils vous retiennent prisonnier. S'enroulent autour de vos membres comme une toile d'araignée, et quand vous êtes ensorcelé au point de ne plus pouvoir faire un geste, ils vous transpercent la peau, s'infiltrent dans votre sang, paralysent vos pensées. Au-dedans de vous, ils accomplissent leur magie. Quand, au bout d'un long moment, je revins enfin à moi, je ne pus que deviner ce qui s'était passé dans les ténèbres de mon inconscient. Quel effet avait eu la lettre sur moi ?

Je savais très peu de choses sur Vida Winter. Je connaissais bien sûr les divers qualificatifs qui s'attachaient habituellement à son nom : l'écrivain le plus aimé d'Angleterre ; le Dickens de notre temps ; l'auteur vivant le plus célèbre au monde, et j'en passe. Je savais bien entendu qu'elle avait du succès, encore que les chiffres, quand je fis plus tard quelques recherches, n'aient pas laissé de me surprendre. Cinquante-six livres publiés en cinquante-six ans, traduits en quarante-neuf langues ; désignée à vingt-sept reprises comme l'auteur le plus emprunté dans les bibliothèques anglaises ; dix-neuf romans portés à l'écran. Statistiquement parlant, une question alimente toujours la controverse : s'est-il vendu plus d'exemplaires de ses œuvres que de la Bible ? La difficulté réside moins dans le fait d'établir le nombre exact de ses ventes à elle (il varie sans cesse mais se situe dans les millions) que dans celui d'obtenir des chiffres fiables concernant la Bible : quoi que l'on pense de la parole de Dieu, ses relevés de ventes sont notoirement sujets à caution. Le chiffre le plus susceptible de retenir mon attention, tandis que je restais assise là, sur mon escalier, c'était celui de vingt-deux : le nombre de ses biographes potentiels, qui, faute d'informations ou d'encouragements, ou à la suite de pressions ou de menaces de la part de Miss Winter elle-même, avaient fini par renoncer à découvrir la vérité à son sujet. Mais, à l'époque, je l'ignorais. En matière de statistiques, je n'en connaissais qu'une, en l'occurrence fort pertinente : combien de livres de Vida Winter avais-je, moi, jamais lus ? Pas un seul.

Je frissonnai sur l'escalier, bâillai et m'étirai. Reprenant mes esprits, je constatai que mes pensées s'étaient remises en place pendant mon absence. Deux souvenirs émergeaient plus particulièrement des oubliettes de ma mémoire pour réclamer mon attention.

Le premier concernait une petite scène avec mon père, qui s'était déroulée dans le magasin. Nous sommes en train de déballer un carton de livres provenant de la liquidation du stock d'une bibliothèque privée, et qui comprend plusieurs Vida Winter. Au magasin, nous ne vendons pas de romans contemporains. « Je les porterai au dépôt-vente pendant la pause de midi », dis-je en les mettant de côté sur le bureau. Mais avant la fin de la matinée, trois des quatre livres sont déjà partis. Vendus. Un à un prêtre, un autre à un cartographe, et le troisième à un spécialiste de l'histoire militaire. Le visage de nos clients – pâleur extérieure et rayonnement intérieur habituels du bibliophile – s'est éclairé quand ils ont repéré les couvertures richement colorées des éditions de poche. Après le déjeuner, quand nous avons terminé le déballage, le catalogage et la mise en rayon et que nous n'avons plus de clients, nous nous installons pour lire, comme à l'accoutumée. C'est la fin de l'automne, il pleut et les fenêtres sont embuées. En fond sonore, le sifflement du chauffage au gaz, que nous entendons sans l'entendre, car, assis côte à côte, tout proches et pourtant à des kilomètres l'un de l'autre, nous sommes plongés dans nos livres.

« Je fais du thé ? » dis-je, refaisant surface.

Pas de réponse.

Je prépare quand même le thé, et en pose une tasse à côté de mon frère, sur le bureau.

Une heure plus tard, le thé intact est froid. Je fais une nouvelle théière et dépose sur le bureau une autre tasse fumante. Il continue à lire comme si je n'existais pas.

J'incline doucement le livre qu'il tient entre les mains de manière à apercevoir la couverture. C'est le quatrième Vida Winter. Je remets le livre en position, et examine le visage de mon père. Il ne m'entend pas. Ne me voit pas. Il est dans un autre monde, et je ne suis, moi, qu'un fantôme.

Voilà pour le premier souvenir.

Le second est une image. De trois quarts, sculpture massive d'ombre et de lumière, un visage domine les banlieusards qui, écrasés, attendent en dessous. Ce n'est qu'une photo publicitaire collée sur un panneau dans une gare, mais, à mes yeux, elle a cette grandeur impassible des reines et des divinités depuis longtemps oubliées sculptées sur les parois rocheuses par d'anciennes civilisations. Contempler l'exquise arcade de l'œil, l'ampleur lisse des pommettes, la ligne et les proportions impeccables du nez, c'est s'émerveiller de ce que le hasard des variations humaines puisse produire quelque chose d'aussi extraordinairement parfait. Une belle ossature, mise au jour par les archéologues du futur, serait sûrement prise pour un objet fabriqué, œuvre non pas de la nature aux outils grossiers mais de l'entreprise humaine à son plus haut niveau artistique. La peau qui embellit cette remarquable ossature a la luminosité opaque de l'albâtre ; la pâleur en est encore rehaussée par les boucles et les rouleaux élaborés de la chevelure cuivrée, disposés avec une extrême précision autour des tempes fines et le long du cou fort et élégant.

Comme si cette extravagante beauté ne suffisait pas, il y a les yeux. Intensifiés par quelque tour de passe-passe photographique jusqu'à être d'un vert presque inhumain, le vert d'un vitrail d'église, ou celui des émeraudes ou des bonbons acidulés, ils fixent le vide, au-dessus de la foule, parfaitement inexpressifs. Je ne saurais dire si les autres voyageurs ce jour-là réagirent comme moi devant ce spectacle ; sans doute avaient-ils lu les romans, eux, et leur regard était-il différent. Personnellement, quand je plongeai dans ces grands yeux verts, je ne pus m'empêcher de penser à l'expression bien connue selon laquelle les yeux sont le miroir de l'âme. Je me souviens de m'être dit, en contemplant ses grands yeux vides, que cette femme n'avait pas d'âme.

Telle était, le fameux soir de la lettre, toute l'étendue de mes connaissances sur Vida Winter. Ce qui n'allait pas chercher bien loin. Encore que, à la réflexion, les autres n'aient peut-être pas été mieux lotis que moi sous ce rapport. Car, bien que tout le monde connût Vida Winter – son nom, son visage, ses livres –, personne ne savait vraiment qui elle était. Aussi célèbre pour ses secrets que pour ses romans, elle restait un parfait mystère.

Et voilà que, s'il fallait en croire la lettre, la romancière voulait révéler la vérité sur elle-même. Ce qui, en soi, ne laissait pas d'être curieux, mais l'était moins que la pensée qui me vint aussitôt après : pourquoi vouloir me la révéler à moi ?

L'histoire de Margaret

Je me relevai et pénétrai dans l'obscurité du magasin. Inutile d'allumer pour trouver mon chemin. Je connais l'endroit comme on peut connaître les lieux de son enfance. L'odeur de cuir et de vieux papier m'apaisa instantanément. Je laissai courir mes doigts sur le dos des livres comme un pianiste sur son clavier. Chaque volume a une caractéristique qui n'appartient qu'à lui : le dos toilé, granuleux, de l'*Histoire de la cartographie* de Daniels ; le cuir craquelé des procès-verbaux des séances de l'académie cartographique de Saint-Pétersbourg rédigés par Lakunin ; un classeur usé qui contient ses cartes, dessinées et coloriées à la main. On me banderait les yeux et on me mettrait n'importe où sur les trois étages du magasin que je serais capable de dire où je me trouve rien qu'en touchant les couvertures.

Nous voyons peu de clients à la Librairie Lea, vente et achat de livres anciens : une petite demi-douzaine par jour en moyenne. Il y a un regain d'activité en septembre quand les étudiants viennent acheter les ouvrages au programme de la nouvelle année ; un autre en mai quand ils les rapportent après les examens. Des livres migrateurs, selon le mot de mon père. Le reste de l'année, nous passons des journées entières sans voir un seul client. Chaque été nous amène un touriste occasionnel, qui, s'étant écarté des sentiers battus, et poussé par la curiosité à passer du soleil à l'ombre, entre dans le magasin, où il s'immobilise un instant, clignant les yeux le temps de s'acclimater. Selon qu'il en a assez ou non de manger des glaces en regardant les bateaux sur la rivière, il se peut qu'il s'attarde un moment pour profiter de l'ombre et du calme. Plus souvent, ceux qui nous rendent visite sont des gens qui, ayant entendu parler de nous par l'ami d'un ami, et se trouvant dans les environs de Cambridge, ont fait spécialement le détour. On lit la curiosité et l'attente sur leur visage, quand ils pénètrent dans la boutique, et il arrive fréquemment qu'ils s'excusent de nous déranger. Ce sont des gens charmants, aussi discrets et accommodants que les livres eux-mêmes. Mais la plupart du temps, nous restons entre nous, père, moi et les livres.

Vous vous demanderiez sans doute comment nous joignons les deux bouts, si vous voyiez combien rares sont nos clients. Disons que le magasin, en termes financiers, n'est qu'un à-côté. C'est ailleurs que se fait le vrai commerce. Nous vivons d'un petit nombre de transactions, pas plus d'une demi-douzaine dans l'année. Voici comment les choses se passent : père connaît tous les grands collectionneurs du monde, comme il connaît les grandes collections. Si vous aviez l'occasion de l'observer lors des ventes aux enchères ou des foires aux livres auxquelles il assiste, vous remarqueriez qu'il est souvent abordé par des individus discrets et discrètement vêtus, qui le prennent à part pour un mot tout aussi discret. Leurs yeux, en revanche, ne reflètent ni le calme ni la discrétion. *Connaîtrait-il par hasard... A-t-il entendu parler de...* Un livre est mentionné. La réponse de père est évasive. À quoi bon donner de l'espoir ? Les choses se concrétisent rarement. Mais d'un autre côté, s'il avait vent de... Et s'il ne l'a pas déjà, il prend note de l'adresse de la personne dans un petit carnet vert. Ensuite, il ne se passe rien pendant un bon bout de temps. Mais un jour – quelques semaines ou quelques mois plus tard –, lors d'une autre vente ou d'une autre foire, en voyant une certaine personne, il lui demandera, très modestement, si... et à nouveau il est fait mention du même livre. Le plus souvent, les choses en restent là. Mais il arrive que ces conversations soient suivies d'un échange de lettres. Père passe un temps considérable à rédiger des lettres. En français, en allemand, en italien, et même, à l'occasion, en latin. Neuf fois sur dix, la réponse est un refus, bref et courtois. Mais de temps à autre – six ou sept fois dans l'année –, la réponse est le prélude à un voyage. Un voyage au cours duquel père réceptionne l'ouvrage à un endroit et le livre à un autre. Il est rarement parti plus de quarante-huit heures. Six fois dans l'année. Voilà de quoi nous vivons.

Le magasin lui-même ne rapporte presque rien. C'est un lieu où écrire et recevoir des lettres. Où passer les heures à attendre la prochaine foire internationale. De l'avis de notre banquier, c'est un caprice, que la réussite professionnelle de mon père lui permet de se passer. Et pourtant, dans la réalité – celle de mon père et la mienne, car je ne prétends pas que la réalité soit la même pour tous –, le magasin est le cœur même de l'affaire. C'est un dépôt de livres, un lieu sûr pour tous ces volumes, écrits à une époque avec tant d'amour, et qui aujourd'hui ne semblent plus intéresser personne.

Et c'est un lieu où lire.

A pour Austen, B pour Brontë, C pour Charles et D pour Dickens. C'est ici que j'ai appris l'alphabet. Mon père déambulait entre les rayons, me portant dans ses bras, et m'en expliquait le principe, en même temps qu'il m'apprenait à épeler. C'est là aussi que j'ai appris à écrire, recopiant des noms et des titres sur des fiches qui sont encore dans nos classeurs trente ans plus tard. Le magasin était tout à la fois mon foyer et mon métier. Une bien meilleure école que n'importe quel établissement ordinaire, et, par la suite, mon université privée, toute à moi. C'était ma vie.

Jamais mon père ne me mit un livre entre les mains, jamais non plus il ne m'en interdit aucun. Il se contentait de me laisser glaner à ma guise et faire mes propres choix, d'ailleurs plus ou moins judicieux. Je lus de sanglants récits de hauts faits militaires que des parents du XIXe siècle auraient jugés convenables pour leurs enfants, et des histoires de fantômes dans la tradition gothique qu'ils leur auraient certainement interdites ; je lus les récits de voyages éprouvants entrepris dans des pays hostiles par des dames en crinoline, et des manuels de savoir-vivre et d'étiquette destinés aux jeunes filles de bonne famille ; des livres avec des images et d'autres sans ; des livres en anglais, en français, et des livres dans des langues que je ne comprenais pas, ce qui ne m'empêchait pas d'inventer des histoires à partir de quelques mots simplement devinés. Des livres. Encore des livres. Toujours des livres.

À l'école, je gardais toutes ces lectures personnelles pour moi. Les bribes de français archaïque que j'avais glanées dans de vieilles grammaires se retrouvèrent dans mes rédactions, mais mes professeurs les prirent pour des fautes d'orthographe, même s'ils ne réussirent jamais à les supprimer totalement. Il arrivait qu'une leçon d'histoire touche à un domaine dans lequel j'avais accumulé des connaissances approfondies mais accidentelles au fil de mes lectures anarchiques. *Charlemagne ?* me disais-je. Comment, mon Charlemagne à moi ? Celui de la boutique ? Dans ces moments-là, je ne soufflais mot, confondue par la collision momentanée de deux univers aux antipodes l'un de l'autre.

Entre deux lectures, j'aidais mon père au magasin. À neuf ans, j'eus la permission d'emballer les livres et de les adresser à nos clients éloignés. À dix, celle d'aller porter ces colis à la poste. À onze, je soulageai ma mère de la seule tâche dont elle s'acquittait dans la boutique : le ménage. Armée d'un fichu et d'une blouse pour se protéger de la saleté, des microbes et autres dangers inhérents aux « vieux bouquins », elle parcourait les rayonnages de son plumeau délicat, lèvres serrées afin de ne pas respirer l'air ambiant. De temps à autre, les plumes soulevaient un nuage de poussière imaginaire, et elle reculait, prise d'une quinte de toux. Ce faisant, elle accrochait inévitablement ses bas à la caisse qui, avec cette malveillance propre aux livres, se trouvait avoir été placée justement derrière elle. Je proposai de me charger de la tâche , elle fut heureuse de s'en débarrasser ; elle n'avait plus besoin désormais de mettre les pieds dans la boutique.

Quand j'eus douze ans, mon père me chargea de rechercher les livres disparus. Nous appelions « disparus » les volumes qui, à en croire nos fichiers, faisaient toujours partie du stock, mais n'étaient pas là où ils auraient dû normalement se trouver. Il se pouvait qu'ils aient été volés, mais, plus sûrement, c'était un fureteur distrait qui ne les avait pas remis à leur place. Le magasin comportait sept pièces, tapissées du sol au plafond de milliers de volumes.

« Et pendant que tu y es, vérifie l'ordre alphabétique », disait mon père.

C'était un travail de titan. Je me demande aujourd'hui s'il était vraiment sérieux en me le confiant. Peu importe, dans la mesure où, moi, je l'entrepris avec le plus grand sérieux.

Je m'y attelai tous les matins pendant un été entier, et à la rentrée des classes, début septembre, tous les livres disparus avaient été retrouvés, tous ceux qui n'étaient pas à leur place, remis dans leur niche. En prime – rétrospectivement, c'est là ce qui me semble le plus important –, mes doigts étaient entrés en contact, si brièvement que ce fût, avec chacun des livres du magasin.

À treize ou quatorze ans, j'apportais à mon père une telle aide que, lors des après-midi calmes, nous avions vraiment très peu à faire. Une fois accompli le travail du matin, une fois les nouveaux arrivages mis en rayon et les lettres rédigées, une fois nos sandwichs avalés au bord du fleuve et les canards nourris, l'heure de lire avait sonné. Avec le temps, mes choix se firent moins anarchiques. De plus en plus, je me surprenais à déambuler dans les rayons du deuxième étage. Romans du XIXe siècle, biographies, autobiographies, mémoires, journaux et lettres.

Mon père remarqua l'orientation que prenaient mes lectures. Il rentrait des foires ou des ventes avec des livres dont il pensait qu'ils pourraient m'intéresser. De petits ouvrages miteux, le plus souvent manuscrits, dont les pages jaunies étaient retenues par un ruban ou une ficelle, et parfois reliées à la main. Les vies ordinaires de gens ordinaires. Je ne me contentais pas de les lire, je les dévorais. Si je perdis alors un peu de mon appétit pour les nourritures terrestres, ma boulimie de livres ne fit que s'amplifier. Cette époque marqua le début de ma vocation.

Je ne suis pas à proprement parler une biographe. De fait, je n'en suis pas une du tout. Il se trouve simplement que, en grande partie par plaisir, j'ai écrit plusieurs essais biographiques sur certains personnages mineurs de l'histoire littéraire. Je me suis toujours intéressée à la vie des seconds rôles, de ceux qui ont passé leur existence dans l'ombre et qui, depuis leur mort, sont tombés dans l'oubli le plus total. J'aime exhumer les vies enfouies dans des journaux intimes qui attendent sur des rayons depuis cent ans et plus sans jamais avoir été ouverts. Insuffler une vie nouvelle à des mémoires épuisés depuis des décennies est une de mes plus grandes satisfactions.

De temps à autre, l'un de mes sujets d'étude parvient à éveiller l'intérêt d'un éditeur universitaire local, et j'ai donc un petit nombre de publications à mon actif. Entendons-nous bien, pas des livres. Rien d'aussi impressionnant. De simples essais, en fait, quelques pages tout au plus, agrafées sous une couverture brochée. Un de ces essais – *La Muse fraternelle*, consacré aux frères Goncourt, Jules et Edmond, et au journal qu'ils écrivirent à deux – a retenu l'attention d'un historien, qui l'a inclus dans un gros recueil ayant pour sujet l'écriture et la famille au XIXe siècle. C'est sans doute ce texte qui a retenu l'attention de Vida Winter, mais sa présence au sein du recueil a quelque chose de trompeur. Il se trouve au milieu de travaux d'universitaires et de professionnels, donnant l'impression que je suis une véritable biographe, alors que je ne suis en réalité qu'une dilettante, un amateur doté de quelque talent.

Les vies – les vies défuntes – sont pour moi un simple passe-temps. Mon vrai travail, je l'accomplis au magasin. Il consiste non pas à vendre les livres – mon père s'en charge –, mais à m'occuper d'eux. Souvent, je sors un volume d'un rayon et en lis une page ou deux. Après tout, je suis là pour veiller sur eux, les lire est une manière comme une autre de le faire. Pas suffisamment vieux pour que leur seule ancienneté leur confère une valeur, pas suffisamment importants pour être recherchés par les collectionneurs, mes protégés me tiennent tout de même à cœur, et ce, même si, comme il arrive fréquemment, ils sont aussi ennuyeux à l'intérieur que ternes à l'extérieur. Aussi banal que soit le contenu, il a toujours quelque chose pour me toucher. Car quelqu'un aujourd'hui disparu a jugé un jour que ces mots étaient suffisamment importants pour être écrits.

Les gens, en mourant, disparaissent. Leur voix, leur rire, la chaleur de leur souffle. Leur chair. Et pour finir, leurs os. Plus rien n'est là pour rappeler qu'ils ont vécu. C'est une réalité à la fois terrible et naturelle. Et pourtant, certains se voient épargner un anéantissement aussi total. Car dans les livres qu'ils ont écrits ils continuent à exister. Nous pouvons les redécouvrir. Retrouver leur humour, la tonalité de leur voix, leurs humeurs. Par le biais du mot écrit, ils peuvent nous mettre en colère, ou en joie. Nous réconforter. Nous intriguer. Nous transformer. Et tout cela, alors même qu'ils sont morts. À l'instar d'insectes piégés dans l'ambre, ou de cadavres prisonniers des glaces, ce qui, selon les lois de la nature, devrait disparaître se trouve, grâce au miracle de l'encre sur le papier, préservé. Une forme de magie.

Ainsi donc, de même que certains entretiennent les tombes des morts, moi j'entretiens les livres. Je les nettoie, effectue de menues réparations, les maintiens en bon état. Et chaque jour, j'ouvre un volume ou deux, parcours quelques lignes ou quelques pages, et permets aux voix mortes et oubliées de résonner dans ma tête. Le sentent-ils, ces écrivains du passé, quand quelqu'un lit leurs livres ? Un point lumineux apparaît-il dans leurs ténèbres ? Leur âme est-elle stimulée par la touche légère d'un autre esprit interprétant le leur ? Je l'espère sincèrement. Car on doit se sentir bien seul quand on est mort.

*

J'ai beau aborder ici des préoccupations très personnelles, je me rends compte que je ne fais que repousser l'essentiel. Par nature, je répugne à me livrer, et, en l'occurrence, c'est un peu comme si, en m'obligeant à surmonter ma réticence coutumière, j'avais écrit tout et n'importe quoi de manière à retarder la révélation de la seule chose qui compte.

Je vais pourtant devoir m'exécuter. « Le silence n'est pas un environnement naturel pour les histoires, m'a dit un jour Miss Winter. Celles-ci ont besoin de mots. Sans eux, elles pâlissent, se fanent et meurent. Pour ensuite revenir vous hanter. »

Elle avait entièrement raison. La voici donc, mon histoire.

J'avais dix ans quand j'ai découvert le secret que ma mère gardait jalousement. Ce qui fait toute la différence, c'est que ce secret ne lui appartenait pas. C'était le mien.

Mes parents étaient sortis ce soir-là. Ils ne sortaient pas très souvent, et, quand c'était le cas, on me faisait attendre dans la cuisine de la voisine, Mrs Robb. Sa maison était exactement pareille à la nôtre, mais sur un plan inversé, et le fait que tout y fût à l'envers me donnait le mal de mer, si bien que, quand arriva le soir de cette fameuse sortie, j'essayai une fois encore de faire valoir que j'étais assez grande et assez raisonnable pour rester seule à la maison. Je ne m'attendais pas vraiment à avoir gain de cause, et pourtant mon père se rendit à mes arguments. Ma mère, elle, se laissa persuader à la seule condition que Mrs Robb vienne jeter un coup d'œil chez nous vers huit heures et demie.

Ils partirent à sept heures, et je fêtai l'événement en me servant un verre de lait que je dégustai sur le canapé, pleine d'admiration devant ma propre importance. Margaret Lea, assez grande pour rester à la maison sans personne pour la garder. Une fois le lait fini, je commençai, contre toute attente, à m'ennuyer. Qu'allais-je faire de ma liberté ? Je me mis à errer dans la maison, délimitant le territoire de cette autonomie toute neuve : la salle à manger, le hall, les toilettes du rez-de-chaussée. Mais rien n'avait changé. Sans raison particulière, je repensai à une de mes terreurs d'enfant, le loup et les trois petits cochons. *Je vais souffler et souffler de toutes mes forces et ta maison s'envolera !* Il n'aurait eu aucun mal, le loup, à faire s'écrouler la maison de mes parents. Les grandes pièces claires et bien aérées étaient trop fragiles pour résister, et le mobilier si frêle et si délicat s'effondrerait comme un château de cartes dès l'apparition de l'animal. Pas de doute, il n aurait besoin que d'un sifflement pour mettre la maison par terre, et nous lui ferions tous les trois un bon petit déjeuner. J'aurais aimé tout d'un coup être dans le magasin, où je n'avais jamais peur. Là, le loup pouvait souffler tout son soûl : avec tous les livres qui doublaient l'épaisseur des murs, père et moi serions aussi en sécurité que dans une forteresse.

À l'étage, je m'examinai dans la glace de la salle de bains. Histoire de me rassurer, de voir à quoi je ressemblais maintenant que j'étais une grande fille. Tête penchée à gauche, puis à droite, j'étudiai mon reflet sous tous les angles, cherchant à découvrir quelqu'un de différent. Mais ce n'était guère que moi qui me regardais moi-même.

Il n'y avait rien à attendre de ma chambre. J'en connaissais le moindre centimètre carré, et elle, de son côté, savait tout de moi, nous ne présentions plus grand intérêt l'une pour l'autre. Je préférai pousser la porte de la chambre d'amis. L'armoire à la surface lisse et la coiffeuse nue laissaient penser qu'on pouvait là s'habiller et se brosser les cheveux, mais, d'une manière ou d'une autre, on savait que derrière les portes et les façades de tiroirs elles étaient vides. Le lit, avec ses draps et ses couvertures soigneusement rentrés et lissés, était peu accueillant, et les minces oreillers donnaient l'impression d'avoir été vidés de toute substance. On appelait cette pièce la chambre d'amis, même si aucun ami ne venait jamais nous voir. C'était là que dormait ma mère.

Je sortis à reculons et restai sur le palier, perplexe.

C'était donc ça, le rite de passage. Rester seule le soir à la maison. J'avais enfin rejoint les rangs des grands, et, demain, je pourrais fièrement annoncer dans la cour de récréation : « Hier soir, je ne suis pas allée chez la voisine. Je suis restée à la maison toute seule. » Les autres filles me regarderaient avec de grands yeux. Je l'avais tellement espéré, ce moment ; or, maintenant qu'il était là, je ne savais pas quoi en faire. Je m'étais attendue à être immédiatement à la hauteur de l'événement, à entrevoir pour la première fois la personne que j'étais censée devenir. Je m'étais attendue à ce que le monde abandonne son air enfantin et familier pour me dévoiler son côté secret, adulte. Au lieu de quoi, parée de ma nouvelle indépendance, je me sentais plus enfant que jamais. Quelque chose n'allait donc pas chez moi ? Découvrirais-je un jour comment grandir ?

Je songeai un instant à aller faire un tour chez Mrs Robb. Mais, tout compte fait, je connaissais un bien meilleur endroit. Je rampai sous le lit de mon père.

L'espace entre le parquet et le sommier s'était rétréci depuis ma dernière visite là-dessous. Comprimant une de mes épaules, il y avait la valise des vacances, aussi grise à la lumière du jour qu'elle l'était ici dans l'obscurité. Elle renfermait tout notre attirail d'été : lunettes de soleil, pellicules de rechange pour l'appareil photo, le maillot de bain que ma mère ne portait jamais mais refusait de jeter. De l'autre côté, il y avait un carton. Mes doigts en tripotèrent les rabats ondulés, trouvèrent une ouverture et fouillèrent à l'intérieur. Écheveau embrouillé des guirlandes électriques du sapin de Noël. Plumes de la jupette de l'ange. La dernière fois que je m'étais trouvée sous ce lit, je croyais encore au Père Noël. Plus maintenant. C'était donc ça, grandir ?

En me tortillant pour revenir à l'air libre, je délogeai une vieille boîte à biscuits. Elle dépassait maintenant à moitié de la frange du couvre-lit. Je me souvenais de cette boîte : elle avait toujours été là, elle et son couvercle orné d'un paysage écossais de sapins et de rochers, trop bien fermé pour qu'on puisse prétendre l'ouvrir. Distraitement, je tirai le couvercle. Il céda si facilement sous la pression de mes doigts, plus forts avec l'âge, que j'eus un mouvement de recul. À l'intérieur, je trouvai le passeport de père et des papiers de différentes tailles. Des formulaires, en partie imprimés, en partie manuscrits. Avec, ici et là, une signature.

Pour moi, voir, c'est lire. Il en a toujours été ainsi. Je feuilletai les documents. Certificat de mariage de mes parents. Leurs actes de naissance. Le mien : encre rouge sur papier crème, signature de mon père. Je le repliai soigneusement, le remis avec les autres papiers que je venais de lire et passai au suivant. Il était identique. Je restai perplexe. Pourquoi deux actes de naissance ?

Puis, je parcourus le document : même père, même mère, même date de naissance, même lieu, mais *prénom différent.*

Que m'est-il arrivé à cet instant ? Dans ma tête, tout s'est désintégré pour se réassembler différemment, dans un de ces bouleversements kaléidoscopiques dont est capable le cerveau.

J'avais une sœur jumelle.

Passant outre au tumulte qui régnait dans mon esprit, je dépliai de mes doigts curieux une seconde feuille de papier.

Un certificat de décès.

Ma jumelle était morte.

Je savais maintenant ce qui m'avait marquée.

Abasourdie par cette découverte, je ne fus cependant pas vraiment surprise. J'avais toujours eu une sorte d'intuition. La conviction – trop intime pour avoir jamais eu besoin d'être formulée – qu'il y avait *quelque chose.* Une qualité particulière de l'air à ma droite. Une concentration de la lumière. Un phénomène que j'étais seule à percevoir et qui remplissait l'espace de vibrations. Mon ombre pâle.

Portant mes mains à mon côté droit, je penchai la tête, presque jusqu'à toucher mon épaule du nez. C'était là un geste familier, qui me venait spontanément dans les moments de douleur, de désarroi, de difficultés de toutes sortes. Trop familier pour être analysé jusque-là, il s'éclairait brusquement à la suite de ma découverte : je cherchais ma sœur jumelle Là où elle aurait dû être. À mon côté.

Quand je vis les deux morceaux de papier, et quand le monde eut suffisamment recouvré ses esprits pour recommencer à tourner lentement sur son axe, je me dis, *c'est donc ça.* Le deuil. Le chagrin. La solitude. Cette sensation qui, toute ma vie, m'avait tenue à l'écart des autres, tout en me tenant compagnie, maintenant que j'avais trouvé ces certificats, je savais ce qu'elle signifiait. Ma sœur.

Au bout d'un long moment me parvint le bruit de la porte de la cuisine qui s'ouvrait au rez-de-chaussée. Les mollets pleins de fourmillements, j'allai jusqu'au palier pour voir Mrs Robb apparaître au pied de l'escalier.

« Tout va bien, Margaret ?

« — Oui.

« — Tu n'as besoin de rien ?

« — Non.

« — Tu n'auras qu'à venir à la maison, si tu veux.

« — Entendu.

« — Ils ne vont plus tarder maintenant, tes parents. »

Sur ces mots, elle tourna les talons.

Je remis les documents dans la boîte en fer, et celle-ci sous le lit. Je quittai la chambre en refermant la porte derrière moi. Devant la glace de la salle de bains, je ressentis un choc quand mes yeux croisèrent ceux d'une autre. Mon visage me picota sous son regard. Je tâtai mon squelette sous ma peau

Plus tard, les pas de mes parents dans l'escalier.

J'ouvris la porte, et sur le palier père me serra dans ses bras.

« Bien joué, dit-il. Excellent travail. »

Mère était pâle et avait l'air fatiguée. Leur sortie avait dû déclencher une de ses migraines.

« Oui, dit-elle. Tu es une grande fille.

« — Alors, ma chérie, qu'est-ce que ça fait de se retrouver toute seule à la maison ?

« — Tout s'est bien passé.

« — J'en étais sûr », dit-il. Puis, incapable de se retenir, il écarta les bras et m'étreignit à nouveau, joyeusement, en m'embrassant sur les cheveux.

« C'est l'heure d'aller au lit. Et ne lis pas trop longtemps.

« — Promis. »

Plus tard, j'entendis mes parents faire leurs préparatifs pour aller se coucher. Père ouvrait l'armoire à pharmacie pour trouver les cachets de ma mère, et remplissait un verre d'eau. Sa voix disait, comme souvent : « Tu te sentiras mieux après une bonne nuit de repos. » Puis la porte de la chambre d'amis se refermait. Quelques instants plus tard, le lit grinçait dans l'autre chambre, et mon père éteignait sa lampe de chevet.

Je savais, pour les jumeaux. Une cellule qui normalement devrait donner naissance à un seul individu se divise on ne sait pourquoi en deux.

J'étais une jumelle.

Ma jumelle était morte.

Alors qu'étais-je maintenant ?

Sous les couvertures, j'effleurai du doigt le croissant rose argenté inscrit dans mon torse. L'ombre qu'avait laissée ma sœur derrière elle. Telle une archéologue de la chair, j'explorai mon corps à la recherche de témoignages sur son passé. J'étais aussi froide qu'un cadavre.

La lettre toujours à la main, je quittai le magasin et montai à mon appartement. Il y avait en tout trois étages de livres, et l'escalier se rétrécissait à mesure qu'on s'élevait. En chemin, tout en éteignant les lumières derrière moi, je commençai à peaufiner ma lettre de refus. Je n'étais pas, dirais-je poliment à Miss Winter, la biographe qu'il lui fallait. Je ne m'intéressais pas aux écrits de mes contemporains. N'avais lu aucun de ses romans. Je n'étais bien que dans les bibliothèques et les archives, et n'avais de ma vie interviewé qui que ce soit. J'étais plus à l'aise avec les morts et, pour être tout à fait franche, plutôt timide avec les vivants.

Peut-être n'était-il pas nécessaire d'ajouter cette dernière précision.

Je n'avais pas envie de me préparer un repas. Une tasse de chocolat suffirait.

En attendant que le lait chauffe, je regardai par la fenêtre. Dans la vitre nocturne se dessinait un visage d'une pâleur telle que l'on discernait les ténèbres du ciel au travers. Je pressai la joue contre la froide joue de verre. Il était à peine besoin de nous regarder pour deviner que, n'eût été la vitre, il n'y avait vraiment rien qui permît de nous distinguer l'une de l'autre.

Dites-moi la vérité. Les mots employés dans la lettre étaient emprisonnés dans ma tête, emprisonnés, semblait-il, sous le plafond de mon appartement mansardé, comme un oiseau entré par le conduit de la cheminée. Pas étonnant que la supplique du garçon m'ait affectée, moi à qui on n'avait jamais dit la vérité, moi qui avais dû la découvrir seule et en secret. *Dites-moi la vérité.* Tout à fait d'accord.

Mais je décidai de me sortir ces mots et cette lettre de la tête.

C'était presque l'heure. Je me dépêchai. Dans la salle de bains, je me savonnai le visage et me brossai les dents. À huit heures moins trois, j'étais en chemise de nuit et en pantoufles à attendre que mon eau veuille bien bouillir. Vite, vite. Huit heures moins une. Ma bouillotte était prête, et je remplis un verre d'eau au robinet. Il était important de faire vite. Car à huit heures précises, le monde s'arrêtait de tourner. C'était l'heure de lire.

L'intervalle entre huit heures du soir et une ou deux heures du matin a toujours été pour moi un moment magique. Contre le dessus-de-lit en chenille bleu, les pages blanches de mon livre ouvert, éclairées par un cercle de lumière, sont des portes donnant accès à un autre monde. Mais ce soir-là, la magie n'opéra pas. Les fils de l'intrigue laissée en suspens depuis la veille s'étaient en quelque sorte distendus pendant la journée, et je constatai que peu m'importait la façon dont ils finiraient par se nouer. Je fis un effort pour me raccrocher à deux d'entre eux, mais dès que j'y fus parvenue une voix se fit entendre – *Dites moi la vérité* – qui aussitôt défit le nœud et laissa les brins pendants.

Ma main hésitait au-dessus des vieux favoris : *La Femme en blanc**, *Les Hauts de Hurlevent*, *Jane Eyre...*

En vain. *Dites-moi la vérité...*

La lecture ne m'avait jamais trahie. Avait toujours été la seule chose sur laquelle je pouvais compter. Éteignant la lumière, je me laissai aller sur l'oreiller et essayai de m'endormir.

Échos d'une voix. Fragments d'une histoire. Dans l'obscurité, ils me parvenaient plus fort. *Dites-moi la vérité...*

À deux heures du matin, je me levai, enfilai des chaussettes, déverrouillai la porte de l'appartement et, enveloppée dans ma robe de chambre, me glissai le long de l'étroit escalier pour descendre au rez-de-chaussée.

Au fond du magasin, il y a une pièce minuscule, à peine plus grande qu'une penderie, que nous utilisons entre autres pour emballer un livre avant de l'expédier par la poste. On y trouve une table et, sur un rayon, des feuilles de papier kraft, des ciseaux et une pelote de ficelle. Ainsi qu'une petite vitrine qui renferme une dizaine d'ouvrages.

Le contenu de la vitrine se renouvelle rarement. Si vous y jetiez un coup d'œil aujourd'hui, vous y verriez ce que j'y ai vu cette nuit-là : un livre sans couverture reposant à plat, et, à côté, un volume au cuir ciselé fort laid. Deux livres en latin, debout. Une vieille bible. Trois ouvrages de botanique, deux d'histoire et un d'astronomie, en piteux état. Un en japonais, un autre en polonais et quelques poèmes en vieil anglais. Pourquoi les conservons-nous à part ? Pourquoi ne se trouvent-ils pas en compagnie de leurs semblables sur nos rayons bien étiquetés ? Nous mettons dans cette vitrine l'ésotérique, les ouvrages de valeur, les ouvrages rares. Ces volumes sont aussi précieux que toute la boutique réunie, voire davantage.

Celui que je cherchais – un petit livre cartonné, d'environ dix centimètres sur quinze, vieux d'une cinquantaine d'années tout au plus – n'était pas à sa place à côté de ces antiquités. Il avait fait son apparition deux ou trois mois plus tôt ; père l'avait déposé là, je suppose, par inadvertance. J'avais bien l'intention de lui en parler un jour ou l'autre et de ranger l'intrus. Mais au cas où, on ne sait jamais, j'enfilai les gants blancs. Ceux qui sont toujours entreposés là, et dont nous nous servons pour manipuler ces volumes, dans la mesure où, par un curieux paradoxe, si les livres ne prennent vie que quand nous les lisons, en revanche, le bout de nos doigts plus ou moins gras les détruit quand nous en tournons les

* *The Woman in White*, roman de Wilkie Collins, publié en 1860. (*N.d.T.*)

pages. Bref, avec sa couverture intacte et ses coins non écornés, le livre était en très bon état ; il faisait partie d'une collection grand public d'excellente qualité, publiée par une maison d'édition aujourd'hui disparue. Un volume charmant, qui plus est une première édition, mais pas le genre de chose qu'on se serait attendu à trouver au milieu des Trésors. Dans les ventes de charité ou les vide-greniers, les autres volumes de la collection se vendent pour trois fois rien.

La jaquette était crème et vert ; un motif régulier qui évoquait des écailles de poisson constituait le fond, sur lequel se détachaient deux rectangles, l'un où s'inscrivait le dessin au trait d'une sirène, l'autre, le titre et le nom de l'auteur. *Treize contes de la métamorphose et du désespoir*, Vida Winter.

Je refermai la vitrine, remis la clé et la lampe électrique à leur place, et remontai l'escalier jusqu'à ma chambre, le livre dans ma main gantée.

Je n'avais pas l'intention de le lire. Pas vraiment. Ce que je voulais, c'était trouver quelques formules, quelques expressions suffisamment hardies, suffisamment fortes, pour calmer le tourbillon des mots de la lettre dans ma tête. Soigner le mal par le mal, comme on dit. Quelques phrases, une page peut-être, et je serais en mesure de m'endormir.

Je retirai la jaquette et la déposai par mesure de précaution dans le tiroir que je réserve à cet effet. On ne saurait être trop prudent, même avec des gants. J'ouvris le livre et le reniflai. L'odeur des vieux livres, si pénétrante, si âpre qu'on peut presque la goûter.

Le prologue. Juste quelques mots.

Mais mes yeux, en effleurant la première ligne, furent aussitôt pris au piège.

> *Tous les enfants construisent un mythe autour de leur naissance. C'est là un trait universel. Vous voulez comprendre quelqu'un ? Son cœur, son esprit, son âme ? Demandez-lui de vous parler de sa naissance. Ce que vous obtiendrez ne sera pas la vérité, mais une histoire. Et rien n'est plus révélateur qu'une histoire.*

J'eus l'impression d'être précipitée dans l'eau.

Princes et paysans, milords et mitrons, sorcières et sirènes, les acteurs me furent aussitôt familiers. J'avais lu ces histoires des centaines, des milliers de fois auparavant. C'étaient des histoires que tout le monde connaissait. Mais peu à peu, au fil des pages, elles perdirent de leur familiarité. Pour se faire étranges. Comme neuves. Les personnages n'avaient rien à voir avec les mannequins colorés des livres d'images de mon enfance, qui auraient mécaniquement répété l'histoire une fois de plus. C'étaient des *gens*. Le sang qui coulait du doigt de la princesse quand elle touchait la quenouille était liquide et laissait sur sa langue un goût de métal quand elle léchait son doigt avant de s'endormir. Lorsqu'on lui amenait sa fille dans le coma, le roi versait des larmes salées qui lui brûlaient le visage. Les histoires baignaient dans une atmosphère singulière. Chacun parvenait à réaliser ses vœux les plus chers : le roi voyait sa fille revenir à la vie grâce au baiser d'un étranger, la bête se défaisait de sa fourrure et se retrouvait homme, la sirène marchait ; mais tous se rendaient compte trop tard du prix à payer pour échapper à leur destinée. Tous les « Ils vécurent heureux à jamais » étaient compromis. Le destin, d'abord si docile, si raisonnable, si ouvert à la négociation, finissait par exiger une cruelle revanche en échange du bonheur.

Les contes étaient brutaux, incisifs, déchirants. Je les adorai.

C'est en lisant le conte de la sirène – le douzième – que je ressentis les prémices d'une angoisse qui n'avait rien à voir avec l'histoire elle-même. Je commençai à m'affoler, car mon pouce et mon index droits m'envoyaient un signal : *Attention, il ne reste plus beaucoup de pages.* Cette idée finit par m'obséder au point que j'inclinai le livre vers moi pour vérifier. Ce n'était que trop vrai. Le treizième conte devait être très court.

Je poursuivis ma lecture, terminai le douzième conte et tournai la page.

Blanche.

Je revins en arrière, repartis en avant. Rien.

Il n'y avait pas de treizième conte.

Le sang afflua à mon cerveau, j'éprouvai la sensation de vertige nauséeux qui saisit le plongeur en apnée remonté trop vite à la surface.

Les détails de ma chambre émergèrent, l'un après l'autre. Mon couvre-lit, le livre que j'avais dans la main, la lampe dont la lumière pâle brillait encore dans l'aube qui commençait à poindre derrière les rideaux peu épais.

C'était le matin.

J'avais passé la nuit à lire.

Il n'y avait pas de treizième conte.

Dans le magasin, mon père était assis au bureau, la tête dans les mains. Il m'entendit descendre l'escalier et leva les yeux, le visage blême.

« Que se passe-t-il ? » demandai-je en me précipitant vers lui.

Il était trop bouleversé pour répondre ; ses mains se levèrent en un geste de désespoir muet, avant de se reposer sur ses yeux horrifiés. Il gémit.

Ma main hésita au-dessus de son épaule, mais je n'ai pas pour habitude de toucher les gens, si bien qu'elle retomba sur le cardigan qu'il avait posé sur le dossier de sa chaise.

« Je peux faire quelque chose ? » demandai-je.

Quand il parla, sa voix lasse tremblait.

« Il va falloir téléphoner à la police. Dans un moment. Un moment...

« — La police ? Père, qu'est-il arrivé ?

« — Un cambriolage. »

On aurait cru la fin du monde.

Je regardai autour de moi, abasourdie. Tout était parfaitement en ordre. Les tiroirs du bureau n'avaient pas été forcés, ni les rayons pillés, et la fenêtre n'était pas fracturée.

« La vitrine », dit-il, et je compris aussitôt.

« *Les Treize contes ?* dis-je d'une voix ferme. Le livre est en haut, dans ma chambre. Je l'ai emprunté. »

Il leva les yeux vers moi. Sur son visage, le soulagement le disputait à la stupéfaction.

« Tu l'as *emprunté ?*

« — Oui.

« — Tu l'as emprunté, toi ?

« — Oui. »

J'étais perplexe. Comme il ne l'ignorait pas, je passais mon temps à emprunter des livres au magasin.

« Mais *Vida Winter...* ? »

C'est alors que je compris qu'une explication s'imposait.

Je ne lis que des romans du passé. La raison en est simple : je préfère les fins en bonne et due forme. Mariages et morts, nobles sacrifices et rétablissements miraculeux, séparations tragiques et retrouvailles inespérées, grands effondrements et rêves réalisés voilà à mes yeux le genre de fin qui mérite que le lecteur patiente. Et qui, venant après moult aventures, périls, dangers et dilemmes, devrait ficeler le tout bien proprement. Des fins de ce type se rencontrent plus communément dans les romans d'hier que dans ceux d'aujourd'hui, c'est bien pourquoi je ne lis que les premiers.

Je ne connais pas grand-chose au monde de la littérature contemporaine. Mon père m'en a souvent fait la remarque au cours de nos conversations quotidiennes. Il lit autant que moi, mais ses lectures sont plus diversifiées, et j'ai le plus grand respect pour son opinion. Il m'a décrit en termes précis et mesurés le beau désespoir qu'il éprouve quand la fin d'un roman lui apporte le message selon lequel la souffrance humaine n'a pas de fin, et que seule vaut l'endurance. Il m'a parlé de dénouements feutrés, dont l'écho résonne cependant plus longtemps dans la mémoire que certaines explosions finales plus bruyantes. Il m'a expliqué pourquoi cette ambiguïté le touche plus profondément que le genre « mort et mariage » qui a mes préférences.

Pendant ces discussions, je l'écoute toujours avec la plus grande attention et opine du chef, sans pour autant renoncer à mes vieilles habitudes. Non pas qu'il me le reproche vraiment. S'il y a une chose sur laquelle nous sommes d'accord, c'est qu'il y a trop de livres dans le monde pour qu'on puisse prétendre les lire tous en l'espace d'une vie, et qu'il convient donc de se fixer des limites.

Une fois, père m'a même parlé de Vida Winter. « Tiens, voilà un auteur vivant qui te plairait. »

Je n'avais jamais lu aucun Vida Winter. Pourquoi l'aurais-je fait, alors qu'il me restait tant d'écrivains morts à découvrir ?

J'étais toutefois descendue au beau milieu de la nuit pour prendre les *Treize contes* dans la vitrine. Et mon père, non sans raison, se demandait pourquoi.

« J'ai reçu une lettre hier », commençai-je.

Il hocha la tête.

« De Vida Winter. »

Il leva les sourcils, mais attendit que je poursuive.

« J'ai cru comprendre qu'elle voudrait me rencontrer. Pour éventuellement écrire sa biographie. »

Ses sourcils se relevèrent encore un peu.

« Je n'arrivais pas à dormir, alors je suis descendue chercher le livre. »

J'attendais qu'il dise quelque chose, mais il n'en fit rien. Il réfléchissait, le front légèrement plissé. Au bout d'un moment, je repris la parole : « Pourquoi est-ce qu'on le garde dans la vitrine ? Qu'a-t-il de si précieux ? »

Père fit un effort pour interrompre le cours de ses pensées et me répondre. « Deux choses : c'est la première édition du premier ouvrage de l'écrivain de langue anglaise le plus célèbre de notre temps ; mais surtout, il a un défaut. Toutes les éditions suivantes ont pour titre *Contes de la métamorphose et du désespoir*. Aucune ne mentionne le chiffre treize. Tu as sans doute remarqué qu'il n'y a que douze histoires ? »

Je hochai la tête.

« Selon toute vraisemblance, l'ouvrage était censé au départ en comporter treize. Mais douze seulement ont été livrées à l'éditeur. Il y a sans doute eu un malentendu à propos de la jaquette, et le livre a été imprimé sous son titre original, avec seulement douze contes. Il a fallu retirer de la vente tous les exemplaires de la première édition.

« — Mais le tien...

« — Il est passé à travers les mailles du filet. Il faisait partie d'un lot envoyé par erreur à une librairie du Dorset, où un client a acheté un exemplaire avant que le magasin ait été averti qu'il fallait remballer le tout et le renvoyer à l'expéditeur. Il y a trente ans, l'acheteur s'est rendu compte de la valeur qu'avait prise l'ouvrage et l'a revendu à un collectionneur. La succession de ce dernier a été mise aux enchères en septembre, et c'est là que je me le suis procuré. Avec le produit de la vente d'Avignon.

« — La vente d'Avignon ? » Celle-là avait demandé deux années entières de négociations. C'était une des transactions les plus lucratives de la carrière de mon père.

« Tu avais enfilé les gants, bien sûr ? demanda-t-il d'un air timide.

« — Pour qui me prends-tu ? »

Il sourit avant de poursuivre :

« Tous ces efforts pour rien.

« — Que veux-tu dire ?

« — Tu te rends compte du travail, retirer tous ces exemplaires parce qu'il y avait une erreur dans le titre. Et tout cela pour que les gens continuent à appeler le livre les *Treize contes*, même s'il est publié sous le titre *Contes de la métamorphose et du désespoir* depuis un demi-siècle.

« — Et comment l'expliques-tu ?

« — Par une étrange combinaison de succès et de mystère. Dans la mesure où l'on sait très peu de choses au sujet de l'auteur, des petits détails comme cette histoire de première édition retirée de la vente prennent une importance démesurée. Le mystère du treizième conte, ça fait partie de son mythe. Ça donne aux gens matière à rêver. »

Un bref silence s'ensuivit. Puis, le regard vague, fixé loin devant lui, père murmura, sans appuyer sur les mots, comme pour me laisser le choix de les relever ou au contraire de les laisser passer : « Et maintenant une biographie... Plutôt inattendu. »

Je me rappelai la lettre, mes craintes quant à la confiance à accorder à son auteur. Ainsi que l'insistance du jeune homme : « Dites-moi la vérité. » Je me souvins des *Treize contes* qui avaient pris possession de moi dès les premiers mots et m'avaient retenue captive toute la nuit. Je désirais à nouveau être prise en otage.

« Je ne sais pas quoi faire, dis-je à mon père.

« — C'est différent de ce que tu as fait jusqu'ici. Vida Winter est un auteur vivant. Il s'agira d'entretiens, et non d'archives. »

J'acquiesçai.

« Mais tu veux connaître la personne qui a écrit les *Treize contes*. »

Nouveau hochement de tête de ma part.

Mon père mit les mains sur ses genoux, et soupira. Il sait ce que c'est que lire. Que d'être totalement ensorcelé.

« Quand veut-elle te voir ?

« — Lundi.

« — Je t'emmènerai à la gare, d'accord ?

« — Merci. Et...

« — Oui ?

« — Est-ce que je peux avoir un peu de temps libre ? Il faudrait que je fasse quelques lectures avant d'aller là-bas.

« — Oui, dit-il, avec un sourire qui cachait mal son inquiétude. Oui, bien sûr. »

S'ensuivit une des périodes les plus merveilleuses de ma vie d'adulte. Pour la première fois, je disposais sur ma table de chevet d'une pile de livres de poche à la couverture glacée, flambant neufs, achetés dans une vraie librairie. *Dans l'entre-deux*, de Vida Winter ; *Deux fois et à jamais*, de Vida Winter ; *Obsessions*, de Vida Winter ; *Sorti de l'arc*, de Vida Winter ; *Règles d'affliction*, de Vida Winter ; *La Fille de l'anniversaire*, de Vida Winter ; *Le Spectacle de marionnettes*, de Vida Winter. Les couvertures, toutes signées du même illustrateur, respiraient la chaleur et la puissance : ambre et écarlate, or et violet foncé. J'achetai même un exemplaire des *Contes de la métamorphose et du désespoir*, dont le titre avait l'air nu sans le « treize » qui donne tant de valeur à l'exemplaire de mon père. Celui-là, je l'avais remis dans la vitrine.

Il va de soi qu'on espère toujours quelque chose de spécial quand on lit un auteur pour la première fois, et les livres de Miss Winter me procurèrent les mêmes frissons que ceux que j'avais éprouvés en découvrant les journaux des frères Goncourt, par exemple. Mais il y avait plus. J'ai toujours lu, et il n'y a pas d'époque dans ma vie où la lecture n'a pas été ma plus grande joie. Et pourtant je ne peux pas prétendre que mes lectures d'adulte aient eu le même impact sur moi et sur mon âme que celles de mon enfance. Certes, je crois toujours aux histoires. Et je continue à m'oublier quand je suis au milieu d'un bon livre. Mais c'est différent. Les livres sont pour moi, je le reconnais, la chose qui compte le plus ; mais je n'arrive pas à oublier qu'il y a eu une époque où ils étaient à la fois plus banals et plus essentiels encore que maintenant. Quand j'étais enfant, ils constituaient toute ma vie. C'est pourquoi il y a toujours en moi une aspiration nostalgique au plaisir perdu qu'ils me procuraient. Aspiration que l'on ne s'attend pas à voir jamais satisfaite. Or, pendant la période dont je parle, au cours de laquelle je lisais toute la journée et une partie de la nuit, où je dormais sous un couvre-lit jonché de livres, où mon sommeil, profond et sans rêves, passait en un éclair jusqu'à mon réveil qui me voyait lire à nouveau –, oui, pendant cette période, je retrouvai les plaisirs perdus de la lecture. Miss Winter me rendit aux joies virginales du lecteur novice, et s'empara de moi avec ses histoires.

De temps à autre, mon père frappait à la porte en haut de l'escalier. Il me regardait, ébahi. Je devais avoir ce regard hébété que laisse une lecture intensive. « Tu n'oublieras pas de manger, hein ? », me disait-il, en me tendant un sac de chez l'épicier ou un demi-litre de lait.

J'aurais aimé pouvoir passer le reste de ma vie dans mon appartement avec ces livres. Mais si je devais me rendre dans le Yorkshire pour rencontrer Miss Winter, il y avait un autre travail à accomplir. Je pris une journée sur mon temps de lecture pour me rendre à la bibliothèque. Dans la salle des périodiques, je consultai la rubrique Livres de tous les journaux nationaux, à la recherche d'articles sur les romans les plus récents de mon auteur. À l'occasion de chaque nouvelle publication, elle convoquait un certain nombre de journalistes dans un hôtel d'Harrogate, où elle les recevait l'un après l'autre et donnait à chacun ce qu'elle appelait l'histoire de sa vie. Il devait y avoir des dizaines de versions différentes, peut-être même des centaines. J'en découvris presque une vingtaine sans avoir à chercher bien longtemps.

Après la publication de *Dans l'entre-deux*, elle était la fille qu'avaient eue en secret un prêtre et une institutrice ; un an plus tard, dans le même journal, elle se fit de la publicité pour *Obsessions* en racontant qu'elle était la fille en fuite d'une prostituée parisienne. Au moment du *Spectacle de marionnettes*, elle était devenue, selon le périodique, une orpheline élevée dans un couvent suisse, une enfant de la rue sortie des bas-fonds de l'East End, et la seule fille d'une famille où elle avait été étouffée par dix garçons turbulents. Il y en avait une que j'appréciai tout particulièrement : séparée accidentellement de ses parents écossais, missionnaires en Inde, elle gagnait misérablement sa vie dans les rues de Bombay en racontant des histoires où il était question de pins qui sentaient la coriandre la plus fraîche, de montagnes aussi belles que le Tadj Mahal, de haggis plus délicieux que n'importe quels *pakora* du coin de la rue, et de cornemuses. Ah, le son des cornemuses ! Si beau qu'il défiait toute description. Quand, bien des années plus tard, elle avait été en mesure de rentrer en Écosse, pays qu'elle avait quitté alors qu'elle était encore au berceau, elle avait été cruellement déçue. Les pins ne sentaient absolument pas la coriandre. La neige était glaciale, le haggis, insipide. Quant aux cornemuses...

Ironique ou sentimental, tragique ou roboratif, comique ou malicieux, chacun de ces récits était un petit chef-d'œuvre. Chez un autre écrivain, ils auraient pu représenter l'apogée de son art ; pour Vida Winter, ils n'étaient que babioles bonnes à jeter. Personne, j'imagine, ne les aurait pris pour argent comptant.

Le jour précédant mon départ était un dimanche, et je passai l'après-midi chez mes parents. Leur maison est telle qu'elle a toujours été ; un seul souffle du loup la réduirait en miettes.

Pendant le thé, ma mère parla avec une certaine bonne humeur, un petit sourire crispé aux lèvres : du jardin du voisin, des travaux qu'on faisait en ville, d'un nouveau parfum qui lui avait provoqué une allergie. Propos creux, destinés à tenir le silence à distance, ce silence où vivaient ses démons. C'était une belle prestation : rien là qui trahît le fait qu'elle supportait difficilement de sortir de la maison, que le moindre événement un tant soit peu inattendu lui donnait la migraine, ou qu'elle était incapable de lire un roman par peur des émotions qu'elle risquait d'y trouver.

Nous attendîmes, mon père et moi, pour parler de Miss Winter, que ma mère ait quitté la pièce pour refaire du thé.

« Ce n'est pas son vrai nom, dis-je. Si c'était le cas, il serait facile de retrouver sa trace. Tous ceux qui ont essayé ont renoncé faute d'informations. Personne n'a le moindre renseignement à son sujet.

« — C'est curieux, tout de même.

« — On dirait qu'elle sort de nulle part. Qu'avant d'être écrivain, elle n'a jamais existé. Qu'elle s'est inventée elle-même en même temps que son premier livre.

« — Nous connaissons son nom de plume. Il est forcément significatif, non ? suggéra mon père.

« — Vida. Du latin *vita*, la vie. Encore que je ne puisse m'empêcher de penser au français. »

« Vide » : la vacuité, le néant. Mots que nous n'employons pas chez mes parents ; je laissai donc père tirer ses propres conclusions.

« En effet, dit-il en hochant la tête. Et que dire de Winter ? »

L'hiver. Je regardai par la fenêtre pour trouver une réponse. Derrière le fantôme de ma sœur, des branches noires et dénudées s'étiraient sur le ciel déjà sombre, et les parterres de fleurs étaient réduits à un sol noir et durci. La vitre ne protégeait guère du froid ; en dépit du radiateur à gaz, la pièce semblait remplie d'un morne désespoir. Que signifiait l'hiver pour moi ? Rien d'autre que la mort.

Un silence s'installa. Quand il devint nécessaire de dire quelque chose de manière à ne pas rendre l'échange précédent trop pesant, je remarquai : « C'est un nom plein de piques. Vida Winter. V et W. Comme des épines. »

Ma mère revint. S'affairant avec les tasses, les soucoupes et le thé, elle parlait toujours, se mouvant aussi librement sur son lopin de vie strictement ordonné que s'il couvrait plusieurs hectares.

Mon attention se dispersa. Sur la tablette de la cheminée se trouvait le seul objet de la pièce qui pût passer pour décoratif. Une photographie. À intervalles réguliers, ma mère parle de la ranger dans un tiroir, où elle sera à l'abri de la poussière. Mais mon père aime la voir là, et dans la mesure où il s'oppose si rarement à elle, elle a renoncé à son idée. Sur la photo, deux jeunes mariés. Père tel qu'en lui-même : d'une beauté sobre, avec des yeux foncés, pensifs ; les années n'ont pas de prise sur lui. La femme, elle, est à peine reconnaissable. Sourire spontané, yeux rieurs, chaleur dans le regard qu'elle dirige sur son compagnon. Elle a l'air heureux.

Le malheur altère tout.

Je vins au monde, et la femme de la photo de mariage disparut.

Je portai les yeux sur le jardin mort. Contre la lumière faiblissante, mon ombre se dessinait, floue, dans la vitre, regardant à l'intérieur de la pièce sans vie. Quelle opinion pouvait-elle bien avoir de nous ? Que pensait-elle de nos efforts pour nous persuader que c'était là la vie, et que nous vivions vraiment ?

Arrivée

Je quittai la maison par un jour d'hiver comme les autres, et mon train roula pendant des kilomètres sous un ciel voilé de blanc. Puis je pris une correspondance, et les nuages s'amoncelèrent, de plus en plus épais, de plus en plus gonflés, à mesure que je montais vers le nord. Je m'attendais à tout instant à entendre les premières gouttes s'écraser sur la vitre. La pluie, pourtant, ne vint pas.

À Harrogate, le chauffeur de Miss Winter, un homme barbu aux cheveux foncés, se montra peu enclin à la conversation. J'en fus heureuse, car son mutisme me laissa libre d'examiner les paysages inconnus qui s'offrirent à moi au sortir de la ville. Je n'étais encore jamais allée dans le Nord. Mes recherches m'avaient emmenée à Londres et, une ou deux fois, au-delà de la Manche, jusqu'à des bibliothèques et des archives parisiennes. Le Yorkshire était un comté que je ne connaissais qu'à travers les romans, et encore, des romans d'un autre âge Une fois la ville derrière nous, les signes du monde contemporain se firent de plus en plus rares, et j'aurais presque pu penser que je m'enfonçais dans le passé en même temps que dans la campagne. Les villages avaient l'air étrangement désuets, avec leurs églises, leurs pubs et leurs cottages en pierre ; plus nous avancions, plus ils étaient petits, et plus grande la distance qui les séparait, jusqu'à ce que seules des fermes isolées viennent interrompre la nudité des champs d'hiver. Pour finir, même les fermes disparurent, et l'obscurité tomba. Les phares de la voiture n'éclairaient que les lambeaux d'un paysage sans couleurs ni contours définis : ni clôtures, ni murs, ni haies, ni bâtiments Simplement une route dépourvue de bas-côtés, au milieu d'une obscurité aux vagues ondulations.

« C'est la lande ? demandai-je.

« — Oui », dit le chauffeur, et je me rapprochai de la vitre, sans rien distinguer toutefois que le ciel gorgé d'eau qui pesait comme un couvercle sur la terre, la route et la voiture. Au-delà d'une certaine distance, même la lumière des phares se perdait dans le noir.

À un croisement non signalé, nous quittâmes la route pour aller cahoter pendant deux ou trois kilomètres sur un chemin pierreux. Nous nous arrêtâmes à deux reprises pour permettre au chauffeur d'ouvrir une grille et de la refermer derrière lui, avant de continuer et de nous faire secouer et chahuter encore un bon kilomètre.

La maison de Miss Winter se trouvait là, dans l'obscurité, au creux de deux éminences peu accentuées, autant dire des collines qui semblaient se fondre l'une dans l'autre et ne révélaient la présence d'une vallée et d'une habitation qu'au tout dernier tournant de l'allée. Sous le ciel où le violet le disputait à l'indigo et au gris foncé était tapie la maison, longue, basse et très sombre. Le chauffeur m'ouvrit la portière, et quand je descendis, ce fut pour constater qu'il avait déjà déchargé ma valise, et était prêt à repartir, me laissant seule devant un perron sans lumière. Des volets fermés par des barres masquaient les fenêtres, et il n'y avait pas le moindre signe d'une présence humaine. Repliée sur elle-même, la demeure semblait vouloir repousser les visiteurs.

Je sonnai. Le tintement était bizarrement étouffé dans l'air humide. Tout en attendant, j'observai le ciel. Le froid s'infiltrait à travers les semelles de mes chaussures, et j'agitai à nouveau la cloche. Sans plus de succès.

J'allais me livrer à une troisième tentative quand je fus surprise de voir la porte s'ouvrir sans le moindre bruit.

La femme qui se tenait dans l'encadrement affichait un sourire de commande et s'excusa de m'avoir fait attendre. Au premier abord, elle semblait très ordinaire. Ses cheveux courts et bien coiffés avaient la même nuance pâle que sa peau, et ses yeux n'étaient ni bleus, ni gris, ni verts. C'était pourtant moins l'absence de couleur qu'un manque d'expression qui la rendait quelconque. Teinté de la chaleur de l'émotion, son regard aurait pu être plein de vie ; et il me sembla, tandis qu'elle me dévisageait avec la même attention que celle que je lui consacrais, qu'elle ne réussissait à paraître inexpressive que par un effort de volonté délibéré.

« Bonsoir, dis-je. Je suis Margaret Lea.

« — La biographe. Nous vous attendions. »

Qu'est-ce qui permet aux humains de discerner les faux-semblants de leurs prochains ? Je compris très clairement à cet instant qu'elle était inquiète. Les émotions ont peut-être un goût ou une odeur, peut-être les transmettons-nous sans le savoir, au moyen de vibrations dans l'air. Peu importe, je devinai aussitôt que ce n'était pas moi personnellement qui l'alarmais, mais l'arrivée d'une inconnue.

Elle me fit entrer et referma la porte derrière moi. La clé tourna dans la serrure sans un bruit, et pas un grincement ne se fit entendre quand les verrous soigneusement huilés se remirent silencieusement en place.

Debout dans l'entrée, toujours vêtue de mon manteau, je remarquai pour la première fois la caractéristique la plus étrange de l'endroit : la maison de Miss Winter était totalement silencieuse.

La femme me dit qu'elle se nommait Judith et qu'elle était la gouvernante. Elle me demanda comment s'était passé mon voyage et m'informa des heures des repas et des moments les plus propices pour obtenir de l'eau chaude. Sa bouche s'ouvrait et se refermait ; ses mots n'étaient pas plus tôt sortis de ses lèvres qu'ils étaient étouffés sous la chape de silence qui tombait sur eux. Le même silence engloutissait le bruit de nos pas et assourdissait l'ouverture et la fermeture des portes, tandis qu'elle me montrait, l'une après l'autre, la salle à manger, le salon et la salle de musique.

Aucun mystère à ce silence, qui s'expliquait par un capitonnage systématique. Des banquettes déjà bien rembourrées étaient garnies de coussins en velours ; les tabourets, les chaises longues et les fauteuils étaient capitonnés eux aussi ; des tapisseries pendaient aux murs ou servaient de plaids aux sièges matelassés. Tous les sols étaient moquettés, et les moquettes étaient elles-mêmes recouvertes de tapis. Le damassé des doubles rideaux contribuait à l'insonorisation des murs. De même que le buvard absorbe l'encre, de même toute cette laine, tout ce velours absorbaient les sons, à cette différence près : le buvard ne boit jamais que l'excès d'encre, alors que le tissu de la maison semblait aspirer l'essence même des mots.

Je suivis la gouvernante. Nous tournâmes à gauche puis à droite, puis à nouveau à droite et encore à gauche, montâmes des marches avant d'en redescendre d'autres, jusqu'à ce que je sois complètement désorientée. Je perdis rapidement toute idée des rapports que pouvait entretenir l'intérieur alambiqué de la maison avec la simplicité de son extérieur. Le bâtiment avait dû subir des transformations au fil du temps, des ajouts ici et là, et nous étions sans doute dans quelque aile ou addition invisible de l'extérieur.

« Vous finirez par vous y retrouver », articula la gouvernante en voyant mon visage, et je la compris comme si j'avais lu sur ses lèvres. Nous finîmes par nous arrêter sur un demi-palier. Elle ouvrit une porte, et nous entrâmes dans un salon pourvu de trois autres portes. « Salle de bains, chambre, et bureau », dit-elle, en les ouvrant l'une après l'autre. Ces pièces n'échappaient pas davantage aux coussins, rideaux et tentures qui encombraient le reste de la maison.

« Prendrez-vous vos repas dans la salle à manger ou ici ? » demanda-t-elle, en me désignant de la main une petite table et une unique chaise près de la fenêtre.

J'ignorais si les repas dans la salle à manger signifiaient que je devrais les prendre en compagnie de mon hôtesse, et, dans le doute quant à mon statut (devais-je me considérer comme une invitée ou comme une employée ?), j'hésitai, me demandant quelle serait la solution la plus polie. Devinant la raison de mon incertitude, la gouvernante ajouta, comme si elle devait surmonter ce faisant une réserve chez elle habituelle :

« Miss Winter mange toujours seule.

« — Eh bien dans ce cas, si ça ne vous dérange pas, je prendrai mes repas ici.

« — Je vais tout de suite vous apporter du potage et des sandwichs, qu'en dites-vous ? Vous devez avoir faim après ce voyage en train. Vous avez de quoi vous faire du thé et du café là-dedans. »

Elle ouvrit un placard d'angle dans la chambre, qui révéla la présence d'une bouilloire et des ustensiles nécessaires à la préparation de boissons, ainsi qu'un minuscule frigo. « Ça vous évitera de courir jusqu'à la cuisine », ajouta-t-elle, s'autorisant un sourire timide, que j'interprétai comme une tentative de sa part pour s'excuser de ne pas vouloir de moi dans son domaine.

Puis elle me laissa, et je débarrassai ma valise.

J'allai dans la chambre, où j'eus tôt fait de ranger mes quelques vêtements, livres et affaires de toilette. Je mis de côté le thé et le café et les remplaçai par le paquet de cacao que j'avais apporté. Puis j'eus tout juste le temps d'essayer le haut lit à l'ancienne – il était tellement surchargé de coussins que le sommier aurait pu être bourré de cailloux que je ne m'en serais pas aperçue –, avant le retour de la gouvernante, un plateau dans les mains.

« Miss Winter vous invite à la rencontrer dans la bibliothèque à huit heures. »

Elle fit de son mieux pour donner à sa requête l'air d'une invitation, mais je compris, comme on voulait sans doute que je le fasse, qu'il s'agissait d'un ordre.

Je rencontre Miss Winter

Chance ou hasard, je ne sais, mais je retrouvai d'emblée mon chemin jusqu'à la bibliothèque, et j'arrivai au rendez-vous avec une bonne vingtaine de minutes d'avance. Cela ne me dérangeait pas. Quel meilleur endroit pour tuer le temps qu'une bibliothèque ? Et quel meilleur moyen pour moi que de découvrir sa propriétaire à travers le choix de ses lectures et la manière dont elle traitait ses livres ?

Je fus d'abord frappée par la différence marquée de la pièce avec le reste de la maison. Si les autres étaient encombrées de cadavres de mots étouffés, ici on respirait. Le bois remplaçait partout le tissu. Plancher au sol, volets aux hautes fenêtres, rayonnages en chêne massif le long des murs.

C'était une pièce haute de plafond, plus longue que large. Sur un côté, cinq fenêtres cintrées descendaient du plafond presque jusqu'au sol, laissant tout juste assez d'espace pour les sièges qu'on avait placés là. Faisant face à ces derniers, cinq glaces de forme semblable, disposées de manière à réfléchir la vue de l'extérieur, mais qui, ce soir-là, ne reflétaient que les panneaux sculptés des volets. Les rayonnages s'avançaient en saillie, formant des baies ; dans chacune d'elles, une lampe à abat-jour ambré était posée sur une petite table. En dehors du feu qui brûlait dans l'âtre à l'autre bout de la salle, c'était là la seule source de lumière, flaques de douceur tiède au pourtour desquelles les rangées de livres se fondaient dans l'obscurité.

Je m'avançai lentement jusqu'au centre, regardant tour à tour à gauche et à droite dans les baies. Quelques coups d'œil, et je me retrouvai en train de hocher la tête en signe d'approbation. C'était une vraie bibliothèque, bien entretenue. Les livres classés par genre et par ordre alphabétique, sans un grain de poussière, ce qui répondait à mes exigences en la matière. Tous mes préférés étaient là, en compagnie des volumes rares et précieux aussi bien que d'exemplaires plus ordinaires et souvent feuilletés. *Jane Eyre*, *Les Hauts de Hurlevent*, *La Femme en blanc*, bien entendu, mais aussi *Le Château d'Otrante**, *Le Secret de lady Audley***, *La Fiancée fantôme****. J'eus un frisson de plaisir en tombant sur un *Docteur Jekyll et Mr Hyde* si rare que mon père avait fini par renoncer à croire qu'il existait.

Tout en m'émerveillant de la richesse de la bibliothèque et en en parcourant les titres, je m'avançai vers la cheminée, au fond de la pièce. Dans la dernière baie, sur la droite, une série de rayons se détachaient du reste, même à une certaine distance : au lieu des dos aux teintes douces, essentiellement marron, des livres plus anciens, on voyait ici les bleus argentés, les verts cendrés et les beiges rosés de ces dernières décennies. C'étaient les seuls livres modernes de toute la collection : les œuvres de Miss Winter elle-même. Les titres les plus anciens se trouvaient en haut, les plus récents en bas, et chaque ouvrage était représenté dans ses diverses éditions, parfois dans plusieurs langues. Pas trace des *Treize contes*, le livre au titre erroné que j'avais lu au magasin, mais sous son autre forme, *Contes de la métamorphose et du désespoir*, il figurait dans plus d'une dizaine d'éditions différentes.

Je choisis un exemplaire du dernier livre de Miss Winter. À la première page, une nonne d'un certain âge se présente à la porte d'une petite maison dans une rue écartée d'une ville qui n'est pas nommée mais qui a des airs italiens ; on la fait entrer dans une pièce où un jeune homme suffisant, qui semble être anglais ou américain, l'accueille avec surprise. (Je tournai la page. Les premiers paragraphes m'avaient accrochée, comme j'avais été accrochée chaque fois que j'avais ouvert un de ses livres, et, sans pouvoir m'en défendre, je me mis à lire pour de bon.) Le jeune homme ne mesure pas tout de suite ce que le lecteur a déjà compris : la mission de sa visiteuse est grave, et de nature à bouleverser sa vie dans des proportions qu'il n'imagine pas. Elle commence ses explications et ne bronche pas (je tournai la page ; j'avais tout oublié, la bibliothèque, Miss Winter, moi-même) lorsqu'il réagit à ses propos avec cette désinvolture caractéristique d'une certaine jeunesse dorée..

* *The Castle of Otranto* (1765), roman d'Horace Walpole.

** *Lady Audley's Secret* (1862), de Mary Elizabeth Braddon.

*** *The Spectre Bride* (1822), nouvelle de William Harrison Ainsworth (*N.d.T.*)

C'est alors que quelque chose vint perturber ma lecture et me sortir du livre. Une sensation de picotement sur la nuque.

Quelqu'un m'observait.

Je n'ignore pas que cette sensation sur la nuque constitue un phénomène assez répandu ; mais c'était la première fois que pareille chose m'arrivait. Comme souvent chez les grands solitaires, mes sens sont exercés à détecter la présence des autres, et je suis davantage habituée à jouer le rôle de l'espion invisible qu'à être moi-même espionnée. Il ne faisait aucun doute que quelqu'un m'observait, mieux encore, que ce quelqu'un m'observait depuis déjà un moment. Depuis combien de temps au juste ? Je fis le compte à rebours des minutes qui venaient de s'écouler, obligeant mon corps à retrouver la trace du souvenir à partir de celui que je conservais du livre. Cette sensation si reconnaissable datait-elle du moment où la nonne avait commencé à parler au jeune homme ? De celui où on l'avait fait entrer dans la maison ? Ou d'avant ? Sans bouger un muscle, tête penchée sur la page comme si je n'avais rien remarqué, je fouillai dans ma mémoire.

Puis je compris.

Cette sensation, je l'avais ressentie avant même de prendre le livre sur le rayon.

J'avais besoin d'un instant pour me remettre, aussi tournai-je la page tout en continuant à faire semblant de lire.

« Ne me prenez pas pour une idiote. »

Une voix impérieuse, déclamatoire, magistrale.

Rien d'autre à faire que de me retourner et d'accepter la confrontation.

L'apparence de Vida Winter ne visait nullement à passer inaperçue. Elle ressemblait à une reine, une sorcière ou une déesse des temps anciens. Sa silhouette raide émergeait, majestueuse, au milieu d'une profusion de pourpre cardinale et de coussins rouges. Drapés autour de ses épaules, les plis turquoise et vert qui habillaient son corps n'assouplissaient en rien sa rigidité. Ses cheveux cuivrés étaient coiffés en une savante composition de rouleaux, de boucles et de torsades autour d'un visage poudré, aussi quadrillé qu'un plan de ville, dont la blancheur faisait ressortir les lèvres hardiment soulignées d'un rouge écarlate. Sur ses genoux, ses mains n'étaient qu'un agrégat de rubis, d'émeraudes et de jointures blanches et osseuses ; seuls ses ongles, dépourvus de vernis, coupés très court et carré, détonnaient.

Ce qui me désarçonna le plus, ce furent ses lunettes. Je ne voyais pas ses yeux, mais, au souvenir des iris verts inhumains de l'affiche publicitaire, j'eus l'impression que les verres noirs avaient la puissance d'un projecteur, et que, derrière eux, elle me transperçait la peau pour plonger jusqu'au tréfonds de mon être.

Je rabattis sur moi un voile, me fis un masque impassible, me cachai derrière mon apparence.

L'espace d'un instant, je crois qu'elle fut surprise de ne pas me trouver transparente, de ne pas me percer à jour, mais elle se reprit très vite, bien plus vite que moi.

« Bon, dit-elle d'un ton acerbe, avec un sourire qui s'adressait davantage à elle-même qu'à moi. Parlons affaires. Votre lettre me laisse entendre que vous avez des réserves à émettre quant à ma proposition.

« — Eh bien, oui, c'est à dire que... »

La voix poursuivit comme si elle n'avait pas perçu l'interruption. « Que diriez-vous d'une augmentation de l'allocation mensuelle et de la rémunération finale ? »

Je me léchai les lèvres, cherchant les mots justes. Avant que j'aie le temps d'ouvrir la bouche, les verres sombres de Miss Winter s'étaient levés et abaissés, le temps de jauger ma frange plate et brune, ma jupe droite et mon cardigan bleu marine. Elle m'adressa un petit sourire condescendant et passa outre à mon intention de parler. « De toute évidence, vous n'êtes pas attirée par l'argent. Comme c'est curieux ! dit-elle d'un ton sec. J'ai parlé dans mes romans de gens que l'argent n'intéresse pas, mais je ne m'attendais pas à rencontrer un jour un représentant de l'espèce, poursuivit-elle, en s'adossant contre les coussins. J'en conclus donc que c'est l'intégrité qui est au cœur du problème. Les gens dont la vie n'est pas équilibrée par un amour salutaire de l'argent sont effroyablement obsédés par la moralité personnelle. »

Elle agita une main, comme pour balayer mes mots avant même qu'ils soient sortis de ma bouche. « Vous craignez d'entreprendre une biographie autorisée au cas où, ce faisant, votre indépendance serait compromise. Vous me soupçonnez de vouloir exercer un droit de regard sur votre texte. Vous savez que j'ai résisté a tous mes biographes potentiels par le passé et vous vous demandez en conséquence quelle peut bien être mon intention aujourd'hui en changeant d'avis. Mais surtout (regard sombre des lunettes noires à nouveau dirigé sur moi), vous avez peur que je vous mente. »

J'ouvris la bouche pour protester, sans rien trouver à dire. Elle avait raison.

« Vous voyez bien, vous restez sans voix. Vous n'osez pas m'accuser de vouloir vous mentir ? Les gens n'aiment pas s'accuser mutuellement de mensonge. Et par pitié, asseyez-vous. »

Ce que je fis.

« Je ne vous accuse de rien », commençai-je prudemment, mais elle m'interrompit aussitôt :

« Ne soyez donc pas si polie. S'il y a une chose que je ne supporte pas, c'est bien la politesse. »

Son front se plissa, et un sourcil se leva au-dessus des lunettes. Un arc noir et bien dessiné qui ne ressemblait en rien à un sourcil naturel.

« La politesse. Voilà bien la vertu la plus mièvre qui soit. Qu'y a-t-il de si admirable à ne pas offenser son prochain, j'aimerais bien le savoir ? C'est tellement facile. Aucun besoin de talent particulier pour être poli. Au contraire, l'amabilité est ce qui reste quand on a tout raté. Les ambitieux se fichent pas mal de savoir ce que l'on pense d'eux. Je serais étonnée que Wagner ait perdu le sommeil à l'idée d'avoir blessé quelqu'un. Mais aussi, c'était un génie. »

Sa voix poursuivait sans relâche, illustrant de maints exemples sa thèse de l'égoïsme corollaire nécessaire du génie, et tandis qu'elle parlait, pas un pli de son châle ne frémissait. Cette femme devait être en acier trempé.

Elle finit par mettre un terme à sa tirade avec les mots suivants : « La politesse est une qualité que je ne possède pas et que je n'estime pas chez les autres. Inutile de nous en encombrer. » Et prenant l'air de quelqu'un qui a épuisé le sujet, elle s'arrêta.

« Vous avez évoqué la question du mensonge, dis-je. Voilà quelque chose dont nous devrions peut-être nous encombrer.

« — À quel propos ? »

À travers les verres sombres, j'entrevoyais tout juste les battements de ses cils, qui se recroquevillaient en frémissant autour de l'œil, comme les longues pattes d'une araignée autour de son corps.

« En moins de deux ans, vous venez de donner dix-neuf versions différentes de votre vie aux journalistes. Et je ne parle que de celles que j'ai trouvées au terme d'une recherche rapide. Il y en a beaucoup plus. Sans doute des centaines.

« — Raconter des histoires, c'est ma profession, dit-elle en haussant les épaules.

« — Moi, je suis biographe. Je travaille sur les faits. »

Elle rejeta la tête en arrière, et ses boucles raides s'agitèrent d'un seul mouvement.

« C'est d'un terne ! Jamais je n'aurais pu être biographe. Vous ne croyez pas qu'on peut dire la vérité beaucoup mieux avec une histoire ?

« — Pas avec celles que vous avez données au monde jusqu'ici. »

Elle voulut bien acquiescer d'un signe de tête.

« Miss Lea..., commença-t-elle, plus lentement. J'avais mes raisons pour créer un écran de fumée autour de mon passé. À présent, ces raisons ne sont plus d'actualité, vous pouvez m'en croire.

« — Quelles raisons ?

« — La vie n'est qu'un tas de compost. »

Je fronçai le sourcil.

« Vous trouvez l'expression bizarre, mais c'est celle qui convient. Toute ma vie et toutes mes expériences, les événements que j'ai connus, les gens que j'ai rencontrés, mes souvenirs, mes rêves, mes fantasmes, tout ce que j'ai pu lire, tout a été jeté sur le tas de compost et s'est transformé au fil du temps en une matière organique, sombre et riche, que le processus de la décomposition cellulaire rend méconnaissable. Les gens l'appellent, cette matière, l'imagination. Je préfère, moi, parler d'un tas de compost. De temps à autre, je m'empare d'une idée, la plante dans le compost, et j'attends. Elle se nourrit de cette substance noire qui était autrefois une vie, s'approprie son énergie. Elle germe. Prend racine. Produit des pousses. Jusqu'au jour où j'ai enfin une nouvelle, ou un roman. »

J'acquiesçai du chef, trouvant l'analogie à mon goût.

« Les lecteurs, reprit Miss Winter, sont des imbéciles. Ils croient que toute écriture est autobiographique. C'est vrai, mais pas de la manière dont ils le pensent. La vie de l'écrivain a besoin de temps pour pourrir avant de pouvoir nourrir une œuvre de fiction. On doit lui permettre de se décomposer. C'est pourquoi je ne pouvais pas laisser les journalistes et les biographes fouiller dans mon passé, en récupérer des bribes et des fragments, et l'enfermer dans leurs mots à eux. Pour écrire mes livres, il fallait que mon passé repose en paix, que le temps fasse son œuvre.

« — Qu'est-ce qui vous a fait changer d'avis ? demandai-je, après avoir médité un instant sa réponse.

« — Je suis vieille. Et malade. Ajoutez les deux, mademoiselle la biographe, et qu'obtenez-vous ? La fin de l'histoire, si je ne m'abuse. »

Je me mordis la lèvre.

« Pourquoi ne pas l'écrire vous-même, cette histoire ?

« — J'ai attendu trop longtemps. Et puis, qui me croirait ? J'ai crié au loup trop souvent.

« — Avez-vous l'intention de me dire la vérité ?

« — Oui, dit-elle, mais l'hésitation, à peine perceptible, ne m'avait pas échappé.

« — Et pourquoi m'avoir choisie, moi ?

« — Vous savez quoi, fit-elle après un court silence, c'est précisément la question que je me pose depuis un quart d'heure. Quel genre de personne êtes-vous donc, Miss Lea ?

« — Je suis employée dans une librairie, dis-je après avoir rajusté mon masque. Un magasin de livres anciens. Je suis biographe amateur. J'imagine que vous avez lu mon étude sur les frères Goncourt ?

« — Il n'y a pas là grand-chose pour me guider, si ? Si nous devons travailler ensemble, j'aurai besoin d'en savoir un peu plus à votre sujet. Je peux difficilement étaler les secrets de toute une vie devant quelqu'un dont je ne sais rien. Alors, parlez-moi de vous. Quels sont vos livres préférés ? De quoi sont faits vos rêves ? Qui aimez-vous ? »

Sur le moment, je fus trop offensée pour songer à répondre.

« Eh bien, qu'attendez-vous ? Bon sang ! Vais-je devoir vivre avec une étrangère sous mon toit ? Travailler avec une étrangère ? Ce n'est pas pensable. Dites-moi au moins une chose : croyez-vous aux fantômes ? »

Poussée par quelque chose de plus fort que la raison, je me levai.

« Mais qu'est-ce que vous faites ? Où allez-vous ? Attendez ! »

Je fis un pas, puis un autre, me forçant à ne pas courir, consciente du rythme de mes pieds claquant sur les lames du parquet, tandis qu'elle m'appelait d'une voix où l'on sentait poindre l'affolement.

« Revenez ! cria-elle. Je vais vous raconter une histoire... une histoire merveilleuse. »

Je ne m'arrêtai pas.

« Il était une fois une maison hantée... »

J'avais atteint la porte. Mes doigts se refermèrent sur la poignée.

« Il était une fois une bibliothèque... »

J'ouvris la porte, m'apprêtant à plonger dans le vide qui béait devant moi, quand, d'une voix chargée de quelque chose qui ressemblait à de la peur, elle lança les mots qui m'arrêtèrent net.

« Il était une fois des *jumelles*... »

J'attendis que les mots aient cessé de vibrer dans l'air, puis, malgré moi, je jetai un regard en arrière. Je vis le sommet d'une tête, et des mains qui s'élevaient, tremblantes, vers le visage détourné.

Timidement, je reculai d'un pas. À ce bruit, les boucles cuivrées se retournèrent.

J'en restai stupéfaite. Les lunettes avaient disparu. Des yeux verts, aussi brillants et réels que du verre, me regardaient d'un air presque suppliant. Un moment, je me contentai de lui renvoyer son regard. « Miss Lea, asseyez-vous, je vous en prie », dit une voix mal assurée, une voix qui était et en même temps n'était pas celle de Vida Winter.

Sous l'emprise d'une force que je ne contrôlais pas, je revins m'asseoir.

« Je ne vous fais aucune promesse, dis-je d'un ton las.

« — Je ne suis pas en position d'en exiger une », répondit-elle d'une toute petite voix.

Une trêve avait été déclarée.

« Pourquoi m'avoir choisie, moi ? » demandai-je à nouveau, obtenant cette fois-ci une réponse.

« À cause de votre travail sur les frères Goncourt. Parce que les fratries, vous connaissez.

« — Me direz-vous la vérité ?

« — Oui, je vous la dirai. »

Les mots, pourtant sans ambiguïté, étaient minés par un tremblement dans sa voix. Elle avait bel et bien l'intention de dire la vérité ; je n'en doutais pas. Elle avait décidé de la dire. Peut-être même le voulait-elle. Mais elle ne s'en estimait pas vraiment capable. Sa promesse de sincérité était destinée autant à se convaincre elle-même qu'à me persuader moi, et elle sentit comme moi que sa déclaration manquait de conviction.

Je fis donc une suggestion : « Je vais vous demander trois choses. Qui sont de notoriété publique. Quand je partirai d'ici, je serai en mesure de vérifier vos réponses. Si je découvre que vous m'avez effectivement dit la vérité sur ces trois points, j'accepterai votre offre.

« — Ah, la règle de trois... Le nombre magique. Trois épreuves pour que le prince obtienne la main de la belle princesse. Trois souhaits accordés au pêcheur par le poisson parlant faiseur de miracles. Trois ours pour Boucle d'or et trois petits cochons. Miss Lea, si vous m'aviez posé deux ou quatre questions, j'aurais peut-être pu vous mentir, mais trois... »

Je fis glisser mon crayon hors de la spirale métallique de mon bloc-notes, que j'ouvris à la première page.

« Quel est votre vrai nom ?

« — Êtes-vous bien sûre, dit-elle en déglutissant péniblement, que ce soit là la meilleure façon de procéder ? Je pourrais vous raconter une histoire de fantômes, assez bonne, sans vouloir me vanter. Ce serait peut-être un meilleur moyen pour aller au cœur des choses...

« — Dites-moi votre nom », dis-je en secouant la tête.

L'agrégat de jointures et de rubis s'agita sur ses genoux ; les pierres rougeoyèrent à la lueur des flammes.

« Je m'appelle bien Vida Winter. J'ai fait toutes les démarches nécessaires pour prendre ce nom en toute légitimité et en toute honnêteté. Ce que vous voulez savoir, c'est le nom sous lequel j'étais connue avant ce changement. Ce nom, c'était... »

Elle s'arrêta, ressentant le besoin de surmonter quelque obstacle intérieur, et quand elle prononça le nom, ce fut d'un ton remarquablement neutre, sans aucune intonation, comme s'il s'agissait d'un mot d'une langue étrangère qu'elle n'avait jamais fait l'effort d'apprendre. « Ce nom, c'était Adeline March. »

Comme pour étouffer le moindre écho qu'aurait pu éveiller ce nom dans l'air, elle ajouta sèchement : « J'espère que vous n'allez pas me demander ma date de naissance. Je suis arrivée à un âge où il est de rigueur de l'avoir oubliée.

« — Je m'en passerai, mais il faut que vous me donniez votre lieu de naissance.

« — Je pourrais vous dire bien mieux, si seulement vous m'autorisiez à le dire à ma façon..., dit-elle avec un soupir d'irritation.

« — Ce sont là les termes dont nous sommes convenues. Trois faits de notoriété publique.

« — Bon... Vous découvrirez donc qu'Adeline March est née à l'hôpital Saint-Bartholomew à Londres. On peut difficilement me demander de garantir personnellement la véracité de ce détail. J'ai beau être quelqu'un d'exceptionnel, je ne le suis pas au point de pouvoir me souvenir de ma propre naissance »

Je pris note.

Et maintenant, la troisième question. Pour celle-là, je dois l'avouer, je n'avais rien prévu. Elle ne voulait pas me dire son âge, et je n'avais guère besoin de sa date de naissance. Au vu de sa longue carrière de romancière et de la date de publication de son premier livre, elle ne pouvait avoir moins de soixante-treize ou soixante-quatorze ans, et à en juger par son apparence, tout altérée qu'elle fût par la maladie et le maquillage, elle n'avait sans doute pas dépassé les quatre-vingts. Mais cette incertitude ne tirait pas à conséquence : avec son nom et son lieu de naissance, je n'aurais aucune difficulté à trouver ce détail par moi-même. Grâce à mes deux premières questions, j'étais déjà en possession des renseignements dont j'avais besoin pour établir sans conteste qu'une dénommée Adeline March existait réellement. Alors, que lui demander ? Peut-être avais-je envie, après tout, d'entendre Miss Winter me raconter une histoire : maintenant que l'occasion se présentait d'utiliser ma troisième question comme joker, je la saisis sur-le-champ.

« Dites-moi.. », commençai-je lentement, prudemment. Dans les histoires de magiciens, c'est toujours avec le troisième vœu que les avantages si chèrement acquis par le héros lui sont retirés, avec les conséquences désastreuses que l'on sait. « Parlez-moi de quelque chose qui vous est arrivé – à une époque antérieure à votre changement de nom –, et qui soit consigné quelque part. » Je songeais à des succès scolaires. Ou sportifs. À un de ces petits triomphes qui font la fierté des parents.

Au cours du silence qui suivit, Miss Winter sembla être aspirée du dedans ; elle réussit, sous mes yeux, à s'absenter d'elle-même, pour ainsi dire, et je commençai à comprendre comment, un peu plus tôt, j'avais pu ne pas la voir. En fait, c'était sa coquille que je regardais, et je constatai avec effarement qu'il m'était impossible de savoir ce qui se passait sous la surface.

Puis, subitement, elle émergea.

« Savez-vous pourquoi mes livres ont autant de succès ?

« — Pour des tas de raisons, je crois.

« — Possible. Mais c'est en grande partie parce qu'ils ont un début, un milieu et une fin. Dans cet ordre. Bien sûr, toutes les histoires ont un début, un milieu et une fin ; ce qui compte, c'est de les avoir dans le bon ordre. Et c'est pour cette raison que les gens aiment mes livres. »

Elle poussa un soupir et agita les mains. « Je vais répondre à votre question. Je vais vous dire quelque chose à mon sujet qui m'est arrivé avant que je devienne écrivain et que je change de nom, et dont il existe des traces vérifiables. C'est l'événement le plus important de ma vie. Mais je ne m'attendais pas à vous le raconter aussi tôt. Je vais devoir, pour ce faire, enfreindre une de mes règles. Vous raconter la fin de mon histoire avant le début.

« — La *fin* de votre histoire ? Comment est-ce possible si ça vous est arrivé avant que vous commenciez à écrire ?

« — Tout simplement parce que mon histoire – mon histoire personnelle – s'est terminée avant que je commence à écrire. Écrire n'a jamais été pour moi qu'un moyen de passer le temps depuis que tout est fini. »

J'attendis, et elle retint son souffle à la manière d'un joueur d'échecs qui voit sa pièce maîtresse prise au piège.

« Je préférerais ne pas vous en parler. Mais je vous ai fait une promesse, non ? La règle des trois. Incontournable. Le magicien peut bien supplier le garçon de ne pas formuler un troisième vœu, parce qu'il sait que tout va mal se terminer, le garçon passera outre, inévitablement, et le magicien ne pourra qu'exaucer son vœu parce que l'histoire l'exige. Vous m'avez demandé de vous dire la vérité à propos de trois choses, et j'y suis obligée, pour la raison que je viens d'évoquer. Mais permettez-moi de vous demander d'abord quelque chose en retour.

« — Quoi donc ?

« — Après cet écart, plus d'allées et venues dans la chronologie. À partir de demain, je vous raconterai mon histoire dans l'ordre, en commençant par le début, en poursuivant par le milieu, et en finissant par la fin. Chaque chose à sa place. Pas de tricherie. Pas d'anticipations. Pas de questions. Pas de coups d'œil furtifs à la dernière page. »

Avait-elle le droit de poser des conditions à notre contrat alors qu'elle l'avait déjà accepté ? Pas vraiment. Je n'en acquiesçai pas moins.

« C'est d'accord. »

Elle eut ensuite du mal à me regarder tout en parlant.

« J'ai vécu à Angelfield. »

Sa voix trembla en prononçant ce nom, et elle se gratta nerveusement la paume de la main, d'un geste machinal.

« J'avais seize ans. »

Sa voix se fit tendue, son débit, irrégulier.

« Il y a eu un incendie. »

Sa gorge expulsait les mots comme autant de petits cailloux, durs et secs.

« J'ai tout perdu. »

Et puis, avant qu'elle puisse le retenir, ce cri : « Ah, Emmeline ! »

Il existe des cultures dans lesquelles on croit qu'un nom renferme tout le pouvoir occulte d'une personne. Qu'un nom ne devrait être connu que de Dieu, de celui qui le porte et d'un petit nombre de privilégiés. Prononcer un nom, que ce soit le sien ou celui d'un autre, c'est aller au-devant du danger. Tel était le cas, semblait-il, avec celui que venait de crier Miss Winter.

Elle serra les lèvres, trop tard. Un frisson parcourut ses muscles sous la peau.

Je savais que désormais je ne pourrais plus me détacher du récit. J'étais tombée par hasard sur le cœur de cette vie que j'avais pour mission de raconter. C'était une histoire faite d'amour. Et de deuil. Car que pouvait trahir cette exclamation sinon la douleur consécutive à la perte d'un être cher ? En un instant, je perçai à jour le masque de poudre blanche et les draperies exotiques. L'espace de quelques secondes, il me sembla que je pouvais lire jusqu'au fond de son cœur, de ses pensées Je reconnus son essence même : comment aurait-il pu en être autrement, puisque c'était la mienne ? Nous étions toutes deux des jumelles solitaires. Je sentis la bride de l'histoire se resserrer sur mes poignets, et à mon excitation se mêla soudain la peur.

« Où puis-je trouver confirmation de cet incendie ? demandai-je, essayant de ne pas laisser percer le trouble qui m'agitait.

« — Dans le journal local. Le *Banbury Herald.* »

Je hochai la tête, notai le nom sur mon bloc, que je refermai.

« Bien qu'il en subsiste une trace d'un genre bien différent.. que je peux vous montrer dès maintenant. »

Je levai un sourcil interrogateur.

« Approchez-vous. »

Je fis un pas dans sa direction, réduisant de moitié la distance qui nous séparait.

Lentement, elle leva le bras droit, et me tendit un poing fermé qui semblait fait pour les trois quarts de pierres précieuses montées dans ce qui ressemblait à des griffes. D'un geste qui témoignait d'un effort considérable, elle tourna le poignet et ouvrit la main, comme si elle y cachait quelque présent qu'elle aurait voulu m'offrir.

Mais il n'y avait pas trace de présent La surprise, c'était la main elle-même.

La chair ne ressemblait à rien de ce que j'avais pu voir jusqu'ici. Ses boursouflures blanchies et ses creux violets n'avaient rien de commun avec les monticules roses qui se trouvent à la base de mes doigts, ni avec la déclivité pâle de ma paume. Fondue par le feu, elle avait en refroidissant formé un paysage totalement méconnaissable, qui évoquait un terrain que le passage d'une coulée de lave a radicalement altéré. Ses doigts ne se dépliaient pas complètement, mais restaient crispés en une sorte de serre que les tissus cicatriciels racornis empêchaient de s'ouvrir. Au creux de la paume, cicatrice dans la cicatrice, brûlure dans la brûlure, s'inscrivait une marque singulière. Elle était imprimée si profondément que, prise d'un haut-le-cœur, je me demandai ce qu'était devenu l'os qui normalement aurait dû se trouver à cet endroit. C'était là l'explication de l'angle bizarre que formait la main avec le poignet et de la manière dont elle semblait peser au bout du bras, comme si elle n'avait aucune vie propre. La marque en question était un cercle gravé dans la paume, d'où partait, en direction du pouce, une ligne très courte.

En y repensant aujourd'hui, je me dis qu'elle avait plus ou moins la forme d'un Q, mais sur le moment, sous le choc occasionné par ce dévoilement inattendu et douloureux, je ne m'en aperçus pas, et la chose me troubla autant qu'aurait pu le faire l'apparition sur une page en anglais d'un symbole inconnu issu d'une langue disparue et illisible.

Je fus saisie d'un soudain accès de vertige et tâtonnai derrière moi à la recherche de ma chaise.

« Je suis désolée, l'entendis-je dire. On finit par si bien s'habituer à ses propres horreurs qu'on en oublie la manière dont les autres les perçoivent. »

Je m'assis, et peu à peu le noir qui bordait mon champ de vision se dissipa.

Miss Winter replia ses doigts sur sa paume abîmée, bascula le poignet et ramena sur ses genoux le poing incrusté de bijoux. Qu'elle protégea en l'enfermant dans les doigts de son autre main.

« Je regrette que vous n'ayez pas voulu entendre mon histoire de fantômes, Miss Lea.

« — Ce sera pour une autre fois. »

Notre entrevue était terminée.

En regagnant mes quartiers, je repensai à la lettre qu'elle m'avait envoyée. À cette écriture forcée et laborieuse dont je n'avais jamais vu d'exemple auparavant. Je l'avais attribuée à une maladie. L'arthrite peut-être. Maintenant je comprenais. Depuis son tout premier roman, et tout au long de sa carrière, Miss Winter avait écrit ses chefs-d'œuvre de la main gauche.

Dans mon bureau, les rideaux étaient en velours vert, et les murs couverts d'un satin filigrané or pâle. En dépit du silence cotonneux qui y régnait, la pièce me plaisait, car l'effet d'ensemble était allégé par le large bureau en bois et le fauteuil à dossier droit tout simple placé sous la fenêtre. J'allumai la lampe et mis en place la rame de papier que j'avais apportée, ainsi que mes douze crayons. Ils étaient flambant neufs : longs cylindres rouges non taillés, exactement ce qu'il me faut quand j'aborde un nouveau projet. Le dernier objet que je sortis de mon sac fut mon taille-crayon. Je le fixai comme un étau au bord du plateau et plaçai la corbeille à papier juste en dessous.

Prise d'une impulsion, je grimpai sur le bureau et levai les bras pour atteindre la tringle derrière les plis compliqués de la cantonnière. Mes doigts tâtonnèrent à la recherche de la ruflette, et je finis par trouver les crochets et les anneaux passés sur la tringle. Il aurait fallu être au moins deux : les rideaux descendaient jusqu'au sol, étaient doublés, et leur poids, quand je les eus basculés sur mon épaule, me fit ployer. Mais au bout de quelques minutes, un rideau, puis l'autre étaient pliés et rangés dans un placard. Je me campai au milieu de la pièce et contemplai le résultat de mon travail.

Au centre de la fenêtre, grande surface de verre sombre, mon fantôme, d'une transparence ténébreuse, me regardait fixement du dehors. Son monde n'était pas très différent du mien : contour estompé d'un bureau de l'autre côté de la vitre, et, un peu plus loin, fauteuil capitonné aux boutons profondément enfoncés placé au centre du cercle de lumière projeté par une banale lampe de travail. Mais là où mon siège était rouge, le sien était gris ; là où le mien trônait sur un tapis des Indes, entouré de murs d'or pâle, le sien planait tel un ectoplasme dans un pan d'obscurité aux contours flous, où des formes indéfinies, telles des vagues, semblaient onduler et respirer.

Ensemble, nous nous préparâmes au petit rituel consistant à préparer notre table de travail : diviser une ramette de papier en piles plus minces et les feuilleter l'une après l'autre, afin de les aérer ; tailler nos crayons un à un, en tournant la manivelle et en regardant les longs copeaux hésiter au-dessus de la corbeille avant d'y tomber. Quand le dernier crayon fut taillé en pointe fine, au lieu de le reposer au milieu des autres, nous le gardâmes dans la main.

« Voilà, dis-je à mon image. Prêtes à commencer. »

Elle ouvrit la bouche, sembla vouloir me parler. Je n'entendais pas ce qu'elle disait.

Je ne connais pas la sténo. Pendant l'entrevue, je m'étais contentée de dresser une liste de mots-clés, dans l'espoir que si je rédigeais le compte rendu de nos entretiens aussitôt après, ces quelques mots suffiraient à me rafraîchir la mémoire. Et, effectivement, dès cette première fois, la méthode s'avéra efficace. Jetant un coup d'œil de temps à autre à mon bloc, je remplis le milieu de mes feuilles de papier ministre avec le contenu des paroles de Miss Winter, évoquant son image, sa voix, revoyant ses tics. Je ne tardai pas à oublier presque complètement l'existence de mon bloc, pour prendre directement sous la dictée de la Miss Winter qui habitait ma tête.

Je laissai de grandes marges. Dans celle de gauche, je notai les tics, expressions et gestes qui semblaient venir à l'appui de ce qu'elle avait à dire. Je laissai celle de droite vide. C'est là que plus tard, à la relecture, je noterais mes propres idées, commentaires et interrogations.

Je dus travailler pendant des heures. Je n'émergeai que pour me faire une tasse de chocolat, mais le temps resta suspendu, sans aucunement troubler le cours de ma pause ; je revins à mon travail et en repris le fil comme s'il n'y avait pas eu d'interruption.

« On finit par si bien s'habituer à ses propres horreurs qu'on en oublie la manière dont les autres les perçoivent. » Voilà ce que j'écrivis dans la colonne du milieu, tandis que, dans celle de gauche, je notais la façon dont elle avait enveloppé des doigts de sa main valide le poing fermé de sa main mutilée.

Je traçai un double trait sous la dernière ligne de ma transcription, et m'étirai. Dans la vitre, l'autre en fit autant. Elle saisit les crayons dont elle avait usé les mines et entreprit de les tailler l'un après l'autre.

Elle était au milieu d'un bâillement, quand quelque chose commença à altérer son visage. Ce fut d'abord le milieu de son front qui se brouilla, comme une ampoule qui éclate. Une autre marque apparut bientôt sur sa joue, puis en dessous de l'œil, sur son nez et ses lèvres. Chaque nouvelle tache s'accompagnait d'un bruit mat, celui d'un choc qui s'accélérait. En quelques secondes, son visage tout entier sembla se décomposer.

Mais ce n'était pas l'œuvre de la mort. Seulement celle de la pluie. La pluie tant attendue.

J'ouvris la fenêtre, tendis la main sous l'averse, puis me la passai sur le visage et les yeux. Je frissonnai. Il était temps d'aller au lit.

Je laissai la fenêtre entrouverte, de manière à pouvoir écouter la pluie qui continuait de tomber doucement, égale et assourdie. Je l'entendis pendant que je me déshabillais, que je lisais, que je dormais. Elle accompagna mes rêves comme un poste de radio mal réglé laissé branché toute la nuit, qui émet des parasites derrière lesquels parviennent, à peine perceptibles, des murmures en langues étrangères et des bribes de musiques inconnues.

Or donc, les débuts

À neuf heures le lendemain matin, Miss Winter m'envoya chercher, et je me rendis à la bibliothèque.

De jour, la pièce avait un tout autre aspect. Les volets une fois repliés, les hautes fenêtres laissaient pénétrer à flots la lumière du ciel délavé. Le jardin, encore humide de la pluie tombée pendant la nuit, luisait dans le soleil du matin. Les plantes exotiques placées à côté des sièges devant les fenêtres semblaient toucher les feuilles de leurs cousines plus résistantes et plus mouillées de l'autre côté de la vitre, et le fin cloisonnage qui maintenait les carreaux en place semblait avoir aussi peu de consistance que les fils argentés d'une toile d'araignée tendue en travers d'une allée de jardin d'une branche d'arbre à une autre. La bibliothèque elle-même, moins massive, plus étroite en apparence que la veille au soir, donnait l'impression d'un mirage de livres dans le jardin hivernal détrempé.

Par opposition au ciel bleu pâle et au soleil laiteux, Miss Winter brillait de mille feux, fleur de serre tropicale dans un jardin septentrional au milieu de l'hiver. Elle ne portait pas de lunettes noires aujourd'hui, mais ses paupières étaient fardées d'une ombre violette, soulignées d'un trait de khôl à la Cléopâtre et frangées des mêmes cils lourds et épais. Dans la clarté du jour, je vis ce qui la veille m'avait échappé, à savoir que la raie très droite qui séparait ses boucles cuivrées était ourlée de part et d'autre d'une ligne étroite d'un blanc pur.

« Vous vous souvenez de notre accord, commença-t-elle, tandis que je prenais place dans le fauteuil de l'autre côté de la cheminée. Un début, un milieu et une fin, le tout dans l'ordre. Pas de tricherie. Pas d'anticipations. Pas de questions. »

J'étais fatiguée. Un lit nouveau dans un nouvel endroit, sans compter que je m'étais réveillée la tête pleine d'une musique sourde et sans relief.

« Commencez où vous voulez, dis-je.

« — Je commencerai au commencement. Même si, bien entendu, le début n'est jamais là où on croit. Notre vie nous semble d'une telle importance que nous inclinons à penser qu'elle débute avec notre naissance. D'abord, il n'y avait rien, puis, moi, je suis arrivé... Mais ce n'est pas ainsi que se passent les choses. Les vies humaines ne sont pas des bouts de ficelle que l'on peut démêler d'un nœud d'autres bouts semblables pour les tendre bien droit. La famille est une toile d'araignée. Impossible d'en toucher une partie sans faire vibrer la totalité. D'en comprendre un fragment sans avoir une idée de l'ensemble.

« Mon histoire n'est pas seulement la mienne, c'est aussi celle d'Angelfield. Angelfield le village. Angelfield la maison de maître. Et la famille Angelfield elle-même. George et Mathilde ; leurs enfants, Charlie et Isabelle ; les enfants d'Isabelle, Emmeline et Adeline. Leur maison, leurs destins, leurs peurs. Et leurs fantômes. On devrait toujours prêter attention aux fantômes, Miss Lea, vous ne croyez pas ? »

Elle me jeta un coup d'œil pénétrant, que je feignis de ne pas remarquer.

« Une naissance n'est pas vraiment un début. Notre vie à son commencement ne nous appartient pas réellement, elle n'est que la continuation de l'histoire de quelqu'un d'autre. Tenez, moi par exemple. À me voir maintenant, on pourrait être tenté de penser que ma naissance a été un événement spécial, non ? Accompagné d'étranges présages, en présence de sorcières et de mes marraines les fées. Mais non. Pas du tout. En fait, quand je suis née, je n'étais, dans l'histoire, qu'une intrigue secondaire.

« Mais je vous entends d'ici vous demander comment je peux être au courant de ce qui a précédé ma naissance. Quelles sont mes sources. D'où je tiens mes informations. Voyons, d'où peuvent bien venir les informations, quelle que soit leur nature, dans une maison comme Angelfield ? Des domestiques, bien sûr. En particulier, de la gouvernante. Non pas que j'aie tout appris de sa bouche. Il est vrai qu'il lui arrivait de se remémorer le passé tout en faisant l'argenterie, et de sembler oublier ma présence tandis qu'elle parlait. Elle fronçait les sourcils tout en évoquant les rumeurs qui couraient au village. Des événements, des conversations, des scènes lui venaient aux lèvres et se rejouaient autour de la table de la cuisine. Mais tôt ou tard, elle se trouvait entraînée sur des terrains peu faits pour des enfants – pour une enfant comme moi en particulier –, et elle se rappelait alors brusquement que j'étais là, interrompait son récit au beau milieu d'une phrase et se mettait à astiquer couteaux et fourchettes avec une vigueur renouvelée, comme pour effacer complètement le passé. Mais il ne peut y avoir de secrets dans une maison où il y a des enfants. J'utilisai un autre moyen pour assembler les morceaux de l'histoire. Quand la gouvernante parlait avec le jardinier devant le thé du matin, j'appris à interpréter les brusques silences qui ponctuaient des conversations apparemment anodines. Sans donner l'impression de rien remarquer, j'interceptais les regards silencieux que certains mots faisaient naître entre eux. Et quand ils croyaient être seuls et pouvoir parler en toute tranquillité, en fait ils ne l'étaient pas. C'est ainsi que j'ai compris l'histoire de mes origines. Et, plus tard, quand la gouvernante a cessé d'être la femme qu'elle était jusqu'alors, quand l'âge lui a brouillé l'esprit et délié la langue, ses propos décousus ont confirmé l'histoire que j'avais passé des années à deviner. C'est cette histoire – reçue sous forme d'allusions, de regards et de silences – que je vais maintenant mettre en mots pour vous. »

Miss Winter s'éclaircit la voix, prête à commencer.

« Isabelle Angelfield était bizarre. »

Les mots semblaient lui avoir échappé, et elle s'arrêta, étonnée. Quand elle reprit la parole, ce fut avec précaution.

« Isabelle Angelfield était née au cours d'un orage. »

À nouveau, cette brusque perte de voix.

Elle était si accoutumée à déguiser la vérité que celle-ci s'était comme atrophiée en elle. Elle fit encore un faux départ, puis un autre. Mais, à l'instar d'un musicien talentueux qui, après des années passées sans jouer, reprend son instrument, elle finit par trouver sa voix.

Et me raconta l'histoire d'Isabelle et Charlie.

*

Isabelle Angelfield était bizarre.

Isabelle Angelfield était née au cours d'un orage.

Impossible de savoir s'il existe un rapport entre ces deux faits. Mais quand, vingt-cinq ans plus tard, Isabelle partit de chez elle pour la seconde fois, les gens du village se souvinrent du déluge incessant qui avait marqué le jour de sa naissance. Certains se rappelaient comme si c'était la veille, que le médecin n'était pas arrivé à temps, retardé par les inondations provoquées par la rivière qui était sortie de son lit. D'autres se souvenaient, sans l'ombre d'un doute, que le cordon ombilical s'était enroulé autour du cou du bébé et avait failli l'étrangler avant même sa naissance. Une naissance difficile, c'est certain, car, sur le coup de six heures, juste au moment où le bébé venait au monde et où le médecin sonnait à la porte, la mère avait rendu l'âme. Ainsi donc, si le temps avait été plus clément, si le médecin était arrivé plus tôt, si le cordon n'avait pas privé l'enfant d'oxygène, et si la mère n'était pas morte...

Et si, et si, et si... À quoi bon ces suppositions ? Isabelle était comme elle était, et il n'y a rien d'autre à en dire.

L'enfant, petite boule blanche de fureur, était sans mère. Et au début, il sembla bien qu'elle dût également se passer de père. Car ce dernier, George Angelfield, tomba dans un état de prostration tel qu'il s'enferma dans la bibliothèque et refusa catégoriquement d'en sortir. Pareil comportement pourrait paraître excessif : en règle générale, dix ans de mariage suffisent à guérir toute affection conjugale ; mais Angelfield était un type bizarre, voilà tout. Il avait aimé sa femme – la jolie Mathilde, si paresseuse, égoïste et grincheuse. Il l'avait aimée davantage que ses chevaux, davantage même que son chien. Quant à leur fils, Charlie, alors âgé de neuf ans, il ne vint même jamais à l'esprit de George de se demander s'il l'aimait plus ou moins que Mathilde, pour la bonne et simple raison qu'il ne pensait jamais à lui.

Pleurant sa femme, fou de douleur, George Angelfield passait ses journées dans la bibliothèque, sans rien manger ni voir personne. Il y passait aussi les nuits, sur le sofa, sans dormir, à regarder la lune, les yeux rougis. Et ce des mois durant. La pâleur de ses joues s'accentua, il maigrit, cessa de parler. On appela des spécialistes de Londres. Le pasteur vint et repartit. Le chien dépérit par manque d'affection, et, quand il mourut, c'est à peine si George s'en aperçut.

Puis vint le moment où la gouvernante n'y tint plus. Elle sortit la petite Isabelle de son berceau dans la nursery et la descendit au rez-de-chaussée. Passa à grandes enjambées devant le majordome, sans prêter attention à ses protestations, et entra dans la bibliothèque sans frapper. Atteignant le bureau en trois enjambées, elle déposa le bébé, sans ménagement et sans un mot, dans les bras de son père. Puis elle fit demi-tour et sortit en claquant la porte derrière elle.

Le majordome voulut entrer, dans l'idée de récupérer l'enfant, mais la gouvernante leva un doigt menaçant et siffla : « Essaie donc ! » L'homme fut si surpris qu'il s'abstint. Les autres domestiques se rassemblèrent devant la porte de la bibliothèque, échangeant des regards perplexes. Mais la détermination de la gouvernante était si grande qu'elle les paralysa, décourageant toute tentative d'intervention.

L'après-midi fut long, mais à la fin l'une des soubrettes courut jusqu'à la nursery en criant : « Il est sorti ! Le maître est sorti ! »

Sans émoi ni précipitation, la gouvernante descendit pour apprendre ce qui s'était passé.

Les domestiques s'étaient tenus dans le hall pendant des heures, écoutant à la porte et regardant par le trou de la serrure. Au début, leur maître s'était contenté de rester assis, un œil sur le bébé, le visage éteint et vaguement perplexe. L'enfant se tortillait et gazouillait. Quand ils entendirent George Angelfield roucouler et glousser en retour, les domestiques échangèrent des regards stupéfaits, mais leur stupéfaction ne fit que croître et embellir quand, un peu plus tard, leur parvinrent les notes d'une berceuse. L'enfant s'endormit, et le silence s'installa. À partir de cet instant, rapportèrent les domestiques, le père ne quitta pas des yeux une seconde le visage de sa fille. Puis celle-ci se réveilla, affamée, et se mit à pleurer. Ses hurlements se firent de plus en plus forts et aigus, jusqu'à ce que, pour finir, la porte s'ouvre brusquement.

Apparut alors mon grand-père, son bébé dans les bras.

Voyant ses serviteurs désœuvrés, il les foudroya du regard et demanda d'une voix tonitruante : « On laisserait donc un bébé mourir de faim dans cette maison ? »

À compter de ce jour, George Angelfield prit sa fille en charge. Il la nourrit, lui donna son bain et s'occupa de tous les soins, fit mettre le petit lit dans sa chambre au cas où elle pleurerait la nuit, se confectionna une bandoulière pour pouvoir l'emmener avec lui à cheval, lui fit la lecture (lettres d'affaires, pages sportives des journaux et romans d'amour), et partagea avec elle ses projets et ses pensées. En bref, il se comporta avec Isabelle comme si elle était une compagne sensée et agréable, et non une enfant ignorante et sauvage.

Peut-être était-ce son physique qui faisait que son père l'aimait tant. Charlie, l'enfant négligé, de neuf ans l'aîné d'Isabelle, un lourdaud au teint plombé, aux cheveux rouquins, aux grands pieds et aux gestes lents, tenait beaucoup de son père. Isabelle avait hérité, elle, de ses deux parents. Les cheveux roux qu'elle avait en commun avec son père et son frère étaient cuivrés chez elle d'un éclat auburn riche et brillant. La peau pâle des Angelfield était tendue, chez elle, sur une fine ossature française. Elle avait pris le joli menton de son père et la belle bouche de sa mère, ainsi que les yeux en amande de Mathilde et ses longs cils, mais quand elle les levait, c'était pour révéler les étonnants iris émeraude qui étaient l'emblème des Angelfield. Elle était, du moins physiquement, la perfection même.

La maisonnée s'adapta à cette situation hors du commun. Par une sorte d'accord tacite, tout le monde se comporta comme s'il était tout à fait normal qu'un père raffole à ce point de sa petite fille. Comme si l'on ne pouvait trouver ridicule, indélicat ou peu masculin, qu'il la gardât ainsi constamment à ses côtés.

Pendant ce temps, que devenait Charlie, le frère du bébé ? Cet esprit lent, centré autour de quelques obsessions et préoccupations majeures, se montrait réfractaire à toute idée nouvelle et à tout système de pensée logique. Il fit comme si sa sœur n'existait pas, mais accueillit favorablement les changements qu'introduisit son arrivée dans la maison. Avant Isabelle, il y avait eu deux parents auxquels la gouvernante était susceptible de rapporter des exemples de mauvaise conduite, deux parents dont les réactions étaient imprévisibles. En matière de discipline, sa mère se montrait d'une totale incohérence : le faisant parfois fesser pour ses incartades là où, à d'autres moment, elle se contentait d'en rire. Son père, bien que sévère, était souvent distrait, et oubliait fréquemment les punitions prévues. Parfois, cependant, quand il tombait par hasard sur le garçon, il avait la vague impression d'avoir quelque méfait à punir, et il lui administrait alors une bonne raclée, dans l'idée que, si elle n'était pas méritée sur le moment, il aurait toujours pris un peu d'avance pour la suite. Le gamin ne manqua pas d'en tirer la leçon qui s'imposait et veilla à se tenir à l'écart de son père.

Avec l'arrivée d'Isabelle, le changement fut radical. Maman n'était plus là ; quant à papa, c'était tout comme : il était bien trop occupé par sa petite Isabelle pour prêter attention aux plaintes hystériques des servantes au sujet de souris grillées avec le rôti du dimanche ou d'épingles enfoncées dans le savon par des mains malfaisantes. Charlie était libre d'agir selon son bon plaisir, et son plaisir consistait, entre autres, à retirer les lames de plancher au sommet de l'escalier qui menait aux combles pour voir les servantes tomber et se fouler la cheville.

La gouvernante pouvait bien vitupérer, elle n'était que la gouvernante, et dans cette nouvelle vie de liberté le gamin pouvait estropier et blesser à son aise, assuré qu'il était de s'en tirer sans dommages. On a coutume de dire qu'une conduite cohérente de la part des adultes est bonne pour les enfants, et, en l'occurrence, cet abandon manifeste convenait parfaitement au jeune Charlie

Angelfield : dans les premières années de son état d'orphelin, il fut heureux comme un roi.

L'adoration de George Angelfield pour sa fille survécut à toutes les épreuves qu'un enfant peut infliger à ses parents. Quand elle commença à parler, il découvrit qu'elle était extraordinairement douée, qu'elle se révélait un véritable oracle, et il se mit à la consulter à tout propos, si bien que la maison fut bientôt dirigée selon les caprices d'une enfant de trois ans.

Les visiteurs étaient rares, et ils se firent plus rares encore quand la maison bascula de l'excentricité dans le chaos. Puis les domestiques commencèrent à se plaindre entre eux. Le majordome était parti alors que l'enfant n'avait pas deux ans. La cuisinière résista une année de plus aux horaires irréguliers imposés par les repas de la petite, jusqu'au jour où elle aussi donna ses huit jours, emmenant avec elle la fille de cuisine. C'est finalement à la gouvernante qu'il incomba d'assurer le ravitaillement en gâteaux et confitures aux heures les plus incongrues. Les femmes de chambre ne se sentaient nullement obligées d'accomplir leurs corvées : elles estimaient, non sans raison, que leur maigre salaire était une compensation bien modeste au regard des coupures, hématomes, chevilles foulées et estomacs dérangés que leur infligeaient les expériences de ce petit sadique de Charlie. Elles aussi partirent, pour être remplacées par une cohorte d'aides temporaires, dont aucune ne resta bien longtemps. Pour finir, on ne recruta plus personne.

Quand Isabelle eut cinq ans, la maisonnée ne se composait plus que de George Angelfield, des deux enfants, de la gouvernante, du jardinier et du garde-chasse. Le chien était mort, et les chats, échaudés par les pratiques de Charlie, restaient prudemment dehors, se réfugiant dans l'abri de jardin quand il faisait trop froid.

Si George Angelfield remarqua leur isolement ou l'état d'abandon dans lequel se trouva bientôt la maison, il ne les regretta pas. Il avait Isabelle, et il était heureux.

Si les domestiques manquaient à quelqu'un, c'était bien à Charlie. Sans eux, plus de sujets d'expérience. À la recherche d'une victime potentielle, il finit par tomber, comme cela devait forcément arriver un jour ou l'autre, sur sa sœur.

Il ne pouvait pas se permettre de la faire pleurer devant son père, et dans la mesure où elle était rarement hors de la présence de celui-ci, il était confronté à un réel problème. Comment l'attirer hors du nid ?

Par la séduction. Tout en lui chuchotant à l'oreille des promesses de découvertes merveilleuses, Charlie entraîna Isabelle par la porte de derrière vers le fond du jardin, entre les longues plates-bandes, jusqu'au jardin topiaire, puis dans l'allée flanquée de hêtres qui menait dans les bois. Charlie connaissait un bon endroit. Une vieille cabane, humide et sans fenêtre, un lieu propice aux secrets.

Charlie cherchait avant tout une victime, et sa sœur, qui marchait derrière lui, plus petite, plus jeune et plus faible, dut lui sembler taillée pour le rôle. Mais elle avait beau être bizarre, elle était loin d'être sotte, et les choses ne tournèrent donc pas tout à fait comme il l'avait prévu.

Charlie releva la manche de sa sœur et fit glisser le long de la face interne de son avant-bras blanc un morceau de fil de fer rongé par la rouille. La gamine regarda, comme hypnotisée, les gouttes de sang rouges qui perlaient le long de l'estafilade livide, puis elle leva les yeux sur lui. Des yeux verts agrandis par la surprise et par quelque chose qui ressemblait à du plaisir. Quand elle tendit la main pour réclamer le fil de fer, il le lui donna machinalement. Elle releva alors son autre manche, perça la peau de son bras et fit descendre avec une grande application le fil de fer presque jusqu'au poignet. La coupure était bien plus profonde que celle que son frère lui avait infligée, et le sang se mit aussitôt à couler. Elle soupira d'aise et entreprit de le lécher. Puis elle présenta le morceau de fil de fer à son frère et lui fit signe de relever sa manche.

Charlie fut interloqué. Mais il ne s'en enfonça pas moins le fil de fer dans le bras parce qu'elle le voulait, et rit malgré la douleur.

Au lieu d'une victime, Charlie venait de se trouver la plus étrange des conspiratrices.

La vie suivit son cours chez les Angelfield, sans réceptions, sans chasses, sans femmes de chambre, sans la plupart des agréments que les gens de leur classe considéraient à cette époque comme allant de soi. Ils tournèrent le dos à leurs voisins, laissèrent les métayers gérer le domaine, et comptèrent sur la bonne volonté et l'honnêteté de la gouvernante et du jardinier pour les transactions quotidiennes avec le monde extérieur nécessaires à leur survie.

George Angelfield oublia le monde, et, pendant un temps, le monde lui rendit la pareille. Jusqu'au jour où on se souvint de lui. Pour une affaire d'argent.

Il y avait d'autres grandes maisons dans les environs. D'autres familles plus ou moins aristocratiques. Et parmi ces voisins, un homme qui prenait grand soin de sa fortune. Il était à l'affût des meilleurs conseils, investissait de grosses sommes là où le lui dictait la sagesse et en misait de petites là où les risques de perte étaient plus grands mais les profits, en cas de succès, fort élevés. Les premières, il les perdit en totalité. Les secondes fructifièrent – modérément. L'homme se retrouva donc dans une situation délicate. Sans compter qu'il était affligé d'un fils paresseux et dépensier, et d'une fille à l'œil globuleux et à la cheville épaisse. Il lui fallait à tout prix sortir de l'impasse.

George Angelfield ne rencontrait jamais personne, et ne se voyait donc jamais offrir de conseils en matière de finance. Quand son avoué lui donnait son avis, il l'ignorait, et quand sa banque lui écrivait, il ne répondait pas. En conséquence de quoi, l'argent des Angelfield, au lieu de s'éparpiller dans une affaire après l'autre, faisait des petits bien à l'abri dans un coffre-fort à la banque.

Mais l'argent parle. Et la rumeur se répandit.

« George Angelfield a bien un fils, non ? demanda l'épouse du futur banqueroutier. Quel âge peut-il bien avoir maintenant ? Vingt-six ans ? »

Et si le fils ne convenait pas pour leur Sybilla, alors pourquoi pas la fille pour Roland ? songea la dame. Elle devait être en âge de se marier. Et tout le monde savait que le père en était fou : elle ne partirait donc pas de chez elle les mains vides.

« Un bien beau temps pour un pique-nique ! » dit-elle, et son époux, comme bien des époux, ne vit pas le rapport.

L'invitation languit une quinzaine de jours sur l'appui de la fenêtre du salon, où elle aurait pu rester jusqu'à ce que le soleil en décolore complètement l'encre, n'eût été Isabelle. Un après-midi où elle se cherchait une occupation, elle descendit l'escalier, gonfla les joues en signe d'ennui, et s'empara de la lettre, qu'elle ouvrit.

« Qu'est-ce que c'est ? dit Charlie.

« — Une invitation. À un pique-nique. »

Un pique-nique ? Charlie retourna l'idée dans sa tête. La trouva curieuse. Mais haussa les épaules et oublia l'affaire.

Isabelle se leva et gagna la porte.

« Où vas-tu ?

« — Dans ma chambre. »

Charlie voulut la suivre, mais elle l'arrêta. « Laisse-moi tranquille, lui dit-elle. Je ne suis pas d'humeur. »

Il se plaignit, la saisit par les cheveux, fit courir ses doigts sur sa nuque, retrouvant les marques qu'il y avait laissées la fois précédente. Mais elle se déroba, monta l'escalier en courant et s'enferma dans sa chambre.

Une heure plus tard, en l'entendant redescendre, il s'approcha de la porte.

« Viens avec moi dans la bibliothèque, lui dit-il.

« — Non.

« — Alors dans l'enclos des cerfs.

« — Non. »

Il remarqua qu'elle s'était changée. « Quelle drôle d'allure ! dit-il. Tu as l'air ridicule. »

Elle portait une robe d'été qui avait appartenu à sa mère, coupée dans un fin tissu blanc, ornée de parements verts. Au lieu de ses habituelles chaussures de tennis aux lacets effrangés, elle avait enfilé une paire de sandales – celles de sa mère, en satin vert, et trop grandes d'une taille –, et avait fixé une fleur dans ses cheveux à l'aide d'un peigne. Elle s'était également mis du rouge à lèvres

Le visage de Charlie s'assombrit.

« Où vas-tu ? demanda-t-il.

« — Au pique-nique. »

Il la saisit par le bras, lui planta ses ongles dans la chair et la tira en direction de la bibliothèque.

« Non ! »

Il se fit plus violent.

« Charlie, je t'ai dit non ! » siffla-t-elle.

Il la lâcha. Quand elle disait non sur ce ton, il était inutile de discuter. Il l'avait appris à ses dépens. Elle pouvait être d'une humeur massacrante pendant des jours et des jours.

Elle lui tourna le dos et ouvrit la porte d'entrée.

Furieux, Charlie chercha du regard quelque chose à casser. Mais il avait déjà cassé tout ce qui pouvait l'être. Les objets qui restaient risquaient de lui faire plus de mal qu'il ne pourrait leur en faire. Ses poings se détendirent ; il emboîta le pas à Isabelle et l'accompagna au pique-nique.

Vus de loin, les jeunes gens au bord du lac formaient un joli tableau, avec leurs chemises blanches et leurs robes d'été. Leurs verres étaient remplis d'une boisson qui pétillait dans le soleil, et l'herbe qu'ils foulaient semblait assez douce pour que l'on y marche pieds nus. En réalité, les pique-niqueurs étaient en nage sous leurs vêtements, le champagne était tiède, et si l'un d'entre eux avait songé à enlever ses chaussures, il lui aurait fallu louvoyer entre les fientes d'oie. Ils n'en étaient pas moins prêts à feindre la gaieté, dans l'espoir qu'un tel faux-semblant suffirait à la créer.

Un jeune homme en marge de la foule remarqua du mouvement non loin de la maison. Une fille dans un accoutrement bizarre, qui ne manquait pas d'allure, accompagnée d'une espèce de lourdaud.

Il ne répondit pas à la plaisanterie de son compagnon. Ce dernier leva les yeux pour voir ce qui retenait l'attention de l'autre et se tut à son tour. Plusieurs jeunes femmes, de celles qui sont éternellement à l'affût des agissements des jeunes gens, même quand ceux-ci sont dans leur dos, se retournèrent pour voir ce qui causait pareil silence. Il s'ensuivit une réaction en chaîne, qui fit que tout le monde se tourna pour faire face aux nouveaux arrivants, et, à leur vue, resta pantois.

Sur la grande pelouse s'avançait Isabelle.

Elle s'approcha du groupe, qui s'écarta devant elle comme les eaux devant Moïse, et le traversa pour se diriger vers le rivage. Elle monta sur un rocher plat qui surplombait le lac. Quelqu'un vint vers elle avec un verre et une bouteille, mais elle lui fit signe de s'éloigner. Le soleil tapait fort, le trajet avait été long et il faudrait plus que du champagne pour la rafraîchir.

Elle ôta ses chaussures, les suspendit à une branche et, bras tendus, se laissa tomber dans l'eau.

La foule en eut le souffle coupé, puis quand Isabelle refit surface, l'eau glissant sur son corps d'une manière qui rappelait la naissance de Vénus, elle fut de nouveau stupéfaite.

Ce plongeon dans l'eau, voilà encore une chose dont les gens se souviendraient des années plus tard, quand elle serait partie de chez elle une seconde fois. Ils s'en souviendraient, et hocheraient la tête, mi-compatissants, mi-réprobateurs. Cette fille, elle avait toujours eu un grain. Mais ce jour-là, son geste fut mis au compte d'une vivacité pleine d'entrain, et les invités lui en surent gré. À elle seule, Isabelle réussit à animer toute la fête.

L'un des jeunes gens, le plus hardi, cheveux blonds et rire sonore, se débarrassa de ses chaussures d'un coup de pied, ôta sa cravate et sauta dans le lac avec elle. Trois de ses amis l'imitèrent. En moins de temps qu'il n'en faut pour le dire, tous les garçons étaient dans l'eau, à plonger, à s'interpeller, à crier et à se surpasser en prouesses sportives et aquatiques.

Les filles, de leur côté, eurent tôt fait de comprendre qu'elles n'avaient plus le choix. Elles accrochèrent leurs sandales aux branches, firent de leur mieux pour prendre un air excité, et entrèrent dans l'eau en pataugeant, au milieu de cris dont elles espéraient qu'ils passeraient pour des cris de plaisir, tout en veillant à éviter de trop mouiller leurs cheveux.

Mais c'était peine perdue : les hommes n'avaient d'yeux que pour Isabelle.

Charlie ne suivit pas sa sœur dans l'eau. Il se tint un peu à l'écart et observa la scène. Ses cheveux roux et sa pâleur le désignaient pour la pluie et les activités d'intérieur. Son visage avait rosi au soleil, et la sueur qui dégoulinait de son front lui piquait les yeux. Mais c'est à peine s'il cillait des paupières. Il ne supportait pas qu'Isabelle lui échappe, ne fût-ce qu'une seconde.

Combien d'heures s'écoulèrent avant qu'il se retrouve seul avec elle ? Une éternité, lui sembla-t-il. Animé d'une nouvelle vie grâce à la présence d'Isabelle, le pique-nique dura bien plus longtemps que prévu, et pourtant les autres invités, qui auraient aimé rester plus longtemps s'ils l'avaient pu, eurent l'impression qu'il passait en un éclair. Les gens se séparèrent sur l'idée réconfortante d'autres pique-niques à venir, moult promesses d'invitations et baisers mouillés.

Quand Charlie s'approcha d'elle, Isabelle avait une veste d'homme autour des épaules, et l'homme lui-même dans sa poche. Non loin d'eux s'attardait une jeune fille qui n'avait pas l'air de savoir si sa présence était ou non désirée. Bien en chair, quelconque, elle témoignait, malgré son appartenance au sexe féminin, d'une ressemblance avec le jeune homme indiquant qu'ils étaient frère et sœur.

« Allez, viens, dit Charlie d'un ton brusque à sa sœur.

« — Déjà ? Je pensais qu'on pourrait aller se promener un peu. Avec Roland et Sybilla. »

Elle sourit gracieusement à la sœur de Roland, qui, surprise d'une gentillesse aussi inattendue, lui rendit son sourire.

Quand ils étaient seuls à la maison, Charlie parvenait à ses fins avec Isabelle en lui faisant mal, mais en public il n'osait pas. Force lui fut donc de s'incliner.

Que se passa-t-il pendant cette promenade ? L'épisode n'eut pas de témoins. Et sans témoins, point de ragots. Du moins, pas tout de suite. Mais nul besoin d'être un génie pour déduire de certains événements postérieurs ce qui arriva ce soir-là sous les frondaisons d'été.

En voici un résumé sans doute assez ressemblant :

Isabelle aura trouvé un prétexte pour se débarrasser des hommes.

« Mes chaussures ! Je les ai oubliées dans l'arbre ! » Et elle aura envoyé Roland les chercher, tandis qu'elle expédiait Charlie en quête d'un châle ou de quelque autre objet appartenant à Sybilla.

Et les jeunes filles de s'installer sur un coin d'herbe tendre, en attendant le retour des deux autres. Le crépuscule tombait ; somnolentes sous l'effet du champagne, elles sentaient encore la chaleur du soleil, en même temps que les prémices de quelque chose de plus sombre, la forêt et la nuit. La tiédeur des corps absorbait l'humidité des robes, et tandis que les plis du tissu commençaient à sécher, ils se détachaient de la peau qu'ils chatouillaient agréablement.

Isabelle savait ce qu'elle voulait. Être seule avec Roland. Mais pour ce faire, il fallait d'abord qu'elle se débarrasse de son frère.

Elles étaient toutes les deux nonchalamment adossées à un tronc d'arbre. Isabelle commença à parler.

« Alors, qui est ton amoureux ?

« — Je n'ai pas vraiment d'amoureux, admit Sybilla.

« — Ah, mais tu devrais. »

Isabelle roula sur le côté, arracha une fine feuille de fougère et se la passa sur les lèvres, avant d'en effleurer celles de sa compagne.

« Oh, ça chatouille », dit Sybilla dans un murmure.

L'autre recommença. Sybilla sourit, les yeux mi-clos, et n'arrêta pas le geste d'Isabelle quand celle-ci fit descendre la feuille légère le long de son cou et la promena tout autour de son décolleté, s'attardant sur la naissance des seins. Sybilla fit entendre un petit rire nerveux.

Lorsque la feuille atteignit sa taille et descendit encore, la fille ouvrit les yeux.

« Pourquoi t'être arrêtée ? se plaignit-elle.

« — Mais je ne me suis pas arrêtée. C'est simplement que tu ne peux plus rien sentir à travers ta robe. »

Et elle releva le bas du vêtement pour continuer son œuvre en s'attaquant aux chevilles. « Comme ça, c'est mieux ? »

Sybilla referma les yeux.

D'une cheville plutôt épaisse, la plume verte remonta jusqu'à un genou franchement massif. Un gargouillis nasal s'échappa des lèvres de Sybilla, mais elle ne remua pas avant que la tige ait atteint le haut de ses cuisses, et ne commença à soupirer que lorsque sa compagne eut substitué au feuillage ses doigts souples.

Isabelle n'avait pas quitté une seconde des yeux le visage de la jeune femme, et, à l'instant où elle la vit commencer à battre des paupières, elle retira sa main.

« Bon, il est évident, dit-elle d'un ton très terre à terre, que c'est d'un amoureux dont tu as besoin. »

Sybilla, tirée à contrecœur de son extase interrompue, eut du mal à comprendre.

« Oui, pour les chatouilles, dut expliquer Isabelle. C'est beaucoup mieux avec un amoureux. »

Et quand Sybilla demanda à sa nouvelle amie : « Comment le sais-tu ? », celle-ci avait sa réponse toute prête : « Charlie. »

Quand les garçons revinrent, chaussures et châle en main, Isabelle avait atteint son but. Sybilla, dont la toilette donnait à voir un certain désordre, regardait Charlie avec une attention non déguisée.

Charlie, que ces marques d'intérêt laissaient indifférent, regardait Isabelle.

« Avez-vous remarqué à quel point Isabelle et Sybilla se ressemblent ? » demanda Isabelle d'un ton désinvolte. Charlie lui lança un regard furieux. « Je parle des prénoms. À l'oreille, ils sont presque interchangeables, vous ne trouvez pas ? » Elle glissa un coup d'œil appuyé à son frère, le forçant à comprendre. « Roland et moi allons poursuivre notre promenade. Mais Sybilla est fatiguée. Reste donc avec elle. » Et elle prit le bras de Roland.

Charlie jeta un œil froid sur Sybilla, remarqua le désordre de la robe. Elle le regarda à son tour, yeux écarquillés, bouche entrouverte.

Quand il se retourna vers l'endroit où se tenait Isabelle, celle-ci avait déjà disparu. Seul lui parvenait encore son rire depuis l'obscurité, son rire et le bourdonnement sourd de la voix de Roland. Il aurait sa revanche. Elle pouvait compter là-dessus. Elle allait le lui payer, et plus souvent qu'à son tour.

Pour le moment, il lui fallait trouver un exutoire à ce trop-plein de sentiments.

Il se tourna vers Sybilla.

Il y eut beaucoup de pique-niques cet été-là. Et pour Charlie, beaucoup de Sybilla. Mais pour Isabelle, il n'y eut qu'un seul Roland. Jour après jour, elle se dérobait au regard de Charlie, échappait à son emprise et disparaissait sur sa bicyclette. Charlie n'arriva jamais à découvrir où le couple se rencontrait, il était trop lent pour la suivre quand elle s'enfuyait, les roues de son vélo tournant à une allure folle, ses cheveux volant au vent derrière elle. Il lui arrivait de ne rentrer qu'à la nuit tombée, et parfois bien plus tard. Quand il lui faisait des reproches, elle lui riait au nez et lui tournait le dos comme s'il n'était tout bonnement pas là. Il tenta bien de lui faire mal, de la blesser, mais à force de la voir lui échapper, lui glisser entre les doigts comme de l'eau, il comprit à quel point leurs jeux avaient toujours dépendu de son bon vouloir à elle. Il avait beau avoir la force physique de son côté, elle faisait preuve d'une vivacité et d'une intelligence qui lui permettaient à chaque fois de se dérober. Tel un sanglier tourmenté par une abeille, il enrageait, impuissant.

De temps à autre, dans un esprit de conciliation, elle cédait à ses prières. Pendant une heure ou deux, elle se prêtait à ses caprices, le laissant jouir de l'illusion qu'elle était revenue à lui pour de bon et que tout était comme avant. Mais ce n'était qu'une illusion, comme Charlie ne tarda pas à s'en rendre compte, et les absences de sa sœur après de tels intermèdes lui étaient d'autant plus insupportables

Les Sybilla ne firent que momentanément oublier ses souffrances à Charlie. Pendant un temps, sa sœur lui prépara le terrain, puis, trouvant de plus en plus de charme à la compagnie de Roland, elle laissa Charlie se débrouiller tout seul. Il n'avait pas la finesse de sa sœur ; un incident se produisit, qui aurait pu tourner au scandale, et Isabelle, fort contrariée, lui dit que s'il entendait poursuivre ainsi à l'avenir, il lui faudrait choisir un autre genre de femme. Il laissa tomber les filles de hobereaux pour se tourner vers celles des maréchaux-ferrants, des fermiers ou des gardes forestiers. S'il ne voyait aucune différence, le monde, lui, sembla moins se formaliser.

En dépit de leur fréquence, de tels instants de répit étaient fugaces. Les regards interloqués, les bras meurtris, les cuisses ensanglantées s'effaçaient de sa mémoire dès qu'il avait tourné le dos. Rien ne pouvait affecter la grande passion de sa vie : Isabelle.

Un matin, vers la fin de l'été, Isabelle tourna les pages vides de son agenda et compta les jours. Elle referma le carnet qu'elle remit dans le tiroir, l'air songeur. Sa décision prise, elle descendit dans le bureau de son père.

Celui-ci leva les yeux. « Isabelle ! » Il était heureux de la voir. Depuis qu'elle avait pris l'habitude de sortir davantage, ces visites impromptues lui faisaient particulièrement plaisir.

« Mon cher petit papa ! » s'exclama-t-elle en lui souriant. Il entrevit une lueur étrange dans ses yeux.

« Qu'est-ce que tu mijotes ? »

Isabelle dirigea son regard vers un angle du plafond et sourit. La tête toujours levée, elle lui annonça qu'elle quittait la maison.

D'abord, c'est à peine s'il comprit ses paroles. Il sentit le sang lui battre aux tympans. Sa vision se brouilla. Puis il ferma les yeux, mais dans sa tête ce n'étaient que volcans, chocs de météorites, explosions. Quand les flammes s'éteignirent et que son monde intérieur fut réduit à un paysage dévasté et silencieux, il rouvrit les yeux.

Qu'avait-il fait ?

Dans sa main, une mèche de cheveux, avec, à un bout, un petit morceau de peau sanguinolente. Isabelle était là, adossée à la porte, les mains jointes dans le dos. Un de ses beaux yeux verts était injecté de sang, une de ses joues était rouge et légèrement enflée. Un filet de sang coula de son cuir chevelu et atteignit le barrage du sourcil, épargnant l'œil.

Il était frappé de stupeur à l'idée de ce qu'il avait fait, et de ce qu'elle lui avait dit. Il se détourna d'elle en silence, et elle quitta la pièce.

Il resta assis des heures, à tourner et à retourner la mèche de cheveux auburn qu'il avait dans la main, à l'enrouler de plus en plus serré autour de son doigt, jusqu'à ce qu'elle s'enfonce profondément dans la chair, jusqu'à ce qu'elle soit tressée au point de ne plus pouvoir être démêlée. Pour finir, quand la sensation de douleur eut accompli son lent voyage depuis son doigt jusqu'à son cerveau, il pleura.

Charlie était absent ce jour-là et ne rentra pas avant minuit. Trouvant la chambre d'Isabelle vide, il erra dans la maison, pressentant, avec une sorte de sixième sens, que le désastre avait frappé. Isabelle restant introuvable, il se rendit dans le bureau de son père. Un coup d'œil au visage grisâtre du vieil homme lui suffit. Le père et le fils se regardèrent un instant, mais la douleur partagée ne suffit pas à les réunir. Ils ne pouvaient rien l'un pour l'autre.

Dans sa chambre, Charlie s'assit dans le fauteuil près de la fenêtre et resta là des heures, silhouette découpée sur un rectangle éclairé par la lune. À un moment, il ouvrit un tiroir et sortit le pistolet qu'il avait extorqué à un braconnier du coin, et, à deux ou trois reprises, le leva jusqu'à sa tempe. Chaque fois, la pesanteur réaffirma ses droits, et l'arme retomba sur ses genoux.

À quatre heures du matin, il rangea le pistolet et se saisit de la longue aiguille qu'il avait chapardée dans la boîte à couture de la gouvernante une dizaine d'années plus tôt et qui, depuis, avait beaucoup servi. Il remonta la jambe de son pantalon, abaissa sa chaussette, et se transperça une nouvelle fois la peau. Ses épaules frémirent, mais sa main ne trembla pas quand il se grava sur le tibia ce seul mot : Isabelle.

À cette heure, Isabelle était partie depuis longtemps. Elle était remontée dans sa chambre quelques minutes, avant d'en redescendre par l'escalier de service qui menait à la cuisine. Là, elle avait serré dans ses bras la gouvernante d'une manière brusque et étrange qui ne lui ressemblait guère, puis elle s'était glissée par la porte de côté et précipitée à travers le potager vers l'ouverture ménagée dans le mur de pierre. La vue de la gouvernante déclinait depuis longtemps, mais la vieille femme avait acquis la capacité de juger des mouvements de son entourage d'après les vibrations de l'air, et elle eut l'impression qu'Isabelle avait hésité, ne serait-ce qu'un instant, avant de refermer la porte du jardin derrière elle.

Quand George Angelfield comprit qu'Isabelle était partie pour de bon, il alla s'enfermer dans la bibliothèque. Il refusa de se nourrir, de voir qui que ce soit. Il n'y avait plus maintenant que le pasteur et le médecin pour lui rendre visite, qui, l'un comme l'autre, se virent traités sans ménagement. « Dites à votre Dieu qu'il peut aller se faire voir en enfer ! » « Laissez donc un animal blessé mourir en paix, voulez-vous ! » Telles furent ses paroles de bienvenue.

Quelques jours plus tard, ils revinrent à la charge et appelèrent le jardinier pour qu'il enfonce la porte. George Angelfield était décédé. Un examen rapide suffit à établir que l'homme était mort d'une septicémie provoquée par l'anneau de cheveux humains profondément enfoncé dans la chair de son annulaire.

Charlie, lui, ne mourut pas, encore qu'il ne comprît pas pourquoi. Il erra dans la maison. Traça un chemin d'empreintes dans la poussière, qu'il suivit jour après jour, commençant par le haut et descendant peu à peu. Chambres mansardées inutilisées depuis des années, chambres des domestiques, chambres des maîtres, bureau, bibliothèque, salle de musique, salon, cuisines. Une quête insatiable, interminable, désespérée. La nuit, il sortait pour aller traîner dans le domaine, ses jambes le portant inlassablement toujours plus loin Et pendant tout ce temps, il tripotait l'aiguille de la gouvernante dans sa poche. Le bout de ses doigts était en sang, couvert de croûtes. Il se languissait d'Isabelle.

Charlie vécut ainsi pendant les mois de septembre, d'octobre, de novembre, de décembre, de janvier et de février. Au début du mois de mars, Isabelle revint.

Charlie était dans la cuisine, retraçant son chemin d'empreintes, quand il entendit un bruit de sabots et de roues qui approchait de la maison. Le sourcil froncé, il alla se poster à la fenêtre. Il ne voulait pas de visites.

Une silhouette familière descendit de la voiture – et son cœur s'arrêta de battre.

Il fut à la porte, sur le seuil, à côté de l'attelage en un seul instant. *Isabelle était là.*

Il la regarda, bouche bée.

« Tiens, prends donc ça », dit Isabelle en riant. Et elle lui tendit un lourd paquet enveloppé de tissu. Elle se pencha à l'intérieur de la voiture et en sortit un autre. « Et celui-là aussi. » Et il le cala sans broncher sous son bras. « Maintenant, je crois que ce qui me ferait le plus plaisir au monde, c'est un grand verre de cognac. »

Abasourdi, Charlie suivit Isabelle dans la maison, puis dans le bureau. Elle se dirigea droit vers le placard à liqueurs et en sortit deux verres et une bouteille. Elle se versa une dose généreuse qu'elle avala d'un trait, découvrant la blancheur de son cou, avant de remplir à nouveau son verre ainsi que l'autre, qu'elle tendit à son frère. Qui se tenait là, pétrifié et muet, les mains pleines des paquets bien enveloppés. Le rire d'Isabelle résonnait à ses oreilles, et il avait l'impression de se trouver trop près d'une énorme cloche d'église. Sa tête se mit à tourner, et des larmes jaillirent de ses yeux. « Mais débarrasse-toi des paquets, lui dit Isabelle. Nous allons porter un toast. » Il prit le verre et respira les vapeurs d'alcool. « À l'avenir ! » Il avala le cognac d'une seule lampée, et la brûlure le fit tousser.

« Tu ne les as même pas vues, hein ? » demanda-t-elle.

Il fronça les sourcils.

« Tiens, regarde. » Isabelle se tourna vers les paquets qu'il avait posés sur le bureau, déroula le tissu qui les enveloppait, et recula pour lui permettre de voir. Lentement, il tourna la tête et regarda. Les paquets étaient en fait des bébés. Deux bébés. Des jumeaux. Il battit des paupières. Eut vaguement conscience qu'une réaction s'imposait, mais ne trouva rien à dire ni à faire.

« Hé, Charlie, réveille-toi, par pitié ! », et sa sœur de le saisir par les mains et de l'entraîner dans une folle sarabande autour de la pièce. Elle le fit tournoyer encore et encore, jusqu'à ce que la sensation de vertige commence à lui éclaircir l'esprit, et quand ils s'arrêtèrent, elle prit son visage entre ses mains et lui dit : « Roland est mort, Charlie. Maintenant, il n'y a plus que toi et moi. Tu comprends ? »

Il fit oui de la tête.

« Bien. Et maintenant, où est papa ? »

Quand il lui apprit la nouvelle, elle devint complètement hystérique. La gouvernante, attirée par ses cris d'orfraie, la mit au lit dans son ancienne chambre, et quand elle se fut enfin calmée, demanda : « Ces bébés... comment ils s'appellent ?

« — March », répondit Isabelle.

La gouvernante le savait déjà. La nouvelle du mariage lui était parvenue des mois plus tôt, ainsi que la nouvelle des naissances (elle n'aurait pas eu besoin de compter les mois sur ses doigts pour savoir, mais elle le fit quand même et pinça les lèvres). Elle savait aussi que Roland était mort d'une pneumonie quelques semaines auparavant, et que ses vieux parents, Mr et Mrs March, terrassés par la mort de leur fils unique et rebutés par la singulière insouciance de leur nouvelle belle-fille, ignoraient superbement Isabelle et ses enfants, préférant s'enfermer dans leur chagrin.

« C'est des prénoms que je parlais.

« — Adeline et Emmeline, dit Isabelle d'une voix ensommeillée.

« — Et comment on les reconnaît ? »

Mais la veuve-enfant dormait déjà. Et tandis qu'elle rêvait dans son ancien lit, son escapade et son mari oubliés, son nom de jeune fille lui fut rendu. À son réveil le lendemain, ce serait comme si elle n'avait jamais été mariée, et les bébés lui apparaîtraient non comme ses propres enfants – la fibre maternelle lui était totalement inconnue – mais comme de simples esprits de la maison.

Les bébés s'étaient également endormis. Dans la cuisine, la gouvernante et le jardinier se penchèrent sur les deux visages lisses et pâles et parlèrent à voix basse.

« Comment les reconnaît-on ? demanda-t-il.

« — Je ne sais pas. »

Plantés de chaque côté du vieux berceau, ils regardaient. Deux demi-lunes de cils, deux bouches en bouton de rose, deux crânes couverts d'un fin duvet. Puis l'un des deux bébés eut un léger battement de paupières et entrouvrit un œil. Le jardinier et la gouvernante retinrent leur souffle. Mais l'œil se referma et le bébé se rendormit.

« On va dire que celle-là est Adeline », murmura la gouvernante, qui sortit une serviette à rayures d'un tiroir et découpa des bandes. Elle en fit deux tresses, noua la rouge autour du poignet du bébé qui avait remué, et la blanche autour du poignet de l'autre.

Chacun une main posée sur le berceau, ils reprirent leur observation. Jusqu'à ce que la gouvernante lève un visage heureux et attendri vers le jardinier et reprenne la parole.

« Deux bébés. Franchement, Dig. À nos âges ! »

Quand il se redressa à son tour, il vit un voile de larmes dans ses grands yeux marron.

Il tendit une main brune et rugueuse par-dessus le berceau. Gênée de s'être montrée si sentimentale, la femme s'essuya les yeux et, souriante, plaça sa petite main potelée dans la sienne. Il sentit sur ses doigts l'humidité de ses larmes.

Sous l'arche formée par leurs mains jointes, sous la ligne tremblante de leur regard, les bébés rêvaient.

*

Il était tard quand j'eus fini de transcrire l'histoire d'Isabelle et de Charlie. Le ciel était sombre, et la maison, endormie. J'avais passé l'après-midi, la soirée et une partie de la nuit penchée sur mon bureau, écoutant l'histoire se dérouler à nouveau dans mes oreilles, tandis que mon crayon courait sur le papier sous sa dictée. Mes pages étaient pleines de mon écriture, mais le texte était celui de Miss Winter elle-même. De temps à autre, ma main se déplaçait vers la gauche et j'inscrivais une note dans la marge, quand le ton de sa voix ou un geste précis avaient semblé faire partie intégrante du récit.

Je repoussai la dernière feuille de papier, posai mon crayon et pliai et dépliai plusieurs fois mes doigts douloureux pour les décrisper. Pendant des heures, la voix de Miss Winter avait recréé un autre monde devant mes yeux, ressuscité les morts, et je n'avais plus rien vu que le théâtre de marionnettes animé par ses mots. Mais quand sa voix se fut éteinte dans ma tête, je gardai son image présente à l'esprit, et je me souvins alors du chat gris qui était apparu, comme par magie, sur ses genoux. Il était resté couché, sans un bruit, sous la caresse de sa main, fixant sur moi ses yeux ronds et jaunes. S'il vit mes fantômes, s'il devina mes secrets, il ne manifesta pas le moindre trouble, se contentant de battre des paupières et de me regarder d'un air indifférent.

« Comment s'appelle-t-il ? avais-je demandé.

« — Shadow », avait-elle répondu, l'esprit ailleurs.

Une fois dans mon lit, j'éteignis la lumière et fermai les yeux. Je sentais encore l'endroit où le crayon avait laissé un sillon dans la pulpe de mon doigt. D'avoir tant écrit, j'avais à l'épaule droite une contracture qui n'était pas près de disparaître. Bien qu'il fît sombre et que mes yeux fussent fermés, tout ce que je voyais c'était une feuille de papier, mon écriture serrée sur des lignes flanquées de grandes marges. Celle de droite retint mon attention. Vierge de toute marque, elle luisait d'un éclat blanc qui me blessait les yeux. C'était la colonne que je réservais à mes commentaires personnels, à mes questions et annotations.

Dans l'obscurité, mes doigts, refermés sur un crayon fantôme, se crispaient nerveusement en réponse aux questions qui perçaient le voile de ma somnolence. Je m'interrogeai sur le tatouage secret que Charlie portait dans son corps, le nom de sa sœur gravé sur son tibia. Combien de temps l'inscription était-elle restée lisible ? Un os vivant peut-il cicatriser ? Ou bien avait-il gardé l'inscription jusqu'à sa mort ? Dans son cercueil, sous terre, tandis que la chair se décomposait et se détachait de l'os, le nom d'Isabelle avait-il été révélé aux ténèbres ? Roland March, le mari défunt, si vite oublié... Isabelle et Charlie. Charlie et Isabelle. Qui était le père des jumelles ? Et derrière ces pensées apparut tout à coup la cicatrice dans la paume de Miss Winter. La lettre Q, pour le mot « question », comme marquée au fer dans de la chair humaine.

Tandis que, à demi consciente, je commençais à formuler mes questions, la marge sembla s'élargir. Le papier vibrait de lumière. Se gonflant à l'infini, il finit par m'engloutir, jusqu'à ce que je comprenne, dans un mélange d'excitation et d'émerveillement, que j'étais prise dans le grain du papier, enfouie dans le cœur blanc de l'histoire elle-même. En état d'apesanteur, j'errai toute la nuit dans l'histoire de Miss Winter, retraçant ses paysages, délimitant ses contours et, debout sur la pointe des pieds à ses marges, j'essayai de percer les mystères qui l'entouraient.

Jardins

Je me réveillai tôt. Trop tôt. Avec dans la tête le fragment lancinant d'un air monotone. Obligée d'attendre une heure avant que Judith frappe à ma porte avec le petit déjeuner, je me fis une tasse de chocolat, que je bus pratiquement bouillant, et sortis de la maison.

Le jardin de Miss Winter était pour le moins déconcertant. Sa dimension était à elle seule impressionnante. Ce que j'avais d'abord pris pour la lisière – la haie d'ifs derrière les plates-bandes – n'était qu'une sorte de mur intérieur séparant une partie du jardin d'une autre. L'endroit était rempli de divisions de ce genre. Il y avait des haies d'aubépines, de troènes, de hêtres rouges, des murets en pierre couverts de lierre, de clématite d'hiver, de rosiers grimpants aux tiges dénudées, et des palissades, en panneaux bien assemblés ou en osier tressé.

Arpentant les allées, j'errai d'une section à l'autre, sans parvenir à comprendre le plan d'ensemble. Certaines haies qui semblaient ne former qu'un seul bloc quand on les voyait de face révélaient parfois un passage en diagonale quand on les regardait de biais. Il était facile de pénétrer dans les massifs d'arbustes mais pratiquement impossible d'en ressortir. Des fontaines et des statues que je croyais avoir laissées loin derrière moi réapparaissaient brusquement. Je passai beaucoup de temps immobile, à regarder autour de moi, perplexe, et à secouer la tête. La nature s'était transformée en labyrinthe et cherchait délibérément à me mettre en échec.

Au détour d'une allée, je tombai sur le barbu laconique qui était venu me chercher à la gare.

« Maurice, c'est comme ça qu'on m'appelle, dit-il, consentant à se présenter.

« — Comment faites-vous pour ne pas vous perdre ? lui demandai-je. Il y a un truc ?

« — Question d'habitude », dit-il, sans relever la tête de son travail.

Il était agenouillé sur une parcelle de sol retourné, qu'il aplanissait tout en tassant la terre autour des racines des plants.

À l'évidence, Maurice n'appréciait guère ma présence dans le jardin. J'étais moi-même d'une nature solitaire ; son attitude ne me parut pas répréhensible. Après cette rencontre fortuite, je me fis un devoir, chaque fois que je le voyais, de prendre la direction opposée, et je crois qu'il partageait ma discrétion, car, à une ou deux reprises, apercevant un mouvement du coin de l'œil, je relevai la tête pour le voir disparaître d'une entrée ou changer brusquement de direction. Ainsi chacun laissait l'autre en paix. Nous disposions de suffisamment d'espace pour pouvoir nous éviter sans ressentir la moindre gêne.

Plus tard dans la journée, j'allai trouver Miss Winter, qui m'en apprit davantage sur la vie à Angelfield.

*

La gouvernante s'appelait Mrs Dunne, mais pour les enfants de la famille elle avait toujours été la Missis, et elle semblait avoir toujours fait partie de la maison. Une rareté en soi, car le personnel à Angelfield changeait sans cesse, et, dans la mesure où les départs étaient légèrement plus fréquents que les arrivées, il vint un jour où elle finit par être la seule employée. Si, techniquement parlant, elle était gouvernante, dans la pratique, elle faisait tout. Elle récurait les casseroles et préparait les feux comme la dernière des filles de cuisine, se transformait en cuisinière quand il était l'heure de préparer le repas, et en majordome quand venait le moment de le servir. Mais, à l'époque de la naissance des jumelles, elle commençait à vieillir. Son ouïe n'était pas des meilleures, sa vue ne valait pas mieux, et, bien qu'elle refusât de l'admettre, il y avait des tas de choses qu'elle ne pouvait plus faire.

L'éducation des enfants n'avait pas de secret pour elle : repas, bains et couchers à heures régulières. Isabelle et Charlie avaient été tout à la fois gâtés et négligés, et elle avait le cœur brisé de voir ce qu'ils étaient devenus. Le peu d'intérêt qu'ils manifestaient pour les jumelles lui donnerait l'occasion, du moins l'espérait-elle, de changer radicalement les choses. Elle avait son plan. Sous leur nez, au cœur même de leur désordre, elle avait l'intention d'élever deux petites filles normales, tout à fait ordinaires. Trois bons repas par jour, au lit à six heures, et l'église le dimanche.

Mais la tâche s'avéra plus difficile qu'elle le pensait.

Pour commencer, il y avait les agressions. Adeline se précipitait sur sa sœur, pieds et poings prêts à frapper, lui tirant les cheveux et distribuant des grêles de coups. Elle la pourchassait en brandissant des charbons brûlants dans les pincettes de la cheminée pour lui roussir les cheveux. La Missis n'aurait pas su dire ce qui l'inquiétait le plus des agressions continuelles et impitoyables d'Adeline ou de la bonne grâce avec laquelle Emmeline les subissait. Car cette dernière, même si elle demandait à sa sœur d'arrêter de la tourmenter, ne cherchait jamais à lui rendre la pareille. Elle se contentait de baisser la tête passivement et attendait que s'arrêtent les coups qui pleuvaient sur ses épaules et son dos. La gouvernante n'avait jamais vu Emmeline lever la main sur Adeline. Elle avait en elle la bonté de deux enfants, tandis qu'Adeline était méchante pour deux. Ce qui, à bien y réfléchir, se disait la Missis, n'était pas illogique.

Deuxième point délicat : la nourriture. À l'heure des repas, le plus souvent, il était impossible de mettre la main sur les petites. Emmeline adorait manger, mais son amour de la nourriture ne s'accommodait pas de la discipline des repas à heures fixes. Sa faim ne pouvait se satisfaire de trois repas par jour ; elle était du genre capricieux et insatiable. Elle se manifestait violemment dix, vingt, cinquante fois par jour, exigeant quelque chose à manger de toute urgence, et quand quelques bouchées l'avaient satisfaite, elle disparaissait, et les aliments perdaient pour elle tout intérêt. La rondeur d'Emmeline s'entretenait grâce à une poche constamment pleine de pain et de raisins secs, petit festin portable auquel elle goûtait où et quand elle en avait envie. Elle ne venait à table que pour se remplir les poches, avant de s'en aller se prélasser devant le feu ou s'étendre dans un champ.

Sa sœur était très différente. Adeline avait tout d'un fil de fer, avec des nodosités à la place des genoux et des coudes. Son combustible n'était pas celui des autres mortels. Les repas n'étaient pas faits pour elle. Personne ne la voyait jamais manger · comme la roue du mouvement perpétuel, elle était une sorte de circuit fermé, fonctionnant grâce à une énergie fournie par une miraculeuse source intérieure. Mais la roue qui tourne éternellement est un mythe, et quand la Missis trouvait au matin une assiette vide là où la veille il y avait une tranche de jambon fumé, ou une miche de pain à laquelle il manquait un morceau, elle n'avait aucun mal à deviner où ils étaient passés, et poussait un grand soupir. Pourquoi ces petites refusaient-elles de manger dans une assiette, comme tout le monde ?

Elle aurait peut-être pu faire face à la situation si elle avait été plus jeune. Ou s'il n'y en avait eu qu'une et pas deux. Mais le sang des Angelfield était marqué d'un code qu'aucune quantité de nourriture saine ou d'habitudes régulières ne permettrait jamais de modifier. Elle refusa de regarder les choses en face, résista longtemps, mais finit par se rendre à l'évidence. Les jumelles étaient bizarres, pas moyen de sortir de là. Bizarres jusqu'à la moelle.

Leur manière de parler, par exemple. Elle les voyait par la fenêtre de la cuisine, deux silhouettes brouillées qui jacassaient à qui mieux mieux. Quand elles approchaient de la maison, elle saisissait des fragments de ce bourdonnement incessant. Mais dès qu'elles entraient, elles observaient un mutisme complet. « Parlez plus fort ! » ne cessait-elle de leur dire. Mais elle devenait sourde, et les petites étaient timides ; leurs bavardages étaient pour elles, pas pour les autres. « Sottises ! dit-elle à John quand il lui dit que les gamines étaient incapables de parler normalement. Il n'y a pas moyen de les arrêter quand elles ont commencé. »

C'est par un jour d'hiver qu'elle finit par percer le mystère. Pour une fois, les petites étaient à l'intérieur ; Emmeline avait convaincu Adeline de rester au chaud, à côté de la cheminée, au lieu d'aller se faire tremper dehors. D'ordinaire, la gouvernante vivait dans une sorte de brouillard permanent ; ce jour-là, pourtant, elle jouissait d'une vision bien plus nette et d'une ouïe bien plus fine, et en passant devant la porte du salon elle perçut les échos du bruit que faisaient les gamines et s'arrêta. Des sons volaient de l'une à l'autre, comme dans une partie de ping-pong ; des sons qui les faisaient sourire, s'esclaffer ou échanger des regards malicieux. Leurs voix allaient des couinements les plus aigus aux chuchotements les plus étouffés. De loin, on aurait pu croire au bavardage enjoué et animé d'enfants ordinaires. Mais le cœur de la Missis se serra quand elle se rendit compte que c'était un langage tel qu'elle n'en avait jamais entendu auparavant. Ce n'était pas de l'anglais, ni le français auquel elle s'était habituée quand la Mathilde de George était encore en vie, et qu'il arrivait encore à Charlie d'utiliser avec Isabelle. John avait raison. Elles étaient incapables de parler normalement.

Le choc de la révélation la pétrifia dans l'embrasure de la porte. Et comme c'est parfois le cas, une illumination en entraîna une autre. La pendule sur la tablette de la cheminée sonna, et le mécanisme dissimulé sous le verre déclencha la sortie d'un petit oiseau qui fit un tour en battant des ailes avant de réintégrer sa cage de l'autre côté. Dès que les filles entendirent sonner le premier coup, elles levèrent les yeux vers la pendule. Deux paires de grands yeux verts regardèrent sans ciller l'oiseau accomplir son circuit mécanique à l'intérieur de la cloche, pliant et dépliant ses ailes tour à tour.

Rien de particulièrement froid ni de particulièrement inhumain dans ce regard. C'était celui qu'ont les enfants qui regardent bouger un objet inanimé. Il n'en glaça pas moins la gouvernante jusqu'à la moelle. Car il n'était en rien différent de celui qu'elles posaient sur elle quand elle grondait, remontrait ou exhortait.

Elles ne se rendent même pas compte que je suis un être vivant, se dit-elle. Elles se comportent comme si personne n'était vivant en dehors d'elles.

Qu'elle ne les ait pas trouvées monstrueuses en dit long sur sa bonté. Ce qu'elle ressentit alors pour elles fut de la compassion.

Mon Dieu, qu'elles doivent donc être seules. Si seules.

Elle se détourna et s'éloigna lentement.

De ce jour, la gouvernante révisa sa position et ses attentes. Repas et bains à heures régulières, messe le dimanche, deux petites gentilles et normales : autant de rêves auxquels il lui fallut renoncer. Il ne lui restait désormais qu'une seule mission : veiller à leur sécurité.

À force de réfléchir, elle crut enfin avoir trouvé la clé de l'énigme. Des jumelles, toujours ensemble, toujours à deux. S'il allait de soi, dans leur monde à elles, d'être deux, comment les autres leur apparaissaient-ils, ceux qui n'allaient pas par paires mais se comptaient à l'unité ? On doit leur donner l'impression d'être des moitiés, songea la Missis. Et elle se rappela un mot qu'elle avait entendu, un mot qui sur le moment lui avait semblé étrange, et qu'on appliquait aux personnes qui avaient perdu des morceaux d'elles-mêmes. Amputées. Voilà ce que nous sommes à leurs yeux. Des amputés.

Normales ? Non. Les gamines ne l'étaient pas, et ne le seraient jamais. Mais, se rassura-t-elle, puisqu'elles étaient jumelles, leur bizarrerie était peut-être dans l'ordre des choses.

Tous les amputés, bien sûr, aspirent à être deux. Les gens ordinaires, les non-jumeaux, recherchent l'âme sœur, prennent des amants, se marient. Souffrant de leur état d'inachèvement, ils s'efforcent de devenir membres d'une paire. À cet égard, la gouvernante n'était en rien différente des autres. Elle aussi avait sa moitié : John-the-Dig.

Ils ne formaient pas un couple au sens traditionnel du terme. Ils n'étaient pas mariés, n'étaient même pas amants. De douze ou quinze ans plus âgée que lui, elle n'était pas suffisamment vieille pour être sa mère, mais l'était assez pour avoir passé l'âge qu'il aurait jugé convenable pour une épouse. À l'époque où ils s'étaient rencontrés, elle ne songeait plus au mariage. Tandis que lui, qui était dans la force de l'âge, espérait bien encore trouver l'âme sœur, mais, pour une raison ou pour une autre, ne l'avait jamais fait. D'ailleurs, dès qu'il commença à travailler avec la gouvernante, à boire son thé avec elle tous les matins et à s'asseoir à la table de la cuisine le soir pour prendre les repas qu'elle lui préparait, il cessa de rechercher la compagnie de femmes plus jeunes. Avec un peu plus d'imagination, ils auraient sans doute été en mesure de franchir les frontières de leurs attentes ; ils auraient sans doute admis la vraie nature de leurs sentiments : un amour de l'espèce la plus profonde et la plus attentionnée. À une autre époque, dans une autre culture, il lui aurait peut-être demandé d'être sa femme, et elle aurait peut-être accepté. À tout le moins, on peut imaginer qu'un vendredi soir, après leur poisson et leur purée, leur tarte et leur crème anglaise, il aurait pu lui prendre la main – ou l'inverse – et qu'ils se seraient mutuellement conduits, dans un silence gêné, jusqu'à l'un ou l'autre de leurs lits. Mais l'idée ne leur était jamais venue. Ils s'étaient donc contentés de devenir amis, comme le font souvent les vieux couples, et baignaient dans le tendre respect qui attend les chanceux au-delà de la passion, sans avoir jamais vécu la passion elle-même.

Son nom était *John-the-Dig*, John Digence*, pour ceux qui ne le connaissaient pas. Il n'avait jamais été très doué pour écrire, et, une fois passées les années d'école (qui passèrent d'autant plus vite qu'elles furent peu nombreuses), il avait pris l'habitude de laisser tomber les dernières lettres de son nom pour aller plus vite. Les trois premières lui semblaient plus qu'adéquates : ne disaient-elles pas qui il était, ce qu'il faisait, plus succinctement, plus précisément que son patronyme entier ? Et c'est ainsi qu'il finit par signer « John Dig », et qu'il devint pour les enfants John-the-Dig.

C'était un homme haut en couleur. Des yeux bleus comme des morceaux de verre azur quand le soleil brille au travers. Des cheveux blancs qui poussaient droit sur le sommet de son crâne, comme des plantes qui cherchent le soleil. Et des joues qui luisaient d'un rose profond sous l'effort quand il bêchait. Personne

* John-the-Dig . le sobriquet pourrait se traduire par « John la Bêche », allusion à son état de jardinier. (*N.d.T.*)

ne bêchait comme lui. Il avait sa manière propre de jardiner, suivant les phases de la lune ; plantant quand la lune était dans son croissant, mesurant le temps à l'aune des cycles lunaires. Le soir, il s'absorbait dans des tableaux de chiffres, calculant le meilleur moment pour chaque culture. Son arrière-grand-père jardinait déjà ainsi, et son grand-père, et son père avant lui. Ils se transmettaient le savoir de génération en génération.

La famille de John-the-Dig avait toujours fourni les jardiniers d'Angelfield. Dans des temps plus anciens, quand le domaine avait encore un chef jardinier et sept aides, son arrière-grand-père avait coupé un jour une haie de buis sous une fenêtre et, pour ne pas gaspiller, avait prélevé des centaines de boutures de quelques centimètres de long. Il les avait repiquées en serre, et quand elles eurent atteint une trentaine de centimètres, les avait plantées dans le jardin. Il en tailla certaines pour en faire des haies basses aux bords bien nets, et laissa les autres devenir hirsutes ; quand les arbustes furent suffisamment larges, il joua des cisailles et fit des sphères. Certains, il le voyait bien, aspiraient à être des pyramides, d'autres, des cônes, ou des chapeaux hauts-de-forme. Afin de façonner son matériau végétal, cet homme aux larges mains rugueuses apprit l'art délicat et méticuleux de la dentellière. Il ne créa ni animaux ni silhouettes humaines. Il ne faisait ni dans les paons, ni dans les lions ou les hommes grandeur nature sur un vélo que l'on voyait dans d'autres jardins. Les formes qui lui plaisaient étaient soit strictement géométriques, soit d'une étonnante abstraction bombée.

Sur la fin de sa vie, le jardin topiaire était la seule chose qui comptait pour lui. Il se débarrassait au plus vite du reste de son travail pour se retrouver enfin dans « son » jardin, et laisser courir ses doigts à la surface des formes qu'il avait créées, tout en imaginant le temps, à cinquante ou cent ans de là, où son œuvre aurait atteint sa pleine maturité.

À sa mort, ses cisailles étaient passées dans les mains de son fils, et, des décennies plus tard, dans celles de son petit-fils. Et puis, quand ce dernier était mort, ce fut John-the-Dig, qui, après avoir terminé son apprentissage dans un grand parc, à une cinquantaine de kilomètres de là, vint prendre la relève. Bien qu'il ne fût au début que sous-jardinier, la responsabilité du topiaire lui incomba d'emblée. Comment aurait-il pu en être autrement ? Il s'empara des cisailles, dont les poignées en bois avaient été modelées par la main de son père, et sentit ses doigts s'adapter aux rainures. Il était chez lui.

Dans les années qui suivirent le décès de la femme de George

Angelfield, quand le personnel diminua de façon si spectaculaire, John-the-Dig, lui, resta. Les autres jardiniers partirent sans être remplacés. Jeune encore, il accéda, par défaut, à la charge de chef jardinier, sans d'ailleurs avoir quiconque sous ses ordres. La masse de travail était colossale ; son employeur ne prenait aucun intérêt aux choses du jardin, et personne ne lui témoignait jamais la moindre reconnaissance. Les offres d'emploi ne manquaient pas, les parcs non plus. Il aurait été pris n'importe où, s'il s'était seulement présenté ; il suffisait de le voir pour savoir que c'était un homme de confiance. Mais jamais il ne quitta Angelfield. Comment aurait-il pu ? Tout en travaillant dans le jardin topiaire, en remettant ses cisailles dans leur étui en cuir quand la lumière commençait à baisser, il n'avait nul besoin de se dire que les arbres qu'il taillait étaient ceux-là mêmes que son grand-père avait plantés, que ses pratiques et ses gestes étaient identiques à ceux des trois générations qui l'avaient précédé. Son savoir était si profondément ancré en lui qu'il n'avait pas même besoin de réfléchir. Tout allait de soi. Comme ses arbres, il avait ses racines à Angelfield.

Comment réagit-il le jour où, en entrant dans son jardin, il le trouva dévasté ? De grandes entailles dans les flancs des ifs, exposant le bois marron de leur cœur. Les balais à franges, décapités, leurs têtes sphériques gisant à leurs pieds. Les pyramides à l'équilibre parfait, toutes de guingois, les cônes massacrés, les hauts-de-forme tailladés en lambeaux. Il regarda, l'œil fixe, les longues branches encore vertes, encore fraîches, qui jonchaient la pelouse. Leur lent dépérissement, leur dessèchement et leur racornissement, leur mort ensuite, étaient encore à venir.

Abasourdi, saisi d'un tremblement qui parut se propager de son cœur à ses jambes, puis dans le sol sous ses pieds, il essaya de comprendre ce qui avait pu se passer.

Était-ce un éclair venu du ciel qui avait pris son jardin pour cible et l'avait foudroyé ? Mais quel drôle d'orage que celui qui frappe en silence...

Non. C'était là l'œuvre d'un être humain.

Au détour d'une allée, il en découvrit la preuve. Abandonnées sur l'herbe mouillée par la rosée, lames largement ouvertes, gisaient les grandes cisailles et, juste à côté, la scie.

Quand il ne rentra pas pour le déjeuner, la Missis, inquiète, partit à sa recherche. En arrivant au jardin topiaire, elle porta la main à sa bouche, horrifiée, et, agrippant son tablier, poursuivit son chemin, redoutant le pire.

Quand elle le trouva, elle le souleva du sol. Il s'appuya lourdement sur elle, pendant qu'elle l'entraînait avec douceur jusqu'à la cuisine, où elle l'assit sur une chaise. Elle lui fit une tasse de thé, chaud et bien sucré, tandis que lui fixait le vide, indifférent à tout. Sans un mot, portant elle-même la tasse à ses lèvres, elle lui fit absorber quelques gorgées. Pour finir, les yeux de l'homme cherchèrent les siens, et quand elle y lut toute sa détresse, elle sentit les larmes lui monter aux yeux.

« Oh, Dig ! Je sais, je sais. »

Il la saisit par les épaules, et le tremblement de son corps se confondit avec le sien.

Les jumelles ne se montrèrent pas cet après-midi-là, et la gouvernante ne partit pas à leur recherche. Quand elles firent leur apparition le soir, John était toujours dans son fauteuil, blême et hagard. Il frémit en les voyant. À peine intéressés et plutôt indifférents, leurs yeux verts glissèrent sur son visage comme ils avaient glissé sur la pendule du salon.

Avant de mettre les jumelles au lit, la gouvernante soigna les coupures qu'elles s'étaient faites aux mains avec la scie et les cisailles. « Ne touchez pas aux outils dans le cabanon de John, marmonna-t-elle. Ils sont aiguisés, et vous allez vous faire mal. »

Puis elle ajouta, sans s'attendre à ce qu'on lui prête attention : « Pourquoi avoir fait ça ? Oh, pourquoi ? Vous lui avez brisé le cœur. »

Elle sentit la main d'une des petites se poser sur la sienne. « Missis, triste », dit l'enfant. C'était Emmeline.

Étonnée, la gouvernante chassa ses larmes en clignant les paupières et la regarda. L'enfant parla à nouveau.

« John-the-Dig, triste.

« — Oui, murmura la gouvernante. On est tristes. »

La gamine sourit. Un sourire sans méchanceté. Sans trace non plus de culpabilité. Simplement, le sourire satisfait de quelqu'un qui a remarqué et identifié un sentiment sans se tromper. Elle avait vu les larmes. Avait été déconcertée. Mais elle avait trouvé l'explication du mystère : la tristesse.

La gouvernante ferma la porte et redescendit. Voilà qui était nouveau. Une forme de communication, et le début, peut-être, de quelque chose de plus profond. Se pouvait-il qu'un jour l'enfant *comprenne* ?

Elle ouvrit la porte de la cuisine et alla rejoindre John et son désespoir.

*

Cette nuit-là, je fis un rêve.

Je me promenais dans le jardin de Miss Winter où je rencontrais ma sœur.

Radieuse, elle déployait ses grandes ailes dorées, comme pour m'enlacer, et j'étais remplie de joie. Mais en m'approchant, je vis que ses yeux étaient aveugles, et qu'elle ne pouvait pas me voir. Ma joie fit place au désespoir.

À mon réveil, je restai recroquevillée sur moi-même jusqu'à ce que s'apaise la sensation de brûlure sur mon torse.

Merrily et le landau

La maison de Miss Winter était si isolée, et la vie de ses occupants si solitaire, que je fus surprise lors de la première semaine que j'y passai d'entendre une voiture s'arrêter sur les gravillons de l'allée devant la porte d'entrée. Postée derrière la fenêtre de la bibliothèque, je vis s'ouvrir la portière d'une grosse voiture noire et aperçus un homme grand, aux cheveux foncés. Il disparut sur le perron, et j'entendis un bref coup de sonnette.

Je le revis le lendemain. J'étais dans le jardin, à quelques mètres de la porte d'entrée, quand j'entendis des pneus crisser sur le gravier. Je ne bougeai pas, me faisant toute petite. Quiconque eût pris la peine de regarder aurait pu constater que j'étais parfaitement visible, mais quand les gens s'attendent à ne rien voir, c'est en règle générale ce qui se passe. L'homme ne me remarqua pas.

Son visage était grave. La ligne lourde de son front rejetait ses yeux dans l'ombre, tandis que le reste de son visage était empreint d'une impassibilité figée. Il se pencha pour attraper sa serviette dans la voiture, claqua la portière et gravit les marches du perron.

J'entendis la porte s'ouvrir. Judith et lui n'échangèrent pas un mot, et il disparut dans la maison.

Plus tard dans la journée, Miss Winter me raconta l'histoire de Merrily et du landau.

*

En grandissant, les jumelles se mirent à s'aventurer de plus en plus loin, et ne tardèrent pas à connaître toutes les fermes et tous les jardins des environs. Elles n'avaient aucun sens des limites, aucune notion de ce qu'était la propriété, et allaient donc là où bon leur semblait. Ouvraient des grilles, qu'elles ne refermaient pas toujours. Passaient par-dessus les barrières qui leur faisaient obstacle. Essayaient les portes des cuisines, et quand celles-ci s'ouvraient – ce qui était habituellement le cas, car les gens ne fermaient guère leur porte à Angelfield –, elles entraient. S'il y avait quelque chose à leur goût dans le garde-manger, elles se servaient ; si elles se sentaient fatiguées, elles s'allongeaient une heure dans les chambres à l'étage ; si l'envie leur prenait d'effrayer les oiseaux dans les champs, elles repartaient avec des casseroles et des cuillers.

Les familles du voisinage commencèrent à s'en émouvoir. Pour chaque accusation lancée, il y avait toujours quelqu'un qui avait aperçu les jumelles à l'heure dite dans quelque endroit ; ou du moins qui en avait vu une ; en tout cas le croyait-il. Puis vint le moment où l'on se souvint des vieilles histoires de fantômes. Quelle maison n'avait pas ses histoires et ses fantômes ? À lui seul, le fait que les filles March fussent jumelles était déjà inquiétant. Il y avait quelque chose de bizarre chez elles, tout le monde s'accordait à le dire, et que ce fût à cause de ce qu'elles étaient ou pour une autre raison, les gens, tant les adultes que les enfants, répugnèrent bientôt à s'approcher de la vieille maison par peur de ce qu'ils pourraient y découvrir.

Cependant, les ennuis occasionnés par ces incursions finirent par peser plus lourd que la crainte des fantômes, et les femmes se mirent en colère. Plusieurs fois, elles surprirent les gamines la main dans le sac, et les accablèrent de leurs cris. La fureur leur déformait le visage, et leurs bouches s'ouvraient et se fermaient si vite que les deux petites en riaient. Les femmes ne comprenaient pas pourquoi elles réagissaient de la sorte. Elles ne pouvaient pas savoir que c'étaient la rapidité et le déluge des mots sortant de leurs bouches qui sidéraient les jumelles. Persuadées qu'elles avaient affaire à de la malfaisance, elles n'en criaient que davantage. Les jumelles restaient un moment à regarder le spectacle, avant de tourner le dos et de s'en aller.

Quand leurs maris rentraient des champs, les femmes se plaignaient, disant qu'il fallait faire quelque chose, et les hommes répondaient : « Tu oublies que ce sont les filles du manoir. » À quoi les femmes rétorquaient : « Manoir ou pas, ces deux gamines mettent une pagaille que c'est pas permis. T'as déjà vu des enfants se conduire comme ça, toi ? C'est pas normal. Faut faire quelque chose. » Et les hommes de rester assis en silence devant leur assiette de viande et de purée, en secouant la tête, sans jamais rien entreprendre.

Jusqu'à l'incident du landau.

Il y avait au village une femme du nom de Mary Jameson. Elle était la femme de Fred Jameson, un des ouvriers agricoles du domaine, et habitait un des cottages avec son mari et les parents de celui-ci. Avant son mariage, fort récent, la jeune femme s'appelait Mary Leigh, ce qui explique le nom que les jumelles lui donnèrent dans leur langage à elles : Merrily*, nom qui lui allait à merveille. Elle sortait parfois à la rencontre de son mari qui rentrait des champs à la fin de sa journée, et ils s'asseyaient à l'abri d'une haie tandis qu'il fumait une cigarette. C'était un homme de haute stature, au teint bistre et aux grands pieds, qui aimait lui passer le bras autour de la taille, la chatouiller et souffler dans l'échancrure de sa robe pour la faire rire. Elle essayait bien de se retenir, histoire de le taquiner, mais elle avait beau faire, elle finissait toujours par pouffer.

Sans son rire, elle eût été quelconque. Ses cheveux étaient ternes, trop foncés pour être blonds, et elle avait le menton lourd et des petits yeux. C'était son rire qui la sauvait ; le son en était si beau que quand on l'entendait, c'était comme de la voir non plus par les yeux, mais par les oreilles. Elle en était transformée. Ses yeux disparaissaient au-dessus de ses grosses joues en demi-lune, et soudain, en leur absence, on remarquait sa bouche. Des lèvres charnues, couleur cerise, des dents blanches et régulières – qui n'avaient pas leur pareil dans tout Angelfield –, et une petite langue rose de chaton. Et le son de ce rire. Une musique perlée superbe, irrésistible, qui sortait en gazouillant de sa gorge comme une source jaillissant d'un cours souterrain. La musique même de la joie. Fred Jameson l'avait épousée pour ça. Et quand elle riait, sa voix à lui se faisait douce, et il posait ses lèvres sur sa nuque en murmurant son nom, Mary, à plusieurs reprises. La vibration de cette voix sur sa peau la chatouillait et ne l'en faisait que rire davantage.

Bref, pendant l'hiver, alors que les jumelles s'en tenaient pour leurs sorties aux jardins et au parc, Merrily eut un bébé. Les premiers beaux jours du printemps la virent dans son jardin, étendant des vêtements d'enfant sur la corde à linge. Derrière elle se trouvait un landau noir. Dieu seul sait d'où il sortait ; ce n'était pas le genre d'objet que l'on trouvait d'ordinaire chez les femmes du village. Il devait s'agir d'une voiture de deuxième, ou de troisième main, achetée bon marché par la famille (même si elle leur avait sans doute paru très chère) pour fêter dignement l'arrivée de

* Phonétiquement proche de Mary Leigh, et signifiant « gaiement » (*N.d.T.*)

ce premier-né. Toujours est-il que, tout en se penchant pour attraper une brassière ou une chemisette, qu'elle suspendait à la corde avec une pince, Merrily chantait, comme un des oiseaux qui se trouvaient non loin d'elle, et semblait adresser sa chanson au beau landau noir. Qui avait des roues argentées très haut perchées, si bien que, en dépit de sa taille impressionnante, de sa couleur et de sa forme arrondie, il donnait une impression de vitesse et de légèreté.

Le jardin s'ouvrait à l'arrière sur des champs, dont il était séparé par une haie. Merrily ignorait que derrière cette haie deux paires d'yeux verts étaient rivées sur le landau.

Les bébés donnent beaucoup de lessive, et Merrily était une mère dévouée et dure à la tâche. Tous les jours, elle était dans le jardin, à étendre son linge ou à le rentrer. Depuis la fenêtre de la cuisine, tout en lavant couches et brassières dans l'évier, elle gardait un œil sur le beau landau dehors au soleil. Toutes les cinq minutes, semblait-il, elle faisait un saut dehors, pour ajuster la capote, ajouter une couverture supplémentaire ou fredonner quelques instants.

Merrily n'était pas la seule à vouer un amour sans bornes au landau. Emmeline et Adeline en étaient folles.

Quand, un beau jour, Merrily émergea du perron à l'arrière de la maison, une corbeille de lessive sous le bras, le landau avait disparu. Elle se figea sur place. Sa bouche s'ouvrit toute grande, elle porta les mains à ses joues ; la corbeille bascula dans le parterre de fleurs, déversant cols et chaussettes sur les giroflées. Pas une seconde Merrily ne songea à regarder dans la direction de la haie et des broussailles. Elle tourna la tête à gauche puis à droite comme si elle n'en croyait pas ses yeux, plusieurs fois de suite, cédant à une panique grandissante, pour finir par pousser un hurlement suraigu qui monta dans le bleu du ciel comme pour le déchirer.

À trois maisons de là, Mr Griffin lâcha son carré de légumes et accourut jusqu'à la barrière. Dans la maison d'à côté, la vieille Granny Stokes fronça le sourcil devant son évier et sortit sur le seuil. Ils regardèrent Merrily, abasourdis, hésitant à croire que c'était leur voisine d'ordinaire si rieuse qui avait produit un son pareil, et elle les regarda à son tour, muette de stupeur, comme si son cri avait épuisé le stock de mots d'une vie entière.

Elle finit par dire : « Mon bébé a disparu. »

Une fois ces paroles prononcées, tous passèrent aussitôt à l'action. Mr Griffin franchit trois barrières en un éclair, saisit Merrily par le bras et l'entraîna sur le devant de la maison, en disant :

« Disparu ? Pour aller où ? » Granny Stokes quitta son perron, et, deux secondes plus tard, sa voix s'élevait dans l'air depuis le jardin de devant, appelant à l'aide.

S'ensuivit un tohu-bohu général.

« Qu'y a-t-il ? Que s'est-il passé ?

« — Enlevé ! Du jardin ! Dans le landau !

« — Vous deux, allez par là, et vous autres, par ici.

« — Que quelqu'un coure chercher son mari. »

Tout ce bruit, toute cette agitation devant la maison.

À l'arrière régnait le plus grand calme. La lessive de Merrily se balançait dans le soleil paresseux, la bêche de Mr Griffin reposait tranquillement dans la terre retournée, Emmeline caressait les rayons argentés des roues, perdue dans une extase silencieuse. Jusqu'à ce qu'Adeline l'écarte à coups de pied pour qu'elles puissent mettre la chose en mouvement.

Elles lui avaient trouvé un nom. Pour elles, c'était le « vroum ».

Elles entreprirent de tirer le landau en longeant l'arrière des maisons. C'était plus difficile qu'elles l'auraient pensé. Pour commencer, le landau était plus lourd qu'il n'y paraissait, et ensuite, elles devaient le faire rouler sur un sol très inégal. Le bord du champ était légèrement surélevé, si bien que le landau n'était pas d'aplomb. Elles auraient pu mettre les quatre roues de niveau, mais là où c'était possible, la terre fraîchement retournée était trop molle, et les roues s'enfonçaient dans les mottes. Les chardons et les ronces se prenaient dans les rayons, ralentissant leur progression, et c'était miracle qu'elles fussent encore capables d'avancer au bout des vingt premiers mètres. Mais elles étaient à leur affaire. Elles poussaient de toutes leurs forces, consacraient à ce jouet toute leur énergie, et semblaient à peine conscientes de l'effort exigé. Elles se mirent les doigts en sang à force d'essayer d'extirper les chardons des roues, mais poursuivirent leur chemin sans désemparer, Emmeline continuant à susurrer sa chanson à l'objet de ses amours, lui donnant de temps à autre une caresse ou un baiser subreptices.

Elles finirent par atteindre la lisière des champs, d'où l'on voyait le manoir. Mais au lieu de s'y rendre directement, elles obliquèrent en direction des pentes de l'enclos des cerfs. Il était temps de s'amuser un peu. Quand elles eurent poussé le landau en haut de la pente la plus longue sans se départir une seconde de leur infatigable énergie, elles le mirent en position. Elles sortirent le bébé, le posèrent par terre, et Adeline se hissa dans le landau à sa place. Le menton sur les genoux, les mains agrippant les côtés, elle était blême. Un clignement de paupières de sa part, et

Emmeline poussa le véhicule avec toute la force dont elle était capable.

Au début, la voiture roula lentement. Le sol était raboteux et la pente, tout en haut, assez légère. Puis le landau prit de la vitesse. Le bolide noir jetait des éclairs dans le soleil déclinant, tandis que les roues tournaient de plus en plus vite, jusqu'à ce que les rayons se brouillent, puis finissent par ne même plus se voir. La pente s'accentua, et le sol bosselé se mit à chahuter le landau si violemment qu'on l'aurait dit prêt à décoller.

Un cri emplit l'air.

« Aaaaaaaaaaaaaaah ! »

C'était Adeline qui hurlait de plaisir, enivrée par la vitesse et la violence de sa course.

La suite s'imagine sans peine.

Une des roues heurta un bloc de pierre qui pointait hors du sol. Une étincelle jaillit au moment où le métal crissait au contact de la pierre, et tout à coup le landau se précipita non plus le long de la pente mais à travers les airs, volant dans le soleil, tête en bas. Il décrivit une courbe douce sur le bleu du ciel, jusqu'au moment où le sol sembla se soulever violemment pour l'attraper, et où l'on entendit un fracas épouvantable. Une fois apaisé l'écho du hurlement de joie d'Adeline, tout retomba dans le silence.

Emmeline descendit la pente en courant. La roue pointant vers le ciel était tordue, à demi arrachée ; l'autre tournait toujours au ralenti.

Un bras blanc émergea de la voûte écrasée de la voiture noire, et se posa sur le sol caillouteux, formant avec lui un angle bizarre. La main était constellée de taches violettes laissées par les ronces et les chardons.

Emmeline s'agenouilla. Sous la capote écrasée, tout était sombre.

Mais ça bougeait. Deux yeux verts la regardaient.

« Vroum », dit Adeline avec un grand sourire.

Fini de jouer. Il était temps de rentrer.

En dehors de l'histoire qu'elle racontait, Miss Winter ne parlait pratiquement pas lors de nos entrevues. Les premiers jours, j'avais coutume de dire : « Comment allez-vous ? » à mon arrivée dans la bibliothèque, mais c'était pour m'entendre répondre : « Mal. Et vous ? » sur un ton de mauvaise humeur censé stigmatiser la sottise de ma question. Je ne répondais pas à la sienne, comme d'ailleurs elle l'escomptait, si bien que ces échanges prirent fin rapidement. Je me glissais dans la pièce, avec exactement une minute d'avance, m'installais dans le fauteuil de l'autre côté de la cheminée, et sortais mon carnet de mon sac. Puis, sans autre préambule, elle reprenait le fil de son histoire là où elle l'avait laissée. La durée des séances n'était pas réglée par la pendule. Certains jours, Miss Winter parlait jusqu'à ce qu'elle atteigne une charnière naturelle du récit, la fin d'un épisode. Elle prononçait alors les derniers mots sur un ton qui ne laissait planer aucun doute. Un silence s'ensuivait, aussi peu ambigu que le blanc de la page à la fin d'un chapitre. J'inscrivais une dernière annotation dans mon carnet, le refermais, rassemblais mes affaires et prenais congé. D'autres jours, en revanche, elle s'interrompait sans crier gare, au beau milieu d'une scène, parfois même d'une phrase, et je levais les yeux pour voir son visage livide figé par la douleur. « Puis-je faire quelque chose ? » demandai-je la première fois où je la surpris ainsi. Elle se contenta de fermer les yeux et me congédia d'un geste.

Quand elle eut fini l'histoire du landau de Merrily, je rangeai crayon et carnet dans mon sac et dis en me levant : « Je vais m'absenter quelques jours.

« — Pas question.

« — Il le faut, j'en ai peur. J'avais prévu au départ de ne rester qu'un jour ou deux, et je suis ici depuis plus d'une semaine. Je n'ai pas assez d'affaires pour un séjour prolongé.

« — Maurice peut vous emmener en ville, et vous achèterez ce dont vous avez besoin.

« — Il me faut mes livres... »

D'un geste, elle désigna les rayons.

« Je suis désolée, mais il faut vraiment que je parte, dis-je, en secouant la tête.

« — Miss Lea, vous semblez penser que nous avons beaucoup de temps devant nous. C'est peut-être votre cas, mais permettez-moi de vous rappeler que je suis une femme très occupée. Je ne veux plus vous entendre parler de vous absenter. Que ce soit bien clair. »

Je me mordis la lèvre, et l'espace d'un instant me sentis acculée. Mais je me repris aussitôt. « Vous vous souvenez de notre accord ? Les trois vérités ? J'ai besoin de faire quelques vérifications. »

Elle hésita.

« — Vous ne me croyez donc pas ?

« — Trois faits dont je pourrais vérifier la véracité, continuai-je, ignorant sa question. Vous m'avez donné votre parole. »

Elle pinça les lèvres sous l'effet de la colère, mais accéda à ma demande.

« Vous pouvez partir lundi. Trois jours. Pas plus. Maurice vous conduira à la gare. »

J'étais en train de rédiger l'histoire du landau de Merrily quand on frappa à ma porte. Ce n'était pas encore l'heure du dîner, et Judith ne m'avait jamais dérangée dans mon travail.

« Pourriez-vous venir au salon ? me demanda-t-elle. Le docteur Clifton aimerait vous parler. »

Quand je pénétrai dans la pièce, l'homme que j'avais déjà eu l'occasion d'apercevoir se leva. Je ne suis pas douée pour les poignées de main, aussi fus-je soulagée quand il sembla renoncer à cet usage, ce qui nous laissa toutefois dans l'embarras pour trouver une autre entrée en matière.

« Vous êtes la biographe de Miss Winter, c'est bien ça ?

« — Je n'en suis pas certaine.

« — Comment, pas certaine ?

« — Si elle me dit la vérité, la réponse est oui. Dans le cas contraire, je ne suis qu'une simple secrétaire.

« — Hum. (Il fit une pause.) C'est important ?

« — Pour qui ?

« — Pour vous. »

J'aurais été bien incapable de le dire, mais sa question ne manquait pas d'impertinence, et je m'abstins d'y répondre.

« Vous êtes le médecin de Miss Winter, je suppose ?

« — En effet.

« — Vous vouliez me voir ?

« — C'est Miss Winter, en réalité, qui me l'a demandé. Elle veut que je m'assure que vous êtes parfaitement consciente de son état de santé.

« — Ah, je vois. »

Il se lança alors dans une explication d'une rigueur toute scientifique. En quelques mots, il me nomma la maladie qui était en train de la tuer, me décrivit les symptômes dont elle souffrait, me donna une idée de la douleur qu'elle endurait, et m'indiqua les heures de la journée auxquelles celle-ci était le mieux ou le plus mal masquée par les calmants. Il mentionna d'autres affections, suffisamment graves en elles-mêmes pour avoir raison de sa vie, tout en précisant que c'était la première qui l'emporterait. Et il détailla, autant qu'il en était capable, l'évolution probable de cette maladie, insistant sur la nécessité de n'augmenter que lentement les doses de manière à garder quelque chose en réserve pour le moment où, selon sa formule, elle en aurait vraiment besoin.

« Combien de temps lui donnez-vous ? demandai-je quand il en eut terminé.

« — Difficile à dire. N'importe qui d'autre aurait déjà succombé. Miss Winter est très solide. Et depuis votre arrivée... » Il s'interrompit, avec l'air de quelqu'un qui se trouve, par inadvertance, sur le point de faire une confidence.

« Vous avez dit, *mon* arrivée... ? »

Il me regarda, hésita, puis finit par se décider. « Oui, depuis votre arrivée, elle semble aller un peu mieux. Elle dit que ce sont les effets anesthésiants du récit qu'elle vous fait. »

Je ne sus trop qu'en penser, et n'eus pas le loisir de la réflexion, car le médecin enchaînait déjà : « J'ai cru comprendre que vous vous absentiez...

« — Est-ce la raison pour laquelle elle vous a demandé d'intervenir ?

« — Non, elle tient simplement à ce que vous compreniez bien que le temps est un facteur capital.

« — Vous pouvez lui dire que j'ai parfaitement compris. »

Une fois notre entretien terminé, il me tint civilement la porte pour me permettre de sortir, et quand je passai devant lui, m'adressa à nouveau la parole, murmurant de façon totalement imprévisible : « Le treizième conte... ? Est-ce que par hasard... ? »

Dans son visage par ailleurs impassible, je surpris cette impatience caractéristique du fervent lecteur.

« Elle n'y a fait aucune allusion, dis-je, et quand bien même elle l'aurait fait, je ne serais pas en droit de vous en parler. »

Son regard redevint froid, et un frémissement agita sa lèvre supérieure.

« Au revoir, Miss Lea.

« — Au revoir, docteur. »

Le docteur Maudsley et Madame

Le dernier jour avant mon départ, Miss Winter me parla du docteur Maudsley et de Madame.

*

Laisser des grilles ouvertes et s'introduire chez les gens à leur insu était une chose, partir avec un bébé dans son landau en était une autre. Que le bébé, quand on le retrouva, ne parût pas spécialement affecté par sa disparition temporaire n'entrait pas en ligne de compte. La situation était devenue intolérable ; il fallait agir.

Les gens du village se sentaient incapables de parler de l'affaire directement à Charlie. Ils comprenaient qu'au manoir il se passait des choses étranges, et n'étaient qu'à moitié rassurés à l'idée de s'y rendre. Difficile de dire si c'était Charlie, Isabelle ou le fantôme qui les poussait à garder leurs distances. Ils préférèrent donc s'adresser au docteur Maudsley. Il ne s'agissait pas du médecin dont l'arrivée tardive pouvait être tenue pour responsable de la mort en couches de la mère d'Isabelle, mais d'un nouveau praticien qui, à l'époque, exerçait au village depuis huit ou neuf ans.

Bien qu'il ne fût plus jeune – il avait alors dans les quarante-cinq ans –, le docteur Maudsley avait une allure juvénile. Il n'était pas grand, ni vraiment musclé, mais respirait la vitalité et la vigueur. Il avait des jambes d'une longueur disproportionnée par rapport à son torse, et faisait toujours de grandes enjambées, sans effort apparent. Il marchait vite, et se retrouvait fréquemment à parler dans le vide quand il se retournait pour constater que la personne qui l'accompagnait, haletante, s'efforçait à quelques mètres derrière lui de ne pas se laisser distancer. Cette vigueur physique s'accompagnait d'une grande agilité mentale. On sentait la puissance de son cerveau dans sa voix, qui était posée mais rapide, et avait la faculté de trouver les mots qu'il fallait quand il le fallait. On la pressentait aussi dans ses yeux. Marron foncé, très brillants, comme ceux d'un oiseau, toujours en éveil, pénétrants, et surmontés d'une arcade sourcilière forte et bien dessinée.

Maudsley dispensait son énergie avec prodigalité autour de lui – atout appréciable chez un médecin. Rien qu'à entendre son pas dans l'allée, sa manière de frapper à la porte, ses malades se sentaient déjà mieux. Et, ce qui ne gâtait rien, ils l'appréciaient. Un remontant à lui tout seul, voilà ce que disaient les gens. Pour lui, que ses patients vivent ou meurent faisait une différence considérable, et quand ils vivaient – ce qui était pratiquement toujours le cas –, il lui importait de savoir qu'ils vivaient bien.

Le docteur Maudsley était grand amateur d'exercice intellectuel. Une maladie était pour lui une sorte d'énigme, et il n'avait de cesse de la résoudre. Ses patients étaient habitués à le voir revenir chez eux de bonne heure le matin pour demander un renseignement supplémentaire, après une nuit passée à s'interroger sur leurs symptômes. Le diagnostic établi, restait le problème du traitement. Il consultait, bien entendu, ses ouvrages, connaissait parfaitement les traitements courants, mais était doté d'un esprit curieux qui le faisait revenir par exemple sur quelque chose d'aussi bénin qu'un mal de gorge pour aborder la question sous un angle nouveau. Constamment à l'affût du fragment de connaissance qui lui permettrait non seulement de guérir l'affection, mais de comprendre sous un jour totalement neuf le phénomène du mal de gorge. Énergique, intelligent et aimable, c'était un excellent médecin, et un homme supérieur à la moyenne. Encore que, comme tout le monde, il eût son point faible.

Les délégués du village qui vinrent le trouver étaient au nombre de trois : le père de l'enfant, son grand-père et le cabaretier, un homme à l'air fatigué qui ne supportait pas d'être tenu à l'écart. Le docteur Maudsley les accueillit aimablement et écouta attentivement le récit que lui firent deux d'entre eux. Ils commencèrent par les grilles laissées ouvertes, continuèrent avec le problème souvent débattu des casseroles manquantes pour arriver, au bout de quelques minutes, au clou de leur histoire : le kidnapping de l'enfant dans le landau.

« Elles sont incontrôlables dit, pour finir, Fred Jameson junior.

« — C'est plus tenable, ajouta Fred Jameson senior.

« — Et vous, qu'en dites-vous ? » demanda le docteur Maudsley au troisième homme, Wilfred Bonner, qui se tenait légèrement en retrait, n'avait jusque-là pas ouvert la bouche.

Mr Bonner ôta sa casquette et fit entendre une respiration sifflante et laborieuse. « Ben, j'suis pas docteur, moi, mais ces gamines, elles sont comme qui dirait pas bien cuites. » Il accompagna ses paroles d'un regard lourd de sens, puis, au cas où il ne se serait pas bien fait comprendre, tapota son crâne chauve à trois reprises.

Les trois autres fixèrent la pointe de leurs chaussures d'un air grave.

« Laissez-moi faire, dit le médecin. Je vais parler à la famille. »

Sur quoi, les hommes s'en furent. Ils avaient fait leur devoir. Au médecin, le sage du village, de jouer.

Bien qu'il eût assuré qu'il parlerait à la famille, il commença, en l'occurrence, par parler à sa femme.

« À mon avis, elles ne pensaient pas à mal, dit-elle, quand il eut fini son récit. Tu sais comment sont les gamines. Un vrai bébé c'est tellement plus drôle pour jouer avec qu'une poupée. Elles ne lui auraient pas fait de mal. Mais il faut quand même leur dire de ne pas recommencer. Pauvre Mary. »

Et, levant les yeux de son ouvrage, elle tourna le visage vers son mari.

Mrs Maudsley était une femme extrêmement séduisante. Elle avait de grands yeux marron, de beaux cils longs et recourbés, et ses cheveux noirs, sans le moindre fil gris, étaient tirés à l'arrière d'une façon si peu apprêtée qu'elle aurait enlaidi n'importe quelle autre femme mais n'affectait en rien la beauté qu'elle était. Dans ses mouvements et ses déplacements, elle avait une grâce féminine toute en rondeurs.

Le docteur savait que sa femme était belle, mais ils étaient mariés depuis trop longtemps pour qu'il y prêtât encore attention.

« Les gens du village pensent que les deux filles sont attardées.

« — Certainement pas !

« — C'est du moins l'opinion de Wilfred Bonner.

« — Il a peur d'elles parce que ce sont des jumelles, dit-elle en secouant la tête, incrédule. Pauvre Wilfred. Ce sont des préjugés d'un autre âge. Dieu merci, la jeune génération est plus évoluée. »

Le médecin était un homme de science. S'il savait qu'il était peu probable, statistiquement parlant, que les jumelles soient mentalement anormales, il se refusait néanmoins à exclure cette hypothèse avant de les avoir vues. Mais il ne fut pas autrement surpris que son épouse, dont la religion lui interdisait de penser du mal de quiconque, fût persuadée que la rumeur n'était que commérages sans fondement.

« Je suis sûre que tu as raison », murmura-t-il d'un ton vague qui trahissait sa conviction qu'elle avait tort. Il n'essayait plus depuis longtemps de l'amener à croire uniquement ce qui était vrai ; elle avait été élevée dans cette sorte de piété qui privilégie la bonté humaine aux dépens mêmes de la vérité.

« Que vas-tu faire, alors ? lui demanda-t-elle.

« — Aller voir la famille. Charles Angelfield est une sorte d'ermite, mais il sera bien obligé de me recevoir si j'y vais. »

Mrs Maudsley hocha la tête – sa façon à elle de ne pas être d'accord avec son mari, encore qu'il l'ignorât. « Et la mère ? Que sais-tu d'elle ?

« — Très peu de choses. »

Et le médecin de poursuivre sa réflexion en silence, tandis que Mrs Maudsley continuait sa couture. Au bout d'un quart d'heure, il reprit : « Tu pourrais peut-être y aller toi, Theodora ? La mère préférerait sans doute voir une femme plutôt qu'un homme. Qu'en penses-tu ? »

Et c'est ainsi que trois jours plus tard Mrs Maudsley frappa à la porte du manoir. Étonnée de ne pas obtenir de réponse, elle fronça le sourcil – après tout, elle avait envoyé un mot pour annoncer sa visite – et fit le tour pour gagner l'arrière de la maison. La porte de la cuisine était entrouverte, et, après avoir à nouveau frappé, elle entra. Personne. Mrs Maudsley jeta un coup d'œil autour d'elle. Trois pommes sur la table, marron et toutes fripées, qui commençaient à se creuser, un torchon noir de crasse à côté d'un évier où s'empilait une montagne d'assiettes sales, et une fenêtre tellement sale que de l'intérieur c'est à peine si l'on distinguait le jour de la nuit. Son nez blanc et délicat huma l'air et lui dit tout ce qu'elle avait besoin de savoir. Elle pinça les lèvres, prit une profonde inspiration, agrippa fermement la poignée en écaille de son sac et partit en croisade. Elle passa d'une pièce à l'autre à la recherche d'Isabelle, non sans noter en chemin la saleté, le désordre, l'état d'abandon omniprésents.

La Missis se fatiguait facilement, avait du mal à monter les escaliers, et sa vue baissait ; et puis, elle croyait souvent avoir nettoyé là où elle ne l'avait pas fait, ou avait eu l'intention de le faire, avant d'oublier. Pour être honnête, elle savait que personne ne s'en souciait vraiment, si bien qu'elle se préoccupait surtout de nourrir les filles, lesquelles pouvaient s'estimer heureuses qu'elle s'acquitte au moins de cette tâche. La maison était donc sale, poussiéreuse, et quand un tableau était de travers, il le restait pendant des années ; et le jour où Charlie ne trouva plus la corbeille à papier dans son bureau, il se contenta de laisser tomber les papiers par terre à l'emplacement habituel. Pour finir par constater qu'il était bien plus pratique de jeter le tout une fois par an que de le faire une fois par semaine.

Mrs Maudsley n'apprécia pas du tout ce qu'elle vit. Elle fronça le sourcil devant les rideaux à moitié tirés, soupira devant l'argenterie ternie, secoua la tête, incrédule, devant les casseroles sur les marches d'escalier et les partitions de musique qui jonchaient le hall d'entrée. Dans le salon, elle se baissa machinalement pour ramasser une carte à jouer, le trois de pique, jetée, ou abandonnée par mégarde, au milieu du parquet, mais, quand elle chercha des yeux le reste du jeu, fut bien en peine de le trouver tant la pièce était en désordre. Désemparée, elle jeta un nouveau coup d'œil à la carte, pour s'apercevoir qu'elle était, couverte de poussière ; la femme délicate, toujours gantée de blanc qu'elle était, fut prise du désir irrépressible de la reposer, mais où ? Un instant, elle resta paralysée par l'angoisse, partagée entre le besoin d'abréger le contact entre son gant immaculé et la carte poussiéreuse, légèrement collante, et son hésitation à la mettre à un endroit qui ne serait pas le bon. Pour finir, les épaules parcourues d'un frisson perceptible, elle la déposa sur le bras du fauteuil en cuir et, enfin soulagée, sortit de la pièce.

La bibliothèque semblait en meilleur état. Elle était indubitablement poussiéreuse, et le tapis, élimé, mais les livres eux-mêmes étaient à leur place, ce qui n'était pas négligeable. Et pourtant, même ici, alors qu'elle commençait à croire qu'il restait encore une certaine notion de l'ordre enfouie dans cette famille de gens sales et négligés, elle tomba sur une sorte de lit de fortune, coincé entre deux ensembles de rayonnages. Une couverture mangée aux mites, un oreiller crasseux, elle crut d'abord à la litière d'un chat. Mais, en y regardant de plus près, elle aperçut le coin d'un livre qui dépassait sous l'oreiller. Elle le sortit. *Jane Eyre.*

De la bibliothèque, elle passa dans la salle de musique, où elle trouva le même désordre qu'ailleurs. Le mobilier était bizarrement disposé, comme pour faciliter les parties de cache-cache. Une chaise longue faisait face à un mur, un fauteuil était à moitié dissimulé par une commode qu'on avait tirée de son emplacement sous la fenêtre – manipulation trahie par une large bande de tapis où la poussière était moins épaisse et la couleur verte, moins passée. Sur le piano se trouvait un vase contenant des tiges noircies et cassantes, avec, à son pied, un cercle bien net de pétales racornis qui ressemblaient à des cendres. Mrs Maudsley tendit la main et en prit un, qui s'émietta, laissant une tache d'un vilain gris-jaune sur ses gants blancs.

Mrs Maudsley s'affaissa, plus qu'elle ne s'assit, sur le tabouret de piano.

L'épouse du médecin n'était pas une mauvaise femme. Elle était suffisamment convaincue de sa propre importance pour croire que Dieu observait effectivement tout ce qu'elle faisait, écoutait tout ce qu'elle disait, et elle était bien trop occupée à réprimer le sentiment d'orgueil qu'elle éprouvait volontiers au spectacle de sa propre vertu pour remarquer ses autres défauts. C'était une bonne âme, ce qui revient à dire que tout le mal qu'elle pouvait faire, elle le faisait à son insu.

À quoi pensait-elle, assise là sur son tabouret de piano, le regard dans le vide ? Voilà des gens qui étaient incapables de renouveler l'eau de leurs vases. Pas étonnant que leurs enfants se conduisent aussi mal ! Il avait suffi de quelques fleurs fanées pour qu'elle prenne conscience de l'étendue du désastre, et ce fut d'une manière distraite et l'air absent qu'elle enleva ses gants et plaqua les doigts sur les touches noires et grises du piano.

Le son qui en sortit était bien le bruit le plus discordant et le moins musical qu'on pût imaginer. En partie parce que l'instrument avait été laissé à l'abandon, sans qu'on en joue ni qu'on le fasse accorder pendant des années. Mais aussi parce que la vibration de ses cordes fut aussitôt accompagnée par un autre bruit tout aussi peu mélodieux, une sorte de sifflement strident, de cri de colère sauvage, comme celui d'un chat sur la queue duquel on aurait posé le pied par inadvertance.

Mrs Maudsley fut brutalement tirée de sa rêverie. En entendant ce miaulement, elle regarda le piano, interloquée, et se leva vivement, les mains aux joues. Dans son affolement, elle eut à peine le temps de se rendre compte qu'elle n'était pas seule.

Là, se levant de la chaise longue, une frêle silhouette blanche...

Pauvre Mrs Maudsley.

Elle n'eut pas le temps de voir la silhouette habillée de blanc brandir un violon, et voir ce même violon s'abattre violemment sur sa tête. Avant qu'elle comprenne ce qui lui arrivait, le violon entrait en contact avec son crâne, les ténèbres l'enveloppaient, et elle tombait, inconsciente, sur le sol.

Les bras étalés en tous sens, son mouchoir blanc bien plié toujours glissé dans son bracelet de montre, elle donnait l'impression de ne plus avoir en elle le moindre souffle de vie. Les petits nuages de poussière qui s'étaient élevés du tapis au moment de sa chute retombaient doucement.

Elle resta ainsi une bonne demi-heure, jusqu'à ce que la gouvernante, qui revenait de la ferme où elle était allée chercher des œufs, jette par hasard un coup d'œil dans la pièce et aperçoive une forme sombre là où elle était sûre de n'avoir rien vu auparavant.

Mais pas la moindre trace de silhouette blanche

*

Tandis que je transcrivais de mémoire, la voix de Miss Winter semblait résonner dans ma chambre avec la même intensité que celle qu'elle avait eue dans la bibliothèque. Elle avait une façon de parler qui se gravait dans mon souvenir et était aussi fiable qu'un enregistrement de phonographe. Mais après avoir dit : « Pas la moindre trace de silhouette blanche », elle s'était arrêtée, et je m'arrêtai donc à mon tour, le crayon levé, et me remémorai ce qui s'était passé.

J'avais été tellement absorbée par son récit qu'il me fallut un moment pour détourner mon attention de la forme allongée de l'épouse du docteur, dans l'histoire, et la recentrer sur la narratrice. Quand j'y parvins, je fus épouvantée. La pâleur habituelle de Miss Winter avait cédé la place à une vilaine teinte gris-jaune, et tout son corps, pourtant toujours très droit, semblait à présent se préparer à soutenir quelque assaut invisible. Un tremblement agitait sa bouche, et je devinai qu'elle était sur le point de perdre la bataille consistant à garder les lèvres serrées, et qu'une grimace difficilement réprimée était près de remporter la victoire.

Je me levai, affolée, sans avoir la moindre idée de ce qu'il fallait faire.

« Miss Winter, m'exclamai-je, désemparée. Que se passe-t-il ?

« — C'est mon loup », dit-elle, ou du moins c'est ce que je crus comprendre, mais ce seul effort suffit à faire trembler ses lèvres. Elle ferma les yeux et se concentra pour économiser sa respiration. Au moment où j'allais me précipiter pour alerter Judith, Miss Winter reprit le contrôle d'elle-même. Les tressaillements de sa poitrine se ralentirent, les frémissements sur son visage cessèrent, et bien qu'elle fût encore pâle comme la mort, elle ouvrit les yeux et me regarda.

« Ça va mieux... », dit-elle faiblement.

Je revins lentement à mon fauteuil.

« J'ai cru vous entendre parler d'un loup, commençai-je.

« — Oui. La bête noire qui me ronge les os chaque fois qu'elle en a l'occasion. Il attend, tapi dans un coin, derrière la porte le plus souvent, parce qu'il a peur de ça, dit-elle en me montrant les pilules blanches sur la table à côté d'elle. Mais elles ne durent pas éternellement. Il est près de midi, et elles ne font presque plus effet. Je sens son souffle sur ma nuque. Dans une demi-heure, il y plantera ses crocs et ses griffes. Jusqu'à une heure, quand je prendrai une autre dose et qu'il lui faudra retourner dans son coin. Nous passons notre temps, lui et moi, à surveiller la pendule. Il attaque cinq minutes plus tôt tous les jours. Mais moi, je ne peux pas avancer l'heure de ma prise. Elle reste toujours la même.

« — Mais quand même, le médecin doit bien...

« — Oui, oui. Une fois par semaine, ou tous les dix jours, il réajuste la dose. Mais jamais en quantité tout à fait suffisante. Il ne veut pas avoir ma mort sur la conscience, voyez-vous. Quand l'heure viendra, ce sera au loup de m'achever. »

Elle me regarda, l'air très pragmatique, puis se radoucit.

« Les pilules sont ici, regardez. Et le verre d'eau. Si je voulais, je pourrais mettre fin à tout cela moi-même. Au moment où je voudrais. Alors, ne vous apitoyez pas sur mon sort. Si j'ai choisi de ne pas précipiter les choses, c'est parce que j'ai encore à faire.

« — Très bien, dis-je en hochant la tête.

« — Bon. En ce cas, au travail, voulez-vous ? Où en étions-nous ?

« — L'épouse du médecin. Dans la salle de musique. Avec le violon. »

Et nous voilà reparties.

*

Charlie n'avait pas l'habitude d'affronter les problèmes.

Dieu sait pourtant qu'il en avait. En abondance. Trous dans la toiture, vitres cassées, cadavres de pigeons pourrissant dans les greniers – mais il préférait les ignorer. À moins qu'il ne les vît pas, tant il s'était coupé du monde. Quand les fuites devenaient vraiment gênantes, il se contentait de fermer une pièce et d'en utiliser une autre. Après tout, la demeure était bien assez grande. Il semble qu'il ne lui soit jamais venu à l'esprit que d'autres entretenaient activement leur maison. Mais il faut dire que le délabrement était son environnement naturel. Il s'y sentait chez lui.

Le fait qu'on ait trouvé dans sa demeure la femme d'un médecin inanimée constituait cependant un problème qu'il ne pouvait guère éluder. S'il s'était agi de l'un d'entre eux, passe encore... Mais une *étrangère*. C'était une autre histoire. Il fallait faire quelque chose, encore qu'il eût été bien en peine de dire quoi, et, quand la femme du médecin remua et porta la main à sa tête douloureuse tout en gémissant, il la regarda, pétrifié. Il était peut-être stupide, mais pas à ce point. La catastrophe était imminente.

La gouvernante envoya John-the-Dig chercher le médecin, lequel finit par arriver. Les pires pressentiments ne semblaient pas fondés : Mrs Maudsley n'était pas grièvement blessée, elle ne souffrait que d'une légère commotion. Elle refusa un petit verre de cognac, accepta une tasse de thé, et, au bout d'un moment, était fraîche comme une rose.

« C'était une femme, dit-elle. Une femme en blanc.

« — Allons donc ! dit la gouvernante, d'un ton à la fois rassurant et catégorique. Il n'y a jamais eu de femme en blanc dans la maison. »

Les yeux marron de Mrs Maudsley se remplirent de larmes ; mais elle ne voulut pas en démordre. « Mais si, une femme, plutôt frêle, là, dans la chaise longue. Quand elle a entendu le piano, elle s'est levée et...

« — Tu as eu le temps de la voir ? demanda son mari.

« — Non, tout a été si vite...

« — Eh bien, vous voyez, l'interrompit la gouvernante, d'une voix compatissante mais ferme. Ce n'est pas possible, il n'y a pas de femme en blanc. Vous aurez vu un fantôme. »

C'est alors que, pour la première fois, la voix de John-the-Dig se fit entendre : « Il y en a qui affirment que la maison est hantée. »

L'espace d'un moment, les personnes présentes regardèrent le violon cassé abandonné sur le sol et la bosse qui était en train de se former sur la tempe de Mrs Maudsley, mais avant que quiconque ait eu le temps de commenter la déclaration du jardinier, Isabelle apparut à la porte. Mince et souple, elle portait une robe jaune pâle ; son chignon était de travers, et ses beaux yeux hagards.

« Se pourrait-il que ce soit la personne que tu as vue ? » demanda le médecin à sa femme.

Mrs Maudsley compara Isabelle à la femme dont elle avait gardé l'image présente à l'esprit. Combien de nuances y a-t-il entre le blanc et le jaune pâle ? Comment se distingue une silhouette frêle d'une silhouette mince ? Dans quelles proportions un coup sur la tête peut-il altérer la mémoire ? Elle hésita, puis, au vu des yeux émeraude, se décida.

« Oui, c'est bien elle. »

La Missis et John-the-Dig évitèrent de se regarder.

À partir de ce moment, ce fut à Isabelle que le médecin, oubliant son épouse, consacra toute son attention. Il l'examina de près, avec sollicitude, mais non sans une certaine inquiétude au fond des yeux tandis qu'il multipliait ses questions. Quand elle refusait de répondre, il ne s'en formalisait pas, mais quand, de guerre lasse, elle finissait par le faire – tour à tour insolente, impatiente, incohérente –, il l'écoutait avec attention, tout en hochant la tête et en prenant des notes dans son carnet. À un moment, il lui saisit le poignet pour lui prendre le pouls et s'alarma en voyant les coupures et les cicatrices qui marquaient l'intérieur de son avant-bras.

« C'est elle-même qui se fait ça ?

« — Oui », murmura la gouvernante, honnête à contrecœur. Le médecin serra les lèvres d'un air préoccupé.

« Puis-je vous entretenir un instant, monsieur ? » demanda-t-il, en se tournant vers Charlie. Ce dernier le regarda sans comprendre, mais l'autre le prit par le coude – « Dans la bibliothèque, peut-être ? » – et l'entraîna fermement hors de la pièce.

La Missis et la femme du médecin attendirent dans la salle de musique, feignant de ne pas prêter attention aux bruits qui venaient de la bibliothèque. On entendait le bourdonnement non pas de deux voix mais d'une seule, calme et mesurée. Quand elle cessa, un « Non » nous parvint, puis un autre, plus sonore, émanant, de toute évidence, de Charlie, et suivi du registre plus bas du praticien. Les deux hommes restèrent absents un bon moment, et on entendit plus d'une fois les protestations de Charlie ; puis la porte s'ouvrit et le médecin sortit, l'air grave et visiblement éprouvé. De l'intérieur de la pièce monta un grand cri de désespoir et d'impuissance, mais le docteur Maudsley se contenta de grimacer et referma derrière lui.

« Je m'occupe de prévenir l'asile, dit-il à la gouvernante. Je prendrai aussi les dispositions pour le transport. Quatorze heures, ça ira ? »

Déconcertée, elle hocha la tête, et la femme du médecin se leva pour partir.

À deux heures, trois hommes arrivèrent et conduisirent Isabelle jusqu'à un coupé qui attendait dans l'allée. Elle ne leur opposa aucune résistance, s'installa docilement sur la banquette, et ne jeta pas même un coup d'œil dehors quand les chevaux descendirent lentement l'allée en direction du pavillon d'entrée.

Les jumelles, apparemment indifférentes, dessinaient des cercles dans le gravier du bout de leurs chaussures.

Charlie, debout sur le perron, regardait le véhicule s'éloigner. Il avait l'air d'un enfant que l'on est en train de priver de son jouet favori et qui n'arrive pas – pas tout à fait, pas encore – à croire à la réalité de la chose.

Depuis le hall, la gouvernante et John-the-Dig l'observaient avec angoisse, attendant qu'il prenne conscience de ce qui se passait.

La voiture atteignit les grilles près du pavillon et les franchit, disparaissant à la vue. Charlie continua de les fixer pendant quelques secondes. Puis sa bouche s'ouvrit. Un grand cercle, qui frémissait et se contractait nerveusement, et révélait sa langue tremblante, la rougeur charnue de sa gorge, des filets de salive en travers de la sombre cavité. Nous regardions, hypnotisés, attendant le bruit terrible qui n'allait pas tarder à exploser hors de la bouche béante et tourmentée, mais le son n'était pas prêt à sortir. Il resta en gestation pendant de longues secondes, jusqu'à ce que tout le corps de Charlie donne l'impression de ne contenir que lui. Pour finir, il tomba à genoux sur le perron, et le cri s'échappa, enfin. Non pas l'énorme barrissement auquel nous nous attendions, mais un simple grognement nasal et mouillé.

Les jumelles quittèrent un instant des yeux leurs cercles dans le gravier, avant d'y revenir, toujours aussi impassibles. John-the-Dig serra les lèvres et partit retrouver son jardin et son travail. Il n'avait rien à faire ici. Quant à la Missis, elle s'approcha de Charlie, posa une main compatissante sur son épaule et tenta de le convaincre de rentrer, mais il resta sourd à sa supplique, se contentant de renifler et de couiner comme un gamin contrarié.

Fin de l'épisode.

*

Fin de l'épisode ? C'était là un point final étrangement désinvolte au récit de la disparition de la mère de Miss Winter. Il était clair que cette dernière n'avait pas une très haute opinion des aptitudes maternelles d'Isabelle ; pour tout dire, le mot « mère » semblait absent de son vocabulaire. C'était somme toute compréhensible : autant que je pouvais en juger, Isabelle était bien la moins maternelle des mères. D'un autre côté, pouvais-je me permettre, moi, de juger les relations des autres avec leurs mères ?

Je refermai mon cahier, glissai mon crayon dans la spirale, et me levai.

« Je pars pour trois jours, lui rappelai-je. Je serai de retour jeudi. »

Et je la laissai seule avec son loup.

Dickens dans son bureau

Je finis de rédiger les notes de cette journée. Mes douze crayons étaient tous émoussés ; un par un, ils passèrent à l'affûtage. Si l'on tourne la manivelle doucement et sans à-coups, on peut réussir à faire tomber tout entière dans la corbeille la spirale du copeau dentelé de plomb, mais ce soir-là, j'étais fatiguée, et le tortillon ne cessait de se briser sous l'effet de son poids.

Je repensai au récit de Miss Winter. Je m'étais prise de sympathie pour la Missis et John-the-Dig. Charlie et Isabelle me met taient mal à l'aise. Le médecin et sa femme étaient animés des meilleures intentions du monde, mais je craignais que leur intervention dans la vie des jumelles ne provoque des dégâts.

Quant à ces dernières, elles m'intriguaient. Je savais ce que pensaient d'elles les autres acteurs de l'histoire. John-the-Dig les estimait incapables de parler normalement ; la gouvernante était persuadée qu'elles ne se rendaient même pas compte que les autres étaient des êtres vivants ; les villageois, eux, étaient d'avis qu'elles étaient dérangées. Ce que j'ignorais, bizarrement, c'était l'opinion de la conteuse. Quand elle racontait son histoire, Miss Winter était comme la lumière qui éclaire tout autour d'elle, sauf elle-même. Comme le point de fuite au cœur de son récit. Elle employait « ils » et « eux » ; plus récemment elle avait dit « nous » ; mais c'était l'absence du « je » qui m'interpellait.

Si je m'avisais de la questionner à ce sujet, je savais ce qu'elle me répondrait : « Miss Lea, nous avons passé un accord. » Je lui avais déjà posé quelques questions à propos d'un ou deux détails, et, bien qu'il lui arrivât de me répondre, quand elle n'en avait pas envie, elle me rappelait notre première rencontre : « Pas de triche-rie. Pas d'anticipations. Pas de questions. »

Je me fis donc à l'idée de laisser ma curiosité insatisfaite pour l'instant, et pourtant, dès ce soir-là, quelque chose se produisit qui contribua à éclaircir le mystère.

J'avais rangé mon bureau et commencé ma valise quand on frappa à ma porte. Je l'ouvris et trouvai Judith dans le couloir.

« Miss Winter se demande si vous auriez un moment à lui consacrer ? »

Il s'agissait là, j'en étais convaincue, de la traduction polie d'un message beaucoup plus abrupt, du genre : « Allez me chercher Miss Lea. »

Je finis de plier un corsage et descendis dans la bibliothèque.

Miss Winter était assise dans sa position habituelle ; le feu flamboyait dans la cheminée, mais la pièce était par ailleurs plongée dans l'obscurité.

« Voulez-vous que j'allume quelques lumières ? demandai-je depuis le seuil.

« — Non. » Sa réponse me parut venir de loin, et j'empruntai donc le passage au milieu des rayonnages pour la rejoindre. Les volets étaient ouverts, et le ciel sombre, piqué d'étoiles, se reflétait dans les glaces de la bibliothèque.

Quand j'arrivai à son côté, je vis, à la lueur dansante du feu, que Miss Winter était comme absente. En silence, je m'assis à ma place, bercée par la chaleur de l'âtre, le regard plongé dans le reflet du ciel nocturne. Un quart d'heure s'écoula ainsi, elle absorbée dans ses pensées, et moi attendant qu'elle prenne la parole.

Ce qu'elle finit par faire.

« Avez-vous jamais vu ce portrait de Dickens dans son bureau ? Peint par un certain Buss, je crois. J'en ai une reproduction quelque part, je vous la chercherai. Bref, sur ce portrait, l'écrivain a éloigné sa chaise de sa table de travail et somnole, les yeux clos, son menton barbu reposant sur sa poitrine. Il est en pantoufles. Autour de sa tête, des personnages de ses romans flottent dans l'air comme de la fumée de cigare ; certains se pressent au-dessus des papiers qui jonchent le bureau, d'autres sont derrière lui, ou encore sont descendus presque jusqu'au sol, comme s'ils se croyaient capables de tenir tout seuls sur leurs pieds. Et pourquoi pas ? Ils sont dessinés du même trait ferme que celui utilisé pour le romancier, alors pourquoi ne seraient-ils pas aussi réels que lui ? Ils le sont en tout cas davantage que les livres qui remplissent les rayons, à peine esquissés d'un trait ici et là et fondus à certains endroits dans le néant de l'arrière-plan.

« Pourquoi évoquer ce tableau maintenant ? La raison pour laquelle j'en conserve une image aussi nette est qu'il me semble représenter de manière adéquate la façon dont j'ai mené ma propre vie. Je me suis enfermée dans mon bureau avec les créatures de mon imagination. Pendant près de soixante ans, j'ai épié en toute impunité la vie de gens qui n'existent pas. Sans scrupule aucun, j'ai glissé un œil dans les cœurs et les cabinets de toilette. Je me suis penchée au-dessus de leur épaule pour suivre la plume de ceux qui rédigeaient lettres d'amour, testaments ou confessions. J'ai regardé les amants s'aimer, les meurtriers tuer et les enfants jouer à faire semblant. Prisons et bordels m'ont ouvert leurs portes ; galions et caravanes m'ont fait traverser les océans et les déserts ; j'ai commandé aux siècles et aux continents. J'ai révélé les félonies des puissants et j'ai été le témoin de la noblesse des faibles. Je me suis penchée si près des dormeurs dans leur lit qu'ils auraient pu sentir mon souffle sur leur visage. J'ai été témoin de leurs rêves.

« Mon bureau est peuplé de personnages qui attendent que je les raconte. Des gens imaginaires, qui aspirent à vivre, tirent sur ma manche en criant : "À moi, maintenant ! Allez ! C'est mon tour !" Et je dois choisir. Une fois la sélection faite, les laissés-pour-compte attendent patiemment six mois, un an, que je termine mon histoire, puis les cris reprennent de plus belle.

« Et maintes fois, pendant toutes ces années d'écriture, j'ai levé la tête de ma page – à la fin d'un chapitre, au cours d'un moment de réflexion après une scène tragique, ou simplement pendant que je cherchais le mot juste –, et j'ai aperçu un visage à l'arrière de la foule. Un visage familier. Teint pâle, cheveux roux, yeux verts et regard fixe. Je sais exactement qui elle est, et néanmoins je suis toujours aussi surprise de la voir. Chaque fois, elle a réussi à me prendre de court. Souvent, elle a ouvert la bouche pour me parler, mais, pendant des décennies, elle était trop loin pour que je l'entende, et puis, dès que j'étais consciente de sa présence, je détournais les yeux et faisais semblant de ne pas la voir. Je ne pense pas qu'elle s'y soit jamais laissé prendre.

« Les gens voudraient savoir ce qui me rend si prolifique. Eh bien, c'est elle. Si j'avais pour habitude de commencer un nouveau livre cinq minutes après avoir terminé le précédent, c'était parce que lever les yeux de mon bureau ne fût-ce qu'un instant risquait de m'obliger à croiser son regard.

« Les années ont passé ; le nombre de mes livres sur les rayons des librairies a grandi, et, du même coup, la foule des personnages qui flottaient dans l'air de mon bureau s'est clairsemée. Avec chaque nouveau livre, les clameurs ont diminué d'intensité autour de moi, l'impression de tumulte dans ma tête s'est atténuée. Les visages qui se pressaient pour réclamer mon attention se sont raréfiés, mais toujours, à l'arrière du groupe, se rapprochant un peu plus à chaque nouveau livre, elle était là. La fille aux yeux verts. Qui attendait.

« Le jour est arrivé où j'ai terminé la version définitive de mon dernier livre. Écrit la dernière phrase, placé le dernier point. Je savais ce qui allait se passer. Le stylo m'a glissé des doigts, et j'ai fermé les yeux. "Alors, l'ai-je entendue dire, mais peut-être était-ce moi qui parlais : 'Nous voici enfin seules toutes les deux.'"

« J'ai essayé d'argumenter. "Ça ne marchera jamais, lui ai-je dit. C'est trop vieux, je n'étais qu'une enfant, j'ai oublié." Histoire de gagner du temps. Et elle de répondre : "Mais moi, je n'ai pas oublié. Rappelle-toi le jour où..."

« Même moi, je reconnais l'inévitable quand j'y suis confrontée. Et je n'avais pas oublié. »

La faible vibration qui agitait l'air est retombée. J'ai cessé de regarder les étoiles pour me tourner vers Miss Winter. Ses yeux verts fixaient un point dans la pièce, comme si, à cet instant même, ils revoyaient l'enfant aux yeux verts et aux cheveux cuivrés.

« La fille, c'est vous.

« — Moi ? » Les yeux de Miss Winter quittèrent lentement l'image fantomatique de l'enfant pour se poser sur moi. « Non, elle n'est pas moi. Elle est..., hésita-t-elle. Elle est celle que j'étais autrefois. Cette enfant-là a cessé d'exister il y a longtemps, très longtemps. Sa vie s'est achevée la nuit de l'incendie aussi sûrement que si elle avait péri au milieu des flammes. La personne que vous avez devant vous aujourd'hui n'est rien.

« — Mais votre carrière... Les nouvelles...

« — Quand on n'est rien, on invente. Pour combler le vide. »

Nous sommes restées silencieuses, à regarder le feu. De temps à autre, Miss Winter frottait machinalement la paume de sa main.

« À propos de votre essai sur Jules et Edmond de Goncourt... » commença-t-elle, au bout d'un moment.

Je me tournai vers elle, non sans une certaine réticence.

« Qu'est-ce qui vous a poussée à les choisir, eux ? Il devait bien y avoir une affinité ? Une attirance personnelle ?

« — Non, rien de spécial », dis-je en secouant la tête.

Il n'y eut plus alors que l'immobilité des étoiles et les crépitements du feu.

C'est sans doute une heure plus tard, quand les flammes commencèrent à baisser, qu'elle reprit la parole pour la troisième fois.

« Margaret, dit-elle, et je crois que c'était la première fois qu'elle m'appelait par mon prénom. Quand vous partirez demain...

« — Oui ?

« — Vous reviendrez, n'est-ce pas ? »

Il était difficile de se faire une idée précise de son expression dans la lumière mourante des flammes, difficile aussi de savoir si le tremblement que j'avais perçu dans sa voix était dû à la fatigue ou à la maladie, mais il me sembla, dans le moment qui précéda ma réponse : « Oui. Bien sûr que je reviendrai », que Miss Winter avait peur.

Le lendemain matin, Maurice me conduisit à la gare, et je pris le train en direction du sud.

Les annuaires

Où commencer mes recherches, sinon chez moi, dans la librairie ?

J'étais fascinée par les vieux annuaires généalogiques. Depuis toute petite, à la moindre alerte – ennui, angoisse, peur –, je me précipitais sur ces rayons pour feuilleter les pages de noms, de dates et de notices. Entre ces couvertures, des vies désormais éteintes étaient résumées en quelques lignes d'une sèche neutralité. C'était un monde où les hommes étaient baronets, évêques, membres du Parlement, et les femmes, des épouses et des filles. Rien ne permettait de savoir si ces hommes appréciaient les rognons au petit déjeuner, qui ils aimaient ni la forme que donnait leur frayeur, le soir, une fois la bougie soufflée, aux silhouettes qui peuplaient l'obscurité. Absolument rien de personnel. Que trouvais-je donc alors de si émouvant dans les notices succinctes concernant la vie de ces défunts ? Uniquement le fait qu'ils avaient été un jour des humains, qu'ils avaient vécu, et que, aujourd'hui, ils étaient morts.

Cette lecture remuait quelque chose en moi. En moi, mais qui ne venait pas de moi. À lire ces listes, je sentais cette partie de mon être qui était déjà passée de l'autre côté se réveiller et me caresser.

Je n'ai jamais expliqué à personne la raison pour laquelle ces annuaires signifiaient tant pour moi ; je n'ai même jamais confié à quiconque que je les aimais. Mais mon père avait remarqué mon penchant, et chaque fois que des volumes de ce genre étaient vendus aux enchères, il faisait en sorte de les obtenir. C'est ainsi que tous les morts illustres de ce pays, sur de nombreuses générations, passaient tranquillement leur vie posthume sur les rayons de notre deuxième étage. Avec moi pour toute compagnie.

Ce fut donc au deuxième étage que, tassée sur la banquette dans l'embrasure de la fenêtre, je tournai les pages remplies de noms. J'avais trouvé le grand-père de Miss Winter, George Angelfield. Qui n'était ni baronet, ni membre du Parlement, ni évêque, mais avait tout de même droit à une notice. La famille était de souche aristocratique ; à une époque, il y avait eu un titre, mais quelques générations auparavant, la famille s'était scindée en deux : le titre était parti d'un côté, l'argent et le domaine de l'autre. Lui, George, était du côté du domaine. Les annuaires avaient tendance à privilégier les titres, mais, en l'occurrence, le lien entre les deux branches était suffisamment fort pour mériter une entrée. Il figurait donc sur les listes : Angelfield, George ; sa date de naissance ; résidant d'Angelfield, Oxfordshire ; marié à Mathilde Monnier, née à Reims, France ; un fils, Charles. Dont je suivis la trace dans les volumes consacrés aux années suivantes, pour finir par tomber, dans un annuaire daté de dix ans plus tard, sur un amendement : un fils, Charles ; une fille, Isabelle. Je continuai à feuilleter et trouvai bientôt la confirmation de la mort de George Angelfield, puis, en regardant à March, Roland, celle du mariage d'Isabelle.

Un moment, l'idée que j'étais allée jusque dans le Yorkshire pour entendre l'histoire de Miss Winter, alors que, tout ce temps, elle était là, dans les annuaires, à quelques mètres en dessous de mon lit m'amusa. Puis je me mis à réfléchir sérieusement. Que prouvait-elle, cette trace écrite ? Uniquement que des gens tels que George et Mathilde et leurs enfants, Charles et Isabelle, avaient existé. Rien ne permettait d'affirmer que Miss Winter ne les avait pas dénichés de la même manière que moi. Ces annuaires pouvaient se consulter dans toutes les bibliothèques du pays. L'accès était libre. Elle avait fort bien pu tomber par hasard sur une série de noms et de dates et tisser une histoire autour pour s'amuser.

Ces soupçons mis à part, j'avais un autre problème. Roland March était mort, et son décès marquait pour Isabelle la fin de son existence sur le papier. C'était un monde étrange que celui des annuaires. Dans la réalité, les familles se ramifiaient comme les arbres ; le sang, mélangé par les mariages, passait d'une génération à la suivante, élargissant toujours davantage le réseau des relations. Les titres, en revanche, se transmettaient d'un homme à un autre, et c'était cette progression étroite et linéaire que l'annuaire s'attachait à mettre en lumière. De chaque côté de la lignée détentrice du titre, il y avait quelques frères cadets, quelques neveux ou cousins suffisamment proches pour être pris dans le faisceau lumineux. Ceux qui auraient pu devenir lords ou baronets. Et, bien que cela ne fût pas précisé, ceux qui le pouvaient encore, à condition que les tragédies adéquates veuillent bien s'enchaîner. Mais au bout d'un certain nombre de ramifications de l'arbre généalogique, les noms débordaient des marges pour tomber dans le néant. Naufrages, épidémies et tremblements de terre auraient bien pu se liguer qu'ils n'auraient jamais ramené au premier plan ces cousins au troisième degré. Les annuaires avaient donc leurs limites. Ce qui se vérifiait dans le cas d'Isabelle. Elle était femme ; ses enfants étaient des filles ; son mari (qui n'était pas lord) était mort ; son père (qui ne l'était pas non plus) l'était aussi. Les registres ne les connaissaient plus, elle et ses enfants ; elles étaient tombées dans le vaste océan des anonymes, ceux dont la naissance, la mort et le mariage sont, comme leurs amours, leurs peurs et leurs préférences culinaires, trop insignifiantes pour passer à la postérité.

Charlie, lui, était un mâle. L'annuaire était assez bon, mais il s'en fallait de peu, pour l'inclure dans ses pages. Encore que l'obscurité de l'anonymat fût sur le point de l'engloutir lui aussi. Les renseignements étaient plus que succincts. Il s'appelait Charles Angelfield. Il était né. Avait vécu à Angelfield. N'était pas marié, ni mort. Telle était la somme des informations que me fournissaient mes sources.

Je sortis un volume après l'autre, sans rien trouver de plus que cette esquisse de vie. En ouvrant chaque nouveau tome, je me disais : C'est dans celui-là qu'on va le laisser tomber. Mais chaque année, il était encore là, toujours résidant d'Angelfield, toujours pas marié. Je repensai à ce que m'avait dit Miss Winter à propos de Charlie et de sa sœur, et me mordis les lèvres en songeant à ce que signifiait ce long célibat.

C'est alors que, au moment où il aurait dû approcher la cinquantaine, j'eus une surprise. Son nom, sa date de naissance, son lieu de résidence restaient inchangés, mais assortis cette fois d'une étrange abréviation que je n'avais jamais vue auparavant : « dlm ».

J'allai chercher dans la liste des abréviations.

Dlm : déclaré légalement mort.

Je revins à l'entrée concernant Charlie, sur laquelle je m'attardai un long moment, tout en plissant les yeux, comme si, à force de m'en pénétrer, j'arriverais à découvrir la clé du mystère dans le grain ou le filigrane même du papier.

Cette année-là, il avait été déclaré légalement mort. D'après ce que je compris, une déclaration de mort légale intervenait quand quelqu'un disparaissait et que, au bout d'un certain temps, sa famille, pour des questions d'héritage, était autorisée à faire comme s'il était mort, même en l'absence de preuve ou de corps. J'eus l'impression qu'il fallait avoir disparu depuis sept ans sans laisser de traces pour être déclaré mort, le décès pouvant intervenir à n'importe quel moment au cours de cette période. En revanche, la personne en question pouvait fort bien ne pas être décédée, mais simplement partie, perdue ou errant de par le monde, loin de tous ceux qui l'avaient connue. Morte au regard de la loi, mais pas dans la réalité. Quel genre de vie était-ce donc que celle qui pouvait s'achever de manière aussi vague et peu satisfaisante ? *Dlm !*

Je refermai l'annuaire, le remis à sa place sur le rayon, et descendis dans la boutique me préparer un chocolat.

« Que sais-tu des démarches légales qu'il faut entreprendre pour faire déclarer quelqu'un mort ? criai-je à mon père, tout en surveillant la casserole de lait sur le feu.

La réponse m'arriva :

« Ni plus ni moins que toi, j'imagine. »

Puis il s'encadra dans la porte et me tendit la carte écornée d'un de nos clients. « Voilà l'homme qui te renseignera. Professeur de droit à la retraite. Vit au pays de Galles maintenant, mais vient tous les étés fureter dans le magasin et faire un tour au bord du fleuve. Un type très agréable. Pourquoi ne pas lui écrire ? Tu pourrais en profiter pour lui demander s'il veut que je lui réserve le *Justitiæ naturalis principia*. »

Quand j'eus fini mon chocolat, je revins à l'annuaire pour essayer de trouver des renseignements complémentaires sur Roland March et sa famille. Son oncle avait été artiste peintre, et quand j'allai voir dans notre section histoire de l'art pour en savoir plus, j'appris que ses portraits – bien que jugés médiocres aujourd'hui – avaient été très en vogue à une époque. L'ouvrage de Mortimer, *Le Portrait provincial anglais*, contenait la reproduction d'un tableau de Lewis Anthony March à ses débuts, intitulé « Roland, neveu de l'artiste ». Curieuse sensation que de chercher dans les traits d'un garçon qui n'est pas encore arrivé à l'âge adulte ceux d'une vieille femme, sa fille. Pendant quelques minutes, j'examinai son visage sensuel et charnu, ses cheveux d'un blond lustré et son port de tête nonchalant.

Puis je refermai l'annuaire. J'étais en train de perdre mon temps. J'aurais beau y passer mes journées et mes nuits, je savais que je n'y trouverais pas trace des jumelles qu'il était censé avoir engendrées.

Dans les archives du *Banbury Herald*

Le lendemain, je pris le train pour Banbury, et me rendis dans les bureaux du journal local.

C'est un jeune homme qui m'emmena aux archives. Pour qui n'a guère eu affaire à ce genre d'endroit, le mot « archives » a de quoi impressionner ; quant à moi, qui y ai passé toutes mes vacances pendant des années, je ne fus guère surprise de me retrouver dans ce qui n'était, pour l'essentiel, qu'un grand placard en sous-sol et sans fenêtre.

« Un manoir détruit par un incendie à Angelfield, expliquai-je brièvement, il y a une soixantaine d'années. »

Le garçon me montra le rayon où étaient rangés les numéros de la période concernée.

« Je vais vous sortir les cartons, si vous voulez ?

« — Ajoutez-y les chroniques littéraires qui remontent à une quarantaine d'années, je ne connais pas les dates précises.

« — Les chroniques littéraires ? J'ignorais que le *Herald* ait jamais eu ce genre de rubrique. » Il déplaça son échelle, récupéra un autre ensemble de cartons qu'il déposa à côté du premier sur une longue table brillamment éclairée.

« Eh bien voilà », dit-il avec entrain, en me laissant à mon travail.

J'appris que l'incendie d'Angelfield avait sans doute été d'origine accidentelle. Il était courant à l'époque de faire des réserves de combustible, et c'est ce qui expliquait que le feu ait pris si vite et avec une telle violence. Il n'y avait personne dans la maison à l'exception des deux nièces du propriétaire, qui toutes deux avaient réussi à s'échapper, avant d'être hospitalisées. Le propriétaire lui-même était censément à l'étranger. (*Censément*... Le mot m'interpella. Je vérifiai rapidement les dates : six autres années devaient s'écouler avant le *dlm.*) L'article se terminait par quelques commentaires sur l'architecture de la maison, dont on précisait qu'elle était inhabitable en l'état.

Je pris tout cela en note et parcourus les gros titres des numéros suivants au cas où j'y trouverais d'autres informations, mais sans succès. J'écartai donc les journaux et me tournai vers les autres cartons.

« Dites-moi la vérité », avait-il dit. Ce fameux jeune homme au complet démodé qui avait interviewé Miss Winter pour le *Banbury Herald* quelque quarante ans plus tôt. Et dont elle n'avait jamais oublié les mots.

Aucune trace de l'interview. Rien même qui méritât l'appellation de chronique littéraire. Ce qui en tenait lieu consistait en quelques comptes rendus occasionnels rédigés sous la rubrique « Au plaisir du lecteur » par une certaine Miss Jenkinsop. À deux reprises, mon œil s'arrêta sur le nom de Miss Winter dans ces paragraphes. Miss Jenkinsop avait manifestement lu et apprécié ses romans, ses éloges étaient enthousiastes et pertinents, même si elle s'exprimait sans raffinement, mais il était clair qu'elle n'avait jamais rencontré l'auteur et tout aussi clair qu'elle n'était pas l'homme au complet marron.

Je refermai le dernier numéro et le repliai soigneusement dans son carton.

L'homme au complet marron était une invention pure et simple. Un moyen de me piéger. La mouche qui sert d'appât au pêcheur pour attirer le poisson. J'aurais dû m'y attendre. Mais sans doute la confirmation de l'existence de George et de Mathilde, de Charlie et d'Isabelle m'avait-elle rendue trop optimiste. Eux, du moins, avaient existé ; ce qui n'était pas le cas de l'homme au complet marron.

Je remis mon chapeau et mes gants et quittai les bureaux du *Banbury Herald.*

Tout en arpentant les rues hivernales à la recherche d'un café, je me souvins de la lettre que m'avait envoyée Miss Winter. Des mots utilisés par l'homme au complet marron, et de la manière dont ils avaient résonné sous les poutres de ma chambre mansardée. Et pourtant cet homme n'était que le produit de son imagination. Comment n'y avais-je pas pensé ? Après tout, c'était une raconteuse d'histoires. Une fabulatrice. Une menteuse. Et la prière qui m'avait tant émue – *Dites-moi la vérité* – émanait d'un homme qui n'existait même pas.

Je ne parvenais pas à m'expliquer l'amertume de ma déception.

Ruines

Je pris un car à Banbury.

« Angelfield ? dit le chauffeur. Non, Angelfield n'est pas desservi. En tout cas, pas encore. P't-être quand l'hôtel sera construit.

« — Parce qu'il y aura un hôtel ?

« — Y sont en train de raser une vieille ruine. Ça sera un hôtel de luxe. Y se pourrait bien qu'y ait un car après, pour le personnel, mais pour le moment, ce que vous avez de mieux à faire, c'est de descendre au pub The Hare and Hounds sur la route de Cheneys et de finir à pied. Un bon kilomètre, je dirais. »

Il n'y avait pas grand-chose à Angelfield. Une seule rue, dont la plaque en bois disait, avec une logique implacable, « The Street ». Je passai devant une douzaine de cottages qui allaient par deux. On remarquait bien de temps à autre un trait distinctif – un gros if, une balançoire, un banc de bois –, mais, pour l'essentiel, chaque habitation, avec son chaume soigneusement tressé, ses pignons blancs et le travail sans fioriture de ses briques était le reflet exact de sa voisine.

Les fenêtres des cottages donnaient sur des champs nettement séparés par des haies, et plantés d'arbres ici et là. Plus loin, on distinguait des moutons et des vaches, puis un bois très dense, au-delà duquel, d'après ma carte, se trouvait l'enclos des cerfs. Il n'y avait pas à proprement parler de trottoir dans The Street, mais c'était sans grande importance dans la mesure où il n'y avait pas non plus de circulation. De fait, je ne vis pas âme qui vive jusqu'à ce que je dépasse le dernier cottage et que j'arrive devant une épicerie qui faisait aussi bureau de poste.

Deux enfants en anorak jaune sortirent de la boutique et partirent en courant vers la route tandis que leur mère s'attardait devant la boîte aux lettres. Petite et blonde, elle se débattait avec ses enveloppes pour y coller des timbres sans faire tomber le journal coincé sous son bras. L'aîné des enfants, un garçon, s'étira pour mettre son papier de bonbon dans la poubelle fixée à un poteau au bord de la route. Il voulut prendre celui de sa sœur, qui refusa de le lui donner. « Non, non, j'y arrive toute seule ! » Elle se dressa sur la pointe des pieds et tendit le bras, passant outre aux protestations de son frère, puis lança le papier en direction de l'ouverture de la poubelle. Un coup de vent l'emporta de l'autre côté de la rue.

« J'te l'avais bien dit ! »

Les deux enfants se retournèrent, et ils s'élançaient déjà dans une nouvelle course quand ils me virent et s'arrêtèrent net. Deux franges blondes retombèrent au-dessus de deux paires d'yeux marron de forme identique, tandis que deux bouches s'arrondissaient de surprise. Pas des jumeaux, certes, mais presque. Je me baissai pour ramasser le papier et le leur tendis. La fille, qui était prête à le prendre, voulut s'avancer, mais son frère, plus prudent, tendit le bras pour l'en empêcher et appela : « M'man ! »

La jeune femme blonde avait observé la scène depuis la boîte aux lettres. « C'est bon, Tom. Laisse-la le prendre. » La petite me saisit le papier des mains sans me regarder. « Dites merci », cria la mère. Les enfants s'exécutèrent d'une toute petite voix, avant de me tourner le dos, tout heureux de pouvoir s'éloigner. Cette fois-ci, la mère souleva sa fille pour lui permettre d'atteindre la poubelle, non sans me regarder, moi et mon appareil photo, avec curiosité.

Angelfied n'était pas un endroit où je risquais de passer inaperçue.

Elle m'adressa un sourire réservé. « Bonne promenade », dit-elle, avant de se détourner pour suivre les enfants qui couraient déjà dans la rue en direction des cottages.

Je les regardai s'éloigner.

Les enfants se poursuivaient et virevoltaient l'un autour de l'autre, reliés par une corde invisible. Ils changeaient de direction à l'improviste, modifiant leur allure de manière imprévisible, dans une synchronie qui paraissait relever de la télépathie. Deux danseurs aux mouvements rythmés par la même musique intérieure, deux feuilles poussées par la même brise. Spectacle plein de mystère, et parfaitement familier. J'aurais aimé les observer plus longtemps, mais, craignant de les voir se retourner et me surprendre à les épier, je m'arrachai à cette scène et poursuivis ma route.

Au bout d'une centaine de mètres, j'aperçus les grilles près du pavillon d'entrée. Elles étaient non seulement fermées, mais soudées entre elles ainsi qu'au sol par le lierre qui s'entortillait autour des arabesques de la ferronnerie. Une arche en pierre blanchie, qui se découpait très haut au-dessus de la route, retombait sur les côtés pour former deux petites constructions d'une seule pièce dotées de fenêtres. Sur l'une d'elles était collée une feuille de papier. La lectrice impénitente que je suis ne sut résister, et je m'avançai dans l'herbe haute et mouillée pour la lire. Mais ce n'était qu'une notice fantôme. Le logo en couleur d'une entreprise de construction était encore visible, mais en dessous deux taches grisâtres tenaient lieu de paragraphes, avec, en guise de signature, une ombre légèrement plus sombre. Un texte écrit, manifestement, dont le sens avait été gommé par des mois de soleil.

Je me préparai à longer le mur d'enceinte à la recherche d'une entrée, mais j'avais à peine fait quelques pas que je tombai sur un petit portillon en bois retenu par un simple loquet. En une seconde, je me retrouvai à l'intérieur.

L'allée avait dû être gravillonnée à une époque, mais les graviers étaient maintenant à moitié recouverts de terre et d'une herbe rabougrie. Elle suivait une longue courbe qui menait à une chapelle en pierre jouxtée du porche d'un cimetière, avant de s'incurver dans l'autre sens, derrière un rideau d'arbres et d'arbustes qui bloquaient la vue. Les bords de chaque côté disparaissaient sous la végétation ; les branches de différents buissons se disputaient l'espace et, à leur pied, les mauvaises herbes envahissaient jusqu'au moindre recoin.

Je me dirigeai vers la chapelle. Reconstruite à l'époque victorienne, elle gardait la modestie de ses origines médiévales. Courte et bien découpée, sa flèche indiquait la direction du ciel, sans donner l'impression de vouloir le transpercer. L'église était située au sommet de la courbe gravillonnée ; tandis que je m'en approchais, mon œil quitta le porche du cimetière pour s'attarder sur la perspective qui s'ouvrait du côté opposé. À chacun de mes pas, la vue s'élargissait, jusqu'à ce qu'apparaisse enfin la structure de pierre pâle qu'était le manoir d'Angelfield ; je me figeai sur place.

La maison était bizarrement orientée. Quand on arrivait de l'allée, on tombait sur un angle, sans trop savoir où étaient le devant et l'arrière. Un peu comme si la demeure se rendait compte qu'il lui fallait accueillir ses visiteurs de face, mais qu'au dernier moment elle n'avait pu s'empêcher de se détourner pour regarder l'enclos des cerfs et les bois au bout des terrasses. Si bien que la maison ne vous recevait pas avec le sourire mais semblait d'emblée vous battre froid.

Cette impression de malaise était accentuée par le reste de son apparence. C'était une construction asymétrique. Trois grands pans en saillie, chacun de quatre étages, se détachaient du corps du bâtiment, leurs douze larges et hautes fenêtres offrant le seul équilibre et la seule harmonie dont pût s'enorgueillir la façade. Ailleurs, les fenêtres étaient distribuées au petit bonheur, il n'y en avait pas deux pareilles, et aucune n'était de niveau avec sa voisine, que ce fût horizontalement ou verticalement. Au-dessus du troisième étage, une balustrade s'efforçait d'unifier en un seul ensemble cette architecture disparate, mais en vain : ici et là, une pierre en saillie, un début d'avancée, une fenêtre malvenue réduisaient la tentative à néant ; et la balustrade s'interrompait, pour reprendre de l'autre côté de l'obstacle. Au-dessus, c'était la ligne brisée de la toiture, avec ses tours, ses tourelles, ses cheminées, couleur de miel.

Une ruine, m'avait-on dit. La pierre dorée semblait pourtant dans l'ensemble aussi propre et fraîche que le jour où elle était sortie de la carrière. Les dentelures des tourelles étaient certes un peu abîmées, la balustrade s'effritait par endroits, mais on pouvait difficilement parler de ruine. À voir ainsi la demeure, avec le ciel bleu en arrière-plan, les oiseaux qui tournaient au dessus des tours, et le tapis d'herbe qui l'entourait, je n'avais aucun mal à l'imaginer habitée.

Puis je mis mes lunettes, et je compris.

Les fenêtres n'avaient plus de carreaux, et les encadrements étaient pourris, quand ils n'avaient pas brûlé. Ce que j'avais pris pour des ombres au-dessus des fenêtres sur la droite de la façade étaient en fait des traces noires laissées par le feu. Et les oiseaux qui tournoyaient dans le ciel ne plongeaient pas derrière le bâtiment, mais à l'intérieur. Il n'y avait plus de toiture. La maison n'était plus qu'une coquille vide.

J'ôtai mes lunettes, et l'image revint d'une demeure de l'époque élisabéthaine, intacte. Aurait-on eu l'impression d'une sourde menace, avec un ciel couleur indigo et une lune brusquement voilée ? Peut-être. Mais sur ce fond bleu sans nuage, la scène était l'innocence même.

Une palissade bloquait l'allée. On y avait fixé un avis : DANGER. DÉFENSE D'ENTRER. À un endroit, deux planches étaient simplement emboîtées l'une dans l'autre, j'en déplaçai une et me glissai de l'autre côté, avant de la remettre en place derrière moi.

Contournant l'angle rébarbatif, j'arrivai sur le devant de la maison. Entre le premier et le deuxième pan en saillie, six larges marches peu élevées menaient à une double porte. De chaque côté des marches, un socle assez bas supportait un énorme chat sculpté dans un matériau sombre et poli. Leurs courbes étaient si bien imitées que, laissant courir mes doigts sur l'un d'eux, je m'attendais presque à rencontrer de la fourrure, et fus surprise par le contact froid et dur de la pierre.

C'est la fenêtre du rez-de-chaussée de la troisième avancée qui portait les traces de feu les plus visibles. Perchée sur un bloc de maçonnerie écroulé, j'étais assez grande pour voir à l'intérieur. Ce que j'aperçus fit naître en moi un profond malaise. Il y a quelque chose d'universel et d'immédiatement familier dans la notion de pièce d'habitation. Bien que ma chambre au-dessus de la boutique, ma chambre d'enfant dans l'appartement de mes parents et celle que j'occupais chez Miss Winter fussent toutes différentes, elles avaient malgré tout certains éléments en commun, reconnaissables par tous et en tout lieu. Même un campement temporaire offre quelque chose au-dessus de la tête pour protéger des intempéries, un espace où l'on peut entrer, se déplacer et d'où l'on peut ressortir, des indices qui permettent de distinguer l'intérieur de l'extérieur. Ici, il n'y avait rien de tout cela.

Des poutres s'étaient détachées, certaines à une extrémité seulement, si bien qu'elles barraient l'espace en diagonale, pour venir s'appuyer sur les monceaux de gravats, de bois de charpente et d'autres matériaux non identifiables accumulés sur le sol jusqu'au niveau de la fenêtre. De vieux nids d'oiseaux s'accrochaient dans les coins et les angles des murs. Les oiseaux avaient dû apporter des graines ; sous l'effet combiné de la neige, de la pluie et du soleil, des plantes envahissaient cette carcasse dévastée : je reconnus les branches brunies par l'hiver d'un buddleia, et des sureaux décharnés, qui montaient chercher la lumière. Tel un motif sur une tapisserie, le lierre grimpait à l'assaut des murs. Tendant le cou, je regardai en l'air, comme si j'étais plongée dans l'obscurité d'un tunnel. Quatre hauts murs étaient encore intacts, mais au lieu du plafond, je n'aperçus que quatre grosses poutres, irrégulièrement espacées, et au-delà le vide, puis, plus haut, à nouveau quelques poutres, et ainsi de suite sur trois niveaux. Au bout du tunnel, la lumière. Et le ciel.

Même un fantôme n'aurait pu survivre ici.

Il était presque impossible de croire qu'il y avait eu un jour dans cet endroit des tentures, des meubles, des tableaux, que des lustres avaient autrefois éclairé ce qui était maintenant illuminé par le soleil. Qu'avait-elle pu être, cette pièce ? Un salon, une salle de musique, une salle à manger ?

J'essayai de démêler la masse des matériaux encombrant la pièce. Au milieu de ces débris anonymes qui, un jour, avaient constitué un foyer, quelque chose arrêta mon regard, que j'avais d'abord pris pour une poutre à moitié effondrée, mais qui n'en avait pas l'épaisseur. C'était un montant de bois qui semblait avoir été fixé au mur. Puis j'en vis un autre, et un troisième. À intervalles réguliers, ces pièces de bois semblaient présenter des encoches permettant l'assemblage d'autres pièces à angle droit. Dans un angle, il restait même une structure à peu près complète.

Un frisson me parcourut le dos : j'avais devant moi des restes de rayonnages. Cet enchevêtrement de nature et d'architecture en ruine avait été une bibliothèque.

En un instant, j'avais franchi la fenêtre sans carreaux.

Je fis le tour de la pièce avec précaution, testant le sol à chaque pas. Je regardai dans les coins, scrutant l'obscurité, mais il n'y avait pas trace de livres. Non pas que je m'y sois attendue – aucun n'aurait pu survivre. Mais je tenais à vérifier.

Pendant quelques minutes, je me concentrai sur mes photos. Je pris des clichés des fenêtres vides, des planches qui avaient soutenu les livres, de la lourde porte en chêne dans son encadrement massif.

Essayant de trouver le meilleur angle pour la grande cheminée de pierre, je m'étais penchée en avant, puis légèrement de côté, quand, soudain, je m'arrêtai. Je déglutis et remarquai que mon cœur tout à coup s'était mis à battre plus vite. Avais-je entendu un bruit ? Ou senti quelque chose bouger sous mes pieds, dans la profondeur des gravats ? Non. Ce n'était rien. Il n'empêche que je me frayai précautionneusement un chemin jusqu'au bout de la salle, là où une brèche dans la maçonnerie ménageait un passage.

J'étais maintenant dans le grand hall d'entrée. C'était là que se trouvait la double porte que j'avais aperçue de l'extérieur. L'escalier en pierre était intact. Large envolée de marches, rampe et balustrade maintenant couvertes de lierre, mais lignes solides, toujours bien nettes : une courbe gracieuse évasée à la base en forme de coquille. Une sorte d'apostrophe de fantaisie, la tête en bas.

L'escalier menait à une galerie qui devait avoir occupé jadis toute la largeur du hall d'entrée. D'un côté ne restait plus que le bord hérissé d'un plancher donnant dans le vide. L'autre côté était presque intact. Restes d'une balustrade le long de la galerie, puis un couloir. Un plafond, taché, mais en bon état ; un parquet entier, et même des portes. C'était le premier endroit qui semblait avoir échappé à la destruction générale et aurait presque paru habitable.

Je pris quelques photos rapides, puis, tâtant chaque lame du pied avant de faire un pas, m'aventurai avec circonspection dans le couloir.

La première porte ouvrait sur le vide, avec pour décor les branches et le ciel bleu. Ni murs, ni plafond, ni plancher, simplement l'air frais de l'extérieur.

Je refermai la porte et continuai ma progression le long du corridor, décidée à ne pas me laisser décourager par les dangers que pouvait présenter l'endroit. Toujours à pas précautionneux, j'arrivai devant la deuxième porte. Je tournai la poignée et laissai le battant s'ouvrir de lui-même.

Un mouvement !

Ma sœur !

Je faillis faire un pas dans sa direction.

Faillis seulement.

Car j'avais compris. Mon reflet dans une glace. Assombrie par la saleté et piquée de taches d'un noir d'encre.

J'abaissai les yeux à l'endroit où j'avais été sur le point de marcher. Le vide, un à-pic de six mètres se terminant sur des dalles de pierre.

Je savais maintenant ce que j'avais vu, et pourtant mon cœur continuait à battre la chamade. Je relevai la tête, elle était là. Une enfant abandonnée au visage blême et aux yeux sombres, une silhouette floue et indistincte tremblant à l'intérieur du vieux cadre.

Elle m'avait vue. Elle s'est levée, la main tendue vers moi, l'air suppliant, comme si tout ce que j'avais à faire, c'était de m'avancer pour la prendre. Et ne serait-ce pas, tout compte fait, la meilleure solution, ce simple geste pour enfin la rejoindre ?

Combien de temps suis-je restée là, à la regarder m'attendre ?

« Non, ai-je murmuré, tandis qu'elle me faisait toujours signe du bras. Je regrette. » Lentement, son bras est retombé.

Puis elle a levé son appareil et pris une photo de moi.

J'étais désolée pour elle. Les photos dans une glace ne donnent jamais rien. Je le sais. J'ai déjà essayé.

J'avais maintenant la main sur la poignée de la troisième porte. La règle des trois, avait dit Miss Winter. Mais je n'étais plus d'humeur à écouter son histoire. Sa maison pleine de périls, avec sa pluie à l'intérieur et son miroir qui me jouait des tours, avait perdu pour moi tout intérêt.

J'allais quitter les lieux. Pour prendre des photos de l'église ?

Même pas. J'allais me rendre à l'épicerie du village. Téléphoner à un taxi qui m'emmènerait à la gare, et de là je rentrerais à la maison.

Voilà ce que j'allais faire. Mais, pour l'instant, je préférais attendre quelques minutes, la tête appuyée contre la porte, les doigts sur la poignée, indifférente à ce qu'il pouvait y avoir derrière, attendant que mes larmes sèchent et que se calment les battements de mon cœur.

J'attendis.

Puis, sous mes doigts, la poignée de la troisième porte se mit à tourner... toute seule.

Le gentil géant

Je courus.

Je sautai par-dessus les trous dans le plancher, dévalai les marches quatre à quatre, perdis l'équilibre et me retins *in extremis* à la rampe. J'agrippai une poignée de lierre, trébuchai, me rattrapai, me précipitai à nouveau en avant. La bibliothèque ? Non. De l'autre côté. Sous une arche. Des branches de sureau et de buddleia s'accrochaient à mes vêtements, et je faillis tomber à plusieurs reprises en dérapant dans les gravats.

Comme il fallait s'y attendre, je finis par m'étaler par terre, et un cri sauvage s'échappa de ma bouche.

« Mon Dieu, mon Dieu ! Je vous ai fait peur ? Ô mon Dieu. »

Je regardai derrière moi, au-delà de l'arche

Penché au-dessus de la balustrade de la galerie, je vis non pas le squelette ou le monstre de mon imagination, mais un géant. Qui descendit l'escalier avec une certaine légèreté et enjamba délicatement les gravats pour arriver jusqu'à moi. Une terrible inquiétude se lisait sur son visage

« Seigneur ! »

Il devait faire plus d'un mètre quatre-vingt-dix, et était tellement large d'épaules que la maison sembla soudain se rétrécir.

« Je ne voulais pas... Voyez-vous, j'ai simplement cru... Comme vous étiez ici depuis un certain temps, et... Mais peu importe. Dites-moi, vous êtes blessée ? »

J'avais l'impression d'être toute petite. Mais en dépit de ses proportions hors normes, cet homme avait lui aussi quelque chose d'un enfant. Un visage rond de chérubin, trop rebondi pour laisser apparaître des rides, et une couronne de boucles d'un blond argenté ceignant un crâne dégarni. Ses yeux, aussi ronds que la monture de ses lunettes et d'une transparence bleutée, étaient bienveillants.

Je devais avoir l'air groggy, et pâle aussi peut-être. Il s'agenouilla à côté de moi et me prit le poignet.

« Sapristi, quelle chute, mais quelle chute ! Si seulement j'avais... Je n'aurais jamais dû... Pouls un peu rapide. Hum. »

Mon tibia me cuisait. Je tendis la main pour la passer dans mon pantalon déchiré au niveau du genou, et la retirai les doigts pleins de sang.

« Mon Dieu, mon Dieu. C'est la jambe, hein ? Elle est cassée ? Vous pouvez la bouger ? » Je remuai le pied, et une expression soulagée se lut sur son visage.

« Dieu merci. Je ne me le serais jamais pardonné. Restez ici pendant que je... Je vais juste chercher... J'en ai pour une minute. » Et le voilà parti, dansant délicatement au-dessus des morceaux de bois aux bords déchiquetés, puis sautillant pour gravir l'escalier, tandis que la partie supérieure de son corps se déplaçait avec une aisance sereine, comme si elle n'avait rien eu à voir avec les mouvements compliqués des pieds qui s'agitaient au-dessous d'elle.

Je pris une profonde inspiration et attendis.

« J'ai mis la bouilloire à chauffer », annonça-t-il en revenant. De la trousse d'urgence, blanche avec une croix rouge, qu'il avait avec lui, il sortit un flacon d'eau oxygénée et une bande de gaze.

« J'ai toujours dit que quelqu'un finirait par se blesser dans cet endroit. La trousse, je l'ai depuis des années. Mieux vaut prévenir que guérir, pas vrai ? Mon Dieu, mon Dieu ! » Il eut une grimace de douleur en appuyant la gaze imbibée sur la coupure que je m'étais faite au tibia. « Allez, on va être forte, pas vrai ?

« — Vous avez l'électricité, ici ? demandai-je, ébahie.

« — L'électricité ? Mais c'est une ruine ! » Il me regarda, stupéfait, comme si une commotion consécutive à ma chute avait pu me faire perdre la raison.

« J'ai cru vous entendre dire que vous aviez mis une bouilloire à chauffer.

« — Ah, je vois ! Non ! J'ai un réchaud de camping. J'avais même une bouteille Thermos avant, mais... (Avec un froncement de nez.) Le thé dans une Thermos, ce n'est pas très bon, pas vrai ? Est-ce que ça pique beaucoup ?

« — Un peu.

« — Voilà une grande fille. Une sacrée chute quand même. Alors, le thé... sucre et citron, ça ira ? Je n'ai pas de lait, malheureusement. Pas de frigo.

« — Du citron, ce sera parfait.

« — Bien. Maintenant, on va vous installer confortablement. Puisque la pluie s'est arrêtée, on va prendre le thé dehors, d'accord ? » Il se dirigea vers la grande porte d'entrée à deux battants, qu'il déverrouilla. Elle s'ouvrit avec un grincement plus faible que ce à quoi on se serait attendu, et je tentai de me redresser.

« Surtout, ne bougez pas ! »

Le géant revint vers moi, toujours de son pas dansant, et se pencha pour me prendre dans ses bras. Je me sentis soulevée dans les airs et transportée en douceur à l'extérieur. Il m'assit de côté sur le dos d'un des gros chats noirs que j'avais admirés une heure plus tôt.

« Vous m'attendez ici, et à mon retour nous prendrons une bonne tasse de thé ensemble », dit-il avant de rentrer dans la maison. Son énorme dos glissa le long de l'escalier et disparut à l'entrée du couloir dans la troisième pièce.

« Confortable ? »

Je fis oui de la tête.

« Merveilleux. » Il sourit, comme si effectivement ce moment était merveilleux. « Bien, passons aux présentations. Mon nom est Love. Aurelius Alphonse Love. Appelez-moi Aurelius, je vous en prie, me dit-il, le regard plein d'attente.

« — Margaret Lea.

« — Margaret, répéta-t-il, avec un grand sourire. Splendide. Absolument splendide. Et maintenant, vous allez manger. »

Entre les oreilles du gros chat noir, il avait déplié une serviette, un coin après l'autre. À l'intérieur se trouvait une généreuse part d'un gâteau foncé et légèrement gluant. Je mordis dedans. Le gâteau idéal pour une journée froide : parfumé au gingembre, sucré mais fort. Mon hôte versa le thé dans deux jolies tasses en porcelaine. Il me tendit un bol rempli de morceaux de sucre, puis il sortit de sa poche de poitrine un petit sac en velours bleu qu'il ouvrit. Sur le velours reposait une cuiller en argent dont le manche était orné d'un A allongé qui avait la forme d'un ange stylisé. Je la pris, tournai mon thé, avant de la lui rendre

Tandis que je mangeais et buvais, l'homme s'assit sur le second chat, qui prit tout à coup l'air mutin d'un chaton sous son imposant tour de taille. Il mangeait en silence, proprement et avec beaucoup de concentration, tout en me regardant manger, moi aussi, soucieux de me voir apprécier son gâteau.

« C'était délicieux, dis-je. Fait maison, je suppose ? »

Les deux chats étaient à environ trois mètres l'un de l'autre, et il nous fallait élever légèrement la voix pour nous parler, ce qui donnait à la conversation une allure un rien théâtrale, comme s'il s'agissait d'une représentation. Et, de fait, nous avions bel et bien un auditoire. Dans la lumière délavée par la pluie, à l'orée du bois, un cerf, immobile, nous regardait avec curiosité. Sans ciller, tous ses sens en éveil, narines frémissantes. Voyant que je l'avais aperçu, loin de s'enfuir, il décida au contraire qu'il n'avait aucune raison d'avoir peur.

Mon compagnon s'essuya les doigts sur sa serviette, avant de la secouer et de la replier en quatre. « Ça vous a plu alors ? C'est Mrs Love qui m'a donné la recette. Je fais ce gâteau depuis que je suis tout petit. Mrs Love était une merveilleuse cuisinière. Une merveilleuse femme, pour tout dire. Bien sûr, elle n'est plus des nôtres désormais. Un bel âge pour mourir... Encore que... on aurait pu espérer... Mais le destin l'a voulu ainsi.

« — Je vois », dis-je, bien que rien ne fût moins sûr. Mrs Love était-elle sa femme ? Mais il avait dit qu'il faisait son gâteau depuis son plus jeune âge. Sa mère ? Impossible, il ne l'aurait pas appelée Mrs Love. Deux choses étaient claires, cependant : il l'avait aimée, et elle était morte. « Je suis désolée », dis-je.

Il accepta mes condoléances d'un air triste, puis son visage s'illumina. « Mais c'est un hommage adéquat, vous ne trouvez pas ? Le gâteau, j'entends.

« — Certainement. C'était il y a longtemps ? Que vous l'avez perdue ?

« — Presque vingt ans, dit-il au bout d'un instant de réflexion. Pourtant j'ai l'impression que c'est beaucoup plus ancien. Ou le contraire. Ça dépend de la façon dont on voit les choses. »

Je hochai la tête, sans être plus avancée.

Pendant quelques minutes, nous restâmes sans rien dire. Je regardai en direction de l'enclos. D'autres cerfs émergeaient à l'orée du bois, avant de traverser le parc dans la lumière du soleil. Ma jambe me cuisait moins. Je me sentais mieux.

« Dites-moi..., commença l'étranger, et je devinai qu'il lui avait fallu rassembler tout son courage pour me poser cette question. Vous avez une mère ? »

Je sursautai. Il est rare que les gens m'accordent leur attention assez longtemps pour me poser des questions de ce genre.

« Ça vous dérange ? reprit-il devant mon silence. Pardonnez-moi de vous demander ça, mais... Comment dire... La famille est un sujet qui... Mais si vous préférez ne pas répondre... Je suis désolé.

« — Non, non, c'est bon, dis-je lentement. Ça ne me gêne pas du tout. »

Et c'était vrai. C'était peut-être la conséquence des émotions que je venais de connaître, ou l'influence de ce décor étrange, mais il me semblait que tout ce que je pourrais dire de moi en cet endroit, à cet homme, y resterait pour toujours, ne se répandrait nulle part ailleurs, n'aurait aucune suite. C'est pourquoi je répondis à sa question : « Oui, j'ai une mère.

« — Une mère ! Comment... Ah, comment... » Une expression où une intense tristesse le disputait à la nostalgie lui emplit les yeux. « Quoi de plus beau que d'avoir une mère ! » finit-il par s'exclamer. C'était manifestement une invitation à en dire plus.

« Ainsi, vous, vous n'en avez pas ? » demandai-je.

Une grimace lui déforma le visage.

« Malheureusement... J'ai toujours voulu... Ou un père, d'ailleurs. Même des frères ou des sœurs... Quelqu'un qui m'appartienne pour de bon. Quand j'étais enfant, je m'amusais à faire semblant. Je me créais une famille au grand complet. Plusieurs générations ! De quoi rire, vraiment ! » Rien dans son visage pourtant ne prêtait à rire. « Mais quant à une vraie mère... Une mère en chair et en os, qu'on peut voir et toucher... Bien sûr, tout le monde a une mère, pas vrai ? Je le sais bien. La question est de savoir qui elle est. Et j'ai toujours espéré qu'un jour... Car il n'y a rien de perdu, n'est-ce pas ? Et c'est pourquoi je n'ai pas renoncé à l'espoir...

« — Ah.

« — C'est une chose bien triste, dit-il avec un haussement d'épaules qui se voulait désinvolte mais ne l'était pas. J'aurais aimé avoir une mère.

« — Mr Love...

« — Aurelius, je vous en prie.

« — Aurelius. Vous savez, avec une mère, les choses ne sont pas toujours aussi agréables qu'on pourrait le croire.

« — Ah, bon ? fit-il, sur le ton de celui à qui l'on vient de faire une révélation, avant de me regarder, le sourcil froncé. Des disputes ?

« — Pas vraiment.

« — Des malentendus ? »

Je secouai la tête.

« Pire que ça ? » Il était abasourdi. Il chercha la nature du problème dans le ciel, les bois, et, pour finir, dans mes yeux.

« Des secrets, lui dis-je.

« — Des secrets ! » Il me fit des yeux parfaitement ronds. Il secoua la tête, perplexe, tâchant de comprendre ce que j'entendais par là. « Pardonnez-moi, finit-il par dire. Je ne sais pas comment vous aider. J'ai si peu l'habitude de la famille. Mon ignorance est gigantesque. Je suis désolé pour les secrets. Je suis sûr que vous avez vos raisons pour réagir comme ça. »

Le regard plein de compassion, il me tendit un mouchoir blanc soigneusement plié.

« Je suis désolée, dis-je. Ce doit être la réaction à la chute.

« — Sans doute. »

Tandis que je me séchais les yeux, il tourna la tête en direction de l'enclos. Le ciel s'assombrissait peu à peu. Je suivis son regard et aperçus une luisance blanche : la robe pâle d'un cerf bondissant avec légèreté sous le couvert des arbres.

« Vous savez, j'ai cru que vous étiez un fantôme, lui dis-je. Quand j'ai senti tourner la poignée de la porte. Ou un squelette.

« — Un squelette ! Moi ! Un squelette ! » Il s'esclaffa, et son corps tout entier sembla secoué par la gaieté.

« Mais il s'est trouvé que vous étiez un géant.

« — Tout à fait ! Un géant. » Il effaça le rire de ses yeux et ajouta : « Il y a un fantôme, ici, vous savez – ou du moins c'est ce qu'on dit. »

Je sais, faillis-je répondre, *je l'ai vu,* mais bien sûr ce n'était pas de mon fantôme qu'il parlait.

« Vous l'avez vu, ce fantôme ?

« — Non, dit-il en soupirant. Pas l'ombre d'un fantôme. »

Nous restâmes un moment sans mot dire, chacun de nous en compagnie de ses propres fantômes.

« Ça se rafraîchit, fis-je remarquer.

« — Et votre jambe, ça va ?

« — Je crois que oui, dis-je, en me laissant glisser du chat pour prendre appui dessus. Oui, ça va beaucoup mieux.

« — Magnifique ! Magnifique ! »

Nos voix n'étaient plus qu'un murmure dans la lumière adoucie.

« Qui était exactement Mrs Love ?

« — La dame qui m'a recueilli. Elle m'a donné son nom. Et son livre de recettes. En fait, elle m'a tout donné. »

Je hochai la tête.

Puis je ramassai mon appareil. « Je vais devoir y aller. Il faudrait que je prenne quelques photos de l'église avant que la lumière s'éteigne tout à fait. Merci infiniment pour le thé.

« — Je dois partir moi aussi dans quelques minutes. J'ai été vraiment ravi de vous rencontrer, Margaret. Est-ce que vous reviendrez ?

« — Vous n'habitez tout de même pas ici ? » demandai-je.

Il rit. Un rire sombre, riche et moelleux, comme son gâteau.

« Dieu merci, non. J'ai une maison par là-bas, dit-il en désignant les bois. Je viens ici l'après-midi. Pour... disons, mes moments de méditation.

« — Ils ne vont pas tarder à tout raser. Vous êtes au courant ?

« — Oui, oui, dit-il, en caressant le chat d'un air absent. C'est une honte, vous ne croyez pas ? L'endroit me manquera. Pour tout vous dire, j'ai cru que vous aviez quelque chose à voir avec les travaux quand je vous ai entendue. Un maître d'œuvre ou quelqu'un du même genre. Mais ce n'est pas le cas.

« — Non, absolument pas. J'écris un livre sur une personne qui a vécu ici.

« — Les filles Angelfield ?

« — Oui. »

Aurelius hocha la tête d'un air songeur.

« Elles étaient jumelles, vous savez. Vous vous rendez compte ? » Un moment, son regard se perdit dans le lointain.

« Vous reviendrez, Margaret ? reprit-il, tandis que je m'emparais de mon sac.

« — Il le faudra, de toute façon. »

Il fouilla dans sa poche, d'où il sortit une carte. *Aurelius Love. Traiteur, cuisine anglaise traditionnelle, mariages, baptêmes et réceptions.* Il pointa du doigt l'adresse et le numéro de téléphone. « Téléphonez-moi. Il faut que vous veniez au cottage, et je vous traiterai en hôte de marque. »

Avant que nous nous séparions, Aurelius me saisit la main et la tapota d'un geste protecteur un peu désuet. Puis sa silhouette massive glissa avec grâce en haut de la large volée de marches, et il referma les lourds battants derrière lui.

Lentement, je redescendis l'allée jusqu'à l'église, pensant à l'étranger que je venais de rencontrer – et dont je m'étais fait un ami. Ce qui n'était vraiment pas dans mes habitudes. Et, en passant sous le porche d'entrée du cimetière, je me fis la réflexion que l'étrangère, c'était peut-être moi. Était-ce un effet de mon imagination, ou bien, depuis ma rencontre avec Miss Winter, n'étais-je plus tout à fait la même ?

Tombes

J'avais trop tardé, les photos ne donneraient rien. Je me rabattis sur mon bloc-notes pour ma promenade dans le cimetière. Angelfield était une communauté ancienne, mais de petite taille, et les tombes étaient peu nombreuses. Je trouvai John Digence, *Rappelé dans le jardin du Seigneur*, et une femme, Martha Dunne, *Loyale servante de notre Seigneur*, dont les dates correspondaient d'assez près à celles de la gouvernante. Je recopiai noms, dates et inscriptions dans mon carnet. Sur l'une des tombes, il y avait des fleurs fraîches, un bouquet coloré de chrysanthèmes orange, et je m'approchai pour savoir qui était la personne dont on se souvenait avec tant de chaleur. *Joan Mary Love, À jamais dans nos cœurs.*

J'eus beau chercher, je ne trouvai nulle part le nom des Angelfield. Mais cela ne m'inquiéta pas longtemps. La famille n'était certainement pas enterrée avec le commun des mortels. Leurs tombes, plus imposantes, devaient se distinguer par des effigies, et de longs panégyriques gravés sur leurs plaques de marbre. Elles se trouvaient sans doute à l'intérieur, dans la chapelle.

Celle-ci était très sombre. Les fenêtres à l'ancienne, étroits panneaux verdâtres pris dans un solide bâti d'arcs en pierre, dispensaient une lumière sépulcrale sur la pierre pâle des colonnes et des arches, les voûtes blanchies entre les poutres noires du toit et le bois lisse et poli des bancs. Une fois habituée à l'obscurité, j'essayai de distinguer les plaques et les monuments commémoratifs dans la minuscule chapelle. Les Angelfield morts depuis des siècles avaient tous ici leur épitaphe, panégyriques volubiles et gravés à grands frais dans un marbre de prix. Je me dis que je reviendrais un autre jour pour déchiffrer les traces laissées par ces premières générations ; aujourd'hui, je ne cherchais que quelques noms bien précis.

Avec la mort de George Angelfield, la volubilité de la famille s'était éteinte. Charlie et Isabelle – car c'étaient vraisemblablement eux qui en avaient décidé ainsi – ne semblaient pas s'être donné beaucoup de peine pour résumer la vie et la mort de leur père à l'intention des générations à venir. *Délivré des souffrances de ce monde, il est désormais avec son Sauveur*, tel était le message laconique de la pierre tombale. Le rôle d'Isabelle en ce monde et son départ étaient résumés, eux aussi, dans les termes les plus conventionnels : *Mère et sœur comblée d'amour, elle est partie pour un monde meilleur.* Mais je recopiai malgré tout l'épitaphe dans mon carnet, et me livrai à un rapide calcul. Plus jeune que moi à sa mort ! Plus âgée, certes, que son mari, mais tout de même bien jeune pour mourir.

Je faillis ne pas voir la tombe de Charlie. Après avoir passé en revue toutes les autres stèles de la chapelle, j'allais renoncer quand mon œil tomba sur une petite plaque noire. Si petite et si noire qu'elle semblait être faite pour passer inaperçue, désignée pour l'insignifiance. Il n'y avait pas de feuille d'or pour rehausser les lettres, si bien que, incapable de les déchiffrer telles quelles, je levai la main pour suivre l'inscription du bout des doigts, comme si c'était du braille, un mot à la fois.

Charlie Angelfield
Il est parti dans la nuit obscure
Nous ne le reverrons plus jamais

Pas de dates.

Je fus parcourue d'un frisson. Qui avait donc choisi ces mots ? Vida Winter ? Et comment fallait-il les lire ? La formulation n'était pas dépourvue d'une certaine ambiguïté. Était-ce le chagrin de la séparation qui s'exprimait là ? Ou l'adieu jubilatoire des survivants à une crapule ?

En quittant l'église et en redescendant lentement l'allée gravillonnée jusqu'aux grilles de l'entrée, je sentis, mais à peine tant il était léger, un regard rivé sur mon dos. Aurelius était parti, qui cela pouvait-il être ? Le fantôme des Angelfield peut-être ? Ou la maison elle-même, qui me regardait de ses yeux brûlés ? Sans doute un cerf, tout simplement, qui, invisible, m'observait depuis l'ombre du bois.

« Quel dommage, me dit mon père ce soir-là dans la boutique, que tu ne puisses venir passer quelques heures à la maison.

« — Mais j'y suis, à la maison », protestai-je, feignant l'ignorance. Je savais que c'était à ma mère qu'il pensait. La vérité était que je ne supportais pas sa jovialité qui sonnait creux, ni la pâleur immaculée de son environnement. Je vivais parmi les ombres, m'étais accommodée de ma douleur, et, chez ma mère, je savais que mon chagrin n'était pas le bienvenu. Elle aurait sans doute aimé une fille causante et enjouée, dont la bonne humeur l'aurait aidée à chasser ses propres peurs. Les choses étant ce qu'elles étaient, elle craignait mes silences. Je préférais donc m'abstenir.

« J'ai si peu de temps, expliquai-je. Miss Winter tient à ce que nous avancions au plus vite. Et puis, il n'y a plus que quelques semaines avant Noël. Je reviendrai à ce moment-là.

« — Oui, dit-il. Noël sera bientôt là. »

Il semblait triste et soucieux. Je savais que la source de ses préoccupations, c'était moi, et je regrettai de ne rien pouvoir faire.

« J'ai sorti quelques livres pour les emporter chez Miss Winter. Je l'ai noté sur les cartes de l'index.

« — C'est bien. Pas de problème. »

Cette nuit-là, une pression sur le bord du lit me tire de mon sommeil. Le contact anguleux d'un os sur ma chair à travers les draps et les couvertures.

C'est elle ! Elle est venue me chercher, enfin !

Tout ce que j'ai à faire, c'est ouvrir les yeux et la regarder. Mais la peur me paralyse. À quoi va-t-elle ressembler ? Grande et maigre, avec des yeux foncés, comme moi ? Ou bien – et c'est cela que je redoute – sort-elle tout droit de la tombe ? Quelle est cette chose horrible à laquelle je m'apprête à m'attacher, à me rattacher ?

Ma peur s'évanouit.

Je suis réveillée.

Plus de pression à travers les couvertures, une simple illusion du demi-sommeil. Je ne saurais dire si je suis soulagée ou déçue.

Je me levai, remballai mes affaires, et dans l'aube blême de l'hiver marchai jusqu'à la gare pour prendre le premier train en direction du nord.

MILIEUX

L'arrivée d'Hester

Quand je quittai le Yorkshire, novembre battait son plein ; quand j'y revins, il était sur le point de rendre l'âme, tout près de basculer dans décembre.

Décembre me donne des maux de tête et diminue mon appétit, qui n'est déjà pas gros en temps ordinaire. J'ai du mal à me concentrer quand je lis. La nuit, l'obscurité humide et froide m'empêche de dormir. Il y a une horloge en moi qui se déclenche le 1er décembre, mesurant les jours, les heures et les minutes, jusqu'à un jour bien précis, l'anniversaire marquant le moment où ma vie s'est faite pour se défaire aussitôt : celui de ma naissance. Non, je n'aime pas décembre.

Cette année-là, le temps aggrava encore cette tendance à la dépression. Un ciel lourd pesait comme un couvercle sur la maison, nous condamnant à un éternel crépuscule. À mon retour, je trouvai Judith courant d'une pièce à l'autre pour récupérer dans les chambres d'amis jamais utilisées lampes de bureau et de chevet afin de les répartir dans la bibliothèque, le salon et les pièces mises à ma disposition. N'importe quoi pour faire reculer la grisaille tapie dans le moindre recoin, sous les chaises, dans les plis des rideaux et ceux des fauteuils.

Miss Winter ne posa aucune question sur mon absence, pas plus qu'elle ne m'informa de l'évolution de son mal ; mais même après un laps de temps aussi court, son déclin était patent. Les châles en cachemire tombaient en plis vides autour de ses formes amaigries et, à ses doigts, rubis et émeraudes semblaient avoir grossi, tant ses mains étaient décharnées. La fine ligne blanche visible dans la raie sur son crâne avant mon départ s'était élargie ; elle progressait le long de chaque cheveu, en éclaircissant l'orange métallique originel. Mais en dépit de sa fragilité physique, elle semblait pleine d'une force, d'une énergie qui prenaient le pas sur l'âge et la maladie, et la faisaient paraître indestructible. Dès que je me présentai dans la pièce, et presque avant que j'aie eu le temps de m'asseoir et de sortir mon carnet, elle commença à parler, reprenant l'histoire là où elle l'avait laissée, comme si celle-ci menaçait de déborder et n'aurait su être plus longtemps contenue.

*

Isabelle partie, le village se sentit dans l'obligation de faire quelque chose pour les enfants. Elles avaient treize ans ; elles étaient trop jeunes pour être livrées à elles-mêmes ; elles avaient besoin de la présence d'une femme. Sans doute aurait-il convenu de les envoyer à l'école. Mais quel établissement aurait été prêt à accepter des élèves pareilles ? Quand on vit que cette solution n'était pas viable, on décida de faire appel à une gouvernante, une vraie institutrice.

On la chercha, et on la trouva. Elle s'appelait Hester. Hester Barrow. Le nom n'était pas très joli, mais la personne ne l'était pas non plus.

Ce fut le docteur Maudsley qui s'occupa de tout. Charlie, enfermé dans son chagrin, était à peine conscient de ce qui se passait, et John-the-Dig et la Missis, en tant que simples domestiques, ne furent pas consultés. Le médecin contacta Mr Lomax, l'avoué de la famille, et à eux deux, avec l'aide du banquier, ils prirent toutes les dispositions nécessaires ; et l'affaire fut conclue.

Impuissants, passifs, nous attendions tous avec impatience, chacun en proie à ses propres émotions. La Missis était partagée. Instinctivement, elle ne voyait pas d'un bon œil cette étrangère qui s'apprêtait à envahir son territoire. Qui plus est, elle craignait d'être prise en défaut – si elle s'occupait de tout depuis des années, elle n'en connaissait pas moins ses limites. D'un autre côté, elle nourrissait quelque espoir. La nouvelle venue réussirait peut-être à inculquer aux enfants le sens de la discipline, et à ramener dans la maison le bon sens et les bonnes manières. De fait, si grand était son désir de voir s'installer une vie domestique calme et bien réglée que, dans la perspective de l'arrivée de la gouvernante, elle se mit à donner des ordres, comme si nous étions le genre d'enfants à obéir. Inutile de dire que ses injonctions restèrent sans effet.

Les sentiments de John-the-Dig étaient moins partagés ; de fait, ils étaient franchement hostiles. Il refusait de se laisser entraîner dans les longues spéculations de la Missis sur une éventuelle amélioration de la situation et d'encourager, en lui opposant un silence glacial, l'optimisme qui commençait à s'enraciner dans le cœur de sa compagne. « Si c'est la bonne personne... », disait-elle, ou « Qui sait, les choses peuvent très bien tourner... », mais lui regardait obstinément dehors par la fenêtre de la cuisine, sans dire un mot. Quand le médecin lui suggéra de prendre le coupé pour aller chercher la nouvelle gouvernante à la gare, il se montra grossier : « J'ai pas le temps d'aller courir la campagne pour ramener une foutue institutrice », répliqua-t-il, et le médecin se vit contraint de s'acquitter lui-même de la tâche. Depuis l'incident du jardin topiaire, John n'était plus le même, et à présent, avec l'imminence de ce nouveau changement, il passait des heures tout seul à ruminer ses craintes et ses inquiétudes pour l'avenir. Cette arrivée signifiait l'intrusion d'une nouvelle paire d'yeux, d'une nouvelle paire d'oreilles dans une maison où, depuis des années, personne ne regardait ni n'écoutait plus. John-the-Dig, habitué qu'il était aux secrets, subodorait les pires ennuis.

Chacun à notre manière, nous nous sentions abattus. Sauf Charlie. Quand arriva le jour J, seul Charlie était tel qu'en lui-même. Enfermé, hors de notre vue, il n'en faisait pas moins sentir sa présence au moyen du fracas et des tremblements qui secouaient la maison de temps à autre, vacarme auquel nous étions habitués depuis si longtemps que nous n'y prêtions plus guère attention. L'homme regrettait toujours Isabelle, et avait perdu toute notion du temps ; l'arrivée d'une préceptrice ne signifiait rien pour lui.

Ce matin-là, nous promenions notre ennui dans une des pièces de devant au premier étage. On aurait pu parler d'une chambre, si le lit avait été visible sous le fatras qui s'était accumulé là au fil des décennies. Emmeline s'affairait à tirer avec ses ongles les fils d'argent brodés dans les motifs des rideaux. Quand elle réussissait à en libérer un, elle le glissait subrepticement dans sa poche, prête à l'ajouter plus tard au trésor caché sous son lit. Mais elle n'arrivait pas à rester concentrée. Quelqu'un allait arriver, et, qu'elle sût ou non ce que cela signifiait, elle avait été contaminée par l'atmosphère d'attente qui régnait dans la maison.

Emmeline fut la première à entendre le coupé. Depuis la fenêtre, nous vîmes la nouvelle arrivante descendre de voiture, lisser les plis de sa jupe de deux coups de main rapides, et regarder autour d'elle. D'abord, la porte d'entrée, puis à sa gauche, à sa droite, enfin – je reculai d'un bond – en l'air. Elle nous prit peut-être pour un reflet du soleil dans une vitre ou un rideau soulevé par la brise entrant par un carreau cassé. Quoi qu'elle ait vu, ce ne pouvait pas être nous.

Nous eûmes, en revanche, tout loisir de la détailler, grâce au trou que venait de faire Emmeline dans le rideau. Nous étions perplexes. Hester était de taille moyenne. De corpulence moyenne. Ses cheveux n'étaient ni bruns ni blonds. Sa peau, de même. Manteau, chaussures, robe, chapeau : tout était de la même nuance indistincte. Son visage était dépourvu de traits marquants. Et pourtant, nous continuions à la regarder. Jusqu'à en avoir les yeux exorbités. Chaque pore de son petit visage quelconque était bien visible. Quelque chose brillait dans ses vêtements et ses cheveux. Quelque chose de spécial émanait de ses bagages. Illuminait toute sa personne, comme une ampoule électrique. Oui, quelque chose qui lui donnait une allure exotique.

De quoi pouvait-il bien s'agir ? Nous n'en avions pas la moindre idée. Nous n'avions jamais imaginé quoi que ce soit de comparable auparavant.

Mais nous ne devions pas tarder à comprendre.

Hester était propre. Récurée, savonnée, rincée, fourbie, astiquée de partout.

Vous imaginez sans peine ce qu'elle a dû penser d'Angelfield.

Elle n'était pas dans la maison depuis un quart d'heure qu'elle nous faisait appeler par la Missis. Nous fîmes comme si de rien n'était et attendîmes. Nous attendîmes longtemps, mais rien ne se passa. C'est là qu'elle nous a possédées pour la première fois. Si seulement nous l'avions compris ! À quoi bon toutes ces ruses pour rester introuvables si elle ne se mettait pas à notre recherche ? Or, elle ne fit aucune tentative dans ce sens. Nous continuâmes à traîner dans la chambre, de plus en plus désœuvrées, puis rongées par la curiosité qui s'insinuait en nous en dépit de notre résistance. Nous prêtâmes l'oreille aux bruits du rez-de-chaussée : la voix de John-the-Dig, des meubles que l'on déplaçait, des coups et des chocs. Puis tout redevint silencieux. À l'heure du déjeuner, on nous appela, ce qui ne nous fit pas bouger davantage. À six heures, la Missis nous appela à nouveau : « Allons, les enfants, venez dîner avec la nouvelle gouvernante. » Toujours sans résultat. Personne ne vint nous chercher. Commença alors à se faire jour en nous le sentiment que la nouvelle venue représentait une force avec laquelle il allait falloir compter.

Un peu plus tard, les occupants de la maison se préparèrent manifestement à monter dans leurs chambres. Bruits de pas dans l'escalier, la Missis disant : « J'espère que ce sera assez confortable, miss », puis la voix de cette dernière, une voix de fer enveloppée de velours : « Je n'en doute pas un instant, Mrs Dunne. Merci pour tout le dérangement.

« — À propos des filles, Miss Barrow...

« — Ne vous faites donc pas de souci pour elles, Mrs Dunne. Tout va bien se passer. Bonne nuit. »

Une fois éteint le bruit des pas de la Missis descendant précautionneusement l'escalier, ce fut le silence.

La nuit tomba, et la maison s'endormit. Mais pas nous. Les tentatives de la Missis pour nous apprendre que la nuit était faite pour dormir avaient échoué, autant que tous ses autres enseignements, et nous n'avions pas peur du noir. Nous allâmes écouter à la porte de la nouvelle venue, sans rien entendre que le faible grattement d'une souris sous les lames de parquet, puis nous descendîmes jusqu'au garde-manger.

La porte refusa de s'ouvrir. Le verrou n'avait jamais servi auparavant, mais, ce soir-là, une trace d'huile fraîche trahissait sa remise en état.

Emmeline attendait, impassible, que la porte s'ouvre, comme elle l'avait toujours fait. Certaine que, dans un instant, il y aurait pain, beurre et confiture à volonté.

Inutile de s'affoler. La poche du tablier de la Missis, voilà où devait être la clé. C'est là qu'étaient toujours toutes les clés : un gros anneau de clés rouillées, inutilisées, ouvrant portes, verrous et placards partout dans la maison, qui supposait que l'on en essaie plusieurs avant de trouver la bonne.

La poche était vide.

Emmeline s'agita un peu, s'interrogeant vaguement sur ce retard.

La nouvelle venue se révélait être un gros problème. Mais ce n'était pas ainsi qu'elle nous aurait. Il suffisait de sortir. Il y avait toujours moyen de se procurer quelque chose à manger dans l'un des cottages.

La poignée de la porte de la cuisine tourna avant de se bloquer. Malgré notre acharnement, impossible de la décoincer. Elle était cadenassée.

La fenêtre cassée dans le salon avait été bouchée avec des planches, et les volets de la salle à manger étaient fermés. Il nous restait une dernière chance. Le hall d'entrée et la double porte. Emmeline, perplexe, me suivait à la trace. Elle avait faim. Pourquoi toutes ces histoires avec les portes et les fenêtres ? Combien de temps encore avant qu'elle puisse se remplir l'estomac ? Un rayon de lune, teinté de bleu par le verre coloré des fenêtres du hall, suffit à faire apparaître les énormes verrous, lourds et hors d'atteinte, qui avaient été huilés et tirés tout en haut de la grande porte.

Nous étions prisonnières.

« Miam, miam », dit soudain Emmeline, torturée par la faim. Et quand Emmeline avait faim, il fallait qu'elle mange. Sur-le-champ. Nous étions dans une impasse. Le pauvre petit cerveau d'Emmeline finit par lui faire comprendre qu'elle n'obtiendrait pas cette nourriture qu'elle désirait si fort. La panique envahit son regard, elle ouvrit la bouche toute grande et émit un long gémissement.

Son cri monta l'escalier de pierre, prit le couloir à gauche, gravit une seconde volée de marches avant de se glisser sous la porte de la nouvelle gouvernante.

Très vite, un autre bruit s'ajouta à celui-là, non pas le pas fatigué de la Missis, mais celui, vif et régulier comme un métronome, d'Hester Barrow. Un *clic-clac* alerte mais mesuré. Que l'on entendit descendre un escalier, puis suivre un couloir jusqu'à la galerie.

Je me réfugiai dans les plis des longs rideaux juste avant qu'elle émerge sur le palier de la galerie. Il était minuit. Elle était là, en haut de l'escalier, petite et trapue, ni grosse ni maigre, plantée sur une paire de jambes solides, le tout surmonté d'un visage à la fois calme et déterminé. À la voir avec sa robe de chambre bleue soigneusement nouée à la taille et ses cheveux bien brossés, on aurait juré qu'elle dormait assise, déjà prête pour le lendemain. Ses cheveux rares étaient plaqués sur son crâne, les traits de son visage étaient lourds, et son nez, rond et charnu. Elle était ordinaire, laide, mais la laideur chez Hester n'avait pas l'effet qu'elle peut avoir chez les autres femmes. Elle attirait l'œil.

Emmeline, au pied de l'escalier, pleurait littéralement de faim, mais dès l'instant où Hester apparut dans toute sa gloire, elle cessa aussitôt et la fixa des yeux, apparemment calmée, comme si une vitrine remplie de gâteaux lui était apparue.

« Je suis ravie de te voir, dit Hester, en finissant de descendre l'escalier. Alors, laquelle des deux es-tu ? Adeline ou Emmeline ? »

Emmeline, bouche bée, resta silencieuse.

« Peu importe, poursuivit Hester. Est-ce que tu voudrais manger ? Où est ta sœur ? Tu crois qu'elle en aurait envie, elle aussi ?

« — Miam », dit Emmeline, et je n'aurais su dire si c'était le mot manger ou la personne d'Hester elle-même qui avait provoqué cette onomatopée.

Hester regarda autour d'elle, cherchant l'autre jumelle. Jetant un coup d'œil vers la fenêtre, elle dut ne voir qu'un banal rideau, car elle reporta aussitôt son attention sur Emmeline. « Viens avec moi », dit-elle en souriant. Elle sortit une clé de sa poche bleue. Parfaitement astiqué, l'objet luisait d'un bleu argenté et jetait des éclats tentateurs dans la demi-obscurité.

Il n'en fallut pas plus. « Ça brille », dit Emmeline, et, sans en connaître l'usage ni savoir la magie dont elle était capable, elle suivit la clé – et Hester avec elle – le long des couloirs froids, en direction de la cuisine.

Dans les plis du rideau, la colère prit le pas sur ma faim. Hester et sa clé ! Emmeline ! C'était comme avec le landau. C'était... l'amour.

Telle fut la première nuit, et la première victoire d'Hester.

Contre toute attente, la saleté de la maison ne déteignit pas sur notre gouvernante immaculée. Ce fut même l'inverse. Les quelques rais de lumière, pâles et poussiéreux, qui arrivaient à traverser les fenêtres encrassées et les lourds rideaux semblaient toujours tomber sur Hester. Elle les attirait sur sa personne et les renvoyait dans l'obscurité, vivifiés et colorés par son contact. Peu à peu, la clarté s'étendit d'Hester à toute la maison. Le jour suivant son arrivée, seule sa chambre fut affectée. Elle descendit les rideaux, les plongea dans une bassine d'eau savonneuse, les étendit sur la corde à linge où le vent et le soleil réveillèrent un motif insoupçonné de roses jaunes et roses. Pendant qu'ils séchaient, elle nettoya les vitres au papier journal et au vinaigre pour laisser entrer la lumière, et, quand elle put enfin voir ce qu'elle faisait, entreprit de récurer la pièce du sol au plafond. À la tombée du jour, elle avait créé un petit havre de propreté entre ces quatre murs. Et ce n'était qu'un début.

À grand renfort de savon, d'eau de Javel, d'énergie et de détermination, elle imposa l'hygiène à la maison. Là où pendant des décennies les occupants avaient erré sans but et sans rien voir, uniquement préoccupés de leurs sordides obsessions, Hester apporta le miracle d'un ménage de printemps. Pendant trente ans, la vie de la maisonnée avait été rythmée par le lent mouvement des particules de poussière prises de temps à autre dans un rayon de soleil paresseux. C'étaient maintenant les petits pieds d'Hester qui scandaient le passage des minutes et des secondes, et un vigoureux coup de chiffon dispersa les particules en suspension dans l'air.

Après la propreté vint l'ordre, et la maison fut la première à en sentir les effets. Notre nouvelle gouvernante inspecta les lieux de fond en comble, pinçant les lèvres et fronçant les sourcils à chaque étage. Pas un seul placard, pas une seule alcôve n'échappa à son attention ; crayon et carnet en main, elle fit le tour de chaque pièce, notant les taches d'humidité et les fenêtres qui fermaient mal, à l'affût des grincements de porte et des craquements de parquet, essayant les vieilles clés dans les vieilles serrures et les étiquetant. Elle laissait derrière elle les portes verrouillées. Bien qu'il ne s'agît là que d'un premier tour d'horizon, un stade préparatoire aux gros travaux, elle n'en apporta pas moins un changement dans chaque pièce où elle pénétrait. Une pile de couvertures trouvée dans un coin était soigneusement pliée et déposée sur une chaise ; un livre était ramassé et emporté pour être rangé plus tard dans la bibliothèque ; un pli de rideau était redressé. Le tout avec une rapidité remarquable, mais sans la moindre impression de hâte. Il semblait qu'elle n'eût qu'à jeter un œil dans une pièce pour qu'aussitôt l'obscurité qui l'habitait recule, pour que le chaos commence à s'effacer, honteux, devant l'ordre, pour que les fantômes battent en retraite. Et c'est ainsi que toutes les pièces, l'une après l'autre, furent « hestérisées ».

Le grenier, il est vrai, réussit à l'arrêter un instant sur sa lancée. La bouche grande ouverte, l'œil effaré, elle resta pantoise à la vue du trou dans la toiture. Pareil spectacle ne réussit pourtant pas à l'abattre. Elle ne tarda pas à se reprendre, serra les dents et se mit à remplir son carnet avec une vigueur renouvelée. Dès le lendemain, un couvreur arrivait sur les lieux. Il était du village, et nous le connaissions : lent, le pas nonchalant, il étirait ses voyelles quand il parlait pour laisser à sa bouche un temps de repos avant la consonne suivante. Il avait d'ordinaire six ou sept chantiers en train à la fois, et n'en venait que rarement à bout ; il passait ses journées à fumer et à considérer le travail en cours, en secouant la tête d'un air fataliste. Il grimpa notre escalier de ce pas paresseux qui lui était coutumier, mais, au bout de cinq minutes de conversation avec Hester, son marteau commençait à taper à coups redoublés. Elle l'avait galvanisé.

Quelques jours suffirent à imposer des heures régulières de coucher, de lever, de repas. Quelques jours encore, et il y eut des chaussons propres pour l'intérieur, et des bottes cirées pour l'extérieur. Mieux encore, les robes en soie furent nettoyées, raccommodées, ajustées et rangées pour quelque « occasion » mythique, tandis que de nouvelles robes en popeline bleu marine ou verte à large ceinture et col blanc apparaissaient pour les tenues de tous les jours.

Le nouveau régime réussit fort bien à Emmeline. Elle était bien nourrie, à des heures régulières, autorisée à s'amuser – sous haute surveillance – avec les clés rutilantes d'Hester. Elle se découvrit même une passion pour le bain. La première fois, elle se débattit, hurla, donna des coups de pied quand Hester et la Missis voulurent la déshabiller et la plonger dans la baignoire, mais quand elle s'aperçut dans la glace, propre comme un sou neuf, les cheveux bien tressés et noués avec un nœud vert, sa bouche s'ouvrit toute grande, et elle tomba dans une de ses transes. Elle aimait reluire. Chaque fois qu'elle se trouvait en présence d'Hester, elle exami nait le visage de celle-ci à la dérobée, à l'affût d'un sourire. Et quand l'adulte souriait effectivement – ce qui n'était pas rare –, Emmeline la regardait, ravie. Elle apprit bientôt à sourire en retour.

D'autres membres de la maisonnée s'épanouirent eux aussi. La Missis se fit examiner les yeux par le médecin, et fut emmenée, malgré ses réticences, chez un spécialiste. À son retour, elle voyait à nouveau correctement. Elle fut si contente de découvrir la maison dans son nouvel état de propreté que toutes les années où elle avait vécu dans la grisaille s'évanouirent, et elle se sentit suffisamment rajeunie pour joindre ses efforts à ceux d'Hester dans ce nouveau monde. Même John-the-Dig, qui obéissait à contrecœur aux ordres d'Hester et dont les yeux sombres évitaient soigneusement de croiser son regard vif auquel rien n'échappait, fut incapable de résister aux effets positifs de ce déploiement d'énergie. Sans un mot à qui que ce soit, il s'empara de ses cisailles et retrouva le chemin du jardin topiaire pour la première fois depuis la catastrophe. Là, il joignit ses efforts à ceux qu'avait déjà faits la nature pour réparer les ravages passés.

Charlie fut moins directement affecté. Il évitait de croiser le chemin d'Hester, ce qui leur convenait à tous les deux. Elle n'avait pas d'autre but que son travail, et son travail, c'était nous. Nos esprits, nos corps, nos âmes, voilà ce pour quoi elle était là ; notre tuteur, lui, était en dehors de sa juridiction, et elle le laissa à ses occupations. Confronté à son énergie débordante, il battit en retraite dans la vieille nursery du deuxième étage, où il s'enferma derrière une porte verrouillée pour se laisser ronger par ses souvenirs au milieu d'une saleté envahissante. Pour ce qui le concernait, l'effet Hester se limita à une amélioration de son régime alimentaire et un contrôle plus rigoureux de ses finances, lesquelles, sous la surveillance honnête mais intermittente de Mrs Dunne, avaient été mises à mal par des commerçants et des hommes d'affaires peu scrupuleux. Il ne remarqua ni l'un ni l'autre de ces changements ; l'eût-il fait qu'il ne s'en serait, à mon sens, guère soucié.

Mais Hester réussit bel et bien à contrôler les enfants et à les garder hors de sa vue, et, s'il y avait seulement songé, il lui en eût été reconnaissant. Sous le règne d'Hester, les voisins hostiles n'eurent plus d'occasions de venir se plaindre des jumelles, lui n'eut plus besoin de descendre à la cuisine réclamer un sandwich à la Missis, et surtout, plus besoin de quitter, ne serait-ce qu'un instant, ce royaume de l'imagination qu'il habitait avec Isabelle, avec elle seule, et pour toujours. Ce qu'il céda en territoire, il le gagna en liberté. Il n'entendait jamais Hester, ni ne la voyait jamais ; c'est à peine s'il était conscient de son existence. Une employée selon son cœur.

Ainsi, Hester avait triomphé. Elle ne ressemblait peut-être à rien, mais il n'y avait rien qu'elle ne pût faire, si elle s'en donnait la peine.

*

Miss Winter s'arrêta, les yeux fixés sur le fond de la pièce, là où son passé se manifestait à elle avec plus de réalité que le présent et moi. Au coin de ses lèvres et de ses yeux s'attardait une expression de chagrin et de détresse. Consciente du fil ténu qui la reliait à cette époque révolue, je craignais tout autant de le couper que de la voir interrompre son récit.

Le silence se prolongea.

« Et vous ? dis-je doucement, pour l'encourager à continuer. Et vous, dans l'affaire ?

« — Moi ? dit-elle en clignant des yeux d'un air rêveur. Oh, moi aussi, je l'aimais bien. C'était là tout le problème.

« — Le problème ? »

Nouveau clignement, puis elle repoussa son fauteuil et m'adressa un regard différent, plus vif. Elle avait coupé le fil.

« Je crois que ça suffira pour aujourd'hui. Vous pouvez vous retirer. »

Des vies en fiches

Avec l'histoire d'Hester, je retrouvai rapidement mes habitudes. Le matin, j'écoutais Miss Winter me faire son récit, mais sans m'encombrer désormais de mon carnet de notes. Plus tard, dans ma chambre, avec mes ramettes, mes douze crayons à papier rouges et mon fidèle taille-crayon, je transcrivais ce que j'avais mémorisé. Tandis qu'ils s'écoulaient de la pointe de mon crayon sur la page, les mots évoquaient à mon oreille la voix de Miss Winter, et, plus tard, quand je relisais tout haut ce que j'avais écrit, je sentais mon visage prendre ses expressions à elle. Ma main gauche s'élevait et s'abaissait, imitant ses gestes énergiques, tandis que la droite, comme mutilée, reposait sur mes genoux. Les mots se transformaient en images dans ma tête. Hester, propre et nette, toute sa personne nimbée d'un halo argenté qui ne cessait de s'étendre, à sa chambre d'abord, puis à la maison, et pour finir à ses occupants. La Missis, forme indécise se déplaçant avec difficulté dans une sorte de pénombre, métamorphosée en une femme aux yeux vifs, pétillants de vie. Et Emmeline, la vagabonde sale et mal nourrie, ensorcelée par l'aura d'Hester, transfigurée en une fillette propre, potelée et affectueuse. Hester projetait sa lumière jusque dans le jardin topiaire, où elle venait réchauffer les branches ravagées des ifs et faisait naître de nouvelles pousses vertes. Restait Charlie, bien sûr, présence audible mais jamais visible, qui hantait l'obscurité, en dehors du cercle lumineux. Et John-the-Dig, le jardinier au nom étrange, qui refusait de se laisser attirer dans la lumière. Et Adeline, la mystérieuse Adeline au cœur sombre.

Pour mes travaux biographiques, j'ai mon fichier de vies. Une boîte de fiches où sont notés des renseignements – nom, profession, dates, lieu de résidence et toute autre information qui me semble pertinente – sur toutes les personnes ayant joué un rôle significatif dans la vie de mon sujet. Je ne sais jamais trop que penser de ces fiches. Selon mon humeur, soit elles m'apparaissent comme une sorte de mémorial de nature à réjouir les morts (« Regardez ! pourraient-ils dire tout en me lorgnant à travers la vitre, elle est en train de parler de nous sur ses cartes ! Et dire qu'on est morts depuis deux siècles ! »), soit, quand la vitre est très sombre et que je me sens exclue et seule du côté des vivants, elles me donnent l'impression d'être pareilles à de petites tombes en carton, inanimées et froides, et la boîte elle-même d'être aussi morte que le cimetière. La liste de ceux qui gravitaient autour de Miss Winter n'était pas longue, et en manipulant leurs fiches, je fus effarée de la maigreur des renseignements qui y figuraient. On me fournissait bien une histoire, mais en matière d'information, j'étais encore très loin de ce dont j'avais besoin.

Je pris une carte vierge et commençai à écrire :

Hester Barrow
Gouvernante
Angelfield House
Née : ?
Morte : ?

Je m'arrêtai. Réfléchis. Comptai sur mes doigts. Les filles à l'époque n'avaient que treize ans. Et Hester était jeune. Avec toute cette énergie, il fallait qu'elle le soit. Avait-elle trente ans ? Pourquoi pas vingt-cinq ? Seulement douze de plus que les gamines elles-mêmes... Était-ce possible ? Je me perdis en conjectures. Miss Winter, septuagénaire, était en train de mourir. Ce qui ne voulait pas forcément dire qu'une personne plus âgée qu'elle d'une douzaine d'années fût déjà morte. Comment savoir ?

Il n'y avait qu'une chose à faire.

J'ajoutai une autre ligne sur la fiche, et la soulignai .

<u>*IL FAUT LA RETROUVER.*</u>

Était-ce parce que j'avais décidé de me mettre à la recherche d'Hester que je la vis en rêve cette nuit-là ?

Une silhouette sans grâce dans une robe de chambre nouée à la taille, sur le palier de la galerie, secouant la tête et pinçant les lèvres à la vue des murs noircis par le feu, des lames de parquet brisées et déchiquetées et du lierre qui montait à l'assaut de l'escalier en pierre. Au milieu de ce chaos, tout ce qui était près d'elle paraissait lumineux. Apaisant. Je m'approchai, attirée par sa lumière comme un papillon. Mais quand je pénétrai dans son aura magique, il ne se passa rien. J'étais toujours dans l'obscurité. Les yeux vifs d'Hester furetaient partout, ne laissant rien échapper, et finirent par se poser sur une forme debout derrière moi. Ma jumelle, ou du moins c'est ce qu'il me sembla dans mon rêve. Mais le regard de la gouvernante passa sur moi sans rien voir.

Je me réveillai, le côté irradié par une sensation de chaleur familière, et me repassai les images de mon rêve pour comprendre la cause de ma terreur. Hester en elle-même n'avait rien d'effrayant. Il n'y avait rien de perturbant non plus dans le rapide passage de ses yeux sur mon visage et à travers moi. Ce n'était pas ce que j'avais *vu* dans mon rêve, mais ce que *j'étais* qui me faisait maintenant trembler dans mon lit. Si Hester ne m'avait pas vue, c'est parce que j'étais un fantôme. Et si j'étais un fantôme, c'est que j'étais morte. Comment aurait-il pu en être autrement ?

Je me levai pour aller à la salle de bains me rincer le visage de mes peurs. Évitant la glace, je préférai regarder mes mains dans l'eau, mais leur vue me remplit d'horreur. En même temps qu'elles existaient ici, je savais qu'elles existaient aussi de l'autre côté, où elles étaient mortes. Et ces yeux qui les voyaient, mes yeux, eux aussi étaient morts dans cet autre endroit. Et mon esprit, celui-là même qui formait ces pensées... n'était-il pas mort pareillement ? Un profond effroi s'empara de moi. Quel genre d'être contre nature étais-je donc ? Par quelle abominable aberration la nature peut-elle diviser une personne en deux corps avant la naissance, puis en tuer un ? Et que suis-je, moi, la moitié qui a survécu ? À moitié morte, exilée dans le monde des vivants le jour, tandis que, la nuit, mon âme cherche sa jumelle dans le royaume des ombres.

J'allumai le feu, me fis une tasse de chocolat, puis m'enveloppai dans ma robe de chambre et mes couvertures pour écrire à mon père. Comment allait la librairie, et comment allait ma mère, et lui, et comment, me demandais-je, s'y prenait-on pour retrouver quelqu'un ? Les détectives privés existaient-ils dans la réalité ou seulement dans les livres ? Je lui fis part des rares informations que j'avais sur Hester. Pouvait-on entamer des recherches avec aussi peu ? Un détective privé accepterait-il de se charger du genre de travail que j'avais en tête ? Et sinon, à qui m'adresser ?

Je relus ma lettre. Alerte et pleine de bon sens, elle ne trahissait rien de mes peurs. L'aube se levait. Mes tremblements avaient cessé. Judith n'allait pas tarder avec le petit déjeuner.

Les yeux dans l'arbre

Rien que la nouvelle gouvernante ne pût faire, si elle s'en donnait la peine.

C'est du moins ce qu'il sembla au début.

Mais, au bout de quelque temps, les difficultés commencèrent à se faire jour. Il y eut d'abord son différend avec Mrs Dunne. Hester, après avoir nettoyé et mis en ordre les pièces, les laissait fermées à clé derrière elle, mais elle fut fort contrariée de les découvrir ouvertes. Elle fit venir la Missis. « Quel besoin de laisser des pièces ouvertes quand elles ne servent pas ? Vous voyez bien ce qui se passe : les filles entrent comme bon leur semble, et mettent la pagaille là où tout était en ordre. Cela nous fait à toutes les deux du travail supplémentaire. »

L'autre sembla abonder dans son sens, et Hester, satisfaite, mit un terme à l'entretien. Mais, une semaine plus tard, elle trouva ouvertes des portes qui auraient dû être verrouillées, et convoqua à nouveau la Missis. Cette fois-ci, elle n'était pas prête à se contenter de vagues promesses, mais bien décidée à aller au fond des choses.

« C'est à cause de l'air, finit-on par lui expliquer. Une maison où l'air ne circule pas devient terriblement humide. »

Hester fit à son interlocutrice un cours rapide, dans un langage simple, sur la circulation de l'air et l'humidité, et la renvoya, persuadée que cette fois le problème était réglé.

Mais voilà qu'une semaine plus tard, les portes étaient derechef ouvertes. Pas de nouvelle entrevue, décida Hester. Elle préféra se donner le temps de la réflexion. Il y avait certainement davantage dans cette histoire de portes qu'il n'y paraissait au premier abord. Elle décida de surveiller la Missis, pour essayer de découvrir ce qui pouvait bien se cacher derrière ce mystère.

Le deuxième problème concernait John-the-Dig. Sa méfiance envers elle ne lui avait bien sûr pas échappé, mais elle ne s'en formalisait pas. Elle se savait étrangère dans la maison, et se disait que c'était à elle de prouver qu'elle était là pour le bien de tous les occupants et non pour leur créer des ennuis. Elle était convaincue qu'avec le temps elle finirait par le gagner à sa cause. Pourtant, même si le jardinier semblait s'habituer à sa présence, sa méfiance était plus lente à s'estomper qu'on aurait pu le penser. Jusqu'au jour où les choses tournèrent à l'aigre. Elle était venue le trouver à propos d'un banal incident : dans notre jardin, elle avait vu – du moins c'est ce qu'elle affirmait – un enfant du village à une heure où il aurait dû être à l'école.

« Qui est cet enfant ? voulut-elle savoir. Qui sont ses parents ?

« — J'ai rien à voir là-dedans, répondit John, avec une brusquerie qui la laissa interdite.

« — J'en suis persuadée, dit-elle calmement, mais cet enfant devrait être à l'école. Je suis sûre que vous serez d'accord avec moi sur ce point. Si vous vouliez simplement me dire qui il est, je parlerais aux parents et à l'institutrice. »

John-the-Dig haussa les épaules et commença de s'éloigner, mais elle n'était pas femme à se laisser intimider aussi facilement. Elle se précipita pour lui faire face à nouveau et répéta sa requête. Pourquoi ne l'aurait-elle pas fait ? Il s'agissait d'une demande tout à fait raisonnable, présentée d'une manière civile. Quelle raison pouvait bien avoir cet homme pour refuser de répondre ?

Toujours est-il qu'il refusa, se contentant de lui dire . « Les enfants du village ne viennent jamais jusqu'ici.

« — Mais celui-là est venu, persista-t-elle.

« — Ils ne viennent pas parce qu'ils ont peur.

« — C'est ridicule. Pourquoi auraient-ils peur ? Le gamın portait un chapeau à large bord et un pantalon d'homme recoupé à sa taille. Il avait un air bien particulier. Vous savez sûrement de qui il s'agit.

« — J'ai vu personne de ce genre », répondit John d'un ton catégorique, et, à nouveau, il chercha à s'esquiver.

S'il y avait une chose qu'Hester détestait, c'était lâcher prise.

« Mais ce n'est pas possible que vous ne l'ayez pas vu...

« — C'est pas tout le monde, miss, qui voit des choses là où y a rien. Moi, j'ai les pieds sur terre. Là où y a rien à voir, je vois rien. Si j'étais vous, miss, j'en ferais autant. Je vous salue bien. »

Sur ces paroles, il s'éloigna, et cette fois Hester ne fit rien pour l'arrêter. Elle resta plantée là, secouant la tête, incrédule, et se demandant quelle mouche l'avait piqué. Angelfield, apparemment, était une maison pleine d'énigmes. Mais elle n'aimait rien tant que d'exercer ses méninges. Elle finirait bien par percer tous ces mystères.

La perspicacité et l'intelligence d'Hester étaient hors du commun. En l'occurrence, cependant, de tels dons étaient contrebalancés par le fait qu'elle ne savait pas exactement à qui elle avait affaire. Prenons par exemple l'habitude qu'elle avait de laisser les jumelles livrées à elles-mêmes pendant de courtes périodes, tandis qu'elle vaquait à d'autres occupations. Elle prenait soin d'abord d'observer les deux filles de près, jaugeant leur humeur, leur degré de fatigue, la proximité de l'heure des repas, et prenant en compte leurs cycles d'activité et de repos. Quand cette analyse l'amenait à conclure que les jumelles étaient parties pour une heure de paresse tranquille à l'intérieur, elle les laissait sans surveillance. Lors de l'une de ces occasions, elle avait un but bien précis en tête. Le docteur Maudsley était venu, et elle voulait avoir un entretien avec lui. Un entretien privé.

Pauvre Hester. Elle ignorait que là où il y a des enfants, il n'y a pas d'intimité.

Elle accueillit le médecin à la porte d'entrée. « C'est une belle journée. Que diriez-vous de faire un tour dehors ? »

Ils partirent en direction du jardin topiaire, sans se douter qu'ils étaient suivis.

« Vous avez opéré des miracles, Miss Barrow, commença le médecin. Emmeline est transformée.

« — Mais non, dit Hester.

« — Si, je vous assure. Mon attente est plus que comblée. Je suis très impressionné. »

Hester baissa la tête et se détourna légèrement de lui. Prenant sa réaction pour de la modestie, il garda le silence, dans l'idée qu'elle était confondue par une telle manifestation d'estime. L'if fraîchement taillé lui donna quelque chose à admirer, le temps pour la gouvernante de recouvrer son sang-froid. Ce n'était pas plus mal qu'il s'absorbe un instant dans la contemplation de ses lignes géométriques, sinon il aurait risqué de surprendre la grimace de son interlocutrice et de comprendre du même coup sa méprise.

Le « Mais non » d'Hester n'était pas à mettre au compte d'une quelconque minauderie féminine, comme l'avait cru le médecin. C'était l'affirmation pure et simple d'un fait. Bien sûr qu'Emmeline était transformée. Avec la présence d'Hester, comment eût-il pu en être autrement ? Il n'y avait rien de miraculeux là-dedans. C'était là ce qu'elle avait voulu dire avec son « Mais non ».

Elle ne fut néanmoins pas surprise par la condescendance de l'homme de science. Elle ne vivait pas dans un monde où l'on risquait de remarquer des signes de génie chez une simple gouvernante, ce qui ne l'empêcha pas, je crois, d'être déçue. S'il y avait une personne à Angelfield capable de la comprendre, c'était bien lui. Mais il n'en faisait rien.

Quand elle se tourna vers lui, ce fut pour découvrir son dos. Debout, les mains dans les poches, les épaules bien d'aplomb, il fixait le point où finissait l'if et où commençait le ciel. Ses cheveux soigneusement coiffés grisonnaient, et il présentait au sommet du crâne un petit rond parfait de peau rose, large de trois à quatre centimètres.

« John est en train de réparer les dégâts causés par les jumelles, dit Hester.

« — Qu'est-ce qui a bien pu les pousser à faire ça ?

« — Dans le cas d'Emmeline, la réponse est simple : c'est Adeline qui l'y a contrainte. Dans le cas de cette dernière, c'est beaucoup moins clair. Je doute qu'elle-même soit capable de répondre à la question. Le plus souvent, elle est gouvernée par des impulsions d'où toute conscience semble exclue. Quelle qu'ait pu être la raison de son acte, le résultat a été dévastateur pour John. Sa famille s'occupe du jardin depuis des générations.

« — Que de cruauté ! D'autant plus choquante de la part d'une enfant. »

À l'abri des regards du médecin, elle grimaça à nouveau. De toute évidence, il ne connaissait rien aux enfants. « Cruel, en effet. Bien que les enfants soient capables de la plus grande cruauté. Le problème, c'est que nous nous refusons à le reconnaître. »

Lentement, ils se mirent à déambuler au milieu des formes topiaires, admirant les ifs, tout en parlant du travail d'Hester. À une distance raisonnable, mais toujours à portée de voix, une petite espionne les suivait, à l'abri des ifs. Le trio allait à gauche, à droite, pivotant sur lui-même de temps à autre pour revenir sur ses pas ; c'était un joli jeu de cache-cache, une danse compliquée.

« J'imagine, Miss Barrow, que vous êtes satisfaite des résultats que vous avez obtenus avec Emmeline ?

« — Oui. Encore une année de soins et d'attention de ma part, et je ne vois pas pourquoi elle ne renoncerait pas pour de bon à l'indiscipline et ne deviendrait pas une fois pour toutes la gentille fille qu'elle sait être dans ses meilleurs moments. Elle ne sera jamais intelligente, certes, mais il n'y a pas de raison qu'elle ne mène pas un jour une vie tout à fait satisfaisante indépendamment de sa sœur. Elle pourrait peut-être même se marier. Tous les hommes ne cherchent pas nécessairement l'intelligence chez une femme, et Emmeline est d'une nature très affectueuse.

« — Bien. Très bien.

« — Adeline, c'est une tout autre affaire. »

Ils s'arrêtèrent à côté d'un obélisque feuillu qui présentait une grande entaille sur la moitié de sa hauteur. La gouvernante regarda les branches marron à l'intérieur et toucha un des nouveaux rameaux qui partait du vieux bois et tendait ses feuilles d'un vert vif vers la lumière. Elle poussa un soupir.

« Adeline me laisse vraiment perplexe, docteur. J'apprécierais d'avoir sur elle l'avis du médecin.

« — Mais... à votre disposition, dit le docteur Maudsley avec une petite courbette. Qu'est-ce qui vous inquiète ?

« — Je n'ai jamais connu d'enfant aussi déroutant, dit-elle. (Puis, après une pause :) Pardonnez-moi si j'abuse de votre temps, mais je ne vois guère le moyen d'être brève pour expliquer les bizarreries que j'ai remarquées chez elle.

« — Prenez donc tout votre temps. Je ne suis pas pressé. »

Le médecin désigna de la main un banc, derrière lequel une haie de buis avait été taillée en une arche aux enjolivures compliquées, le genre qui orne fréquemment les têtes de lit très ouvragées. Ils s'assirent et se retrouvèrent face au bon côté d'une des plus grandes pièces géométriques du jardin. « Regardez, dit le médecin. Un dodécaèdre. »

Hester ignora son commentaire et commença son explication.

« Adeline est une adolescente hostile et agressive. Elle supporte mal ma présence dans la maison et résiste à tous mes efforts pour lui imposer une quelconque discipline. Elle se nourrit en dépit du bons sens, refuse tout à moins d'être à moitié morte de faim, et même alors, ne mange que le minimum. Il faut lui donner son bain de force, et elle a beau être maigre comme un clou, nous ne sommes pas trop de deux pour la maintenir dans la baignoire. Quelque chaleur que je montre à son égard, elle répond toujours par la plus complète indifférence. Elle semble incapable d'éprouver les émotions d'un être humain normal, et, pour être tout à fait franche avec vous, docteur Maudsley, je me demande s'il est encore en son pouvoir de revenir au sein de la communauté humaine.

« — Est-elle intelligente ?

« — Je dirais qu'elle est maligne. Rusée. Mais rien à faire pour l'amener à s'intéresser à autre chose que ses propres désirs, penchants et appétits.

« — Et côté enseignement ?

« — Vous vous doutez bien qu'avec une fille comme elle le travail scolaire ne saurait être ce qu'il est avec des enfants normaux. Pas d'arithmétique, pas de latin, pas de géographie. Néanmoins, afin de faciliter la mise en place d'un ordre et d'une discipline, je les oblige à assister à deux heures de classe, deux fois par jour, et je les éduque en leur racontant des histoires.

« — Apprécie-t-elle ces séances ?

« — Je donnerais cher pour savoir comment répondre à cette question ! Elle est impossible à cerner, docteur Maudsley. Il me faut déployer des trésors d'ingéniosité pour parvenir à l'attirer dans la pièce, ou alors demander à John de l'amener de force. Elle est prête à faire n'importe quoi pour y échapper ; elle s'agite dans tous les sens ou se raidit de tout son corps pour empêcher qu'on lui fasse franchir la porte. L'asseoir derrière un bureau est pratiquement impossible. Le plus souvent, John est obligé de l'abandonner sur le plancher. Elle ne me regarde pas, ni ne m'écoute durant ces séances, mais se réfugie dans un monde intérieur de sa fabrication. »

Le médecin avait écouté attentivement, en hochant la tête. « C'est un cas difficile. Le comportement d'Adeline vous inquiète davantage que celui de sa sœur et vous craignez de moins bien réussir avec elle qu'avec Emmeline. Et pourtant..., ajouta-t-il avec un sourire charmeur, pardonnez-moi, Miss Barrow, mais je ne vois pas pourquoi vous dites qu'elle vous déconcerte. Personnellement, je dirais au contraire que votre description de son comportement et de son état mental est plus cohérente et informée que l'analyse que pourraient faire nombre d'étudiants en médecine à partir des mêmes données.

« — Je n'en suis pas encore arrivée au point le plus déconcertant, dit-elle, en le regardant posément.

« — Ah, je vois.

« — Il existe des méthodes qui ont fait leurs preuves dans le passé avec des enfants comme Adeline. J'ai moi-même sur le sujet des théories auxquelles je crois et que je n'hésiterais pas à mettre en œuvre, n'était le... »

Hester hésita, et cette fois-ci le médecin fut suffisamment avisé pour attendre qu'elle poursuive. Quand elle reprit la parole, ce fut pour s'exprimer lentement, en pesant ses mots avec soin.

« C'est comme s'il y avait un voile de brouillard en Adeline, qui la sépare non seulement du reste de l'humanité, mais d'elle-même.

Il arrive que le brouillard s'éclaircisse, et même qu'il se lève complètement, pour révéler une nouvelle Adeline. Mais il ne tarde pas à retomber, et elle retrouve alors son état antérieur. »

Hester regarda le médecin, curieuse de voir comment il allait réagir. Il fronça les sourcils, mais au-dessus de cette ligne, là où son front commençait à se dégarnir, sa peau rose ne présentait pas la moindre ride.

« Comment est-elle dans ces moments-là ?

« — Difficile de se faire une idée, tant sont rares les manifestations extérieures du phénomène. Pendant des semaines, je ne me suis aperçue de rien, et même après, j'ai attendu un peu, car je tenais à être sûre de moi avant de solliciter votre avis.

« — Je vois.

« — Il y a d'abord sa respiration. Parfois, elle s'accélère, et je sais alors que, même si elle fait semblant d'être dans son monde à elle, en fait elle m'écoute. Et puis, ses mains...

« — Ses mains ?

« — D'ordinaire, ses doigts sont écartés, rigides, comme ceci, dit Hester, joignant le geste à la parole. Mais, à certains moments, j'ai remarqué qu'ils se détendent, comme ceci. (Nouveau mouvement des doigts.) Comme si son intérêt pour l'histoire avait réveillé son attention et, ce faisant, affaibli ses défenses, l'amenant à se détendre et à se départir de son attitude de rejet et de défi. J'ai travaillé avec un grand nombre d'enfants difficiles, docteur Maudsley. J'ai beaucoup d'expérience dans ce domaine. En l'occurrence, mes observations m'amènent à conclure que, contre toute attente, il y a en elle une *fermentation*. »

Le médecin ne répondit pas tout de suite, mais prit le temps de la réflexion, ce dont Hester lui sut gré.

« Ces signes apparaissent-ils selon une fréquence déterminée ?

« — Je ne peux guère l'affirmer pour l'instant, mais... »

Il pencha la tête de côté, l'encourageant à poursuivre.

« Ça ne veut sans doute rien dire, mais certaines histoires...

« — Quelles histoires ?

« — *Jane Eyre*, par exemple. Je leur ai raconté une version abrégée de la première partie, sur plusieurs jours, et là, les signes, je les ai parfaitement repérés. Même chose avec Dickens. Alors que les récits historiques et didactiques n'ont jamais cet effet.

« — Et diriez-vous que c'est systématique ? demanda le médecin en fronçant le sourcil. La lecture de *Jane Eyre* provoque-t-elle toujours les changements que vous venez de décrire ?

« — Non, justement. C'est bien là le problème.

« — Hum, hum ! Alors, qu'avez-vous l'intention de faire ?

« — Il existe des méthodes qui permettent de venir à bout d'enfants égoïstes et récalcitrants comme Adeline. Peut-être qu'un régime strict, appliqué maintenant, pourrait encore lui éviter un établissement spécialisé dans quelques années. Toutefois, un tel régime, qui suppose des règles de vie rigoureuses et l'élimination de bien des choses qui la stimulent, se révélerait sans doute très préjudiciable pour...

« — Pour l'enfant que nous distinguons dans les trouées du brouillard ?

« — Exactement. En fait, pour cette enfant-là, rien ne saurait être pire.

« — Et cette enfant, la fille dans le brouillard, quel avenir lui voyez-vous ?

« — La question est prématurée. Je dirais simplement que, pour l'instant, je ne peux souscrire à l'idée qu'elle soit perdue. Qui sait ce qu'elle peut encore devenir ? »

Ils restèrent assis en silence, contemplant la géométrie feuillue qui leur faisait face et réfléchissant au problème exposé par Hester, tandis que, à leur insu, le problème lui-même, dissimulé derrière l'arbre sculpté, les contemplait de son côté à travers les trouées dans les branches.

Le docteur fut le premier à rompre le silence. « Il n'y a pas, à ma connaissance, d'affection susceptible de provoquer des troubles mentaux du genre de ceux que vous décrivez. Mais c'est peut-être pure ignorance de ma part. » Il s'interrompit, attendant qu'elle proteste ; mais elle n'en fit rien. « Hum..., reprit-il. Il serait en tout cas judicieux que je soumette l'enfant à un examen médical sérieux afin, dans un premier temps, de faire un bilan complet de son état de santé, tant physique que mental.

« — C'est exactement ce à quoi je pensais, répliqua Hester. Voyons..., dit-elle en fouillant dans ses poches, voici mes notes. Vous y trouverez la description de chacun des épisodes dont j'ai été le témoin, en même temps que des éléments d'analyse. Peut-être qu'après l'examen médical, auriez-vous une demi-heure à me consacrer pour me faire part de vos premières réflexions ? Nous pourrions alors décider de la démarche à adopter. »

Il la regarda, passablement dérouté. Elle était sortie de son rôle de gouvernante et se comportait comme l'aurait fait un de ses confrères.

Hester s'était fait prendre en défaut.

Elle hésita. Pouvait-elle faire machine arrière ? Ou était-il déjà trop tard ? Elle prit sa décision. Après tout, au point où elle en était... « Ce n'est pas un dodécaèdre, dit-elle, d'un air malicieux. C'est un tétraèdre. »

Le médecin quitta le banc, et s'approcha de la forme topiaire. Un, deux, trois, quatre... Il remuait les lèvres tout en comptant.

Mon cœur s'arrêta de battre. Allait-il faire le tour de l'arbre, pour s'assurer du nombre de faces et de sommets ? Allait-il buter sur moi ?

Mais, une fois arrivé à six, il s'arrêta. Il savait qu'elle avait raison.

S'ensuivit alors un bizarre petit intervalle pendant lequel ils restèrent à se regarder. Lui ne savait que penser. Qui était donc cette femme ? Au nom de quoi se permettait-elle de lui parler comme elle l'avait fait, elle, une simple gouvernante, une petite provinciale, boulotte et disgracieuse ?

De son côté, elle le dévisageait en silence, pétrifiée par l'incertitude qui se lisait sur son visage.

Le monde sembla s'incliner légèrement sur son axe, et, aussi gênés l'un que l'autre, ils détournèrent le regard.

« L'examen médical..., commença Hester.

« — Mercredi après-midi, peut-être ?

« — Entendu. »

Et le monde se remit d'aplomb.

Ils revinrent vers la maison, et, au tournant de l'allée, le docteur Maudsley prit congé.

Derrière l'if, la petite espionne se rongeait les ongles, perplexe.

Cinq petites notes

Un voile de fatigue me picotait les yeux. Mon esprit n'avait pas plus d'épaisseur qu'une feuille de papier. J'avais travaillé toute la journée et la moitié de la nuit, et maintenant j'avais peur de m'endormir.

Mon imagination me jouait-elle des tours ? Il me semblait entendre un air. Enfin... pas vraiment un air. Juste cinq notes isolées. J'allai ouvrir la fenêtre pour m'en assurer. Je ne me trompais pas. Le son venait du jardin.

Avec les mots, je suis à mon affaire. Donnez-moi n'importe quel fragment de texte déchiré ou abîmé, et je vous dirai ce qui venait avant et ce qui vient après. À défaut, je peux au moins fournir la solution la plus plausible. Mais la musique, ce n'est pas mon langage. Ces cinq notes, étaient-elles les premières d'une berceuse ou les dernières d'une complainte ? Impossible à dire. Sans début ni fin pour les encadrer, sans mélodie pour leur donner corps, elles n'avaient pour les relier qu'un fil dangereusement ténu. Chaque fois que la première lançait son appel, celui-ci était suivi d'un moment de suspens, comme si la note attendait de savoir si sa compagne était toujours là, ou si elle s'était envolée, perdue pour de bon, emportée par le vent. Même chose pour la troisième et la quatrième. Quant à la cinquième, elle n'apportait aucune résolution, seulement le sentiment que, tôt ou tard, les liens fragiles qui unissaient cette suite accidentelle céderaient comme avaient cédé ceux qui la reliaient au reste de la mélodie, et que même ce dernier fragment vidé de toute substance disparaîtrait pour de bon, dispersé dans le vent comme les dernières feuilles d'un arbre en hiver.

Obstinément muettes quand je les convoquais consciemment, les notes me revenaient, sorties de nulle part, quand je n'y pensais pas. Le soir, perdue dans mon travail, je m'apercevais parfois qu'elles se répétaient dans ma tête depuis déjà un certain temps. Ou bien, une fois couchée, entre veille et sommeil, j'entendais dans le lointain leur chant indistinct et dénué de sens.

Mais là, maintenant, ce chant me parvenait nettement. Une seule note d'abord, tandis que ses compagnes restaient noyées dans la pluie qui tambourinait à la fenêtre. Ce n'est rien, me dis-je, prête à me rendormir. Mais voilà que, pendant une accalmie, trois autres notes se firent entendre.

La nuit était très sombre, le ciel, si noir que seul le bruit de la pluie me permettait d'imaginer le jardin. Ce crépitement, c'était la pluie sur les carreaux. Ce chuintement soudain, une nouvelle bourrasque sur la pelouse. Ce gargouillis, l'eau coulant des gouttières dans les caniveaux. *Plic... Ploc... Plic...* Gouttes de pluie iso lées tombant des feuilles sur le sol. Et derrière tous ces bruits, en dessous, au milieu – si je n'étais pas folle, si je ne rêvais pas –, les cinq mêmes notes. *La la la la la.*

J'enfilai mes bottes, un manteau, et sortis dans les ténèbres

Je ne voyais même pas ma main devant moi. N'entendais rien en dehors du bruit mou de mes bottes sur la pelouse détrempée. Puis je perçus à nouveau quelque chose. Un son âpre, peu mélodieux ; pas un instrument, mais une voix humaine, atone et discordante

Lentement, et avec de nombreux arrêts, je me mis à suivre les notes. Je descendis la longue allée et tournai dans le jardin au bassin – c'est du moins ce que je pensais. Puis je me trompai, m'égarai sur un sol meuble là où je croyais trouver un sentier, et parvins non pas près de l'if, comme je l'avais imaginé, mais dans un endroit planté de petits arbustes qui m'arrivaient aux genoux et dont les épines s'accrochaient à mes vêtements. Je cessai alors d'essayer de savoir où j'étais, me repérai uniquement aux bruits qui parvenaient à mes oreilles, suivant les notes comme Ariane son fil à travers un labyrinthe que je ne reconnaissais plus. Le son se faisait entendre à intervalles irréguliers, et j'allais chaque fois dans sa direction, jusqu'à ce que le silence m'arrête et que j'attende un nouvel indice. Combien de temps passai-je dans cette vaine poursuite ? Un quart d'heure ? Une demi-heure ? Tout ce que je sais, c'est qu'au bout du compte je me retrouvai devant la porte même par laquelle j'avais quitté la maison. J'étais revenue – ou, devrais-je dire, j'avais été ramenée – à mon point de départ.

Le silence était maintenant absolu. Les notes s'étaient évanouies, et, à leur place, la pluie avait repris.

Au lieu de rentrer, je m'assis sur un banc, posai la tête sur mes bras croisés, sentant la pluie couler sur mon dos, ma nuque et mes cheveux.

Je commençai alors à me dire que c'était stupide de ma part d'être partie ainsi dans les jardins à la poursuite de quelque chose d'aussi inconsistant, et réussis presque à me persuader que ce que j'avais entendu n'était que le produit de mon imagination. Puis mes pensées prirent un autre cours. Je me demandai quand mon père me communiquerait les renseignements dont j'avais besoin pour essayer de retrouver Hester. Je pensai à Angelfield et fronçai les sourcils : que ferait Aurelius quand la maison serait démolie ? L'évocation d'Angelfield me remit en mémoire le fantôme, lequel fit resurgir l'image de mon propre fantôme, et la photo que j'en avais prise, noyée dans un brouillard blanc. Je me promis de téléphoner à ma mère le lendemain, résolution sans grand danger personne ne saurait vous tenir rigueur de ne pas respecter un engagement pris au milieu de la nuit.

C'est alors que ma colonne vertébrale m'envoya un signal d'alarme.

Une présence. Ici. Maintenant. À mes côtés.

Je me redressai brusquement et regardai autour de moi

Un noir d'encre. Impossible de distinguer quoi que ce soit. Tout, même le grand chêne, avait été englouti dans les ténèbres, et le monde s'était réduit à ces yeux qui me regardaient, témoins de la panique qui s'était emparée de mon cœur.

Pas Miss Winter. Pas ici. Pas à cette heure de la nuit.

Alors qui ?

Je le sentis avant même de le sentir. Ce contact contre mon flanc... furtif, aussitôt disparu.

C'était le chat, Shadow.

Nouveau contact, nouvelle poussée de sa joue contre mes côtes, et un miaulement, plutôt tardif, pour annoncer sa présence. Je tendis la main et le caressai, tout en m'efforçant de calmer les battements de mon cœur. Le chat ronronna.

« Tu es trempé, lui dis-je. Allez, viens, gros bêta. Ce n'est pas une nuit à rester dehors. »

Il me suivit dans ma chambre, se sécha à coups de langue, tandis que je m'enveloppais les cheveux dans une serviette, puis nous nous endormîmes tous les deux sur le lit. Pour une fois – l'influence protectrice du chat peut-être –, mes rêves se tinrent à distance.

Le lendemain, la journée fut terne et grise. Après mon entretien habituel, je sortis faire un tour dans le parc. À la faible lumière du début de l'après-midi, je tentai de retrouver le trajet que j'avais suivi en pleine nuit. Sans difficulté d'abord : la longue allée, puis le jardin au bassin. Mais je ne tardai pas à perdre la trace. Le souvenir que je conservais d'avoir marché sur le sol meuble et détrempé d'un massif de fleurs me laissait perplexe, car massifs et plates-bandes, soigneusement ratissés, avaient retrouvé leur état premier. Je finis néanmoins, à l'aide de quelques hypothèses hasardeuses et d'une ou deux décisions aveugles, par faire un trajet circulaire reflétant plus ou moins mes déambulations nocturnes.

Je ne vis rien qui sortît de l'ordinaire. Sauf, peut-être, que je rencontrai Maurice et que, pour une fois, il m'adressa la parole. Il était à genoux dans un carré de terre fraîchement retournée, occupé à l'aplanir, à la lisser, à tout remettre en ordre. M'ayant sentie arriver sur la pelouse derrière lui, il leva les yeux. « Ah, ces foutus renards », grommela-t-il. Puis il reprit son travail.

Je revins à la maison et me mis à retranscrire l'entretien du matin.

Où l'on tente une expérience

Le jour de l'examen médical arriva, et le docteur Maudsley se présenta à la maison. Comme à l'accoutumée, Charlie n'était pas là pour accueillir le visiteur. Hester l'avait informé de la venue du médecin à sa manière habituelle (une lettre sur un plateau devant sa porte), et, en l'absence de toute réponse, avait conclu, à juste titre, qu'il se désintéressait de l'affaire.

La patiente était dans une de ses humeurs maussades, mais docile. Elle se laissa conduire dans la pièce où devait se dérouler l'examen, et se soumit sans protester aux diverses palpations. Invitée à tirer la langue, elle refusa, mais quand le médecin lui enfonça les doigts dans la bouche et lui sépara de force la mâchoire supérieure de l'inférieure pour pouvoir l'examiner, du moins ne le mordit-elle pas. Ses yeux le fuyaient, lui et ses instruments, et c'est à peine si elle semblait consciente de sa présence et de l'examen qu'il lui faisait subir. Rien à faire pour la sortir de son mutisme.

En dépit d'une trop grande maigreur et de la présence de poux, le médecin trouva la patiente en parfaite santé. Il lui fut plus difficile en revanche de se prononcer sur son état psychologique. L'enfant était-elle, comme le sous-entendait John-the-Dig, mentalement déficiente ? Ou son comportement s'expliquait-il par l'absence de tout contrôle parental et de toute discipline ? C'était l'avis de la Missis, laquelle, du moins en public, n'était que trop encline à excuser les jumelles.

Ce n'étaient pas là les seules opinions que le médecin avait en tête en auscultant l'étrange créature. La veille, chez lui, pipe à la bouche, main sur la cheminée, il avait donné libre cours à ses réflexions sur le sujet (l'écoute de sa femme l'inspirait et favorisait son éloquence), énumérant les exemples d'inconduite qu'on lui avait rapportés : vols dans les cottages des villageois, destruction du jardin topiaire, violences exercées sur Emmeline, fascination pour les allumettes. Il passait en revue les explications possibles, quand la voix douce de sa femme était venue interrompre ses réflexions. « Et si elle était tout simplement méchante ? »

Un moment, l'interruption le dérouta au point de l'empêcher de répondre.

« Ce n'est qu'une suggestion », dit-elle, avec un geste de la main censé minimiser le poids de ses paroles. Elle avait parlé gentiment, mais peu importait. Le seul fait qu'elle ait dit quelque chose suffisait à donner à ses mots une allure caustique.

Et puis, il y avait l'opinion d'Hester.

« Ce qu'il vous faut garder présent à l'esprit, lui avait-elle dit, c'est qu'en l'absence de tout attachement à un parent, et de toute autre direction un tant soit peu stricte, le développement de l'enfant à ce jour a été façonné par la seule expérience de la gémellité. Sa sœur est l'unique point fixe et permanent de son champ de conscience, et sa vision du monde s'est donc construite à travers le prisme de leur relation. »

Elle avait, bien entendu, parfaitement raison. Il ignorait d'où elle tenait cette théorie, mais elle avait dû l'étudier de fort près, car elle l'avait développée de manière tout à fait sensée. En l'écoutant, il avait été frappé par sa curieuse petite voix. Une voix qui, en dépit d'une tonalité typiquement féminine, ne manquait pas d'une autorité toute masculine. Cette femme s'exprimait bien. Elle avait une habitude amusante qui consistait à exposer ses propres vues avec la même maîtrise mesurée que celle dont elle faisait preuve quand elle expliquait une théorie qu'elle avait lu sous la plume d'un spécialiste. Et quand elle s'arrêtait à la fin d'une phrase pour reprendre son souffle, elle lui jetait un coup d'œil – qui, la première fois, l'avait déconcerté, mais qu'il trouvait maintenant plutôt drôle – destiné à lui faire savoir s'il était autorisé à parler ou si elle-même avait l'intention de poursuivre.

« Il faut que je fasse quelques recherches supplémentaires, dit-il à Hester quand ils se retrouvèrent pour parler du cas d'Adeline après la consultation. Et je prendrai certainement en compte le facteur de la gémellité

« — Voilà comment je vois les choses, dit Hester, en hochant la tête. Par certains côtés, il semblerait que les jumelles se soient approprié chacune la moitié d'un ensemble de traits. Là où une personne ordinaire, normalement équilibrée, va éprouver toute une gamme d'émotions, manifester une grande variété de comportements, les jumelles ont, elles, pourrait-on dire, divisé cette gamme d'émotions et de comportements en deux et en ont pris chacune une partie. L'une est incontrôlable et sujette à de violents emportements ; l'autre est indolente et passive. L'une préfère la propreté, là où l'autre n'est bien que dans la saleté. L'une a un désir insatiable de nourriture, quand l'autre est capable de rester plusieurs jours sans manger. Or, si cette polarité – nous discuterons plus tard de savoir si elle a été adoptée ou non consciemment – est constitutive du sentiment d'identité chez Adeline, il n'est pas surprenant qu'elle réprime en elle tout ce qui, à ses yeux, relève du domaine d'Emmeline, qu'en pensez-vous ? » La question était purement rhétorique ; Hester ne laissa pas entendre au médecin qu'il était autorisé à parler, mais reprit calmement son souffle avant de poursuivre. « Considérons maintenant les qualités de celle que vous appelez la fille dans le brouillard. Elle écoute des histoires, est capable de comprendre un langage qui n'est pas celui de la gémellité et de s'en émouvoir. Ce qui suggère une inclination à entrer en contact avec autrui. Mais des deux jumelles, quelle est celle à qui a échu la tâche de communiquer avec les autres ? Emmeline ! Et c'est pourquoi Adeline se voit contrainte de réprimer cette part de normalité qui est en elle. »

Hester tourna la tête vers son interlocuteur et le gratifia de ce regard qui lui signifiait que c'était à son tour de parler.

« C'est une curieuse idée, répondit-il, circonspect. J'aurais plutôt cru le contraire, non ? De la part de jumelles, on pourrait s'attendre à ce qu'elles soient plus semblables que différentes.

« — Mais nous savons, pour les avoir observées, que tel n'est pas le cas, riposta-t-elle vivement.

— Hum, hum ! »

Elle garda le silence, lui laissant le temps de la réflexion. Il fixait le mur nu, plongé dans ses pensées, tandis qu'elle jetait des coups d'œil inquiets dans sa direction, essayant de deviner à son expression l'accueil qu'il réservait à sa théorie. Il fut bientôt prêt à rendre son jugement.

« Votre idée ne manque certes pas d'intérêt, dit-il en lui souriant gentiment pour atténuer l'effet de ses paroles, mais je ne me souviens pas d'avoir jamais rien lu, dans les ouvrages spécialisés, d'étude concernant une telle répartition de traits de caractère entre des jumeaux. »

Elle ignora le sourire et croisa son regard sans sourciller. « C'est vrai que la littérature sur le sujet n'en fait pas état. Si on devait trouver cette théorie quelque part, ce serait chez Lawson, et elle n'y est pas.

« — Vous avez lu Lawson ?

« — Bien sûr. Je n'imaginerais pas donner mon avis sur un sujet quelconque sans d'abord être sûre de mes références.

« — Ah !

« — Il y a chez Harwood une allusion aux jumeaux péruviens qui est intéressante, malheureusement il s'arrête en route et ne tire pas les conclusions qui s'imposent.

« — Je me souviens effectivement de cet exemple... Ah ! poursuivit-il avec un petit sursaut, je vois le rapport maintenant ! Et je me demande si l'étude du cas Brasenby ne serait pas ici de quelque pertinence...

« — Je n'en ai obtenu qu'un résumé... Pouvez-vous me prêter la version complète ? »

Et c'est ainsi que tout commença.

Impressionné par la perspicacité des observations d'Hester, le docteur Maudsley lui prêta l'étude du cas Brasenby. Quand elle lui rendit l'ouvrage, il était accompagné d'une page de notes et de questions dans un style des plus concis. Lui, dans l'intervalle, s'était procuré une série d'autres livres et articles pour compléter sa collection de documents sur la gémellité, ouvrages récemment publiés, manuscrits de travaux en cours conduits par divers spécialistes, livres étrangers. Au bout d'une semaine ou deux, il découvrit qu'il pouvait s'économiser un temps précieux en faisant passer toute cette documentation d'abord à Hester, pour se contenter ensuite de lire les résumés pénétrants qu'elle en faisait. Quand ils eurent lu tout ce qui se pouvait trouver sur le sujet, ils revinrent à leurs propres observations. Tous deux avaient accumulé des notes, consacrées chez lui à la partie médicale, chez elle, au domaine psychologique ; il y avait d'abondantes annotations de la main du docteur dans la marge des manuscrits d'Hester, il y en avait encore plus de sa main à elle dans les écrits du médecin, sans compter les développements fort convaincants qu'elle joignait à l'occasion sur des feuilles séparées.

Ils lurent, réfléchirent, écrivirent, se rencontrèrent, échangèrent leurs points de vue. Arriva le jour où ils surent tout ce qu'il y avait à savoir sur les jumeaux, mais il restait encore une chose qu'ils ignoraient, et c'était la seule qui importait vraiment.

« Tout ce travail, dit un soir le docteur Maudsley, dans la bibliothèque, toute cette masse de papiers. Et pourtant, nous n'avons guère avancé. »

Il se passa la main dans les cheveux d'un geste fébrile. Il avait dit à sa femme qu'il serait de retour avant sept heures et demie, et voilà qu'il allait être en retard.

« Est-ce à cause d'Emmeline, reprit-il, qu'Adeline réprime en elle la fille du brouillard ? Je crois que la réponse à cette question se trouve en dehors du champ des connaissances actuelles », ajouta-t-il, avant de soupirer et de jeter son crayon sur le bureau d'un air mi-irrité, mi-résigné.

« Vous avez tout à fait raison. C'est bel et bien le cas. » Elle avait répondu avec humeur, mais elle était excusable : il avait fallu au médecin près d'un mois pour arriver à la conclusion qu'elle aurait pu lui fournir dès le début, s'il avait seulement consenti à l'écouter.

Il se tourna vers elle.

« Il n'y a qu'un seul moyen pour trouver la réponse », dit-elle calmement.

Il leva un sourcil interrogateur.

« Mon expérience et mes observations m'ont amenée à penser qu'il y avait là matière à un projet de recherche original. Bien évidemment, en tant que simple gouvernante, j'aurais beaucoup de mal à convaincre les responsables d'une revue de publier mes essais. Un seul coup d'œil à mes qualifications, et ils se diraient que je ne suis qu'une femme stupide dont les idées excèdent les compétences. (Elle haussa les épaules et baissa les yeux.) Peut-être auraient-ils raison, et peut-être ne suis-je en effet rien d'autre. Il n'en reste pas moins, dit-elle en regardant son interlocuteur par en dessous, que pour un homme qui aurait la formation et les connaissances requises, je suis sûre qu'il y a là un sujet très prometteur. »

Son interlocuteur parut d'abord surpris, puis il prit un air songeur. Une recherche originale ! L'idée était loin d'être absurde. Après tout, au terme de tous ces mois de lectures intensives, il devait être le médecin le mieux informé du pays sur la gémellité. Qui d'autre en savait autant que lui ? Et surtout, qui d'autre avait sous les yeux le cas rêvé ? Une recherche originale ? Ma foi, pourquoi pas ?

Elle le laissa quelques minutes à ses réflexions, puis, quand elle vit que sa suggestion avait fait son chemin, murmura : « Bien entendu, si vous aviez besoin d'une assistante, je serais heureuse de vous seconder dans la mesure de mes moyens.

« — C'est très gentil à vous, dit-il, en hochant la tête. Bien sûr, vous avez travaillé avec les deux filles... L'expérience sur le terrain... Inestimable... Tout à fait inappréciable. »

Il rentra chez lui sur un nuage, sans remarquer que son souper était froid, et sa femme, de mauvaise humeur.

Hester, de son côté, rassembla les papiers qui jonchaient le bureau et sortit de la pièce ; son pas rapide et le petit claquement de la porte quand elle la referma d'un geste décidé avaient des accents de victoire.

La bibliothèque semblait vide, mais ne l'était pas.

Étendue de tout son long au sommet des rayonnages, une gamine se rongeait les ongles et réfléchissait.

Une recherche originale.

Est-ce à cause d'Emmeline qu'Adeline réprime en elle la fille du brouillard ?

Pas besoin d'être très malin pour prévoir ce qui allait se passer maintenant.

Ils opérèrent de nuit.

Emmeline ne broncha pas quand ils la sortirent de son lit. Elle devait se sentir en sécurité dans les bras d'Hester ; peut-être reconnut-elle dans son sommeil l'odeur du savon, tandis qu'on la transportait hors de la chambre et le long du couloir. Quelle qu'en soit la raison, elle ne comprit pas sur le moment ce qui se passait. Ce n'est que bien des heures plus tard qu'elle s'éveillerait à la vérité.

Pour Adeline, ce fut différent. Rapide et sur le qui-vive, elle s'éveilla dans l'instant où elle perçut l'absence de sa sœur. Quand elle se précipita sur la porte, ce fut pour la trouver déjà verrouillée par la main preste d'Hester. En un éclair, elle comprit tout. La séparation. Elle ne cria pas, ne tambourina pas à poings fermés, n'essaya pas d'agripper le verrou de ses ongles. Toute énergie l'abandonna d'un coup. Elle glissa sur le sol, se tassa contre la porte, et c'est là qu'elle passa la nuit. Les lames nues du parquet lui entraient dans les côtes, mais elle ne sentait pas la douleur. Il n'y avait pas de feu dans la pièce, et sa chemise de nuit était mince, mais elle ne sentait pas non plus le froid. Tout ce temps, elle ne sentit rien. Elle était brisée.

Quand ils vinrent la chercher le lendemain matin, elle resta sourde au bruit de la clé dans la serrure, ne réagit pas davantage quand la porte la repoussa en s'ouvrant. Elle avait les yeux éteints, le visage exsangue. Sa peau était glacée. On aurait dit un cadavre, sauf que ses lèvres remuaient sans arrêt, répétant un mantra silencieux qui ressemblait fort à *Emmeline, Emmeline, Emmeline*.

Hester souleva Adeline dans ses bras. Sans grand mal. L'adolescente avait quatorze ans, mais elle n'avait que la peau sur les os. Toute sa force résidait dans sa volonté, et, une fois celle-ci anéantie, il ne lui restait plus rien. Ils la transportèrent en bas aussi facilement qu'ils l'auraient fait d'un oreiller de plumes que l'on veut aérer.

John les conduisit. Sans un mot. D'approbation, de désapprobation, peu importait. Les décisions appartenaient à Hester.

Ils dirent à Adeline qu'ils l'emmenaient voir Emmeline. Un mensonge dont ils n'avaient guère besoin de s'encombrer, car ils auraient pu l'emmener n'importe où sans qu'elle manifeste la moindre résistance. Elle était perdue. Comme absente d'elle-même. Sans sa sœur, elle n'était plus rien, ni personne. C'est une coquille vide qu'ils emportèrent chez le médecin. Où ils la laissèrent.

De retour à Angelfield, ils transportèrent Emmeline de la chambre d'Hester dans son lit à elle sans la réveiller. Elle dormit encore une heure, et, quand elle finit par ouvrir les yeux, fut à peine surprise de constater que sa sœur n'était pas là. Au cours de la matinée, sa surprise grandit, pour se transformer en inquiétude dans l'après-midi. Elle s'aventura aussi loin qu'elle l'osa dans les bois et le village.

À l'heure du thé, Hester la trouva au bord de la route, regardant d'un œil fixe dans la direction qui, si elle l'avait prise, l'aurait menée tout droit chez le docteur Maudsley. Mais elle n'avait pas osé. Hester posa une main sur son épaule et l'attira contre elle, avant de la ramener à la maison. De temps en temps, Emmeline s'arrêtait, hésitante, prête à faire demi-tour, mais Hester, d'une main ferme, la remettait dans la bonne direction. Emmeline la suivait, docile mais perplexe. Après le thé, elle se posta près de la fenêtre et attendit. Elle montra des signes d'agitation quand le jour déclina, mais ce n'est que quand Hester ferma les portes à clé et entreprit de la mettre au lit qu'elle céda à la panique.

Elle pleura toute la nuit. Des sanglots solitaires qui semblaient ne jamais devoir s'arrêter. Ce qui, chez Adeline, s'était cassé net, dans l'instant, prit chez Emmeline vingt-quatre heures déchirantes pour se déliter. Mais quand vint l'aube, elle était calme. À force de larmes et de sanglots, elle avait fini par oublier.

Une séparation de jumeaux n'est pas une séparation ordinaire. Imaginez-vous dans la peau d'un survivant à un tremblement de terre. Vous reprenez conscience et découvrez un monde que vous ne reconnaissez pas. L'horizon n'est plus au même endroit. Le soleil a changé de couleur. Il ne reste rien de l'environnement qui vous était familier. Quant à vous, vous êtes vivant, certes. Ce qui ne veut pas dire que vous vivez. Pas étonnant que ceux qui ont survécu à de telles catastrophes expriment si souvent le regret de ne pas avoir péri en même temps que les autres.

*

Miss Winter avait les yeux perdus dans le vide. Ses fameux cheveux cuivrés étaient teintés d'un orange pâle. Elle avait abandonné la laque, et ses torsades et tresses rigides avaient cédé la place à un enchevêtrement informe et lâche. Mais ses traits étaient tendus, et elle se tenait raide comme un piquet, comme pour mieux s'armer contre un vent cinglant dont elle était seule à sentir la morsure. Lentement, elle tourna les yeux vers moi.

« Vous êtes sûre que ça va ? demanda-t-elle. Judith me dit que vous ne mangez presque rien.

« — J'ai toujours été comme ça.

« — Mais vous êtes toute pâle.

« — Un peu fatiguée, peut-être. »

La séance se termina de bonne heure. Pas plus l'une que l'autre, je crois, nous ne nous sentions à même de poursuivre.

Croyez-vous aux fantômes ?

Quand je la revis pour notre entretien suivant, Miss Winter était changée. Elle ferma les yeux avec lassitude, et il lui fallut plus longtemps qu'à l'accoutumée pour réveiller le passé et se mettre à parler. Tandis qu'elle rassemblait les fils de son récit, je l'observai et remarquai qu'elle avait renoncé à ses faux cils. Le fard à paupières violet était toujours là, toujours là aussi le trait hardi de khôl. Mais sans les cils en pattes d'araignée, elle avait l'air un peu incongru d'une petite fille qui a joué avec le maquillage de sa mère.

*

Les choses ne prirent pas la tournure qu'avaient espérée Hester et le docteur Maudsley. Ils s'étaient préparés à affronter une Adeline qui s'emporterait, piquerait des rages, se débattrait comme un beau diable. Quant à Emmeline, ils escomptaient que son affection pour Hester lui ferait accepter la disparition soudaine de sa sœur jumelle. En bref, ils s'attendaient à retrouver les filles qu'ils avaient connues, à cette différence près qu'elles seraient désormais séparées au lieu d'être ensemble. C'est pourquoi, au départ, ils furent surpris par la métamorphose des jumelles en deux pantins sans vie.

Pas tout à fait sans vie. Le sang continuait à circuler, paresseusement, dans leurs veines. Elles avalaient la soupe qui leur était donnée à la cuiller, par la Missis dans une maison, par la femme du médecin dans l'autre. Mais avaler n'est qu'un réflexe, elles n'avaient aucun appétit. Leurs yeux, ouverts pendant la journée, ne voyaient rien, et la nuit, bien que fermés, n'affichaient pas le calme du sommeil. Elles étaient séparées, elles étaient seules, étranges habitantes de limbes étranges. Elles ressemblaient à des amputés, si ce n'est qu'elles avaient perdu leur âme et non un membre.

Nos deux chercheurs doutèrent-ils d'eux-mêmes ? Prirent-ils la peine de se demander s'ils n'avaient pas tort d'agir comme ils le faisaient ? Les formes alanguies des jumelles, leurs visages vides jetèrent-ils une ombre sur leur beau projet ? Ils n'étaient pas délibérément cruels, voyez-vous. Ils n'étaient que stupides. Égarés et trompés par leur savoir, leur ambition, leurs illusions aveugles.

Le docteur procédait à des tests. Hester observait. Et ils se retrouvaient tous les jours. Pour comparer leurs notes. Pour parler de ce qu'ils appelèrent d'abord, avec un certain optimisme, leurs avancées. Derrière le bureau du médecin, ou dans la bibliothèque d'Angelfield, ils restaient assis des heures, la tête penchée sur les papiers où était consignée dans ses moindres détails la vie des deux petites. Comportement, régime alimentaire, sommeil. Ils s'interrogeaient sur ce manque d'appétit, cette propension à vouloir dormir tout le temps, d'un sommeil qui n'en était pas vraiment un. Avançaient des théories censées expliquer ces changements de comportement des jumelles. L'expérience ne se déroulait pas aussi bien que prévu, avait commencé, pour tout dire, de façon désastreuse, mais les deux chercheurs évitaient d'envisager l'éventualité selon laquelle ils faisaient peut-être plus de mal que de bien, préférant continuer à croire qu'ensemble ils pouvaient accomplir un miracle.

Pour la première fois depuis des décennies, le docteur Maudsley travaillait en compagnie d'un esprit scientifique de haut niveau, et tirait une grande satisfaction de cette nouveauté. Il s'émerveillait de l'aptitude de sa protégée à saisir un principe et à le mettre en application la minute suivante, avec une originalité et une perspicacité toute professionnelles. Il ne tarda pas à s'avouer qu'elle était davantage une collègue qu'une protégée. De son côté, Hester s'enthousiasmait de constater que son esprit était enfin nourri et stimulé de façon adéquate. Elle sortait de leurs entretiens quotidiens rayonnante d'excitation et de plaisir. Leur aveuglement commun était donc tout naturel. Comment auraient-ils pu comprendre que ce qui leur faisait tant de bien pouvait causer tant de mal aux enfants dont ils avaient la charge ? À moins que, le soir, occupés chacun de son côté à rédiger les notes du jour, ils aient à l'occasion levé les yeux sur l'enfant immobile, aux yeux éteints, tassée sur sa chaise dans un coin, et que le doute ait soudain traversé leur esprit. Peut-être. Mais si tel était le cas, ils n'en firent pas mention dans leurs notes, ni ne s'en ouvrirent l'un à l'autre.

Ils s'étaient tellement investis dans leur entreprise commune qu'ils furent incapables de voir que leur grand projet n'avançait pas. Emmeline et Adeline étaient dans un état voisin de la catatonie, et la fille dans le brouillard n'apparaissait plus. Nullement découragés par l'absence de résultat, nos deux chercheurs poursuivirent leur tâche : ils établirent des tables et des diagrammes, échafaudèrent des théories, voulurent les vérifier à l'aide d'expériences complexes. À chaque nouvel échec, ils se consolaient en se disant qu'ils avaient éliminé une hypothèse de plus de leur champ d'examen, et passaient incontinent à la grande idée suivante.

La femme du médecin et la Missis étaient elles aussi impliquées dans l'affaire, mais de loin. C'est à elles qu'incombaient les soins quotidiens à donner aux deux filles. Trois fois par jour, elles déversaient leurs cuillerées de soupe dans des bouches accommodantes. Elles habillaient les jumelles, les lavaient, leur brossaient les cheveux, s'occupaient de leur linge. Elles avaient chacune leurs raisons pour désapprouver le projet, mais avaient aussi l'une et l'autre leurs raisons pour garder leur opinion pour elles. Quant à John-the-Dig, il était mis à l'écart. Personne ne lui avait demandé son avis, qu'il ne se privait pourtant pas d'exprimer quotidiennement auprès de la Missis dans la cuisine : « Il en sortira rien de bon, tu peux me croire. Rien de bon, j'te l'dis. »

Arriva un moment où les deux experts furent bien près de renoncer. Tous leurs plans avaient échoué, et ils avaient beau se creuser la cervelle, ils ne trouvaient plus rien à tenter. C'est précisément à ce moment-là qu'Hester détecta quelques signes d'amélioration dans l'état d'Emmeline. Celle-ci avait tourné la tête vers la fenêtre. On la trouva serrant contre elle un colifichet brillamment coloré dont elle refusa de se séparer. En écoutant aux portes (pratique nullement indélicate, soit dit en passant, quand on s'y livre au nom de la science), Hester découvrit que l'enfant, quand elle était seule, se parlait à elle-même dans le langage qu'elle partageait auparavant avec sa jumelle.

« Un processus d'autoapaisement, dit-elle au médecin, dans lequel elle imagine la présence de sa sœur. »

Sur quoi, l'homme de science se mit en devoir de laisser Adeline seule pendant plusieurs heures d'affilée tout en écoutant à la porte, bloc-notes et stylo en main. Il n'entendit jamais rien.

Hester et lui furent d'accord pour reconnaître qu'il leur fallait s'armer de patience avec Adeline, dont le cas était éminemment complexe, mais se félicitèrent des progrès accomplis par Emmeline. Ils furent tout heureux de voir qu'elle retrouvait l'appétit, qu'elle consentait à se redresser et à s'asseoir correctement, et se congratulèrent quand elle fit ses premiers pas sans y être forcée. Bientôt, elle parcourait à nouveau la maison et le parc, un peu à la façon dont, par le passé, elle déambulait çà et là sans but précis. Aucun doute, l'expérience débouchait enfin sur quelque chose ! Que le médecin et Hester aient pris le temps de se demander si ce qu'ils qualifiaient de progrès n'était pas en fait un retour pur et simple d'Emmeline à ses habitudes d'antan, voilà qui est difficile à dire.

Les choses n'étaient pourtant pas toujours roses avec Emmeline. Il y eut par exemple ce jour terrible où son odorat la conduisit jusqu'au placard rempli des guenilles portées jadis par sa sœur. Elle enfouit son visage dedans, en respira l'odeur rance et animale, puis, au comble du ravissement, s'en attifa. L'épisode était en soi embarrassant, mais le pire était à venir. Ainsi vêtue, elle s'entrevit dans une glace, et, prenant le reflet pour sa sœur, se précipita à sa rencontre la tête la première. Le fracas fut tel que la Missis arriva en courant, pour trouver Emmeline en larmes à côté de la glace, pleurant non pas sur sa douleur, mais sur sa pauvre sœur brisée en plusieurs morceaux et qui saignait.

Hester lui enleva ses oripeaux et les donna à John-the-Dig pour qu'il les brûle. Précaution supplémentaire, elle ordonna à la Missis de retourner toutes les glaces contre le mur. Emmeline fut intriguée, mais aucun incident de ce genre ne se reproduisit.

Elle refusait toujours de parler. En dépit de tous les chuchotements solitaires qui se poursuivaient derrière les portes closes, dans l'ancien langage des jumelles, impossible de lui faire dire un seul mot en anglais. Le sujet méritait d'être débattu. Hester et le docteur Maudsley tinrent donc dans la bibliothèque un long conciliabule, à l'issue duquel ils conclurent qu'ils n'avaient aucune raison de s'inquiéter. Emmeline était capable de parler et, avec le temps, elle le ferait. Son mutisme, l'épisode de la glace étaient, certes, autant de déceptions, mais quel scientifique n'a pas les siennes ? Et puis, qu'était-ce, en comparaison des fameux progrès ? Emmeline n'était-elle pas désormais suffisamment forte pour être autorisée à sortir ? Et ces derniers temps, n'allait-elle pas moins souvent s'attarder au bord de la route, sur cette frontière invisible au-delà de laquelle elle n'osait s'aventurer, pour regarder d'un œil fixe dans la direction de la maison du médecin ? Les choses allaient aussi bien qu'on pouvait l'espérer.

Les progrès en question n'étaient certes pas ceux qu'ils avaient escomptés au départ. Ils ne se montaient pas à grand-chose comparés aux résultats qu'avait obtenus Hester avec la fillette juste après son arrivée à Angelfield. Mais c'était tout ce dont ils disposaient, et ils s'y accrochaient. Peut-être étaient-ils même secrètement soulagés. Car quelle eût été la conséquence d'un succès confirmé, sinon de mettre un terme à une collaboration désormais sans fondement ? Ce qu'ils n'auraient voulu pour rien au monde.

Jamais ils n'auraient de leur propre chef mis fin à l'expérience. Au grand jamais. Il allait falloir autre chose, un élément extérieur, pour clore l'aventure. Quelque chose de totalement imprévu

*

« Que s'est-il passé ? »

Bien que ce fût la fin de notre entretien quotidien, bien que Miss Winter eût ce visage tiré et grisâtre qui était le sien quand approchait l'heure de son médicament, bien qu'il fût interdit de poser des questions, je n'avais pu me retenir.

En dépit de la souffrance qu'elle endurait, une lueur verte et malicieuse dansait dans ses yeux quand elle se pencha en avant pour me demander sur le ton de la confidence : « Croyez-vous aux fantômes, Margaret ? »

Les fantômes ? Que pouvais-je bien répondre ? J'acquiesçai de la tête.

Satisfaite, Miss Winter se cala à nouveau contre son dossier, et j'eus l'impression, qui n'était pas vraiment nouvelle, d'avoir révélé par ce geste plus de choses que je ne pensais.

« Hester, elle, n'y croyait pas. Elle avait un esprit scientifique, vous comprenez. Si bien que, ne croyant pas aux fantômes, elle eut de sérieux ennuis le jour où elle en vit un. »

*

Voici comment se déroulèrent les choses.

Par une belle journée, Hester, libérée de ses tâches plus tôt qu'à l'ordinaire, quitta la maison en décidant de prendre le chemin le plus long pour se rendre chez le docteur Maudsley. Le ciel était d'un bleu exceptionnel, l'air, lumineux et odorant, et elle débordait d'une énergie dont elle aurait été incapable d'identifier l'origine, mais qui la faisait aspirer à un exercice physique intense.

Le sentier qui contournait les champs lui fit gravir une légère pente qui, en dépit de son peu d'élévation, lui offrit une belle vue des champs et de la campagne alentour. Elle était à peu près à mi-chemin et marchait d'un pas vigoureux, sentant son cœur accélérer ses battements mais sans éprouver la moindre sensation d'effort, prête à croire qu'elle pourrait s'envoler si elle le voulait, quand elle vit quelque chose qui la figea sur place.

Au loin, jouant ensemble dans un champ, Emmeline et Adeline !

Il n'y avait pas à s'y tromper. Deux crinières rousses ; deux paires de chaussures noires ; l'une des filles vêtue de la popeline bleu marine que lui avait fait enfiler la Missis ce matin-là, l'autre habillée en vert.

Impossible !

Mais si ! Hester était une scientifique. Si elle les voyait, c'est qu'elles étaient là. Il devait y avoir une explication. Adeline s'était échappée de la maison du médecin. Sa torpeur l'avait quittée aussi vite qu'elle était venue et, profitant d'une fenêtre ouverte ou d'un trousseau de clés abandonné sans surveillance, la gamine avait pris le large avant que quiconque s'aperçoive de son rétablissement. Ce ne pouvait être que ça.

Que faire ? Courir jusqu'à elles ne servirait à rien. Il lui faudrait le faire à découvert, sur une assez longue distance, et les petites la verraient et s'enfuiraient avant qu'elle ait fait la moitié du chemin. Elle se rendit donc chez le docteur Maudsley. Au pas de course.

Elle y fut en un rien de temps, heurtant à la porte à coups redoublés. C'est Mrs Maudsley qui vint lui ouvrir, faisant la moue devant tout ce raffut, mais Hester était bien trop préoccupée pour songer à des excuses, et elle l'écarta de son chemin pour s'élancer vers la porte du cabinet. Où elle entra sans frapper.

Le médecin sursauta, surpris de voir le visage de sa collaboratrice rougi par l'exercice et ses cheveux, d'ordinaire si bien coiffés, libérés de leurs barrettes. Elle était hors d'haleine. Voulait parler, mais sur le moment en fut incapable.

« Que se passe-t-il donc ? s'exclama-t-il en quittant son siège et en faisant le tour de son bureau pour aller lui poser les mains sur les épaules.

« Adeline ! dit-elle dans un souffle. Vous l'avez laissée sortir ! »

Maudsley leva un sourcil perplexe. Il fit pivoter Hester, de manière à ce qu'elle fît face à l'autre bout de la pièce.

Où se trouvait Adeline.

Hester se retourna d'un coup. « Mais je viens de la voir ! Avec Emmeline ! À l'orée des bois, derrière le champ des Oates... » Elle avait commencé sur un ton véhément, mais, le doute l'envahissant, sa voix avait vite perdu de son assurance.

« Calmez-vous, asseyez-vous ; tenez, buvez un peu d'eau, dit le médecin.

« — Elle a dû s'enfuir. Comment a-t-elle fait pour sortir ? Et pour revenir aussi vite ? demanda Hester, qui cherchait à comprendre.

« — Elle n'a pas bougé de cette pièce depuis deux heures. Depuis le petit déjeuner. Et elle n'est pas restée seule un instant, ajouta-t-il en regardant son interlocutrice dans les yeux, troublé tout de même par son émotion. Ce devait être quelqu'un d'autre. Une enfant du village, suggéra-t-il, sans se départir de sa dignité doctorale.

« — Mais... » (Hester secoua la tête.) « C'étaient les vêtements d'Adeline. Et ses cheveux. »

Elle se tourna pour regarder à nouveau Adeline. Dont les yeux grands ouverts paraissaient indifférents au monde. Elle ne portait pas la robe verte qu'Hester avait aperçue quelques minutes plus tôt, mais la popeline bleu marine, et ses cheveux n'étaient pas dénoués mais tressés.

Hester reporta sur le médecin un regard bouleversé. Elle n'arrivait pas à contrôler sa respiration. Il n'y avait pas d'explication rationnelle à ce qu'elle avait vu. Ce n'était pas un phénomène scientifique. Et Hester savait que le monde était totalement et profondément scientifique. Il ne pouvait y avoir qu'une seule explication. « Je dois être folle, murmura-t-elle, les pupilles dilatées, les narines frémissantes. J'ai vu un fantôme ! »

Ses yeux s'emplirent de larmes.

Le docteur Maudsley fut saisi d'une sensation étrange en voyant sa collaboratrice en proie à une telle panique. Et bien que ce fût le scientifique en lui qui ait d'abord admiré Hester pour son sang-froid et sa rigueur d'esprit, c'est l'homme, animal et instinctif, qui réagit à sa désintégration en l'enlaçant et en posant un baiser passionné sur ses lèvres.

Hester n'opposa aucune résistance.

Écouter aux portes n'est pas une pratique indélicate quand on s'y livre au nom de la science, et l'épouse du médecin était une scientifique avertie lorsque le sujet d'étude était son propre mari. Le baiser qui prit tellement de court Hester et l'homme de science ne surprit pas Mrs Maudsley le moins du monde, car elle s'y attendait depuis déjà un certain temps.

Elle ouvrit violemment la porte, et, forte de son bon droit outragé, fit irruption dans le cabinet.

« Je vous serais reconnaissante de quitter ces lieux immédiatement, dit-elle à Hester. Vous pourrez envoyer John chercher l'enfant avec la voiture. »

Puis, s'adressant à son mari : « Toi, je te verrai plus tard. »

L'expérience avait vécu, et bien d'autres choses avec elle.

John vint chercher Adeline. Il ne vit à cette occasion ni le médecin ni son épouse, mais apprit de la bouche de la bonne ce qui s'était passé le matin.

Une fois rentré, il mit Adeline dans son ancien lit, dans son ancienne chambre, et laissa la porte entrouverte.

Emmeline, qui errait dans les bois, leva la tête, huma l'air, et prit aussitôt la direction de la maison. Elle entra par la porte de la cuisine, fonça dans l'escalier, dont elle monta les marches quatre à quatre, et pénétra sans hésiter dans l'ancienne chambre, avant de refermer la porte derrière elle.

Et Hester, me direz-vous ? Personne ne la vit rentrer à la maison, et personne ne l'entendit en repartir. Mais quand la Missis frappa à sa porte le lendemain matin, elle trouva la petite chambre bien en ordre, et vide. Hester était partie.

*

Je mis un instant à me soustraire au charme de l'histoire avant de me retrouver dans la bibliothèque de Miss Winter.

« Où est-elle allée ? m'étonnai-je.

« — Je n'en ai pas la moindre idée, dit Miss Winter en me regardant, le sourcil froncé. Quelle importance ?

« — Elle a bien dû aller quelque part. »

La conteuse me coula un regard de côté. « Miss Lea, vous n'avez pas à vous attacher aux personnages secondaires. Ce n'est pas leur histoire. Ils vont et viennent, et quand ils disparaissent, c'est pour de bon. On n'en parle plus. »

Je glissai mon crayon dans la spirale de mon bloc-notes et gagnai la porte, mais me retournai avant de sortir.

« Dites-moi au moins d'où elle venait.

« — Au nom du ciel ! Ce n'était qu'une gouvernante ! Alors pourquoi s'en soucier ?

« — Elle devait bien avoir des références. Un emploi antérieur. Une lettre de candidature qui portait son adresse. Peut-être étaitelle envoyée par une agence de placement. »

Miss Winter ferma les yeux, et une expression de souffrance apparut sur son visage. « Mr Lomax, l'avoué de la famille, est certainement en possession de tous les détails. Mais je ne vois pas en quoi ils vous seront utiles. C'est mon histoire, et je sais de quoi je parle. Son étude se trouve dans Market Street, à Banbury. Je vais lui donner des instructions pour qu'il réponde à toutes les demandes d'information que vous pourriez formuler. »

Le soir même, j'écrivais à Mr Lomax.

L'après-Hester

Le lendemain matin, quand Judith m'apporta le plateau du petit déjeuner, je lui donnai ma lettre pour Mr Lomax, tandis qu'elle-même en sortait une autre de la poche de son tablier. Je reconnus l'écriture de mon père.

Les lettres de mon père étaient toujours un réconfort, et celle-ci ne faisait pas exception à la règle. Il espérait que j'allais bien. Mon travail avançait-il ? Il avait lu un bijou de roman danois du XIXe siècle dont il me parlerait à mon retour. Lors d'une vente aux enchères, il était tombé sur un paquet de lettres du XVIIIe dont personne ne semblait vouloir. Serais-je intéressée ? Il les avait achetées au cas où. Quant au recours à un détective privé, pourquoi pas, mais un généalogiste ne ferait-il pas aussi bien, sinon mieux, le travail ? Il connaissait quelqu'un qui avait tous les talents requis et qui, à la réflexion, lui devait un service : il venait parfois au magasin consulter les annuaires. Au cas où je persisterais dans mes intentions, il me joignait son adresse. Comme toujours, il terminait par cette formule bien intentionnée mais totalement défraîchie : *Maman t'envoie son affection.*

Était-ce vrai ? Mon père qui dit : « J'ai l'intention d'écrire à Margaret cet après-midi », et elle qui répond (pour la forme ? avec chaleur ?) : « Envoie-lui mon affection » ?

Non, c'était impensable. C'était mon père qui avait ajouté la formule. À son insu. Pourquoi prenait-il cette peine ? Pour me faire plaisir ? Pour donner corps à la chose ? Était-ce pour moi ou pour elle qu'il tentait si difficilement de nous rapprocher ? Ses efforts étaient voués à l'échec. Ma mère et moi étions comme deux continents qui s'éloignaient lentement mais inexorablement l'un de l'autre ; mon père, lui, éternel architecte, était sans cesse occupé à prolonger la fragile passerelle qu'il avait érigée pour nous relier.

Une lettre était arrivée pour moi au magasin ; mon père l'avait jointe à la sienne. Elle émanait du professeur de droit qu'il m'avait recommandé.

Chère Miss Lea,

J'ignorais qu'Ivan Lea eût une fille, mais maintenant que je le sais, je suis ravi de faire votre connaissance – et plus encore de pouvoir vous être de quelque secours. La déclaration légale de décès est très exactement ce que vous pensez : la présomption légale de la mort d'une personne disparue depuis si longtemps et dans de telles circonstances que le décès est la seule hypothèse raisonnable. La fonction essentielle d'une telle disposition est de permettre aux biens d'une personne portée disparue de passer aux mains de ses héritiers.

J'ai entrepris les recherches nécessaires et retrouvé les documents relatifs au cas qui vous intéresse. Votre Mr Angelfield avait apparemment des habitudes de reclus, et ni la date ni les circonstances de sa disparition ne semblent être connues. Toutefois, le travail méticuleux et obligeant accompli par un certain Mr Lomax pour le compte des héritiers (deux nièces) a permis le déroulement normal de la procédure. La succession était d'une valeur non négligeable, encore que quelque peu diminuée par un incendie qui a rendu la maison inhabitable. Mais vous verrez tout cela par vous-même dans la copie que j'ai faite à votre intention des documents pertinents.

Vous constaterez que c'est l'avoué qui a signé pour le compte d'une des bénéficiaires. Il s'agit là d'une pratique courante dans les cas où le bénéficiaire est incapable pour une raison quelconque (maladie ou autre incapacité par exemple) de s'occuper personnellement de ses affaires.

J'ai porté une attention toute particulière à la signature de l'autre bénéficiaire. Elle était presque illisible, mais j'ai finalement réussi à la déchiffrer. Serais-je tombé, ce faisant, sur un des secrets les mieux gardés de notre époque ? Mais peut-être étiez-vous déjà au courant ? Ce qui expliquerait l'intérêt que vous portez à l'affaire.

Ne craignez rien ! Je suis d'une extrême discrétion ! Dites à votre père de me faire une bonne remise sur le Justitiæ naturalis principia, *et je ne soufflerai mot à personne !*

Votre serviteur,

William Henry Cadwalladr

J'allai directement à la fin de la copie faite par le docteur Cadwalladr. Dans l'espace réservé aux signatures des nièces de Charlie, je pus constater que Mr Lomax avait signé pour Emmeline. Ce qui m'apprenait au moins qu'elle avait survécu à l'incendie. Sur la deuxième ligne apparaissait le nom que j'espérais. *Vida Winter.* Suivi, entre parenthèses, de ces mots : *autrefois connue sous le nom d'Adeline March.*

Enfin une preuve tangible.

Vida Winter était bien Adeline March.

Elle disait donc la vérité.

Forte de cette découverte, j'allai à mon rendez-vous dans la bibliothèque, écoutai et pris des notes dans mon carnet, tandis que Miss Winter me détaillait les événements de l'après-Hester.

*

Adeline et Emmeline passèrent le premier jour et la première nuit dans leur chambre, au lit, dans les bras l'une de l'autre, les yeux dans les yeux. Par un accord tacite, la Missis et John-the-Dig avaient décidé de les traiter en convalescentes, ce qu'elles étaient, d'une certaine manière. Elles avaient subi un grave traumatisme. Elles restèrent donc au lit, nez contre nez, louchant dans les yeux l'une de l'autre. Sans un mot. Sans un sourire. Clignant des yeux à l'unisson. Et grâce à cette transfusion oculaire de vingt-quatre heures, le lien qui avait été rompu se reconstitua. Mais, comme toute plaie qui se referme, l'opération laissa une cicatrice.

Pendant ce temps, la Missis cherchait à comprendre ce qui avait bien pu arriver à Hester. John, qui ne voulait pas lui ôter ses illusions, ne disait rien, mais son silence ne faisait qu'encourager l'autre à s'interroger à haute voix. « J'imagine qu'elle aura dit au docteur où elle allait, conclut-elle, l'air défait. Il va falloir que je lui demande la date de son retour. »

John se vit alors obligé de parler, et il le fit sans mâcher ses mots. « T'avise surtout pas de d'mander au docteur où elle est passée. Lui d'mande rien, à c't homme ! De toute façon, y risque pas de r'mettre les pieds ici. »

La Missis détourna les yeux, le sourcil froncé. Mais qu'est-ce qu'ils avaient tous en ce moment ? Pourquoi Hester n'était-elle plus là ? Pourquoi John était-il si en colère ? Et le docteur, lui qui venait sans arrêt à la maison, pourquoi tout d'un coup ne le voyait-on plus ? Il se passait des choses qui la dépassaient complètement. De plus en plus souvent ces temps-ci, et chaque fois pour de plus longues périodes, elle avait l'impression que le monde ne tournait pas rond. Il lui était arrivé à plusieurs reprises de reprendre conscience pour constater que des heures s'étaient écoulées sans laisser la moindre trace dans sa mémoire. Certains événements, parfaitement clairs pour les autres, ne l'étaient pas toujours pour elle. Et quand elle posait des questions pour essayer de comprendre, elle surprenait chez ses interlocuteurs un regard étrange qu'ils s'empressaient de faire disparaître. Oui, décidément, il se passait des choses bizarres. Et l'absence inexpliquée d'Hester n'était qu'une partie du mystère.

Même s'il regrettait de voir la Missis malheureuse, John n'était pas fâché qu'Hester fût partie. Son absence semblait le soulager d'un grand fardeau. Il pénétrait plus volontiers dans la maison et passait plus de temps le soir avec la Missis dans la cuisine. Dans son idée, ce n'était pas une grande perte que celle d'Hester. La gouvernante n'avait apporté qu'une seule véritable amélioration dans sa vie – en l'encourageant à reprendre son travail dans le jardin topiaire –, et elle l'avait fait de manière si subtile, si discrète, qu'il n'eut pas beaucoup de mal à se convaincre que la décision venait de lui, et de lui seul. Quand il devint évident qu'elle était partie pour de bon, il sortit ses bottes de l'appentis et les apporta à la cuisine pour les cirer devant le poêle, les pieds sur la table, car il n'y avait plus personne maintenant pour l'en empêcher.

Dans la nursery, la rage et la fureur semblaient avoir quitté Charlie, ne laissant à leur place qu'une lassitude affligée. On entendait parfois son pas lent et traînant, et parfois, en collant l'oreille à la porte, on l'entendait sangloter comme un enfant de deux ans au comble du désespoir. Se pouvait-il que de manière profondément mystérieuse, encore que malgré tout scientifique, Hester ait réussi à l'influencer au travers de portes verrouillées et à l'empêcher de sombrer corps et âme ? Ce n'était pas impossible.

Les êtres humains ne furent pas les seuls à réagir à la disparition d'Hester. La maison en fit autant, et dans l'instant. Ce qui frappa d'abord fut le silence retrouvé. Fini le *tap-tap-tap* des pieds agiles d'Hester trottant dans l'escalier ou le long des couloirs. Puis s'arrêtèrent à leur tour les coups et les grincements en provenance du toit. Le couvreur, en apprenant qu'Hester n'était plus là, se dit, non sans raison, que sans personne pour mettre ses factures sous le nez de Charlie, il risquait fort de ne pas être payé de son ouvrage. Il remballa ses outils et partit. Il revint une fois chercher ses échelles, et on ne le revit jamais plus.

Dès le premier jour, et comme si rien n'était jamais venu interrompre le silence, la maison reprit son long et lent processus de délabrement. Ce furent d'abord de petites choses : la saleté commença à filtrer par la moindre crevasse du moindre des objets ; les surfaces planes sécrétèrent de la poussière ; les fenêtres se recouvrirent d'une première couche de crasse, encore fine. Les changements apportés par Hester étaient superficiels. Ils réclamaient une attention de tous les instants pour manifester leurs effets. Dans la mesure où les séances de ménage de la Missis furent d'abord hésitantes, puis bientôt inexistantes, la nature profonde de la maison reprit le dessus. Le moment vint où, comme par le passé, on ne put bientôt plus rien ramasser sans que cela vous colle aux doigts.

Les objets eux-mêmes ne tardèrent pas à retourner à leurs vieilles habitudes. Les clés furent les premières à naviguer. Du jour au lendemain, elles s'extirpaient des serrures ou glissaient des anneaux, avant d'aller rejoindre leurs compagnes dans quelque cavité poussiéreuse sous une lame de parquet branlante. Les chandeliers en argent, encore brillants de l'astiquage d'Hester, quittaient la tablette de la cheminée du salon pour aller grossir les trésors que cachait Emmeline sous son lit. Les livres désertaient leurs rayons dans la bibliothèque pour monter à l'étage, où ils traînaient dans les coins ou sous les canapés. Les rideaux se mirent à se tirer et à se fermer tout seuls. Jusqu'aux meubles qui profitaient de l'absence de surveillance pour se déplacer. Là, c'était un canapé qui se décollait petit à petit du mur ; ailleurs, un fauteuil qui se décalait de cinquante centimètres vers la gauche. Autant de preuves que le fantôme de la maison reprenait ses droits.

En règle générale, une toiture en cours de réparation va d'abord plus mal avant d'aller mieux. Certains des trous laissés par le couvreur à son départ étaient plus gros que ceux qu'il avait trouvés à son arrivée. S'il était agréable de rester allongé sur le sol du grenier à sentir la chaleur du soleil sur son visage, il en allait autrement quand il pleuvait. Les planchers commencèrent à se ramollir, puis l'eau à s'infiltrer dans les pièces du dessous. Il y avait des endroits où il valait mieux ne pas mettre les pieds, sous peine de sentir les lattes s'incurver dangereusement. Elles ne tarderaient pas à s'effondrer, et l'on verrait alors directement dans la pièce en dessous. Et le plancher de cette pièce elle-même, combien de temps lui faudrait-il pour qu'il cède à son tour et que le regard plonge directement dans la bibliothèque ? Le plancher de la bibliothèque résisterait-il ? Serait-il possible un jour de se tenir dans les caves et d'apercevoir le ciel au travers de quatre étages ?

Les voies de l'eau, à l'instar de celles de Dieu, sont impénétrables. Une fois dans la maison, l'eau obéit à la pesanteur de façon indirecte. À l'intérieur des murs et sous les planchers, elle trouve des rigoles et des chemins secrets ; elle suinte et s'écoule dans des directions inattendues ; refait surface aux endroits les plus improbables. Partout dans la maison, il y avait des serpillières pour éponger, mais personne ne songeait à les essorer ; des casseroles et des saladiers étaient placés ici ou là sous les fuites, mais ils débordaient bien avant qu'on se préoccupe de les vider. Le plâtre s'écaillait sous l'effet de l'humidité, qui n'épargnait pas non plus le mortier. Dans le grenier, certaines cloisons étaient si fragiles qu'on les ébranlait d'une seule main comme on l'aurait fait d'une dent sur le point de tomber.

Et les jumelles dans tout ça ?

La blessure qu'avaient infligée Hester et le docteur Maudsley était grave. Les choses, c'était évident, ne seraient plus jamais comme avant. Les jumelles partageraient pour toujours une cicatrice, et les effets de la séparation ne s'effaceraient jamais tout à fait. Pourtant, elles réagirent chacune à leur manière. Adeline avait délibérément choisi la fuite dès l'instant où elle avait compris où le médecin et Hester voulaient en venir. Elle s'était perdue elle-même du moment où elle avait perdu sa jumelle, et n'avait aucun souvenir du temps qu'elle avait passé loin d'elle. Le trou noir qui avait séparé la perte de sa sœur de leurs retrouvailles était tel qu'il eût aussi bien pu durer un an qu'une seconde. Peu importait d'ailleurs. Car c'était du passé, et elle était revenue à la vie.

Les choses en allèrent différemment pour Emmeline. Elle n'avait pas connu, elle, le soulagement de l'amnésie. Elle avait souffert plus longtemps, et souffert davantage. Dans les premières semaines, chaque instant avait été pour elle un supplice. Elle était comme ces amputés avant l'introduction de l'anesthésie, rendue à moitié folle par la douleur, et stupéfaite de constater que le corps pût souffrir autant sans en mourir. Lentement pourtant, cellule après cellule, elle commença son douloureux travail de reconstitution. Vint un jour où la douleur ne consuma plus son corps tout entier, mais seulement son cœur. Puis vint un autre jour où même son cœur fut capable, du moins pour un moment, de ressentir d'autres émotions que le chagrin. En bref, Emmeline s'était adaptée à l'absence de sa jumelle. Avait appris à exister en dehors d'elle.

Elles se retrouvèrent néanmoins réunies et reprirent leur vie d'avant. Ce qu'Adeline ne comprit pas tout de suite, c'est qu'Emmeline n'était plus tout à fait la même jumelle.

Au début, elles ne connurent que le bonheur des retrouvailles. Elles étaient inséparables. Là où allait l'une, l'autre suivait. Dans le jardin topiaire, elles couraient entre les vieux arbres, jouant sans fin à se cacher et à réapparaître, dans une imitation de leur récente expérience dont Adeline semblait ne jamais se lasser. Pour Emmeline, au contraire, la nouveauté commença bientôt à perdre de son attrait. Une partie de leur vieil antagonisme refit surface. Emmeline voulait aller d'un côté, Adeline de l'autre, et elles se battaient. Et, comme par le passé, c'était d'ordinaire Emmeline qui cédait. Or, dans ce moi secret qu'elle s'était découvert, elle supportait mal ces défaites.

Emmeline avait beaucoup aimé Hester. Elle ne regrettait pourtant pas son absence, car, pendant la durée de l'expérience, son affection avait décliné. Après tout, c'était Hester qui l'avait séparée de sa sœur, elle le savait. Pis, la gouvernante avait été tellement prise par ses rapports et ses consultations scientifiques que, peut-être sans s'en rendre compte, elle l'avait négligée. Confrontée à une solitude à laquelle elle n'était pas habituée, Emmeline avait dû trouver des moyens pour se distraire de son chagrin. Elle avait découvert des amusements et des jeux qu'elle avait fini par apprécier pour eux-mêmes. Divertissements auxquels elle n'avait nullement l'intention de renoncer sous prétexte que sa sœur était de retour.

C'est ainsi que le troisième jour après leur réunion, Emmeline quitta la partie de cache-cache qui se déroulait dans le jardin topiaire et se rendit dans la salle de billard, où elle conservait un jeu de cartes. Étendue sur le ventre au milieu du tapis vert, elle se mit à jouer. Il s'agissait d'une variante de la réussite, la plus simple et la plus enfantine qui soit. Emmeline gagnait à tous les coups ; les règles étaient telles qu'elle ne pouvait pas perdre. Et chaque fois, elle exultait.

Au milieu de la partie, elle inclina la tête. Elle ne l'entendait pas vraiment, mais son oreille intérieure, constamment accordée à sa jumelle, lui disait qu'Adeline était en train de l'appeler. Elle fit comme si de rien n'était. Elle était occupée. Elle verrait Adeline plus tard. Quand elle aurait fini sa partie.

Une heure après, quand Adeline entra comme une furie dans la pièce, les yeux plissés par la colère, Emmeline ne put esquisser le moindre geste de défense. L'autre grimpa sur le billard et, en proie à une rage hystérique, se jeta sur elle.

Emmeline ne fit rien pour se défendre. Elle ne pleura pas non plus. Ni n'émit la moindre plainte, que ce fût pendant l'agression ou après.

Une fois sa rage passée, Adeline se redressa et resta à regarder sa sœur pendant quelques minutes. Le tapis vert s'imbibait de sang. Les cartes à jouer étaient dispersées un peu partout. Les épaules d'Emmeline, qui s'était roulée en boule, se soulevaient et s'abaissaient spasmodiquement au rythme de sa respiration.

Adeline pivota sur ses talons et sortit de la pièce.

Emmeline resta sans bouger sur la table, où John la trouva des heures plus tard. Il l'amena à la Missis, qui nettoya le sang dans ses cheveux, lui mit une compresse sur l'œil, et badigeonna ses ecchymoses à la teinture d'iode.

« Pareille chose ne serait jamais arrivée du temps d'Hester, dit-elle en guise de commentaire. Je donnerais cher pour savoir quand elle reviendra.

« — Elle ne reviendra pas », dit John, faisant de son mieux pour contenir son irritation. Lui non plus n'appréciait guère de voir l'enfant dans cet état.

« Mais je ne comprends pas pourquoi elle est partie comme ça, sans crier gare. Sans un mot. Qu'est-ce qui a bien pu se passer ? Une urgence, je suppose. Un événement dans sa famille... »

John secoua la tête. Il avait entendu ce refrain des dizaines de fois : la Missis ne voulait pas démordre de l'idée qu'Hester reviendrait un jour. Or, tout le village savait qu'elle ne reviendrait pas. La bonne des Maudsley avait tout entendu, et même, à l'en croire, tout vu ce jour-là, sans compter ce dont elle prétendait avoir été témoin par ailleurs. Si bien qu'il eût été impossible de trouver un adulte dans le village qui ne fût pas au courant de la liaison adultère qu'avait eue ce laideron de gouvernante avec le médecin.

Il était inévitable qu'un jour ou l'autre le bruit de la « conduite » d'Hester (euphémisme villageois classique pour « inconduite ») revienne aux oreilles de la Missis. Elle fut d'abord scandalisée. Refusa de croire qu'Hester – *son* Hester – ait pu faire une chose pareille. Mais quand, furieuse, elle rapporta à John ce que l'on racontait, il ne fit que confirmer la chose. Il s'était rendu chez le médecin ce jour-là, lui rappela-t-il, pour aller chercher l'enfant. Il l'avait entendu de la bouche de la bonne. Le jour même où ça s'était produit. Et puis, pourquoi Hester serait-elle partie aussi précipitamment, sans prévenir, s'il ne s'était pas produit un événement hors du commun ?

« Sa famille, bégaya la Missis. Un drame imprévu...

« — En ce cas, où est la lettre ? Elle aurait écrit, non, si elle avait eu l'intention de revenir ? T'en as une, de lettre ? »

La Missis fit un signe de dénégation.

« Tu vois bien, conclut John, incapable de déguiser sa satisfaction, elle a fait quelque chose qu'elle aurait pas dû, et elle reviendra pas. L'est partie pour de bon. C'est moi qui te le dis. »

La brave femme tourna et retourna les choses dans sa tête, ne sachant plus à quel saint se vouer. Décidément, le monde était bien bizarre.

Disparu !

Seul Charlie resta égal à lui-même. Bien sûr, il y eut des changements. Les vrais repas, qui, sous le règne d'Hester, étaient posés devant sa porte aux heures du petit déjeuner, du déjeuner et du dîner, firent place à des sandwichs, une côtelette froide et une tomate, ou un bol d'œufs brouillés coagulés qui apparaissaient d'une manière sporadique et imprévisible car soumise à la mémoire défaillante de la Missis. Mais peu importait pour Charlie. S'il avait faim et que le plateau était là, il grignotait une bouchée de la côtelette de la veille, ou un morceau de pain sec, mais s'il n'y avait rien, il s'en passait, et sa faim ne le tenait guère en souci. Une faim plus dévorante le tenaillait. Qui tenait à l'essence même de sa vie et à quelque chose que ni l'arrivée ni le départ d'Hester n'étaient capables d'affecter.

La vie de Charlie connut pourtant un bouleversement, qui n'avait rien à voir avec Hester.

De temps à autre, une lettre arrivait à la maison, et de temps à autre, quelqu'un l'ouvrait. Quelques jours après les commentaires de John sur l'absence de toute communication de la part d'Hester, la Missis, qui se trouvait dans le hall, remarqua une petite pile de lettres déjà couvertes de poussière sur le paillasson en dessous de la boîte. Elle les ouvrit.

L'une émanait du banquier de Charlie : était-il intéressé par une offre de souscription... ?

Une autre contenait une facture du couvreur pour les travaux effectués sur le toit.

La troisième était-elle d'Hester ?

Non. Elle venait de l'asile : Isabelle était morte.

La Missis n'en crut pas ses yeux. Isabelle, morte ! Ce n'était pas possible. Emportée par la gripe, disait la lettre.

Il fallait avertir Charlie, mais la perspective fit reculer la Missis. Mieux valait d'abord en parler à Dig, décida-t-elle avant de mettre les lettres de côté. Seulement voilà, quand, plus tard dans la journée, John eut pris place à la table de la cuisine et qu'elle lui versa son thé, la lettre s'était évanouie de son esprit. Elle était allée rejoindre ces moments d'absence, de plus en plus fréquents, correspondant à des événements vécus mais non enregistrés par la conscience, et finalement perdus. Quelques jours plus tard cependant, en passant dans le hall avec un plateau de toasts brûlés et de bacon, elle mit machinalement les lettres sur le plateau, au milieu de la nourriture. Sans plus aucun souvenir de leur contenu.

Puis les jours passèrent sans événement marquant : la couche de poussière allait s'épaississant, les vitres allaient s'encrassant, les cartes à jouer s'éloignaient un peu plus chaque jour de leur boîte dans le salon. Il devenait de plus en plus facile d'oublier qu'Hester avait un jour habité dans la maison.

C'est John-the-Dig qui se rendit compte dans le silence grandissant que quelque chose s'était bel et bien produit.

C'était un homme du dehors, John, peu fait pour la vie domestique. Il n'en savait pas moins qu'il arrive un moment où on ne peut pas continuer à se servir des mêmes tasses sans d'abord les laver, une assiette qui a contenu de la viande crue ne peut pas être utilisée sitôt après pour de la viande cuite. Il voyait bien comment les choses allaient avec la Missis, il n'était pas idiot. Aussi, quand la pile d'assiettes et de tasses sales menaçait de s'écrouler, il retroussait ses manches et faisait la vaisselle. C'était bizarre de le voir devant l'évier, bottes aux pieds et casquette sur la tête, manier maladroitement la porcelaine et l'éponge, lui qui était si habile avec ses pots en terre cuite et ses jeunes plants. Une chose ne tarda pas à retenir son attention : le nombre d'assiettes et de tasses diminuait. Bientôt, il n'y en aurait plus assez. Où passait donc la vaisselle ? Il pensa aussitôt à la Missis et aux plateaux intermittents qu'elle montait au maître. L'avait-il jamais vue rapporter une assiette vide à la cuisine ? Non.

Il monta donc à l'étage. Devant la porte fermée à clé, les assiettes et les tasses formaient une longue file d'attente. La nourriture, laissée intacte par Charlie, fournissait un beau festin aux mouches qui tournaient autour, et l'air était pestilentiel. Depuis combien de jours la Missis laissait-elle par terre la nourriture sans remarquer que celle de la veille n'avait pas été touchée ? Il fit le compte des assiettes et des tasses et fronça le sourcil. C'est alors que la vérité lui apparut.

Il ne frappa pas à la porte. À quoi bon ? Il redescendit jusqu'à son appentis chercher un morceau de poutre suffisamment solide pour faire office de bélier. Les coups assenés contre le chêne de la porte, les grincements des gonds arrachés du chambranle et le fracas qui s'ensuivit nous firent tous accourir, la Missis comprise.

Quand la porte céda, nous entendîmes le bourdonnement des mouches, et une puanteur s'échappa de la pièce, si terrible qu'elle fit reculer Emmeline et la Missis de quelques pas. John lui-même mit la main devant sa bouche et blêmit. « Restez où vous êtes », ordonna-t-il en entrant dans la chambre. À trois pas derrière lui, je le suivis.

Nous nous frayâmes un chemin au milieu des restes de nourriture qui pourrissaient sur le sol de la vieille nursery, soulevant des nuées de mouches au passage. Charlie avait vécu là comme un animal. Des assiettes sales couvertes de moisissure jonchaient le plancher, envahissaient le dessus de la cheminée, la table et les chaises. La porte de la chambre à coucher était entrouverte. Du bout du bélier qu'il tenait encore à la main, John la poussa avec précaution et débusqua un rat qui détala en nous passant sur les pieds. Le spectacle avait de quoi donner le frisson. Encore des mouches, encore de la nourriture en état de décomposition, et pis : l'homme avait été malade. Un magma de vomissures séchées et couvertes d'insectes faisait une croûte sur le tapis du plancher. Sur la table, à côté du lit, un monceau de mouchoirs ensanglantés et l'aiguille à repriser de la Missis.

Le lit était vide. Simple amas de draps froissés et sales, tachés de sang et d'autres traces de l'abjection humaine.

Nous n'échangeâmes pas un mot. Nous essayions de retenir notre respiration, et quand, par force, nous inhalions par la bouche, l'air fétide et nauséabond nous prenait à la gorge, nous donnant envie de vomir. Et pourtant, nous n'avions pas encore vu le pire. Il y avait une autre pièce. John dut s'armer de courage pour pousser la porte de la salle de bains. Celle-ci à peine entrouverte, nous eûmes une idée des horreurs qui nous attendaient. Avant même que l'odeur vienne heurter mes narines, j'eus l'impression de la sentir sur ma peau, et je me retrouvai couverte d'une sueur glacée. La cuvette des W-C, c'était déjà quelque chose. Le couvercle était rabattu mais n'arrivait pas à contenir les débordements infâmes. Ce n'était pourtant rien à côté de la baignoire... John se jeta en arrière et m'aurait écrasé le pied si je n'avais pas moi-même reculé de deux pas. Dans la baignoire stagnait une masse visqueuse et sombre d'effluents corporels dont la puanteur nous précipita, John et moi, vers la porte, puis, au milieu des crottes de rat et des mouches, dans le couloir, l'escalier, et enfin à l'extérieur.

Je vomis. Sur l'herbe verte, le petit tas jaune de ce que j'avais rendu avait un air de fraîcheur propre et presque avenant.

« Ça va aller », dit John en me tapotant l'épaule d'une main encore tremblante.

La Missis, qui nous avait suivis aussi vite qu'elle le pouvait, nous rejoignit sur la pelouse, anxieuse d'en savoir plus. Que pouvions-nous lui dire ?

Nous avions trouvé le sang de Charlie. La merde de Charlie, sa pisse et son vomi. Mais Charlie lui-même ?

« Il n'est plus là. Il est parti », fut notre seul commentaire.

*

Je regagnai ma chambre, la tête pleine de ce que je venais d'entendre. C'était curieux à plus d'un titre. La disparition de Charlie était, bien sûr, un événement intéressant, qui me fit repenser aux annuaires et à cette étrange abréviation : « dlm ». Mais ce n'était pas tout. Miss Winter se doutait-elle que j'avais remarqué ? Je n'en avais rien laissé paraître, mais j'avais bel et bien remarqué qu'aujourd'hui, elle avait dit « je ».

Dans ma chambre, sur un plateau, à côté des sandwichs au jambon, je trouvai une grande enveloppe marron.

Mr Lomax, l'avoué, avait répondu à ma lettre par retour du courrier. Jointes à son petit mot bref mais aimable se trouvaient des copies du contrat d'Hester, auquel je jetai un coup d'œil avant de le mettre de côté, une lettre de recommandation d'une certaine Lady Blake de Naples, vantant les talents de la gouvernante, et, plus intéressante encore, une lettre de la main même de l'employée modèle, dans laquelle celle-ci acceptait l'offre d'emploi.

Cher docteur Maudsley,

Je vous remercie de la proposition d'emploi que vous m'avez si aimablement faite.

Je serai heureuse de prendre mon poste à Angelfield le 19 avril, comme vous le suggérez.

Renseignements pris, je crois comprendre que les trains ne vont pas plus loin que Banbury. Peut-être pourriez-vous m'indiquer la meilleure façon de rallier ensuite Angelfield. Je serai à la gare de Banbury à dix heures trente.

Cordialement vôtre,

Hester Barrow

Il y avait de la fermeté dans les majuscules vigoureuses d'Hester, de la cohérence dans l'inclinaison de son écriture, une impression de fluidité dans les boucles sobres des *g* et des *y*. La taille des lettres était modérée : suffisamment petite pour permettre une économie d'encre et de papier, et suffisamment grande pour faciliter la lecture. Pas d'enjolivures. Pas de volutes ni de fioritures compliquées, pas de dérapages. La beauté de la calligraphie venait du sentiment d'ordre, d'équilibre et de proportion qui émanait de toutes les lettres. C'était une écriture nette et saine. C'était Hester elle-même, faite mots.

En haut à droite, il y avait une adresse. À Londres.

« Parfait, pensai-je. Je vais pouvoir te trouver maintenant. »

Je pris une feuille de papier et, avant de commencer à transcrire mes notes de la journée, j'écrivis une lettre au généalogiste recommandé par mon père. Une lettre assez longue : il fallait que je me présente, car il ignorait sans doute que Mr Lea avait une fille, que je fasse une discrète allusion aux annuaires pour m'excuser de prendre ainsi sur son temps, que j'expose tout ce que je savais d'Hester : Naples, Londres, Angelfield. Mais la substance de ma lettre était claire : *Retrouvez-la*.

L'après-Charlie

Miss Winter ne fit aucun commentaire sur mes échanges avec son avoué, bien que je fusse certaine qu'il l'en avait informée, comme je suis certaine que les documents que j'avais reçus ne m'auraient jamais été expédiés sans son accord. Je me demandai s'il s'agissait là pour elle d'une forme de « tricherie », d'un de ces « va-et-vient dans l'histoire » qu'elle désapprouvait tant, mais le jour où je reçus la grosse enveloppe de Mr Lomax et où j'envoyai ma demande d'aide au généalogiste, elle ne dit pas un mot sur le sujet et se contenta de reprendre le fil de son récit là où elle l'avait laissé, comme si aucun de ces échanges postaux n'avait eu lieu.

*

Charlie fut donc notre deuxième perte La troisième, si l'on compte Isabelle, même si, en pratique, nous l'avions déjà perdue, deux ans plus tôt.

John fut plus affecté par la disparition de Charlie que par celle d'Hester. Charlie avait beau avoir été un reclus, un ermite, un excentrique, il restait le maître des lieux. Quatre fois par an, à la sixième ou la septième sollicitation, il apposait son paraphe au bas d'un papier, et la banque débloquait les fonds qui permettaient le bon fonctionnement de la maison. Et voilà qu'il était parti. Qu'allait-il advenir d'eux tous ? Où allaient-ils trouver l'argent nécessaire ?

John connut quelques jours difficiles. Il s'acharna à nettoyer la nursery – « Ça va nous apporter des maladies, sinon » –, allant s'asseoir dehors sur les marches quand il ne supportait plus la puanteur, pour aspirer l'air frais à grandes goulées comme un homme sauvé de la noyade. Le soir, il restait des heures dans la baignoire, utilisant une savonnette entière, et se récurant jusqu'à avoir la peau toute rose. Il se savonnait même l'intérieur des narines.

Et il faisait la cuisine. Nous avions remarqué la manière qu'avait la Missis de ne plus savoir d'un coup ce qu'elle faisait alors qu'elle était en train de préparer un repas. Les légumes à force de cuire se transformaient en bouillie, avant d'attacher au fond de la casserole. Une odeur de brûlé régnait en permanence dans la maison. Puis, un beau jour, nous trouvâmes John dans la cuisine. Les mains que nous avions toujours connues terreuses à force d'arracher les pommes de terre lavaient maintenant les tubercules dans l'évier, les épluchaient, s'activaient avec les couvercles des casseroles devant la cuisinière. Nous mangions de la bonne viande, du bon poisson, quantité de légumes, et buvions du thé fort et bien chaud. La Missis restait assise sur sa chaise dans son coin, sans prendre conscience, semblait-il, que ces tâches étaient auparavant les siennes. Une fois la vaisselle faite, à la tombée du jour, tous deux s'asseyaient à la table de la cuisine pour bavarder. John exprimait toujours les mêmes préoccupations : Que faire ? Comment s'en sortir ? Qu'allait-il donc advenir de nous tous ?

« Ne t'inquiète donc pas, disait la Missis. Il finira bien par sortir de son trou. »

Sortir de son trou ? John poussait un grand soupir et secouait la tête. Combien de fois avait-il entendu cette réflexion ?

« Il n'est plus là, Missis. Il est parti, tu as déjà oublié ?

« — Parti ? » À son tour, elle secouait la tête et riait comme s'il venait de faire une bonne plaisanterie.

Au moment où elle avait appris le départ de Charlie, elle avait eu un sursaut de conscience, sans toutefois pleinement enregistrer l'événement. Les passages, couloirs et autres montées d'escaliers qui reliaient ses pensées mais en même temps les dissociaient avaient été endommagés. Se saisissant d'une pensée par un bout, elle la suivait à travers les trous dans les murs, glissait dans les tunnels qui s'ouvraient sous ses pieds, s'arrêtait, déconcertée, indécise : n'y avait-il pas quelque chose qui... ? N'avait-elle pas été... ? À force de penser à Charlie enfermé dans la nursery, fou de douleur à la mort de sa sœur, elle tomba par une déchirure dans le tissu du temps, sans même s'en rendre compte, sur le souvenir de son père, enfermé lui aussi, mais dans la bibliothèque, pour pleurer la mort de sa femme.

« Je sais comment le faire sortir de là, dit-elle avec un clin d'œil. Je lui porterai le bébé. Ça marchera, tu verras. En fait, je vais de ce pas voir comment il va, le bébé. »

John n'essaya pas de lui expliquer une nouvelle fois qu'Isabelle était morte, car cela n'aurait fait que provoquer chez elle une douloureuse surprise et une demande supplémentaire d'explications. « À l'asile ? se serait-elle exclamée, stupéfaite. Mais pourquoi personne ne m'a jamais dit que Miss Isabelle était à l'asile ? Quand je pense à son pauvre père ! À quel point il l'adore ! C'est sûr qu'il en mourra. » Et elle allait se perdre pendant des heures dans les dédales en ruine du passé, s'affligeant d'anciennes tragédies comme si elles dataient de la veille, inconsciente des problèmes du moment. John était passé par là une dizaine de fois, et n'avait pas le cœur à recommencer.

Lentement, la Missis se leva de sa chaise et, mettant laborieusement un pied devant l'autre, sortit de la pièce pour aller s'occuper du bébé qui, au cours des années effacées de sa mémoire, avait grandi, s'était mariée, avait eu des jumelles et était morte. John ne fit rien pour l'en empêcher. Elle aurait oublié où elle allait avant même d'avoir atteint l'escalier. Mais, quand elle eut tourné le dos, il se prit la tête dans les mains et soupira.

Que faire ? À propos de Charlie, de la Missis, de tout... C'était là sa préoccupation constante. Au bout d'une semaine, la nursery était nettoyée, et une sorte de plan avait émergé de ses longues soirées de réflexion dans la cuisine. Aucune nouvelle de Charlie ne leur était parvenue, ni de près ni de loin. Personne ne l'avait vu partir, et personne au-dehors ne savait qu'il était parti. Étant donné ses habitudes de reclus, il y avait peu de chances pour qu'on découvre son absence. John se demanda s'il était tenu d'avertir quelqu'un – le docteur ? l'avoué ? – de sa disparition. Il tourna et retourna la question dans sa tête, et chaque fois répondit par la négative. Un homme avait parfaitement le droit de quitter son domicile s'il en avait envie, et d'aller où bon lui semblait sans rien en dire à ses employés. John n'estima pas utile d'informer le docteur, dont la précédente intervention n'avait guère été couronnée de succès. Quant à l'avoué...

Le problème était plus épineux, et les idées de John avaient tendance à s'emmêler. Car si Charlie ne revenait pas, qui allait autoriser les retraits d'argent ? Il savait confusément qu'il faudrait faire intervenir l'avoué si la disparition du maître des lieux se prolongeait, mais d'un autre côté... Sa réticence était compréhensible. À Angelfield, ils avaient vécu des années en tournant le dos au monde. Hester avait été la seule personne de l'extérieur à pénétrer dans leur univers, et on avait vu le résultat ! John nourrissait par ailleurs une méfiance innée à l'égard des hommes de loi. Il n'avait rien contre Mr Lomax, qui selon toute apparence était un homme honnête et sensé, mais il ne pouvait se résoudre à confier les difficultés de la maisonnée au membre d'une profession qui gagnait sa vie en fourrant son nez dans les affaires des autres. Et puis, si l'absence de Charlie venait à être connue de tous, comme l'était déjà sa bizarrerie, l'avoué se contenterait-il d'apposer sa signature sur les documents bancaires simplement pour permettre à John et à la Missis de continuer à régler les factures ? Probablement pas. John en savait suffisamment sur ces gens pour se douter que ce ne serait pas aussi simple. Il fronça les sourcils à la pensée de Mr Lomax lâché dans la maison, ouvrant les portes, furetant dans les placards, jetant un œil dans tous les recoins et toutes les zones d'ombre soigneusement préservées de l'univers d'Angelfield. On n'en finirait pas.

Sans compter que l'avoué n'aurait pas besoin de venir deux fois pour comprendre que la Missis n'avait plus toute sa tête. Il faudrait appeler le docteur. Et il arriverait à la Missis ce qui était arrivé à Isabelle. On l'emmènerait loin d'ici. Et qu'en sortirait-il de bon ?

Rien. Ils venaient tout juste de se débarrasser d'une intruse ; ce n'était pas le moment d'en laisser entrer un autre. Mieux valait traiter les affaires privées en privé. Ce qui voulait dire, les choses étant ce qu'elles étaient, les traiter lui-même, sans l'aide de personne.

Il n'y avait pas péril en la demeure. Le dernier retrait ne datait que de quelques semaines, ils n'étaient donc pas complètement démunis. Qui plus est, Hester était partie sans exiger ses gages, si bien qu'il y avait du liquide disponible si elle n'écrivait pas pour les réclamer. Les dépenses de nourriture n'allaient pas chercher loin : il y avait dans le jardin des légumes et des fruits pour nourrir une armée, et les bois étaient pleins de coqs de bruyère et de faisans. Et si vraiment on devait en arriver là, en cas d'extrême urgence, de catastrophe (John ne voyait pas trop ce qu'il mettait sous ce mot... Ce qu'ils avaient traversé ne méritait-il pas déjà le nom de catastrophe ? Se pouvait-il qu'il y ait encore pire à venir ? Il n'arrivait pas à écarter cette éventualité), eh bien, il connaissait quelqu'un qui accepterait volontiers quelques caisses de bordeaux sorties discrètement du cellier contre un peu d'argent frais.

« On est tranquilles pour un moment, dit-il à la Missis, en fumant sa cigarette, un soir dans la cuisine. En faisant attention, probable qu'on peut tenir quatre mois. Je sais pas ce qu'on fera après. On avisera. »

Ce n'était qu'un semblant de conversation, destiné à le rassurer, lui : il avait cessé depuis longtemps d'attendre des réponses cohérentes. Mais l'habitude qu'il avait prise de parler à la Missis était si bien ancrée qu'il ne pouvait y renoncer d'un cœur léger. Il continuait donc à s'asseoir de l'autre côté de la table, pour partager avec elle ses pensées, ses rêves et ses soucis. Et quand elle répondait – au hasard, des paroles sans suite –, il s'interrogeait sur ses déclarations, s'efforçant de trouver un lien entre la réponse et la question. Mais le labyrinthe qu'elle avait dans la tête était trop complexe pour qu'il s'y retrouve, et le fil qui la conduisait d'un mot au suivant lui était tombé des doigts dans l'obscurité.

Il ravitaillait la maison grâce au potager. Il faisait la cuisine, coupait la viande dans l'assiette de la Missis pour lui en donner de minuscules bouchées, vidait son thé froid dans l'évier pour lui en faire du frais. Il ne s'y entendait guère en menuiserie, mais il cloua ici et là des planches neuves sur celles qui étaient pourries, veillait à vider les casseroles dans les pièces principales et montait au grenier regarder les trous dans la toiture, tout en se grattant le crâne. « Va falloir s'en occuper », disait-il, l'air décidé – mais il ne pleuvait pas beaucoup, il ne neigeait pas non plus, c'était un travail qui pouvait attendre. Il y avait tant à faire. Il lavait les draps et les vêtements, qui, une fois secs, étaient raides et collants à cause des résidus de poudre à laver. Il dépiautait les lapins, plumait les faisans et les cuisait au four. Faisait la vaisselle et nettoyait l'évier. Il savait ce qu'il y avait à faire. Il avait vu la Missis accomplir ces tâches des centaines de fois.

De temps en temps, il passait une demi-heure dans le jardin topiaire, mais son plaisir était gâché par la pensée de ce qui risquait d'arriver dans la maison, en son absence. Et puis, pour s'en occuper correctement, il eût fallu plus de temps qu'il n'en avait. Pour finir, la seule partie du jardin qu'il continua à entretenir fut le potager ; le reste fut laissé à l'abandon.

Une fois habitués à notre nouvelle existence, nous y trouvâmes un certain confort. Le cellier s'avéra être une source discrète de revenus substantiels, et, avec le temps, notre mode de vie nous apparut tout à fait supportable. Il valait mieux finalement que Charlie ne revienne pas. Absent et introuvable, ni mort ni vivant, il ne pouvait nuire à personne.

C'est pourquoi je gardai ma découverte pour moi.

Dans les bois, il y avait une vieille masure, inhabitée depuis une centaine d'années, enfouie sous les ronces et entourée d'orties. C'était là qu'allaient Charlie et Isabelle. Après le départ de celle-ci pour l'asile, Charlie avait continué à s'y rendre ; je le savais pour l'avoir vu là-bas, occupé à pleurnicher et à se graver des initiales sur les os avec sa vieille aiguille.

C'était le seul endroit où il avait pu aller, et je m'y rendis donc sans hésiter. Je me glissai entre les ronces et les plantes grimpantes qui masquaient l'entrée, respirant un air où régnait une odeur suffocante de décomposition. C'est là, dans la pénombre, que je le vis. Affaissé dans un coin, un pistolet à son côté, le visage à moitié arraché. Je reconnus la moitié encore entière, en dépit des asticots. C'était bien lui.

Je sortis à reculons, sans me préoccuper des orties ni des épines. Il fallait que je m'éloigne au plus vite. Mais l'image du cadavre refusait de me lâcher, et j'avais beau courir, impossible d'échapper au regard vide de cet œil unique enfoncé dans son orbite.

Où trouver un peu de réconfort ?

Je connaissais une maison. Une petite maison toute simple dans les bois. J'y étais allée deux ou trois fois pour voler de la nourriture. Je me cachai sous la fenêtre, essayant de retrouver mon souffle, sachant que j'étais revenue auprès des humains. Une fois que j'eus cessé de haleter, je me redressai pour regarder à l'intérieur, et vis une femme qui tricotait, assise sur une chaise. Elle ne savait pas que j'étais là, mais sa présence m'apaisa, comme une douce grand-mère dans un conte de fées. Je restai là à l'observer, me lavant les yeux de l'horreur de la cabane, jusqu'à ce que s'estompe l'image du cadavre de Charlie, et que les battements de mon cœur se calment.

Je rentrai à Angelfield. Mais ne dis rien à personne. Nous étions bien mieux ainsi. De toute façon, pour lui, quelle différence ? Aucune, n'est-ce pas ?

Charlie fut le premier de mes fantômes.

*

J'avais l'impression que la voiture du médecin stationnait désormais en permanence dans l'allée de Miss Winter. D'une visite tous les trois jours, il était passé à une visite tous les deux jours, puis tous les jours et, pour finir, deux fois par jour. J'examinais Miss Winter de près. Je connaissais les faits. Miss Winter était très malade. Elle était mourante. Il reste qu'elle ne me semblait pas plus malade, ni la mort plus proche, qu'au début. Bien qu'amaigrie et fatiguée, elle paraissait, quand elle me racontait son histoire, puiser dans une réserve d'énergie que n'affectaient ni l'âge ni la maladie. Je m'expliquai ce paradoxe en me disant que c'étaient précisément les efforts constants du médecin qui la maintenaient en vie.

Et pourtant, d'une façon qui m'avait échappée, elle avait dû sérieusement s'affaiblir. Sinon, comment expliquer l'annonce inattendue que me fit Judith un matin ? Sans préambule, elle me dit que Miss Winter ne se sentait pas suffisamment bien pour me voir. Qu'elle serait incapable pendant un ou deux jours de se soumettre à notre entretien quotidien. Et que, sans plus rien à faire ici, je pouvais aussi bien prendre quelques jours de congé.

« Un congé ? m'exclamai-je. Après toutes les histoires qu'elle a faites la dernière fois que j'ai voulu m'absenter, j'aurais pensé que c'était bien là la dernière chose qu'elle était prête à m'accorder en ce moment. »

Judith rougit, mais ne me fournit pas d'autres informations. Quelque chose clochait. On essayait de se débarrasser de moi.

« Je peux vous préparer une valise, si vous voulez ? » proposa-t-elle. Elle me fit un sourire penaud, comme pour s'excuser de me cacher quelque chose.

« Je suis capable de me débrouiller toute seule, dis-je d'un ton irrité.

« — C'est le jour de congé de Maurice, mais le docteur Clifton peut vous emmener à la gare. »

Pauvre Judith. Elle détestait la duplicité, et les subterfuges n'étaient pas son fort.

« Et Miss Winter ? J'aimerais lui dire un mot. Avant de partir.

« — Miss Winter ? Je crains qu'elle...

« — Ne veuille pas me voir ?

« — Qu'elle ne *puisse* pas vous voir. » Le soulagement envahit son visage, et sa voix prit les accents de la sincérité, car elle pouvait enfin dire quelque chose de vrai. « Vous devez me croire, Miss Lea. Elle en est vraiment incapable. »

Ce que savait Judith, le docteur Clifton le savait aussi.

« Où se trouve la librairie de votre père, dans Cambridge ? » voulut-il savoir, et « A-t-il des ouvrages sur l'histoire de la médecine ? ». Je lui fis des réponses laconiques, plus préoccupée de mes propres questions que des siennes, et il mit assez vite un terme à ses efforts. Quand nous arrivâmes à Harrogate, l'atmosphère dans la voiture était lourde du silence oppressant de Miss Winter.

Je retourne à Angelfield

La veille, dans le train, j'avais imaginé une activité fébrile et beaucoup de bruit : instructions hurlées à la cantonade, bras étendus tels des sémaphores pour envoyer des messages urgents ; grues stridentes aux mouvements lents ; fracas de la pierre contre la pierre. Au lieu de quoi, quand j'arrivai à la grille du parc et regardai en direction du chantier de démolition, tout était calme et silencieux.

Il n'y avait rien à voir ; la brume qui stagnait dans l'air masquait tout ce qui était un peu éloigné. J'avais du mal à distinguer même le sentier. Mes pieds disparaissaient pour réapparaître aussitôt. Levant la tête, j'avançai à l'aveuglette, retraçant le sentier d'après le souvenir que je gardais de ma dernière visite et des descriptions de Miss Winter.

Le plan que j'avais en tête était exact : j'arrivai au jardin au moment précis où je m'y attendais. Les silhouettes sombres des ifs se dressaient comme un décor de théâtre aux couleurs délavées, aplaties et sans relief sur l'arrière-plan indéfini. Tels des chapeaux melon aériens, deux formes aux allures de coupole flottaient sur les nuages de brume, les troncs qui les supportaient engloutis dans les vapeurs blanches. En soixante ans, les arbres avaient poussé et perdu leurs contours originels, mais, un jour comme aujourd'hui, il était facile d'imaginer que c'était la brume qui adoucissait la rigueur de leurs formes et que, quand elle se lèverait, ce serait pour révéler le jardin tel qu'il était alors, dans toute sa perfection géométrique, aux abords non d'un chantier de démolition ni d'une ruine, mais d'une maison encore intacte.

Un demi-siècle, aussi insubstantiel que cette eau en suspension dans l'air, était prêt à s'évaporer avec le premier rayon du soleil hivernal.

J'approchai mon poignet de mon visage pour lire l'heure. J'avais convenu d'un rendez-vous avec Aurelius, mais comment le trouver dans toute cette brume ? Je pouvais errer pendant des heures sans le voir, même s'il passait à portée de main.

Je criai « Hou, hou ! », et une voix d'homme me répondit en écho : « Hou, hou ! »

Impossible de le situer. « Où êtes-vous ? »

Je me représentai Aurelius essayant de percer la brume en quête de repères.

« À côté d'un arbre. » Les mots me parvinrent étouffés.

« Moi aussi, criai-je. Mais je ne crois pas que votre arbre soit le mien. Vous semblez bien trop loin.

« — Vous, vous avez l'air tout près.

« — Ah, bon ? Alors, restez où vous êtes et continuez à parler. Je finirai bien par vous trouver !

« — D'accord ! Excellente idée. Mais il va falloir que je trouve quelque chose à dire, pas vrai ? Il est difficile de parler sur commande, alors qu'il est si simple de le faire le reste du temps... Quel triste temps aujourd'hui... Jamais vu un brouillard aussi épais. »

Aurelius continua à monologuer tout haut, et, de mon côté, je m'enfonçai dans un nuage cotonneux en me laissant guider par sa voix.

C'est alors que je la vis. Cette ombre qui m'effleura au passage, pâle dans la lumière aqueuse. Je sus aussitôt, je crois, que ce n'était pas Aurelius. Soudain consciente des battements de mon cœur, je tendis la main, partagée entre la peur et l'espoir. La silhouette m'échappa et se noya dans le brouillard.

« Aurelius ? appelai-je, d'une voix qui me parut mal assurée.

« — Oui ?

« — Vous êtes toujours là ?

« — Bien sûr. »

Sa voix ne venait pas du tout de la bonne direction. Qu'avais-je donc vu ? Ce n'était pas Aurelius. Un effet du brouillard, sans doute. J'avais beau craindre ce que je risquais de voir si je m'attardais, je ne m'en immobilisai pas moins, scrutant l'air ouaté, toute à mon désir de faire réapparaître cette silhouette.

« Ah ! Vous voilà ! » tonna une grosse voix juste derrière moi. Aurelius. Il me prit par les épaules de ses mains emmitouflées au moment où je me retournai. « Mon Dieu, Margaret, mais vous êtes blanche comme un linge ! On croirait que vous avez vu un fantôme ! »

Nous déambulâmes ensemble dans le jardin. Vêtu de son pardessus, Aurelius semblait encore plus grand et plus charpenté qu'il ne l'était en réalité. À ses côtés, dans mon imperméable gris fumée, je me faisais l'effet d'un être sans consistance.

« Alors, comment marche votre livre ?

« — Ce ne sont que des notes pour l'instant. Des entretiens avec Miss Winter. Et des recherches.

« — Aujourd'hui est un jour de recherche, c'est bien ça ?

« — Tout à fait.

« — Que voulez-vous savoir ?

« — Je suis simplement venue faire quelques photos. Mais j'ai bien peur d'avoir le temps contre moi.

« — Dans une heure, vous verrez tout sans problème. Le brouillard va se lever. »

Nous arrivâmes à une sorte de chemin, bordé de part et d'autre de cônes qui avaient poussé au point de former presque une haie.

« Et vous, Aurelius, pourquoi venez-vous ici ? »

Nous allâmes jusqu'au bout du chemin, avant d'émerger dans un espace qui semblait entièrement pris dans le brouillard. Sur notre route, nous fûmes obligés de longer un mur d'ifs deux fois plus grands qu'Aurelius. Je remarquai des luisances sur l'herbe et les feuilles : le soleil perçait. L'humidité de l'air commençait à s'évaporer et la visibilité s'améliorait rapidement. Notre mur d'ifs nous avait fait décrire un cercle complet autour d'un espace vide ; nous étions revenus à notre point de départ.

À un moment où ma dernière question semblait déjà si lointaine que je doutais de l'avoir même posée, Aurelius y répondit.

« C'est ici que je suis né. »

Je m'arrêtai brusquement. Aurelius poursuivit son chemin, sans se douter de l'effet qu'avait eu sur moi sa réponse. Je le rattrapai au pas de course.

« Aurelius ! m'exclamai-je, en empoignant la manche de son pardessus. C'est vrai ? Vous êtes vraiment né ici ?

« — Mais oui.

« — Quand cela ?

« — Le jour de ma naissance, dit-il, avec un sourire étrange et triste.

« — Je m'en doute, mais quand ? insistai-je, sans réfléchir.

« — En janvier, vraisemblablement. Peut-être février. Peut-être même fin décembre. Il y a une soixantaine d'années. Je crains bien de ne pas pouvoir être plus précis. »

Fronçant les sourcils, je me souvins de ce qu'il m'avait dit à propos de Mrs Love et du fait qu'il n'avait pas de mère. Mais comment se pouvait-il qu'un enfant adopté en sache si peu sur les circonstances de sa naissance et ignore jusqu'au jour de celle-ci ?

« Vous voulez dire, Aurelius, que vous êtes un enfant trouvé ?

« — Oui. C'est bien l'expression qui convient. Un enfant trouvé. »

Je restai sans voix.

« On finit par s'habituer, je suppose », dit-il, et je regrettai de le voir obligé de me consoler de son propre malheur.

« Vraiment ? »

Il me considéra avec une curieuse expression sur le visage, se demandant jusqu'où il pouvait aller dans ses révélations. « Pour être franc, non, pas vraiment. »

Nous reprîmes notre chemin, de ce pas lent et lourd qu'ont les invalides. Le brouillard s'était presque complètement dissipé. Les formes magiques de l'art topiaire avaient perdu leur charme et repris leur aspect de bosquets et de haies laissés à l'abandon.

« Ainsi donc, c'est Mrs Love qui vous a..., commençai-je.

« — Trouvé. Oui.

« — Et vos parents..

« — Aucune idée.

« — Mais vous savez que c'était ici ? Dans cette maison ? »

Aurelius plongea les mains dans les profondeurs de ses poches. Ses épaules se raidirent. « Je ne peux espérer des autres qu'ils comprennent. Je n'ai aucune preuve. *Mais j'en suis sûr.* » Il me jeta un bref coup d'œil, et, d'un regard, je l'encourageai à continuer.

« Parfois, on sait des choses. À propos de soi-même. Des choses qui remontent loin, avant ses propres souvenirs. Sans pouvoir l'expliquer. »

Je hochai la tête, et Aurelius poursuivit :

« La nuit où j'ai été trouvé, il y a eu un grand incendie ici. C'est ce que m'a appris Mrs Love, quand j'ai eu neuf ans. Elle a cru devoir me le dire à cause de l'odeur de fumée qui imprégnait mes vêtements quand elle m'a découvert. Plus tard, je suis venu voir à quoi ressemblait l'endroit. Et depuis, j'y reviens régulièrement. Je suis aussi allé voir dans les archives du journal local. Bref... »

Sa voix avait cette légèreté caractéristique de celui qui raconte quelque chose d'extrêmement important pour lui. Une histoire si chère qu'il lui faut prendre le masque de la désinvolture pour en minimiser la portée au cas où son interlocuteur se révélerait peu compatissant.

« Bref, j'étais à peine arrivé ici que je savais déjà à quoi m'en tenir. *C'est ma maison*, me suis-je dit. *C'est de là que je viens*. Je n'avais aucun doute là-dessus. J'étais sûr de moi. »

Avec ces derniers mots, le masque de la désinvolture était tombé pour faire place à une certaine ferveur. Il s'éclaircit la voix. « Mais personne ne va me croire, je ne me fais pas d'illusions. Je n'ai aucune preuve. Simplement des dates qui semblent concorder, une vague odeur de fumée dans la mémoire de Mrs Love... et ma propre conviction.

« — Moi, je vous crois », dis-je.

Aurelius se mordit la lèvre et me coula un regard circonspect.

Ses confidences autant que le brouillard nous avaient entraînés, de manière tout à fait imprévisible, sur le terrain de l'intimité, et je me trouvais sur le point de me lancer dans des révélations que je n'avais jamais faites à personne auparavant. Les mots me venaient, déjà tout prêts, s'organisaient instantanément en phrases, en longues suites de phrases, brûlant de s'échapper de ma bouche. Comme s'ils se préparaient depuis des années pour ce moment.

« Je vous crois, répétai-je, la langue alourdie par tous ces mots impatients. J'ai moi aussi éprouvé cette impression. De savoir des choses que, logiquement, on ne devrait pas savoir. Qui datent d'avant nos tout premiers souvenirs. »

Du coin de l'œil, je perçus à nouveau un mouvement furtif, disparu aussitôt qu'entrevu.

« Vous avez vu, Aurelius ?

« — Quoi donc ? dit-il, en suivant mon regard en direction des pyramides topiaires et au-delà. Non, je n'ai rien vu. »

Disparu. À moins que j'aie rêvé.

Je me tournai vers lui, mais mon courage m'avait abandonnée. Le moment des confidences était passé.

« Et vous, vous avez un anniversaire ? demanda Aurelius.

— Oui, j'en ai un. »

Tous les mots que je n'avais pas prononcés retournèrent là où ils se terraient depuis toutes ces années.

« Je vais noter la date, dit-il avec vivacité. Comme ça, je pourrai vous envoyer une carte.

« — En fait, c'est bientôt », dis-je en feignant un sourire.

Il ouvrit un petit agenda bleu.

« Le dix-neuf », fis-je. Son crayon était si petit qu'on aurait dit un cure-dent dans son énorme main.

Les talons tricotés de Mrs Love

La pluie nous obligea à remonter nos capuches et à presser le pas pour aller nous abriter dans l'église. Sous le porche, nous secouâmes nos manteaux avant de pénétrer à l'intérieur.

Nous nous assîmes sur un banc près de l'autel, et je renversai la tête pour regarder la voûte pâle du plafond, jusqu'à en avoir le vertige.

« Racontez-moi comment vous avez été trouvé, lui demandai-je. Que savez-vous de cet épisode ?

« — Seulement ce que Mrs Love m'en a dit, répliqua-t-il. Je peux vous raconter ça. Et bien sûr, je peux vous parler de mon héritage.

« — Vous avez hérité ?

« — Oui. Oh, ce n'est pas grand-chose. Pas ce qu'on entend d'ordinaire par héritage, mais tout de même... En fait, je pourrais vous le montrer après.

« — Ce serait gentil.

« — Oui... Neuf heures, c'était peut-être trop près du petit déjeuner pour un gâteau, pas vrai ? dit-il en faisant une grimace qui, avec les mots suivants, se transforma en un sourire malicieux. Alors, je me suis dit . Pourquoi ne pas inviter Margaret pour la pause de onze heures ? Un café accompagné d'un gâteau, qu'en dites-vous ? Vous avez besoin de vous remplumer. En même temps, je vous montrerai mon héritage. Le peu qu'il y a à voir. »

J'acceptai l'invitation.

Aurelius sortit ses lunettes de sa poche et se mit à les nettoyer avec un mouchoir, l'air absent.

« Bon, voyons voir. »

Il prit une profonde inspiration, avant d'expirer lentement.

« Je vous donne l'histoire telle que Mrs Love me l'a racontée. »

Son visage prit un air de neutralité impassible, signe que, à la manière de tous les conteurs, il s'effaçait pour laisser parler l'histoire elle-même. Puis il commença, et dès les premiers mots, au cœur de sa voix, c'est Mrs Love que j'entendis, ressuscitée d'entre les morts grâce à l'énoncé de son histoire.

La sienne, celle d'Aurelius et, peut-être aussi, celle d'Emmeline.

*

Le ciel était d'un noir d'encre cette nuit-là, et un orage se préparait. Le vent sifflait dans la cime des arbres et il pleuvait à seaux. Je tricotais dans ce fauteuil près du feu, une chaussette grise, c'était la deuxième de la paire, et j'en étais juste au talon. Et tout à coup, j'ai eu un frisson. Pas de froid, non. Le panier à bûches était plein d'un joli tas de bois que j'avais rapporté de l'appentis dans l'après-midi, et je venais juste d'en mettre une dans la cheminée. Alors je n'avais pas froid, pas le moins du monde, c'est seulement que je me disais : Quelle nuit, j'en ai de la chance de pas être une pauvre créature surprise dehors, loin de chez elle, par un temps pareil, voilà, c'est de penser à cette pauvre créature que j'avais frissonné.

Tout était bien tranquille à l'intérieur, on n'entendait que le crépitement du feu dans la cheminée de temps à autre, le cliquetis des aiguilles à tricoter, et aussi mes soupirs. Mes soupirs ? Eh oui, mes soupirs. J'étais pas bien heureuse. Je m'étais mise à retourner des souvenirs dans ma tête, et c'est pas une chose à faire pour une femme de cinquante ans. J'avais un bon feu, un toit au-dessus de ma tête et un solide souper dans l'estomac, et crois-tu que je m'en serais satisfaite ? Même pas. Je restais là à soupirer, ma chaussette dans les mains, pendant qu'il continuait à pleuvoir. Au bout d'un moment, je me suis levée pour aller chercher dans le garde-manger une tranche de cake aux prunes et au cognac, à point et moelleux à souhait. Ça m'a bien remontée. Mais quand je suis revenue pour reprendre mon tricot, mon sang n'a fait qu'un tour. Tu veux savoir pourquoi ? Je lui avais fait deux talons à cette chaussette !

Ça m'a flanqué un coup. Vraiment. Parce que moi, je fais très attention quand je tricote, je bâcle pas le travail comme le faisait ma sœur Kitty, et je me trompe pas tout le temps comme ma mère, qui était à moitié aveugle, la pauvre, vers la fin de sa vie. Une bourde pareille, j'en avais fait que deux dans ma vie.

La première fois, j'étais encore toute jeune. Imagine un après-midi ensoleillé, et moi, assise devant une fenêtre ouverte, à respirer l'odeur de toutes les fleurs du jardin. Cette chaussette-là, elle était bleue. Et destinée à... à un jeune homme, ma foi. Mon amoureux. Je te dirai pas son nom, c'est pas nécessaire. Pour être honnête, je rêvassais. Comme une bécasse. Robes blanches, pièces montées, et tout le tralala. Et puis, voilà que je baisse les yeux sur ma chaussette... et, tiens-toi, je lui avais fait deux talons. Pas besoin d'y regarder à deux fois, ça crevait les yeux. Un morceau de côtes pour la jambe, un talon, des côtes pour le pied et puis... un autre talon ! J'ai éclaté de rire. C'était pas bien grave. La bourde était facile à réparer.

J'avais déjà retiré mes aiguilles quand Kitty a remonté l'allée du jardin en courant. « Qu'est-ce qui lui prend ? » je me suis dit. Elle était décomposée ; quand elle m'a aperçue à la fenêtre, elle s'est arrêtée net. C'est là que j'ai compris que c'était en rapport avec moi, pas avec elle. Elle a ouvert la bouche, sans même pouvoir prononcer mon nom. Elle pleurait. Elle a fini par tout me raconter.

Il y avait eu un accident. Mon amoureux, il était parti chasser avec son frère. Le coq de bruyère. Et ils s'étaient retrouvés là où ils auraient pas dû. Quelqu'un les a vus, et ils ont pris peur. Ils ont voulu s'enfuir. Daniel, le frère, est arrivé le premier à l'échalier et il est passé par-dessus la clôture. Mon amoureux, lui, il s'est trop précipité. Son fusil s'est pris dans l'échalier. Il aurait dû y aller plus doucement, prendre son temps. Mais il a entendu des pas derrière lui et il a paniqué. Il a tiré un bon coup sur le fusil pour essayer de le dégager. J'ai pas besoin de te raconter la suite, pas vrai ? Tu la devines tout seul.

J'ai détricoté mon travail. Toutes ces mailles qu'on monte l'une après l'autre, rang après rang, pour tricoter une chaussette, je les ai défaites. C'est facile. Il n'y a qu'à enlever les aiguilles, tirer un peu, et tout se dévide. Une maille après l'autre, un rang après l'autre. J'ai défait le talon en trop et puis j'ai continué. Le pied, le premier talon, les côtes de la jambe. Toutes ces boucles qui se démêlent quand on tire sur la laine... Et puis il n'est plus rien resté à détricoter, et je me suis retrouvée avec simplement un tas de laine bleue en tortillons sur les genoux.

Il ne faut pas beaucoup de temps pour monter une chaussette, et encore moins pour la défaire.

J'ai dû faire une pelote avec la laine détricotée pour la réutiliser plus tard. Mais ça, je m'en souviens pas.

La deuxième fois que j'ai tricoté deux talons, je commençais à me faire vieille. Kitty et moi, on était assises ensemble près du feu, ici même. Ça faisait un an que son mari était mort, et presque un an qu'elle était venue vivre avec moi. Elle allait beaucoup mieux.

Souriait, depuis quelque temps. S'intéressait à nouveau. Elle était capable maintenant d'entendre le prénom de son mari sans fondre en larmes. On était assises là, et je tricotais – une jolie paire de chaussettes de nuit, pour Kitty, une laine d'agneau extra-douce, rose, pour aller avec sa robe de chambre –, et elle, elle avait un livre sur les genoux. Mais elle devait pas le lire, parce que tout à coup elle m'a dit : « Joan, ce talon, c'est le deuxième que tu fais. »

J'ai levé mon travail pour le regarder : elle avait raison. « Ah ben, je veux bien être pendue », j'ai dit.

Alors, elle a dit que de sa part, ça l'aurait pas étonnée. Elle faisait souvent cette bêtise, quand elle oubliait pas carrément le talon. Ce qui lui était arrivé plus d'une fois en tricotant des chaussettes pour son mari, juste une jambe et les doigts de pied. On a ri de bon cœur. Mais elle m'a quand même dit que ça n'était pas de moi d'être aussi tête en l'air.

J'ai répondu que c'était pas la première fois. Et je lui ai raconté ce que je viens de te raconter. L'histoire de mon amoureux. Et tout en remuant ce souvenir, j'ai soigneusement détricoté le second talon et j'ai repris mes mailles pour pouvoir continuer. Ça demande pas mal de concentration, et on n'y voyait plus très clair. Bref, j'ai fini mon histoire, et, comme elle ne disait rien, j'ai cru qu'elle repensait à son mari. Tu comprends, j'étais là à lui parler de ma vieille douleur, alors que la sienne, elle était toute récente par comparaison.

Il faisait trop sombre maintenant pour que je puisse terminer, alors j'ai mis mon ouvrage de côté, et j'ai levé les yeux. « Kitty ? j'ai appelé. Kitty ? » Pas de réponse. J'ai cru un moment qu'elle s'était endormie. Mais non.

Elle avait l'air si paisible. Un sourire éclairait son visage. Comme si elle était heureuse de l'avoir retrouvé. Lui, son mari. Pendant que j'étais penchée sur ma chaussette dans la pénombre, à ressasser mes souvenirs à haute voix, elle était partie le rejoindre.

C'est pour ça que, la nuit de ce ciel si noir, j'ai eu un coup au cœur en m'apercevant que je venais de tricoter un second talon. La première fois, j'avais perdu mon ami. La deuxième, ma sœur. Mais cette fois-ci, la troisième, je n'avais plus personne à perdre. J'étais toute seule.

J'ai regardé la chaussette. De la laine grise. Quelconque. C'était pour moi que je la tricotais.

Peut-être que ça n'a pas d'importance, me suis-je dit. Qui est-ce qui allait me regretter ? Personne ne souffrirait si je partais.

C'était une vraie consolation. Après tout, j'avais eu ma vie, moi. Pas comme mon ami. Et puis je me souvenais de l'expression de Kitty, si heureuse, si paisible. Ça ne devait pas être si terrible, tout compte fait.

J'ai commencé à détricoter le talon en trop. Tu vas me dire, à quoi bon ? Mais c'est parce que je voulais pas qu'on me trouve comme ça. Je voyais d'ici les gens en train de dire : « Quelle vieille sotte ! Elle avait son tricot sur les genoux, et devinez quoi ? Elle avait fait deux talons. » Je ne voulais pas que l'on dise ça de moi. Alors, je l'ai défait. Et tout en travaillant, je me préparais dans ma tête à quitter ce monde.

Je ne sais pas combien de temps je suis restée comme ça. Mais j'ai fini par entendre un bruit. Qui venait du dehors. Un petit cri, comme celui d'un animal égaré. J'étais perdue dans mes pensées, et bien loin d'imaginer que quelque chose puisse encore venir me séparer de ma fin, et d'abord je n'y ai guère prêté attention. Mais le cri s'est fait entendre une deuxième fois. Il semblait m'appeler. Qui d'autre aurait bien pu l'entendre, dans ce coin perdu, et en pleine nuit ? J'ai pensé que c'était peut-être un chaton qui réclamait sa mère. Et j'avais beau être en train de me préparer à rencontrer mon créateur, l'image de ce petit chat, la fourrure toute trempée, ne me lâchait pas. Je me suis dit, c'est pas parce que tu es en train de mourir qu'il faut refuser à une créature du bon Dieu un peu de chaleur et de nourriture. Et pour tout te dire, l'idée ne me déplaisait pas d'avoir un être vivant à mes côtés à ce moment-là. Alors, je suis allée à la porte.

Et qu'est-ce que j'y ai trouvé ?

Posé sur le perron, à l'abri de la pluie, un bébé ! Emmailloté dans une toile, miaulant comme un chaton. Pauvre petite chose. Trempé, tu étais, et tu avais froid, et faim. J'en croyais à peine mes yeux. Je me suis penchée pour te prendre, et à l'instant où tu m'as vue, tu t'es arrêté de pleurer.

Je ne me suis pas attardée dehors, autant te dire. Il fallait que je te donne à manger et que je te mette au sec. Alors, tu peux me croire, j'ai pas traîné. Juste le temps d'un coup d'œil. Pour constater qu'il n'y avait rien, ni personne. Seulement le vent qui chahutait les arbres à l'orée du bois, et – bizarre tout de même – de la fumée qui montait dans le ciel du côté d'Angelfield.

Je t'ai serré contre moi, je suis rentrée et j'ai refermé la porte.

Par deux fois déjà, j'avais tricoté deux talons sur la même chaussette, et j'avais vu la mort de près. La troisième fois, c'était la vie qui frappait à ma porte. Voilà qui m'apprendrait à ne pas tirer de leçons de simples coïncidences. De toute façon, après ça, je n'ai plus guère eu le temps de penser à la mort.

C'était à toi qu'il fallait que je pense.

Et nous avons toujours vécu heureux.

*

Aurelius déglutit. Sur la fin, sa voix s'était faite rauque et haletante. Les mots étaient sortis de sa bouche comme une incantation, des mots qu'enfant il avait entendus des centaines de fois, et qu'il s'était répétés, adulte, pendant des décennies.

Une fois l'histoire terminée, nous restâmes assis en silence, à contempler l'autel. Dehors, la pluie tombait toujours, lente et régulière. Aurelius, à mes côtés, avait l'immobilité tranquille d'une statue, mais je le soupçonnais d'être en ébullition à l'intérieur.

J'aurais pu dire beaucoup de choses, mais préférai garder le silence. Et lui laisser le temps de revenir dans le présent à son rythme. Quand ce fut fait, il reprit la parole.

« Le problème, c'est que ce n'est pas mon histoire, pas vrai ? Ce que je veux dire c'est que, même si je suis dedans, ce n'est pas mon histoire à moi. Elle appartient à Mrs Love. Le garçon qu'elle voulait épouser ; sa sœur Kitty ; son tricot ; sa pâtisserie... L'héroïne, c'est elle. Et puis, juste au moment où elle croit que tout va se terminer, j'arrive et je fais redémarrer les choses. Mais ce n'est pas pour autant *mon* histoire, pas vrai ? Parce que, *avant* qu'elle ouvre sa porte... *Avant* qu'elle entende ce cri dans la nuit... *Avant...* »

Il s'interrompit, hors d'haleine, fit un geste pour couper sa phrase et recommencer : « Parce que, pour que quelqu'un *trouve* un bébé, le *trouve*, tout seul, comme ça, sous la pluie... ça veut dire que, *avant...* pour que ça arrive... il faut forcément... »

Nouveau geste fébrile des mains pour tenter d'effacer les mots, yeux égarés au plafond de l'église comme pour y découvrir le verbe auquel enfin arrimer ce qu'il cherchait à dire.

« Parce que si Mrs Love m'a *trouvé*, ça ne peut que signifier qu'avant ça, quelqu'un d'autre, une autre personne.. enfin, il a fallu qu'une mère... »

Il buta à nouveau sur le verbe.

Le désespoir figea son visage. Ses mains, qui esquissaient un nouveau geste d'impuissance, s'immobilisèrent dans l'attitude de la prière, ou de la supplication.

Il y a des moments où le visage et le corps humain sont capables d'exprimer les attentes du cœur avec une telle intensité qu'on peut, comme on dit, y lire à livre ouvert. Je n'eus pas de peine à lire en Aurelius.

Ne m'abandonne pas.

Je lui effleurai la main, et la statue revint à la vie.

« Ce n'est pas la peine d'attendre que la pluie s'arrête, murmurai-je. C'est parti pour la journée. Les photos, ce sera pour une autre fois. Autant y aller maintenant.

« — Oui, dit-il, d'un ton un peu revêche. Autant y aller tout de suite. »

L'héritage

« En coupant par les bois, dit-il en pointant le doigt, ça fait deux kilomètres. C'est plus long par la route. »

Nous traversâmes l'enclos des cerfs, et nous avions presque atteint l'orée des bois quand nous entendîmes des voix. Une femme s'adressait à ses enfants au bout de l'allée gravillonnée, et sa voix, traversant la pluie et le parc, parvenait jusqu'à nous : « Je te l'avais dit, Tom. Il pleut trop. Ils ne peuvent pas travailler par un temps pareil. » Les enfants s'étaient arrêtés dans leur course, déçus de voir les grues et les engins immobiles. Avec leurs capuchons recouvrant leurs têtes blondes, j'étais incapable de les distinguer l'un de l'autre. La femme les rejoignit, et ils se serrèrent les uns contre les autres un moment, le temps d'une brève conférence de cirés.

Aurelius était sous le charme.

« Je les ai déjà vus, dis-je. Vous les connaissez ?

« — C'est une famille. Ils vivent dans The Street. La maison à la balançoire. Karen s'occupe des cerfs.

« — On chasse encore par ici ?

« — Non. Elle s'en occupe, c'est tout. Ils sont vraiment gentils. »

Il les suivit d'un regard envieux, puis secoua la tête pour rompre le charme. « Mrs Love était très bonne pour moi, dit-il. Et je l'aimais beaucoup. Tout le reste... » Il balaya l'air d'un geste de la main, et se tourna vers les bois. « Venez. Allons à la maison. »

La famille aux cirés, qui s'était retournée en direction des grilles d'entrée, avait manifestement pris la même décision.

Aurelius et moi traversâmes les bois, dans un silence complice.

Il n'y avait pas de feuilles pour arrêter la lumière, et les arbres, noircis par la pluie, dressaient leurs membres sombres contre le ciel noyé d'eau. Tendant le bras pour écarter des branches basses,

Aurelius déclencha une petite averse de gouttes qui vinrent s'ajouter à celles qui tombaient du ciel. Nous trouvâmes un arbre tombé en travers de notre chemin, et nous arrêtâmes un instant pour regarder l'eau noire qui stagnait dans le tronc et avait ramolli l'écorce pourrie jusqu'à lui donner l'aspect d'une fourrure.

« Mon chez-moi », annonça bientôt Aurelius.

C'était un petit cottage en pierre. D'apparence solide plutôt que belle, mais plaisant malgré tout, dans ses lignes simples et régulières. Aurelius me fit contourner la maison. De quand datait-elle ? Cent, deux cents ans ? Difficile à dire. Cent ans de plus ou de moins, pour ce genre de construction, la différence ne jouait pas. Si ce n'est qu'à l'arrière, il y avait une extension récente, presque aussi grande que la maison elle-même, entièrement occupée par une immense cuisine.

« Mon sanctuaire », dit-il, tout en me faisant entrer.

Un four massif en acier inoxydable, des murs blancs, deux énormes réfrigérateurs – une vraie cuisine pour un vrai cuisinier.

Aurelius tira une chaise à mon intention, et je m'assis à une petite table à côté d'une bibliothèque. Les rayons étaient remplis de livres de cuisine, en français, en anglais, en italien. Il y en avait un autre, d'un aspect différent, sur la table. C'était un cahier épais, aux angles écornés, recouvert de papier d'emballage transparent à force d'avoir été manipulé par des doigts gras. Quelqu'un avait écrit *RECETES* sur la couverture avec ces majuscules démodées qu'on apprenait jadis à l'école. Quelques années plus tard, l'auteur du titre avait ajouté un second T, à l'aide d'un autre stylo.

« Je peux ? demandai-je.

« — Bien sûr. »

J'ouvris le cahier et commençai à le feuilleter. Gâteau de Savoie, pain aux dattes et aux noix, scones, gâteau au gingembre, tartelettes au flan, tarte Tatin, cake aux fruits confits... l'orthographe et l'écriture s'amélioraient au fil des pages.

Aurelius tourna un bouton sur le four, puis, se déplaçant avec légèreté, rassembla ses ingrédients. Quand il eut fini, il avait tout à portée de main et tendait le bras sans avoir besoin de regarder pour se saisir d'un tamis ou d'un couteau. Ses gestes ressemblaient à ceux d'un conducteur de voiture quand il change de vitesse : un bras qui se déployait en souplesse, comme indépendant du corps, sachant exactement ce qu'il avait à faire, des yeux qui ne quittaient pas le point fixe devant lui, en l'occurrence le saladier dans lequel il mélangeait ses ingrédients. Il passa sa farine, débita son beurre en dés, préleva le zeste d'une orange. Aussi naturellement qu'il respirait.

« Vous voyez ce placard ? dit-il. Là, sur votre gauche ? Vous voulez bien l'ouvrir ? »

Croyant qu'il avait besoin d'un nouvel instrument, je m'exécutai.

« Vous allez trouver à l'intérieur un sac accroché à une patère. »

C'était une sorte de sacoche. Vieille et curieusement conçue. Les côtés n'étaient pas cousus, mais simplement rentrés. Elle fermait avec une boucle, et une lanière de cuir longue et large, munie à chaque bout d'une attache rouillée, permettait sans doute de la porter en bandoulière. Le cuir était desséché et craquelé, et la toile, jadis kaki, avait pris une teinte usée.

« Qu'est-ce que c'est ? » demandai-je.

Un instant, il leva les yeux pour me regarder.

« C'est le sac dans lequel on m'a trouvé. »

Il retourna aussitôt à son saladier et à son mélange.

Le sac dans lequel on l'avait trouvé ? Mes yeux passèrent lentement de la sacoche à Aurelius. Même penché en avant pour pétrir sa pâte, il faisait toujours plus d'un mètre quatre-vingts. Je me souvins que j'avais cru voir en lui un géant de livre pour enfants lors de notre première rencontre. Aujourd'hui, la lanière de cuir n'aurait même pas fait le tour de sa taille, et pourtant, soixante ans plus tôt, il avait été suffisamment petit pour tenir dans la sacoche. Saisie de vertige à la pensée de ce que le temps peut accomplir, je me rassis. Qui avait bien pu placer un nouveau-né là-dedans ? Qui avait replié la toile autour de lui, fermé la boucle pour le protéger des intempéries, et ajusté la bandoulière pour le transporter, dans la nuit, jusque chez Mrs Love ? Je laissai courir mes doigts sur les endroits qu'elle avait touchés. Toile, boucle, bandoulière. À la recherche d'une trace. D'un indice, en braille, en langage codé, ou à l'encre sympathique, qui se révélerait sous ma main si seulement j'étais capable de le déchiffrer.

« C'est exaspérant, pas vrai ? » dit Aurelius.

Je l'entendis glisser une plaque dans le four et refermer la porte, puis je le sentis dans mon dos, qui regardait par-dessus mon épaule.

« Ouvrez-le... Moi, j'ai les mains pleines de farine. »

Je défis la boucle et ouvris les plis de la toile, qui se déployèrent et s'aplatirent en un rond au centre duquel se trouvait un mélange de morceaux de papier et de bouts de tissu.

« Mon héritage », annonça-t-il.

On aurait plutôt pensé à un tas de saletés qui n'attendaient qu'un coup de balai pour passer à la poubelle, mais lui contemplait le tout avec la fascination d'un gamin qui vient de tomber sur un trésor. « Ces objets sont mon histoire à moi, dit-il. Ils me disent qui je suis. Il s'agit simplement de les... *comprendre.* » Sa perplexité était aussi intense que résignée. « J'ai essayé toute ma vie de les mettre bout à bout. Je n'arrête pas de me dire que si seulement j'arrivais à trouver le fil conducteur... Alors, tout se mettrait en place. Prenez ça par exemple... »

C'était un morceau de tissu. De la toile jadis blanche, mais aujourd'hui jaunie. Je le dégageai du reste et le lissai. Il était brodé d'un motif d'étoiles et de fleurs, également blanches ; il y avait quatre boutons de nacre délicats ; c'était une robe, ou une chemise de nuit, de bébé. Les larges doigts d'Aurelius hésitaient au-dessus du petit vêtement, pleins du désir de le toucher, mais craignant de le maculer de farine. Les manches minuscules auraient tout juste suffi à laisser passer un doigt aujourd'hui.

« C'est ce que je portais, expliqua Aurelius.

« — C'est très vieux.

« — Autant que moi, je suppose.

« — Plus que ça.

« — Vous croyez ?

« — Regardez les points ici... et là. Ce vêtement a été raccommodé plus d'une fois. Et ce bouton, il n'est pas pareil que les autres. D'autres bébés l'ont porté avant vous. »

Ses yeux naviguèrent un instant entre le morceau de tissu et moi, avides de savoir.

« Et puis, il y a ça », dit-il, en montrant du doigt une page imprimée. Manifestement arrachée à un livre et toute froissée. Je la pris dans mes mains et me mis à lire :

« .. *ignorant tout d'abord de ses intentions ; mais quand je le vis lever le livre et se préparer à le lancer, je me jetai de côté en poussant un cri de frayeur...* »

Aurelius poursuivit la phrase, de mémoire, sans poser les yeux sur la page : « ... *mais je n'avais pas été assez rapide ; le volume me heurta et je tombai, me blessant à la tête contre la porte dans ma chute.* »

Bien évidemment, je reconnus le passage. Comment aurais-je pu ne pas le faire, moi qui l'avais lu tant de fois ? « *Jane Eyre*, fis-je, étonnée.

« — Vous avez reconnu ? Oui, c'est bien ça. J'ai demandé à quelqu'un dans une bibliothèque. C'est d'une certaine Charlotte quelque chose. Elle avait des tas de sœurs, apparemment.

« — Vous avez lu le livre ?

« — Je l'ai commencé. Ça parlait d'une petite fille. Elle a perdu sa famille, et elle est recueillie par sa tante. Je croyais être sur une piste. Mais c'est une mauvaise femme, la tante, pas du tout comme Mrs Love. Dans cette page, c'est un de ses cousins qui lui lance un livre à la figure. Mais plus tard, elle va à l'école, une école horrible, où on mange horriblement mal, mais où elle réussit quand même à se faire une amie. (Sourire au souvenir de cet épisode.) Malheureusement, l'amie meurt peu de temps après. (Regard triste.) Après... ça ne m'a plus guère intéressé. Je ne suis pas allé au bout. Je ne voyais pas comment ça pouvait me concerner. »

Il haussa les épaules, comme pour chasser sa perplexité.

« Vous l'avez lu ? Qu'est-ce qui lui arrive à la fin ? Il y a un rapport avec mon histoire ?

« — Elle tombe amoureuse de son employeur. L'épouse de celui-ci – elle est folle et vit dans la maison, mais à l'insu de tous – essaie de mettre le feu à la maison, et Jane s'en va. Quand elle revient, la femme est morte, Mr Rochester est aveugle, et elle l'épouse.

« — Ah ! » Son front se plissa sous l'effort qu'il fit pour essayer de comprendre. Mais bientôt il renonça. « Non. Ça ne colle pas, pas vrai ? Le début, peut-être. La fille sans sa mère. Mais après... Je donnerais cher pour qu'on me dise ce que ça signifie. Pour que quelqu'un vienne enfin *me dire la vérité*. »

Il revint à la page arrachée. « Ce n'est sans doute pas le livre qui est important. Simplement cette page. Peut-être qu'elle a un sens caché. Regardez ça... »

À l'intérieur de la couverture de son cahier de recettes se trouvaient des colonnes et des rangées serrées de chiffres et de lettres tracés d'une grosse écriture d'enfant. « J'ai cru au début que c'était un code, expliqua-t-il. J'ai essayé de le déchiffrer. En prenant la première lettre de chaque mot, la première de chaque ligne. Puis la deuxième. Ensuite, j'ai substitué une lettre à une autre. » Il détaillait ses diverses tentatives, l'œil fiévreux, comme s'il avait encore une chance de trouver quelque chose qui lui aurait échappé jusqu'ici.

Je savais que c'était sans espoir.

« Et ça, qu'est-ce que c'est ? » demandai-je en m'emparant de l'objet suivant sans pouvoir réprimer un frisson. Une plume, manifestement, aujourd'hui sale et repoussante. Privées de lubrifiant, les barbes s'étaient séparées en pointes brunes toutes raides le long de la tige craquelée.

Aurelius haussa les épaules et secoua la tête pour signifier son ignorance, et je lâchai la plume avec soulagement.

On arriva au dernier objet. « Alors, ça... », commença Aurelius, sans finir. C'était un morceau de papier, déchiré à la va-vite, avec une trace d'encre délavée qui avait peut-être été un mot. Je l'examinai de plus près.

« Je pense..., bafouilla Aurelius. Eh bien, Mrs Love pensait... En fait, nous étions tous les deux d'accord pour penser... (Lueur d'espoir dans ses yeux.) Que ce devait être *mon nom.* »

Il pointa le doigt sur la tache. « La pluie l'a détrempé, mais ici, juste ici... » Il m'entraîna vers la fenêtre, et me fit signe de lever le morceau de papier dans la lumière. « Il y a quelque chose qui ressemble à un *A* au début. Et puis un *s*, juste là, vers la fin. Bien sûr, l'encre a passé, après toutes ces années ; il faut regarder de près, mais vous le voyez, hein, vous le voyez ? »

Je regardai fixement la tache.

« Vous le voyez, hein ? »

J'eus un vague mouvement de tête, ni acquiescement ni dénégation.

« Vous voyez ! C'est évident quand on sait déjà ce qu'on va trouver, pas vrai ? »

Je continuai de regarder, mais les lettres fantômes qu'il voyait étaient invisibles à mes yeux.

« Et c'est ça qui a décidé Mrs Love à m'appeler Aurelius. Ça aurait aussi bien pu être Alphonse, j'imagine. »

Il eut un petit rire sans joie, comme pour se moquer de lui-même, avant de se détourner. « Le dernier objet, c'était la cuillère. Mais vous l'avez vue. » Il fouilla dans sa poche, d'où il sortit la cuillère en argent qu'il m'avait tendue lors de notre première rencontre, le jour où nous avions mangé du gâteau au gingembre, assis sur les chats géants qui flanquaient l'escalier d'Angelfield.

« Et la sacoche elle-même, m'étonnai-je. C'est quel genre de sac ?

« — Juste un sac, dit-il, d'un air vague, en portant l'objet à son visage pour le renifler délicatement. Dans le temps, il sentait la fumée, mais plus maintenant. » Il me le tendit, et je mis le nez dessus. « Vous voyez ? On ne sent plus rien. »

Aurelius ouvrit la porte du four et sortit une plaque de biscuits d'un or pâle qu'il mit à refroidir. Puis il remplit la bouilloire, et prépara un plateau. Tasses, soucoupes, sucrier, pot à lait et assiettes à dessert.

« Prenez-le », dit-il, en me passant le plateau. Il ouvrit une porte qui me laissa voir un salon, de vieux fauteuils confortables et des coussins à fleurs. « Installez-vous. J'apporte le reste dans une minute. » Il se lava les mains dans l'évier, tête baissée, me tournant le dos. « Je vous rejoins dès que j'ai fini de ranger. »

Je passai dans le salon de Mrs Love, et m'assis dans un fauteuil devant la cheminée, le laissant mettre son héritage – ce bien aussi inestimable qu'indéchiffrable – en lieu sûr.

*

Je quittai la maison l'esprit taquiné par un vague souvenir. Quelque chose qu'avait dit Aurelius ? Oui, un rapprochement éphémère avait capté mon attention avant d'être balayé par le reste de son histoire. Mais je ne m'inquiétai pas ; tôt ou tard il me reviendrait.

Dans les bois, il y a une clairière. À cet endroit, le sol présente une déclivité assez abrupte avant de redevenir plat et d'être à nouveau arboré. De là, on a un point de vue inattendu sur le manoir. C'est dans cette clairière que je m'arrêtai, en repartant de chez Aurelius.

La scène était lugubre. La maison, ou ce qu'il en restait, avait l'air irréel. Tache grisâtre sur fond de ciel gris. Les étages supérieurs de l'aile gauche avaient tous disparu. Seuls subsistaient le rez-de-chaussée, l'emplacement de la porte encore marqué par le linteau en pierre noirci et les marches qui y conduisaient, mais la porte elle-même n'était plus là. Ce n'était pas un jour à rester ainsi exposée aux éléments, et j'en frissonnai pour cette demeure à demi démantelée. Même les chats en pierre l'avaient abandonnée. Comme les cerfs, ils étaient partis se mettre à l'abri. L'aile droite de la bâtisse était encore en grande partie intacte, mais, à en juger par la position de la grue, elle ne resterait pas debout bien longtemps. Je me surpris à me demander si tous ces engins étaient bien nécessaires. Les murs donnaient l'impression de se dissoudre d'eux-mêmes dans la pluie ; les pierres encore debout, aussi pâles et inconsistantes que du papier de riz, prêtes à fondre sous mes yeux pour peu que je leur en laisse le temps.

Mon appareil photo pendait à mon cou. Je le sortis de mon manteau et le collai devant mon œil. Était-il possible de saisir l'apparence évanescente de la maison en dépit de toute cette humidité ? J'en doutais, mais j'étais prête à essayer.

J'étais en train de régler le zoom quand je surpris un léger mouvement à la frange du cadre. Ce n'était pas mon fantôme, non. Les enfants étaient de retour. Ils avaient vu quelque chose dans l'herbe et se penchaient dessus, tout excités. Un hérisson ? Un serpent ? Curieuse, je réglai la mise au point pour tenter de voir plus distinctement.

L'un des enfants tendit le bras dans l'herbe haute et en sortit leur découverte. C'était un casque jaune d'ouvrier de chantier. Un sourire ravi sur les lèvres, il repoussa son capuchon – je voyais maintenant qu'il s'agissait du garçon – et enfonça le casque sur sa tête. Puis il se tint comme un soldat au garde-à-vous, raide, le torse bombé, la tête haute, les bras collés au corps, le visage plissé par l'effort qu'il faisait pour empêcher le casque trop large de glisser. Au moment où il prenait la pose, un petit miracle se produisit. Un rayon de soleil troua un nuage et tomba directement sur le gamin, l'illuminant dans son moment de gloire. *Clic*, la photo était prise : le garçon casqué, au-dessus de son épaule gauche, un panneau jaune ACCÈS INTERDIT, et, sur sa droite, à l'arrière-plan, la maison, lugubre tache grise.

Le soleil disparut, je quittai les enfants des yeux pour enrouler la pellicule et remis mon appareil au sec sous mon manteau. Quand je les regardai à nouveau, les enfants étaient déjà à mi-chemin de l'allée. La main gauche du garçon dans la main droite de la fille, ils faisaient une ronde tout en approchant des grilles. Mêmes enjambées, même poids : ils s'équilibraient parfaitement. Avec les pans de leurs cirés qui s'évasaient derrière eux et leurs pieds qui touchaient à peine le sol, on aurait dit qu'ils allaient s'élever dans les airs pour se mettre à voler.

Faut-il sacrifier *Jane Eyre* ?

Quand je revins dans le Yorkshire, on ne m'offrit aucune explication pour mon bannissement. Judith m'accueillit avec un sourire forcé. La grisaille du jour s'était insinuée sous sa peau, se concentrant en grands cernes noirs sous ses yeux. Elle ouvrit encore de quelques centimètres les rideaux de mon petit salon, dénudant un peu plus de vitre, sans que la pénombre en soit affectée. « Quel temps de chien ! », s'exclama-t-elle, de l'air de quelqu'un qui n'en peut plus.

Cela ne dura que quelques jours, qui me parurent interminables. Il faisait souvent nuit, et jamais tout à fait jour ; le ciel lourd obscurcissait tout, si bien que nous perdions tous nos repères. Miss Winter arriva en retard un matin pour notre entrevue. Elle aussi était pâle. J'ignorais si les ombres que je voyais dans ses yeux étaient dues au souvenir d'une souffrance récente ou à quelque autre cause.

« Je vous propose un horaire plus flexible pour nos entretiens, dit-elle, quand elle fut installée dans son cercle de lumière.

« — Comme vous voulez. » Depuis que j'avais vu son médecin, je savais qu'elle passait de mauvaises nuits, et je voyais quand les analgésiques cessaient, ou n'avaient pas encore commencé, de faire effet. Nous convînmes donc que, au lieu de me présenter systématiquement tous les matins à neuf heures, j'attendrais que Judith vienne frapper à ma porte.

Au début, celle-ci frappait toujours entre neuf et dix heures. Puis ce fut un peu plus tard. Après une nouvelle visite du médecin, et un nouveau dosage des médicaments, elle prit l'habitude de m'envoyer chercher tôt le matin, mais nos rencontres s'écourtèrent ; puis vint une période où nous nous retrouvions deux ou trois fois dans la journée, à des heures variables. Il lui arrivait de me faire appeler quand elle se sentait bien, et elle pouvait parler longtemps, multipliant les détails. À d'autres moments, elle me faisait appeler quand elle souffrait. Ce n'était pas tant de compagnie qu'elle avait besoin alors que du pouvoir anesthésiant de l'histoire à conter.

La fin des entretiens de neuf heures marqua la disparition d'un autre de mes repères. J'écoutais son histoire, la transcrivais, en rêvais la nuit, et, pendant la journée, c'était elle qui servait d'arrière-plan à toutes mes pensées. Je me faisais l'impression de vivre dans un livre. Je n'avais même pas besoin d'en sortir pour me sustenter, car je pouvais rester assise à mon bureau à lire ma transcription tout en prenant les repas que Judith m'apportait dans ma chambre. Du porridge – et c'était le matin. Du potage et une salade – et c'était le déjeuner. Le soir, tourte au bœuf et aux rognons. Je me rappelle être restée longtemps perplexe devant une assiette d'œufs brouillés. De quel repas s'agissait-il ? Je n'en avais aucune idée. Je mastiquai quelques bouchées avant de repousser l'assiette.

Cette longue période indifférenciée fut toutefois marquée par quelques incidents. Je les notai à l'époque, indépendamment de l'histoire elle-même, et ils méritent d'être rapportés.

En voici un.

J'étais dans la bibliothèque. Je cherchais *Jane Eyre*, et tombai sur un rayon presque entièrement occupé par des exemplaires du roman. C'était la collection d'une fanatique : il y avait là des éditions modernes et bon marché, sans aucune valeur marchande ; et d'autres qu'on voyait si rarement sur le marché qu'il aurait été difficile d'en évaluer le prix ; sans compter les spécimens situés entre ces deux extrêmes. Je cherchais une édition ordinaire – encore que bien particulière – qui datait du début du siècle. Tandis que je parcourais le rayon, Judith amena Miss Winter dans la pièce et l'installa dans son fauteuil près de la cheminée.

« Que cherchez-vous ? me demanda Miss Winter, une fois Judith sortie.

« — *Jane Eyre*.

« — Vous aimez *Jane Eyre ?*

« — Énormément. Et vous ?

« — Oui. »

Elle frissonna.

« Voulez-vous que je regarnisse le feu ? »

Elle abaissa les paupières, comme submergée par une vague de souffrance. « Je suppose que oui. »

Quand je me fus acquittée de ma tâche, elle me dit . « Vous avez un moment ? Asseyez-vous, Margaret. »

Et voici ce qu'elle me dit, au bout d'un instant de silence . « Imaginez un tapis roulant, un immense tapis roulant, au bout duquel se trouve un énorme four. Sur le tapis roulant, des livres. Tous les exemplaires de tous les livres que vous avez aimés. Tous alignés. *Jane Eyre*. *Villette**. *La Dame en blanc*.

« — *Middlemarch***, ajoutai-je.

« — Merci. *Middlemarch*. Et imaginez un levier avec deux positions : On et Off. Pour l'instant, le levier est sur Off. À côté se trouve un homme, la main posée dessus. Il est sur le point de mettre le tapis roulant en marche. Et vous, vous avez le pouvoir de l'en empêcher. Vous avez un pistolet à la main. Tout ce que vous avez à faire, c'est appuyer sur la détente. Que faites-vous ?

« — C'est ridicule !

« — Il pousse le levier sur la position On. Le tapis se met en branle.

« — Mais c'est trop extrême. Purement hypothétique.

« — C'est d'abord *Shirley**** qui tombe dans le feu.

« — Je déteste ce genre de jeu.

« — Maintenant, c'est au tour de George Sand de se consumer dans les flammes. »

Je poussai un soupir et fermai les yeux.

« Le prochain, c'est *Les Hauts de Hurlevent* Vous allez le laisser brûler aussi, celui-là ? »

Ce fut plus fort que moi. Je voyais les livres, suivais leur lente progression vers la bouche du four et j'eus un mouvement de recul.

« Comme vous voudrez. Le voilà parti. Même chose pour *Jane Eyre* ? »

Jane Eyre. Je me sentis soudain la bouche sèche.

« Tout ce que vous avez à faire c'est tirer. Je ne dirai rien. Personne n'en saura jamais rien. (Une pause.) Ils commencent à tomber. Les tout premiers seulement. Il y a un nombre considérable d'exemplaires. Vous avez encore un moment pour vous décider. »

Du pouce, je grattai nerveusement le bord écorné de l'ongle de mon majeur.

« Le rythme s'accélère maintenant »

* *Villette*, de Charlotte Brontë, (1853). (*N.d.T.*)
** *Middlemarch*, de George Eliot, (1872). (*N.d.T.*)
*** Roman de Charlotte Brontë, (1850). (*N.d.T.*)

Elle ne me quittait pas des yeux.

« La moitié est déjà partie. Réfléchissez bien, Margaret. C'est tout *Jane Eyre* qui aura bientôt disparu à jamais. Réfléchissez. »

Miss Winter cligna des yeux.

« Un petit tiers, c'est tout ce qu'il reste. Il s'agit d'une seule personne, Margaret. Une seule, toute petite, insignifiante. »

Je clignai des yeux à mon tour.

« Le temps presse, il n'en reste vraiment pas beaucoup. Ne l'oubliez pas, cet homme brûle des livres, Margaret. Mérite-t-il de rester en vie ? »

Nouveau battement de paupières.

« C'est votre dernière chance. »

Paupières qui battent, qui battent.

C'en était fini de *Jane Eyre.*

« Margaret ! » s'exclama Miss Winter, le visage déformé par le dépit. De la main gauche, elle tapa sur le bras du fauteuil, et même sa main droite, toute mutilée qu'elle était, s'agita sur ses genoux.

Plus tard, en mettant l'épisode par écrit, je me fis la réflexion que je n'avais jamais vu Miss Winter exprimer une émotion de manière aussi spontanée auparavant. C'était beaucoup de sentiment investi dans un simple jeu.

Et mes sentiments à moi, quels étaient-ils ? La honte. Car j'avais menti. Bien sûr que j'aimais les livres plus que les gens. Bien sûr que *Jane Eyre* avait pour moi plus de valeur que cet inconnu avec sa main sur son levier. Bien sûr que l'œuvre de Shakespeare valait à elle seule bien plus qu'une vie humaine. Bien sûr. Mais, contrairement à Miss Winter, j'avais eu honte de l'avouer.

En sortant, je revins au rayon où se trouvaient les *Jane Eyre* et sortis le volume qui répondait à mes critères de recherche. Tant pour l'époque que pour le papier et les caractères. Une fois dans ma chambre, je tournai les pages jusqu'à ce que je trouve le passage.

« ... ignorant tout d'abord de ses intentions ; mais quand je le vis lever le livre et se préparer à le lancer, je me jetai de côté en poussant un cri de frayeur... mais je n'avais pas été assez rapide ; le volume me heurta et je tombai, me blessant à la tête contre la porte dans ma chute. »

Le livre était intact. Il n'y manquait pas une seule page. Ce n'était pas celui dont la page d'Aurelius avait été arrachée. De toute façon, ce n'était guère possible. Si sa page à lui était venue d'Angelfield – je dis bien *si* –, il aurait brûlé avec le reste de la maison.

Je restai un moment assise à ne rien faire, sinon à penser à *Jane Eyre*, à une bibliothèque, à un grand four et à une maison en flammes, mais j'eus beau combiner ces éléments de toutes les manières possibles, je n'arrivai à rien.

L'autre incident dont je me souviens et qui date de la même époque, c'est celui de la photographie. Un beau matin apparut sur le plateau de mon petit déjeuner un paquet, sur lequel je reconnus l'écriture serrée de mon père. C'étaient mes photos d'Angelfield ; je lui avais envoyé la pellicule dans sa boîte, et il me l'avait fait développer. Certaines, prises le premier jour, étaient nettes. Buissons de ronces au milieu de la bibliothèque dévastée ; lierre grimpant à l'assaut de l'escalier en pierre. Je m'arrêtai un moment sur celle de la chambre où je m'étais trouvée nez à nez avec mon fantôme ; au-dessus de la vieille cheminée, il n'y avait que le reflet du flash. Je ne la sortis pas moins du paquet pour la glisser à l'intérieur de la couverture de mon livre, à titre de souvenir.

Le reste des photos dataient de ma deuxième visite, quand j'avais joué de malchance avec le temps. La plupart n'étaient rien d'autre que des compositions floues, grisâtres et indéchiffrables. Ce dont je me souvenais moi, c'était des nuances de gris ourlées d'argent ; de la brume ondulant comme un voile diaphane ; de mon propre souffle en équilibre entre l'air et l'eau. Mais mon appareil n'avait rien capté de cette atmosphère, et il était impossible de reconnaître dans les taches plus sombres qui ressortaient de la grisaille ambiante une pierre, un mur, un arbre ou un fragment de forêt. Au bout d'une demi-douzaine du même genre, j'abandonnai. Fourrant le tout dans la poche de mon cardigan, je descendis dans la bibliothèque.

Nous avions atteint le milieu de notre entretien quand je devins tout à coup consciente d'un grand silence. Je rêvassais. Perdue, comme d'habitude, dans ce monde habité par deux jeunes jumelles. Je fis repasser la bande de sa voix, me souvins d'un changement de ton, du fait qu'elle s'était adressée à moi, mais sans pouvoir me rappeler ses paroles.

« Pardon ? dis-je.

« — Votre poche, répéta-t-elle. Vous avez quelque chose dans votre poche.

« — Ah oui, ce sont des photos. » Dans cet état second caractéristique de celui qui est pris entre une histoire et sa propre vie et qui n'a pas encore recouvré ses esprits, je bafouillai : « Angelfield. »

Le temps que je revienne à moi, les photos étaient déjà entre ses mains.

Au début, elle examina chacune d'elles de très près, s'efforçant, à travers ses lunettes, de reconnaître quelque chose dans tout ce flou. Mais, au bout d'un moment, devant ces images indéchiffrables, elle poussa un petit soupir à la Vida Winter, qui sous-entendait clairement qu'elle avait eu raison de ne pas s'attendre à grand-chose, et sa bouche se raidit en un rictus critique. De sa main valide, elle se mit à feuilleter la pile de manière beaucoup plus superficielle, et, pour montrer qu'elle n'en espérait plus rien, elle laissait tomber les photos l'une après l'autre, après un bref coup d'œil, sur la petite table à côté d'elle.

J'étais fascinée par le spectacle de ces images rejetées atterrissant sur la table à un rythme régulier. Elles s'amassaient en un tas informe, tombant les unes sur les autres, chacune glissant sur la surface lisse de la précédente avec un son qui semblait dire *insensé, insensé.*

Puis la cascade se tarit d'un coup. Miss Winter, assise très raide, tenait une photo à la main et l'examinait en fronçant les sourcils. *Elle vient de voir un fantôme,* pensai-je. Au bout d'un long moment, faisant semblant de ne pas se sentir observée, elle plaça la photo derrière la dizaine qui restaient, et qu'elle regarda très vite avant de leur faire subir le même sort qu'aux autres. Quand celle qui avait arrêté son attention réapparut, c'est à peine si elle y jeta un coup d'œil, se contentant de l'ajouter au tas déjà formé. « J'aurais été incapable de dire qu'il s'agissait d'Angelfield, mais si vous l'affirmez... », fit-elle d'un ton glacial ; puis, d'un geste brusque, elle rassembla le paquet de photos et, en me le tendant, le laissa tomber par terre.

« Ah cette main ! Excusez-moi », murmura-t-elle, tandis que, pas dupe pour autant, je me baissais pour les ramasser.

Puis elle reprit son récit là où elle l'avait laissé.

Plus tard, je passai à nouveau les photos en revue. En dépit de la chute qui en avait altéré l'ordre, il n'était pas difficile de deviner celle qui l'avait tant frappée. Dans ce paquet de clichés flous et grisâtres, il n'y en avait vraiment qu'un qui se détachait du lot. Assise sur le bord de mon lit, je l'examinai à nouveau, revoyant très bien le moment où je l'avais pris. La brume qui se levait s'était combinée juste au bon moment avec l'apparition du soleil pour permettre à un rayon de lumière de tomber sur un petit garçon qui prenait la pose devant l'appareil, menton relevé, dos bien droit, yeux trahissant son inquiétude de voir son casque jaune lui glisser d'un instant à l'autre sur la figure.

Pourquoi cette photo avait-elle à ce point retenu son attention ? J'examinai l'arrière-plan, mais la maison, déjà à moitié démolie, ne faisait qu'une grosse tache grise au-dessus de l'épaule droite du gamin. Plus près de lui, tout ce qui était visible, c'était la grille de la barrière de sécurité et un coin du panneau interdisant l'accès.

Était-ce le garçon lui-même qui l'intéressait ?

Je restai penchée une demi-heure sur la photo, à m'interroger, mais quand je me décidai à la ranger, je n'avais toujours pas trouvé d'explication plausible. Parce qu'il m'intriguait, je plaçai le cliché à l'intérieur de la couverture de mon livre, avec cette image d'une absence dans une glace.

En dehors de la photographie du garçon et du jeu des *Jane Eyre* engloutis par le four, il n'y eut pas grand-chose pour venir déchirer le voile que le récit avait tissé autour de moi. Si, pourtant, le chat. Ayant remarqué mes horaires inhabituels, il venait gratter à ma porte à n'importe quelle heure du jour et de la nuit. Finissait les restes d'œuf ou de poisson dans mon assiette. Il aimait s'asseoir sur mes piles de papiers et me regarder écrire. Je pouvais rester des heures à noircir mes pages et à me perdre dans le sombre labyrinthe du récit de Miss Winter, mais au plus fort de mon oubli de moi et du monde, la sensation d'être observée ne m'abandonnait jamais, et quand je m'égarais pour de bon, c'était le regard du chat qui semblait pénétrer au cœur de ma confusion et m'éclairer le chemin jusqu'à ma chambre, mes notes, mes crayons et mon taille-crayon. Il lui arrivait même de dormir avec moi sur mon lit, et je pris l'habitude de laisser mes rideaux ouverts de façon à lui permettre, s'il se réveillait, d'aller s'asseoir sur le rebord de la fenêtre et de scruter l'obscurité pour y voir ces mouvements qui restent invisibles à l'œil humain.

Voilà tout. Rien d'autre, en dehors de ces quelques détails. Uniquement ce crépuscule interminable, et l'histoire.

Tout s'écroule

Isabelle, Hester, Charlie... Tous avaient disparu. La liste n'était pourtant pas close, comme Miss Winter me le raconta bientôt.

*

Dans le grenier, je m'adossai au mur branlant. Je poussai pour le faire céder, avant de relâcher ma pression. Puis je recommençai Je tentais le sort. Qu'arriverait-il si le mur s'écroulait ? Le toit céderait-il ? Cette masse, en tombant, entraînerait-elle la chute du plancher ? Et les tuiles, les poutres et les pierres traverseraient-elles les différents plafonds pour s'écraser sur les lits et les malles comme dans un tremblement de terre ? Et après ? Les choses s'arrêteraient-elles là ? Jusqu'où pouvaient-elles aller ? Je poussai, je poussai, provoquant le mur, le mettant au défi de tomber, mais il résista. Il est stupéfiant de voir à quel point un mur à moitié mort est capable, même poussé à bout, de rester en place.

Puis, au milieu de la nuit, je me réveillai, les oreilles bourdon nantes. Le bruit avait déjà cessé, mais je l'entendais encore résonner dans mes tympans et ma poitrine. Je bondis hors du lit et me précipitai vers l'escalier, Emmeline sur mes talons.

Nous atteignîmes le palier de la galerie au moment où John, qui dormait dans la cuisine, arrivait au bas de l'escalier, et nous arrêtâmes net, écarquillant les yeux. Au milieu du corridor, la Missis, en chemise de nuit, regardait en l'air. À ses pieds, un énorme bloc de pierre, et, au-dessus d'elle, un trou aux bords déchiquetés dans le plafond. Une poussière grise emplissait l'air. Elle montait et retombait, sans savoir où se déposer. Des morceaux de plâtre, de mortier, de bois tombaient encore de l'étage du dessus, accompagnés d'un bruit de souris qui détalent. De temps à autre je sentais

Emmeline sursauter, tandis que des planches et des briques continuaient à s'abattre dans les étages supérieurs.

Les marches en pierre étaient froides, puis des échardes de bois et des esquilles de plâtre et de mortier s'enfoncèrent dans mes pieds. Au milieu des débris de notre maison dévastée et de la poussière qui tourbillonnait autour d'elle, la Missis se dressait tel un fantôme. Les cheveux, le visage et les mains couverts de poussière grise ; gris aussi les plis de sa longue chemise de nuit. Elle se tenait parfaitement immobile, le visage renversé. Je m'approchai d'elle et, comme elle, levai la tête. Et je vis le trou dans le plafond, et au-delà un autre trou dans un autre plafond, puis un troisième. Nous apercevions la tapisserie aux pivoines dans la chambre juste au-dessus de nous, le motif de lierre entrelacé dans la pièce encore au-dessus, et, pour finir, les murs gris pâle de la petite mansarde. Et tout en haut, très haut au-dessus de nos têtes, il y avait le trou dans la toiture et le ciel. Sans étoiles.

Je la pris par la main. « Viens, lui dis-je. Ça ne sert à rien de regarder là-haut. »

Je l'emmenai, et elle me suivit comme un petit enfant. « Je vais la coucher », dis-je à John.

Il avait le visage blême. « Oui », dit-il, d'une voix épaissie par la poussière. C'est à peine s'il pouvait la regarder. Il eut un geste las vers le plafond détruit. Le geste lent d'un homme qui se noie, entraîné vers le fond par le courant. « Et moi, je vais essayer de nettoyer ça. »

Mais une heure plus tard, une fois la Missis changée, bordée dans son lit et endormie, il était toujours là. Exactement dans la position où je l'avais laissé. Les yeux fixés sur l'endroit où elle s'était tenue.

Le lendemain matin, quand la Missis n'apparut pas dans la cuisine, c'est moi qui montai la réveiller. Mais il était déjà trop tard. Son âme s'était envolée par le trou dans la toiture, et elle s'était éteinte.

« Nous l'avons perdue, dis-je à John en redescendant. Elle est morte. »

Son visage resta impassible. Il continua à fixer le vide comme s'il ne m'avait pas entendue. « Oui, finit-il par dire, d'une voix qui ne semblait s'adresser à personne. Oui. »

J'avais l'impression que tout était fini. Je n'avais plus qu'une envie : rester assise comme John, immobile, à fixer le vide, sans rien faire. Mais le temps ne s'arrêta pas pour si peu. Je sentais les battements de mon cœur rythmer les secondes. Je sentais la faim creuser mon estomac, la soif dessécher ma gorge. J'étais triste à en mourir ; et, dans le même temps, je me sentais scandaleusement et absurdement vivante – si vivante que je jure avoir senti mes ongles et mes cheveux pousser.

En dépit du poids insoutenable qui pesait sur mon cœur, je ne pouvais pas, comme John, me laisser enliser dans le désespoir. Hester était partie, Charlie aussi ; maintenant la Missis ; et John aussi, à sa manière, même si j'espérais qu'il trouverait la force de nous revenir. En attendant, la fille dans le brouillard allait devoir sortir de l'ombre. Il était temps de cesser de jouer, il était temps de grandir.

« Je vais mettre la bouilloire sur le feu, dis-je. Et faire du thé. »

Ma voix n'était plus la mienne. Une autre fille, ordinaire, sensée et capable, s'était glissée dans mon corps et s'était emparée de moi. Elle semblait savoir très précisément ce qu'il y avait à faire. Je n'en fus qu'à moitié surprise. N'avais-je pas passé une partie de ma vie à regarder les autres vivre la leur ? À observer Hester, la Missis, les villageois ?

Je m'installai tranquillement dans ma nouvelle peau, tandis que l'autre, la fille capable, faisait bouillir l'eau, mesurait le thé, remuait et versait. Elle mit deux sucres dans la tasse de John, trois dans l'autre. Quand tout fut prêt, je bus mon thé, et quand le liquide chaud et sucré atteignit mon estomac, je cessai enfin de trembler.

Le jardin argenté

Avant même d'être tout à fait réveillée, j'eus la sensation que quelque chose avait changé. Quelques minutes plus tard, je n'avais pas encore ouvert les yeux que je savais déjà ce que c'était. *La lumière.* Il y avait de la lumière.

Évanouies les ombres qui rôdaient dans ma chambre depuis le début du mois ; disparus les recoins enténébrés et l'atmosphère lugubre. La fenêtre dessinait un pâle rectangle par lequel entrait un ruissellement clair qui illuminait toute la pièce. Il y avait si longtemps que je n'avais pas vu une telle lumière... je me sentis transportée de joie, comme si ce n'était pas la fin d'une nuit mais de l'hiver tout entier. Comme si le printemps était arrivé.

Le chat était sur le rebord de la fenêtre, les yeux fixés sur le jardin. M'entendant remuer, il sauta de son perchoir et s'en alla gratter à la porte pour se faire ouvrir. Je m'habillai et enfilai mon manteau, et nous descendîmes ensemble, silencieusement, dans le jardin en passant par la cuisine.

Je n'eus pas sitôt mis un pied dehors que je compris mon erreur. Il ne faisait pas jour. Ce n'était pas la lumière du soleil mais celle de la lune qui chatoyait dans le jardin, ourlant les feuilles d'argent et découpant les silhouettes des statues. Je m'immobilisai et regardai la lune. Un cercle parfait, pâle au milieu d'un ciel clair. J'étais comme hypnotisée, et j'aurais pu rester là jusqu'au lever du jour, mais le chat, impatient, se pressa contre mes chevilles pour attirer mon attention, et je me penchai pour le caresser. Je ne l'avais pas plus tôt touché qu'il s'éloignait pour s'arrêter à nouveau quelques mètres plus loin et jeter un coup d'œil par-dessus son épaule.

Je remontai le col de mon manteau, enfonçai mes mains frigorifiées dans mes poches et le suivis.

Il m'entraîna d'abord le long de l'allée herbeuse entre les longues plates-bandes. Sur notre gauche, la haie d'ifs était en pleine lumière, tandis que sur notre droite, les arbres restaient dans l'ombre. Nous entrâmes dans la roseraie, où les massifs taillés ressemblaient à des tas de brindilles mortes, mais les bordures de buis aux motifs élisabéthains sinueux qui les entouraient apparaissaient tantôt argentées sous le clair de lune, tantôt noires quand elles étaient dans l'ombre. À plusieurs reprises, j'eus envie de m'arrêter : une unique feuille de lierre inclinée de telle sorte qu'elle accrochait la lumière à la perfection ; une vue soudaine du grand chêne, qui se découpait contre la pâleur du ciel avec une netteté irréelle... mais le chat, lui, poursuivait sa route devant moi de son pas égal et délibéré, la queue dressée en l'air tel le parapluie d'un guide qui signale le chemin à suivre à son groupe de touristes. Dans le jardin clos, il sauta sur le muret circulaire qui bordait le bassin et couvrit la moitié de son périmètre, indifférent au reflet de la lune qui brillait comme une pièce au fond de l'eau. Et quand il arriva au niveau de l'arche qui menait au jardin d'hiver, il sauta du muret pour s'avancer vers elle.

Une fois sous l'arche, il s'arrêta. Regarda à gauche, puis à droite, aux aguets. Vit quelque chose. Et partit furtivement dans cette direction, disparaissant de ma vue.

Curieuse, je marchai sur la pointe des pieds jusqu'à l'endroit où il se tenait quelques secondes auparavant et jetai un coup d'œil alentour.

Un jardin d'hiver est pittoresque et coloré quand on le voit au bon moment de la journée, autant que de la saison. C'est un espace qui ne vit vraiment bien qu'à la lumière du jour. Celui qui le visite la nuit doit y regarder à deux fois pour en percevoir les attraits. Il faisait trop sombre pour voir les larges feuilles, implantées bas, de l'ellébore se détacher sur le sol ; il était trop tôt dans la saison pour la blancheur des perce-neige ; il faisait trop froid pour que le laurier des bois dégage son parfum. Il y avait un hamamélis pourtant ; bientôt ses branches se couvriraient de pendeloques tremblantes jaune et orange, mais pour l'instant, c'étaient les branches elles-mêmes qui fournissaient l'essentiel du spectacle. Fines et dépourvues de feuilles, elles étaient délicatement noueuses, et se tordaient avec une élégante sobriété.

Au pied de l'arbuste se découpait une silhouette humaine penchée sur le sol, le dos arrondi.

Je me figeai sur place.

La silhouette remua et, non sans peine, changea de position, laissant échapper halètements et grognements.

En une seconde, qui parut s'étirer indéfiniment, mon esprit s'efforça d'expliquer la présence d'une autre personne en pleine nuit dans le jardin de Miss Winter. Certaines choses m'apparurent d'emblée, sans que j'aie besoin de réfléchir. Pour commencer, ce n'était pas Maurice qui était agenouillé là. Bien que ce fût la personne la plus susceptible de se trouver à cet endroit, l'idée ne me traversa même pas l'esprit. Ce n'était pas là son corps sec et nerveux, ni ses gestes mesurés. Ce n'était pas davantage Judith. Judith, si posée et si nette, avec ses ongles soignés, sa coiffure impeccable et ses chaussures bien cirées, en train de gratter dans le jardin au beau milieu de la nuit ? Impensable. Ces deux-là, je pouvais les éliminer d'emblée, et c'est ce que j'avais fait d'instinct.

Pour me retrouver livrée aux assauts de deux pensées contradictoires.

C'était Miss Winter.

Ce ne pouvait pas être Miss Winter.

C'était Miss Winter parce que... parce que c'était elle. Je le sentais. Je le voyais bien. C'était elle, et je le savais.

Ce ne pouvait pas être elle. Miss Winter était frêle et malade. Miss Winter ne quittait plus son fauteuil roulant. Elle était bien incapable de se pencher pour arracher une mauvaise herbe, sans parler de s'accroupir sur le sol glacé pour gratter la terre avec autant d'acharnement.

Ce n'était pas Miss Winter.

Et pourtant, contre toute raison, en dépit de tout, c'était elle.

Ce premier instant fut long et déroutant. Le suivant fut d'une soudaineté fulgurante.

La silhouette s'immobilisa... se retourna... se leva... et alors je sus.

Les yeux de Miss Winter. Ce vert brillant, surnaturel.

Mais pas le visage de Miss Winter.

Non, un ensemble disparate de chairs marbrées et cicatrisées, parcourues de crevasses trop profondes pour être dues simplement à la vieillesse. Deux boulettes de pâte inégales en guise de joues. Lèvres de travers, l'une, un demi-arc parfait évocateur d'une beauté passée, l'autre, un bourrelet distordu de chair blanchâtre.

Emmeline ! La jumelle de Miss Winter ! Vivante, et dans cette maison !

Mon esprit était en ébullition ; le sang me martelait les tempes ; j'étais paralysée de stupeur. La créature me fixait du regard, sans ciller ; et je m'aperçus qu'elle était moins surprise que moi. Elle semblait néanmoins être victime du même charme. Nous étions toutes deux figées dans la même immobilité.

Elle fut la première à se ressaisir. D'un geste pressant, elle leva vers moi une main noire, souillée de terre, et, d'une voix rauque, émit une suite de sons inintelligibles.

L'effarement ralentit mes réactions ; et avant que j'aie eu le temps de bégayer son nom, elle avait fait demi-tour et s'éloignait à la hâte, courbée en avant, les épaules voûtées. De l'ombre émergea le chat. Qui s'étira calmement et, ignorant ma présence, partit à sa suite. Ils disparurent sous l'arche et je me retrouvai seule, au milieu d'un carré de terre labourée.

Des renards ! Vraiment !

Une fois qu'ils eurent disparus, j'aurais pu facilement me convaincre que j'avais tout imaginé. Que j'avais eu une crise de somnambulisme, et avais vu en rêve la jumelle d'Adeline qui avait voulu me transmettre un message secret, sans pouvoir se faire comprendre. Mais je savais que c'était bien réel. Et même si elle n'était plus visible, je l'entendais encore chanter. Ces cinq notes exaspérantes, discordantes. *La la la la la.*

Je restai à les écouter, immobile, jusqu'à ce qu'elles s'évanouissent dans le lointain.

Puis, m'apercevant que j'avais les pieds et les mains gelés, je fis demi-tour pour regagner la maison.

Alphabet phonétique

De nombreuses années s'étaient écoulées depuis que j'avais appris l'alphabet phonétique. Apprentissage qui avait commencé avec un tableau dans un ouvrage de linguistique trouvé dans la librairie de mon père. Je n'avais aucune raison particulière de m'y intéresser, sinon que j'étais désœuvrée au cours de ce week-end et que les signes et les symboles utilisés dans ce système me plurent aussitôt. Il y avait des lettres familières, d'autres qui m'étaient étrangères. Il y avait des N ou des Y majuscules qui ne ressemblaient pas à leurs homologues minuscules. D'autres lettres, des *n*, des *d*, des *s* et des *z*, avaient de drôles de petites queues et de petites boucles, et on pouvait barrer des *h*, des *i* et des *u*, comme s'ils étaient des *t*. J'adorais ces hybrides incongrus : je remplissais des pages et des pages de *m* qui finissaient comme des *j*, et de *v* perchés en équilibre précaire sur des petits *o*, comme des chiens de cirque marchant sur un ballon. Mon père tomba par hasard sur mes brouillons et m'apprit les sons que représentaient les symboles. Avec l'alphabet phonétique international, je découvris qu'on pouvait écrire des mots qui ressemblaient à des formules mathématiques, à un code secret, ou qui semblaient appartenir à des langues perdues.

J'avais besoin d'une langue perdue. Qui me permettrait de communiquer avec les disparus. Je ne cessais d'écrire un mot en particulier. Le nom de ma sœur. Un talisman. Le bout de papier, je le repliais pour en faire un origami miniature compliqué, que je conservais toujours sur moi. En hiver, il ne quittait jamais la poche de mon manteau, en été, il me chatouillait la cheville, glissé à l'intérieur de ma socquette. Le soir, je m'endormais en le serrant dans mon poing. En dépit de toutes mes précautions, je perdais parfois la trace de ces bouts de papier. Je les égarais, en fabriquais de nouveaux, avant de retrouver les anciens. Quand ma mère essaya de m'en arracher un des doigts, je l'avalai pour l'en empêcher, même si je la savais incapable de le déchiffrer. Mais le jour où je vis mon père en sortir un, grisâtre et déchiqueté, du fatras qui encombrait le fond d'un tiroir et le déplier, je ne fis rien pour l'arrêter. Quand il lut le nom que je voulais garder secret, son visage sembla se décomposer, et ses yeux, quand il les leva sur moi, débordaient de chagrin.

Il aurait voulu parler. Il avait déjà commencé à ouvrir la bouche quand je le réduisis au silence en mettant un doigt sur mes lèvres. Je ne tenais pas à ce qu'il prononce son nom. N'avait-il pas essayé de l'éloigner hors de sa vue ? N'avait-il pas voulu l'oublier ? N'avait-il pas tout fait pour m'empêcher de l'approcher ? Il n'avait plus aucun droit sur elle, désormais.

Je lui pris le papier des doigts, et, sans un mot, quittai la pièce. Je montai au deuxième étage m'asseoir sur la banquette sous la fenêtre et mis le morceau déchiré dans ma bouche, en sentis le goût boisé un peu amer, et l'avalai. Pendant dix années, mes parents avaient enfoui son nom dans le silence, s'efforçant d'oublier. C'était à moi maintenant de le préserver dans un silence de mon cru. À moi de me souvenir.

En même temps que ma prononciation fautive de « bonjour », « au revoir » et « excusez-moi » en dix-sept langues, ainsi que mon aptitude à réciter l'alphabet grec dans les deux sens (moi qui n'ai jamais appris un mot de grec de toute ma vie), l'alphabet phonétique était une de ces réserves secrètes et accidentelles de connaissances inutiles qui me restaient d'une enfance livresque. Je ne l'avais appris que pour m'amuser, et il était destiné à l'époque à un usage uniquement privé, si bien qu'au fil des ans je n'avais fait aucun effort pour le pratiquer. C'est pourquoi quand je rentrai du jardin et m'emparai d'un crayon pour restituer les sifflantes et les fricatives, les implosives et les consonnes roulées des chuchotements pressants d'Emmeline, je dus m'y reprendre à plusieurs fois.

Au bout de trois ou quatre tentatives, je m'assis sur le lit et regardai la ligne de gribouillis, symboles ou signes, que je venais de tracer. Étaient-ils exacts ? Les doutes commencèrent à m'assaillir. M'étais-je correctement souvenue des sons au bout des cinq minutes qu'il m'avait fallu pour revenir du jardin et retrouver ma chambre ? Mes souvenirs de l'alphabet lui-même étaient-ils fiables ? Et si mes premières tentatives avortées avaient tout déformé de manière irrémédiable ?

Je prononçai à voix basse ce qui était écrit sur ma feuille.

Recommençai, avec insistance. Attendis que naisse dans mon souvenir une sorte d'écho qui m'aurait dit que je ne m'étais pas trompée. Mais rien ne vint. Je n'avais là que la transcription approximative de quelque chose que je n'avais qu'à moitié saisi et à moitié retenu. Inutile de m'obstiner.

J'écrivis alors le nom secret. Le sortilège, le charme, le talisman.

Cela n'avait jamais marché. Jamais elle ne venait. Je restais toujours seule.

Je fis une boule du papier et la poussai du pied dans un coin.

L'échelle

« Mon histoire ne vous ennuie pas au moins, Miss Lea ? »

J'eus à subir ce genre de commentaire à plusieurs reprises le lendemain, dans la mesure où, incapable de réprimer mes bâillements, je m'agitais sur ma chaise et me frottais les yeux tout en écoutant le récit de Miss Winter.

« Je suis désolée. Je suis fatiguée, c'est tout.

« — Fatiguée ! s'exclama-t-elle. On dirait une morte vivante. Un bon repas vous remettrait d'aplomb. Mais qu'est-ce que vous avez donc ?

« — La fatigue, c'est tout », dis-je en haussant les épaules.

Elle pinça les lèvres et me regarda d'un air sévère ; devant mon silence, elle reprit son récit.

*

Les choses allèrent tant bien que mal pendant les six mois qui suivirent. Nous n'occupions que quelques pièces : la cuisine, où John continuait à passer la nuit, le salon et la bibliothèque. Nous, les filles, nous utilisions l'escalier de service pour passer de la cuisine dans la seule chambre qui nous semblait encore habitable sans danger. Les matelas sur lesquels nous dormions, nous les avions traînés depuis notre ancienne chambre, les lits eux-mêmes étant trop lourds pour être déplacés. La maison nous paraissait trop grande de toute façon depuis que le nombre de ses occupants s'était tant réduit. Nous, les survivants, trouvions cet espace restreint plus sécurisant et plus facile d'entretien. Pour autant, nous avions du mal à oublier le reste de la demeure, qui se décomposait lentement derrière les portes closes, comme un membre gangrené.

Emmeline passait une bonne partie de son temps à inventer des jeux de cartes. Elle était sans arrêt à me harceler : « Joue avec moi. Oh, allez, viens jouer. » Je finissais par céder à ses instances. C'étaient des jeux obscurs, dont les règles changeaient à tout moment, qu'elle était seule à comprendre, et auxquels elle gagnait toujours, ce qui la comblait d'aise. Et elle prenait des bains. Elle ne renonça jamais à son amour du savon et de l'eau chaude ; elle passait des heures à paresser dans l'eau que j'avais fait chauffer pour la lessive ou la vaisselle. Je ne lui en tenais pas rigueur. Qu'il y ait au moins quelqu'un d'heureux parmi nous.

Avant que nous ayons condamné les pièces, Emmeline avait visité les armoires d'Isabelle et pris des robes, des flacons de parfum et des chaussures, qu'elle accumula dans le campement qui nous tenait lieu de chambre. C'était comme de vouloir dormir dans une loge de théâtre. Les robes, Emmeline les portait. Certaines étaient démodées depuis dix ans, d'autres – qui avaient appartenu, j'imagine, à la mère d'Isabelle – dataient bien d'une trentaine ou d'une quarantaine d'années. Emmeline nous divertissait le soir en faisant des entrées théâtrales dans la cuisine, vêtue des tenues les plus extravagantes. Attifée ainsi, elle faisait plus que ses quinze ans ; elle faisait femme. Je me souvenais de la conversation qu'avait eue Hester avec le médecin dans le jardin – « Il n'y a aucune raison pour qu'Emmeline ne se marie pas un jour » –, et aussi de ce que la Missis avait dit à propos d'Isabelle et des piqueniques – « C'était le genre de fille que les hommes ne peuvent pas regarder sans avoir envie de la toucher » –, et je ressentais une soudaine angoisse. Mais c'est alors qu'elle s'affalait sur une chaise, sortait un paquet de cartes d'une bourse en soie et disait, soudain redevenue enfant : « Allez, on joue aux cartes. » Je n'étais qu'à moitié rassurée et veillais à ce qu'elle ne quitte pas la maison vêtue de ses atours.

John était complètement apathique. Il rassembla cependant l'énergie nécessaire pour entreprendre l'impensable : engager un garçon pour aider au jardin. « Ça va bien se passer, dit-il. Ce n'est que le gamin du vieux Proctor, Ambrose. Il est discret. Et puis ce n'est pas pour longtemps. Le temps que je remette la maison d'aplomb. »

Ce qui, je le savais, n'aurait jamais de fin.

Le garçon arriva. Il était plus grand que John et plus large d'épaules. Ils restèrent côte à côte, mains dans les poches, à discuter des tâches de la journée, puis la nouvelle recrue se mit au travail. Il avait une façon de bêcher patiente et cadencée ; le bruit mou et régulier de la bêche sur le sol finit par m'énerver. « Est-ce qu'on en a vraiment besoin ? voulus-je savoir. C'est un intrus comme les autres. »

Mais pour une raison ou pour une autre, le garçon n'était pas un intrus aux yeux de John. Peut-être parce qu'il venait de son monde, celui des hommes, un monde que je ne connaissais pas.

« C'est un bon garçon, répétait John inlassablement, en réponse à mes questions. Il travaille dur. Il ne pose pas trop de questions, et ne parle pas trop non plus.

« — Peut-être qu'il n'a pas de langue... Mais il a des yeux partout. »

John haussait les épaules, et regardait ailleurs, mal à l'aise.

« Je ne serai pas toujours là, finit-il par dire un jour. Les choses ne peuvent pas continuer comme ça indéfiniment.. » Il eut un geste vague pour englober la maison, ses occupants et la vie que nous y menions. « Un jour, il faudra bien qu'elles changent.

« — Qu'elles changent ?

« — Vous grandissez. Bientôt, ça sera plus pareil, pas vrai ? L'enfance, c'est une chose, l'âge adulte... »

Mais j'avais déjà tourné les talons. Je ne voulais pas écouter ce qu'il avait à dire.

Emmeline était dans la chambre, occupée à prélever des paillettes sur un châle de soirée pour sa boîte à trésors. Je m'assis à côté d'elle. Elle était trop absorbée dans sa tâche pour lever les yeux. Ses doigts effilés tiraient sans relâche sur une paillette jusqu'à ce qu'elle cède, puis la jetaient dans la boîte. C'était un travail long et minutieux, mais Emmeline avait tout le temps. Son visage calme restait impassible tandis qu'elle se penchait sur le châle. Lèvres serrées. Le regard tout à la fois concentré et rêveur. De temps à autre, ses paupières s'abaissaient, couvrant les iris verts, puis, dès qu'elles avaient touché la paupière inférieure, elles remontaient pour révéler toujours le même vert.

Était-ce vraiment à cela que je ressemblais ? Bien sûr, je savais à quel point mes yeux étaient semblables aux siens, pour les avoir vus dans une glace, un jour où nous étions côte à côte. Je savais que, sous la masse de cheveux roux, notre nuque s'incurvait sur le côté de la même façon. Et je savais l'effet que nous produisions sur les gens du village les rares fois où nous descendions The Street bras dessus, bras dessous, vêtues de robes assorties. Pour autant, je ne ressemblais pas à Emmeline, si ? Mon visage aurait été incapable de cette concentration placide. Si j'avais été confrontée à la même tâche, j'aurais grimacé de frustration. Je me serais mordu les lèvres, aurais rejeté rageusement mes cheveux par-dessus mon épaule pour m'en débarrasser, soufflant et haletant d'impatience. Emmeline, elle, restait imperturbable. À sa place, j'aurais arraché les paillettes avec mes dents.

Tu ne me quitteras pas, dis ? avais-je envie de dire. Parce que moi, je ne te quitterai jamais. Nous resterons toujours ici. Ensemble. Quoi qu'en dise John-the-Dig.

« Veux-tu que nous jouions ? » demandai-je à la place.

Elle continua son travail en silence, comme si elle ne m'avait pas entendue.

« Jouons au mariage, tu veux ? Tu seras la mariée. Allez, quoi. Tu porteras... ça. » Je tirai un morceau de tissu jaune vaporeux du tas de fanfreluches qu'il y avait dans un coin. « On dirait un voile, regarde. » Elle ne leva pas les yeux, même quand je lui en recouvris la tête. Elle se contenta de le balayer de son visage et continua à tirer sur ses paillettes.

Je tournai alors mon attention sur sa boîte à trésors. Les clés d'Hester y étaient toujours, toujours brillantes, même si Emmeline avait, de toute évidence, oublié celle qui les avait eues précédemment en sa possession. Il y avait des restes des bijoux d'Isabelle, les papiers colorés des bonbons qu'Hester lui avait donnés un jour, un morceau de verre inquiétant provenant d'une bouteille verte cassée, un ruban avec une bordure dorée qui avait été à moi, et dont la Missis m'avait fait cadeau il y avait tellement longtemps que j'aurais été incapable de dire quand. Et au milieu de tout ce fatras, il devait y avoir encore les fils d'argent qu'Emmeline avait arrachés aux rideaux le jour de l'arrivée d'Hester. Et, à moitié caché sous l'empilement de rubis, de verroterie et de babioles, il y avait quelque chose d'incongru. Un objet en cuir. Je penchai la tête de côté pour mieux voir. Ah ! Voilà pourquoi elle y tenait tant : une inscription en lettres dorées. O U R. C'était quoi, O U R ? Ou qui ? Penchant la tête du côté opposé, j'aperçus autre chose. Une minuscule serrure. Et une clé, tout aussi minuscule. Pas étonnant que le tout fasse partie du trésor d'Emmeline. Des lettres dorées, plus une clé. À mon avis, ce devait être son bien le plus précieux. Et soudain, je compris. O U R ! jOURnal !

Je tendis la main.

Rapide comme l'éclair – son apparence pouvait être trompeuse –, Emmeline abattit la sienne sur mon poignet et le serra comme dans un étau, m'empêchant de toucher l'objet. Toujours sans me regarder, elle écarta ma main d'un geste ferme, et fit retomber le couvercle sur sa boîte.

Ses doigts avaient laissé des marques blanches sur mon poignet.

« Je vais m'en aller », dis-je, pour tester sa réaction. Ma voix ne me parut pas particulièrement convaincante. « Je t'assure. Et je te laisserai ici. Je vais devenir une grande fille et partir vivre *toute seule.* »

Puis, m'essayant à la dignité outragée, je me levai et sortis de la pièce

Ce n'est que vers la fin de l'après-midi qu'elle vint me trouver, alors que j'étais sur la banquette encastrée sous la fenêtre de la bibliothèque. J'avais tiré le rideau pour me cacher derrière, mais elle s'approcha sans hésiter. Je sentis le rideau bouger quand elle le souleva. Le front appuyé contre la vitre, je regardais les gouttes de pluie sur les carreaux Le vent les faisait frissonner ; elles menaçaient sans cesse de se détacher et de partir dans une de leurs courses en zigzag le long desquelles elles avalent la moindre gouttelette rencontrée sur leur chemin et laissent derrière elles une brève trace argentée. Elle vint à moi et posa sa tête contre mon épaule. Je la repoussai, furieuse. Refusai de me retourner pour lui parler. Sans rien dire, elle prit ma main et glissa quelque chose à un de mes doigts.

J'attendis qu'elle soit partie pour regarder. Une bague. Elle m'avait donné une bague.

Je fis tourner la pierre de la bague à l'intérieur, du côté de la paume, et approchai ma main ouverte tout près de la fenêtre. La lumière joua sur la pierre. Verte, comme mes yeux. Verte, comme les yeux d'Emmeline. Elle m'avait donné une bague. Je repliai mes doigts sur ma paume, enserrant la pierre au cœur de mon poing fermé.

*

John recueillait l'eau de pluie dans des seaux et les vidait, épluchait les légumes pour la soupe, allait à la ferme chercher du lait et du beurre. Mais après chaque nouvelle tâche, son énergie laborieusement rassemblée semblait épuisée, et chaque fois je me demandais s'il aurait encore la force de lever sa maigre carcasse de la table pour s'atteler à la suivante.

« Veux-tu que nous allions jusqu'au jardin topiaire ? lui demandai-je un jour. Tu pourrais me montrer ce qu'il y a à faire. »

Il ne répondit pas. Il m'avait à peine entendue, je crois. J'attendis quelques jours, puis reposai ma question. Par la suite, je retentai ma chance à plusieurs reprises.

Il finit un jour par se rendre à l'appentis, où il se mit à aiguiser ses cisailles du même geste fluide et cadencé qu'autrefois. Puis nous abaissâmes l'échelle double pour la transporter dehors. « Comme ça », me dit-il, en tendant le bras pour me montrer comment fonctionnait le cran de sûreté. Il dressa l'échelle sur toute sa hauteur contre le mur de pierre du jardin. J'actionnai deux ou trois fois le cran de sûreté, avant de monter quelques barreaux et de les redescendre. « Elle ne sera pas aussi stable quand elle sera appuyée contre un if, me dit-il. Mais ça ne craint rien, si tu sais t'en servir. C'est juste une question d'habitude. »

Puis nous allâmes au jardin topiaire. Il me conduisit jusqu'à un if de taille moyenne tout ébouriffé. Je voulus aussitôt appuyer l'échelle contre l'arbre, mais il me cria : « Non, non. Tu es bien trop impatiente. » Il fit le tour de l'arbre par trois fois. Puis il s'as sit par terre et alluma une cigarette. Je m'assis à côté de lui et il m'en alluma une aussi. « Ne taille jamais le soleil dans les yeux, me dit-il. Et ne taille pas non plus dans ton ombre. » Il tira quelques bouffées. « Méfie-toi des nuages. Fais attention à ce qu'ils ne te fassent pas dévier quand ils se déplacent dans le ciel. Prends un repère fixe dans ta ligne de vision. Un toit ou une clôture. Et n'en change pas. Et surtout va doucement. On dit qu'il faut passer trois fois plus de temps à regarder l'arbre qu'à le tailler. » Il ne quitta pas l'if des yeux pendant tout le temps où il parla, et j'en fis autant. « Il faut que tu gardes une idée précise de l'arrière de l'arbre pendant que tu tailles le devant, et inversement. Et ne coupe pas simplement avec les cisailles. Sers-toi de toute la longueur de ton bras. Jusqu'à l'épaule. »

Nous finîmes notre cigarette et écrasâmes le mégot du bout de nos bottes.

« Dernière chose : l'image que tu as maintenant de l'arbre, d'en bas, il faudra l'avoir bien en tête quand tu le verras de près, là-haut. »

J'étais prête.

Il me fit installer l'échelle trois fois contre l'arbre avant d'être sûr qu'il n'y avait pas de danger. Je pus enfin m'emparer des cisailles et monter.

Je travaillai pendant trois heures. Au début, j'étais consciente de la hauteur, ne pouvais m'empêcher de regarder en bas et devais me forcer pour grimper un barreau de plus. Et chaque fois que je déplaçais l'échelle, il fallait que je fasse plusieurs tentatives avant qu'elle soit correctement placée. Progressivement pourtant, je me laissai absorber par ma tâche. C'est à peine si je me rendais compte de la hauteur à laquelle je me trouvais, tant j'étais concentrée sur la forme que j'étais en train de façonner. John était resté près de l'arbre, silencieux pour l'essentiel. De temps à autre, il émettait une mise en garde : « Attention à ton ombre ! » ou « Pense à l'arrière ! », mais le plus souvent il se contentait de regarder, et de fumer. Ce n'est que lorsque je redescendis de l'échelle pour la dernière fois, que je débloquai la sécurité et ramenai la section du haut sur celle du bas, que je me rendis compte à quel point le poids des cisailles m'avait fait mal aux mains. Mais je m'en moquais.

Je pris du recul pour juger de mon travail. Je fis le tour de l'arbre trois fois. Mon cœur bondit dans ma poitrine : une réussite !

John hocha la tête et émit son verdict : « Pas mal. On fera quelque chose de toi. »

*

J'allai chercher l'échelle dans l'appentis pour tailler le gros chapeau melon, mais elle n'y était pas. Le garçon que je n'aimais pas était dans le potager, en train de ratisser. Je l'abordai, le regard de travers. « Où est l'échelle ? » C'était la première fois que je lui adressais la parole.

Passant outre à ma brusquerie, il me répondit poliment : « Mr Digence l'a prise. Il est sur le devant, il répare le toit. »

J'attrapai une cigarette dans le paquet que John avait laissé dans l'appentis, et la fumai, coulant des regards mauvais au garçon, qui, lui, fixait la cigarette d'un air d'envie. Puis j'aiguisai les cisailles. Trouvant plaisir à cette occupation, je passai ensuite au couteau de jardin, prenant mon temps, peaufinant mon travail. Tout au long, le raclement rythmé du râteau sur le sol accompagna le bruit cadencé de ma pierre à aiguiser contre la lame. Je regardai ensuite le soleil et me dis qu'il était déjà tard pour m'attaquer au grand chapeau melon. C'est alors seulement que j'allai trouver John.

L'échelle était couchée par terre. Ses deux sections formaient un angle bizarre, comme les deux aiguilles d'une horloge ; la glissière en métal censée les maintenir en place sur six heures avait été arrachée du bois, et de grandes échardes saillaient de la déchirure dans le montant. À côté de l'échelle gisait John. Il ne bougea pas quand je lui touchai l'épaule, mais il était aussi tiède que le soleil qui tombait sur ses membres étalés dans le gravier et ses cheveux ensanglantés. Il regardait le ciel clair, mais le bleu de ses yeux était curieusement voilé.

La fille pleine de bon sens m'abandonna. Tout à coup, j'étais à nouveau moi, une enfant stupide, autant dire pas grand-chose.

« Qu'est-ce que je vais faire ? murmurai-je. Mais qu'est-ce que je vais bien pouvoir faire ? » Ma propre voix m'effraya.

Allongée par terre, la main de John serrée dans la mienne et la tempe meurtrie par les gravillons, je regardais le temps s'écouler. L'ombre de la baie de la bibliothèque s'étendit peu à peu et gagna bientôt les barreaux les plus éloignés de l'échelle. Barreau après barreau, elle grimpa lentement dans notre direction, jusqu'à ce qu'elle arrive à la sécurité.

La sécurité ! Pourquoi John ne l'avait-il pas vérifiée avant de monter ? Mais il avait dû le faire, non ? Forcément. Dans ce cas, comment... pourquoi... ?

Questions terribles dont la seule formulation était insupportable.

Barreau après barreau, l'ombre de la baie se rapprochait. Elle atteignit le pantalon en laine peignée de John, puis sa chemise verte, puis ses cheveux... comme ils étaient rares maintenant ! Pourquoi ne m'étais-je pas davantage occupée de lui ?

Questions insupportables, certes, qui se posaient pourtant inexorablement. Tout en prenant conscience de la blancheur des cheveux de John, je remarquai les profonds sillons qu'avaient creusés dans la terre les pieds de l'échelle quand celle-ci avait basculé. Pas d'autres marques. Le gravier n'est pas le sable, ni la neige, ni même la terre fraîchement retournée. Il ne retient pas les empreintes. Il n'y avait aucune trace susceptible de prouver que quelqu'un s'était approché, s'était attardé au pied de l'échelle et, une fois sa tâche accomplie, était tranquillement reparti. Devant d'aussi maigres indices, on aurait pu croire à un fantôme.

Tout était froid. Le gravier, la main de John, mon cœur.

Je me relevai et m'éloignai sans un regard en arrière. Je fis le tour de la maison pour me rendre dans le potager. Le garçon était toujours là ; il rangeait le râteau et le balai. Il s'arrêta en me voyant approcher, me regarda avec de grands yeux. Puis, quand je m'immobilisai – *ne t'évanouis pas ! ne t'évanouis pas !* m'exhortais-je –, il courut vers moi pour me rattraper. Je l'observai comme s'il venait de très loin. Et je ne perdis pas conscience. Pas tout à fait. Car, quand il fut tout près, je sentis une voix monter en moi, et des mots que je ne choisis pas délibérément, mais qui se frayèrent de force un chemin jusqu'à mes lèvres : « Pourquoi est-ce que personne ne m'aide ? »

Il me soutint en me prenant sous les aisselles ; je me laissai aller contre lui ; il me fit doucement glisser sur l'herbe. « Je vais t'aider, moi, dit-il. C'est promis. »

*

La mort de John-the-Dig encore très présente à l'esprit, la vision du visage endeuillé de Miss Winter dominant encore mon souvenir, c'est à peine si je remarquai la lettre qui m'attendait dans ma chambre.

Je ne l'ouvris qu'après avoir fini ma transcription, mais n'y trouvai pas grand-chose.

Chère Miss Lea,

Après toute l'aide que m'a apportée votre père pendant si longtemps, je ne suis que trop heureux de pouvoir être de quelque secours à sa fille en gage de ma gratitude.

Mes premières recherches circonscrites au Royaume-Uni ne m'ont pas permis de retrouver la trace de Miss Hester Barrow après son dernier emploi à Angelfield. J'ai mis la main sur un certain nombre de documents relatifs à sa vie avant cette période, et je suis en train de rédiger un rapport qui devrait vous parvenir dans quelques semaines.

Je ne considère pas mes recherches comme closes, tant s'en faut. Je n'ai pas encore épuisé le filon italien, et il est plus que probable qu'un détail datant des premières années permettra d'ouvrir une nouvelle piste.

Ne désespérez surtout pas ! Si votre gouvernante vit toujours, je la trouverai.

Cordialement vôtre,

Emmanuel Drake

Je rangeai la lettre dans un tiroir, puis enfilai mon manteau et mes gants.

« Allez, viens », dis-je à Shadow.

Le chat me suivit dans l'escalier, puis dehors, et nous empruntâmes le sentier qui longeait la maison sur le côté. Ici et là, un buisson avait poussé contre le mur faisant dévier le sentier, qui s'éloignait imperceptiblement de la maison, comme attiré par les promesses labyrinthiques du jardin. Résistant à la tentation de sa courbe, je poursuivis tout droit. Si je voulais garder le mur sur ma gauche, je devais me faufiler à travers des buissons toujours plus denses. Leurs tiges entremêlées s'accrochaient à mes chevilles ; il me fallut nouer mon écharpe autour de mon visage pour ne pas me faire égratigner. Le chat m'accompagna un moment, puis renonça, découragé par l'épaisseur des broussailles.

Je continuai seule. Et trouvai ce que je cherchais. Une fenêtre, presque entièrement recouverte de lierre ; le feuillage persistant était si dense entre elle et le jardin que la faible lumière qui s'en échappait avait toute chance de passer inaperçue.

Juste devant la fenêtre, la sœur de Miss Winter était assise à une table. En face d'elle se trouvait Judith, occupée à verser des cuillerées de potage entre les lèvres à vif de l'invalide. Soudain, suspendant son geste, Judith regarda droit dans ma direction. Elle ne pouvait pas me voir, tant le lierre était épais, mais elle avait dû sentir le poids de mon regard. Après une courte interruption, elle reprit sa tâche. Mais pas avant que j'aie eu le temps de remarquer quelque chose d'étrange à propos de la cuillère dont elle se servait. Une cuillère en argent, ornée sur le manche d'un A allongé en forme d'ange stylisé.

J'avais déjà vu une cuillère comme celle-là. A. Ange. Angelfield. Emmeline en avait une semblable, Aurelius aussi.

M'aplatissant contre le mur, les branches s'accrochant dans mes cheveux, je repris le chemin en sens inverse et finis par émerger des broussailles. Le chat m'observa tandis que je brossais mes manches et mes épaules pour les débarrasser des brindilles cassées et des feuilles mortes.

« On rentre ? » proposai-je, et il fut tout heureux de se rallier à ma suggestion.

Mr Drake n'avait pas été capable de retrouver la trace d'Hester. Mais moi, je tenais enfin Emmeline.

L'interminable crépuscule

Dans mon bureau, je m'occupais de ma transcription ; dans le jardin, je marchais au hasard ; dans ma chambre, je caressais le chat et tenais mes cauchemars à distance en restant éveillée. La nuit de clair de lune où j'avais vu Emmeline dans le jardin me semblait aujourd'hui n'avoir existé qu'en rêve, car le ciel depuis s'était refermé, et nous étions à nouveau immergés dans notre éternel crépuscule. Avec la mort de la Missis et maintenant celle de John-the-Dig, le récit de Miss Winter avait pris une tournure encore plus lugubre. Était-ce Emmeline – l'effrayante créature que j'avais vue cette nuit-là – qui avait touché à l'échelle ? Je ne pouvais que prendre patience et attendre la suite de l'histoire. Entre-temps, la mi-décembre approchant, le fantôme qui hantait ma fenêtre prenait de plus en plus de consistance. Sa proximité me faisait horreur, son éloignement me brisait le cœur, chaque vision que j'avais de lui, d'elle, faisant naître en moi toujours le même mélange d'attraction et de répulsion.

J'arrivai dans la bibliothèque en avance – était-ce le matin, l'après-midi ou le soir, je l'ignorais, dans la mesure où désormais tous les moments se ressemblaient –, et attendis debout devant la fenêtre. Ma sœur appuya ses doigts pâles contre les miens, me prit au piège de son regard suppliant, embua la vitre de son souffle froid. Je n'avais qu'à briser le carreau et je la rejoindrais.

« Que regardez-vous donc ? » dit la voix de Miss Winter dans mon dos.

Je me retournai lentement.

« Asseyez-vous, dit-elle sèchement. Judith, mettez une autre bûche dans la cheminée, s'il vous plaît, et apportez quelque chose à manger à cette jeune femme. »

Je m'assis.

Judith revint avec du chocolat et des toasts.

Miss Winter reprit son histoire tandis que je buvais le chocolat chaud à petites gorgées.

*

« Je vais t'aider, moi », avait-il dit. Mais que pouvait-il faire ? Ce n'était qu'un gamin.

Je commençai par m'en débarrasser en l'envoyant chercher le docteur Maudsley, et m'employai à faire une pleine théière de thé fort et sucré que je bus jusqu'à la dernière goutte. Je pris des décisions difficiles, et les pris vite. Quand j'eus fini ma dernière tasse, je ne sentais plus le picotement des larmes. C'était le moment d'agir.

Quand le garçon revint avec le docteur, j'étais prête. Au moment où je les entendis approcher de la maison, je sortis à leur rencontre.

« Emmeline, ma pauvre petite ! » s'exclama le docteur en venant vers moi, la main tendue dans un geste de compassion, comme s'il s'apprêtait à m'enlacer.

Je fis un pas en arrière, et il s'arrêta. « Emmeline ? » Le doute se lisait dans ses yeux. Adeline ? Impossible. Impensable. Le nom mourut sur ses lèvres. « Pardonnez-moi », bafouilla-t-il. Mais il ne savait toujours pas.

Je ne fis rien pour lever son incertitude. En revanche, je me mis à pleurer.

Pas de vraies larmes. Mes vraies larmes – et j'en avais plus qu'il ne m'en fallait, croyez-moi –, je les gardais en réserve. À un moment ou à un autre, ce soir, demain, en tout cas sans trop tarder, je serais seule et pourrais pleurer tout mon soûl. Sur John. Sur moi. Je pleurerais tout haut, hurlant mes larmes comme je le faisais quand j'étais petite et que seul John arrivait à me calmer, en me caressant les cheveux de ses mains qui sentaient le tabac et le jardin. Ce seraient des larmes brûlantes et affreuses, et quand j'en aurais fini – si toutefois j'en finissais –, mes yeux seraient gonflés, réduits à deux fentes bordées de rouge.

Mais ces larmes-là, elles étaient pour moi seule, pas pour cet homme. Celles dont je le gratifiais étaient fausses. Et n'avaient pour but que de mettre en valeur mes yeux verts, comme les diamants le font des émeraudes. Mon succès dépassa mes espérances. Un homme sous le charme a peu de chances de remarquer que les beaux yeux qui l'éblouissent l'épient aussi.

« Je crains bien de ne rien pouvoir faire pour Mr Digence », dit-il en se relevant après avoir examiné le corps.

Impression bizarre que d'entendre John appelé par son vrai nom.

« Mais comment est-ce arrivé ? » Il leva les yeux vers la balustrade où John était en train de travailler, puis se pencha sur l'échelle. « La sécurité a lâché ? »

Je pouvais maintenant regarder le cadavre sans émotion, enfin, presque. « Il a peut-être glissé, m'interrogeai-je à voix haute. Il aura voulu se retenir à l'échelle en se voyant tomber et l'aura entraînée avec lui ?

« — Personne ne l'a vu tomber ?

« — Nos chambres sont de l'autre côté, et l'aide était dans le potager. » Le garçon se tenait légèrement à l'écart, évitant de regarder le corps.

« Hum, hum. Il n'avait pas de famille, autant que je me souvienne.

« — Il a toujours vécu en solitaire.

« — Je vois. Et où est votre oncle ? Pourquoi n'est-il pas venu à ma rencontre ? »

Je n'avais pas idée de ce que John avait pu dire de notre situation au garçon. J'allais devoir jouer mon air sans partition.

Avec des sanglots dans la voix, je dis au docteur que mon oncle était parti.

« Parti ! » s'exclama le docteur Maudsley en fronçant les sourcils.

Aucune réaction de la part du garçon. Rien de surprenant donc pour lui, jusqu'ici. Il restait là les yeux fixés sur ses pieds pour ne pas avoir à regarder le cadavre, et j'eus le temps de me dire qu'il était du genre poule mouillée avant de poursuivre : « Mon oncle ne sera pas de retour avant plusieurs jours.

« — Et... combien de jours ?

« — Eh bien... Attendez, quand est-ce qu'il est parti au juste... ? » Je fronçai les sourcils et fis semblant de compter les jours à rebours. Puis, laissant mes yeux revenir se poser sur le corps, j'y allai d'un tremblement de genoux.

Le médecin et le garçon se précipitèrent aussitôt à mes côtés, me prenant chacun par un coude.

« Bon, bon. Plus tard, ma petite, plus tard. »

Je les laissai m'emmener en direction de la porte de la cuisine.

« Je ne sais pas que faire au juste, dis-je tandis que nous tournions à l'angle de la maison.

« — À quel sujet ?

« — Pour l'enterrement.

« — Vous n'aurez rien à faire. Je vais m'occuper des pompes funèbres, et le pasteur se chargera du reste.

« — Mais pour l'argent ?

« — Votre oncle réglera tout à son retour. Où est-il, au fait ?

« — Et s'il était retardé ?

« — Vous pensez qu'il risque de l'être ?

« — Il est... assez imprévisible.

« — C'est le moins qu'on puisse dire. »

Le garçon ouvrit la porte de la cuisine, et le médecin m'aida à entrer avant de tirer une chaise, sur laquelle je m'effondrai.

« En dernier ressort, c'est l'avoué qui se chargera de régler les frais. Mais, dites-moi, où est votre sœur ? Est-ce qu'elle sait ce qui vient d'arriver ?

« — Elle dort, dis-je, sans ciller.

« — C'est aussi bien. On va peut-être la laisser dormir, alors ? »

J'acquiesçai en silence.

« Bon, et maintenant, qui va s'occuper de vous, pendant que vous serez seules ?

« — S'occuper de nous ?

« — Vous ne pouvez pas rester toutes seules ici... Pas après cet accident... C'était tout de même inconsidéré de la part de votre oncle de vous abandonner ainsi à vous-mêmes, si tôt après la mort de votre gouvernante, et sans avoir d'abord trouvé une remplaçante. Il faut que quelqu'un vienne.

« — Est-ce vraiment nécessaire ? » Je n'étais que larmes et yeux verts. Moi aussi, je pouvais jouer à la femme si je le voulais, autant qu'Emmeline.

« Eh bien...vous ne pouvez quand même pas...

« — C'est juste que la dernière fois que quelqu'un est venu s'occuper de nous... Vous vous rappelez sûrement notre gouvernante, n'est-ce pas ? » Et je lui décochai un regard si bref et si méchant qu'il eut sans doute du mal à croire qu'il l'avait seulement vu. Il me fit la grâce de rougir et de détourner les yeux.

Quand il les reporta sur moi, je n'étais à nouveau plus qu'émeraudes et diamants.

Le garçon s'éclaircit alors la voix avant de dire : « Ma grand-mère pourrait venir jeter un œil, monsieur. Pas pour rester, comme qui dirait, mais elle pourrait passer tous les jours, juste un moment. »

Dans son désarroi, le docteur Maudsley réfléchit un instant. Il cherchait une porte de sortie, et celle-là était rêvée.

« Eh bien, Ambrose, voilà un arrangement qui me paraît idéal.

À court terme, du moins. Aucun doute que votre oncle sera de retour très bientôt, auquel cas, il ne sera pas nécessaire, comme vous dites, de... euh... de...

« — En effet, dis-je, en me levant de mon siège d'un air dégagé. Si vous voulez bien vous charger des pompes funèbres, de mon côté je verrai le pasteur. (Je lui tendis la main.) Merci d'être venu si vite. »

L'homme avait complètement perdu pied. Il se leva à ma suggestion, et je sentis le bref contact de ses doigts dans les miens. Ils étaient moites.

Une fois encore, il fouilla mon visage à la recherche de mon nom. Adeline ou Emmeline ? Emmeline ou Adeline ? Il s'en sortit de la seule manière possible : « Je suis désolé pour Mr Digence. Vraiment désolé, Miss March.

« — Merci, docteur. » Et je camouflai mon sourire derrière un voile de larmes.

Le docteur Maudsley salua le garçon d'un signe de tête en sortant et referma la porte derrière lui.

Au garçon, maintenant.

J'attendis que le docteur soit parti, avant d'ouvrir la porte et d'inviter le jeune Ambrose à la franchir. « Au fait, lui dis-je, au moment où il atteignait le seuil, et d'une voix qui signifiait clairement que j'étais la maîtresse de la maison, inutile de dire à ta grand-mère de se déranger. »

Il me jeta un regard bizarre. En voilà un qui n'avait aucun mal à percer le charme des yeux verts.

« C'est aussi bien, me dit-il en portant une main désinvolte à sa casquette en guise de salut, parce que j'ai pas de grand-mère. »

*

« Je vais t'aider, moi », avait-il dit, mais ce n'était qu'un gamin. Il savait pourtant conduire le cabriolet.

Le lendemain, il nous emmena chez l'avoué à Banbury, moi à côté de lui et Emmeline derrière. Au bout d'un quart d'heure d'attente sous l'œil de la réceptionniste, on finit par nous introduire dans le cabinet de Mr Lomax. Il regarda Emmeline, me regarda moi, et dit : « Inutile de vous demander qui vous êtes, toutes les deux.

« — Nous nous trouvons dans une sorte d'impasse, expliquai-je. Mon oncle est absent, et notre jardinier est mort. Un accident. Un tragique accident. Étant donné qu'il n'avait pas de famille et qu'il a toujours travaillé pour nous, j'ai le sentiment que c'est nous qui devrions payer la sépulture, seulement voilà, nous sommes un peu justes... »

Ses yeux firent un aller retour entre Emmeline et moi.

« Je vous prie d'excuser ma sœur, mais elle ne va pas très bien. » Emmeline avait effectivement l'air bizarre. Je l'avais laissée s'habiller avec ses fanfreluches d'un autre âge, et ses yeux étaient trop beaux pour laisser une place quelconque à quelque chose d'aussi banal que l'intelligence.

« Oui, bien sûr, dit Mr Lomax, qui baissa la voix d'un ton pour témoigner sa compassion. Je suis au courant, pour votre sœur. »

Répondant à sa bienveillance, je me penchai au-dessus du bureau et lui confiai : « Et, bien entendu, avec mon oncle... vous avez été en rapport avec lui, vous voyez donc ce que je veux dire, n'est-ce pas ?... Les choses ne sont pas toujours faciles de ce côté-là non plus, poursuivis-je, en le gratifiant de mon regard le plus ingénu. Pour tout vous dire, c'est un vrai plaisir pour moi que de pouvoir enfin parler avec quelqu'un de sensé. »

Il repensa aux rumeurs qui couraient sur le compte des jumelles. L'une des deux n'était pas tout à fait normale, disait-on. L'autre, en tout cas, n'était manifestement pas bête du tout.

« Le plaisir est partagé, Miss... comment déjà ? Pardonnez-moi, mais comment s'appelait votre père ?

« — Le nom que vous cherchez est March. Mais nous avons l'habitude maintenant, tout le monde nous appelle par le nom de notre mère. Les jumelles Angelfield, c'est comme ça que nous sommes connues au village. Personne ne se souvient de Mr March, surtout pas nous. Voyez-vous, nous n'avons jamais eu l'occasion de le rencontrer. Pas plus que nous n'avons eu de rapports avec sa famille. J'ai souvent pensé qu'il serait préférable que nous changions de nom de façon officielle...

« — C'est faisable. Pourquoi pas ? En fait, c'est assez simple...

« — Nous verrons ça une autre fois. Pour aujourd'hui...

« — Bien sûr, bien sûr. Laissez-moi vous tranquilliser pour ce qui est de l'enterrement. Vous ne savez pas quand votre oncle compte rentrer, si je comprends bien ?

« — Pas avant un certain temps, dis-je, ce qui n'était pas précisément un mensonge.

« — Peu importe. S'il ne rentre pas à temps pour régler les dépenses lui-même, c'est moi qui m'en chargerai en son nom, et nous régulariserons la situation à son retour. »

Je fis en sorte de feindre le soulagement qu'il attendait, et, tandis qu'il était encore sous le coup du plaisir d'avoir pu m'ôter ce fardeau de l'esprit, je le pressai de questions pour savoir ce qui arriverait au cas où une fille comme moi, chargée de la responsabilité d'une sœur comme la mienne, aurait le malheur de perdre pour de bon son tuteur. Il m'expliqua la situation en quelques mots, et je conçus clairement les mesures que j'aurais à prendre et les délais dans lesquels il faudrait que je le fasse. « Mais rien de tout cela ne s'applique à vous, dans votre situation ! » conclut-il, comme s'il s'était complètement égaré en me brossant un scénario aussi alarmant et regrettait de ne pouvoir retirer les trois quarts de ce qu'il venait de dire. « Après tout, votre oncle sera de nouveau avec vous très bientôt.

« — Grâce à Dieu ! » rétorquai-je, avec un sourire radieux.

Nous étions à la porte quand Mr Lomax se souvint de l'essentiel.

« Il n'aurait pas par hasard laissé une adresse ?

« — Vous connaissez mon oncle !

« — C'est bien ce que je craignais. Mais vous savez plus ou moins où il se trouve, non ? »

J'aimais bien Mr Lomax, mais cela ne m'empêcha pas de lui mentir. Le mensonge était chez moi une seconde nature.

« Oui... ou plutôt non.

« — Parce que, dit-il, en me regardant d'un air grave, si vous ne savez pas où il se trouve... » Il revint par la pensée à toutes les démarches légales qu'il venait de m'énumérer.

« Tout ce que je peux vous dire, c'est où il a *dit* qu'il allait. »

Mr Lomax me regarda, le sourcil interrogateur.

« Au Pérou. »

Ses yeux faillirent lui sortir de la tête, et sa bouche s'ouvrit toute grande.

« Mais, bien entendu, nous savons l'un comme l'autre que c'est parfaitement ridicule, n'est-ce pas ? Il est impossible qu'il soit au Pérou, vous êtes bien de mon avis ? »

Et, avec un sourire des plus rassurants, et des plus braves, je refermai la porte derrière moi, laissant Mr Lomax s'inquiéter de mon sort.

*

Le jour de l'enterrement arriva, et je n'avais toujours pas trouvé l'occasion de pleurer. Il y avait eu quelque chose tous les jours. D'abord le pasteur, puis les villageois qui se présentaient, circonspects, à la porte avec leurs questions sur les fleurs et les couronnes ; même Mrs Maudsley fit une apparition, polie mais distante, comme si j'étais en quelque sorte éclaboussée par le crime d'Hester. « Mrs Proctor, la grand-mère de notre garçon, a fait des merveilles. Soyez assez gentille de remercier votre mari pour nous l'avoir conseillée. »

Tout au long, je soupçonnai le jeune Proctor de ne pas me quitter des yeux, même si je n'arrivai pas à le prendre sur le fait.

L'enterrement de John n'était pas non plus l'occasion idéale pour pleurer. C'était même la pire. Car j'étais Mademoiselle Angelfield, et lui, simplement le jardinier.

À la fin du service, tandis que le pasteur dispensait des paroles aussi bonnes qu'inutiles à Emmeline – Que dirait-elle de fréquenter l'église plus assidûment ? L'amour de Dieu était une bénédiction pour toutes Ses créatures –, j'écoutai Mr Lomax et le docteur Maudsley qui conversaient dans mon dos, sans se douter que je les espionnais.

« Une jeune fille tout à fait compétente, disait l'avoué au médecin. Je ne pense pas qu'elle saisisse toute la gravité de la situation – personne ne sait où se trouve l'oncle, c'est à ne pas croire ! –, mais le moment venu, je suis sûr qu'elle sera à la hauteur. Je m'occupe en ce moment du côté matériel des choses. Elle s'inquiétait de ne pas pouvoir régler les frais d'enterrement pour le jardinier, vous vous rendez compte ! Non seulement un esprit avisé, mais un cœur généreux.

« — Certes, dit faiblement le docteur.

« — J'ai toujours eu l'impression – notez que je serais bien incapable de vous dire pourquoi – que ces deux filles n'étaient pas... tout à fait normales. Mais maintenant que je les ai rencontrées, il est clair comme de l'eau de roche qu'il n'y en a qu'une sur les deux qui est bizarre. Une bénédiction. Bien sûr, vous qui êtes leur médecin, vous avez toujours su à quoi vous en tenir, j'imagine. »

Maudsley murmura quelque chose que je n'entendis pas.

« Pardon ? demanda l'avoué. Vous avez parlé de brouillard ? »

La question resta sans réponse, puis l'homme de loi en posa une autre : « Comment fait-on pour les distinguer l'une de l'autre ? J'avoue que je n'y suis pas arrivé quand elles sont venues me trouver. Comment s'appelle celle qui a toute sa tête ? »

Je me retournai juste assez pour pouvoir les apercevoir du coin de l'œil. Le médecin me regardait de l'air qui ne l'avait pas quitté pendant tout le service. Où était donc passée la simple d'esprit qu'il avait gardée chez lui plusieurs mois ? La fille incapable de porter une cuillère à ses lèvres ou de parler un mot d'anglais, à plus forte raison de donner des instructions pour une sépulture et poser des questions sensées à un avoué. Je comprenais sa stupéfaction.

Ses yeux naviguèrent entre Emmeline et moi.

« Je crois que c'est Adeline. » Je vis ses lèvres former le nom, et je souris à l'idée que toutes ses belles théories et ses expériences s'effondraient à ses pieds.

Croisant son regard, je levai la main dans leur direction. Geste gracieux de remerciement à leur adresse, pour être venus à l'enterrement d'un homme qu'ils connaissaient à peine simplement dans le but de m'être utiles. C'est bien ainsi que le prit l'avoué. Quant au docteur Maudsley, il est possible qu'il l'ait interprété tout autrement.

*

Plus tard. De nombreuses heures plus tard.

L'enterrement passé, je pouvais enfin pleurer.

Sauf que j'en fus incapable Trop longtemps retenues, mes larmes s'étaient fossilisées.

Elles resteraient refoulées à jamais.

Larmes fossiles

« Excusez-moi... », commença Judith, avant de s'arrêter. Elle serra les lèvres puis, avec un petit geste nerveux de la main qui ne lui était pas coutumier, elle ajouta : « Le docteur est déjà en visite... il ne sera pas là avant une heure. S'il vous plaît... »

Je nouai la ceinture de ma robe de chambre et suivis Judith, qui partit presque au pas de course. Nous montâmes et descendîmes des escaliers, empruntâmes des passages et des couloirs sans fin, avant de revenir au rez-de-chaussée, mais dans une partie de la maison que je n'avais encore jamais vue. Finalement, nous arrivâmes dans une suite de pièces que je pris pour les appartements privés de Miss Winter. Nous nous arrêtâmes devant une porte, et Judith me regarda d'un œil apeuré. Je n'eus pas de mal à comprendre son inquiétude. De l'intérieur montaient des sons inhumains, des hurlements de douleur entrecoupés de halètements déchirants. Judith ouvrit la porte et nous entrâmes.

Je restai abasourdie. Pas étonnant que les bruits résonnent autant ! Contrairement au reste de la maison, avec son capitonnage épais, ses tentures envahissantes, ses murs tendus de tissu, c'était une petite pièce presque nue. Les murs étaient en plâtre grossier, le sol, en planches brutes. Dans un angle, une étagère sans ornement débordait de papiers jaunis, et, dans l'angle opposé, un lit étroit était recouvert d'un dessus-de-lit blanc des plus banals. La fenêtre était flanquée de rideaux en calicot qui pendaient mollement et laissaient entrer la nuit. Effondrée sur un petit bureau d'écolier, Miss Winter me tournait le dos. Disparus les oranges flammés et les violets chatoyants. Elle était vêtue d'une chemise de nuit blanche à manches longues et pleurait.

Sifflements discordants de l'air dans les cordes vocales. Gémissements déchirants qui évoquaient une plainte animale. Ses épaules et son torse étaient secoués de soubresauts dont la violence remontait le long du cou pour se propager jusqu'à la tête, et, le long des bras, jusqu'aux mains, agitées de convulsions sur le dessus du bureau. Judith se précipita pour remettre en place un coussin sous la tempe de Miss Winter. La crise était telle qu'elle semblait ne pas être consciente de notre présence.

« Je ne l'ai encore jamais vue dans cet état, dit Judith, les doigts pressés contre ses lèvres, sa voix trahissant une panique grandissante. Je ne sais pas quoi faire. »

La bouche de Miss Winter, ouverte et grimaçante, était déformée par un rictus sauvage provoqué par une douleur intolérable.

« Laissez-moi faire », dis-je à Judith. Je connaissais ce genre de souffrance. Je tirai une chaise et m'assis à côté de Miss Winter.

« Là, là... je sais », dis-je en entourant son épaule de mon bras, et en prenant ses deux mains dans les miennes. L'enveloppant de mon corps, j'appuyai ma tête contre son oreille et poursuivis mon incantation. « Ça va aller maintenant. Ça va passer. Chut, chut, mon petit. Vous n'êtes pas seule. » Je la berçai et la calmai, sans cesser de prononcer les mots magiques. Qui n'étaient pas les miens, mais ceux de mon père. Des mots dont je connaissais le pouvoir, pour en avoir fait moi-même l'expérience. « Chut, murmurai-je. Je sais, je sais. Ça va passer. »

Sans cesser ni se faire moins douloureux, les convulsions et les cris perdirent peu à peu de leur violence. Elle avait le temps entre deux accès d'aspirer quelques goulées d'air désespérées.

« Vous n'êtes pas toute seule. Je suis là. »

Elle finit par se calmer. L'arrondi de son crâne appuyait sur ma joue. Des mèches de ses cheveux m'effleuraient les lèvres. Je sentais, contre mes côtes, le frémissement de sa respiration, les spasmes de ses poumons. Ses mains, dans les miennes, étaient glacées.

« Là. Là. C'est fini, maintenant. »

Nous restâmes assises en silence pendant plusieurs minutes. Je remontai le châle pour lui en couvrir les épaules et lui frottai les mains pour essayer de les réchauffer. Son visage était ravagé. C'est à peine si elle arrivait à voir tant ses paupières étaient gonflées, et ses lèvres gercées étaient à vif. Une ecchymose commençait à se dessiner à l'endroit où sa tête avait frappé contre le bureau.

« C'était un brave homme, dis-je. Et il vous aimait. »

Lentement, elle acquiesça de la tête.

Sa bouche trembla. Essayait-elle de dire quelque chose ? À nouveau, ses lèvres remuèrent.

Le mécanisme de sûreté ? Était-ce là ce qu'elle tentait de dire ?

« C'est votre sœur qui avait touché au mécanisme de sûreté de l'échelle ? » Aujourd'hui, la question peut paraître brutale, mais à l'époque, dans la mesure où ce déluge de larmes avait rendu caduc tout respect des convenances, sa franchise ne semblait pas déplacée.

Ma question déclencha un dernier spasme de douleur, mais quand elle parla, sa réponse était sans équivoque.

« Pas Emmeline. Non, pas elle. Pas elle.

« — Qui, alors ? »

Elle plissa les yeux, puis les ferma tout à fait, commença à se balancer et à secouer la tête d'un côté et de l'autre. J'ai vu ce même mouvement chez les animaux rendus fous par leur captivité dans un zoo. Craignant une récidive de la crise, je me souvins de ce que mon père faisait jadis pour me consoler quand j'étais enfant. Doucement, tendrement, je lui caressai les cheveux jusqu'à ce que, apaisée, elle pose sa tête sur mon épaule.

Elle finit par être suffisamment calme pour que Judith puisse la mettre au lit. D'une voix d'enfant endormie, elle me demanda de rester près d'elle, ce que je fis, m'agenouillant à côté du lit et la regardant s'endormir. De temps à autre, un frisson troublait son sommeil, et son visage prenait une expression apeurée ; je lui caressais alors les cheveux jusqu'à ce que ses paupières cessent de s'agiter.

En quelle occasion mon père m'avait-il consolée de cette manière ? Le souvenir resurgit des profondeurs de ma mémoire. Je devais avoir une douzaine d'années. C'était un dimanche, et mon père et moi étions en train de manger des sandwichs au bord de la rivière, quand des jumelles apparurent. Deux petites filles blondes, en compagnie de leurs parents, également blonds, des touristes venus admirer l'architecture et profiter du soleil. Tout le monde les remarquait ; elles devaient être habituées aux regards des inconnus. Mais pas au mien. Je les avais à peine aperçues que mon cœur bondit dans ma poitrine. J'eus l'impression de regarder dans une glace où je me voyais enfin complète. Je les fixai d'un œil ardent, dévorant. Mal à l'aise, elles se détournèrent de cette fille au regard avide et saisirent les mains de leurs parents. Je vis leur peur, et sentis ma poitrine se contracter ; puis tout devint sombre. Plus tard, nous nous retrouvâmes dans la librairie : moi, sur la banquette sous la fenêtre, entre sommeil et cauchemar ; mon père, accroupi sur le sol, me caressant les cheveux et murmurant son incantation à mon oreille : « Chut, ça va passer. Ça va aller maintenant. Tu n'es pas seule, je suis là. »

Un peu plus tard, le docteur Clifton arriva. Quand je me

retournai, j'eus le sentiment qu'il devait être sur le seuil depuis un moment. En me glissant devant lui pour quitter la pièce, je remarquai sur son visage une expression que je ne sus déchiffrer.

Décryptage aquatique

Je revins à mes appartements, d'un pas aussi lent que mes pensées étaient paresseuses. Rien n'avait de sens. Pourquoi John-the-Dig était-il mort ? Parce que quelqu'un avait endommagé le mécanisme de sûreté. Mais qui ? Certainement pas le garçon. L'histoire de Miss Winter lui fournissait un alibi : tandis que John tombait dans le vide avec son échelle, le garçon louchait sur sa cigarette, sans oser lui demander s'il pouvait tirer une bouffée. Emmeline, donc. Sauf que rien dans le récit ne laissait entendre qu'elle pût faire une chose pareille. C'était une enfant qui ne pensait pas à mal ; d'ailleurs, Hester le disait. Miss Winter elle-même n'aurait pu être plus claire. Si ce n'était pas Emmeline, alors qui ? Isabelle était morte. Charlie était parti.

Arrivée devant ma chambre, j'entrai et m'approchai de la fenêtre. Il faisait trop sombre pour voir autre chose que mon reflet dans la vitre, ombre pâle qui laissait passer la nuit. « Qui ? » lui demandai-je.

Je finis par prêter l'oreille à la petite voix insistante qui chuchotait dans ma tête et que je m'efforçais depuis un moment d'ignorer. *Adeline.*

Non. Impossible.

Si, persistait la voix. *Adeline.*

Allons donc ! Les cris de douleur provoqués par la disparition de John-the-Dig résonnaient encore à mes oreilles. Personne n'était capable de pleurer un homme comme ça après l'avoir tué, si ? Qui aurait pu tuer un homme suffisamment chéri pour que sa mort suscite une telle souffrance ?

Mais cette voix dans ma tête me rappelait l'un après l'autre les épisodes de l'histoire que je connaissais si bien. Le vandalisme dans le jardin topiaire, et ces coups de cisailles comme autant de coups portés au cœur de John. Les agressions contre Emmeline, cheveux tirés, morsures, meurtrissures. Le bébé sorti du landau et abandonné à son sort, pour mourir à moins qu'on le retrouve à temps. L'une des jumelles n'était pas tout à fait normale, disait-on au village. Je m'interrogeai. Était-ce possible ? Les larmes dont je venais d'être témoin étaient-elles une manifestation de culpabilité ? De remords ? Était-ce une meurtrière que j'avais tenue dans mes bras pour la consoler ? Était-ce là le secret que Miss Winter avait caché au monde pendant si longtemps ? Un soupçon désagréable se fit jour en moi. Et si c'était là le but du récit de Miss Winter ? M'amener à la prendre en pitié, à l'exonérer de son crime, à lui pardonner ? Je frissonnai.

Mais il y avait au moins une chose dont j'étais sûre. Cet homme, elle l'avait aimé. Comment aurait-il pu en être autrement ? J'avais tenu contre le mien son corps secoué et déchiré par les sanglots, et je savais que seul l'amour est capable de provoquer un pareil désespoir. Je me souvenais de la jeune Adeline pénétrant la solitude de John après la mort de la Missis, et le ramenant à la vie en l'obligeant à lui enseigner l'art de la taille.

La taille de ces arbres qu'elle avait elle-même saccagés.

Peut-être n'en étais-je pas si sûre, après tout !

Mes yeux parcouraient l'obscurité dans laquelle était plongé le jardin. Son jardin extraordinaire. Était-ce sa manière à elle de rendre hommage à John-the-Dig ? Sa pénitence éternelle pour les ravages qu'elle avait causés ?

Je frottai mes yeux fatigués. Je savais que j'aurais dû aller me coucher. Mais j'étais trop épuisée pour dormir. Mes pensées, si je ne faisais rien pour les arrêter, continueraient à tourner dans ma tête toute la nuit. Je décidai de prendre un bain.

Tandis que j'attendais que la baignoire se remplisse, je jetai un coup d'œil alentour. Une boule de papier froissé à peine visible sous la table de toilette attira mon attention. Je la dépliai, l'aplatis. C'était une rangée de symboles phonétiques.

Dans la salle de bains, avec un bruit de cataracte en fond sonore, je fis quelques tentatives vite avortées pour trouver un sens à ma suite de signes. Sans pouvoir me défaire de l'impression pénible que je n'avais pas su transcrire correctement les sons émis par Emmeline. Je revis le jardin éclairé par la lune, les branches tordues de l'hamamélis, le visage grotesque, contorsionné ; j'entendis à nouveau la voix abrupte d'Emmeline. Mais j'avais beau essayer, je n'arrivais pas à me rappeler les sons eux-mêmes.

J'entrai dans la baignoire, laissant le morceau de papier sur le rebord. L'eau me réchauffa les pieds, les jambes, le dos, mais me parut nettement plus froide sur la macule que j'avais au côté. Les yeux fermés, je me laissai glisser au fond de la baignoire. Les oreilles, le nez, les yeux, jusqu'au sommet du crâne. L'eau battait à mes tempes, mes cheveux se décollaient de leurs racines.

Je ressortis pour reprendre mon souffle, avant de replonger aussitôt. Nouvelle goulée d'air. Nouveau plongeon.

Dans ce milieu aquatique, mes pensées se mirent à flotter de manière assez lâche dans ma tête. J'en savais suffisamment sur le langage des jumeaux pour ne pas ignorer qu'il n'était jamais totalement inventé. Dans le cas d'Emmeline et d'Adeline, il devait se fonder sur l'anglais ou le français, contenir des éléments qui participaient des deux.

Respiration. Immersion.

Un langage qui présentait des déformations. Peut-être dans l'intonation. Ou les voyelles. Avec parfois des additions, destinées à camoufler le sens plutôt qu'à le révéler.

Respiration. Immersion.

Un puzzle. Un code secret. Un message chiffré. Moins complexe que les hiéroglyphes ou le linéaire B mycénien. Comment procéder pour le décryptage ? Isoler chaque syllabe. Qui pouvait être un mot ou une partie de mot. Supprimer l'intonation d'abord. Faire varier l'accentuation. Jouer sur l'allongement, le raccourcissement, l'aplatissement des voyelles. Prendre en compte ce que suggérait cette syllabe en anglais. Puis en français. Voir ce qui se passait si on la laissait de côté et que l'on ne considérait plus que la syllabe d'avant et celle d'après. Il devait exister une multiplicité de combinaisons possibles. Des milliers. Mais pas un nombre infini. Un ordinateur trouverait la solution. Un cerveau humain aussi, au bout d'un an ou deux.

Les morts disparaissent sous terre.

Quoi ? Je me redressai d'un coup. Les mots m'étaient venus de nulle part. Ils cognaient douloureusement dans ma poitrine. C'était ridicule. Impossible !

Tremblante, je tendis la main vers le rebord de la baignoire où j'avais laissé mes gribouillis et approchai le papier de mon visage. Je l'examinai avec inquiétude. Mes notes, mes symboles et mes signes, mes tortillons et mes points avaient disparu. Ils avaient trempé dans une petite flaque d'eau et s'étaient noyés.

J'essayai à nouveau de me souvenir des sons tels qu'ils m'étaient venus sous l'eau. Mais ils s'étaient effacés de ma mémoire. Tout ce que je me rappelais, c'était son visage déformé par la concentration, et ces cinq notes qu'elle psalmodiait quand elle était partie.

Les morts disparaissent sous terre. Ces mots, qui m'étaient venus à l'esprit déjà formés et n'avaient laissé aucune trace derrière eux, d'où étaient-ils sortis ? À quel jeu jouait mon esprit pour les faire surgir ainsi de nulle part ?

Je ne croyais tout de même pas que c'était là ce qu'elle m'avait dit ?

Allons, un peu de bon sens, me raisonnai-je.

Je m'emparai de la savonnette, résolue à me sortir ces élucubrations aquatiques de la tête.

Cheveux

Dans la maison de Miss Winter, je ne regardais jamais la pendule. Pour les secondes, j'avais les mots, et les minutes, je les comptais en lignes écrites au crayon. Onze mots à la ligne, vingt-trois lignes à la page, voilà comment je mesurais le temps désormais. À intervalles réguliers, je m'arrêtais pour actionner mon taille-crayon et regarder les copeaux ourlés de plomb s'étirer et tomber dans la corbeille à papier ; ces pauses marquaient le passage de mes « heures ».

J'étais si absorbée par l'histoire que j'entendais, que j'écrivais, que je ne désirais rien d'autre. Ma vie personnelle – si tant est qu'il m'en restât une – était réduite à une peau de chagrin. Mes pensées le jour et mes rêves la nuit étaient peuplés d'êtres qui n'appartenaient pas à mon monde mais à celui de Miss Winter. C'étaient Hester et Emmeline, Isabelle et Charlie qui allaient et venaient dans mon imagination, et Angelfield, le lieu vers lequel se tournaient constamment mes pensées.

À dire vrai, j'étais toute prête à renoncer à ma propre vie. Plonger au cœur de l'histoire de Miss Winter était pour moi une manière de tourner le dos à la mienne. Il reste qu'on ne peut pas s'éliminer soi-même de cette façon. Impossible, malgré cet aveuglement délibéré, d'oublier que nous étions en décembre. Au fond de moi, à la frange de mon sommeil, dans les marges des pages que je remplissais d'une écriture fébrile, j'étais consciente que décembre égrenait ses jours, que la date anniversaire se rapprochait inexorablement.

Le lendemain de la nuit des larmes, je ne vis pas Miss Winter. Elle resta couchée, ne recevant que Judith et le docteur Clifton. Ce qui m'arrangeait. Je n'avais pas beaucoup dormi moi-même.

Mais le jour suivant elle me fit demander. Je me rendis dans sa petite chambre spartiate et la trouvai au lit.

Ses yeux semblaient s'être agrandis. Elle ne portait pas la moindre trace de maquillage. Ses médicaments étaient peut-être au maximum de leur effet, mais elle faisait preuve d'une tranquillité toute nouvelle. Elle ne me sourit pas quand je pénétrai dans la pièce mais leva vers moi des yeux qui ne manquaient pas de bienveillance.

« Vous n'aurez pas besoin de votre bloc et de votre crayon, dit-elle. Aujourd'hui, je vais vous demander de faire autre chose pour moi.

« — Quoi donc ? »

Judith entra. Elle étala un drap par terre, puis apporta de la pièce voisine le fauteuil de Miss Winter, qu'elle plaça au milieu du drap, de telle sorte que son occupante puisse regarder par la fenêtre. Elle posa ensuite une serviette de toilette sur les épaules de Miss Winter et déploya dessus la chevelure cuivrée.

Avant de quitter la pièce, elle me tendit une paire de ciseaux. « Bonne chance », dit-elle avec un sourire.

« Que suis-je censée faire ? demandai-je à Miss Winter.

« — Me couper les cheveux, bien sûr.

« — Vous couper les cheveux ?

« — Mais oui. Ne prenez pas cet air-là. Ce n'est pas sorcier.

« — Mais je ne sais pas faire.

« — Vous prenez les ciseaux et vous coupez, c'est tout, dit-elle en soupirant. Je me moque de la façon dont vous vous y prenez. Et de ce à quoi je vais ressembler Débarrassez-moi de tout ça, point.

« — Mais je..

« — Je vous en prie. »

Non sans réticence, je me plaçai derrière elle. Elle avait passé deux jours au lit, et ses cheveux n'étaient plus qu'un enchevêtrement de mèches orange toutes raides. Tellement secs au toucher que je m'attendais presque à ce qu'ils crépitent, et ponctués de petits nœuds grumeleux.

« Il vaudrait mieux que je les brosse d'abord. »

Bien qu'elle n'eût pas un mot de reproche, je la sentais tressaillir à chaque coup de brosse. Je m'arrêtai assez vite ; ce serait plus charitable de simplement couper les nœuds.

Je donnai un premier coup de ciseaux timide. À quelques centimètres des extrémités, au milieu du dos. Les lames firent une coupure bien nette, et les mèches tombèrent sur le drap.

« Plus court, me dit doucement Miss Winter.

« — Jusque-là ? demandai-je, en lui touchant l'épaule.
« — Plus court. »

Je me saisis d'une mèche et coupai d'un geste sec et nerveux. Une serpentin orangé glissa à mes pieds, et Miss Winter commença à parler.

*

Je me revois dans la chambre d'Hester, quelques jours après l'enterrement. J'y étais allée sans raison particulière. J'étais simplement à la fenêtre, à regarder dehors. Mes doigts rencontrèrent une petite arête dans le rideau. Une déchirure qu'elle avait raccommodée. Hester maniait très bien l'aiguille. Mais un morceau de fil s'était détaché à un bout de sa reprise. Et d'un geste inconscient, machinal, je me mis à tirer dessus. Sans intention de l'arracher, sans intention d'aucune sorte, à vrai dire... Tout à coup, il s'est retrouvé dans ma main. Le fil, sur toute sa longueur, zigzaguant encore des points qui l'avaient maintenu en place. Le trou, à nouveau béant dans le rideau, ne tarderait pas à s'effilocher.

John n'avait jamais vraiment supporté la présence d'Hester dans la maison. Il avait été heureux de la voir partir. Il n'en restait pas moins que si elle avait été là, John ne serait jamais monté sur le toit. Si Hester avait été là, personne n'aurait joué avec le mécanisme de sûreté. Si elle avait été là, ce jour-là se serait levé comme n'importe quel autre jour, et comme tous les autres jours John aurait vaqué à ses occupations dans le jardin. Quand la grande baie aurait projeté son ombre sur le gravier, il n'y aurait eu ni échelle, ni barreaux, ni John étalé par terre et saisi par la froidure du sol. La journée se serait déroulée comme toutes les autres, et à son terme John serait allé se coucher et aurait dormi profondément, sans même rêver qu'il tombait dans le vide.

Si Hester avait été là.

La vue de ce trou dans le rideau effrangé m'était insupportable.

*

Je m'étais escrimée sur les cheveux de Miss Winter pendant tout le temps où elle avait parlé, et quand je fus au niveau des lobes des oreilles, je m'arrêtai.

Elle tâta l'arrière de sa tête pour évaluer la longueur

« Plus court », dit-elle.

Je repris les ciseaux et poursuivis ma tâche.

*

Le garçon continuait à venir s'occuper du jardin. Il bêchait, désherbait, plantait et paillait. Je me dis que s'il venait encore c'était à cause de l'argent qu'on lui devait. Mais quand l'avoué me fit passer un peu de liquide – « Pour tenir jusqu'au retour de votre oncle » – et que je l'eus payé, il ne cessa pas pour autant de venir. Je l'observai depuis les fenêtres du premier. Plus d'une fois, il regarda dans ma direction et je m'écartai vivement, mais un jour il m'aperçut et me salua de la main. Salut que je ne lui rendis pas.

Tous les matins, il déposait des légumes à la porte de la cuisine, avec de temps à autre un lapin dépiauté ou une poule plumée, et tous les après-midi il venait chercher les épluchures pour le compost. Il s'attardait un moment sur le seuil, et maintenant que je l'avais payé, il avait souvent une cigarette à la bouche.

J'avais fini les cigarettes de John, et je supportais mal de le voir fumer. Je n'avais jamais dit un mot à ce sujet, mais un jour, appuyé contre le chambranle de la porte, il me surprit en train de loucher sur le paquet qu'il avait dans sa poche de poitrine.

« Je t'en échange une contre une tasse de thé », dit-il.

Il entra dans la cuisine – pour la première fois depuis le jour où John était mort – et s'assit sur la chaise de ce dernier, les coudes sur la table. De mon côté, je pris le fauteuil qui était dans l'angle, celui où la Missis s'asseyait dans le temps. Nous bûmes notre thé en silence, regardant les nuages et les spirales de la fumée de nos cigarettes monter paresseusement jusqu'au plafond crasseux. Quand nous eûmes tiré notre dernière bouffée et écrasé nos mégots dans nos soucoupes, il se leva sans un mot, sortit de la cuisine et retourna à son travail. Mais le lendemain, lorsqu'il frappa à la porte avec ses légumes, il entra sans attendre, s'assit sur la chaise de John et me lança une cigarette en travers de la table avant même que j'aie eu le temps de mettre la bouilloire sur le feu.

Nous ne parlions pas, mais l'habitude était prise.

Emmeline, qui ne se levait jamais avant l'heure du déjeuner, passait parfois ses après-midi dehors à regarder travailler le garçon. Je la réprimandais à ce sujet : « Tu es la fille de la maison. Lui n'est qu'un jardinier. Par pitié, Emmeline ! » Mais sans succès. Elle gratifiait de son sourire indolent tous ceux qui lui plaisaient. Je les observais de près, ces deux-là, car je me souvenais des paroles de la Missis le jour où elle m'avait dit que les hommes ne pouvaient regarder Isabelle sans avoir envie de la toucher. Mais le garçon ne manifestait pas le moindre désir de toucher Emmeline, même s'il lui parlait avec gentillesse et aimait la faire rire. Je n'étais pas tranquille pour autant.

Parfois, je les observais depuis une fenêtre à l'étage. Un jour de grand soleil, je la vis se prélasser dans l'herbe, appuyée sur un coude, la tête sur la main. Sa posture faisait ressortir le galbe de sa hanche. Il tourna la tête pour répondre à une remarque qu'elle venait de lui faire, et tandis qu'il la regardait, elle roula sur le dos et leva la main pour écarter une mèche de cheveux de son front. C'était un geste langoureux et sensuel, qui me donna à penser qu'elle ne le repousserait pas si effectivement il s'avisait de la toucher.

Mais quand il eut fini ce qu'il avait à dire, il lui tourna le dos comme s'il n'avait rien vu et reprit son travail.

Le lendemain matin, alors que nous fumions dans la cuisine, je rompis notre silence habituel.

« Ne touche pas Emmeline », lui dis-je

Il eut l'air surpris.

« Je n'ai pas touché Emmeline.

« — Bon. Eh bien, continue. »

Je pensais que nous en resterions là. Nous tirâmes encore une bouffée, et je m'apprêtais à retomber dans le silence quand, après avoir soufflé la fumée de sa cigarette, il reprit la parole. « Je n'ai pas envie de toucher Emmeline. »

J'ai bien entendu. Bien compris cette curieuse petite intonation. Je savais ce qu'il avait derrière la tête.

J'ai aspiré une bouffée sans le regarder, et, lentement, j'ai recraché la fumée. Sans le regarder.

« Elle est plus gentille que toi », a-t-il dit.

Ma cigarette n'était qu'à moitié fumée, mais je l'ai écrasée. J'ai traversé la cuisine à grandes enjambées et ouvert la porte à la volée.

Sur le seuil, il s'est arrêté juste à ma hauteur. Raide comme un piquet, j'ai regardé droit devant moi, au niveau des boutons de sa chemise.

Sa pomme d'Adam est montée et descendue quand il a dégluti. Sa voix n'était plus qu'un murmure. « Sois gentille, Adeline. »

Piquée au vif, j'ai relevé les yeux, avec l'intention de le foudroyer du regard. Mais j'ai été désarçonnée par la tendresse qui se lisait sur son visage. L'espace d'un instant, j'ai été... troublée.

Il en a profité. A levé la main. Prêt à me caresser la joue.

Mais j'ai été plus rapide. J'ai levé le poing et écarté sa main, violemment.

Je ne lui ai pas fait mal. Non, c'était impossible. Mais il a eu l'air désemparé. Déçu.

L'instant d'après, il était parti.

Quel vide dans la cuisine, après cet incident ! La Missis n'était plus là. John non plus. Et maintenant, même le garçon avait disparu.

« Je vais t'aider, moi », avait-il dit. Mais comment un garçon comme lui aurait-il pu m'aider ? Personne ne le pouvait.

*

Le drap était couvert de cheveux orangés, dont certains collaient à mes chaussures. Mes ciseaux avaient eu raison de la teinture ; les quelques rares touffes qui restaient étaient d'un blanc pur.

J'enlevai la serviette, et soufflai sur les petits cheveux accumulés sur sa nuque.

« Passez-moi le miroir », dit Miss Winter.

Je le lui tendis. Avec ses cheveux rasés, elle avait l'air d'un enfant grisonnant.

Elle se contempla, plongea dans son propre regard, nu et sombre, un long moment. Puis elle reposa le miroir à l'envers sur la table.

« C'est exactement ce que je voulais. Merci, Margaret. »

Je la laissai, et, une fois dans ma chambre, je repensai au garçon. À lui et à Adeline, à lui et à Emmeline. Puis je repensai à Aurelius, l'enfant trouvé dans son vêtement usagé, enveloppé dans une sacoche, avec pour tout bagage une petite cuillère aux armes d'Angelfield et une page de *Jane Eyre*. Je réfléchis longtemps, mais sans résultat, en dépit de mes efforts.

Une chose me vint pourtant à l'idée, grâce à un de ces écarts imprévus dont est capable l'esprit. Je me souvins de ce que m'avait dit Aurelius la dernière fois que je m'étais trouvée à Angelfield : « Je voudrais simplement que quelqu'un *me dise la vérité*. » Et je retrouvai l'écho de cette phrase : « Dites-moi la vérité. » Le jeune homme au complet marron. Voilà qui expliquerait que le *Banbury Herald* n'ait conservé aucune trace de l'interview pour laquelle leur jeune reporter s'était rendu dans le Yorkshire. Il n'y avait jamais eu de reporter. Le jeune homme au complet marron, c'était Aurelius.

Pluie et gâteau

Le lendemain, je m'éveillai avec cette seule pensée en tête : aujourd'hui, c'est aujourd'hui. Le mot résonnait dans ma tête tel un glas que j'étais seule à entendre. La pénombre semblait avoir envahi mon âme ; une fatigue prodigieuse me terrassait. Aujourd'hui était l'anniversaire de ma naissance, et de ma mort.

Avec le plateau du petit déjeuner, Judith m'apporta une carte de mon père. Un dessin de fleurs et ses vœux habituels, toujours aussi vaguement formulés, ainsi qu'un petit mot. Il espérait que j'allais bien. Lui-même allait bien. Il avait quelques livres pour moi. Devait-il me les envoyer ? Ma mère n'avait pas signé la carte ; il l'avait fait pour elle. *Affectueusement, Papa, Maman.* Tout n'était que mensonge. Je le savais, lui aussi, mais qu'y faire ?

Judith arriva. « Miss Winter demande si maintenant... »

Je glissai la carte sous mon oreiller avant qu'elle puisse la voir. « Maintenant, ça ira très bien », dis-je, en m'emparant de mon crayon et de mon bloc.

« Avez-vous bien dormi ? demanda Miss Winter avant d'ajouter : Vous êtes bien pâlotte. Vous ne mangez pas assez.

« — Ça va très bien », lui assurai-je, même si c'était loin d'être le cas.

Toute la matinée, j'eus l'étrange impression de sentir se mêler deux univers, les fragments épars de l'un s'infiltrant à travers les fissures de l'autre. Vous connaissez ce sentiment qui vous vient quand on commence un nouveau livre avant que la membrane du précédent ait eu le temps de se refermer complètement ? Les idées, les thèmes, et même les personnages du dernier ouvrage ont imprégné les fibres de vos vêtements, et quand vous ouvrez le suivant, ils sont toujours là. J'éprouvais une sensation du même ordre. Toute la journée, je fus distraite. Par des pensées, des souvenirs, des sentiments, des fragments de ma vie resurgissant de façon saugrenue, qui rendaient toute concentration impossible.

Miss Winter était en train de me raconter quelque chose quand elle s'interrompit. « Vous m'écoutez, Miss Lea ? »

Je sursautai, arrachée à mon rêve éveillé, et cherchai désespérément une réponse. L'avais-je écoutée ? Je n'en avais pas la moindre idée. Sur le moment, j'aurais été incapable de lui répéter ce qu'elle venait de me dire, même si j'étais convaincue que tout était enregistré quelque part dans mon cerveau. Mais à l'instant où elle me sortit de ma rêverie, je me trouvais dans une sorte de no man's land. L'esprit nous joue toutes sortes de tours, se livre à d'étranges manigances pendant que nous somnolons dans un espace intermédiaire qui, aux yeux de l'observateur, a toute chance de passer pour de l'inattention. Incapable de trouver mes mots, je me contentai de la fixer pendant une bonne minute, tandis que son irritation allait croissant, pour finir par me raccrocher à la première phrase cohérente qui me vint à l'esprit :

« Avez-vous jamais eu un enfant, Miss Winter ?

« — Mon Dieu, en voilà une question ! Bien sûr que non. Vous êtes folle ou quoi ?

« — Alors Emmeline...

« — Je croyais que nous avions passé un accord ? Vous vous souvenez, pas de questions. » Puis, changeant d'expression, elle se pencha vers moi et scruta mon visage. « Vous êtes malade ?

« — Non... je ne crois pas.

« — Manifestement, vous n'êtes pas en état de travailler. »

Ce qui était une façon de me congédier.

De retour dans ma chambre, je passai une heure à tourner en rond, agitée, encombrée de moi-même. Je m'assis à mon bureau, crayon en main, sans rien écrire ; je sentis le froid et montai le radiateur, puis j'eus trop chaud et ôtai ma veste. J'aurais aimé prendre un bain, mais il n'y avait pas d'eau chaude. Je me fis un chocolat, que je sucrai plus qu'à l'ordinaire ; son goût douceâtre me donna la nausée. Un livre ? Était-ce là la solution ? Dans la bibliothèque, les rayons regorgeaient de mots défunts. Rien là qui pût m'être de quelque secours.

Une bourrasque de pluie vint inonder mon carreau, et mon cœur fit un bond dans ma poitrine. Dehors, le grand air. Voilà ce dont j'avais besoin. Et pas seulement le jardin. Il fallait que je m'échappe, tout de suite. Loin, sur la lande.

Le grand portail d'entrée était fermé à clé, je le savais, et je n'avais aucune envie de demander à Maurice de me l'ouvrir. Je traversai donc les jardins pour atteindre le point le plus éloigné de la maison, où se trouvait une porte ménagée dans le mur d'enceinte et couverte de lierre. Personne n'avait dû passer par là depuis longtemps, et je dus arracher le feuillage à pleines mains pour dégager le loquet. Une fois la porte ouverte, il me fallut encore écarter les broussailles avant de me retrouver dehors, passablement échevelée.

Je croyais aimer la pluie, en fait je la connaissais mal. Celle que j'aimais, c'était la pluie apprivoisée de la ville, adoucie par tous les obstacles que les toits des immeubles mettent sur son chemin, et réchauffée par la chaleur qui monte du pavé. Sur la lande, fouettée par le vent, aigrie par le froid, la pluie était hostile. Des aiguilles de glace me transperçaient le visage, et des seaux d'une eau glaciale se déversaient sur mes épaules.

Joyeux anniversaire.

Si j'avais été à la maison, mon père aurait sorti un cadeau caché sous le bureau quand je serais arrivée au bas des escaliers. Un livre, ou plusieurs, achetés dans une vente aux enchères et mis de côté pendant l'année. Et un disque, ou du parfum, ou une gravure. Il les aurait emballés au magasin, lors d'un après-midi tranquille, pendant que j'étais à la poste ou à la bibliothèque. Il serait sorti à l'heure du déjeuner, quelques jours plus tôt, pour choisir une carte, seul, et l'aurait écrite au bureau, terminant par *Affectueusement, Papa, Maman*. Seul, absolument seul. Il serait allé chercher un gâteau à la pâtisserie, et quelque part dans la librairie – je n'avais jamais pu découvrir où, c'était un des rares secrets que je n'avais pas réussi à percer –, il gardait une bougie, qui, ce jour-là, comme tous les ans, sortait de sa cachette pour être allumée, et que je soufflais avec toute la joie dont j'étais capable. Puis nous mangions le gâteau, en buvant notre thé, avant de nous installer tranquillement pour digérer et nous occuper de nos catalogues.

Je savais ce qu'il en était pour lui. C'était plus facile maintenant que quand j'étais encore enfant. Les anniversaires étaient alors autrement plus compliqués. Cadeaux cachés depuis la veille dans l'appentis, non pas à cause de moi mais de ma mère, qui n'en supportait pas la vue. Le mal de tête persistant était son rite du souvenir, jalousement entretenu, et faisait qu'il était impossible d'inviter d'autres enfants à la maison ce jour-là, impossible également de la laisser seule le temps d'une sortie au parc ou au zoo. Mes jouets d'anniversaire étaient silencieux. Le gâteau n'était jamais fait maison, et les restes devaient être dépouillés de leurs bougies et de leur glaçage avant d'être placés dans la boîte métallique pour le lendemain.

« Joyeux anniversaire » ? Père me chuchotait ces mots à l'oreille, l'air hilare. Nous jouions, dans le plus grand silence, à des jeux de cartes au cours desquels le gagnant feignait des mimiques ravies et le perdant grimaçait et se tordait les mains, et rien, pas un bruit, pas un son, ne nous parvenait de la chambre au-dessus de nos têtes. Entre deux parties, mon pauvre père montait et descendait, faisant la navette entre le chagrin silencieux de la chambre et l'anniversaire secret du rez-de-chaussée, substituant dans l'intervalle la sollicitude à la gaieté, puis la gaieté à la sollicitude.

Malheureux anniversaire. Depuis le jour de ma naissance, le chagrin avait toujours été présent. Il s'était déposé sur la maison comme un nuage de poussière. Avait recouvert les humains et les choses, nous envahissait à chaque respiration. Il nous enveloppait et isolait chacun de nous dans ses propres souffrances.

Seul le froid intense qui m'engourdissait me permettait de supporter l'évocation de tels souvenirs.

Pourquoi ma mère était-elle incapable de m'aimer ? Pourquoi ma vie avait-elle moins d'importance à ses yeux que la mort de ma sœur ? M'en rendait-elle responsable ? Si tel était le cas, elle avait peut-être raison Si j'étais vivante aujourd'hui, c'était uniquement parce que ma sœur était morte. Et cette mort, je la lui rappelais chaque fois qu'elle me voyait.

Les choses auraient-elles été plus faciles pour elle si nous étions mortes toutes les deux ?

Je continuais à marcher, dans un état second. Un pied devant l'autre, encore et encore, comme hypnotisée. Sans me préoccuper de savoir où j'allais. Sans regarder nulle part, sans rien voir, je poursuivais ma laborieuse avancée.

Puis je butai dans quelque chose.

« Margaret ! Margaret ! »

J'avais trop froid pour sursauter, trop froid pour que mon visage réagisse à l'énorme silhouette qui se dressait devant moi, enveloppée dans les plis d'une toile imperméable verte en forme de tente. Je la vis bouger, et deux mains se posèrent sur mes épaules et me secouèrent.

« Margaret ! »

C'était Aurelius

« Mais regardez-vous ! Vous êtes bleue de froid ! Vite, venez avec moi. » Il me prit par le bras et m'entraîna précipitamment. Je trébuchai derrière lui jusqu'à ce que nous arrivions à une route, et une voiture. Il me poussa à l'intérieur. Il y eut des claquements de portière, un ronronnement de moteur, puis un souffle d'air chaud autour de mes chevilles et de mes genoux. Aurelius déboucha une bouteille Thermos et me versa un gobelet de thé à l'orange.

« Buvez ! »

Je m'exécutai. Le thé était chaud et sucré.

« Mangez ! »

Je mordis dans le sandwich qu'il me tendait.

Mais le thé brûlant, les sandwichs au poulet et la chaleur de la voiture ne firent qu'accentuer le froid qui m'avait envahie. Je me mis à claquer des dents et à frissonner sans plus pouvoir m'arrêter.

« Seigneur ! » s'exclamait Aurelius à voix basse, en me passant ses savoureux sandwichs les uns après les autres. « Mon Dieu, mon Dieu ! »

La nourriture sembla malgré tout me faire revenir à moi. « Que faites-vous ici, Aurelius ?

« — Je suis venu vous apporter ceci », dit-il, en tendant la main vers l'arrière pour attraper une boîte métallique qu'il fit passer entre nos deux sièges.

Il la déposa sur mes genoux et ôta le couvercle en me gratifiant d'un sourire radieux.

À l'intérieur, il y avait un gâteau. Fait maison. Et sur le gâteau, en lettres bouclées glacées au sucre, trois mots : *Bon Anniversaire, Margaret.*

J'avais trop froid pour pleurer. À la place des larmes, et sous l'effet conjugué du froid et du gâteau, ce furent des mots qui me vinrent. Des mots qui sortirent de moi pêle-mêle, comme des objets dégorgés par les glaciers quand ils commencent à fondre. Des notes de musique dans la nuit, un jardin avec des yeux, des sœurs, un bébé, une cuillère en argent. « Et elle connaît même votre maison, continuai-je, tandis qu'Aurelius me séchait les cheveux avec des serviettes en papier. Votre maison, celle de Mrs Love. Elle a regardé par la fenêtre et trouvé que Mrs Love ressemblait à une grand-mère de conte de fées... Vous ne comprenez pas ce que ça signifie ?

« — Mais elle m'a dit..., commença Aurelius en secouant la tête.

« — Elle vous a menti, Aurelius ! Quand vous êtes allé la trouver dans votre complet marron, elle a menti. Elle l'a reconnu.

« — Dieu du ciel ! Mais comment avez-vous pu savoir pour le complet ? J'ai dû me faire passer pour un journaliste, vous comprenez. » Puis, quand ce que je venais de lui dire commença à pénétrer sa conscience, il ajouta : « Une cuillère comme la mienne, dites-vous ? Et elle connaissait la maison ?

« — C'est votre tante, Aurelius. Et Emmeline est votre mère. »

Aurelius arrêta de me tapoter les cheveux, et, un long moment, resta à regarder en direction de la maison par la vitre. « Ma mère, murmura-t-il, là, dans cette maison. »

Je fis oui de la tête.

Au bout d'un long silence, il se tourna vers moi. « Menez-moi auprès d'elle, Margaret. »

Je sortis d'un coup de mon apathie. « Le problème, Aurelius, c'est qu'elle ne va pas bien.

« — Elle est malade ? Raison de plus pour m'emmener la voir. Et tout de suite !

« — Pas malade à proprement parler. » Comment lui expliquer ? « Elle a été blessée dans l'incendie, Aurelius. Pas seulement au visage. Son esprit est atteint. »

Il accueillit cette nouvelle information du mieux qu'il put, l'ajouta à son stock de deuils et de chagrins, et quand il reprit la parole, ce fut avec une détermination plus farouche que jamais. « Menez-moi auprès d'elle. »

Est-ce la maladie qui dicta ma réponse ? Ou le fait que c'était mon anniversaire ? Ou que je me sentais moi-même orpheline de mère ? Il se peut que tous ces facteurs aient eu un rôle à jouer, mais plus déterminante encore fut l'expression d'Aurelius tandis qu'il attendait ma réponse. J'avais mille et une raisons de ne pas accéder à sa demande, mais face à un désir aussi féroce, elles partirent en fumée.

J'acceptai.

Réunion

Mon bain contribua à me réchauffer quelque peu, mais ne fit rien pour calmer la douleur qui me taraudait le crâne. J'abandonnai toute idée de travail pour le reste de l'après-midi, et me glissai dans mon lit, remontant les couvertures jusqu'aux oreilles. Je continuai à frissonner, avant de tomber dans un sommeil peu profond où j'eus d'étranges visions. Hester et mon père, les jumelles et ma mère... Chacun avait un visage autre que le sien, chacun était déguisé, et mon propre visage me troublait : il changeait, s'altérait, tantôt le mien, tantôt celui d'une autre. Puis ce fut la tête lumineuse d'Aurelius qui m'apparut : tel qu'en lui-même, rien que lui-même ; il sourit, et les fantômes s'évanouirent. L'obscurité se referma sur moi comme une nappe d'eau, et je sombrai dans un sommeil sans rêves.

Quand je me réveillai, j'avais mal à la tête, des courbatures partout et les articulations douloureuses. Une lassitude qui n'avait rien à voir avec un effort physique ou l'absence de sommeil m'accablait et m'engourdissait l'esprit. La nuit s'était épaissie. Avais-je laissé passer en dormant l'heure de mon rendez-vous avec Aurelius ? L'idée me tourmentait, mais comme à distance, et de longues minutes s'écoulèrent avant que je me décide à regarder ma montre. Car, durant mon sommeil, un sentiment obscur avait germé en moi – impatience ? nostalgie ? excitation ? –, faisant naître à son tour une attente. Le passé revenait ! Ma sœur était proche. Impossible d'en douter. Je ne pouvais la voir ni la sentir, mais mon oreille intérieure, toujours à son écoute, avait perçu ses vibrations, et j'en concevais une joie sombre et paralysante.

Inutile de reporter mon rendez-vous avec Aurelius. Ma sœur saurait me trouver, où que je sois. N'était-elle pas ma jumelle ? De fait, j'avais encore une demi-heure avant de le rencontrer à la porte du jardin. Je me tirai du lit non sans difficulté, et, encore trop transie et trop lasse pour enlever mon pyjama, enfilai par-dessus une jupe épaisse et un gros pull. Vêtue comme un enfant le soir de la fête de Guy Fawkes, je descendis dans la cuisine. Judith m'avait laissé un repas froid, mais je n'avais pas faim et n'y touchai pas. J'attendis dix minutes, n'aspirant qu'à fermer les yeux sans oser le faire, de peur de céder à la torpeur et de m'endormir, la tête sur la table.

J'avais encore cinq minutes devant moi quand j'ouvris la porte de la cuisine et me glissai dans le jardin.

Aucune lumière venant de la maison, pas d'étoiles. Je me mis en route, titubant dans le noir ; bientôt, le sol meuble sous mes pas et le contact des feuilles et des branches me firent savoir que j'avais quitté l'allée. Une branche, sortie de nulle part, me griffa le visage, et je fermai les yeux pour les protéger. Dans ma tête résonnait une vibration mi-douloureuse, mi-euphorique. Que je compris aussitôt. C'était sa chanson. Ma sœur arrivait.

Je parvins au point de rendez-vous. L'obscurité s'anima. C'était Aurelius. Il était là. Ma main le heurta maladroitement, avant de se retrouver emprisonnée dans la sienne.

« Ça va ? »

J'entendis la question, mais comme si elle venait de très loin.

« Vous avez de la température ? »

Les mots étaient bien là, mais, bizarrement, ils n'avaient aucun sens.

J'aurais aimé lui parler de ces belles vibrations, lui dire que ma sœur arrivait, qu'elle serait là, près de moi, d'une minute à l'autre. Je le savais ; je le savais grâce à la chaleur émanant de la marque qu'elle avait laissée sur mon flanc. Mais ce bruissement blanc qui était le sien s'interposait entre moi et mes mots et me rendait muette.

Aurelius me lâcha la main pour ôter un gant, et je sentis sa paume, étrangement fraîche dans la chaleur de la nuit, se poser sur mon front. « Vous devriez être au lit », dit-il.

Je tirai sur sa manche, une petite secousse, mais suffisante. Il me suivit dans le parc, avec la fluidité d'une statue montée sur des roulettes.

Je n'ai pas souvenir d'avoir eu les clés de Judith en main, et pourtant j'avais bien dû les prendre. Il a bien fallu que nous empruntions les longs couloirs qui menaient aux appartements d'Emmeline, mais cela aussi s'est effacé de ma mémoire. Je me souviens de la porte, en revanche, sauf que je la revois s'ouvrir, lentement et d'elle-même, ce qui, évidemment, est tout à fait impossible. J'ai forcément tourné la poignée, mais ce geste s'est perdu, et c'est l'image de la porte s'ouvrant d'elle-même qui est toujours présente.

Je ne garde qu'un souvenir fragmenté de ce qui s'est passé chez Emmeline ce soir-là. Des pans entiers de temps se sont affaissés sur eux-mêmes, tandis que d'autres événements me semblent s'être répétés à plusieurs reprises et à un rythme accéléré. Des visages et des expressions surgissent, énormes et menaçants, puis Emmeline et Aurelius apparaissent, minuscules marionnettes, à une très grande distance. Quant à moi, j'étais possédée, frigorifiée, comme droguée... et livrée tout au long de l'épisode à ma préoccupation dévorante : ma sœur.

À la lumière de la logique et de la réflexion, je me suis efforcée après coup de réorganiser en une suite cohérente les différentes images que mon esprit n'avait enregistrées que d'une façon partielle et aléatoire, comme on le fait des événements d'un rêve.

Aurelius et moi pénétrons dans les appartements d'Emmeline, nos pas étouffés par l'épaisse moquette. Nous franchissons plusieurs seuils, avant d'arriver à une pièce qui donne sur le jardin. Dans l'embrasure de la porte, nous tournant le dos, une créature aux cheveux blancs. Qui fredonne. *La la la la la.* Ce fragment de mélodie isolé, sans début ni fin, qui me hante depuis mon arrivée en ces lieux. Il s'insinue dans ma tête où il rivalise avec les vibrations aiguës de ma sœur. À côté de moi, Aurelius attend que j'annonce notre présence à Emmeline. Mais je suis incapable de parler. L'univers se réduit à un hululement insupportable qui résonne dans tout mon être ; le temps s'étire en une seconde interminable ; ma langue est paralysée dans ma bouche. Je porte les mains à mes oreilles, essayant désespérément de mettre un terme à cette cacophonie. Voyant mon geste, c'est Aurelius qui parle. « Margaret ! »

En entendant une voix inconnue dans son dos, Emmeline se retourne.

Ses yeux verts, agrandis par la surprise, sont remplis d'inquiétude. Sa bouche sans lèvres grimace un O déformé, sans pour autant que cesse sa sourde mélopée, qui se change en une plainte stridente et m'entre dans la tête comme un coup de couteau.

Aurelius, interdit, se détourne de moi pour regarder Emmeline, et reste pétrifié devant le visage ravagé de la femme qui est sa mère. Le son qui s'échappe des lèvres de l'infirme déchire l'air comme à coups de ciseaux.

L'espace d'un instant, je suis aveugle et sourde. Quand j'arrive de nouveau à voir, Emmeline est accroupie sur le sol, sa mélopée funèbre réduite à un gémissement. Aurelius s'agenouille près d'elle. Elle agite les mains autour de lui, sans que je puisse savoir si elle cherche à l'étreindre ou à le repousser, mais il prend sa main dans la sienne et la retient.

Main dans la main. Un même sang coulant dans leurs veines.

Lui n'est plus que douleur.

Et dans ma tête, toujours, ce bruit atroce d'une blancheur éclatante.

Ma sœur... ma sœur...

Le monde s'évanouit, et je me retrouve seule au cœur d'un vacarme assourdissant.

Je sais ce qui s'est passé ensuite, même si je ne m'en souviens pas. Aurelius dépose tendrement Emmeline sur le sol lorsqu'il entend un bruit de pas dans le couloir. Une exclamation nous parvient quand Judith s'aperçoit qu'elle n'a pas ses clés. Le temps qu'elle aille récupérer un autre trousseau – sans doute celui de Maurice –, Aurelius se précipite jusqu'à la porte et disparaît dans le jardin. Au moment où Judith pénètre enfin dans la pièce, elle regarde d'abord Emmeline, allongée sur le sol, puis pousse un cri d'effroi en m'apercevant, et s'approche de moi.

Mais à ce moment-là, je ne me rends plus compte de rien. Car cette lumière qui est ma sœur m'enveloppe, me possède, me soulage de toute conscience.

Enfin.

Tout le monde a une histoire

C'est l'angoisse, aussi aiguë qu'un des regards verts de Miss Winter, qui finit par me réveiller. Quel nom ai-je prononcé dans mon sommeil ? Qui m'a déshabillée et mise au lit ? Qu'aura-t-on vu dans le stigmate sur ma peau ? Qu'est devenu Aurelius ? Qu'ai-je fait à Emmeline ? Plus que tout le reste, c'est le visage égaré de cette femme qui hante ma conscience quand je m'extrais peu à peu du sommeil.

À mon réveil, je ne sais ni le jour ni l'heure. Judith est là ; elle me voit remuer et approche un verre de mes lèvres. Je bois.

Avant que j'aie le temps d'ouvrir la bouche, le sommeil me submerge à nouveau.

La deuxième fois que je me réveille, Miss Winter est à mon chevet, un livre à la main. Son fauteuil est garni de coussins en velours comme d'habitude, mais les touffes de cheveux pâles qui encadrent son visage nu lui donnent l'allure d'un petit polisson qui, pour s'amuser, aurait grimpé sur le trône de la reine.

En m'entendant bouger, elle lève la tête de son livre.

« Le docteur Clifton est venu. Vous aviez une forte fièvre. »

Je ne dis rien.

« Nous ne savions pas que c'était votre anniversaire, poursuit-elle. Nous n'avons pas pu trouver une carte. Nous ne fêtons guère les anniversaires dans cette maison. Mais nous vous avons apporté des lauriers des bois. »

Dans le vase se dressent des branches sombres, dépourvues de feuilles mais semées de délicates fleurs violettes sur toute leur longueur. Elles emplissent l'air d'un parfum sucré et entêtant.

« Comment avez-vous su que c'était mon anniversaire ?

« — C'est vous-même qui nous l'avez dit. Dans votre sommeil. Quand allez-vous me raconter votre histoire à vous, Margaret ?

« — Moi ? Mais je n'ai pas d'histoire.

« — Bien sûr que si. Tout le monde en a une.

« — Pas moi. » Je secoue la tête. Je sens résonner en moi l'écho indistinct de mots que j'ai peut-être prononcés dans mon sommeil.

Miss Winter marque sa page à l'aide du ruban du livre, qu'elle referme.

« Tout le monde a une histoire. C'est comme la famille. On peut ne pas la connaître, l'avoir perdue, mais elle existe. Il se peut qu'on s'éloigne d'elle, qu'on lui tourne le dos, mais on ne peut pas dire qu'on n'a pas de famille. Même chose pour les histoires. Tout le monde en a une. Quand allez-vous vous décider à me raconter la vôtre ?

« — Je n'en ai pas l'intention. »

Elle penche la tête de côté et attend que je poursuive.

« Je n'ai jamais raconté mon histoire à personne. En admettant que j'en aie une. Et je ne vois aucune raison de commencer maintenant.

« — Je vois, dit-elle doucement, hochant la tête comme si effectivement elle comprenait. C'est votre affaire, bien sûr. (Elle retourne sa main sur ses genoux et regarde sa paume abîmée.) Vous êtes libre de ne rien dire si c'est ce que vous voulez. Mais le silence n'est pas l'environnement naturel des histoires. Elles ont besoin de mots. Sans eux, elles se fanent, s'étiolent et meurent. Et pour finir, elles vous hantent. (Ses yeux reviennent se poser sur moi.) Croyez-moi, Margaret. Je suis bien placée pour le savoir. »

Je dormais pendant de longues périodes d'affilée, et chaque fois que je me réveillais, il y avait, à côté de mon lit, un repas de malade préparé par Judith. Je touchais à peine à la nourriture. Lorsque Judith revenait pour emporter le plateau, elle avait du mal à masquer sa déception en voyant ce que j'avais laissé dans mon assiette, mais s'abstenait de tout commentaire. Je n'avais pas mal à proprement parler – pas de maux de tête, pas de frissons, ni de nausées –, à moins de qualifier de souffrance la profonde lassitude et les remords qui m'accablaient et l'esprit et le cœur. Qu'avais-je fait à Emmeline ? Et à Aurelius ? Quand je ne dormais pas, le souvenir de cette nuit ne cessait de me tourmenter, et cette culpabilité venait aussi hanter mon sommeil.

« Comment va Emmeline ? demandais-je à Judith. Est-ce qu'elle va bien ? »

Ses réponses étaient indirectes : pourquoi me faire du souci pour Miss Emmeline quand j'étais moi-même dans un si piètre état ? Cela faisait très longtemps que Miss Emmeline n'allait pas bien. Miss Emmeline n'était plus toute jeune.

Sa réticence me laissait entendre ce que je voulais savoir. Emmeline n'allait pas bien. C'était ma faute.

Quant à Aurelius, la seule chose que je pouvais faire, c'était lui écrire. Dès que j'en fus capable, je demandai à Judith de m'apporter papier et stylo, et, adossée à un oreiller, fis un brouillon. Peu satisfaite de ma tentative, j'en rédigeai un autre, puis un troisième. Jamais les mots ne m'avaient donné autant de mal. Quand mon couvre-lit fut recouvert de toutes mes versions rejetées et que je commençai à désespérer, j'en pris une au hasard et la mis au propre :

Cher Aurelius,

Comment allez-vous ?

Je suis vraiment désolée de ce qui est arrivé. Je n'avais pas l'intention de blesser qui que ce soit. J'étais folle, vous ne croyez pas ?

Quand puis-je vous voir ?

Sommes-nous encore amis ?

Margaret

Il faudrait bien que ces quelques mots fassent l'affaire.

Le docteur Clifton vint me voir. Il m'ausculta et me posa des tas de questions. « Insomnies ? Sommeil irrégulier ? Cauchemars ? »

Par trois fois, j'acquiesçai de la tête.

« C'est bien ce que je pensais. »

Il prit un thermomètre et me demanda de me le mettre sous la langue, avant de se lever et d'aller à la fenêtre. « Et que lisez-vous ? » me demanda-t-il, le dos tourné.

Avec le thermomètre dans la bouche, je pouvais difficilement répondre.

« *Les Hauts de Hurlevent*... vous avez lu ?

« — Hm-m....

« — Et *Jane Eyre* ?

« — Hm-m...

« — *Raison et sentiment* ?

« — Mm-m... »

Il se retourna et me regarda, l'air grave. « Et ces livres, je suppose que vous les avez lus plus d'une fois ? »

Je hochai la tête, et il fronça les sourcils.

« Lus et relus ? À de nombreuses reprises ? »

Nouveau hochement de tête. Et froncement de sourcils plus prononcé.

« Depuis l'enfance ? »

J'étais déconcertée par ses questions, mais le sérieux de son regard m'obligea à acquiescer une nouvelle fois.

Sous ses sourcils noirs, ses yeux s'étrécirent jusqu'à n'être plus que deux petites fentes. Le genre d'homme, me dis-je, capable d'effrayer ses patients au point de leur faire recouvrer la santé, histoire de se débarrasser de lui.

Puis il se pencha sur moi pour lire le thermomètre.

Vus de près, les gens ont l'air très différents. Un sourcil noir reste un sourcil noir, mais on en distingue chacun des poils, et la façon dont ils sont alignés. Les derniers sourcils, très fins, presque invisibles, partaient en direction de sa tempe, pointés vers la coquille d'escargot de son oreille. Le grain de sa peau était piqueté de poils de barbe très rapprochés. Et à nouveau, presque imperceptible, cette dilatation des narines, cette contraction nerveuse de la bouche. J'avais toujours pris cela pour une marque de sévérité, un indice du peu d'estime dans lequel il me tenait ; mais maintenant que je voyais ces détails de si près, il me sembla qu'ils n'étaient peut-être pas finalement signes de désapprobation. Se pouvait-il que le docteur Clifton soit secrètement en train de se moquer de moi ?

Il me retira le thermomètre de la bouche, croisa les bras, et rendit son diagnostic. « Vous souffrez du mal qui affecte généralement les femmes à l'imagination romanesque. Au nombre des symptômes, on peut citer les évanouissements, la fatigue, la perte d'appétit, la dépression. On serait tenté d'attribuer la crise à une sortie sous une pluie glacée sans protection imperméable adéquate, mais il est probable que, à un autre niveau, plus profond, c'est un choc émotionnel qui en est la cause. Toutefois, contrairement aux héroïnes de vos romans préférés, votre constitution n'a pas été affaiblie par les conditions de vie difficiles des siècles précédents. Pas de tuberculose, pas de polio dans l'enfance, pas d'environnement insalubre. Vous survivrez. »

Il me regarda droit dans les yeux, et je fus incapable de détourner les yeux quand il me dit : « Vous ne mangez pas assez.

« — Je n'ai pas faim.

« — *L'appétit vient en mangeant* », dit-il en français.

Je traduisis, et il me répondit : « Tout juste. Votre appétit reviendra. À condition que vous fassiez vous-même une partie du chemin. Il faut que vous le vouliez. »

Ce fut à mon tour de froncer les sourcils.

« Le traitement n'a rien de compliqué : mangez, reposez-vous et prenez ceci..., dit-il en écrivant trois lignes sur son bloc, avant d'arracher la page et de la poser sur ma table de chevet, et la fatigue et la sensation de faiblesse auront disparu en quelques jours. » Il se saisit de sa mallette, dans laquelle il rangea son stylo et son bloc. Puis, au moment de se lever pour partir, il hésita : « J'aimerais vous poser quelques questions à propos de ces rêves que vous faites, mais j'imagine que vous ne voudrez pas y répondre...

« — Vous imaginez bien, dis-je, en le regardant d'un œil froid.

« — Je m'en doutais », dit-il, l'air déconfit.

Arrivé à la porte, il me salua, et partit.

Je consultai l'ordonnance. D'une écriture vigoureuse, il avait inscrit : *Sir Arthur Conan Doyle,* Les Aventures de Sherlock Holmes. *Prendre dix pages, deux fois par jour, jusqu'à épuisement du stock.*

Jours de décembre

Obéissant aux instructions du docteur Clifton, je passai deux jours au lit, à manger, à dormir et à lire Sherlock Holmes. J'avoue avoir dépassé la dose prescrite, avalant sans discernement les histoires les unes après les autres. Avant la fin du deuxième jour, Judith était redescendue dans la bibliothèque me chercher un autre volume de Conan Doyle. Elle se montrait bienveillante à mon égard depuis mon malaise. Le changement n'était pas tant dû à la compassion qu'elle ressentait pour moi qu'au fait que la présence d'Emmeline n'était plus désormais un secret, et qu'elle était donc libre de laisser sa bonne nature présider à ses échanges avec moi, au lieu de s'observer sans arrêt pour ne rien révéler.

« Elle ne vous a donc jamais rien dit à propos du treizième conte ? me demanda-t-elle un jour, l'air songeur.

« — Non, rien. Et à vous ?

« — Non, à moi non plus, dit-elle, en secouant la tête. C'est étrange, vous ne trouvez pas, qu'après tout ce qu'elle a écrit l'histoire la plus célèbre puisse ne pas même exister ? Si on y réfléchit bien, elle pourrait sans doute publier un livre qui ne contiendrait *aucune* histoire, mais qui ne se vendrait pas moins comme des petits pains. » Puis, secouant à nouveau la tête comme pour s'éclaircir les idées et changeant de ton, elle demanda : « Alors, que pensez-vous du docteur Clifton ? »

Quand ce dernier passa me voir, son œil se posa sur les livres à mon chevet ; il ne dit rien, mais je vis ses narines frémir.

Le troisième jour, me sentant aussi fragile qu'un nouveau-né, je me levai. Quand je tirai les rideaux, ma chambre fut inondée d'une lumière fraîche et claire. Dehors, sous un ciel d'un bleu éclatant, le jardin étincelait de givre. Comme si, pendant ces longues journées de temps couvert, la lumière s'était accumulée derrière les nuages et que, une fois le ciel dégagé, il n'y avait plus rien maintenant pour l'empêcher de se déverser et, ce faisant, de nous gratifier en un seul jour de deux semaines de soleil. Éblouie, je clignai des yeux et sentis un frisson de vie recommencer à circuler lentement dans mes veines.

Avant le petit déjeuner, je sortis. À pas comptés et prudents, je fis le tour de la pelouse, Shadow sur mes talons. Le sol craquait sous mes pas, et partout le soleil miroitait sur le feuillage givré. L'herbe blanchie retenait l'empreinte de mes chaussures, mais à mes côtés Shadow, qui marchait comme un fantôme maniéré, n'y laissait aucune trace. Au début, l'air froid et sec m'attaqua la gorge comme une pointe de couteau, mais petit à petit il me ragaillardit, et l'euphorie me gagna. Néanmoins, je ne prolongeai pas ma promenade au-delà de quelques minutes ; les joues brûlantes, les doigts rosis de froid et les orteils douloureux, je fus heureuse de rentrer, et Shadow plus encore de m'emboîter le pas. D'abord le petit déjeuner, puis la banquette de la bibliothèque, un bon feu dans la cheminée, et quelque chose à lire.

Je pus juger de l'amélioration de mon état en constatant que mes pensées ne se tournaient pas vers les trésors de la bibliothèque de Miss Winter mais vers sa propre histoire. Je montai chercher ma pile de feuilles, négligée depuis mon malaise, et la rapportai au coin du feu, où, Shadow à mes côtés, je passai la plus grande partie de la journée à lire. Je lus et relus, redécouvrant toute l'histoire, me remettant en mémoire ses énigmes, ses mystères et ses secrets. Sans qu'aucune révélation se fasse jour. J'étais aussi perplexe à la fin qu'au début. Quelqu'un avait-il touché à l'échelle de John-the-Dig ? Et si oui, qui ? Qu'avait bien pu voir Hester quand elle avait cru discerner un fantôme ? Et, comble de l'incroyable, comment Adeline, cette enfant violente et incontrôlable, incapable de communiquer avec quiconque en dehors de son attardée de sœur et capable d'actes de destruction sauvages, comment cette fille avait-elle pu devenir Miss Winter, si maîtresse d'elle-même, auteur de dizaines de romans à succès, et créatrice, qui plus est, d'un jardin magnifique ?

J'écartai mes notes, caressai Shadow et restai à contempler le feu, rêvant au confort d'une histoire où tout serait planifié à l'avance, où la confusion régnant en son milieu n'aurait été inventée que pour mon plaisir, et où je pourrais mesurer la distance me séparant encore de la solution du mystère à l'épaisseur des pages à venir. Je n'avais pas idée du nombre de chapitres qu'il faudrait pour terminer l'histoire d'Emmeline et d'Adeline, si tant est que nous ayons le temps d'y mettre le point final.

J'avais beau être absorbée par mes notes, je ne pouvais m'empêcher de me demander pourquoi je n'avais pas encore vu Miss Winter de la journée. Chaque fois que je posais la question à Judith, elle me fournissait la même réponse : Elle est avec Miss Emmeline. Jusqu'à ce soir-là, où elle arriva avec un message de Miss Winter elle-même : me sentais-je suffisamment bien pour lui faire la lecture un moment avant le souper ?

Quand j'allai la retrouver, je vis un livre – *Le Secret de Lady Audley* – sur sa table de chevet. Je l'ouvris à la page du signet et commençai à lire. Au bout d'un chapitre, je m'arrêtai, sentant qu'elle voulait me parler.

« Qu'est-il vraiment arrivé cette nuit-là ? me demanda-t-elle. La nuit où vous êtes tombée malade ? »

En dépit d'une certaine nervosité, j'étais heureuse d'avoir enfin l'occasion de m'expliquer. « Je savais déjà qu'Emmeline se trouvait dans la maison. Je l'avais entendue la nuit à plusieurs reprises. Et vue dans le jardin. J'avais découvert ses appartements. Et puis, cette nuit-là, j'ai amené quelqu'un. Elle a eu peur. C'était bien la dernière chose que je voulais. Mais elle a été saisie quand elle nous a vus, et... » Ma gorge se noua, m'empêchant de poursuivre.

« Ce n'est pas votre faute, vous savez. Inutile de vous inquiéter. Les lamentations et les crises nerveuses... Judith, le médecin et moi, nous en avons l'habitude. La première coupable, c'est moi, pour ne pas vous avoir dit plus tôt qu'elle était ici. J'ai tendance à la surprotéger. C'était stupide de ma part de ne pas vous prévenir. (Une courte pause.) Avez-vous l'intention de me dire qui était la personne que vous avez amenée avec vous ?

« — Emmeline a eu un enfant, dis-je. C'est la personne qui est venue avec moi. L'homme au complet marron. » J'avais dit ce que je savais, et aussitôt les questions dont j'ignorais la réponse se pressèrent sur mes lèvres, dans l'espoir sans doute que ma propre franchise provoquerait une réaction semblable de sa part.

« Que cherchait Emmeline dans le jardin ? Elle essayait de déterrer quelque chose quand je l'ai vue. Elle le fait souvent ; Maurice dit que ce sont les renards, mais je sais que ce n'est pas vrai. »

Miss Winter restait silencieuse et parfaitement immobile.

« *Les morts disparaissent sous terre*, citai-je. Voilà ce qu'elle m'a dit. Qui, d'après elle, est enterré ? Son enfant ? Hester ? Qui cherche-t-elle ainsi sous la terre ? »

Miss Winter murmura quelque chose, et, bien que ce fût à peine audible, immédiatement resurgit en moi le souvenir des mots rauques que m'avait lancés Emmeline dans le jardin.

Exactement les mêmes sons ! « C'est bien cela ? demanda Miss Winter. C'est bien ce qu'elle a dit ? »

Je hochai la tête.

« Dans la langue des jumeaux ? »

J'acquiesçai à nouveau.

Miss Winter me regarda avec intérêt. « Vous vous débrouillez très bien, Margaret. Mieux que je n'aurais cru. Le problème, c'est que nous ne respectons pas le programme. Nous avons un temps d'avance. » Elle s'arrêta, s'absorba dans la contemplation de sa main, avant de me regarder à nouveau droit dans les yeux. « J'ai dit que j'avais l'intention de vous dire la vérité, Margaret. Et je le ferai. Mais avant, il faut qu'un certain événement se produise. Il ne va pas tarder. Mais il ne s'est pas encore produit.

— Et qu'est-ce que... ? »

Elle secoua la tête. « Revenons à Lady Audley et à son secret, voulez-vous ? »

Je lus encore pendant environ une demi-heure, mais je n'étais guère concentrée sur l'histoire, et j'avais l'impression que l'attention de Miss Winter s'égarait elle aussi. Quand Judith vint frapper à la porte à l'heure du souper, je refermai le livre et le posai à côté de moi, et comme si nous n'avions pas été interrompues, comme si nous ne faisions que poursuivre la discussion entamée un peu plus tôt, elle me dit : « Si vous n'êtes pas trop fatiguée, pourquoi ne viendriez-vous pas voir Emmeline ce soir ?

Deux sœurs

À l'heure dite, je me rendis dans les appartements d'Emmeline. C'était la première fois que j'y étais invitée, et ce qui me frappa d'abord, avant même que j'entre dans la chambre, ce fut la profondeur du silence. Je m'arrêtai sur le seuil – elles ne m'avaient pas encore aperçue – et compris que cette impression était due à leurs murmures. Inaudible ou presque, le frottement de la respiration sur les cordes vocales provoquait un léger frémissement dans l'air. Implosives adoucies, évanouies sitôt entendues, sifflantes assourdies que j'aurais pu prendre pour le bruit du sang battant à mes tempes. Chaque fois que je croyais le murmure terminé, un chuchotement étouffé venait frôler mes oreilles, comme un papillon se posant sur mes cheveux, puis s'envolait à nouveau.

Je me raclai la gorge.

« Margaret. » Miss Winter, dont le fauteuil roulant était placé juste à côté de sa sœur, me désigna du geste une chaise de l'autre côté du lit. « Comme c'est gentil à vous. »

Je regardai le visage d'Emmeline sur l'oreiller. Les traces rouges et blanches étaient les mêmes que celles que j'avais vues la première fois, traces de brûlures et de cicatrices ; elle n'avait rien perdu de ses rondeurs de femme bien nourrie ; ses cheveux étaient toujours le même fouillis de blanc. Son regard vide se promenait au plafond ; elle semblait insensible à ma présence. Qu'y avait-il donc de différent ? Car, indubitablement, elle n'était plus la même. Un changement était intervenu, qui sautait aux yeux, mais restait trop vague pour être défini. Elle n'avait en tout cas rien perdu de sa vigueur. Son bras, étendu au-dessus de la courtepointe, retenait la main de Miss Winter d'une poigne solide.

« Comment allez-vous, Emmeline ? demandai-je, un peu nerveuse.

« — Elle ne va pas bien », répondit Miss Winter.

Elle aussi avait changé ces derniers jours. Mais sa maladie s'accompagnait d'un processus d'extraction : plus elle l'amoindrissait, plus elle révélait son essence. Chaque fois que je la voyais, elle me semblait diminuée : plus mince, plus frêle, plus transparente, mais plus elle s'affaiblissait, et plus affleurait l'acier dans lequel elle était trempée.

La main qu'enfermait Emmeline dans son poing vigoureux n'en était pas moins faible et décharnée.

« Voulez-vous que je lise un peu ? demandai-je.

« — Avec plaisir. »

Je lus un chapitre. « Elle s'est endormie », murmura Miss Winter. Les yeux d'Emmeline étaient fermés ; sa respiration, profonde et régulière. Elle avait relâché la main de sa sœur, et Miss Winter s'appliquait à se frotter les doigts pour les désengourdir. Des bleus commençaient à se former sur la peau.

Voyant la direction de mon regard, elle enfouit ses mains sous son châle.

« Je suis désolée de cette interruption dans notre travail, dit-elle. J'ai déjà été obligée une fois de vous dire de partir quand Emmeline est tombée malade. Et voilà qu'il me faut à nouveau passer mon temps auprès d'elle et faire attendre notre affaire. Mais ce ne sera plus très long maintenant. Et puis voilà Noël qui arrive. Vous allez vouloir nous quitter pour aller retrouver votre famille. À votre retour, nous verrons où nous en sommes. Je pense... (elle hésita un instant)... que nous serons alors en mesure de reprendre notre besogne. »

Je ne compris pas tout de suite ce qu'elle voulait dire. Les mots étaient ambigus ; ce fut sa voix qui en éclaira le sens. Mes yeux revinrent sur le visage endormi d'Emmeline.

« Vous voulez dire que... ?

« — Ne vous laissez pas prendre à l'impression de force qu'elle dégage, dit Miss Winter après un soupir. Elle est malade depuis très longtemps. Pendant des années, j'ai cru que je vivrais suffisamment pour la voir partir avant moi. Puis, quand je suis moi-même tombée malade, j'ai commencé à douter. Et maintenant, il semblerait que nous soyons au coude à coude sur la dernière ligne droite. »

Voilà donc ce que nous attendions. L'événement sans lequel l'histoire ne pouvait se terminer.

Tout à coup, je sentis ma gorge se dessécher et mon cœur s'affoler comme celui d'un enfant.

Mourante. Emmeline était mourante.

« C'est ma faute ? demandai-je.

« — Votre faute ? Pourquoi diable serait-ce votre faute ? Ce qui s'est passé l'autre soir n'a rien à voir avec tout ça. »

Elle me lança un de ses regards pénétrants qui devinaient plus de choses que je n'étais prête à en révéler. « Pourquoi est-ce que cette histoire vous perturbe tant, Margaret ? Ma sœur est une étrangère pour vous. Et je ne pense pas que ce soit une quelconque compassion à mon endroit qui vous bouleverse à ce point, je me trompe ? Alors dites-moi, Margaret, qu'est-ce qui ne va pas ? »

Elle avait tort, en partie. Je ressentais bel et bien de la compassion pour elle. Car je croyais connaître l'épreuve qu'elle traversait. Elle s'apprêtait à venir me rejoindre dans les rangs des amputés. Les jumeaux privés de leur double ne sont plus que des moitiés. La ligne de partage entre la vie et la mort est étroite et sombre, et il n'y a personne pour l'approcher de plus près qu'un jumeau en deuil. Bien qu'elle fût souvent acerbe et contrariante, j'avais appris à apprécier Miss Winter. J'aimais tout particulièrement l'enfant qu'elle avait été, l'enfant qui maintenant réapparaissait de plus en plus souvent. Avec ses cheveux coupés très court, son visage sans maquillage, ses mains frêles dépouillées de leurs lourdes bagues, elle prenait de jour en jour une allure plus fragile. À mes yeux, c'était cette enfant qui était en train de perdre sa sœur, et c'était là que la douleur de Miss Winter rencontrait la mienne. Sa tragédie allait se jouer ici même, dans cette maison, dans les jours à venir, et elle était de nature identique à celle qui avait façonné ma vie, si ce n'est que, dans mon cas, la tragédie s'était produite à une époque qui précédait le souvenir.

J'observai le visage d'Emmeline sur l'oreiller. Elle approchait de la frontière qui me séparait déjà de ma sœur. Elle ne tarderait pas à la franchir et serait perdue pour nous, habitante désormais d'un autre monde. Je me sentis envahie du désir absurde de lui murmurer à l'oreille un message pour ma sœur, à elle qui allait peut-être la voir bientôt. Mais que lui dire ?

Je sentis le regard insistant de Miss Winter sur mon visage. Je me raisonnai.

« Combien de temps encore ? demandai-je.

« — C'est une affaire de jours. Une semaine, peut-être. Pas longtemps, en tout état de cause. »

Je veillai tard cette nuit-là aux côtés de Miss Winter. Et le lendemain, j'étais à nouveau au chevet d'Emmeline. Nous restions de longs moments assises à lire à voix haute ou en silence ; seul le docteur Clifton venait de temps à autre interrompre notre veille. Il semblait trouver naturelle ma présence en ces lieux, m'incluant dans le même sourire grave que celui qu'il adressait à Miss Winter, tandis qu'il parlait doucement du déclin d'Emmeline. Il lui arrivait parfois de rester une petite heure avec nous, partageant notre retraite, écoutant ce que je lisais. Des livres sortis de n'importe quel rayon, ouverts à n'importe quelle page, dans lesquels je commençais et je finissais n'importe où. *Les Hauts de Hurlevent* se télescopaient avec *Emma*, qui cédait la place aux *Diamants Eustace**, lesquels se fondaient dans *Les Temps difficiles***, qui à son tour battait en retraite devant *La Dame en blanc*. Ce n'étaient que des fragments, mais peu importait. L'art, dans sa forme accomplie, achevée, n'avait pas le pouvoir de consoler. Les mots à eux seuls, en revanche, étaient comme une bouée de sauvetage. Ils laissaient derrière eux leur murmure rythmé, qui venait contrebalancer le souffle lent et régulier d'Emmeline.

Puis la nuit tomba ; le lendemain était la veille de Noël, le jour de mon départ. D'une certaine manière, je n'avais pas envie de partir. Le silence de cette maison, les splendides occasions de solitude offertes par son jardin étaient pour l'heure tout ce que je souhaitais. La librairie et mon père semblaient tout petits et très loin, et ma mère – comme toujours – encore plus. Quant à Noël... Chez nous, cette période de fête suivait de trop près mon anniversaire pour que ma mère se sente capable de supporter la naissance de l'enfant d'une autre, même si l'événement datait de plusieurs siècles. Je pensai à mon père, en train d'ouvrir les cartes de vœux de leurs rares amis, disposant sur le manteau de la cheminée les Pères Noël inoffensifs, les paysages neigeux et leurs rouges-gorges, et mettant de côté les madones. Celles-là, il les retirait discrètement : images aux couleurs vives de la mère posant un regard d'adoration sur son nouveau-né, unique, intègre, parfait, qui lui rendait son regard, tous deux formant un cercle béni d'amour et de plénitude. Tous les ans, elles finissaient à la poubelle, jusqu'à la dernière.

Miss Winter, j'en étais sûre, ne verrait aucun inconvénient à ce que je reste. Elle serait peut-être même heureuse d'avoir de la compagnie dans les jours à venir. Mais je ne demandai rien. Je ne pouvais pas. J'avais été témoin du déclin d'Emmeline. À mesure qu'elle s'affaiblissait, la main qui me serrait le cœur se faisait plus implacable, et mon angoisse grandissante me disait que la fin

* *The Eustace Diamonds*, Anthony Trollope, (1871).
** *Hard Times*, Charles Dickens, (1854).

n'était pas loin. C'était lâche de ma part, mais quand Noël arriva, je saisis l'occasion de m'échapper.

Lorsque les dernières lueurs du jour se furent évanouies, je montai dans ma chambre faire mes bagages, puis retournai dans les appartements d'Emmeline pour prendre congé de Miss Winter. Les murmures des deux sœurs s'étaient envolés, la pénombre était plus dense, plus silencieuse qu'auparavant. Miss Winter avait un livre sur ses genoux, mais elle n'y voyait sans doute plus assez pour lire ; ses yeux, emplis de tristesse, étaient posés sur le visage de sa sœur. Dans son lit, Emmeline reposait, immobile, les couvertures se soulevant et s'abaissant doucement au rythme de son souffle. Les yeux fermés, elle semblait dormir d'un sommeil profond.

« Margaret », chuchota Miss Winter en m'indiquant un siège. Elle semblait heureuse que je sois venue. Ensemble, nous écoutâmes le flux et le reflux de la respiration d'Emmeline, son rythme fluide et régulier, apaisant comme le bruit des vagues sur le rivage.

Miss Winter ne disait rien, et je ne parlais pas davantage, occupée que j'étais à composer dans ma tête des messages impossibles que je pourrais faire parvenir à ma sœur par l'intermédiaire de cette voyageuse en partance pour l'autre monde. À chaque expiration, la chambre semblait s'emplir d'un chagrin plus profond et plus durable.

Contre la fenêtre, la silhouette sombre de Miss Winter remua.

« Il faut que je vous donne ceci », dit-elle, et un mouvement dans l'obscurité me fit savoir qu'elle me tendait quelque chose par-dessus le lit.

Mes doigts se refermèrent sur un objet rectangulaire recouvert de cuir et doté d'une serrure en métal. Une sorte de livre.

« Il vient de la boîte aux trésors d'Emmeline. Elle n'en aura plus besoin désormais. Allez, partez. Lisez-le. À votre retour, nous en parlerons. »

Le livre à la main, je traversai la pièce, tâtonnant au passage pour trouver mon chemin entre les meubles. Derrière moi, le flux et le reflux du souffle d'Emmeline persistait.

Un journal et un train

Le journal d'Hester était très abîmé. La clé manquait, et le fermoir était tellement rouillé qu'il laissait des marques orange sur les doigts. Les trois premières pages étaient prises ensemble par la colle de la couverture intérieure qui avait coulé. Au bas de chaque page, le dernier mot se diluait en une tache brunâtre, donnant l'impression que le journal avait été exposé à la fois à la saleté et à l'humidité. Quelques feuillets avaient été arrachés ; le long des bords dentelés subsistaient des colonnes de fragments intriguants : *abn, cr, ta, est*. Le journal semblait même à un moment ou un autre avoir séjourné dans l'eau. Les pages gondolaient ; quand il était fermé, il gonflait et prenait une épaisseur qu'il n'avait pas à l'origine.

C'était cette immersion qui allait me causer le plus de problèmes. On voyait au premier coup d'œil qu'il s'agissait d'un manuscrit. Non pas d'une quelconque écriture, mais de celle d'Hester. On reconnaissait ses hampes montantes décidées, ses boucles fluides et bien équilibrées, de même que ses caractères à l'inclinaison agréable et ses espaces économes mais néanmoins fonctionnels. À y regarder de plus près, pourtant, les mots étaient flous et passés. Telle barre était-elle un *l* ou un *t* ? Telle courbe un *a* ou un *e* ? Voire un *s* ? Et ce mot, quel était-il ?

Le texte se présentait comme une véritable énigme. Je fis par la suite une transcription du journal, mais, ce jour-là, en cette veille de fête, le train était trop bondé pour permettre l'usage d'un papier et d'un crayon. Je me tassai sur mon siège, côté fenêtre, le journal juste sous le nez, et m'absorbai dans mon travail de déchiffrage. Au début, je ne reconnus qu'un mot sur trois, puis, quand je fus capable de suivre le cours de la pensée de l'auteur, les mots vinrent peu à peu à ma rencontre, récompensant mes efforts de révélations généreuses, jusqu'à ce qu'enfin je puisse tourner les pages à une vitesse proche de celle d'une lecture normale. C'est dans ce train, à la veille de Noël, qu'Hester prit vraiment corps à mes yeux.

Je ne mettrai pas la patience de mon lecteur à l'épreuve en reproduisant le journal d'Hester tel que je l'ai découvert : fragmentaire et haché. Fidèle à l'esprit de son auteur, j'ai corrigé, nettoyé, évacué le chaos, mis de l'ordre. J'ai substitué les certitudes aux doutes, la clarté aux zones d'ombre, comblé les lacunes. Ce faisant, il se peut que j'aie introduit dans ses pages des mots qu'elle n'y avait pas mis, mais je peux garantir que si j'ai commis des erreurs, elles ne portent que sur des points de détail ; pour tous les passages importants, je me suis concentrée au maximum et j'ai examiné les choses jusqu'à être aussi sûre qu'il est possible du sens original.

Je ne transcris pas ici la totalité du journal, mais simplement une sélection revue et corrigée de quelques passages. J'ai été guidée dans mon choix par deux critères : pertinence vis-à-vis de mon sujet, qui reste l'histoire de Miss Winter, et désir de donner une impression exacte de la vie d'Hester à Angelfield.

*

Vu de loin, le manoir d'Angelfield fait plutôt bonne impression, même s'il est mal orienté et si les fenêtres ne sont pas convenablement distribuées, mais dès qu'on s'approche on s'aperçoit aussitôt de l'état de délabrement dans lequel il est tombé. La maçonnerie est par endroits dangereusement abîmée. Les encadrements de fenêtre sont pourris. Et il m'a bien semblé que certaines parties de la toiture avaient subi de sérieux dégâts. Un de mes premiers devoirs sera de vérifier l'état des plafonds dans les greniers.

Mrs Dunne m'a accueillie à la porte. En dépit de ses efforts pour le cacher, j'ai compris qu'elle avait des problèmes de vue et d'audition. Ce qui, étant donné son grand âge, n'a rien de surprenant. C'est aussi ce qui explique l'état de saleté indescriptible de la maison – mais je suppose que les Angelfield ne veulent pas la jeter dehors après une vie passée à leur service. On ne peut qu'approuver pareille loyauté, même si je ne vois pas ce qui les empêche de lui adjoindre une aide plus jeune et plus forte.

Mrs Dunne m'a renseignée sur les occupants de la maison. La famille vit ici depuis des années avec un personnel des plus réduits, mais cela fait partie maintenant des habitudes. Je n'ai pas encore pu tirer au clair la raison de cet état de choses, mais ce que je sais, c'est qu'en dehors des membres de la famille, il n'y a que cette Mrs Dunne et un jardinier appelé John Digence. Il y a des cerfs (encore que l'on ne chasse plus), mais l'homme qui s'occupe d'eux ne vient jamais jusqu'ici ; il suit les instructions de l'avoué qui m'a engagée et qui agit comme une sorte de régisseur du domaine – si tant est qu'il régisse quoi que ce soit. C'est Mrs Dunne elle-même qui s'occupe des finances de la maison. Je pensais que Charles Angelfield vérifiait les livres de comptes et les factures toutes les semaines, mais cette seule idée a fait rire Mrs Dunne, qui m'a demandé si je la croyais vraiment capable, avec les yeux qu'elle avait, d'aligner des colonnes de chiffres dans un registre. Je ne peux m'empêcher de trouver pareille démarche peu orthodoxe. Non pas que je la croie indigne de confiance. D'après ce que j'ai pu voir, elle a l'air d'une femme honnête et généreuse, et j'espère qu'en la connaissant mieux je pourrai mettre sa réticence entièrement au compte de sa surdité. Je me suis promis de démontrer à Mr Angelfield les avantages d'une comptabilité bien tenue, pensant par la même occasion que je pourrais me proposer pour ce travail si lui-même était trop occupé pour s'en charger.

Tout en réfléchissant à cette affaire, j'ai commencé à me dire que l'heure était venue pour moi de rencontrer mon employeur, mais quelle ne fut pas ma surprise quand Mrs Dunne m'a appris qu'il passe toutes ses journées dans l'ancienne nursery et qu'il n'a pas pour habitude d'en sortir. Après de nombreuses questions, j'ai fini par comprendre qu'il souffre d'une sorte de désordre mental. Quel malheur ! Y a-t-il spectacle plus affligeant que celui d'un cerveau dont les fonctions sont perturbées ?

Mrs Dunne m'a offert du thé (que j'ai fait semblant de boire par politesse, mais que je me suis empressée de jeter dans l'évier, n'ayant aucune confiance dans la propreté de la tasse, étant donné l'état de la cuisine) et m'a un peu parlé d'elle. Elle a plus de quatre-vingts ans, n'a jamais été mariée et a vécu toute sa vie ici. Nous en sommes venues ensuite tout naturellement à parler de la famille. Elle a connu la mère des jumelles quand celle-ci était enfant, puis jeune femme. Elle m'a confirmé ce que j'avais cru comprendre, à savoir que c'est le départ récent de la mère pour un asile qui a précipité mon recrutement. Elle m'a fait un récit si compliqué des événements qui ont entraîné l'enfermement de la jeune femme que je n'ai pas vraiment compris si elle avait ou non agressé la femme du médecin avec un violon. Peu importe, d'ailleurs : il y a manifestement des antécédents de troubles mentaux dans la famille, et, je l'avoue, mon cœur s'est mis à battre un peu plus vite quand je me suis vu confirmer la chose. Quelle satisfaction une gouvernante peut-elle tirer d'avoir à diriger des esprits qui fonctionnent normalement et sans problèmes ? Quel stimulant trouvera-t-elle à maintenir l'ordre dans une pensée déjà rigoureuse et méthodique ? Non seulement je suis prête pour ce nouvel emploi, mais j'y aspire depuis des années. Ici, je vais enfin pouvoir tester la valeur de mes méthodes !

J'ai voulu me renseigner sur la famille du père – car bien que Mr March soit décédé et que les enfants ne l'aient jamais connu, son sang coule dans leurs veines et influe forcément sur leur nature. Mais Mrs Dunne n'a pas pu me dire grand-chose. En revanche, elle s'est lancée dans une série d'anecdotes au sujet de la mère et de l'oncle, qui, si je dois lire entre les lignes (comme elle voulait manifestement que je le fasse), avaient un parfum de scandale... Bien sûr ce qu'elle laisse entendre est fort peu probable, du moins en Angleterre, et je la soupçonnerais volontiers d'affabulation. L'imagination est une belle chose, et bon nombre de découvertes scientifiques n'auraient pu se faire sans elle, mais, pour être constructive, elle a besoin de s'attacher à quelque objet sérieux. Abandonnée à son sort, elle tend à mener à la bêtise. C'est peut-être son grand âge qui fait divaguer Mrs Dunne, car elle semble pleine de bonté par ailleurs, pas du tout le genre de personne à affabuler et commérer pour le plaisir. Quoi qu'il en soit, j'ai immédiatement banni le sujet de mes pensées.

Tandis que j'écris ces lignes, j'entends du bruit devant ma porte. Les filles sont sorties de leur cachette et parcourent la maison. Ce n'était pas leur accorder une grande faveur que de les laisser libres d'agir à leur guise. Elles tireront le plus grand profit du régime d'ordre, d'hygiène et de discipline que j'ai l'intention d'instaurer dans cette maison. Je n'irai pas à leur rencontre. Elles s'attendent sans aucun doute à ce que je le fasse, et rien ne servira mieux mon dessein à ce stade que de tromper leur attente.

Mrs Dunne m'a fait visiter les pièces du rez-de-chaussée. La crasse a tout envahi, les surfaces planes sont couvertes d'une épaisse couche de poussière, et les rideaux sont en lambeaux, bien qu'elle ne le remarque pas et les imagine tels qu'ils étaient il y a des années, à l'époque du grand-père des jumelles, quand la maison disposait d'un personnel au grand complet. Il y a un piano, irrécupérable, j'en ai peur, mais je vais voir ce que je peux faire, et une bibliothèque qui se révélera peut-être un trésor de savoir une fois dépoussiérée.

Les autres étages, je les ai explorés seule, ne voulant pas infliger trop d'escaliers à Mrs Dunne. Au premier, j'ai entendu des bruits de pas sur le plancher, des chuchotements et des fous rires étouffés. J'avais enfin trouvé les enfants confiées à mes soins. Elles avaient verrouillé la porte, et se sont tues quand j'ai essayé de manœuvrer la poignée. Je les ai appelées une fois, puis les ai laissées à elles-mêmes avant de monter au deuxième. C'est une règle essentielle chez moi que de ne pas courir après mes élèves ; ils doivent apprendre à venir à moi.

Les pièces du deuxième étage sont à faire peur. Sales, mais je m'y attendais. La pluie s'est infiltrée à travers la toiture (ce qui ne m'a pas surprise), et des champignons poussent par endroits dans les planchers. Voilà un environnement bien insalubre pour élever des enfants. Ici et là, il manque des lames au parquet, comme si on les avait délibérément enlevées. Il va falloir que je voie Mr Angelfield à ce sujet. Je lui ferai valoir que quelqu'un pourrait faire une mauvaise chute et tomber à l'étage en dessous, ou pour le moins se tordre une cheville. Tous les gonds ont besoin d'être huilés, et tous les cadres de porte sont voilés. Partout où je suis allée, j'ai été accompagnée par les grincements des battants sur leurs gonds, les craquements des planchers et les courants d'air qui agitaient les rideaux, encore qu'il soit impossible de déterminer d'où ils viennent.

Je suis revenue à la cuisine dès que j'ai pu. Mrs Dunne préparait le repas du soir, mais je ne me suis pas sentie la force d'absorber une nourriture cuite dans des casseroles aussi peu ragoûtantes que celles que j'avais vues. Je me suis donc attelée à une énorme vaisselle (après avoir récuré l'évier comme il ne l'avait sans doute jamais été depuis une dizaine d'années), tout en surveillant de près le travail de la cuisinière. Elle fait son possible.

Les filles ne sont pas descendues manger. Je les ai appelées une fois, pas davantage. Mrs Dunne aurait voulu que j'insiste et que j'essaie de les persuader, mais je lui ai dit que j'avais mes méthodes, et qu'il fallait qu'elle me seconde.

Le docteur Maudsley est venu dîner. Comme on me l'avait laissé entendre, le chef de famille ne s'est pas montré. J'aurais pensé que l'invité s'en formaliserait, mais il a semblé trouver cette attitude parfaitement normale. Nous avons donc dîné en tête à tête, Mrs Dunne faisant de son mieux pour assurer le service, mais bien heureuse d'être aidée par mes soins.

Le docteur est un homme intelligent et cultivé. Il est animé du désir sincère de voir les jumelles faire des progrès, et a été le principal artisan de ma venue à Angelfield. Il m'a expliqué dans le détail les difficultés auxquelles je risque de me trouver confrontée, et je l'ai écouté avec toute la politesse dont j'étais capable. N'importe quelle gouvernante, après quelques heures passées dans cette maison, se serait fait une idée précise et complète de la tâche qui l'attend, mais c'est un homme, et, en tant que tel, il est incapable de se rendre compte à quel point il est fastidieux de se voir minutieusement expliquer ce que l'on a déjà parfaitement compris. Ma fébrilité et le ton un peu coupant de quelques-unes de mes réponses lui ont totalement échappé, et je crains que son pouvoir d'observation ne soit pas à la hauteur de son énergie et de sa compétence professionnelle. Je n'entends pas lui reprocher de penser que tous ceux qu'ils rencontrent sont moins capables que lui. Car c'est un homme astucieux, et c'est vrai qu'il n'a pas ici un environnement à sa mesure. Il a adopté une attitude effacée et modeste, que je connais bien et qui ne m'abuse pas, dans la mesure où c'est aussi la mienne. Quoi qu'il en soit, je vais avoir besoin de son soutien pour mener à bien le projet que j'ai conçu, et je travaillerai à me faire de lui un allié en dépit de ses imperfections.

J'entends un remue-ménage au rez-de-chaussée. Les filles ont dû découvrir le cadenas sur la porte du garde-manger. Elles vont être furieuses et se sentiront frustrées, mais je ne vois pas d'autre moyen de leur inculquer la discipline des heures de repas. Et sans repas à heures fixes, comment restaurer l'ordre ?

Demain, je vais commencer par nettoyer cette chambre. J'ai essuyé les surfaces planes ce soir avec un chiffon humide, et j'ai été tentée de m'attaquer au sol, mais je me suis ravisée. Il aurait fallu que je recommence demain après avoir brossé les murs et descendu les rideaux raides de crasse. Je dormirai donc ce soir dans la saleté, mais demain ce sera dans une chambre toute propre. Voilà un bon début. Car j'ai bien l'intention de ramener ordre et discipline dans cette maison, et, si je veux réussir dans mon entreprise, il faut d'abord que je me fasse une chambre impeccable pour pouvoir y réfléchir à mon aise. Sans hygiène et sans ordre, impossible de penser correctement et de faire des progrès.

J'entends les jumelles pleurer dans le hall. Il est temps pour moi de rencontrer mes ouailles.

*

J'ai été tellement occupée à réorganiser la maison ces dernières semaines que je n'ai guère eu de temps à consacrer à mon journal, il faut pourtant que je le trouve, le temps, car c'est essentiellement en écrivant que je peux faire le point sur mes méthodes et en garder la trace.

J'ai bien avancé avec Emmeline, et ce que je vois chez elle correspond au modèle de comportement que j'ai pu observer chez d'autres enfants difficiles. À mon sens, elle n'est pas aussi perturbée qu'on veut bien le dire, et finira, sous mon influence, par devenir une enfant agréable. Elle est robuste et affectueuse, en est venue à apprécier les bienfaits de l'hygiène, mange avec appétit, et finit par obéir pour peu qu'on la persuade gentiment et qu'on lui fasse miroiter une petite gâterie. Elle ne tardera pas à comprendre que la gentillesse trouve sa récompense dans l'estime qu'elle suscite naturellement chez autrui, et je serai alors en mesure de réduire les faveurs. Elle ne sera jamais intelligente, mais je connais les limites de mes méthodes. Quels que soient mes talents, je ne peux développer que ce qui existe au départ.

Je suis donc satisfaite de mon travail sur Emmeline.

Sa sœur présente un cas autrement difficile. Je connais la violence, je l'ai déjà vue à l'œuvre, et je suis moins choquée que ne le pense vraisemblablement Adeline par son instinct de destruction. Une chose me frappe cependant : chez d'autres enfants, cet instinct n'est en général qu'un effet secondaire de la colère, mais pas le mobile premier. L'acte violent, tel qu'il m'a été donné de l'observer chez certains jeunes sujets, est le plus souvent motivé par un trop-plein de fureur et ce n'est qu'incidemment que ce déchaînement affecte les personnes ou les biens. Le cas d'Adeline ne correspond pas à ce schéma. J'ai été moi-même témoin de certains incidents, et on m'en a rapporté d'autres, dans lesquels la destruction semble être l'unique motivation d'Adeline, et il faut qu'elle s'ingénie à faire naître sa rage et à l'attiser de manière à générer l'énergie nécessaire à la destruction. Car c'est une petite créature sans grande résistance, qui n'a que la peau sur les os et se nourrit de trois fois rien. Mrs Dunne m'a raconté l'épisode qui avait vu un jour Adeline saccager des ifs dans le jardin topiaire. Quel dommage ! Le jardin était manifestement une merveille. On pourrait le remettre en état, mais John n'a plus le cœur à l'ouvrage, et ce n'est pas seulement le topiaire mais le parc tout entier qui souffre de cette désaffection. Je trouverai le temps et le moyen de lui faire recouvrer sa fierté. Lui redonner le plaisir du travail et rendre au parc sa beauté, voilà qui ne manquerait pas d'améliorer grandement l'apparence et l'atmosphère de la maison.

À propos de John et du parc, cela me fait penser qu'il faut absolument que je lui parle du gamin. En arpentant la salle d'étude cet après-midi, je me suis trouvée à un moment près de la fenêtre. Il pleuvait, et je voulais la fermer de manière à ne pas laisser pénétrer davantage l'humidité ; l'appui à l'intérieur s'effrite déjà. Si je n'avais pas été aussi près de la fenêtre, le nez pratiquement collé à la vitre, je ne l'aurais sans doute pas vu. Mais il était bel et bien là : un gamin, accroupi dans le parterre de fleurs, en train de désherber. Il portait un pantalon d'homme, coupé à la cheville et retenu par une paire de bretelles. Un chapeau à large bord laissait son visage dans l'ombre, et je n'ai pas été capable de déterminer précisément son âge – je dirais entre onze et douze ans. Je sais qu'à la campagne il est courant pour les enfants de travailler au jardin, même si je vois qu'il s'agit le plus souvent de travaux de la ferme, et je suis convaincue des avantages d'un apprentissage précoce, mais je n'aime pas voir un enfant, quel qu'il soit, ailleurs qu'en classe alors qu'il est censé y être. Il faut que je parle de cette affaire à John et que je lui fasse comprendre que le gamin ne doit pas s'absenter de l'école.

Mais pour revenir à mon sujet : concernant la méchanceté et les violences d'Adeline à l'égard de sa sœur, j'ai déjà vu des cas semblables, ce qui surprendrait sans doute Adeline si elle le savait. Jalousie et colère sont monnaie courante entre frères et sœurs, mais chez les jumeaux les rivalités sont fréquemment exacerbées. Le temps aidant, je parviendrai à canaliser cette agressivité, mais en attendant je dois faire preuve d'une vigilance constante pour empêcher Adeline de blesser sa sœur, ce qui a pour conséquence fâcheuse de ralentir les avancées sur les autres fronts. Pourquoi Emmeline se laisse-t-elle rouer de coups, arracher les cheveux, pourchasser par une Adeline qui brandit les pinces de la cheminée refermées sur des charbons brûlants ? Pareille attitude pour l'instant me dépasse. Elle fait deux fois la taille de sa sœur et pourrait se défendre avec autrement plus de vigueur. Peut-être ne veut-elle pas risquer de faire mal à Adeline ; c'est une âme affectueuse

*

Dans les jours qui ont suivi mon arrivée, j'ai vu en Adeline une enfant qui n'arriverait peut-être jamais à vivre une vie aussi autonome et normale que celle de sa sœur, mais qu'on pourrait amener à un certain point d'équilibre, de stabilité, et dont la violence pourrait être endiguée par l'imposition d'un emploi du temps strict. Je ne me flattais pas de pouvoir un jour la ramener à la raison. Avec elle, la tâche serait plus ardue qu'avec sa sœur, et j'en attendais moins de reconnaissance, car le résultat apparaîtrait moindre aux yeux du monde.

Mais les signes chez Adeline d'une intelligence obscure et voilée m'ont amenée à corriger cette première impression. Ce matin, elle est arrivée dans la salle d'étude en traînant les pieds, mais sans les marques les plus évidentes de mauvaise volonté dont elle est capable, et, une fois assise, a posé sa tête sur son bras comme je l'ai vue faire à maintes reprises déjà. J'ai commencé la leçon, qui se bornait pour moi à raconter une histoire, une adaptation que j'avais faite pour l'occasion des premiers chapitres de Jane Eyre, *roman grandement apprécié des jeunes filles. Je me concentrais sur Emmeline, l'encourageant à suivre le récit en l'animant autant que possible. Je donnais une voix à l'héroïne, une autre à la tante, une autre encore à la cousine, et accompagnais le tout de gestes et d'expressions propres à illustrer les émotions des personnages. Emmeline ne me lâchait pas des yeux, et j'étais contente de l'effet produit.*

Du coin de l'œil, j'ai surpris un mouvement. Adeline avait tourné la tête dans ma direction. Elle avait beau avoir toujours la tête posée sur son bras et les yeux fermés, j'avais l'impression très nette qu'elle m'écoutait. Même si le changement de position pouvait paraître insignifiant, c'était toute sa façon de se tenir qui avait changé. Alors que d'ordinaire elle somnole affalée sur son bureau, dans un état d'inconscience quasi animale, aujourd'hui son corps semblait être sur le qui-vive : ce port des épaules, cette contraction des muscles. Comme si elle se tendait vers l'histoire – tout en s'efforçant de donner l'impression d'une apathie totale.

Je ne voulais pas qu'elle s'aperçoive de quoi que ce soit, et je continuai donc à faire comme si Emmeline était mon seul auditoire, lui réservant l'animation de mon visage et de ma voix. Mais, tout du long, je gardai un œil sur Adeline. Elle ne faisait pas qu'écouter. Je surpris un frémissement de ses paupières. J'avais cru qu'elle avait les yeux fermés, mais pas du tout : entre ses cils, elle m'observait !

C'est là une évolution des plus intéressante, et je pressens qu'elle constituera la pierre angulaire de mon travail.

*

Il s'est alors produit la chose la plus inattendue. Le visage du docteur a changé. Je dis bien « a changé », là, sous mes yeux. Ce fut un de ces moments où un visage vous paraît soudain revêtir un nouvel aspect, où les traits, parfaitement reconnaissables jusqu'alors, subissent une sorte de métamorphose et se présentent sous un tout autre jour. J'ai cherché à savoir quelle bizarrerie de l'esprit humain peut amener le visage de ceux que nous connaissons à se modifier et à s'animer ainsi. Ayant écarté les effets d'optique, les phénomènes liés aux variations de la lumière et ce genre de choses, je suis arrivée à la conclusion que l'explication est à trouver dans la psychologie de l'observateur. Bref, l'agitation soudaine des traits de son visage à ce moment-là et leur recomposition ont fait que je suis restée une bonne minute à le dévisager, ce qui a dû lui sembler pour le moins étrange. Quand ses traits ont cessé leur gigue, il y avait quelque chose de bizarre dans son expression, quelque chose que je n'ai pas su, et ne sais toujours pas, interpréter. J'ai horreur de ce que je ne comprends pas.

Nous sommes restés quelques secondes à nous regarder, aussi mal à l'aise l'un que l'autre, puis il est parti, assez précipitamment.

*

Je voudrais bien que Mrs Dunne ne change pas constamment mes livres de place. Combien de fois faudra-t-il que je lui dise qu'un livre n'est pas fini tant qu'il ne l'est pas ? Et si elle tient absolument à le déplacer, pourquoi ne pas le remettre dans la bibliothèque, là d'où il vient ? Pourquoi le laisser sur les marches de l'escalier ?

*

J'ai eu aujourd'hui une curieuse conversation avec John, le jardinier.

C'est un bon ouvrier, plus gai maintenant que son jardin topiaire reprend forme, et il donne volontiers un coup de main dans la maison. Il boit son thé tout en bavardant dans la cuisine avec Mrs Dunne ; il m'arrive de les surprendre en train de parler à voix basse, ce qui me donne à penser qu'elle n'est pas aussi sourde qu'elle veut bien le faire croire. N'était son grand âge, j'imaginerais volontiers une liaison entre eux, mais comme c'est hors de question, j'ai du mal à m'expliquer leurs secrets. J'en ai fait la remarque à Mrs Dunne, un peu à contrecœur, car elle et moi nous entendons plutôt bien sur l'essentiel, et je crois qu'elle approuve ma présence ici (non que sa désapprobation changerait grand-chose), et elle m'a dit que leurs conversations ne portaient que sur des questions domestiques, poulets à tuer, pommes de terre à ramasser, ce genre de choses. « En ce cas, pourquoi parler si bas ? », ai-je insisté, et elle m'a répondu qu'ils ne parlaient pas spécialement bas. « Mais vous ne m'entendez pas, moi, quand je parle à voix basse », ai-je repris, sur quoi elle a argué du fait que les nouvelles voix étaient plus difficiles à comprendre que celles auxquelles on est habitué, et que si elle comprend John quand il parle bas, c'est parce qu'elle connaît sa voix depuis des années, alors qu'elle ne connaît la mienne que depuis quelques mois.

J'avais complètement oublié les messes basses de la cuisine, jusqu'à cette nouvelle bizarrerie de John. Il y a deux ou trois jours, je faisais quelques pas dans le jardin avant le déjeuner quand j'ai revu le garçon que j'avais observé en train de désherber le parterre de fleurs sous la fenêtre de la salle d'étude. Un coup d'œil à ma montre m'a confirmé qu'une fois encore, il aurait dû être en classe. Il ne me voyait pas, car j'étais cachée par les arbres. Je l'ai observé un moment : cette fois-ci, il ne travaillait pas, mais était étalé de tout son long sur la pelouse, absorbé dans la contemplation de quelque chose, le nez sur l'herbe. Il portait le même chapeau à large bord que la première fois. Je me suis avancée vers lui dans l'intention de lui demander son nom et de le sermonner sur l'importance de l'instruction, mais quand il m'a vue il a bondi sur ses pieds et, tenant d'une main son chapeau enfoncé sur la tête, a détalé à une vitesse fulgurante. Sa fuite en dit long sur sa culpabilité. Il savait parfaitement qu'il aurait dû être en classe à cette heure-là. Il m'a semblé, tandis qu'il prenait la fuite, qu'il avait un livre dans la main.

Je suis allée trouver John et lui ai fait connaître ma pensée . il n'est pas question d'autoriser un enfant à travailler pour lui pendant les heures de classe, pas question de perturber son éducation pour les quelques sous qu'il pourrait gagner ; et si les parents ne veulent pas entendre raison, j'irai les trouver moi-même. J'ai ajouté que s'il avait vraiment besoin d'aide dans le parc, je consulterais là-dessus Mr Angelfield et que nous recruterions quelqu'un. J'ai déjà proposé de prendre du personnel en plus, autant pour le jardin que pour la maison, mais John et Mrs Dunne se sont montrés tellement hostiles à cette idée que j'ai jugé préférable d'attendre d'être davantage familiarisée avec les affaires domestiques.

John s'est contenté de secouer la tête et de nier avoir jamais vu le gamin. Quand je lui ai répété que moi, je l'avais vu, de mes propres yeux, il m'a dit que ce devait être un gamin du village qui errait dans le coin et était entré par hasard, que ce genre de chose arrivait parfois, qu'il n'était pas responsable de tous les enfants qui faisaient l'école buissonnière dans le parc. Je lui ai asséné ensuite que j'avais vu le garçon une première fois, le jour de mon arrivée, et qu'alors il était de toute évidence en train de travailler. Il n'a pas bronché et s'est contenté de répéter qu'il ignorait tout de lui, que quiconque en avait envie pouvait fort bien venir désherber son jardin, que ce gamin n'existait pas.

Je lui ai alors dit, avec une pointe de colère que je ne regrette pas, que j'étais bien décidée à en parler à la maîtresse d'école, et que j'irais voir directement les parents, afin de régler l'affaire. Il s'est contenté d'un geste vague de la main, comme pour signifier qu'il n'avait rien à voir dans cette histoire et que je n'avais qu'à faire comme je l'entendais (j'en ai bien l'intention). Je suis sûre qu'il connaît l'identité du gamin, et je suis scandalisée qu'il ait pu refuser de m'aider à remplir mon devoir à l'égard de ce dernier. Il n'est pas dans son tempérament d'être aussi peu coopératif, mais en l'occurrence je suppose que lui-même a commencé son apprentissage à un très jeune âge et a toujours pensé que ça ne lui avait causé aucun tort. De telles attitudes ont la vie dure à la campagne.

*

J'étais complètement absorbée par le journal. Le texte était difficile ; je devais le lire lentement, déchiffrer les énigmes, faire appel à mon expérience, mes connaissances et mon imagination pour donner corps aux mots fantômes, et pourtant ces obstacles ne me semblaient pas entraver ma progression. Bien au contraire, les marges effacées, les mots flous ou illisibles paraissaient regorger de sens, étonnamment vivants.

Tandis que j'étais ainsi accaparée par ma lecture, dans une tout autre partie de mon esprit une décision prenait forme. Quand le train s'arrêta à la gare où je devais attraper ma correspondance, je constatai qu'elle était bel et bien prise. Je ne rentrais pas à la maison. Je retournais à Angelfield.

Le train local qui me ramenait à Banbury était trop bondé pour que je puisse m'asseoir, et je ne lis jamais debout. À chaque cahot du train, à chaque bousculade, je sentais l'angle du journal d'Hester s'enfoncer dans ma poitrine. Je n'en avais lu que la moitié. Le reste pouvait attendre.

Que t'est-il arrivé, Hester ? me demandais-je. Où diable es-tu passée ?

Détruire le passé

Je vis par la fenêtre que sa cuisine était vide, et quand je fis le tour pour revenir sur le devant et frapper à la porte d'entrée, je n'obtins pas de réponse.

Se pouvait-il qu'il soit parti ? C'était une époque de l'année où beaucoup de gens s'absentaient. Mais en principe ils allaient dans leur famille, et, dans la mesure où Aurelius n'en avait pas, il aurait dû être ici. Ce n'est qu'au bout d'un moment que la raison de son absence m'apparut : il devait être en train de livrer ses gâteaux pour la soirée de Noël. Que pouvait faire d'autre un fournisseur pour noces et banquets un jour comme celui-ci ? Il me faudrait revenir. Je glissai dans la boîte aux lettres la carte que je venais d'acheter, et me mis en route à travers les bois pour gagner Angelfield.

Il faisait froid, suffisamment pour qu'il neige. Sous mes pieds, le sol était durci par le gel, et, au-dessus de ma tête, le ciel était d'une blancheur menaçante. Je marchais d'un pas vif, mon écharpe enroulée jusqu'au nez, et ne tardai pas à me réchauffer.

Arrivée à la clairière, je m'arrêtai. Remarquant une activité inhabituelle sur le chantier, je fronçai les sourcils. Que se passait-il ? J'avais mon appareil photo autour du cou, sous mon manteau ; je sentis le froid me pénétrer quand je défis les boutons. Me servant de mon téléobjectif, j'observai la scène. Il y avait une voiture de police dans l'allée. Les engins et les véhicules de chantier étaient tous à l'arrêt, et les ouvriers étaient regroupés à l'écart. Ils avaient dû s'arrêter depuis un moment déjà, car ils tapaient dans leurs mains et battaient la semelle pour se réchauffer. Leurs casques étaient posés sur le sol ou leur pendaient au bras par la bride. L'un d'eux faisait circuler un paquet de cigarettes. De temps à autre, un homme lançait une remarque aux autres, mais il n'y avait pas de conversation suivie. J'essayai de déchiffrer l'expression de leurs visages plutôt graves. Ennui ? Inquiétude ? Curiosité ? Ils tournaient le dos au chantier, faisant face aux bois et à mon objectif, mais de temps en temps, l'un d'entre eux jetait un coup d'œil par-dessus son épaule pour voir ce qui se passait.

Derrière le groupe d'hommes, on avait monté une tente blanche qui couvrait une partie du chantier. La maison n'était plus là, mais à en juger par la position de la remise, de l'allée de gravier et de l'église, ce devait être à l'emplacement de la bibliothèque. À côté de la tente, un des ouvriers et un homme que j'estimai être le chef de chantier étaient en conversation avec deux autres personnes. Vêtues l'une d'un costume et d'un pardessus, l'autre d'un uniforme de la police. C'était le chef de chantier qui parlait, vite et avec force hochements de tête et dénégations à l'appui de ses explications, mais quand l'homme au pardessus posait une question, c'était à l'ouvrier qu'il s'adressait, et quand ce dernier répondait, les trois autres le regardaient avec attention.

L'homme semblait ne pas se soucier du froid. Il parlait en phrases courtes ; durant ses interruptions, longues et fréquentes, les autres ne disaient rien, mais l'observaient avec une impatience manifeste. À un moment, il leva la main en direction de l'engin et mima le mouvement des dents de sa mâchoire plongeant dans le sol. Pour finir, il haussa les épaules et se passa la main sur les yeux, comme pour chasser l'image qu'il venait d'évoquer.

Un rabat s'ouvrit sur le côté de la tente blanche. Un homme en sortit et vint se joindre aux quatre autres. Un conciliabule, bref et solennel, s'ensuivit, au terme duquel le chef de chantier se dirigea vers ses ouvriers et leur dit quelques mots. Ils hochèrent la tête et, comme s'ils s'étaient attendus à cette éventualité, se mirent à rassembler les casques et les Thermos à leurs pieds et à se diriger vers leurs voitures garées près de la grille d'entrée. Le policier en uniforme se plaça à l'entrée de la tente, le dos au rabat, et l'autre homme précéda l'ouvrier et son chef vers la voiture de police.

J'abaissai lentement mon appareil, tout en continuant à regarder la tente blanche. Je connaissais l'endroit. J'y étais allée. Je me souvenais de la désolation de cette bibliothèque profanée. Les rayonnages effondrés, les poutres écrasées sur le sol. Le frisson de peur qui m'avait saisie quand j'avais trébuché sur les débris de bois carbonisés.

Il y avait eu un cadavre dans cette pièce. Enfoui au milieu des pages noircies, avec quelques rayonnages en guise de cercueil. Un tombeau caché et protégé pendant des décennies par les poutres effondrées.

Une pensée s'imposa à moi : je cherchais quelqu'un depuis longtemps, et il apparaissait maintenant que quelqu'un avait été trouvé. Le parallèle était tentant. Comment ne pas faire le lien ? Et pourtant, Hester était partie l'année qui avait précédé l'incendie. Pourquoi serait-elle revenue ? C'est alors qu'une idée me frappa, dont la simplicité même me fit penser qu'elle pouvait être vraie.

Et si Hester n'était jamais partie ?

En sortant des bois, je vis les deux enfants blonds qui descendaient l'allée, l'air malheureux. Ils vacillaient et trébuchaient : sous leurs pieds, le sol était creusé de longs sillons ondulés là où étaient passés les lourds engins, et ils ne regardaient pas devant eux, mais par-dessus leur épaule, dans la direction qu'ils venaient de prendre.

C'est la fille qui, sur le point de tomber après avoir perdu l'équilibre, tourna la tête et me vit la première. Elle s'arrêta. Quand son frère m'aperçut, il voulut aussitôt étaler son savoir.

« Vous pouvez pas y aller. C'est le policier qui l'a dit. Y faut pas s'approcher.

« — Je vois.

« — Ils ont monté une tente, ajouta sa sœur, timidement.

« — Je l'ai vue », lui dis-je.

Leur mère apparut sous l'arche de la grille d'entrée. Elle était légèrement essoufflée. « Ça va vous deux ? J'ai vu une voiture de police dans The Street. » Puis, s'adressant à moi . « Que se passe-t-il ? »

C'est la petite qui lui répondit : « Les policiers ont monté une tente. On a pas le droit d'approcher. Ils ont dit qu'il fallait qu'on rentre chez nous. »

La jeune femme blonde leva les yeux vers le chantier, fronçant les sourcils à la vue de la tente blanche. « Ce n'est pas ce qu'on fait quand... ? » Elle ne termina pas sa phrase devant les enfants, mais je savais ce qu'elle voulait dire.

« Je crois en effet que c'est ce qui s'est passé », dis-je. Je vis qu'elle aurait voulu attirer les enfants vers elle pour les rassurer, mais elle se contenta d'ajuster l'écharpe du garçon et d'écarter les cheveux de sa fille de son visage.

« Venez, leur dit-elle. Il fait trop froid pour rester dehors de toute façon. Rentrons à la maison boire un chocolat. »

Les enfants franchirent la grille et gagnèrent The Street en courant. Un cordon invisible les reliait, leur permettait de virevolter l'un autour de l'autre ou de détaler dans la même direction, assurés chacun que l'autre serait toujours là, à l'autre bout.

Je les regardai et ressentis une terrible absence à mon côté.

Leur mère s'attarda près de moi. « Un chocolat vous ferait du bien à vous aussi, vous ne croyez pas ? dit-elle. Vous êtes blanche comme un linge. »

Nous partîmes à la suite des enfants. « Je m'appelle Margaret, lui dis-je. Je suis une amie d'Aurelius Love.

« — Moi, c'est Karen, dit-elle avec un sourire. Je m'occupe des cerfs.

« — Je sais. Aurelius me l'a dit. »

Devant nous, la petite s'élança pour attraper son frère ; il esquiva, et en voulant lui échapper se retrouva au milieu de la chaussée.

« Thomas Ambrose Proctor ! cria la jeune femme. Remonte immédiatement sur le trottoir ! »

Je réagis au nom comme à une décharge électrique. « Comment s'appelle votre fils ? »

La mère du garçon tourna vers moi un regard interrogateur.

« C'est juste que... il y avait autrefois un homme du nom de Proctor qui travaillait ici.

« — C'était mon père, Ambrose Proctor. »

Je dus m'arrêter pour me remettre de ma stupéfaction. « Ambrose Proctor – le garçon qui travaillait avec John-the-Dig... c'était votre *père* ? »

« — John-the-Dig ? Vous voulez dire John Digence ? Oui. C'est bien l'homme qui a procuré cet emploi à mon père. C'était très longtemps avant ma naissance. Mon père avait plus de cinquante ans quand je suis née. »

Lentement, je me remis en marche. « J'accepte volontiers ce chocolat, si vous n'y voyez pas d'inconvénient. Et j'ai quelque chose à vous montrer. »

Je sortis mon marque-page du journal d'Hester. Karen sourit dès l'instant où elle posa les yeux sur la photo. Le visage de son fils, grave et plein de fierté, sous le bord du casque, les épaules rigides, le dos bien droit. « Je me souviens du jour où il est rentré à la maison en disant qu'il s'était mis un casque d'ouvrier sur la tête. Il va être tellement heureux d'avoir la photo.

« — Votre employeur, Miss March, a-t-elle déjà eu l'occasion de voir Tom ?

« — Voir Tom ? Bien sûr que non ! Il y en a deux, vous savez, des demoiselles March. L'une d'elles, à ce que j'ai cru comprendre, a toujours été un peu attardée, et c'est l'autre qui s'occupe de la propriété. Mais elle reste cloîtrée chez elle, et n'est jamais revenue à Angelfield depuis l'incendie. Même moi, je ne l'ai jamais rencontrée. Le seul contact que nous ayons, c'est par l'intermédiaire de son avoué. »

Karen était devant la cuisinière, attendant que le lait chauffe. Derrière elle, on voyait le jardin par la petite fenêtre, et, au-delà, les champs où Adeline et Emmeline avaient un jour traîné le landau de Merrily. Peu de paysages sans doute avaient aussi peu changé.

Je devais prendre garde de ne pas en dire trop. Karen ne donnait pas l'impression de savoir que sa Miss March ne faisait qu'une seule et même personne avec la Miss Winter dont j'avais repéré les romans dans la bibliothèque du hall en entrant.

« C'est simplement que je travaille pour les Angelfield, expliquai-je. J'écris un livre sur leur enfance ici. Et quand j'ai montré à votre employeur quelques photos de la maison, j'ai eu l'impression qu'elle reconnaissait votre fils.

« — C'est impossible. À moins que... »

Elle prit la photo pour la regarder à nouveau, puis appela son fils, qui était dans la pièce voisine. « Tom ? Tom, apporte-moi la photo qui est sur la tablette de la cheminée, tu veux ? Le cadre en argent. »

Tom entra, une photo à la main, sa sœur sur les talons.

« Regarde, lui dit Karen. La dame a une photo de toi. »

Un sourire surpris illumina son visage quand il se vit. « Je peux la garder ?

« — Bien sûr.

« — Montre à Margaret celle de ton grand-père. »

Il fit le tour de la table et me tendit le cadre en argent, d'un geste timide.

C'était une vieille photographie d'un très jeune homme. À peine sorti de l'adolescence. Dix-huit ans, peut-être, voire moins. Il était debout à côté d'un banc avec des ifs taillés en arrière-plan. Je reconnus aussitôt l'endroit : le jardin topiaire. Le garçon avait ôté sa casquette, qu'il tenait à la main, et je crus voir le mouvement qu'il avait fait, levant d'abord un bras pour enlever son couvre-chef avant de s'essuyer le front de l'autre. Il avait la tête légèrement penchée en arrière et il essayait de ne pas cligner les yeux dans le soleil, sans y parvenir vraiment. Le bouton du haut de sa chemise était défait, et ses manches relevées jusqu'au-dessus du coude, mais le pli de son pantalon était impeccable, et il avait nettoyé ses grosses bottes de jardin pour l'occasion.

« Est-ce qu'il travaillait là-bas au moment de l'incendie ? » demandai-je.

Karen posa les tasses sur la table, et les enfants vinrent s'asseoir. « Il était peut-être bien à l'armée à l'époque. Il est resté longtemps loin d'Angelfield. Presque quinze ans. »

Je scrutai de près l'aspect granuleux de la photo et le visage du garçon, frappée par sa ressemblance avec son petit-fils Il avait l'air gentil.

« Vous savez, il ne parlait jamais beaucoup de sa jeunesse. C'était un homme réservé. Mais il y a des choses que je donnerais cher pour savoir. Pourquoi, par exemple, il s'est marié si tard. Il n'avait pas loin de la cinquantaine quand il a épousé ma mère. Je ne peux pas m'empêcher de penser qu'il y avait quelque chose dans son passé – une déception amoureuse, peut-être ? Mais on ne songe pas à poser ce genre de questions quand on est enfant, et quand j'ai été plus grande… » Elle haussa les épaules, d'un air triste. « C'était un père adorable. Patient. Gentil. Il était toujours prêt à m'aider. Et pourtant, maintenant que je suis adulte, j'ai parfois le sentiment de ne l'avoir jamais vraiment connu. »

Un autre détail sur la photo retint mon attention.

« Qu'est-ce que c'est ? demandai-je.

« — Un sac, dit-elle en se penchant pour regarder. Pour transporter le gibier. Les faisans surtout. On peut l'étaler à plat sur le sol pour y allonger les animaux, ensuite on le replie sur eux. Je ne sais pas pourquoi ce sac est sur la photo. Mon père n'a jamais été garde-chasse, j'en suis sûre.

« — Il apportait un lapin ou un faisan aux jumelles de temps en temps », dis-je, et elle eut l'air heureuse de recueillir un fragment de la jeunesse de son père.

Je pensai à Aurelius et à son « héritage ». La sacoche dans laquelle il avait été transporté était une gibecière. Pas étonnant qu'on y eût trouvé une plume, puisqu'on s'en servait pour transporter des faisans. Et je repensai au bout de papier. « Quelque chose comme un A au début. » C'était ce qu'Aurelius avait dit en tenant la tache d'encre bleue décolorée dans la lumière de la fenêtre. « Et puis un *s*, vers la fin. Bien sûr, l'encre a passé, après toutes ces années, il faut regarder de près, mais vous le voyez, hein, vous le voyez ? » Je n'avais rien vu, mais peut-être lui y était-il réellement parvenu. Et qu'importe si ce n'était pas son nom qui était inscrit sur le morceau de papier, mais celui de son père. *Ambrose.*

J'appelai un taxi depuis chez Karen pour me rendre chez le notaire de Banbury. Je connaissais l'adresse grâce à la correspondance que j'avais échangée avec lui au sujet d'Hester ; et maintenant c'était à nouveau Hester qui me ramenait chez lui.

La réceptionniste refusa de déranger Mr Lomax quand elle apprit que je n'avais pas de rendez-vous. « C'est la veille de Noël, vous savez. »

Mais j'insistai. « Dites-lui que c'est Margaret Lea, à propos d'Angelfield et de Miss March. »

Avec un air de dire : Si vous y tenez, mais ça ne changera rien, elle entra dans le bureau porteuse du message ; quand elle en ressortit, ce fut pour me dire, d'un air pincé, que je pouvais entrer.

Le *jeune* Mr Lomax n'était plus très jeune. Il avait sans doute l'âge qu'avait le vieux Mr Lomax quand les jumelles avaient débarqué chez lui pour réclamer l'argent nécessaire à l'enterrement de John-the-Dig. Il me serra la main, une lueur de curiosité dans les yeux, un demi-sourire sur les lèvres, et je compris que pour lui nous étions deux conspirateurs. Pendant longtemps, il avait été le seul à connaître l'autre identité de Miss March, sa cliente ; il avait hérité ce secret de son père, en même temps que le bureau en merisier, les meubles de rangement et les tableaux sur les murs. Aujourd'hui, au bout de tant d'années de secret, voilà qu'arrivait quelqu'un qui en savait autant que lui.

« Heureux de vous rencontrer, Miss Lea. Que puis-je faire pour vous ?

« — J'arrive d'Angelfield. Du chantier. La police est sur place. Ils ont trouvé un corps.

« — Mon Dieu, ce n'est pas possible.

« — Croyez-vous que la police va vouloir interroger Miss Winter ? »

En entendant ce nom, il eut un coup d'œil discret vers la porte pour s'assurer que personne ne pouvait nous entendre.

« Ils voudront sans doute parler au propriétaire du domaine, simple enquête de routine.

« — C'est bien ce qui me semblait. (Je passai à la suite en toute hâte.) Le problème, c'est que non seulement elle est elle-même très malade... je suppose que vous êtes au courant ? »

Il opina du chef.

« ... mais sa sœur est à l'article de la mort. »

Il hocha à nouveau la tête, l'air grave, sans m'interrompre.

« Il vaudrait mieux, étant donné sa fragilité et l'état de santé de sa sœur, qu'elle n'apprenne pas la nouvelle trop brutalement. Et si possible pas d'un étranger. Et il ne faudrait pas qu'elle soit seule à ce moment-là.

« — Dans ce cas, que proposez-vous ?

« — Je peux retourner dans le Yorkshire aujourd'hui même. Si j'arrive à la gare d'ici une heure, je peux y être ce soir. La police va devoir passer par vous pour la contacter, n'est-ce pas ?

« — En effet. Mais je peux faire traîner les choses pendant quelques heures. Le temps pour vous d'arriver là-bas. Et je peux vous conduire à la gare, si vous voulez. »

À ce moment-là, le téléphone sonna. Nous échangeâmes un regard inquiet au moment où il décrocha.

« Des ossements ? Je vois... C'est à elle qu'appartient la propriété, en effet... Une personne âgée et en très mauvaise santé.. Une sœur, gravement malade... On prévoit un deuil imminent... Il vaudrait peut-être mieux, étant donné les circonstances... Il se trouve que je connais quelqu'un qui doit se rendre là-bas ce soir même... Une personne tout à fait digne de confiance... Absolument... C'est cela... Je vous en prie. »

Il nota quelque chose sur son bloc, qu'il poussa vers moi. Un nom et un numéro de téléphone.

« Il aimerait que vous l'appeliez dès votre arrivée, pour lui faire savoir où en est cette dame. Si elle est en état, il lui parlera à ce moment-là, sinon, ça peut attendre. Les restes, semble-t-il, ne sont pas récents. Bon, à quelle heure est votre train ? Allons-y sans tarder. »

Me voyant absorbée dans mes pensées, Mr Lomax, qui n'était plus si jeune, conduisit en silence. Néanmoins, il semblait bouillonner d'une sourde excitation, et pour finir, au moment où il s'engageait dans la rue de la gare, il fut incapable de se contenir plus longtemps. « Le treizième conte , dit-il, est-ce que, par hasard... ?

« — Je n'en sais pas plus que vous. Je suis désolée. »

La déception se lut sur son visage.

Quand nous arrivâmes en vue de la gare, je lui posai à mon tour une question. « Vous ne connaîtriez pas par hasard un certain Aurelius Love ?

« — Le traiteur ? Bien sûr que si Cet homme est un génie de la pâtisserie !

« — Et depuis combien de temps le connaissez-vous ?

« — Pour tout vous dire, répondit-il sans même prendre le temps de réfléchir, j'étais en classe avec lui », et, au milieu de sa phrase, sa voix trembla bizarrement, comme s'il venait juste de se rendre compte des implications de ma demande. Ma question sui vante ne le surprit pas :

« Quand avez-vous appris que Miss March était Miss Winter ? Quand vous avez repris l'étude de votre père ?

« — Non, dit-il, en avalant sa salive, puis en clignant des yeux Bien avant. J'étais encore à l'école. Elle est venue à la maison un jour. Voir mon père. C'était plus intime qu'à l'étude. Ils avaient des affaires à régler, et, sans entrer dans des détails confidentiels, j'ai compris au bout d'un moment que Miss March et Miss Winter n'étaient qu'une seule et même personne. Je ne les espionnais pas vraiment, comprenez-moi bien. En tout cas, pas délibérément. J'étais déjà sous la table de la salle à manger quand ils sont entrés – il y avait une grande nappe drapée, qui formait une sorte de tente, vous savez – et je ne voulais pas mettre mon père dans l'embarras en sortant brusquement, alors je suis resté là sans bouger. »

Que m'avait donc dit Miss Winter ? *Il ne peut y avoir de secrets dans une maison où il y a des enfants*

Nous étions maintenant arrêtés devant la gare, et le jeune Mr Lomax tourna vers moi des yeux consternés. « Je l'ai dit à Aurelius. Le jour où il m'a révélé qu'on l'avait trouvé la nuit de l'incendie. Je lui ai dit que Miss Adeline Angelfield et Miss Vida Winter n'étaient qu'une seule et même personne. Je suis désolé.

« — Ne vous inquiétez pas. Ça n'a plus d'importance, de toute façon. Je me posais simplement la question.

« — Sait-elle que j'ai révélé son identité à Aurelius ? »

Je songeai à la lettre que m'avait envoyée Miss Winter au tout début, et à Aurelius dans son complet marron, cherchant à connaître l'histoire de ses origines. « Si elle l'a deviné, c'était il y a des dizaines d'années. Si elle est au courant, je crois que vous pouvez vous dire qu'elle s'en moque. »

Il parut rasséréné.

« Merci de m'avoir accompagnée. »

Je courus pour attraper mon train.

Le journal d'Hester II

J'appelai la librairie depuis la gare. Mon père ne put cacher sa déception quand je lui fis savoir que je ne rentrais pas. « Ta mère va être désolée, dit-il.

« — Crois-tu ?

« — Mais bien sûr.

« — Il faut que je retourne là-bas. Il n'est pas impossible que j'aie retrouvé Hester.

« — Où ça ?

« — Ils ont trouvé des ossements à Angelfield.

« — Des ossements ?

« — Un des ouvriers les a découverts en creusant le sol de la bibliothèque aujourd'hui.

« — Seigneur !

« — Ils vont forcément vouloir se mettre en rapport avec Miss Winter pour lui poser des questions. Et sa sœur est mourante. Je ne peux pas la laisser toute seule. Elle a besoin de moi.

« — Je vois, dit-il d'un ton grave.

« — Ne le dis pas à maman, l'avertis-je, mais Miss Winter et sa sœur sont jumelles. »

Il resta silencieux. Puis se contenta de dire : « Tu fais attention à toi, Margaret, d'accord ? »

Un quart d'heure plus tard, j'étais installée sur mon siège près de la fenêtre et sortais le journal d'Hester de ma poche.

*

J'aimerais en savoir davantage sur les phénomènes d'optique. Assise à côté de Mrs Dunne dans le salon tandis que nous établissions les menus pour la semaine, j'ai surpris un mouvement soudain dans la glace. « Emmeline ! » me suis-je exclamée sur un ton irrité, car elle n'était pas censée être dans la maison, mais dehors, en train de prendre, comme tous les jours, un peu d'exercice au grand air. C'était moi qui étais dans l'erreur, bien entendu. Je n'ai eu qu'à jeter un coup d'œil par la fenêtre pour constater qu'elle était dehors, avec sa sœur, et que, pour une fois, elles jouaient tranquillement toutes les deux. Ce que j'avais vu – et mal interprété – devait être un rayon de soleil réfléchi dans la glace.

À la réflexion (à la réflexion ! le jeu de mots est involontaire), c'est la psychologie de la vision qui a causé mon erreur d'appréciation, autant que les bizarreries des lois de l'optique. À force de voir les jumelles dans les endroits les plus incongrus, et à des heures où normalement elles devraient se trouver ailleurs, j'ai fini par interpréter chaque mouvement entrevu du coin de l'œil comme une preuve de leur présence. C'est ainsi qu'un éclat de soleil reflété dans une glace peut passer de manière fort convaincante pour une adolescente vêtue d'une robe blanche. De façon à se prémunir contre ce genre d'erreur, il faudrait se contraindre à tout voir sans idée préconçue, renoncer à ses modes de pensée habituels. Il y aurait beaucoup à dire en faveur d'une telle démarche, en tout cas sur le principe. Ah, retrouver la fraîcheur d'esprit ! La réaction au monde extérieur dans sa pureté originelle ! Combien de découvertes scientifiques ont eu pour origine la capacité à voir d'un œil neuf ce qui était vu et censément compris depuis des siècles ! Il reste que, au quotidien, on ne peut pas vivre selon de tels principes. Imaginez le temps que cela prendrait si chaque expérience devait être réexaminée d'un regard neuf à chaque instant de la journée. Non, afin de se débarrasser du banal quotidien, il est essentiel de déléguer une bonne part de notre interprétation du monde à cette région moins noble du cerveau qui s'occupe du probable, du supposé, du déjà connu. Même si cela doit parfois nous égarer et nous conduire à prendre un éclat de soleil pour une adolescente en robe blanche, alors qu'il est difficile d'imaginer deux choses plus dissemblables.

Mrs Dunne a parfois l'esprit vagabond. Je crains qu'elle n'ait pas retenu grand-chose de notre conversation sur les menus de la semaine, et nous allons devoir tout reprendre demain.

*

J'ai un projet concernant le docteur et mon travail avec les jumelles.

Je lui ai longuement expliqué qu'Adeline souffre de troubles mentaux d'un genre que je n'ai jamais rencontré jusqu'ici et sur lequel je n'ai même jamais rien lu. J'ai fait allusion aux articles que j'ai pu consulter sur les jumeaux et les problèmes de développement liés à la gémellité, et, à son expression, j'ai vu qu'il approuvait mes lectures. Je crois qu'il a maintenant une meilleure appréhension de mes capacités et de mes talents. J'ai même parlé d'un livre qu'il ne connaissait pas et dont j'ai pu lui résumer l'argumentation et les exemples. J'ai poursuivi en signalant les quelques incohérences significatives que j'y avais relevées et en indiquant les modifications que j'aurais apportées dans les conclusions si j'en avais été l'auteur.

Le docteur m'a souri quand j'ai terminé mon petit discours et m'a dit, d'un ton léger : « Peut-être devriez-vous écrire votre propre livre. » Ce qui m'a fourni l'occasion que je cherche depuis déjà quelque temps.

Je lui ai fait remarquer que nous avions un spécimen d'étude ici même, à Angelfield, à portée de main. Que je pouvais consacrer tous les jours quelques heures à travailler sur mes observations et à les rédiger. J'ai esquissé quelques-uns des tests et des expériences qui pourraient être entrepris pour vérifier mon hypothèse. Et j'ai brièvement fait allusion à la valeur qu'aurait un tel ouvrage aux yeux du monde médical. Après quoi, j'ai insisté sur le fait que, en dépit de mon expérience, mes qualifications sur le papier n'étaient pas suffisantes pour tenter un éditeur, et, pour finir, j'ai admis qu'en tant que femme, je n'étais pas certaine de pouvoir mener à bien un projet aussi ambitieux. Si seulement il y avait un homme, intelligent et ingénieux, à la fois sensible et rationnel, prêt à profiter de mon expérience et de mes observations, cet homme-là serait sûr, lui, de voir sa tentative couronnée de succès.

J'ai ainsi semé dans son esprit une idée qui a déclenché exactement le résultat escompté : nous allons travailler ensemble.

*

Je crains que Mrs Dunne n'aille pas très bien. Je ferme les portes à clé et elle les rouvre. J'ouvre les rideaux, et elle les referme. Quant à mes livres, ils refusent toujours de rester à leur place ! Elle tente d'éluder toute responsabilité en prétendant que la maison est hantée.

Il se trouve que ses histoires de fantômes tombent précisément le jour où le livre que je suis en train de lire a complètement disparu – pour être remplacé par un court roman d'Henry James. Je ne peux guère soupçonner Mrs Dunne d'une semblable substitution. C'est à peine si elle sait lire, et les farces, ce n'est pas son genre. La coupable est manifestement une des filles. Ce qui rend la chose remar-

quable, c'est qu'une coïncidence frappante fait de cette facétie une plaisanterie bien plus astucieuse que n'aurait pu le penser son auteur : le livre raconte l'histoire assez stupide d'une gouvernante et de deux enfants hantés. J'ai bien peur que Mr James n'expose là toute l'étendue de son ignorance en la matière. Il ne sait pas grand-chose des enfants, et moins encore des gouvernantes.*

*

C'est fait. L'expérience a commencé.

La séparation a été douloureuse, et, n'était le bien qui en sortira, je me croirais cruelle de la leur infliger. Emmeline sanglote à fendre l'âme. Qu'en est-il d'Adeline ? Car c'est elle que l'expérience d'une vie autonome devrait le plus changer. Je le saurai demain lors de notre première réunion de travail.

*

Les recherches me prennent tout mon temps, mais j'ai néanmoins réussi à faire œuvre utile dans un autre domaine. Aujourd'hui, j'ai eu une conversation avec l'institutrice du village, devant la poste. Je lui ai dit que j'avais parlé à John du gamin qui fait l'école buissonnière et lui ai conseillé de venir me trouver s'il devait s'absenter à nouveau sans raison valable. Elle m'a répondu qu'elle avait l'habitude de faire la classe à la moitié de ses élèves seulement quand ceux-ci sont enrôlés par leurs parents pour aller ramasser les pommes de terre dans les champs. Mais ce n'était pas l'époque de la récolte, lui ai-je fait remarquer, et le gamin désherbait les parterres de fleurs. Elle m'a demandé de qui il s'agissait, et je me suis sentie idiote en constatant que j'étais incapable de lui répondre. Le chapeau si particulier qu'il porte ne permet pas de l'identifier, étant donné que les enfants ne portent pas de chapeau en classe. Je pourrais retourner voir John, mais je doute qu'il me fournisse davantage de renseignements que la dernière fois.

*

Je n'écris plus guère dans mon journal ces temps-ci. Je découvre qu'après avoir rédigé, tard le soir, les rapports que je prépare quotidiennement sur l'évolution du comportement d'Emmeline, je suis souvent trop fatiguée pour tenir à jour le compte rendu de mes

* Il s'agit de *The Turn of the Screw* (*Le Tour d'écrou*), publié en 1898.

propres activités. Et pourtant, je tiens à conserver la trace de ces journées et de ces semaines, car je suis engagée, avec le docteur, dans une recherche fort importante, et dans les années à venir, quand j'aurai quitté cet endroit, il se peut que j'aie envie de me remémorer ces moments. Mon travail avec le docteur me permettra peut-être d'entreprendre d'autres recherches de ce genre, car je trouve la réflexion scientifique et intellectuelle bien plus accaparante et gratifiante que tout ce que j'ai pu connaître jusqu'ici. Ce matin, par exemple, nous avons eu, le docteur Maudsley et moi, une conversation des plus stimulantes sur l'emploi que fait Emmeline des pronoms. Elle me parle de plus en plus volontiers, et son aptitude à communiquer s'améliore de jour en jour. L'unique aspect de son discours qui semble devoir résister à toute évolution est l'emploi persistant de la première personne du pluriel : « Nous sommes allées dans les bois », dira-t-elle, et je la corrige : « Je *suis allée dans les bois. » Elle répète «* Je *» comme un perroquet après moi, mais dès la phrase suivante elle recommence : « Nous avons vu un chaton dans le jardin », ou quelque chose du même genre.*

Le docteur et moi sommes très intrigués par cette particularité. S'agit-il d'une habitude ancrée en elle et qui provient de son langage de jumelles, habitude qui se corrigera d'elle-même avec le temps ? Ou bien la gémellité est-elle inscrite si profondément en elle qu'elle résiste à l'idée d'avoir une identité distincte de celle de sa sœur ? J'ai parlé au docteur des compagnons imaginaires que s'inventent tant d'enfants perturbés, et nous avons exploré ensemble les implications d'un tel phénomène. Se pourrait-il que l'attachement de l'enfant à sa sœur soit si grand que la séparation risque de causer un traumatisme susceptible d'amener l'esprit dérangé à trouver une consolation dans la création d'un jumeau imaginaire, un fantasme de compagnon ? Nous ne sommes arrivés là-dessus à aucune conclusion satisfaisante, mais nous nous sommes séparés avec la conviction d'avoir isolé un autre domaine d'étude passionnant : la linguistique.

Entre Emmeline, la recherche et l'intendance de la maison, je constate que je ne dors pas assez, et malgré mes réserves d'énergie, que j'alimente grâce à un régime équilibré et un exercice quotidien, j'ai détecté en moi les symptômes du manque de sommeil. Je m'énerve de voir que j'oublie l'endroit où j'ai posé telle ou telle chose. Et quand je prends mon livre sur la table de chevet le soir, mon signet me dit que j'ai dû tourner les pages la veille sans même m'en rendre compte, car je ne garde aucun souvenir des événements relatés sur cette page, ou sur celle qui précède. Ces petits ennuis, ainsi qu'une fatigue persistante, sont le prix à payer pour le luxe de pouvoir travailler avec le docteur à notre projet commun.

Mais ce n'est pas là ce dont je voulais parler. C'est notre travail que je voulais évoquer. Non pas nos découvertes, lesquelles sont détaillées dans nos comptes rendus, mais la manière dont nos deux esprits fonctionnent, l'aisance avec laquelle nous nous comprenons, cette compréhension immédiate qui nous permet presque de nous passer de mots. Quand nous sommes tous deux absorbés, par exemple, dans la restructuration des temps de sommeil de nos sujets respectifs et qu'il veut attirer mon attention sur un détail précis, il n'a pas besoin de parler, car je sens son regard sur moi, son esprit qui sollicite le mien, et je lève alors la tête, prête à entendre ce qu'il a à me signaler.

Les sceptiques pourraient voir là une pure coïncidence, ou soupçonner mon imagination de faire d'un incident isolé une occurrence habituelle, mais j'en suis venue à constater que quand deux personnes travaillent étroitement ensemble sur un projet commun – deux personnes intelligentes, j'entends –, se crée entre elles un lien privilégié de communication qui peut favoriser leur travail. Tout en étant engagé dans une tâche précise, chacun reste conscient du moindre mouvement de l'autre, y est extrêmement sensible, et est capable de l'interpréter en conséquence. Et cela, sans même voir ces mouvements infimes. Ce qui ne signifie pas pour autant qu'ils sont distraits de leur travail. Celui-ci s'en trouve au contraire amélioré, grâce à une plus grande vitesse dans la compréhension. Je donnerai un autre exemple, banal en soi, mais parfaitement révélateur. Ce matin, j'étais penchée sur des notes, essayant de discerner un schéma de comportement dans les observations qu'il a faites sur Adeline. Quand j'ai tendu la main pour attraper un crayon afin de griffonner une annotation dans la marge, j'ai senti la main du docteur frôler la mienne et me passer le crayon que je cherchais. J'ai levé les yeux pour le remercier, mais il était profondément absorbé dans ses documents, et tout à fait inconscient du geste qu'il venait de faire. C'est ainsi que nous travaillons : tête et mains toujours en liaison, toujours prêtes à anticiper les mots ou les besoins de l'autre. Et quand nous ne sommes pas ensemble, ce qui est le cas la majeure partie de la journée, nous ne cessons de penser à des détails liés au projet, ou bien nous nous livrons à des considérations sur la vie et la science en général, ce qui prouve notre parfaite complémentarité pour cette entreprise commune.

Je pourrais parler pendant des heures des joies du travail de recherche à deux, mais j'ai sommeil et il est vraiment temps que j'aille me coucher.

*

Je n'ai pas touché à mon journal depuis presque une semaine, et ne présente pas mes excuses habituelles. Mon journal a disparu.

J'en ai parlé à Emmeline – avec gentillesse, sévérité, avec des offres de chocolat, des menaces de punition (eh oui, j'ai renié mes méthodes, mais franchement, la perte d'un journal est quelque chose qui vous affecte au plus profond) –, mais elle continue à tout nier en bloc. Ses dénégations semblent cohérentes et, par beaucoup de côtés, prouvent sa bonne foi. Quelqu'un qui ne serait pas au courant de la situation la croirait certainement. La connaissant comme je la connais, je trouve moi-même ce vol surprenant, et j'ai du mal à l'expliquer dans le contexte global des progrès qu'elle a accomplis. Elle ne sait pas lire et ne prend aucun intérêt aux pensées ou à la vie intérieure d'autrui, sauf quand elles la touchent directement. Alors pourquoi s'emparer de mon journal ? Sans doute est-ce le brillant de la serrure qui l'a attirée : sa passion pour tout ce qui brille est égale à elle-même ; et je ne fais rien par ailleurs pour la brider, car elle est habituellement assez inoffensive. Mais je dois dire qu'Emmeline me déçoit.

Si je devais en juger uniquement d'après ses dénégations et son tempérament, je conclurais à son innocence. Mais il reste que ce ne peut être qu'elle, et personne d'autre.

John ? Mrs Dunne ? En admettant même que les domestiques aient pu vouloir voler ce journal – ce que je ne crois pas un seul instant –, je me souviens clairement qu'ils étaient occupés ailleurs dans la maison quand j'ai remarqué sa disparition. Au cas où je me serais trompée, je les ai amenés à parler de leurs activités à ce moment-là, et John confirme que Mrs Dunne a passé la matinée dans la cuisine (« en faisant un raffut du diable », a-t-il précisé). Tandis qu'elle-même confirme que John était dans la remise à réparer la voiture (« un boulot bien bruyant »). Ce ne peut donc être ni l'un ni l'autre.

Ayant ainsi éliminé tous les suspects possibles, j'en reviens forcément à Emmeline.

Et pourtant je n'arrive pas à me défaire de certains doutes. Même à l'heure qu'il est, je vois encore son visage – si innocent en apparence, si malheureux devant mes accusations –, et je suis bien obligée de me demander s'il n'y a pas ici à l'œuvre quelque autre facteur que j'aurais omis de prendre en considération. Quand je considère les choses sous cet angle, je ne peux me défendre d'un sentiment de malaise. Je me retrouve soudain submergée par le pressentiment qu'aucun de mes plans n'est destiné à aboutir. Quelque chose s'est mis en travers de ma route depuis mon arrivée dans cette maison ! Quelque chose qui cherche à contrecarrer et à faire échouer toutes mes entreprises ! J'ai vérifié et revérifié mon approche, suis revenue sur chaque étape de mon cheminement logique, sans pouvoir détecter la moindre faille, et, pourtant, je suis assaillie par le doute... Qu'est-ce donc que je n'arrive pas à voir ?

En relisant ce dernier paragraphe, je suis frappée par un manque d'assurance qui ne me ressemble pas. C'est certainement la fatigue qui m'amène à penser ainsi. Un esprit qui n'est pas en repos est enclin à s'égarer dans des impasses ; mais il n'y a rien là qu'une bonne nuit de sommeil ne saurait réparer.

Et puis, c'est une histoire classée maintenant, puisque me voilà en train d'écrire dans le journal retrouvé. J'ai enfermé Emmeline dans sa chambre pendant quatre heures, le jour suivant pendant six, et elle savait que le jour d'après je passerais à huit. Le deuxième jour, j'étais à peine redescendue après avoir déverrouillé sa porte que j'ai trouvé le journal sur mon bureau dans la salle d'étude. Elle avait dû descendre l'escalier dans le plus grand silence pour venir le poser là, car je ne l'avais pas vue passer devant la porte de la bibliothèque, alors même que je l'avais délibérément laissée ouverte. Quoi qu'il en soit, le journal a été remis à sa place. Il n'y a donc plus lieu de douter, et pourtant..

*

Je suis si fatiguée que je n'arrive pas à dormir. La nuit, j'entends des pas, mais quand je vais à la porte et que je regarde dans le couloir, il n'y a personne.

*

J'avoue que me trouver dépossédée de ce petit livre, fût-ce pour deux jours, m'a mise – et me met encore – mal à l'aise. L'idée que quelqu'un d'autre puisse me lire est profondément troublante. Je ne peux m'empêcher de penser à la manière dont une tierce personne pourrait interpréter certaines des choses que j'ai écrites, car quand je n'écris que pour moi et sais bien le sens que je veux donner à mes mots, mon expression est peut-être moins soignée, et il se peut, parce que je vais vite, que quelqu'un qui n'aurait pas cette connaissance intuitive de ce que je veux dire interprète mal mes propos. En repensant à certaines des choses que j'ai écrites (l'épisode du docteur et du crayon – un détail tellement insignifiant – qui, de fait, ne méritait même pas d'être mentionné), je m'aperçois qu'elles pour-

raient apparaître à un étranger sous un jour assez différent de celui que j'entendais leur donner, et je me demande s'il ne vaudrait pas mieux déchirer ces pages et les détruire. Mais je n'en ai pas envie, car ce sont les pages que je tiens le plus à garder, pour pouvoir les relire plus tard, quand je serai vieille, que j'aurai quitté ces lieux depuis longtemps, et repenser au bonheur que me procurait mon travail et au défi que représentait notre grand projet.

Pourquoi une amitié scientifique ne serait-elle pas source de joie ? Elle n'en reste pas moins scientifique pour autant !

La réponse, c'est peut-être de cesser d'écrire une bonne fois pour toutes, car quand j'écris, là maintenant, quand je forme cette phrase, je suis consciente de la présence d'un lecteur fantôme qui, penché sur mon épaule, observe ma plume, déforme mes mots, pervertit le sens que je veux leur donner, et vient en fait troubler l'intimité de mes pensées.

C'est vraiment agaçant de se voir renvoyer une image de soi radicalement différente de celle à laquelle on est accoutumé, même si cette image est manifestement trompeuse.

C'est décidé, je n'écrirai plus.

FINS

Le fantôme du conte

Je levai les yeux de la dernière page du journal, pensive. Un certain nombre de choses m'avaient frappée au cours de ma lecture, et maintenant que j'en avais terminé, j'avais le loisir de les reprendre méthodiquement.

Ah, me dis-je.

Ah.

Et pour finir, *AH !*

Comment décrire ma brutale illumination ? Elle se présenta d'abord sous la forme d'un vague *Et si par hasard...*, une sorte de folle conjecture, d'idée insensée. Ce n'était peut-être pas impossible, mais pour le moins absurde ! Pour commencer...

Essayant de me raisonner, je m'apprêtai à passer en revue toutes les objections possibles, mais me retrouvai stoppée dans mon élan. Car mon esprit, brûlant les étapes en raison de cette prémonition intuitive capitale, avait déjà accepté la nouvelle version, revue et corrigée, des événements. En un instant, un instant d'effarement vertigineux et kaléidoscopique, l'histoire que m'avait contée Miss Winter se désintégra et se reconstitua, identique dans tous ses événements, dans tous ses détails, et pourtant complètement différente. Comme ces images qui montrent une jeune mariée quand on les tient dans un sens, et une vieille sorcière si on les incline dans un autre. Comme ces feuilles sur lesquelles des séries de points dessinent une théière, une tête de clown ou la cathédrale de Rouen à condition de savoir les lire. La vérité avait toujours été là – mais elle ne m'apparaissait que maintenant.

S'ensuivit un long moment de réflexion. Prenant un élément à la fois, et le considérant sous ses différents angles, je passai en revue ce que je savais. Tout ce qu'on m'avait dit et ce que j'avais découvert par moi-même. *Mais oui*, me disais-je. *Bien sûr.* Et ça, et puis ça, et ça aussi. Mon savoir tout neuf insufflait une vie nouvelle au récit. Qui commençait à respirer. Et, ce faisant, s'améliorait. Les bords dentelés se lissaient. Les trous se comblaient. Les morceaux manquants prenaient leur place. Les énigmes s'expliquaient, et les mystères s'effaçaient.

Après toutes ces journées passées à écouter l'histoire, les écrans de fumée, les miroirs déformants et les faux-semblants que l'on m'avait opposés, je savais enfin.

*

Je savais ce qu'Hester avait vu le jour où elle avait cru voir un fantôme.

Je connaissais l'identité du garçon du jardin.

Je savais qui avait frappé Mrs Maudsley avec un violon.

Je savais qui avait tué John-the-Dig.

Je savais ce qu'Emmeline cherchait en creusant la terre.

Tout se mettait en place, un détail après l'autre. Emmeline parlant toute seule derrière une porte fermée, quand sa sœur était chez le docteur. *Jane Eyre*, le livre qui ne cesse de disparaître et de réapparaître dans l'histoire, comme un fil d'argent dans une tapisserie. Je comprenais les mystères du marque-page vagabond d'Hester, l'apparition du *Tour d'écrou*, et la disparition du journal. Quant à la décision de John-the-Dig de transmettre son savoir-faire à la gamine qui avait saccagé son œuvre, elle n'avait plus rien de surprenant.

Je comprenais l'énigme de la fille dans le brouillard, et comment et pourquoi elle en était sortie. Je comprenais comment il avait pu se faire qu'une fille comme Adeline s'efface brutalement pour céder la place à Miss Winter.

« Je vais vous raconter une histoire de jumelles », m'avait dit Miss Winter ce premier soir dans la bibliothèque, au moment où j'allais sortir de la pièce. Paroles qui, grâce aux résonances inattendues qu'elles entretenaient avec ma propre histoire, m'avaient irrésistiblement attachée à la sienne.

Il était une fois deux petites filles...

Sauf que désormais, je savais à quoi m'en tenir.

Elle m'avait orientée dans la bonne direction ce tout premier soir, mais je n'avais pas su l'écouter.

« Croyez-vous aux fantômes, Miss Lea ? m'avait-elle demandé. Je vais vous raconter une histoire de fantômes.

« — Une autre fois », lui avais-je répondu.

Mais c'était bel et bien une histoire de fantômes qu'elle m'avait racontée.

Il était une fois deux petites filles...

Ou mieux : Il était une fois *trois* petites filles.

Il était une fois une maison, et cette maison était hantée.

Le fantôme, naturellement, était la plupart du temps invisible, quoique pas tout à fait. Des portes se refermaient alors qu'elles avaient été laissées ouvertes, d'autres s'ouvraient qui avaient été fermées. Un éclair dans une glace vous faisait lever les yeux. Un rideau frémissait dans un courant d'air alors qu'il n'y avait pas de fenêtre ouverte. Le petit fantôme était à l'œuvre dans les migrations inattendues des livres d'une pièce à une autre, ou les vagabondages d'un marque-page. C'était sa main qui enlevait un journal d'un endroit pour le cacher dans un autre, sa main toujours qui le remettait en place un peu plus tard. Si, en vous engageant dans un couloir, vous pensiez bizarrement avoir failli voir la semelle d'une chaussure disparaître à l'autre bout, c'est que le petit fantôme n'était pas loin. Et quand, surprise de sentir un œil étranger vous épier, vous releviez la tête pour découvrir qu'il n'y avait personne dans la pièce, alors vous pouviez être sûre qu'il se cachait quelque part dans le vide qui vous entourait.

Ceux qui avaient des yeux pour voir pouvaient deviner sa présence grâce à quantité de signes. Et pourtant, personne ne le voyait.

Il hantait la maison en toute discrétion. Sur la pointe de ses pieds nus, il ne faisait jamais de bruit ; mais il identifiait le pas de tous les occupants des lieux, savait quelles lames de parquet craquaient et quelles portes grinçaient. Pas un coin de la maison, pas une niche, pas un recoin qui ne lui fût familier. Il connaissait les vides derrière les placards et entre les rayonnages, le derrière des banquettes et le dessous des chaises. Pour lui, la maison n'était qu'un vaste ensemble de cachettes, et il savait se déplacer de l'une à l'autre à l'insu de tous.

Isabelle et Charlie ne virent jamais le fantôme. Leur mode de vie – hors de toute logique et de toute raison – les gardait de s'interroger sur l'inexplicable. Les divers objets qui se perdaient, se cassaient ou s'égaraient faisaient partie pour eux de la normale. Une ombre tombant sur un tapis là où une ombre n'avait rien à faire ne les poussait pas à de plus amples investigations ; pareils mystères n'étaient qu'une extension naturelle des ombres qui habitaient leur cœur et leur esprit. Le petit fantôme était ce mouvement furtif au bord de leur champ de vision, la confusion inavouée enfouie dans leur esprit, l'ombre permanente accrochée, sans même qu'ils le sachent, à leur vie. Il vidait leur garde-manger de ses restes comme une souris, se chauffait aux braises de leur feu une fois qu'ils étaient partis se coucher, disparaissait dans les recoins de leur demeure délabrée à l'instant où quelqu'un se montrait.

Ce fantôme était le secret de la maison.

Comme tous les secrets, fantômette avait ses gardiens.

La Missis la voyait parfaitement, malgré sa vue défaillante. Heureusement ! Sans sa collaboration, il n'y aurait jamais eu assez de restes dans le garde-manger, assez de miettes tombées de la miche au petit déjeuner, pour la maintenir en vie. Car ce serait une erreur de croire que le fantôme était un de ces spectres désincarnés et éthérés. Il avait un estomac, qu'il fallait remplir quand il était vide.

Mais il gagnait son pain. Et donnait au moins autant qu'il prenait. L'autre personne de la maisonnée qui avait le don de repérer les fantômes, voyez-vous, c'était le jardinier, et il était tout heureux de disposer d'une paire de bras supplémentaires. Elle portait un chapeau à large bord et coupé aux chevilles et retenu par des bretelles, un vieux pantalon qui avait appartenu à John, et quand elle hantait le jardin, les effets de sa présence étaient bénéfiques. Dans la terre, les pommes de terre s'arrondissaient grâce à ses soins ; au-dessus du sol, les fruitiers prospéraient, donnant des grappes de baies que ses mains allaient chercher sous les feuilles. Non seulement elle faisait des miracles avec les fruits et les légumes, mais les roses n'avaient jamais été aussi belles. Plus tard, elle apprit à reconnaître le désir secret des ifs et des buis rêvant de géométrie. Grâce à elle, feuilles et branches développaient des angles, des courbes ou des lignes rigoureusement droites.

Dans le jardin, le petit fantôme n'avait pas besoin de se cacher, pas plus que dans la cuisine. La gouvernante et le jardinier étaient ses anges gardiens. Ils lui enseignèrent les habitudes de la maison, et lui apprirent à s'y tenir à l'abri du danger. Ils le nourrissaient. Veillaient sur lui. Quand une étrangère vint s'installer à demeure, une femme dotée d'une vue très perçante et habitée du désir de chasser les ombres et de fermer les portes à clé, ils s'inquiétèrent beaucoup pour lui.

Et surtout, ils l'aimaient.

Mais d'où sortait-il ? Quelle était donc son histoire ? Car les fantômes n'apparaissent pas au hasard. Ils ne viennent que là où ils savent pouvoir trouver asile. Et le petit fantôme était chez lui dans cette maison. Chez lui dans cette famille. Bien qu'il n'eût pas de nom, qu'il ne fût personne, le jardinier et la gouvernante savaient exactement qui il était. Son histoire était inscrite dans ses cheveux cuivrés et ses yeux émeraude.

Car c'est bien là l'élément le plus curieux de toute l'histoire : le fantôme présentait une ressemblance inquiétante avec les jumelles qui vivaient déjà dans la maison. Comment d'ailleurs, dans le cas contraire, aurait-il pu hanter ces lieux aussi longtemps sans être découvert ? Trois filles aux cheveux cuivrés qui leur tombaient en cascade dans le dos. Trois filles aux yeux d'un vert étonnant. Surprenante, non, cette ressemblance des jumelles avec le fantôme ?

« Quand je suis née, m'avait dit Miss Winter, je n'étais qu'une intrigue secondaire. » Ainsi avait-elle commencé l'histoire dans laquelle Isabelle se rendait à un pique-nique, rencontrait Roland et l'épousait après s'être enfuie avec lui, échappant à la passion trouble et bien peu fraternelle de son frère. Une fois abandonné par sa sœur, Charlie se déchaîna, passant sur d'autres sa fureur, ses appétits, sa jalousie. Filles de comtes ou de boutiquiers, de banquiers ou de ramoneurs : peu importait d'où elles venaient. Avec ou sans leur consentement, il se jetait sur elles, prêt à tout pour oublier.

Isabelle donna naissance à ses jumelles dans un hôpital londonien. Deux filles qui n'avaient rien du mari de leur mère. Cheveux cuivrés, yeux verts... exactement comme leur oncle.

Et maintenant, l'intrigue secondaire : à la même époque, dans une grange ou une obscure chambre de cottage, une autre femme enfantait. Ni la fille d'un comte, à mon avis, ni celle d'un banquier. Les nantis trouvent toujours le moyen d'éviter ce genre d'ennuis. Non, ce devait être une femme ordinaire, anonyme et désemparée. Elle aussi eut une fille. Aux cheveux cuivrés. Et aux yeux verts.

Enfant de la fureur. Enfant du viol. *L'enfant de Charlie.*

Il était une fois une maison qui s'appelait Angelfield.

Il était une fois des jumelles.

Un jour surgit à Angelfield une cousine. Plus vraisemblablement, une demi-sœur.

Assise dans le train, le journal d'Hester fermé sur les genoux, je sentis, en repensant à un autre enfant illégitime, le grand élan de sympathie que je commençais à ressentir pour Miss Winter stoppé net. Et ma sympathie se transforma en colère. Pourquoi Aurelius était-il séparé de sa mère ? Pourquoi avait-il été abandonné ? Et obligé de se débrouiller seul dans la vie, sans connaître son histoire ?

Je repensai aussi à la tente blanche et aux ossements dont je savais maintenant qu'ils n'étaient pas ceux d'Hester.

Tout tournait autour de la nuit de l'incendie. Incendie criminel, meurtre, abandon d'un nouveau-né.

Quand le train arriva à Harrogate, et que je descendis sur le quai, je fus surprise de m'enfoncer dans la neige jusqu'aux chevilles. J'avais eu beau garder les yeux rivés sur la fenêtre pendant l'heure qui venait de s'écouler, je n'avais rien vu du paysage audehors.

Je croyais avoir tout découvert quand j'avais eu mon moment d'illumination.

Après avoir compris qu'il n'y avait pas deux mais trois filles à Angelfield, je pensais posséder la clé de toute l'histoire.

Mais au terme de mes cogitations, je me rendis à l'évidence : tant que je n'aurais pas découvert ce qui s'était passé la nuit de l'incendie, je ne saurais rien.

Ossements

C'était la veille de Noël ; il était tard, et il neigeait en abondance. Le premier et le deuxième chauffeur de taxi refusèrent de m'emmener si loin de la ville par une nuit pareille, mais le troisième, qui gardait un visage impassible, se laissa sans doute émouvoir par l'ardeur de ma requête, car il haussa les épaules et m'accepta à son bord. « On va tenter le coup », me dit-il d'un ton bourru.

Nous quittâmes la ville. La neige tombait toujours, s'amassant méticuleusement, flocon après flocon, sur chaque pouce de terre, chaque haie, chaque branche. Le dernier village et la dernière ferme passés, nous nous retrouvâmes au sein d'une grande blancheur, sur une route parfois impossible à distinguer des étendues plates qu'elle traversait, et je me tassai sur mon siège, m'attendant à tout moment à voir le chauffeur renoncer et faire demi-tour. Seule la clarté de mes indications l'assurèrent que nous étions bien sur une route. Je descendis de voiture pour ouvrir moi-même la première grille, puis nous nous trouvâmes devant la seconde, le portail principal de la maison.

« J'espère que vous retrouverez votre chemin sans trop de mal, dis-je.

« — Moi ? Vous inquiétez pas », dit-il en haussant à nouveau les épaules.

Comme je m'y attendais, le portail était fermé à clé. Peu désireuse de voir le chauffeur de taxi me prendre pour une voleuse, je fis semblant de fouiller dans mon sac à la recherche de mes clés pendant qu'il faisait demi-tour. Ce n'est que quand il se fut éloigné que je m'accrochai aux barreaux et escaladai la grille.

La porte de la cuisine n'était pas verrouillée. J'enlevai mes bottes, secouai la neige de mon manteau, que je pendis à une patère, et me dirigeai vers les appartements d'Emmeline, où je savais trouver Miss Winter. Je n'étais qu'accusations et questions, et ma rage s'exacerba en chemin, à cause d'Aurelius et de la femme dont les ossements étaient restés enfouis pendant soixante ans dans les ruines calcinées de la bibliothèque d'Angelfield. Malgré la tempête qui m'agitait au-dedans, mon approche fut silencieuse : la moquette absorbait la fureur de mes pas.

Je ne pris pas la peine de frapper, mais poussai simplement la porte et entrai sans attendre.

Les rideaux étaient toujours tirés. Miss Winter était assise, immobile, au chevet d'Emmeline. Elle sursauta en me voyant, me regarda fixement, ses yeux brillant d'un éclat étrange.

« Des ossements, sifflai-je. Ils ont trouvé des ossements à Angelfield ! »

Tous mes sens en alerte, j'attendais sur des charbons ardents qu'elle reconnaisse les faits. Que ce soit par des mots, une expression du visage ou un geste. Je n'aurais plus qu'à déchiffrer le message.

Si ce n'est que quelque chose dans la pièce cherchait à me distraire de mon attente.

« Des ossements ? » dit Miss Winter. Elle était blanche comme un linge, et l'océan dans ses yeux était assez profond pour engloutir ma fureur.

« Oh », dit-elle.

Oh. De quelle pluralité d'émotions peut vibrer une seule et même syllabe. Peur. Désespoir. Chagrin et résignation. Il y avait du soulagement, mais d'un genre qui n'apporte ni repos ni consolation. Et une douleur, profonde et ancienne.

Puis cet appel insistant que je sentais dans la pièce finit par prendre une telle ampleur qu'il n'y eut plus place pour rien d'autre dans mon esprit. Qu'était-ce donc ? Quelque chose d'étranger au drame des ossements. Quelque chose qui précédait mon intrusion. L'espace d'une seconde, j'hésitai, ne sachant que penser, puis tous les éléments qui, séparément, m'avaient paru insignifiants s'emboîtèrent. L'atmosphère de la pièce. Les rideaux tirés. La transparence aqueuse des yeux de Miss Winter. Le fait que cet acier qui avait toujours constitué son essence même semblait tout simplement avoir fondu.

Une seule chose retint alors mon attention : qu'était devenu le lent flux et reflux de la respiration d'Emmeline ?

Aucun son ne parvenait à mes oreilles.

« Non ! Elle n'est pas... »

Je tombai à genoux à côté du lit sans plus pouvoir le quitter des yeux.

« Si, dit doucement Miss Winter. Elle s'en est allée. Il y a quelques minutes. »

J'avais les yeux rivés sur le visage impavide d'Emmeline. Rien n'avait vraiment changé. Ses cicatrices étaient toujours d'un rouge vif, ses lèvres, toujours tirées sur le côté, ses yeux, toujours verts. Je touchai la peau en damier de sa main et la trouvai tiède. Était-elle vraiment partie ? Absolument, irrévocablement ? Difficile à croire. Elle ne pouvait pas nous avoir abandonnées. Il devait bien rester quelque chose d'elle pour nous consoler. N'y avait-il aucun sortilège, aucun talisman, aucune magie pour la ramener parmi nous ? N'y avait-il rien que je puisse dire avec l'espoir qu'elle m'entende ?

C'est à la tiédeur de sa main que je me persuadai qu'elle pouvait m'entendre. C'est cette tiédeur qui éveilla tous ces mots dans ma poitrine, impatients de se frayer un chemin jusqu'à l'oreille d'Emmeline.

« Trouve ma sœur, Emmeline. Je t'en supplie, trouve-la. Dis-lui que je l'attends. Dis-lui... » Ma gorge était trop serrée pour tant de mots, ils se brisaient les uns contre les autres en cherchant à sortir et m'étouffaient. « Dis-lui qu'elle me manque ! Dis-lui à quel point je suis seule ! » Les mots se déversaient en un cours impétueux, s'élançaient avec ferveur à travers l'espace qui nous séparait, à la poursuite d'Emmeline. « Dis-lui que je ne peux pas attendre plus longtemps ! Dis-lui de venir ! »

Mais il était trop tard. La séparation était accomplie. Invisible. Irrévocable. Implacable.

Comme des oiseaux affolés, mes mots allèrent mourir contre la vitre.

« Ma pauvre enfant. » Je sentis la main de Miss Winter sur mon épaule, et tandis que je sanglotais sur les cadavres de mes mots brisés, sa main resta là, légère.

Je finis par sécher mes larmes. Il ne restait plus que quelques mots. Privés de leurs vieux compagnons et ballottant dans leur boîte. « C'était ma jumelle, dis-je. Elle était ici. Regardez. »

Je sortis mon pull de ma jupe et découvris mon flanc. Ma cicatrice. Ma demi-lune. Rose argenté, nacre translucide. Ligne de partage.

« C'est là qu'elle était. C'est par là que nous étions attachées l'une à l'autre. Et on nous a séparées. Elle en est morte. Sans moi, elle ne pouvait pas vivre. »

Je sentis les doigts de Miss Winter effleurer la trace du croissant sur ma peau, puis je lus une tendre compassion dans ses yeux.

« Le problème, c'est que... (les derniers mots, les tout derniers mots, après quoi je n'aurais plus besoin de rien dire, jamais plus...), je crois que moi non plus, je ne peux pas vivre sans elle.

« — Pauvre petite. » Miss Winter me regarda, ses yeux verts m'enveloppant de leur sympathie.

Je ne pensais à rien. La surface de mon esprit était parfaitement calme. Mais sous la surface, une houle montait des profondeurs, un courant sous-marin qui agitait les eaux. Pendant des années, une épave avait reposé dans les grands fonds, un vaisseau rouillé chargé d'une cargaison d'ossements. Mais maintenant, il bougeait. Je l'avais dérangé, j'avais provoqué une turbulence qui faisait monter des nuages de sable du fond de la mer. Les grains tourbillonnaient follement dans l'eau sombre et troublée.

Pendant tout ce temps, Miss Winter me tenait sous l'emprise de son regard vert.

Puis, lentement, très lentement, le sable se déposa à nouveau, et l'eau retrouva son calme, lentement, très lentement. Et les ossements reprirent leur place dans la cale rouillée.

« Un jour, vous m'avez demandé mon histoire, dis-je.

« — Oui, et vous m'avez répondu que vous n'en aviez pas.

« — Maintenant vous savez. J'en ai une, en effet.

« — Je n'en ai jamais douté, dit-elle avec un pauvre sourire plein de regrets. Quand je vous ai invitée ici, j'avais la conviction de connaître déjà votre histoire. J'avais lu votre essai sur les frères Goncourt. Un excellent essai. Vous en saviez si long sur les fratries. Un savoir de première main, me suis-je dit. Et plus je lisais, plus je me disais que vous deviez avoir une jumelle. C'est ce qui m'a poussée à vous choisir comme biographe. Parce que si, après toutes ces années passées à raconter des histoires, j'étais encore tentée de vous mentir, vous me débusqueriez.

« — Et c'est ce que j'ai fait. »

Elle hocha la tête, calme, triste, pas le moins du monde étonnée. « Il était grand temps. Que savez-vous au juste ?

« — Ce que vous m'avez dit. Que vous n'étiez qu'une intrigue secondaire, ce sont là vos propres mots. Vous m'avez raconté l'histoire d'Isabelle et de ses jumelles, et je ne faisais pas particulièrement attention. L'intrigue secondaire, c'était Charlie et ses débordements. Vous n'arrêtiez pas de me ramener à *Jane Eyre*. Le livre sur l'intrus dans la famille. La cousine orpheline. Je ne sais pas qui était votre mère. Ni comment vous vous êtes retrouvée à Angelfield sans elle. »

Elle secoua tristement la tête. « Ceux qui auraient pu détenir la réponse à ces questions sont morts, Margaret.

« — Vous ne vous souvenez de rien ?

« — Je suis un être humain, Margaret. Et, comme tous mes semblables, je ne me souviens pas de ma naissance. Le temps que nous nous éveillions à nous-mêmes, nous sommes déjà des petits enfants, et notre venue dans ce monde nous donne l'impression de s'être produite une éternité plus tôt, au début des temps. Nous sommes alors comme ceux qui arrivent en retard au théâtre : il nous faut rattraper ce retard de notre mieux, et deviner le début à la lumière d'événements ultérieurs. Combien de fois ai-je voyagé aux confins de la mémoire et scruté les ténèbres qui les enveloppent ? Mais il n'y a pas que des souvenirs qui hantent ces marges. Le territoire est peuplé de toutes sortes de fantasmagories. Les cauchemars d'un enfant solitaire. Les contes de fées que s'approprie un esprit avide d'histoires. Les fantasmes d'une petite fille pleine d'imagination qui veut s'expliquer l'inexplicable. Quelle que soit l'histoire que j'ai pu découvrir à la frontière de l'oubli, je ne prétends pas que ce soit la vérité.

« — *Tous les enfants construisent un mythe autour de leur naissance.*

« — En effet. La seule chose dont je sois sûre, c'est ce que m'a dit John-the-Dig.

« — Et que vous a-t-il dit ?

« — Que j'étais apparue comme une mauvaise herbe, entre deux fraisiers. »

Elle me raconta l'histoire.

*

Quelqu'un visitait les fraisiers. Pas les oiseaux, parce qu'ils picoraient les fruits et y faisaient des trous. Ni les jumelles, parce qu'elles piétinaient les plants et laissaient des empreintes sur tout le carré. Non, plutôt un voleur au pied léger, qui prenait une fraise ici ou là. Très proprement, sans rien déranger. Un autre jardinier ne se serait aperçu de rien. Le même jour, John remarqua une flaque d'eau sous le robinet du jardin. Le robinet gouttait. Il le ferma à fond. Se gratta la tête et s'en alla vaquer à ses occupations. Tout en gardant un œil ouvert.

Le lendemain, il aperçut une forme au milieu des fraisiers. Un petit épouvantail, qui lui arrivait à peine aux genoux, coiffé d'un chapeau bien trop grand qui lui tombait sur la figure. L'épouvantail s'enfuit dès qu'il le vit. Mais le jour suivant, il était si décidé à obtenir ce qu'il était venu chercher que John dut crier et agiter les bras pour le chasser. Après coup, le jardinier se dit qu'il aurait été bien incapable de mettre un nom sur le voleur. Qui au village avait un mioche de cette taille, si petit et si mal nourri ? Qui, dans le voisinage, laisserait son gamin voler des fruits dans le jardin des autres ? Les questions restèrent sans réponse.

Mais voilà que quelqu'un avait pénétré dans la serre. Ce n'était pas lui tout de même qui avait laissé les vieux journaux dans cet état ? Et ces caisses – il les avait rangées soigneusement, il en était certain.

Pour une fois, il cadenassa la porte avant de se diriger vers la maison.

En passant devant le robinet du jardin, il remarqua qu'il gouttait à nouveau. Lui donna un quart de tour, sans même réfléchir. Puis, y mettant toute sa force, encore un quart. Cette fois, il n'y aurait plus de problème.

Dans la nuit, il se réveilla. Mal à l'aise, sans trop savoir pourquoi. Où dormirais-tu, se surprit-il à se demander, si tu ne pouvais pas t'introduire dans la serre et te faire un lit de fortune avec une caisse et des vieux journaux ? Et où irais-tu prendre de l'eau si le robinet était si serré que tu n'arrivais pas à l'ouvrir ? Se reprochant ses élucubrations nocturnes, il ouvrit la fenêtre afin de vérifier la température de l'air. Trop tard dans l'année pour qu'il gèle encore. Mais froid pour la saison, malgré tout. Et bien plus froid encore quand on a faim ! Et bien plus sombre encore quand on est tout petit !

Il secoua la tête et referma la fenêtre. Allons donc, qui irait abandonner un enfant dans son jardin ? Personne, à coup sûr. Il n'en était pas moins debout avant cinq heures. Il fit son tour de bonne heure, examinant ses légumes, le jardin topiaire, et planifiant le travail de la journée. Toute la matinée, il garda un œil sur le carré de fraisiers. Sans rien voir.

« Qu'est-ce qui ne va pas ? demanda la Missis, quand il s'assit en silence à la table de la cuisine pour boire sa tasse de café.

« — Rien. »

Il vida sa tasse et retourna dans le jardin. Scrutant les arbustes et les buissons d'un œil inquiet.

Toujours rien.

Au déjeuner, il mangea une moitié de sandwich, constata qu'il n'avait pas faim, et laissa l'autre moitié sur un pot retourné à côté du robinet du jardin. Tout en se traitant d'idiot, il posa à côté un biscuit. Et ouvrit le robinet. Ce qui lui demanda, même à lui, un gros effort. Il laissa l'eau couler bruyamment dans un arrosoir en fer-blanc, qu'il vida sur la plate-bande la plus proche avant de le remplir à nouveau. Le bruit des éclaboussures résonna dans tout le potager. Il prit soin de ne pas relever la tête pour regarder autour de lui.

Puis il s'éloigna un peu, s'agenouilla dans l'herbe, le dos au robinet, et se mit à nettoyer quelques vieux pots. C'était un travail important, qu'il fallait absolument faire ; on risquait de répandre des maladies si les pots n'étaient pas correctement nettoyés entre deux plantations.

Derrière lui, le grincement du robinet.

Il ne se retourna pas immédiatement. Il finit d'abord de brosser le pot qu'il avait dans les mains.

C'est alors qu'il bondit sur ses pieds, et se retrouva devant le robinet, plus rapide qu'un renard.

Mais une telle hâte était inutile.

L'enfant, effrayé, tenta de s'enfuir, mais trébucha. Se redressant aussitôt, il fit encore quelques pas en boitant, puis tomba à nouveau. John l'attrapa, le souleva – pas plus lourd qu'un chat –, le retourna pour voir son visage, et le chapeau tomba.

Le pauvre loupiot n'était qu'un sac d'os. Affamé. Les yeux pleins de croûtes, les cheveux raides de crasse, il sentait mauvais. Deux taches rouges en guise de pommettes. John posa sa main sur le front de l'enfant ; il était brûlant. Quand il l'eut transporté dans la serre, il vit ses pieds. Pleins de croûtes et enflés, du pus suintant sous la saleté. Une épine, sans doute, profondément enfoncée. L'enfant frissonnait. Fièvre, douleur, faim, peur. S'il trouvait un animal dans cet état, songea John, sa première réaction serait de sortir son fusil et de mettre fin à ses souffrances.

Il l'enferma dans la serre et s'en alla chercher la Missis. Elle arriva, s'approcha pour jeter un coup d'œil, perçut des effluves et recula.

« Non, je ne sais pas à qui il est. Peut-être que si on le lavait un peu...

« — Tu veux qu'on le plonge dans le tonneau pour l'eau de pluie, c'est ça ?

« — Le tonneau, tu plaisantes ! Je vais aller remplir le tub dans la cuisine. »

Ils dépouillèrent l'enfant de ses haillons nauséabonds. « Ils sont bons pour le feu », dit la Missis en les jetant dehors dans la cour. La saleté faisait une sorte de gangue autour de la peau. L'eau du premier tub se noircit instantanément. Afin de pouvoir vider le récipient et le remplir à nouveau, ils sortirent l'enfant, qui se retrouva debout, chancelant sur son pied valide. Nu et dégoulinant d'une eau d'un marron grisâtre, tout en côtes et en coudes.

Ils le regardèrent ; puis échangèrent un coup d'œil, avant de le regarder à nouveau.

« John, je sais bien que j'ai la vue basse, mais dis-moi un peu, est-ce que tu vois quelque chose, là où je ne vois rien ?

« — Ben, non.

« — Un petit loupiot, hein ? Une loupiote, oui. »

Ils firent chauffer des bouilloires à n'en plus finir, frottèrent la peau et les cheveux avec du savon, récurèrent la crasse incrustée sous les ongles. Quand elle fut propre, ils stérilisèrent des pinces à épiler et retirèrent l'épine de son pied – elle tressaillit, mais ne cria pas ; après quoi, ils désinfectèrent la blessure et lui mirent un pansement. Les croûtes autour des yeux, ils les nettoyèrent avec de l'huile de ricin. Traitèrent les piqûres d'insecte à l'aide d'une lotion à la calamine et passèrent une pommade à l'huile d'amande douce sur les lèvres gercées et craquelées. Ils démêlèrent les nœuds de ses longs cheveux. Posèrent des linges mouillés sur son front et ses joues brûlants. Pour finir, ils l'enveloppèrent dans une serviette de toilette propre et l'assirent à la table de la cuisine, où la gouvernante lui donna de la soupe à la cuiller, pendant que John lui pelait une pomme.

Elle engloutit la soupe et les morceaux de pomme en deux temps, trois mouvements. La Missis coupa une tranche de pain qu'elle beurra, et l'enfant la dévora avec un appétit féroce.

Ils la regardaient. Les yeux, nettoyés de leurs croûtes, étaient pareils à des éclats d'émeraude. Les cheveux en séchant prenaient un ton cuivré. Les pommettes ressortaient, larges et proéminentes, dans le petit visage affamé.

« Est-ce que tu penses la même chose que moi ? demanda John.

« — Oui-da !

« — Tu crois qu'on devrait lui dire ?

« — Non.

« — C'est pourtant chez elle, ici

« — Oui. »

Ils réfléchirent un moment.

« Il faudrait peut-être faire venir un docteur ? »

Les pommettes de l'enfant étaient moins enflammées. La Missis posa une main sur son front. Encore un peu chaud.

« On verra comment elle va ce soir. Et on appellera le docteur demain matin.

« — Si besoin est.

« — Ouais. Si besoin est. »

*

« Et c'est ainsi que l'affaire fut réglée, dit Miss Winter. Je suis restée.

« — Quel était votre nom ?

« — La Missis a essayé de m'appeler Mary, mais ça n'a pas marché. John m'appelait Ombre, parce que je lui collais aux basques comme une ombre. C'est lui qui m'a appris à lire, vous savez, dans la serre, à l'aide de catalogues de graines, mais j'ai eu tôt fait de découvrir la bibliothèque. Emmeline, elle, ne me donnait pas de nom. C'était inutile, car j'étais toujours là. On n'a besoin de noms que pour les absents. »

Je réfléchis un moment en silence. L'enfant fantôme. Ni mère, ni nom. L'enfant dont l'existence même était un secret. Impossible de ne pas ressentir de la compassion. Et pourtant...

« Et Aurelius ? Vous saviez ce que c'était que de grandir sans mère ! Pourquoi fallait-il qu'il soit abandonné ? Les ossements retrouvés à Angelfield... Je sais que c'est Adeline qui a tué John-the-Dig, mais que lui est-il arrivé après ? Que s'est-il passé la nuit de l'incendie ? »

Nous parlions dans l'obscurité, et je ne voyais pas son visage, mais elle sembla frissonner quand elle jeta un coup d'œil sur le corps.

« Remontez le drap sur son visage, voulez-vous ? Je vous dirai, pour le bébé. Et pour l'incendie. Mais pour l'instant, vous pourriez peut-être appeler Judith ? Elle ne sait rien encore. Il faut qu'elle fasse venir le docteur Clifton. Il y a des choses qui ne peuvent attendre. »

Quand elle arriva, Judith consacra ses premiers soins aux vivants. Voyant la pâleur de Miss Winter, elle insista pour la mettre au lit et lui faire prendre son médicament. Ensemble, nous poussâmes le fauteuil roulant jusqu'à sa chambre ; Judith l'aida à enfiler sa chemise de nuit, tandis que je lui préparais une bouillotte et rabattais les couvertures.

« Bon, maintenant, je vais appeler le docteur Clifton, dit Judith. Ça vous ennuie de rester avec Miss Winter ? » Mais quelques minutes plus tard, elle réapparaissait sur le seuil de la chambre et me faisait signe de la rejoindre dans l'antichambre.

« Je n'ai pas pu lui parler, murmura-t-elle. La ligne est coupée. À cause de la neige. »

Nous étions isolées.

Je pensai au numéro de téléphone du policier dans mon sac, et je fus soulagée.

Nous décidâmes que je resterais avec Miss Winter pour le premier tour de garde, de manière à permettre à Judith d'aller s'occuper d'Emmeline. Elle viendrait me relever plus tard, quand ce serait l'heure pour Miss Winter de prendre à nouveau son médicament.

La nuit promettait d'être longue.

Le nouveau-né

Sur le lit étroit, seul un mouvement à peine perceptible des couvertures trahissait le corps de Miss Winter. C'est à peine si elle osait respirer, comme si elle craignait une embuscade à tout moment. La lumière de la lampe dessinait son crâne en relief : elle faisait ressortir une pommette pâle, illuminait l'arc blanc du sourcil, enfonçait l'œil dans une flaque d'ombre.

Sur le dossier de ma chaise se trouvait un châle de soie or. Je le drapai sur l'abat-jour pour qu'il tamise la lumière, la réchauffe et l'empêche de tomber aussi brutalement sur le visage de Miss Winter.

Assise sans bouger, je veillais en silence, et quand elle parla, c'est à peine si j'entendis son murmure.

« La vérité ? Voyons voir... »

Les mots restèrent un instant suspendus et tremblants dans l'air, avant de trouver leur chemin et d'entamer leur long voyage.

*

Je n'ai pas été gentille avec Ambrose. J'aurais pu l'être. En d'autres lieux, en d'autres temps, peut-être. La chose n'aurait pas été très difficile : il était grand et fort, et ses cheveux étaient dorés dans le soleil Je savais qu'il me trouvait à son goût, et il ne me laissait pas indifférente. Mais je me suis endurci le cœur. J'étais liée à Emmeline.

« Je ne suis pas assez bien pour toi ? » me demanda-t-il un jour De but en blanc, sans mâcher ses mots.

Je fis semblant de ne pas avoir entendu, mais il insista.

« Si je ne suis pas assez bien, dis-le-moi en face !

« – Tu ne sais pas lire, ni écrire ! »

Il sourit. Prit mon crayon sur l'appui de la fenêtre et se mit à tracer des lettres sur un morceau de papier. Lentement. Les lettres étaient inégales. Mais lisibles. *Ambrose.* Quand il eut fini, il me tendit le papier pour me le montrer.

Je le lui arrachai de la main et en fis une boule que je jetai par terre.

Il cessa de venir à la cuisine boire son thé pendant sa pause. Je buvais le mien assise dans le fauteuil de la Missis, regrettant ma cigarette et guettant le bruit de son pas ou le son métallique de sa bêche. Quand il apportait le gibier, il me faisait passer la sacoche sans un mot, détournant les yeux, le visage figé. Il avait renoncé. Plus tard, un jour où je nettoyais la cuisine, je tombai sur le bout de papier où il avait écrit son nom. J'eus honte et l'enfouis dans la gibecière qui pendait derrière la porte de la cuisine, de manière à ne plus le voir.

Quand me suis-je rendu compte qu'Emmeline était enceinte ? Quelques mois après que le garçon eut cessé de venir boire son thé. Je l'ai compris avant elle ; elle était incapable de remarquer les changements affectant son corps, ou de saisir leurs conséquences. Je l'interrogeai à propos d'Ambrose. J'eus du mal à lui faire comprendre le sens de mes questions, et, de son côté, elle ne voyait pas du tout pourquoi j'étais en colère. « Il était si triste », voilà tout ce que je réussis à lui faire dire. « Tu as été trop dure. » Elle parlait d'une voix douce, pleine de compassion pour le garçon, et désireuse, aussi, d'atténuer ses reproches à mon égard.

J'avais envie de la prendre par les épaules et de la secouer comme un prunier.

« Dis-moi, tu comprends que tu vas avoir un bébé maintenant, oui ou non ? »

Un étonnement passager se lut sur son visage, qui retrouva presque aussitôt son impassibilité. Rien, semblait-il, n'avait le pouvoir de troubler sa sérénité.

Je renvoyai Ambrose. Je lui réglai ses gages jusqu'à la fin de la semaine et le mis dehors. J'évitai de le regarder en lui parlant. Je ne lui fournis aucune raison. Lui ne posa aucune question. « Tu peux aussi bien t'en aller tout de suite », lui dis-je, mais ce n'était pas son genre. Il finit le travail que j'avais interrompu, nettoya scrupuleusement les outils, comme le lui avait appris John, et les rangea dans l'appentis, laissant tout en ordre et parfaitement propre. Puis il frappa à la porte de la cuisine.

« Qu'est-ce que tu vas faire pour la viande ? Tu sais tuer un poulet, au moins ? »

Je fis un signe de dénégation

« Viens voir. »

Il eut un mouvement de tête en direction du poulailler, et je le suivis.

« Faut faire vite. Sans perdre de temps. Et sans se poser de questions. »

Il plongea sur un des volatiles au plumage cuivré qui picoraient à nos pieds et le tint fermement sous son bras. Il mima le geste qui devait lui briser le cou. « Tu vois ? »

J'acquiesçai de la tête.

« Alors essaie. »

Il relâcha le poulet, qui retomba au sol en battant des ailes et se confondit bientôt avec ses voisins.

« Là, maintenant ?

« — Qu'est-ce que t'as à manger pour ce soir ? »

Le soleil luisait sur les plumes des volailles occupées à picorer le sol. Je tendis la main pour en attraper une, mais elle m'échappa. La deuxième me glissa entre les doigts de la même façon. Me saisissant tant bien que mal d'une troisième, je réussis cette fois-ci à la garder. Elle poussait des cris rauques et battait des ailes pour s'échapper, et je me demandai comment le garçon avait fait pour tenir la sienne aussi facilement. Tandis que je m'efforçais de la faire tenir tranquille sous mon bras tout en essayant de lui passer les mains autour du cou, je sentais sur moi l'œil sévère d'Ambrose.

« Faut faire vite », me rappela-t-il. Il doutait de mes capacités, je le compris à sa voix.

J'allais tuer cette bestiole. J'étais déterminée à le faire. Je lui agrippai le cou et serrai. Mais mes mains ne m'obéirent qu'à moitié. Un cri étranglé s'échappa de la gorge du volatile, et j'hésitai une seconde. Un spasme vigoureux et un battement d'ailes, et le poulet se libéra de mon étreinte. Ce n'est que la paralysie engendrée par la panique qui me permit de continuer à le tenir par le cou. Battant des ailes, labourant l'air de ses griffes, il faillit m'échapper complètement.

D'un geste rapide et efficace, le garçon m'enleva des mains le poulet auquel je m'accrochais encore, et lui régla son affaire dans l'instant.

Il me tendit le corps, que je me forçai à prendre. Tiède, lourd, inerte.

Le soleil brillait dans ses cheveux tandis qu'il me regardait. Un regard pire que les griffes, pire que les battements d'ailes affolés. Pire que le corps flasque que je tenais dans les mains.

Sans un mot, il me tourna le dos et s'éloigna.

À quoi aurait bien pu me servir le garçon ? Je ne pouvais disposer de mon cœur : il appartenait à une autre, depuis toujours.

J'aimais Emmeline.

Je crois qu'elle m'aimait aussi, mais Adeline plus encore.

C'est terrible, cet amour entre jumelles. Quand Adeline était là, le cœur d'Emmeline était sien. Elle n'avait aucun besoin de moi, et j'étais laissée de côté, tiers inutile, simple observatrice de leur connivence.

Ce n'est que quand Adeline s'en allait seule battre la campagne qu'il y avait place pour une autre dans le cœur d'Emmeline. Alors, son chagrin était ma joie. Petit à petit, j'arrivais à la faire sortir de sa solitude, à force de caresses, de petits cadeaux de fils argentés et de babioles scintillantes, jusqu'à ce qu'elle en oublie qu'elle avait été abandonnée et accepte l'amitié et la compagnie que je lui proposais. Au coin du feu, nous jouions aux cartes, nous chantions et bavardions. Ensemble, nous étions heureuses.

Jusqu'au retour d'Adeline. Frigorifiée et affamée, elle entrait dans la maison comme une furie, et dès l'instant où elle était là, notre monde à deux prenait fin, et j'étais à nouveau rejetée.

Ce n'était pas juste. Adeline avait beau la battre et lui tirer les cheveux, Emmeline continuait à l'adorer. Adeline avait beau l'abandonner, rien n'y faisait. Elle pouvait faire n'importe quoi, l'amour d'Emmeline était sans réserve. Et moi, dans l'histoire ? Mes cheveux étaient cuivrés comme ceux d'Adeline. Mes yeux, verts, comme les siens. En l'absence d'Adeline, je pouvais tromper n'importe qui. Mais je n'ai jamais pu tromper Emmeline. Son cœur, lui, savait.

Emmeline eut son enfant en janvier.

Personne ne le sut. À mesure qu'elle avait pris du poids, elle s'était faite plus paresseuse, et elle ne voyait guère d'inconvénient à rester dans les limites du domaine. En général, elle ne sortait même pas de la maison, se contentant de bayer aux corneilles dans la bibliothèque, la cuisine ou sa chambre. Personne ne remarqua sa retraite. Qui l'aurait pu ? Notre seul visiteur était Mr Lomax, et il venait à intervalles réguliers et à heures régulières. Rien de plus facile que de la faire disparaître avant qu'il frappe à la porte.

Nos contacts avec le monde extérieur étaient extrêmement réduits. Pour ce qui était de la viande et des légumes, nous nous suffisions à nous-mêmes – j'avais appris à tuer les poulets, sans jamais aimer le faire. Quant aux autres provisions, j'allais moi-même à la ferme chercher le fromage et le lait, et quand, une fois par semaine, l'épicerie du village envoyait un gamin en vélo avec le reste, j'allais à sa rencontre dans l'allée et transportais moi-même le panier jusqu'à la maison. Je me dis qu'il serait judicieux de faire en sorte que quelqu'un aperçoive l'autre jumelle de temps à autre ; aussi, un jour où Adeline semblait relativement calme, je lui donnai l'argent et l'envoyai à la rencontre du livreur. « C'était l'autre, aujourd'hui, l'imaginais-je en train de dire une fois de retour au magasin. Celle qui est bizarre. » Et je me demandais quelle serait la réaction du docteur, si ces propos lui revenaient. Mais il fut bientôt impossible d'utiliser Adeline de cette manière. La grossesse d'Emmeline affectait curieusement sa jumelle, laquelle se découvrit de l'appétit, pour la première fois de sa vie. Elle qui n'était qu'un sac d'os se mit à s'arrondir, et ses seins se développèrent. Il y avait des moments – dans un demi-jour, ou sous certains angles – où moi-même je n'arrivais pas à les distinguer. C'est pourquoi, de temps en temps, le mercredi matin, je me transformais en Adeline. Je m'ébouriffais les cheveux, me noircissais les ongles, prenais un air méchant, et allais à la rencontre du garçon sur sa bicyclette. Rien qu'à voir la vitesse à laquelle je venais vers lui sur l'allée gravillonnée, il savait que c'était « l'autre ». Je voyais ses doigts se crisper nerveusement sur son guidon. Il me jetait un regard furtif tout en me tendant le panier, puis empochait son pourboire et repartait sans demander son reste. La semaine suivante, quand c'était moi, et pas la fausse Adeline, qui venais à sa rencontre, il avait un sourire de soulagement.

Cacher la grossesse d'Emmeline ne fut donc pas difficile. Ce qui me perturba davantage pendant ces mois d'attente, ce fut l'idée de la naissance elle-même. Je n'ignorais rien des dangers de l'enfantement. La mère d'Isabelle n'avait pas survécu à son second accouchement, et cette pensée revenait sans cesse me hanter. Qu'Emmeline puisse souffrir, que sa vie soit mise en danger - voilà qui était proprement insupportable. D'un autre côté, le docteur ne s'était guère conduit en ami avec nous, et il n'était pas question qu'il mette les pieds dans la maison. Il avait vu Isabelle, et l'avait fait enfermer. La même chose ne se reproduirait pas avec Emmeline. Il avait séparé Emmeline et Adeline. Pas question qu'il nous sépare, Emmeline et moi. Et pourtant, comment le faire venir sans aussitôt déclencher des complications sans fin ? Bien qu'il ait fini par se persuader – sans vraiment comprendre le phénomène – que la fille dans le brouillard avait réussi à percer la carapace de l'Adeline muette et quasi catatonique qui avait autrefois passé plusieurs mois chez lui, il aurait tôt fait de découvrir le fin mot de l'histoire s'il venait à comprendre qu'il y avait *trois* filles à Angelfield. Le temps d'une seule visite, disons pour la naissance elle-même, je pouvais enfermer Adeline dans l'ancienne nursery, et le tour serait joué. Mais une fois connue la présence d'un nouveau-né dans la maison, les visites n'en finiraient plus. Et il serait impossible de garder notre secret plus longtemps.

J'étais parfaitement consciente de la fragilité de ma position. Je savais, moi, que j'appartenais à cette maison, que ma place était ici. Je n'avais pas d'autre foyer qu'Angelfield, pas d'autre amour que celui d'Emmeline, pas d'autre vie que celle que j'avais ici, mais cette revendication, j'étais sans illusion sur ce qu'en penseraient les autres. De quels amis pouvais-je disposer ? Ce n'était certainement pas le docteur qui prendrait ma défense, et bien que Mr Lomax se montrât plein de gentillesse à mon égard, son attitude changerait certainement dès qu'il apprendrait que j'avais pris la place d'Adeline. L'affection que nous avions l'une pour l'autre, Emmeline et moi, ne compterait pour rien.

Emmeline, placide, ignorant tout, laissait sereinement s'écouler le temps de sa grossesse. Une période que, de mon côté, je passai dans les affres de l'indécision. Comment préserver la sécurité d'Emmeline ? Et la mienne du même coup ? Tous les jours, je repoussais la décision au lendemain. Au cours des premiers mois, j'étais sûre qu'avec le temps la solution finirait par se présenter d'elle-même. N'avais-je pas jusqu'ici tout résolu, contre toute probabilité ? Alors pourquoi les choses ne s'arrangeraient-elles pas cette fois-ci encore ? Mais à mesure que la date approchait, le problème se faisait plus urgent, et aucune décision n'était en vue. En l'espace d'une minute, j'envisageais aussi bien d'enfiler mon manteau et de me rendre sur-le-champ chez le docteur pour tout lui dire, que de continuer à ne rien faire – car tout avouer c'était tomber le masque, et, ce faisant, me condamner au bannissement. Demain, me disais-je, tout en raccrochant mon manteau. Demain je trouverai quelque chose.

Mais arriva le moment où il n'y eut plus de lendemain.

Je fus réveillée par un cri. *Emmeline !*

Mais ce n'était pas elle. Emmeline gémissait et haletait ; elle était en sueur et grognait comme un animal , les yeux lui sortaient de la tête et elle montrait les dents, mais pas un cri ne s'échappait de sa bouche. Elle ravalait sa douleur et en faisait une force qui, au-dedans, lui permettait de résister. Le cri qui m'avait réveillée et ceux qui continuèrent à résonner partout dans la maison n'étaient pas les siens, mais ceux d'Adeline, et ils ne cessèrent qu'au matin, quand Emmeline donna le jour à son enfant, un garçon.

C'était le 7 janvier.

Emmeline s'endormit, souriant dans son sommeil.

Je baignai le bébé. Il roula de gros yeux, surpris par le contact de l'eau tiède.

Le soleil se levait.

L'heure des décisions était venue, puis repartie, sans que rien n'ait été décidé, et pourtant nous étions là, le désastre derrière nous, saines et sauves.

Ma vie pouvait continuer.

L'incendie

Miss Winter sembla pressentir l'arrivée de Judith, car, quand la gouvernante passa la tête par la porte, elle nous trouva silencieuses. Elle m'avait apporté une tasse de chocolat sur un plateau, mais offrit également de me remplacer si je voulais aller dormir. Je secouai la tête : « Non merci, ça va. »

Miss Winter opposa également un refus à Judith, quand celle-ci lui rappela qu'elle pouvait prendre quelques cachets blancs en plus si elle en éprouvait le besoin.

Une fois Judith partie, Miss Winter referma les yeux

« Comment va le loup ? demandai-je.

« — Tranquille, dans son coin, dit-elle. Pourquoi en serait-il autrement ? Il est sûr de sa victoire. Il se contente donc d'attendre son heure. Il sait que je ne ferai pas d'histoires. Nous avons passé un accord.

« — Un accord ?

« — Il me laisse achever mon récit, après quoi, je le laisse m'achever. »

Elle me raconta donc l'histoire de l'incendie, pendant que le loup commençait le compte à rebours des mots.

*

Je n'avais pas beaucoup pensé au bébé avant qu'il arrive. J'avais tout de même réfléchi aux précautions à prendre pour cacher un nouveau-né dans la maison et imaginé un plan pour son avenir. Mon idée était de garder sa présence secrète pendant un temps, puis de la révéler par la suite. Quitte à faire jaser, nous pourrions le presenter comme l'orphelin d'un membre éloigné de la famille, et si les gens s'interrogeaient sur son origine, libre à eux ; rien de ce qu'ils pourraient dire ou faire ne nous obligerait à révéler la vérité. En échafaudant ce plan, je n'avais considéré l'enfant que comme un problème à résoudre. À aucun moment je n'avais pris en compte le fait qu'il était mon sang et ma chair. Je n'avais pas prévu que je pourrais l'aimer.

C'était l'enfant d'Emmeline, ce qui, en soi, était une raison suffisante. Et c'était celui d'Ambrose. Là-dessus, je préférais ne pas m'attarder. Mais c'était aussi le mien. Je m'émerveillais de sa peau nacrée, du bouton de rose de ses lèvres, des mouvements hésitants de ses mains minuscules. J'étais possédée du désir furieux de le protéger : pour l'amour d'Emmeline, pour l'amour de lui, et pour moi-même. Quand ils étaient ensemble, Emmeline et lui, je ne pouvais en détacher les yeux. Ils étaient si beaux. Je ne voulais qu'une chose : leur sécurité. Et je ne tardai pas à découvrir qu'à cette fin, ils avaient besoin d'un gardien.

Adeline a tout de suite été jalouse du petit. Plus qu'elle ne l'avait jamais été d'Hester, ou de moi. Rien là d'étonnant. Si Emmeline avait beaucoup apprécié Hester, et si elle m'aimait, aucune de nous n'avait jamais supplanté Adeline dans son cœur. Mais le bébé... c'était autre chose. Il accaparait tout son amour.

La haine farouche d'Adeline n'aurait pas dû me surprendre. Je savais quelles couleurs pouvait prendre sa colère, j'avais été témoin des ravages de sa violence. Et pourtant, le jour où je compris jusqu'où elle risquait de se laisser entraîner, j'eus peine à le croire. En passant devant la chambre d'Emmeline, je poussai silencieusement la porte pour voir si elle dormait toujours. Je trouvai Adeline dans la pièce, penchée au-dessus du berceau, et pris peur en voyant sa posture. Elle sursauta en m'entendant, se retourna et se précipita hors de la pièce. Ses doigts agrippaient un petit coussin.

Je bondis jusqu'au berceau. L'enfant dormait à poings fermés, exhalant son souffle délicat de tout-petit.

Sain et sauf !

Jusqu'à la prochaine fois.

Je me mis à épier Adeline. Mon ancienne expérience de fantôme hantant les lieux me fut bien utile pour choisir mes postes d'observation, derrière un rideau ou un if. Son attitude était totalement incohérente ; à l'intérieur comme à l'extérieur de la maison, quel que fût le moment de la journée ou le temps qu'il faisait, elle se livrait à des actes répétitifs et dénués de sens. Elle obéissait à des impulsions qui dépassaient mon entendement. Mais bientôt, une de ses occupations retint particulièrement mon attention. Une fois, deux fois, trois fois dans la journée, elle se rendait à la remise et en repartait avec un bidon d'essence, qu'elle transportait jusque dans le salon, la bibliothèque ou le jardin. Puis elle semblait s'en désintéresser. Elle savait certes ce qu'elle faisait, mais de loin, paraissant oublier ce qu'elle avait commencé. Hors de sa vue, je m'arrangeais pour faire disparaître les bidons. Comment s'expliquait-elle leur disparition ? Elle devait penser qu'ils étaient animés d'une vie propre et pouvaient se déplacer à leur guise. À moins qu'elle ait pris le souvenir qu'elle gardait de leur transport pour un rêve ou un projet encore à réaliser. Quoi qu'il en soit, cela ne lui semblait pas bizarre, apparemment, de ne pas les retrouver là où elle les avait laissés. Et, en dépit de leur obstination à disparaître, elle persistait à aller chercher ses bidons dans la remise et à les cacher dans divers endroits de la maison.

J'avais l'impression de passer la moitié de mon temps à remettre les bidons à leur place. Mais un jour, ne voulant pas laisser Emmeline et le bébé endormis sans protection, j'en laissai un dans la bibliothèque. Hors de vue, derrière les livres, sur un rayon du haut. Et il me vint alors à l'esprit que c'était peut-être un meilleur endroit En effet, en rapportant systématiquement les bidons dans la remise, je ne faisais rien pour que ce manège cesse un jour. Ce n'est qu'en les retirant complètement de la circulation que je pouvais espérer mettre un terme à cette comédie.

Surveiller ainsi Adeline sans arrêt m'épuisait. Elle, en revanche, rien ne la fatiguait. Quelques heures de repos, et elle repartait de plus belle. Elle était capable de se lever et de vaquer à ses occupations à n'importe quelle heure de la nuit. Alors que moi, je commençais à manquer sérieusement de sommeil. Un jour, tôt dans la soirée, Emmeline alla se coucher. Le petit était dans son berceau dans la chambre de sa mère. Il avait eu la diarrhée et était resté éveillé à pleurer toute la journée, mais maintenant, se sentant sans doute mieux, il dormait profondément.

Je tirai les rideaux.

Il était l'heure d'aller voir ce que faisait Adeline. J'étais lasse de cette vigilance incessante. Condamnée à veiller sur Emmeline et son enfant quand ils dormaient et à surveiller Adeline quand ils étaient éveillés, c'est à peine si je dormais moi-même. Quel calme dans la chambre ! La respiration d'Emmeline me détendait, m'apaisait. Et, avec elle, cette caresse dans l'air qui était le souffle léger du bébé. Je me souviens de les avoir écoutés, d'avoir goûté cette harmonie, cette tranquillité, d'avoir pensé à une manière de rendre la scène – c'était là un de mes passe-temps favoris, la mise en mots des choses que je voyais ou entendais –, et de m'être dit qu'il me faudrait décrire la façon dont ce souffle semblait me pénétrer, prendre le relais du mien, comme si nous formions tous une seule et même entité, Emmeline, moi et notre bébé, trois êtres partageant la même respiration. Cette idée ne me lâchait plus, et je m'assoupis ; bientôt, je les avais rejoints dans le sommeil.

Quelque chose me réveilla. Comme un chat, je fus sur le qui-vive avant même d'avoir ouvert les yeux. Je ne bougeai pas, m'obligeai à respirer régulièrement, tout en observant Adeline entre mes cils.

Elle se pencha sur le berceau, souleva le bébé, et se dirigea vers la porte. J'aurais pu l'appeler pour l'arrêter. Mais je n'en fis rien. Si j'étais intervenue, elle aurait tout simplement reporté son projet, tandis qu'en la laissant poursuivre, je pouvais découvrir ce qu'elle avait en tête et y mettre un terme une bonne fois pour toutes. L'enfant remua dans ses bras. Il semblait vouloir se réveiller. Il n'aimait pas être dans d'autres bras que ceux d'Emmeline, et ne se laissait pas tromper même par une jumelle.

Je la suivis au rez-de-chaussée, jusqu'à la bibliothèque, et jetai un œil par la porte qu'elle avait laissée entrouverte. Le petit était sur le bureau, près de la pile de livres que je ne remettais jamais en place parce que je ne cessais de les relire. À côté de ce rectangle bien net, je vis les plis de la couverture bouger. J'entendis les gémissements étouffés de l'enfant. Il était réveillé.

Adeline, elle, était agenouillée devant la cheminée. Elle prit des morceaux de charbon dans le seau, des bûches dans le tas qui se trouvait à proximité, et déposa le tout au hasard dans le foyer. Elle ne savait pas faire un feu. J'avais appris, moi, grâce à la Missis, à disposer correctement le papier, les brindilles, le charbon et les bûches ; les feux préparés par Adeline étaient faits en dépit du bon sens, et n'auraient jamais dû prendre.

Je me rendis bientôt compte de ce qu'elle cherchait à faire.

Elle n'allait pas réussir, tout de même ? Les cendres étaient à peine tièdes, et ni le charbon ni les bûches n'arriveraient à s'enflammer ; par ailleurs, je ne laissais jamais ni petit bois ni allumettes à portée de main. Son feu défiait toutes les règles ; jamais il ne prendrait. Je n'arrivai pourtant pas à me rassurer complètement. Si elle voulait des flammes, son désir était de fait tout le combustible dont elle avait besoin. Elle n'avait qu'à regarder un objet intensément pour qu'il lance des étincelles. Elle était douée d'un pouvoir incendiaire quasi magique qui faisait que, pour peu qu'elle se montrât suffisamment déterminée, elle aurait pu mettre le feu à une mare.

Horrifiée, je la regardai placer le bébé, toujours enveloppé dans sa couverture, sur les charbons.

Puis elle jeta un regard autour d'elle. Que cherchait-elle ?

Quand elle se dirigea vers la porte et l'ouvrit, je reculai vivement dans l'ombre. Mais ce n'était pas après moi qu'elle en avait. Elle était en quête d'autre chose. Elle prit le couloir sous l'escalier et disparut.

Je courus jusqu'à la cheminée et enlevai l'enfant de son bûcher. J'enveloppai rapidement sa couverture autour d'un coussin mangé aux mites qui traînait sur une chaise longue et le plaçai sur les charbons. Mais il était maintenant trop tard pour fuir. J'entendais des pas sur les dalles en pierre, et le bruit métallique de quelque chose qu'on traînait par terre, un bidon d'essence qui raclait le sol ; quand la porte s'ouvrit, j'eus tout juste le temps de reculer dans une des baies de la bibliothèque.

Chut, suppliai-je intérieurement, *je t'en prie, surtout ne pleure pas*, et je serrai l'enfant contre moi, pour lui donner l'illusion de la chaleur de sa couverture.

Devant le feu, la tête inclinée sur le côté, Adeline examinait son œuvre. Qu'est-ce qui n'allait pas ? Avait-elle remarqué le changement ? Apparemment non. Elle regarda à nouveau autour d'elle. Mais que cherchait-elle ?

Le bébé remua, agita les bras, raidit les jambes et le dos, autant de signes annonciateurs de pleurs imminents. Je le réinstallai, appuyai sa tête lourde contre mon épaule, sentis son souffle sur mon cou. *Ne pleure pas. Je t'en supplie, ne pleure pas.*

Il se calma, et je reportai mon attention sur Adeline.

Mes livres. Sur le bureau. Ceux devant lesquels je ne pouvais passer sans les ouvrir au hasard, pour le simple plaisir de quelques mots, pour une brève salutation. Comme c'était incongru de les voir entre ses mains ! Adeline avec un livre ? Le monde à l'envers. Au moment où elle ouvrit la couverture, je pensai, victime d'une brève illusion, qu'elle allait vraiment se mettre à lire...

Elle se mit à arracher les pages par poignées et à les éparpiller sur le bureau. Certaines glissèrent et tombèrent par terre. Quand elle eut fini, elle prit de grosses liasses à la fois qu'elle froissa pour en faire des espèces de boules. À une allure vertigineuse. Un vrai tourbillon. Mes jolis petits volumes, soudain réduits à une montagne de papier. Dire qu'un livre pouvait contenir autant de papier ! J'aurais voulu crier, mais quoi ? Tous ces mots, ces mots si beaux, déchirés et chiffonnés, et moi, dans l'ombre, muette.

Elle rassembla une brassée de papier qu'elle porta sur la couverture blanche dans le foyer. Par trois fois, je la regardai aller du bureau à la cheminée, les bras chargés de pages, jusqu'à ce que celles-ci fassent une pile très haute dans l'âtre. *Jane Eyre, Les*

Hauts de Hurlevent, La Dame en blanc... Des boules de papier tombaient du sommet du bûcher, certaines roulant jusqu'au bord du tapis pour aller rejoindre celles qu'elle avait lâchées en chemin.

L'une d'elles vint s'arrêter à mes pieds, et, sans bruit, je me penchai pour la ramasser.

Ah ! la sensation insupportable du papier froissé ; tous ces mots lâchés dans la nature, s'égarant dans toutes les directions, désormais dépourvus de sens. J'en avais le cœur brisé.

La fureur s'empara de moi, m'emportant comme un morceau d'épave flottante, incapable de voir ou de respirer ; elle grondait comme un océan dans ma tête. J'aurais pu hurler, bondir comme une forcenée de ma cachette et frapper cette folle, mais j'avais le trésor d'Emmeline dans mes bras, et je restai donc à regarder sans bouger, tremblant et pleurant en silence, tandis que sa sœur profanait *mon* trésor.

Elle parut enfin satisfaite de son œuvre. Et pourtant, de quelque façon qu'on la regardât, la montagne érigée dans le foyer ne ressemblait à rien. C'est fait tout de travers, aurait dit la Missis, ça ne prendra jamais, il faut mettre le papier dessous. Même si elle avait bâti son feu dans les règles de l'art, sans allumettes, elle était incapable de l'allumer. Et en admettant qu'elle en ait trouvé, elle n'arriverait pas pour autant à ses fins puisque l'enfant, la victime qu'elle voulait immoler, était dans mes bras. Mais, à supposer que je ne me sois pas trouvée là pour l'arrêter ? À supposer que je n'aie pas sauvé le petit et qu'elle l'ait fait brûler vif ? Comment pouvait-elle imaginer un instant retrouver l'affection de sa sœur en brûlant son enfant ?

C'était le feu d'une folle à lier.

Dans mes bras, le bébé s'agita et ouvrit la bouche pour crier. Que faire ? Je profitai de ce qu'Adeline avait le dos tourné pour quitter ma cachette sur la pointe des pieds et gagner en toute hâte la cuisine.

Il fallait que je mette le petit en sécurité, avant de m'occuper d'Adeline. Mon esprit travaillait à toute vitesse, échafaudant un plan après l'autre. Emmeline n'aura plus d'amour à donner à sa sœur quand elle comprendra ce que celle-ci a essayé de faire. Il n'y aura alors plus qu'elle et moi. Nous dirons à la police que c'est Adeline qui a tué John-the-Dig, et ils l'arrêteront. Ou plutôt non, nous avertirons Adeline qu'à moins qu'elle quitte Angelfield nous dirons tout à la police... Et, brusquement, j'eus une inspiration. C'était nous qui allions quitter Angelfield. Oui, Emmeline et moi, avec l'enfant, et nous commencerions une nouvelle vie, sans Adeline, loin d'Angelfield, mais ensemble.

Et la chose me sembla soudain si simple que je me demandai comment j'avais fait pour ne pas y avoir pensé plus tôt.

La gibecière d'Ambrose est pendue à un crochet à la porte de la cuisine. En deux secondes, j'ai défait les attaches et enveloppé l'enfant dans ses plis. L'avenir m'apparaît sous un jour si radieux qu'il semble avoir plus de réalité que le présent, et j'enfouis la page de *Jane Eyre* dans la gibecière, pour la mettre à l'abri elle aussi, en même temps qu'une cuillère qui se trouve sur la table. Nous en aurons besoin, sur le chemin de notre nouvelle vie.

Mais pour l'instant, où aller ? Quelque part à proximité de la maison, un endroit où il n'y aura rien qui puisse blesser le bébé, où il aura assez chaud pendant les quelques minutes qu'il me faudra pour revenir à la maison chercher Emmeline et la convaincre de me suivre...

Pas la remise. Adeline s'y rend parfois. L'église ? Oui, voilà un endroit où elle ne met jamais les pieds.

Je descends l'allée en courant, passe sous le porche d'entrée du cimetière, et pénètre dans l'église. Les bancs de devant disposent de petits coussins en tapisserie pour se mettre à genoux. Je les arrange pour en faire un lit, où je dépose le bébé.

Maintenant, vite à la maison.

Je suis presque arrivée, quand mon avenir s'écroule comme un château de cartes. Des fragments de verre volent dans l'air, une vitre éclate, puis une autre, et une lumière sinistre, dévorante, se répand dans la bibliothèque. Le cadre vide de la fenêtre révèle un feu liquide qui arrose la pièce à mesure que les bidons d'essence explosent dans la fournaise. Et me fait voir deux formes humaines.

Emmeline !

Je cours. L'odeur du feu me prend à la gorge dès mon entrée dans le hall, même si le sol en pierre et les murs sont encore frais ; le feu n'a pas de prise ici. Mais à la porte de la bibliothèque, je m'arrête. Les flammes montent en vagues à l'assaut des rideaux, les rayonnages s'embrasent, la cheminée elle-même est transformée en brasier infernal. Au centre de la pièce, les jumelles. Un moment, au milieu des crépitements et de la chaleur suffocante, je reste clouée sur place. Stupéfaite. Car Emmeline, la passive, la docile Emmeline, est en train de rendre coup pour coup, morsure pour morsure. Face à sa sœur, elle n'a jamais riposté auparavant, mais elle le fait aujourd'hui. Pour son enfant.

Autour d'elles, au-dessus de leurs têtes, se succèdent des explosions de lumière à mesure qu'éclatent les bidons d'essence, et une pluie de feu s'abat sur la pièce.

J'ouvre la bouche pour crier à Emmeline que le bébé est sain et sauf, mais la première bouffée d'air que j'inhale n'est que fumée brûlante, et je m'étouffe.

Je saute par-dessus les flammèches, les contourne, évite les brandons qui tombent du plafond, écarte le feu de mes mains, tape sur mes vêtements pour les empêcher de s'enflammer. Quand j'atteins les deux sœurs, je ne les vois pas, mais tâtonne à l'aveuglette dans la fumée. Mon contact les fait sursauter, et elles se séparent aussitôt. Arrive un moment où je distingue clairement Emmeline, qui me voit elle aussi. Je l'attrape par la main et l'entraîne, à travers les flammes, à travers le feu, jusqu'à la porte. Mais quand elle comprend ce que je cherche à faire – l'éloigner du feu, pour la mettre en sécurité –, elle s'arc-boute et s'arrête. Je la tire par le bras.

« Il est hors de danger. » Ma voix est rauque, mais les mots sont audibles malgré tout.

Pourquoi ne comprend-elle pas ?

J'essaie à nouveau. « Le bébé. Je l'ai mis à l'abri. »

Impossible qu'elle ne m'ait pas entendue ! Inexplicablement, elle résiste à mes efforts pour l'entraîner, et soudain sa main échappe à la mienne. Où est-elle ? Tout est noir autour de moi.

J'avance en chancelant dans les flammes, me heurte à elle, la saisit à nouveau et tire.

Mais elle refuse de rester avec moi, et repart vers l'intérieur de la pièce.

Pourquoi ?

Elle est liée à sa sœur.

Indissolublement liée.

Aveuglée, les poumons en feu, je la suis dans la fumée.

Ce lien, je le briserai.

Fermant les yeux pour les protéger de la chaleur, je plonge dans la bibliothèque, mains tendues, explorant les ténèbres. Quand elles atteignent Emmeline, je ne la lâche plus. Je refuse de la voir mourir. Je la sauverai malgré elle. Et bien qu'elle résiste, je l'entraîne comme une forcenée jusqu'à la porte et la lui fais franchir.

C'est une porte en chêne. Lourde. Qui ne brûle pas facilement. Je la pousse pour la refermer derrière nous, et j'entends le loquet retomber.

Elle fait un pas en avant pour la rouvrir. Au mépris de sa vie, elle obéit à cette force qui l'attire à l'intérieur.

La clé, qui est engagée dans la serrure et n'a pas servi depuis l'époque d'Hester, est brûlante. Une douleur atroce me vrille la main quand je donne un tour. Je ne subis aucune autre blessure cette nuit-là, mais la clé marque ma paume au fer rouge, et je sens l'odeur de ma chair brûlée. Emmeline tend le bras pour agripper la clé et déverrouiller la porte. Le métal la brûle, et pendant qu'elle est encore sous le choc, je la saisis par le poignet.

Un grand cri emplit soudain ma tête. Sorti d'une gorge humaine ou produit par l'incendie lui-même ? Je ne sais même pas s'il vient de l'intérieur de la pièce ou de l'extérieur. D'abord guttural, il s'enfle à mesure qu'il monte pour atteindre un pic d'intensité suraigu, et quand je le crois au bout de sa course, il continue, incroyablement sourd, incroyablement long, un son sans fin qui emplit le monde et l'engloutit pour le contenir tout entier.

Puis le cri s'éteint, et seul demeure le grondement de l'incendie.

Dehors. La pluie. L'herbe est trempée. Nous nous affalons sur le sol, roulons dans l'herbe mouillée pour humidifier nos vêtements et nos cheveux roussis, rafraîchir nos chairs calcinées. Nous restons là, allongées sur le dos, aplaties sur le sol. J'ouvre la bouche, et je bois la pluie. Qui tombe sur mon visage, rafraîchit mes yeux, et me permet de voir à nouveau. Jamais je n'ai vu un ciel comme celui-ci, d'un indigo profond, parcouru de nuages rapides d'un noir d'ardoise, tandis que tombent les lames argentées de la pluie, et que, de temps à autre, un panache de feu orange vif surgit de la maison et répand une brève averse d'étincelles. Un éclair fend le ciel en deux, puis un autre, et un autre encore.

Le bébé. Il faut que je parle du bébé à Emmeline. Elle sera heureuse de savoir que je l'ai sauvé. Tout ira mieux après.

Je me tourne vers elle et ouvre la bouche pour parler. Mais son visage...

Son pauvre visage, si beau, est rouge et noir, à vif, maculé de sang et de fumée.

Ses yeux, ses yeux verts, détruits, aveugles, morts.

Je regarde ce visage et n'y retrouve plus ma bien-aimée.

« Emmeline ? dis-je dans un murmure. Emmeline ? »

Pas de réponse.

Je sens mon cœur défaillir. Qu'ai-je fait ? Aurais-je... ? Est-il possible que... ?

Je ne supporte pas de savoir.

Je ne supporte pas de ne pas savoir.

« Adeline ? » Ma voix meurt dans ma gorge.

Mais elle – elle qui peut être l'une ou l'autre, qui pourrait être ou ne pas être, cette enfant chérie, ce monstre, celle dont j'ignore qui elle est – ne répond pas.

Des gens arrivent. Qui remontent l'allée en courant. Des cris affolés dans la nuit.

Je me lève à demi et m'éloigne vivement. Courbée en deux, pour ne pas être vue. Ils arrivent près de la fille étendue dans l'herbe, et quand je suis sûre qu'ils l'ont trouvée, je la leur abandonne. Dans l'église, je passe la gibecière sur mon épaule, plaque à mon côté l'enfant dans son porte-bébé et me mets en route.

Dans les bois, tout est calme. La pluie, ralentie par la voûte des arbres, tombe doucement sur les broussailles. L'enfant pleurniche, puis s'endort. Mes pas me portent vers une petite maison située à l'autre bout de la forêt. Je la connais, cette maison. Je l'ai souvent vue au cours de mes années de fantôme. Elle est habitée par une femme, qui y vit seule. En l'observant à la dérobée par la fenêtre, occupée à tricoter ou à faire la cuisine, je lui ai toujours trouvé l'air gentil, et quand il est question dans les livres que je lis de grand-mères ou de marraines gâteau, c'est toujours son visage que je leur donne.

C'est à elle que je porte le bébé. Je jette un coup d'œil par la fenêtre, comme je l'ai si souvent fait, et la vois à sa place habituelle, devant le feu, en train de tricoter. Songeuse et tranquille. Elle est occupée à défaire son tricot, à tirer sur la laine, ses aiguilles posées sur la table à côté. Il y a un endroit sec sur le perron pour le bébé. Je l'installe là avant d'aller me poster derrière un arbre.

Elle ouvre la porte. Prend l'enfant dans ses bras. À voir son expression, je sais qu'il sera en sécurité avec elle. Elle lève les yeux et regarde autour d'elle. Dans ma direction. Comme si elle avait vu quelque chose. Ai-je trahi ma présence en faisant bruire les feuilles ? L'idée me vient de sortir de ma cachette. Je suis sûre qu'elle se montrerait amicale. Mais j'hésite, et le vent change de direction. Je sens l'odeur du feu en même temps qu'elle. Elle tourne la tête, regarde le ciel, sursaute en voyant la fumée qui monte au-dessus de l'endroit où se trouve le manoir d'Angelfield. Puis la perplexité se lit sur son visage. Elle approche le bébé de son visage et renifle. Il a sur lui l'odeur du feu, transmise par mes vêtements. Un autre coup d'œil à la fumée, et elle recule d'un pas décidé dans la maison, avant de refermer la porte.

Je suis seule.

Sans nom.

Sans foyer.

Sans famille.

Je ne suis rien.

Je n'ai nulle part où aller.

Personne qui m'appartienne.

Je baisse les yeux sur ma main brûlée, mais ne sens pas la douleur.

Quel genre de créature suis-je donc ? Suis-je même encore en vie ?

Je pourrais aller n'importe où, mais je retourne à Angelfield. C'est le seul endroit que je connaisse.

Je sors du couvert des arbres et je m'approche. Une voiture de pompiers. Des villageois, des seaux à la main, un peu en arrière, étourdis, le visage noirci par la fumée, qui regardent les pompiers lutter contre les flammes. Des femmes, hypnotisées par la fumée qui monte dans le ciel sombre. Une ambulance. Le docteur Maudsley, penché sur une forme humaine étendue dans l'herbe.

Personne ne me voit.

Je me tiens à la frange de toute cette activité, invisible. Peut-être que je ne suis vraiment rien. Peut-être que personne ne peut me voir. Que j'ai péri dans l'incendie et que je ne m'en suis pas encore rendu compte. Peut-être ne suis-je en définitive que ce que j'ai toujours été : un fantôme.

C'est alors qu'une des femmes regarde dans ma direction.

« Là, crie-t-elle, en me montrant du doigt. Elle est là ! » Et les gens se retournent. Ouvrent de grands yeux. Une des femmes court prévenir les hommes. Qui se détournent de l'incendie et regardent eux aussi. « Dieu merci ! » dit quelqu'un.

J'ouvre la bouche pour dire... quoi, au juste, je n'en sais rien. Et la referme. Je reste là, à remuer les lèvres, sans qu'il en sorte rien, ni voix ni mots.

« N'essaie pas de parler », dit le docteur Maudsley, qui est à mon côté maintenant.

Je regarde la fille étendue sur la pelouse. « Elle s'en tirera », dit le docteur.

Je regarde la maison.

Les flammes. Mes livres. Je ne crois pas que je vais pouvoir le supporter. Je me souviens de la page de *Jane Eyre*, la boule de mots que j'ai sauvée des flammes. Je l'ai abandonnée derrière moi, avec l'enfant.

Je me mets à pleurer.

« Elle est en état de choc, dit le docteur à une des femmes. Veillez à ce qu'elle ne prenne pas froid et restez avec elle pendant que nous transportons sa sœur dans l'ambulance. »

Une femme s'approche de moi, pleine de sollicitude. Elle ôte son manteau et m'en enveloppe, tendrement, comme si elle était en train d'habiller un bébé, avant de me chuchoter : « Ne t'inquiète pas, ça va aller, ta sœur va se remettre, oh, ma pauvre petite ! »

On soulève la fille qui est dans l'herbe, et on la dépose sur la civière dans l'ambulance. Puis on m'aide à monter à mon tour. On m'assied en face d'elle. Et on nous emmène à l'hôpital.

Cette fille, devant moi, fixe le néant. De ses yeux ouverts, vides. Très vite, je cesse de la regarder. L'ambulancier se penche sur elle, s'assure qu'elle respire toujours, et se tourne vers moi.

« Et si on regardait cette main, hein ? »

Je tiens ma main droite enfermée dans la gauche, et si je n'ai pas vraiment conscience de la douleur, mon corps, lui, me trahit.

L'homme prend ma main, et je lui laisse déplier les doigts l'un après l'autre. Une marque est profondément imprimée dans la peau. Celle de la clé.

« Ça s'arrangera, me dit-il. Ne t'inquiète pas. Alors toi, c'est Adeline ou Emmeline ? »

Il désigne l'autre d'un geste. « Elle, c'est Emmeline ? »

Je suis incapable de répondre, de retrouver mes sensations, de bouger.

« Ça n'a pas d'importance, finit-il par dire. Tout viendra en son temps. »

Il renonce à se faire comprendre. Marmonne entre ses dents : « Il faut pourtant bien te donner un nom. Adeline, Emmeline, Emmeline, Adeline. C'est du cinquante-cinquante, quoi. On finira bien par savoir. »

L'hôpital. Les portes de l'ambulance qui s'ouvrent. Bruit et va-et-vient. Des voix qui parlent vite. Le brancard, soulevé sur un chariot à roulettes et emporté à la hâte. Une chaise roulante pour moi. Des mains sur mes épaules. « Asseyez-vous, mon enfant. » La chaise qui commence à rouler. Une voix dans mon dos. « Ne vous en faites pas, ma petite. On va s'occuper de vous et de votre sœur. Vous êtes hors de danger, Adeline. »

*

Miss Winter dormait.

Le relâchement attendrissant de la bouche ouverte, vulnérable, une touffe de cheveux indisciplinée qui refusait de rester collée à la tempe. Dans son sommeil, elle avait à la fois l'air très vieille, et très jeune. À chacune de ses respirations, la couverture se soulevait et retombait sur ses frêles épaules, et chaque fois, le bord effrangé lui effleurait le visage. Elle n'en semblait pas consciente, mais je me penchai malgré tout au-dessus d'elle pour rabattre drap et couverture et lisser la boucle de cheveux pâles pour la remettre en place.

Elle ne bougea pas. Était-elle vraiment endormie, ou avait-elle déjà sombré dans l'inconscience ?

Je ne saurais dire combien de temps je suis restée là à la regarder. Il y avait une pendule dans la chambre, mais le mouvement de ses aiguilles n'avait pas plus de sens qu'une carte de la surface de la mer. Vague après vague, le temps venait s'échouer sur moi, tandis que je restais assise, les yeux clos, sans dormir, avec la vigilance d'une mère qui écoute la respiration de son enfant.

Quant à ce qui s'est passé ensuite, je ne saurais rien affirmer. Est-il possible que, sous l'effet de la fatigue, j'aie eu une hallucination ? Me suis-je endormie, ai-je rêvé ? Ou bien Miss Winter m'a-t-elle vraiment parlé une dernière fois ?

Je donnerai votre message à votre sœur.

Dans un sursaut, j'ouvris les yeux ; les siens étaient fermés. Elle semblait dormir aussi profondément qu'avant.

Je ne vis pas le loup quand il arriva. Ne l'entendis pas. Je ne me souviens que d'une chose : peu avant l'aube, je pris conscience d'un grand silence, et je compris que mon souffle était le seul qui habitait encore la pièce.

DÉBUTS

Neige

Miss Winter mourut, et la neige continua de tomber.

Quand Judith arriva, elle resta un moment à la fenêtre, à contempler avec moi l'illumination surnaturelle du ciel nocturne. Puis, quand la blancheur s'altéra, signalant le lever du jour, elle m'envoya au lit

Je me réveillai vers la fin de l'après-midi.

La neige, qui avait déjà coupé le téléphone, atteignait maintenant l'appui des fenêtres et s'entassait jusqu'à mi-hauteur des portes. Elle nous isolait du reste du monde aussi sûrement qu'une clé de prison. Miss Winter s'était évadée ; ainsi que la femme que Judith appelait Emmeline, mais que j'évitais, moi, de nommer. Nous autres, Judith, Maurice et moi-même, étions pris au piège.

Le chat ne tenait pas en place. La neige le perturbait ; il n'aimait pas ce changement d'apparence dans son univers. Il passait d'un appui de fenêtre à un autre en quête de son monde disparu, et miaulait avec insistance devant chacun de nous à tour de rôle, comme si nous possédions le pouvoir de le lui rendre. Par comparaison, la perte de ses maîtresses était un événement secondaire, qui, en admettant qu'il l'ait remarqué, le laissait totalement indifférent.

La neige nous avait bloqués sur une voie de garage du temps, et chacun de nous essayait à sa manière de faire face à la situation. Judith, imperturbable, prépara de la soupe de légumes, nettoya les placards de la cuisine et, quand les tâches vinrent à lui manquer, se fit les ongles et un masque facial. Rongeant son frein devant l'inaction forcée et l'obligation de rester à l'intérieur, Maurice s'absorbait dans d'interminables réussites, mais quand il lui fallut boire son thé sans lait, par nécessité, Judith joua au rami avec lui, histoire de lui en faire oublier l'amertume.

Quant à moi, je passai deux jours à mettre mes dernières notes au propre, mais quand j'en eus terminé, je découvris que je n'arrivais pas à me concentrer sur un livre. Sherlock Holmes lui-même était incapable de s'imposer à moi dans ce paysage enfoui sous la neige. Seule dans ma chambre, je passai un long moment à disséquer ma mélancolie, essayant de définir ce que je croyais être un nouvel élément dans sa composition. Je me rendis compte que Miss Winter me manquait. Espérant trouver un remède dans la compagnie de mes semblables, je me rendis à la cuisine. Maurice fut ravi de pouvoir jouer aux cartes avec moi, même si je ne connaissais que des jeux d'enfant. Puis, pendant que les ongles de Judith séchaient, je préparai le chocolat et le thé sans lait, et, plus tard, laissai Judith me limer et me vernir les ongles.

C'est ainsi que nous attendîmes que passent les jours, nous trois et le chat, enfermés avec nos morts, tandis que la vieille année semblait s'attarder bien au-delà du temps qui lui était imparti.

Le cinquième jour, je m'abandonnai à un immense chagrin.

J'avais fait la vaisselle, et Maurice l'avait essuyée, tandis que Judith, assise à la table, faisait des réussites. Nous étions heureux de rompre de temps à autre la monotonie de notre existence. Une fois la vaisselle terminée, je les laissai pour me rendre au salon. Les fenêtres donnaient sur la partie du jardin située à l'abri de la maison, et la neige y était moins haute que sur le devant. J'ouvris une fenêtre, grimpai sur l'appui et partis dans la neige, noyée dans la blancheur. Toute la douleur que j'avais tenue à distance pendant des années à coups de livres et de bibliothèques me frappait maintenant de plein fouet. Sur un banc protégé par une haie de grands ifs, je m'abandonnai à un désespoir aussi vaste et profond que la neige elle-même, et tout aussi pur. Je pleurai sur le sort de Miss Winter, de son fantôme, d'Adeline et d'Emmeline. Sur celui de ma sœur, de ma mère et de mon père. Et plus encore sur le mien. Ma souffrance était celle du nouveau-né qui vient d'être séparé de son autre moitié ; de l'enfant penchée sur une vieille boîte en métal, horrifiée de sa découverte ; la souffrance enfin de l'adulte assise sur un banc et pleurant dans le silence et la lumière hallucinatoires de la neige.

Quand je revins à moi, le docteur Clifton était à mon côté. Il m'entoura les épaules de son bras. « Je sais, me dit-il, je sais. »

Il ne savait pas, bien sûr. Pas vraiment. Et pourtant, ce sont là les mots qu'il prononça et qui m'apaisèrent. Car je comprenais ce qu'il voulait dire. Nous avons tous nos peines, et même si leur contour, leur poids et leur étendue sont différents pour chacun d'entre nous, la couleur du chagrin est la même pour tous. « Je sais », dit-il, parce qu'il était humain, et c'est pourquoi, d'une certaine manière, il savait.

Il me ramena à l'intérieur, vers la chaleur.

« Mon Dieu ! s'exclama Judith. Je fais un chocolat ?

« — Avec une goutte de cognac, si ça ne vous ennuie pas », dit le médecin.

Maurice tira une chaise à mon intention et se mit à recharger le feu.

Je bus le chocolat à petites gorgées. Il y avait du lait : le docteur en avait apporté en venant avec le fermier sur son tracteur.

Judith m'enveloppa dans un châle, avant de se mettre à éplucher les pommes de terre pour le dîner. Elle, Maurice et le docteur Clifton échangeaient une remarque de temps à autre – le menu de ce soir, les flocons moins gros maintenant, le temps qu'il faudrait pour que le téléphone soit rétabli –, et, ce faisant, s'efforçaient de remettre en route le laborieux processus de la vie que la mort avait momentanément suspendu.

Peu à peu, les remarques isolées finirent par se fondre les unes dans les autres, donnant naissance à une conversation.

J'écoutai leurs voix et, au bout d'un moment, me joignis à eux.

Joyeux anniversaire

Je rentrai à la maison.

À la librairie.

« Miss Winter est morte, dis-je à mon père.

« — Et toi ? Comment vas-tu ? me demanda-t-il.

« — Je survis. »

Il sourit.

« Parle-moi de maman, lui demandai-je. Pourquoi est-elle comme ça ? »

Il s'exécuta. « Elle a été très malade quand tu es née. Elle ne t'a pas même pas vue avant qu'on t'emmène. Et elle n'a jamais vu ta sœur. Elle a failli mourir. Quand elle a repris conscience, tu avais déjà été opérée, et ta sœur...

« — Ma sœur était morte.

« — Oui. Et on ne savait pas ce qu'il adviendrait de toi. Je passais de son chevet au tien... J'ai bien cru vous perdre toutes les trois. J'ai prié tous les dieux dont j'avais jamais entendu parler, pour qu'ils vous sauvent. Et mes prières ont été exaucées. En partie. Tu as survécu. Ta mère, elle, ne s'est jamais vraiment remise. »

Il y avait encore une chose que j'avais besoin de savoir.

« Pourquoi ne m'avoir jamais dit que j'avais une jumelle ? »

Mon père tourna vers moi un visage décomposé. Il déglutit, et quand il reprit la parole, sa voix était rauque. « L'histoire de ta naissance est triste, très triste. Ta mère a pensé qu'elle serait trop lourde à porter pour un enfant. Je l'aurais volontiers portée à ta place, Margaret, si j'avais pu. J'aurais fait n'importe quoi pour t'épargner. »

Nous restâmes assis en silence. Je pensai à toutes les autres questions que j'aurais pu poser, mais maintenant que le moment était venu, ce n'était plus nécessaire.

Je saisis la main de mon père au moment où lui-même tendait la sienne.

*

J'assistai à trois enterrements en trois jours.

Il y eut beaucoup de monde à celui de Miss Winter. Le pays pleurait sa conteuse préférée, et des milliers de lecteurs vinrent lui rendre hommage. Je m'échappai dès que je pus – je lui avais déjà fait mes adieux.

Le deuxième se fit dans l'intimité. Il n'y eut que Judith, Maurice, le docteur Clifton et moi-même pour rendre un dernier hommage à celle qui tout au long du service funèbre reçut le nom d'Emmeline. Nous nous saluâmes brièvement après la cérémonie avant de nous séparer.

Le troisième fut un modèle de discrétion. Il eut lieu dans un crématorium de Banbury, où je constituai la seule assistance d'un prêtre au visage impassible qui remit entre les mains de Dieu un paquet d'ossements de provenance inconnue. « Entre les mains de Dieu » si l'on veut, puisque c'est moi qui vins récupérer l'urne plus tard, « au nom de la famille Angelfield ».

*

Il y avait des perce-neige à Angelfield. On en voyait du moins les premiers signes, sous la forme de petites pousses, vertes et fraîches, qui émergeaient du sol gelé.

Quand je me relevai, j'entendis un bruit. C'était Aurelius qui passait sous l'arche du cimetière. Ses épaules étaient saupoudrées de neige, et il portait un bouquet de fleurs.

« Aurelius ! » Comment avait-il pu devenir aussi triste ? Aussi pâle ? « Vous avez changé, dis-je.

« — Je me suis épuisé à courir après la lune. » Ses yeux bleus, toujours aussi doux, avaient pris la teinte délavée du ciel de janvier ; dans leur transparence, on voyait jusqu'au désarroi de son cœur. « Toute ma vie, j'ai voulu retrouver ma famille. J'ai voulu savoir qui j'étais. Et récemment, j'ai eu un regain d'espoir. J'ai cru qu'il y avait enfin une chance pour qu'elle me soit rendue. Maintenant, j'ai bien peur de m'être trompé. »

Nous longeâmes le sentier entre les tombes, balayâmes la neige qui recouvrait le banc et nous assîmes avant qu'elle le recouvre à nouveau. Aurelius plongea dans sa poche et en sortit deux morceaux de gâteau dont il enleva le papier. L'air absent, il m'en tendit un et mordit dans l'autre.

« C'est pour moi, ce que vous avez là ? demanda-t-il en regardant l'urne. C'est le reste de mon histoire ? »

Je la lui tendis.

« Comme c'est léger. Plus léger que l'air. Et pourtant... » Sa main se porta à son cœur ; il chercha un geste susceptible de montrer à quel point son cœur était lourd ; ne le trouvant pas, il posa l'urne sur le sol et mordit à nouveau dans son gâteau.

Quand il eut avalé sa dernière bouchée, il reprit la parole. « Si elle était ma mère, pourquoi est-ce que je ne vivais pas avec elle ? Pourquoi ne suis-je pas mort avec elle, ici ? Pourquoi m'aurait-elle porté chez Mrs Love et serait-elle revenue dans une maison en feu ? Pourquoi ? Ça n'a pas de sens. »

Je le suivis tandis qu'il s'écartait de l'allée centrale et se frayait un chemin dans le labyrinthe qui serpentait entre les tombes. Il s'arrêta devant une stèle que j'avais déjà vue et déposa ses fleurs. L'inscription était simple :

Joan Mary Love
À jamais dans notre mémoire.

Pauvre Aurelius. Il était si las. C'est à peine s'il sembla remarquer que je glissais mon bras sous le sien. Mais il se tourna tout de même pour me faire face. « Peut-être est-il préférable de ne pas avoir d'histoire du tout, plutôt que d'en avoir une qui change sans arrêt. J'ai passé toute ma vie à pourchasser mon histoire, sans jamais tout à fait la rattraper. À courir après des fantômes, alors que j'avais Mrs Love à mes côtés. Elle m'aimait vraiment, vous savez.

« — Je n'en ai jamais douté. » Elle avait été une excellente mère pour lui. Bien meilleure que n'aurait pu l'être l'une ou l'autre des jumelles. « Il vaut peut-être mieux ne pas savoir, suggérai-je.

« — C'est ce que vous croyez, vous ? dit-il en quittant la stèle des yeux pour regarder le ciel laiteux.

« — Non.

« — Alors, pourquoi une telle suggestion ? »

Je dégageai mon bras du sien, et enfouis mes mains glacées dans les manches de mon manteau. « C'est ce que dirait ma mère. Elle est d'avis qu'une histoire qui ne pèse rien vaut mieux qu'une histoire trop lourde à porter.

« — Ah ! C'est donc que la mienne est lourde. »

Je m'abstins de toute réponse, et quand le silence commença à se faire long, ce fut mon histoire, et non la sienne, que je lui racontai.

« J'avais une sœur, commençai-je. Une jumelle. »

Il se tourna pour me regarder. Ses épaules se détachaient, larges et solides, contre le ciel ; il écouta d'un air grave les mots que je ne pouvais plus garder pour moi.

« Nous étions attachées l'une à l'autre. Ici..., dis-je, en passant la main le long de mon flanc gauche. Elle ne pouvait pas vivre sans moi. Elle avait besoin que mon cœur batte pour elle. Mais je ne pouvais pas vivre avec elle. Elle me vidait de ma force. On nous a séparées, et elle est morte. »

Mon autre main alla rejoindre la première sur la cicatrice, et la pressa fortement.

« Ma mère ne me l'a jamais dit. Elle pensait qu'il valait mieux que je n'en sache rien.

« — Pour que votre histoire soit légère à porter.

« — Oui.

« — Mais vous avez quand même découvert la vérité.

« — Oui, par hasard, dis-je, en appuyant encore plus fort sur la cicatrice.

« — Je suis désolé. »

Une de ses mains emprisonna les deux miennes à l'intérieur de son gros poing. Puis, de son autre bras, il m'attira à lui. À travers l'épaisseur des manteaux, je sentis la douceur de son ventre, et un bruit envahit mon oreille. Les battements de son cœur, pensai-je. Un cœur humain. Là, tout près. Voilà donc à quoi ça ressemble. J'écoutai de toutes mes forces.

Puis nous nous séparâmes.

« Vaut-il mieux savoir ou rester dans l'ignorance ? me demanda-t-il.

« — Je ne saurais dire. Ce qui est sûr, c'est que, une fois qu'on sait, on ne peut plus revenir en arrière.

« — Et mon histoire, vous la connaissez ?

« — Oui.

« — La vraie histoire ?

« — Oui. »

C'est à peine s'il hésita. Il se contenta de prendre une longue inspiration, ce qui finit de le grandir.

« Alors, je veux savoir. »

Pendant que je parlais, nous marchâmes, et quand j'en eus terminé, nous étions revenus à l'endroit où les perce-neige trouaient la neige blanche.

L'urne dans la main, Aurelius hésitait. « J'ai comme l'impression que c'est aller à l'encontre du règlement. »

C'était aussi mon avis. « Mais que faire d'autre ?

« — Le règlement n'a pas prévu ce genre de cas, pas vrai ?

« — Et puis, c'est la seule chose à faire.

« — Alors, allons-y », conclut-il.

À l'aide de la pelle à tarte, nous creusâmes un trou dans le sol gelé au-dessus du cercueil de la femme que j'avais connue sous le nom d'Emmeline. Aurelius y déversa les cendres, qu'il recouvrit de terre. Il tassa ensuite le sol de tout son poids, puis nous remîmes les fleurs en place de manière à effacer les traces de notre intervention.

« Ça s'aplanira quand la neige fondra, dit-il, en brossant son pantalon pour enlever les flocons.

« — Aurelius, je n'ai pas terminé votre histoire. »

Je l'entraînai vers une autre partie du cimetière. « Vous savez tout sur votre mère maintenant. Mais vous aviez aussi un père. » Je lui indiquai la tombe d'Ambrose. « Le A et le *s* sur le bout de papier que vous m'avez montré. C'était son nom à lui. C'était aussi sa sacoche. Celle qui lui servait de gibecière. Ce qui explique la présence de la plume. »

Je m'interrompis. Il fallait que je lui laisse le temps de digérer les faits. Quand, au bout d'un long moment, il hocha la tête, je poursuivis. « C'était un très brave homme. Vous lui ressemblez beaucoup. »

Aurelius, abasourdi, ouvrait des yeux ronds. Encore des révélations. Encore des deuils. « Il est mort, à ce que je vois.

« — Ce n'est pas tout », dis-je, d'une voix douce. Il tourna lentement les yeux vers moi, et j'y lus la peur que l'histoire de son abandon ne connaisse jamais de fin.

Je lui pris la main. Lui souris.

« Après votre naissance, Ambrose s'est marié. Il a eu un autre enfant. »

Il lui fallut un moment pour comprendre pareille implication, mais quand ce fut chose faite, un frisson d'excitation le parcourut. « Vous voulez dire que j'ai... Et elle... il... elle...

« — Oui, elle. Vous avez une sœur ! »

Le sourire s'élargit sur son visage.

« Et elle-même a eu des enfants à son tour, continuai-je. Un garçon et une fille !

« — Une nièce ! Et un neveu ! »

Je pris ses mains entre les miennes pour faire cesser leurs tremblements. « Une famille, Aurelius. *Votre* famille. Vous les connaissez déjà, en fait. Et ils vous attendent. »

J'eus du mal à rester à sa hauteur quand nous passâmes sous l'arche du cimetière avant de descendre l'allée à grandes enjambées jusqu'à la loge du gardien aux murs blancs. Aurelius n'eut pas un seul regard en arrière. Ce n'est qu'une fois la grille atteinte qu'il s'arrêta pour m'attendre.

« Aurelius ! J'allais oublier de vous donner ceci. »

Il prit l'enveloppe blanche que je lui tendais et l'ouvrit, le visage toujours rayonnant de joie. Il en sortit la carte, avant de me regarder. « Quoi ? Ce n'est pas possible ?

« — Si, tout à fait.

« — Aujourd'hui ?

« — Aujourd'hui même ! » À ce moment-là, une envie irrépressible s'empara de moi. Je fis quelque chose que je n'avais jamais fait jusqu'ici et n'aurais jamais cru pouvoir faire un jour. J'ouvris la bouche toute grande et hurlai à pleine voix : « JOYEUX ANNIVERSAIRE ! »

Un coup de folie ! J'en conçus aussitôt une certaine gêne. Mais c'est à peine si Aurelius avait prêté attention à mon cri. Il se tenait immobile, les bras en croix, les yeux clos, le visage tourné vers le ciel. Tout le bonheur du monde tombait sur lui en même temps que la neige.

Dans le jardin de Karen, la neige portait les traces de jeux de poursuite, des petites empreintes, suivies d'autres encore plus petites qui dessinaient de larges cercles. On ne voyait pas les enfants, mais, en approchant, nous entendîmes leurs voix en provenance de l'if où ils se cachaient.

« Et si on jouait à Blanche-Neige ?

« — C'est une histoire de filles.

« — À quelle histoire tu veux jouer, alors ?

« — Une histoire de fusées.

« — J'ai pas envie d'être une fusée. Jouons aux bateaux.

« — On l'a déjà fait hier. »

En entendant le loquet du portillon, ils sortirent la tête des branches, et avec leur capuche qui leur tombait sur le front, on avait du mal à distinguer le frère de la sœur.

« C'est le monsieur aux gâteaux ! »

Karen sortit de la maison et traversa la pelouse pour venir à notre rencontre. « Vous voulez vraiment savoir qui c'est ? demanda-t-elle aux enfants, tout en souriant timidement à Aurelius. C'est votre oncle. »

Le regard d'Aurelius passa de Karen aux enfants avant de revenir à Karen, il n'avait pas assez d'yeux pour tout embrasser. Il ne savait que dire, mais Karen lui tendit une main timide qu'il prit dans la sienne.

« Tout ça est un peu..., hasarda-t-il.

« — C'est vrai, acquiesça-t-elle. Mais nous nous y ferons vite, vous ne croyez pas ? »

Il opina.

Les enfants observaient cette scène d'adultes avec de grands yeux.

« À quoi jouez-vous ? leur demanda Karen, pour leur changer les idées.

« — On sait pas, dit la fille.

« — On arrive pas à se décider, ajouta son frère.

« — Tu connais des histoires ? demanda Emma à Aurelius.

« — Rien qu'une.

« — Rien qu'une ? fit-elle, abasourdie. Y a des crapauds dedans ?

« — Non.

« — Des dinosaures ?

« — Non.

« — Des passages secrets ?

« — Non. »

Les enfants se regardèrent. De toute évidence, elle devait être plutôt moche, cette histoire.

« Nous, on en connaît des tas, dit Tom.

— Des tas, dit sa sœur d'un air rêveur. Avec des princesses, des crapauds, des châteaux hantés, des bonnes fées..

« — Des chenilles, des lapins, des éléphants..

« — Toutes sortes d'animaux.

« — Plein de sortes. »

Ils se turent, absorbés dans la contemplation partagée d'autres mondes.

Aurelius les regardait comme il aurait regardé une apparition miraculeuse.

Puis ils revinrent sur terre. « Des milliers d'histoires, dit le garçon.

« — Tu veux que moi je t'en raconte une ? » demanda la petite.

Je me dis en moi-même qu'Aurelius avait peut-être eu son compte d'histoires pour la journée, mais il hocha la tête.

Elle ramassa un objet imaginaire et le posa sur la paume de sa main droite. De la gauche, elle fit le geste d'ouvrir un livre et leva les yeux pour s'assurer qu'elle avait toute l'attention de son auditoire, avant de revenir au livre dans sa main.

« Il était une fois... »

Karen, Tom et Aurelius, trois paires d'yeux posées sur Emma, trois visages concentrés. Ils seraient parfaitement heureux ensemble.

Discrètement, je reculai jusqu'au portillon et me glissai dans la rue.

Le treizième conte

Je n'ai pas l'intention de publier la biographie de Vida Winter. Le monde l'attend peut-être avec impatience, mais ce n'est pas à moi de la raconter. Adeline et Emmeline, l'incendie et le fantôme, autant d'histoires qui appartiennent désormais à Aurelius. Les tombes, dans le cimetière, sont les siennes, tout comme l'anniversaire qu'il pourra célébrer à sa guise. La vérité est déjà assez lourde à porter pour lui sans que s'y ajoute le poids du regard du monde. Si on les laisse tranquilles, Karen et lui pourront tourner la page, et prendre un nouveau départ.

Mais je n'oublie pas que le temps passe. Un jour, Aurelius ne sera plus ; un jour, Karen, elle aussi, quittera ce monde. Les enfants, Tom et Emma, sont déjà bien plus éloignés que leur oncle des événements que j'ai rapportés ici. Avec l'aide de leur mère, ils ont commencé à se forger leur propre histoire . forte, solide et vraie. Le jour viendra où Isabelle et Charlie, Adeline et Emmeline, la Missis et John-the-Dig, la fille sans nom appartiendront à un passé si lointain que leur souvenir n'aura plus le pouvoir de provoquer peur ou souffrance. Ils ne seront plus rien qu'une vieille histoire qui n'affectera plus personne. Et quand ce jour viendra – je serai alors moi-même âgée –, je donnerai ce document à Emma et à Tom. Pour qu'ils le lisent et, s'ils en décident ainsi, le publient.

J'espère qu'ils le publieront. Car tant qu'ils ne l'auront pas fait, je serai hantée par l'esprit de cette enfant fantôme. Elle habitera mes pensées, s'attardera dans mes rêves, viendra jouer dans la cour de ma mémoire. Cette vie posthume, ce n'est certes pas grand-chose, mais elle échappera au moins à l'oubli. Et ce sera suffisant, jusqu'au jour où Emma et Tom feront paraître le manuscrit, permettant ainsi à cette femme d'exister plus pleinement après la mort qu'elle ne l'aura jamais fait de son vivant.

Ainsi donc, l'histoire de la fille fantôme ne sera pas publiée avant de nombreuses années, si même elle doit l'être un jour. Ce qui ne signifie pas pour autant que je n'aie rien à livrer au monde pour satisfaire sa curiosité au sujet de Vida Winter. J'ai bel et bien quelque chose. À la fin de ma dernière entrevue avec Mr Lomax, j'étais sur le point de partir quand il m'a arrêtée. « Juste une dernière chose... », dit-il, en ouvrant un tiroir d'où il sortit une enveloppe.

Cette enveloppe, je l'avais avec moi quand j'ai quitté sans bruit le jardin de Karen pour retourner vers la grille du défunt manoir. En prévision de la construction du nouvel hôtel, le sol avait été nivelé, et quand j'essayai de me rappeler l'ancienne maison, ce ne furent que des photographies qui me vinrent à l'esprit. Puis je songeai à la manière dont elle m'avait toujours semblé mal orientée. Le nouveau bâtiment était plus convaincant. Il s'ouvrirait face au visiteur.

Je quittai l'allée gravillonnée pour traverser la pelouse enneigée en direction de l'enclos des cerfs et des bois. Les branches sombres pliaient sous le poids de la neige, qui tombait parfois en poudre légère sur mon passage. J'arrivai enfin au point de vue sur la pente, d'où l'on aperçoit tous les alentours. L'église et son cimetière, les taches brillantes des couronnes de fleurs sur la neige. La grille, d'un blanc crayeux contre le ciel bleu. La remise, débarrassée de son enveloppe de broussailles. Seule la grande maison avait disparu, et sans laisser de traces. Les hommes au casque jaune avaient réduit le passé à une page vierge. On avait atteint un point de non-retour. Impossible de parler plus longtemps d'un chantier de démolition. Demain, aujourd'hui peut-être, les ouvriers seraient de retour pour travailler sur un chantier de construction. Le passé démoli, il était temps pour eux de commencer à bâtir l'avenir

Je sortis l'enveloppe de mon sac J'avais attendu. Le bon moment. Le bon endroit.

Les lettres sur l'enveloppe étaient mal formées. Leur tracé irrégulier soit devenait invisible, soit griffait profondément le papier Il n'y avait aucune impression de continuité : chaque lettre semblait avoir été exécutée séparément, au prix de grands efforts, comme s'il s'était agi d'une entreprise redoutable et sans cesse renouvelée. On aurait dit l'écriture d'un enfant ou d'une personne très âgée. L'enveloppe était adressée à « Miss Margaret Lea »

Je l'ouvris et en sortis le contenu. Puis je m'assis sur un arbre abattu ; je ne lis jamais debout.

Chère Margaret,

Voici les pages dont je vous avais parlé.

J'ai essayé de les terminer, pour constater que j'en étais incapable. Ainsi donc, l'histoire dont les gens ont fait toute une histoire devra faire l'affaire telle quelle. C'est une bricole ; trois fois rien. Faites-en ce que bon vous semblera.

Quant à son titre, celui qui me vient d'emblée à l'esprit, c'est « L'enfant de Cendrillon », mais je connais trop les lecteurs pour ne pas savoir que quel que soit celui que je lui donne, elle ne sera connue que sous un seul titre, qui ne sera pas le mien.

Pas de signature. Pas de nom.

Mais un conte.

Celui de Cendrillon, tel que je ne l'avais jamais lu auparavant. Laconique, dur, révolté. Les phrases de Miss Winter étaient autant d'éclats de verre, acérés, meurtriers.

Imaginez un garçon et une fille, commence l'histoire ; *l'un riche, l'autre pauvre. Le plus souvent, c'est la fille qui est démunie, et c'est le cas dans mon histoire. Même pas besoin d'un bal. Une promenade dans les bois suffit pour que les chemins de ces deux-là se croisent. Il était une fois une bonne fée, mais les autres fois, pas de fée, bonne ou mauvaise. Et ce récit raconte une de ces autres fois. La citrouille de notre jeune fille n'est rien d'autre qu'une citrouille, et elle rentre chez elle en catimini après minuit, les jupons maculés de sang, violée. Il n'y aura pas de valet de pied à la porte le lendemain, avec des pantoufles de vair. Elle le sait déjà. Elle n'est pas idiote Mais elle est enceinte.*

Dans les pages suivantes, Cendrillon donne naissance à une fille, l'élève dans la pauvreté et la saleté, l'abandonne au bout de quelques années sur le domaine qui appartient à son violeur. L'histoire se termine brutalement :

À mi-chemin d'une allée, dans un jardin qu'elle ne connaît pas, glacée et affamée, la fillette comprend soudain qu'elle est seule. Derrière elle, la porte du jardin ouvre sur la forêt. Elle est restée entrouverte. Sa mère est-elle encore derrière ? Devant elle, un appentis qui, à ses yeux d'enfant, ressemble à une petite maison. Un endroit où elle pourrait trouver un abri. Qui sait, peut-être même quelque chose à manger.

La porte du jardin ? Ou la petite maison ?

La porte ? Ou la maison ?
L'enfant hésite.
Elle hésite...

Ici prend fin le récit.

Le souvenir le plus ancien de Miss Winter ? Ou bien simplement un conte ? Inventé par une enfant pleine d'imagination pour remplir l'espace vide qu'aurait dû occuper sa mère ?

Le treizième conte. Le dernier, le célèbre, inachevé.

Je le lus. Et en conçus une peine immense.

Peu à peu, mes pensées se détournèrent de Miss Winter pour revenir à moi. Ma mère n'était peut-être pas parfaite, mais du moins j'en avais une. Était-il trop tard pour que nous construisions quelque chose ? Mais c'était là une autre histoire.

Je glissai l'enveloppe dans mon sac, me redressai, brossai la poussière d'écorce de mon pantalon avant de redescendre vers la route.

J'avais été engagée pour écrire la vie de Miss Winter, et j'ai accompli ma mission. Il n'y a rien d'autre que je puisse faire pour remplir les termes du contrat. Une copie de ce document sera déposée chez Mr Lomax, qui le mettra dans un coffre et s'occupera ensuite de me faire verser une importante somme d'argent. Apparemment, que les feuillets remis soient vierges ou non importe peu.

« Elle vous faisait confiance », m'a-t-il dit à cette occasion.

Manifestement, c'était vrai. Ses intentions, telles que les stipulait le contrat que je n'ai jamais lu ni signé, étaient sans ambiguïté. Elle voulait me confier son histoire avant de mourir ; elle voulait que je la mette par écrit. Ce que j'en ferais après, c'était mon affaire. J'ai dit à Mr Lomax que je souhaitais léguer plus tard le document à Tom et Emma, et nous avons pris rendez-vous pour officialiser la chose dans un testament au cas où. Voilà, je crois que je peux mettre un point final à mon récit.

Et pourtant, je n'ai pas le sentiment d'en avoir tout à fait terminé. Je ne sais qui le lira un jour, ce récit, ni si ses lecteurs seront nombreux, mais quel que soit leur nombre, et leur éloignement dans le temps, j'ai une dette envers eux. Et, bien que j'aie raconté tout ce qu'il y avait à savoir sur Adeline, Emmeline et l'enfant fantôme, je me rends compte que certains risquent de rester sur leur faim. Je sais trop ce que c'est que de finir un livre et de s'interroger une semaine plus tard sur le sort du boucher, des diamants, ou de la douairière et de sa nièce, réconciliées ou pas. J'imagine les lecteurs se posant des questions sur celui de Judith et de Maurice, de ce magnifique jardin et des occupants actuels de la maison.

Donc, au cas où vous seriez dans l'expectative, voici quelques réponses. Judith et Maurice sont restés à demeure. La maison n'a pas été vendue ; une clause du testament de Miss Winter stipulait que la propriété, résidence et jardin, devait être reconvertie en une sorte de musée littéraire Bien entendu, c'est surtout le jardin qui mérite de retenir l'attention (« un joyau insoupçonné », a récemment écrit une revue d'horticulture), mais Miss Winter avait compris que ce serait sa réputation de romancière plus que ses talents d'horticultrice qui attirerait les foules. Sont donc prévues des visites guidées de la maison, une cafétéria et une librairie. Les cars qui amènent les touristes au musée des sœurs Brontë pourront faire le détour par le « Jardin secret de Vida Winter ». Judith continuera à assumer les fonctions de gouvernante, et Maurice, celles de chef jardinier. Leur premier travail, avant que la reconversion puisse s'effectuer, sera de débarrasser la chambre d'Emmeline. Laquelle ne fera pas partie de la visite, dans la mesure où il n'y aura rien à voir.

Et Hester ? me direz-vous. Voilà qui va vous surprendre, au moins autant que j'ai pu l'être. J'ai reçu une lettre d'Emmanuel Drake. Pour être tout à fait franche, je l'avais complètement oublié, celui-là Mais il avait poursuivi ses recherches, patiemment, méthodiquement, et contre toute attente, avait en fin de compte retrouvé Hester. « C'est le lien avec l'Italie qui m'a mis sur une fausse piste, expliquait-il dans sa lettre. En fait, votre gouvernante était partie dans une direction tout à fait opposée – aux États-Unis ! » Elle avait travaillé comme secrétaire dans un cabinet de neurologie pendant quelque temps. Au bout de cette période... devinez qui était venu la rejoindre ?... Le docteur Maudsley ! Sa femme était morte (rien de macabre là-dedans, une simple grippe, j'ai vérifié), et, quelques jours seulement après l'enterrement, il embarquait sur un transatlantique. Le grand amour ! Tous deux sont aujourd'hui décédés, mais après avoir connu un long bonheur sans nuages. Ils ont eu quatre enfants, dont l'un m'a écrit, et à qui j'ai envoyé l'original du journal de sa mère pour qu'il le conserve. Je doute qu'il réussisse à déchiffrer plus d'un mot sur dix ; s'il me demande des éclaircissements, je lui dirai que sa mère avait fait la connaissance de son père ici, en Angleterre, à l'époque du premier mariage de ce dernier ; sinon, je garderai le silence. Dans sa lettre, il me joignait une liste des publications conjointes de ses parents. Ils ont apparemment écrit des dizaines d'articles tenus en haute estime (aucun sur la gémellité, je pense qu'ils ont été assez sages pour abandonner le sujet) et les ont publiés sous une signature commune : Dr E. et Mrs H. J. Maudsley.

H. J. ? Hester avait un second prénom : Josephine.

Que voudriez-vous encore savoir ? Ce qu'est devenu le chat ? Eh bien, Shadow est venu vivre avec moi à la librairie. Il se couche ou s'assied sur les rayons, partout où il arrive à trouver une place entre les livres, et quand les clients le découvrent là, il les dévisage en retour, sans broncher. De temps à autre, il va s'asseoir sur l'appui de la fenêtre, mais jamais très longtemps. La rue, les véhicules, les passants, les immeubles d'en face, tout le déconcerte. Je lui ai montré comment aller jusqu'à la rivière en passant par le raccourci de la ruelle, mais il se refuse à l'emprunter.

« Qu'est-ce que tu crois ? dit mon père. Un chat du Yorkshire n'a rien à faire d'une rivière. C'est la lande qui l'intéresse. »

Je crois qu'il a raison. Shadow est plein d'espoir quand il saute sur l'appui de la fenêtre, mais une fois qu'il a regardé dehors, il me gratifie d'un long regard désappointé.

Je n'aime pas l'idée qu'il puisse avoir le mal du pays.

Un jour, le docteur Clifton est venu au magasin – il se trouvait qu'il visitait la ville et, se souvenant que mon père y avait une librairie, avait pris la peine de faire le détour, pour voir, sans trop nourrir d'illusions, si nous n'avions pas un ouvrage qu'il cherchait sur la médecine du XVIIIe siècle. Il s'avéra que nous en avions un exemplaire ; lui et mon père se sont embarqués à ce propos dans une longue discussion, qui s'est prolongée bien après l'heure de la fermeture. Histoire de se faire pardonner de nous avoir retenus si longtemps, il nous a invités au restaurant. Ce fut très agréable, et, dans la mesure où il était encore là le lendemain soir, mon père l'a invité à son tour à venir dîner à la maison. Dans la cuisine, ma mère m'a dit que c'était « un homme très bien. Vraiment très bien ». Il partait le lendemain, mais, dans l'après-midi, nous sommes allés nous promener au bord de la rivière, rien que nous deux cette fois-ci, mon père étant trop occupé par son courrier pour nous accompagner. Je lui ai raconté l'histoire du fantôme d'Angelfield. Il m'a écoutée attentivement, et quand j'ai eu terminé, nous avons poursuivi notre promenade, lentement et en silence.

« Je me souviens d'avoir vu cette boîte à trésors, a-t-il fini par dire. Comment se fait-il qu'elle ait échappé à l'incendie ? »

Je me suis arrêtée net, perplexe. « Vous savez quoi ? Je n'ai jamais pensé à le demander.

« — Vous ne le saurez jamais maintenant, n'est-ce pas ? »

Il a pris mon bras et nous nous sommes remis en route.

Bref, pour en revenir à mes moutons, en l'occurrence le chat et son mal du pays, le jour où le docteur Clifton est venu au magasin, il a vu à quel point l'animal était triste et a proposé de le prendre avec lui. Shadow serait très heureux de retrouver le Yorkshire, je n'en doute pas un seul instant. Mais cette proposition, si généreuse qu'elle soit, m'a plongée dans un état de perplexité douloureux. Car je ne suis pas sûre de pouvoir supporter la séparation. Lui, j'en suis certaine, accepterait mon absence avec la même équanimité que celle qu'il a témoignée lors de la disparition de Miss Winter, car c'est un chat ; l'être humain que je suis, en revanche, s'est attaché à lui et préférerait, dans la mesure du possible, le garder à ses côtés.

Dans une lettre au docteur Clifton, je me suis permis quelques remarques voilées en ce sens ; il vient de répondre que nous pourrions peut-être venir *tous les deux*, Shadow et moi, passer des vacances chez lui. Il nous invite pour un mois entier, au printemps. Tout peut arriver en l'espace d'un mois, écrit-il, et il croit possible qu'au terme de cette période, nous ayons trouvé à ce dilemme une solution acceptable pour toutes les parties. Je ne peux m'empêcher de penser que Shadow a toute chance de connaître une fin heureuse.

Voilà, ici se termine mon récit

Post-scriptum

Enfin... presque. On croit que quelque chose est terminé, et puis, tout à coup, ça ne l'est plus tout à fait.

J'ai eu une visite.

C'est Shadow qui l'a sentie le premier. Je fredonnais tout en préparant mes affaires pour nos vacances, valise ouverte sur le lit. Le chat passait son temps à y entrer et à en ressortir, caressant sans doute l'idée de se faire un lit au milieu de mes chaussettes et de mes pulls, quand soudain il s'est figé, aux aguets, les yeux rivés sur la porte derrière moi.

Elle est arrivée, non pas sous les dehors d'un ange tout d'or vêtu ni sous ceux du spectre encagoulé de la mort. Elle était comme moi : assez grande, mince, brune, le genre de femme qu'on ne remarque pas quand on la croise dans la rue.

Il y avait des centaines, des milliers de choses que je croyais vouloir lui demander, mais j'ai été tellement surprise que c'est à peine si j'ai réussi à articuler son nom. Elle s'est avancée vers moi, m'a entourée de ses bras et attirée contre son flanc.

« Moira, ai-je murmuré avec difficulté. Je commençais à croire que tu n'existais pas réellement. »

Mais réelle, elle l'était bien. Sa joue contre la mienne, son bras passé sur mes épaules, ma main autour de sa taille. Cicatrice contre cicatrice. Toutes mes questions en suspens se sont évanouies quand j'ai senti son sang se mêler au mien, nos cœurs battre à l'unisson. Ce fut un moment de grand et calme émerveillement ; j'ai su alors que je gardais le souvenir de cette sensation. Qui était restée enfermée en moi, prisonnière, jusqu'à ce qu'elle vienne la libérer. Communion bénie ! Unicité autrefois banale, mais, maintenant que je l'avais recouvrée, miraculeuse.

Elle était là, et nous ne faisions plus qu'un.

J'ai compris qu'elle était venue me dire au revoir. Que la prochaine fois que nous nous reverrions, ce serait moi qui irais la retrouver. Mais que cette rencontre-là n'aurait pas lieu avant longtemps. Rien ne pressait. Elle pouvait attendre, et moi aussi.

J'ai senti la caresse de sa main sur mon visage tandis que j'essuyais ses larmes, puis, dans une joie partagée, nos doigts se sont trouvés et se sont enlacés. Son souffle sur ma joue, son visage dans mes cheveux, j'ai enfoui la tête au creux de son cou et me suis abreuvée à sa douceur.

Un tel bonheur !

Peu importait qu'elle ne puisse pas rester. Elle était venue.

Quand et comment elle est partie, je n'en suis pas sûre. J'ai simplement compris à un moment qu'elle n'était plus là. Je me suis assise sur le lit, parfaitement calme, et heureuse. J'ai éprouvé une sensation étrange, comme si mon sang de lui-même changeait de cours, comme si mon cœur réajustait ses battements à ma seule intention. En touchant ma cicatrice, elle l'avait ravivée ; maintenant, peu à peu, la peau perdait de sa chaleur et cet endroit ne différerait bientôt plus des autres parties de mon corps.

Elle était venue, et s'en était allée. Je ne la reverrais pas de ce côté-ci de la tombe. Ma vie désormais m'appartenait.

Dans la valise, Shadow s'était endormi. J'ai tendu la main pour le caresser. Il a ouvert un œil vert et froid, m'a regardée un instant, puis l'a refermé.

Remerciements

Tous mes remerciements à Jo Anson, Gaia Banks, Martyn Bedford, Emily Bestler, Paula Catley, Ross et Colin Catley, Jim Crace, Penny Dolan, Marianne Downie, Mandy Franklin, Anna et Nathan Franklin, Vivien Green, Douglas Gurr, Jenny Jacobs, Caroline le Marechal, Pauline et Jeffrey Setterfield, Christina Shingler, Janet et Bill Whithall, John Wilkes et Jane Wood.

Je remercie tout particulièrement Owen Staley, qui a accompagné ce livre depuis le premier jour, et Peter Whitthall, à qui *Le Treizième Conte* doit son titre et bien d'autres choses encore.

Table

FINS

DÉBUTS

Dans la même collection

Svetlana Alexievitch, *Ensorcelés par la mort.* Traduit du russe par Sophie Benech.
Vladimir Arsenijević, *A fond de cale.* Traduit du serbo-croate par Mireille Robin.
Trezza Azzopardi, *La Cachette.* Traduit de l'anglais par Edith Soonckindt.
Trezza Azzopardi, *Ne m'oubliez pas.* Traduit de l'anglais par Edith Soonckindt.
Kirsten Bakis, *Les Chiens-Monstres.* Traduit de l'anglais (Etats-Unis) par Marc Cholodenko.
Sebastian Barry, *Les Tribulations d'Eneas McNulty.* Traduit de l'anglais (Irlande) par Robert Davreu.
Saul Bellow, *En souvenir de moi.* Traduit de l'anglais (Etats-Unis) par Pierre Grandjouan.
Saul Bellow, *Tout compte fait. Du passé indistinct à l'avenir incer tain.* Traduit de l'anglais (Etats-Unis) par Philippe Delamare.
Alessandro Boffa, *Tu es une bête, Viskovitz.* Traduit de l'italien par Nathalie Bauer.
Joan Brady, *L'Enfant loué.* Traduit de l'anglais par Pierre Alien. Prix du Meilleur Livre Etranger 1995.
Joan Brady, *Peter Pan est mort.* Traduit de l'anglais par Marc Cholodenko.
Joan Brady, *L'Emigré.* Traduit de l'anglais par André Zavriew.
Peter Carey, *Jack Maggs.* Traduit de l'anglais (Australie) par André Zavriew.
Peter Carey, *Oscar et Lucinda.* Traduit de l'anglais (Australie) par Michel Courtois-Fourcy.
Peter Carey, *L'Inspectrice.* Traduit de l'anglais (Australie) par Marc Cholodenko.
Peter Carey, *Un écornifleur* (Illywhacker). Traduit de l'anglais (Australie) par Jean Guiloineau.
Peter Carey, *La Vie singulière de Tristan Smith.* Traduit de l'anglais (Australie) par André Zavriew.
Peter Carey, *Ma vie d'imposteur.* Traduit de l'anglais (Australie) par Elisabeth Peellaert.
Peter Carey, *Véritable histoire du Gang Kelly.* Traduit de l'anglais (Australie) par Elisabeth Peellaert. Prix du Meilleur Livre Etranger 2003.

Sandra Cisneros, *Caramelo*. Traduit de l'anglais (Etats-Unis) par Rémy Lambrechts.

Martha Cooley, *L'Archiviste*. Traduit de l'anglais (Etats-Unis) par André Zavriew.

Fred D'Aguiar, *La Mémoire la plus longue*. Traduit de l'anglais (Etats-Unis) par Gilles Lergen.

Junot Diaz, *Comment sortir une Latina, une Black, une blonde ou une métisse*. Traduit de l'anglais (Etats-Unis) par Rémy Lambrechts.

Edward Docx, *Le Calligraphe*. Traduit de l'anglais par Marie-Claire Pasquier.

Albert Drach, *Voyage non sentimental*. Traduit de l'allemand par Colette Kowalski.

Stanley Elkin, *Le Royaume enchanté*. Traduit de l'anglais (Etats-Unis) par Claire Maniez et Marc Chénetier.

Nathan Englander, *Pour soulager d'irrésistibles appétits*. Traduit de l'anglais (Etats-Unis) par Elisabeth Peellaert.

Jeffrey Eugenides, *Les Vierges suicidées*. Traduit de l'anglais (Etats-Unis) par Marc Cholodenko.

Kitty Fitzgerald, *Le Palais des cochons*. Traduit de l'anglais par Bernard Hœpffner.

Susan Fletcher, *La Fille de l'Irlandais*. Traduit de l'anglais par Marie-Claire Pasquier.

Dario Fo, *Le Pays des Mezaràt*. Traduit de l'italien par Nathalie Bauer.

Erik Fosnes Hansen, *Cantique pour la fin du voyage*. Traduit du norvégien par Alain Gnaedig.

Erik Fosnes Hansen, *La Tour des faucons*. Traduit du norvégien par Johannes Kreisler.

Erik Fosnes Hansen, *Les Anges protecteurs*. Traduit du norvégien par Lena Grumbach et Hélène Hervieu.

William Gaddis, *JR*. Traduit de l'anglais (Etats-Unis) par Marc Cholodenko.

William Gaddis, *Le Dernier Acte*. Traduit de l'anglais (Etats-Unis) par Marc Cholodenko.

William Gaddis, *Agonie d'agapè*. Traduit de l'anglais par Claro.

Eduardo Galeano, *Mémoire du feu*, tome I, *Les Naissances*. Traduit de l'espagnol par Claude Couffon.

Eduardo Galeano, *Mémoire du feu*, tome II, *Les Visages et les Masques*. Traduit de l'espagnol par Véra Binard.

Eduardo Galeano, *Mémoire du feu*, tome III, *Le Siècle du vent*. Traduit de l'espagnol par Véra Binard.

Natalia Ginzburg, *Nos années d'hier*. Traduit de l'italien par

Adrienne Verdière Le Peletier. Nouvelle édition établie par Nathalie Bauer.

Paul Golding, *L'Abomination.* Traduit de l'anglais par Robert Davreu.

Nadine Gordimer, *Le Safari de votre vie.* Nouvelles traduites de l'anglais par Pierre Boyer, Julie Damour, Gabrielle Rolin, Antoinette Roubichou-Stretz et Claude Wauthier.

Nadine Gordimer, *Feu le monde bourgeois.* Traduit de l'anglais par Pierre Boyer.

Nadine Gordimer, *Personne pour m'accompagner.* Traduit de l'anglais par Pierre Boyer.

Nadine Gordimer, *L'Ecriture et l'existence.* Traduit de l'anglais par Claude Wauthier.

Nadine Gordimer, *L'Arme domestique.* Traduit de l'anglais par Claude Wauthier et Fabienne Teisseire.

Nadine Gordimer, *Vivre dans l'espoir et dans l'Histoire.* Traduit de l'anglais par Claude Wauthier et Fabienne Teisseire.

Nadine Gordimer, *La Voix douce du serpent.* Traduit de l'anglais par Pierre Boyer, Julie Damour, Dominique Dussidour, Claude Wauthier.

Nadine Gordimer, *Le Magicien africain.* Traduit de l'anglais par Pierre Boyer, Julie Damour, Fabienne Teisseire et Claude Wauthier.

Arnon Grunberg, *Douleur fantôme.* Traduit du néerlandais par Olivier Van Wersch-Cot.

Arnon Grunberg, *Lundis bleus.* Traduit du néerlandais par Tina Hegeman.

Allan Gurganus, *Bénie soit l'assurance.* Traduit de l'anglais (Etats-Unis) par Simone Manceau.

Allan Gurganus, *Et nous sommes à Lui.* Traduit de l'anglais (Etats-Unis) par Elisabeth Peellaert.

Allan Gurganus, *Lucy Marsden raconte tout.* Traduit de l'anglais (Etats-Unis) par Elisabeth Peellaert.

Allan Gurganus, *Les Blancs.* Traduit de l'anglais (Etats-Unis) par Simone Manceau et Elisabeth Peellaert.

Oscar Hijuelos, *Les Mambo Kings.* Traduit de l'anglais (Etats-Unis) par Pierre Alien et Jean Clem.

Nick Hornby, *A propos d'un gamin.* Traduit de l'anglais par Christophe Mercier.

Nick Hornby, *Carton jaune.* Traduit de l'anglais par Gabrielle Rolin.

Nick Hornby, *Conversations avec l'ange.* Traduit de l'anglais par Marie-Claire Pasquier.

Nick Hornby, *Haute Fidélité*. Traduit de l'anglais par Gilles Lergen.

Nick Hornby, *La Bonté : mode d'emploi*. Traduit de l'anglais par Isabelle Chapman.

Nick Hornby, *Vous descendez ?* Traduit de l'anglais par Nicolas Richard.

Neil Jordan, *Lignes de fond*. Traduit de l'anglais (Irlande) par Gabrielle Rolin.

Nicholas Jose, *Pour l'amour d'une rose noire*. Traduit de l'anglais par Anne Rabinovitch.

Ken Kalfus, *Un désordre américain*, Traduit de l'anglais (Etats-Unis) par Marie-Hélène Dumas.

Ryszard Kapúsciński, *Ebène*. Traduit du polonais par Véronique Patte.

Ryszard Kapúsciński, *Imperium*. Traduit du polonais par Véronique Patte.

Ryszard Kapúsciński, *La Guerre du foot*. Traduit du polonais par Véronique Patte.

Ryszard Kapúsciński, *Mes voyages avec Hérodote*. Traduit du polonais par Véronique Patte.

Wolfgang Koeppen, *Pages du journal de Jacob Littner écrites dans un souterrain*. Traduit de l'allemand par André Maugé.

Jerzy Kosinski, *L'Ermite de la 69e Rue*. Traduit de l'anglais (Etats-Unis) par Fortunato Israël.

Barry Lopez, *Les Dunes de Sonora*. Traduit de l'anglais (Etats-Unis) par Suzanne V. Mayoux.

James Lord, *Cinq femmes exceptionnelles*. Traduit de l'anglais (Etats-Unis) par Pierre Leyris et Edmonde Blanc.

Patrick McCabe, *Le Garçon boucher*. Traduit de l'anglais (Irlande) par Edith Soonckindt.

Norman Mailer, *L'Amérique*. Traduit de l'anglais (Etats-Unis) par Anne Rabinovitch.

Norman Mailer, *L'Evangile selon le fils*. Traduit de l'anglais (Etats-Unis) par Rémy Lambrechts.

Norman Mailer, *Oswald. Un mystère américain*. Traduit de l'anglais (Etats-Unis) par Pierre Grandjouan.

Salvatore Mannuzzu, *La Procédure*. Traduit de l'italien par André Maugé.

Salvatore Mannuzzu, *La Fille perdue*. Traduit de l'italien par Nathalie Bauer.

Valerie Martin, *Mary Reilly*. Traduit de l'anglais (Etats-Unis) par Annie Saumont.

Paolo Maurensig, *Le Violoniste.* Traduit de l'italien par Nathalie Bauer.

Piero Meldini, *L'Antidote de la mélancolie.* Traduit de l'italien par François Maspero.

Jess Mowry, *Hypercool.* Traduit de l'anglais (Etats-Unis) par Pierre Alien.

Péter Nádas, *Amour.* Traduit du hongrois par Georges Kassai et Gilles Bellamy.

Péter Nádas, *La Fin d'un roman de famille.* Traduit du hongrois par Georges Kassai.

Péter Nádas, *Le Livre des mémoires.* Traduit du hongrois par Georges Kassai. Prix du Meilleur Livre Etranger 1999.

Péter Nádas, *Minotaure.* Traduit du hongrois par Georges Kassai et Gilles Bellamy.

V. S. Naipaul, *L'Inde. Un million de révoltes.* Traduit de l'anglais par Béatrice Vierne.

V. S. Naipaul, *La Traversée du milieu.* Traduit de l'anglais par Marc Cholodenko.

V. S. Naipaul, *Un chemin dans le monde.* Traduit de l'anglais par Suzanne V. Mayoux.

V. S. Naipaul, *La Perte de l'Eldorado.* Traduit de l'anglais par Philippe Delamare.

V. S. Naipaul, *Jusqu'au bout de la foi. Excursions islamiques chez les peuples convertis.* Traduit de l'anglais par Philippe Delamare.

V. S. Naipaul, *La Moitié d'une vie.* Traduit de l'anglais par Suzanne V. Mayoux.

V. S. Naipaul, *Semences magiques.* Traduit de l'anglais par Suzanne V. Mayoux.

Tim O'Brien, *A la poursuite de Cacciato.* Traduit de l'anglais (Etats-Unis) par Yvon Bouin

Tim O'Brien, *A propos de courage.* Traduit de l'anglais (Etats-Unis) par Jean-Yves Prate. Prix du Meilleur Livre Etranger 1993.

Tim O'Brien, *Au lac des Bois.* Traduit de l'anglais (Etats-Unis) par Rémy Lambrechts.

Tim O'Brien, *Matou amoureux.* Traduit de l'anglais (Etats-Unis) par Rémy Lambrechts.

Jayne Anne Phillips, *Camp d'été.* Traduit de l'anglais (Etats-Unis) par André Zavriew.

Salman Rushdie, *Est, Ouest.* Traduit de l'anglais par François et Danielle Marais.

Salman Rushdie, *Franchissez la ligne...* Traduit de l'anglais par Philippe Delamare.

Salman Rushdie, *Furie.* Traduit de l'anglais par Claro.

Salman Rushdie, *Haroun et la mer des histoires.* Traduit de l'anglais par Jean-Michel Desbuis.

Salman Rushdie, *La Honte.* Traduit de l'anglais par Jean Guiloineau.

Salman Rushdie, *La Terre sous ses pieds.* Traduit de l'anglais par Danielle Marais.

Salman Rushdie, *Le Dernier Soupir du Maure.* Traduit de l'anglais par Danielle Marais.

Salman Rushdie, *Le Sourire du jaguar.* Traduit de l'anglais par Anne Rabinovitch.

Salman Rushdie, *Les Enfants de minuit.* Traduit de l'anglais par Jean Guiloineau.

Salman Rushdie, *Les Versets sataniques.* Traduit de l'anglais par A. Nasier.

Salman Rushdie, *Shalimar le clown.* Traduit de l'anglais par Claro.

Paul Sayer, *Le Confort de la folie.* Traduit de l'anglais par Bernard Hoepffner.

Donna Tartt, *Le Maître des illusions.* Traduit de l'anglais (Etats-Unis) par Pierre Alien.

Donna Tartt, *Le Petit Copain.* Traduit de l'anglais (Etats-Unis) par Anne Rabinovitch.

Pramoedya Ananta Toer, *Le Fugitif.* Traduit de l'indonésien par François-René Daillie.

Rose Tremain, *Les Ténèbres de Wallis Simpson.* Traduit de l'anglais par Claude et Jean Demanuelli.

Joanna Trollope, *La Deuxième Lune de miel.* Traduit de l'anglais par Isabelle Chapman.

Dubravka Ugrešić, *L'Offensive du roman-fleuve.* Traduit du serbo-croate par Mireille Robin.

Dubravka Ugrešić, *Dans la gueule de la vie.* Traduit du serbo-croate par Mireille Robin.

Sandro Veronesi, *La Force du passé.* Traduit de l'italien par Nathalie Bauer.

Serena Vitale, *Le Bouton de Pouchkine.* Traduit de l'italien par Jacques Michaut-Paternò. Prix du Meilleur Livre Etranger 1998.

Edith Wharton, *Les Boucanières.* Traduit de l'anglais (Etats-Unis) par Gabrielle Rolin.

Edmund White, *Ecorché vif.* Traduit de l'anglais (Etats-Unis) par Elisabeth Peellaert et Marc Cholodenko.

Cet ouvrage a été imprimé par la
SOCIÉTÉ NOUVELLE FIRMIN-DIDOT
Mesnil-sur-l'Estrée
pour le compte des Éditions Plon
76, rue Bonaparte
Paris 6e
en septembre 2007

La photocomposition de cet ouvrage
a été réalisée par
GRAPHIC HAINAUT
59163 Condé-sur-l'Escaut

N° d'édition : 14114 - N° d'impression : 86691
Dépôt légal : janvier 2007.

Imprimé en France